GEOPOLITICS

地缘政治学

国际关系的地理学

THE GEOGRAPHY OF INTERNATIONAL RELATIONS

第二版
SECOND EDITION

索尔·科恩·著　严春松·译

上海社会科学院出版社

目　录

第一章　导论　1

第二章　地缘政治学概览　13
　　定义　14
　　现代地缘政治学的几个阶段　15
　　结论　33

第三章　地缘政治结构与理论　37
　　结构　38
　　民族国家的扩散　59
　　地缘政治学与一般体系　61
　　均衡、动荡和世界秩序　63

第四章　冷战及其后果　67
　　第一阶段：1945—1956　68
　　第二阶段：1957—1979　75
　　第三阶段：1980—1989　87
　　苏联超级大国的崩溃　91
　　向21世纪过渡　92

第五章　北美洲及中部美洲　99
　　美国　100
　　加拿大　125
　　墨西哥　137
　　中部美洲　145
　　结论　155

第六章　南美洲　159
　　美国—南美洲关系　160

地理环境　162

地缘政治特征　165

地缘政治排斥力与吸引力　167

南美洲地缘政治独立的前景　171

结论　176

第七章　濒海欧洲与马格里布　179

地缘政治特征　184

欧洲一体化　192

移民模式　200

欧盟内部的东西相融　203

国家扩散　204

马格里布：濒海欧洲的战略附加　209

结论　214

第八章　俄罗斯与欧亚大陆汇合区　217

变化中的国家领土　220

苏联的解体　233

地缘政治特征　236

欧亚大陆汇合区　248

东欧　253

外高加索和中亚　260

蒙古　268

结论　269

第九章　东亚地缘战略辖区　273

中国　274

东亚边围带　297

结论　306

第十章　亚太沿岸地区　311

地区演进　313

政治上的稳定与不稳定　319

目 录

　　　　　地缘政治特征　329
　　　　　结论　337

第十一章　南亚　343
　　　　　地区地缘政治概述　347
　　　　　地缘政治特征　353
　　　　　对国家和地区统一的挑战　361
　　　　　结论　364

第十二章　中东破碎地带　367
　　　　　现代殖民渗透　368
　　　　　大国竞争：冷战时期　371
　　　　　地理环境　375
　　　　　地缘政治特征　383
　　　　　重大冲突　391
　　　　　石油、管道路线与政治　401
　　　　　结论　402

第十三章　撒哈拉以南非洲破碎地带　407
　　　　　殖民与帝国背景　408
　　　　　后殖民政治框架　409
　　　　　地理背景　413
　　　　　地缘政治特征　418
　　　　　地区性权力中心的前景　424
　　　　　压缩区　428
　　　　　结论　433

第十四章　跋　437
　　　　　描绘未来　439

参考书目　446
索引　459
译者后记　475

图　　表

- 2.1　麦金德的世界：1904 …………………………………………… 17
- 2.2　麦金德的世界：1919 …………………………………………… 18
- 2.3　麦金德的世界：1943 …………………………………………… 20
- 2.4　变化中的心脏地带边界 ………………………………………… 21
- 3.1　地缘政治世界：21世纪初 ……………………………………… 46
- 3.2　世界重要大国及地区性大国 …………………………………… 52
- 4.1　第二次世界大战结束至今辖区及地区变迁 …………………… 69
- 5.1　北美洲及中部美洲：主要地缘政治特征 ……………………… 101
- 6.1　南美洲：主要地缘政治特征 …………………………………… 164
- 7.1　濒海欧洲与马格里布：主要地缘政治特征 …………………… 183
- 8.1　心脏地带俄罗斯与外围：主要地缘政治特征 ………………… 235
- 8.2　欧亚大陆汇合区 ………………………………………………… 249
- 9.1　东亚：主要地缘政治特征 ……………………………………… 286
- 10.1　亚太沿岸地区：主要地缘政治特征 ………………………… 330
- 12.1　中东破碎地带：主要地缘政治特征 ………………………… 384
- 13.1　撒哈拉以南非洲破碎地带：主要地缘政治特征 …………… 417
- 14.1　21世纪前25年世界地缘政治地图 …………………………… 440

表 格

3.1	2007年按地区国际贸易占国内生产总值百分比	43
3.2	第二等级国家排名	54
3.3	门户区和分裂区域	56
3.4	潜在的邦联	61
4.1	第二次世界大战以来受到重大恐怖袭击的国家	96
5.1	美国地缘政治发展的四个阶段	108
7.1	欧盟主要国家中濒海欧洲贸易与收入	196
7.2	潜在的欧洲国家与准国家	205
8.1	第二次世界大战后苏联吞并的领土	228
10.1	亚太沿岸地区贸易现状	317
10.2	亚太沿岸地区人口与收入	318
11.1	南亚人口与贸易	345
12.1	当今中东边界争端	389
12.2	近期已解决的中东领土争端	389
12.3	中东领土收复主义	390
13.1	撒哈拉以南非洲：目前的边界及领土争端	420
13.2	撒哈拉以南非洲：潜在的边界和领土争端	421

第一章
导 论

1   某日正午,在20世纪行将结束之际,B52战略隐形轰炸机从美国大陆中心起飞,飞越55英里,将由激光制导的炸弹弹头投向塞尔维亚目标,然后返回大本营。对飞行员来说,这是一项要在32小时内完成的任务,以便能赶上家里第二天晚餐。这支战略突击部队,凭借空中加油机,在从意大利陆地基地起飞的战术性战斗轰炸机和护航飞机以及停泊在亚得里亚海的航空母舰的配合下,让以美国为首的北约部队能够不损失一名盟军士兵生命的代价而击垮塞尔维亚。对许多人而言,这场战争代表着技术的胜利。由解放科索沃煽起的那种自高自大助长了这样的信念,即美国超级大国可以在世界上任何一个地方发起战争并获得成功,因为苏联帝国已经解体。

  假如时间距离能如此轻易地被克服,那么这是否意味着在战略或战术意义上的"地理的终结"呢?这个问题在2001年9月11日这一天得到了斩钉截铁的回答。这一天,恐怖分子摧毁了纽约世贸中心大楼和五角大楼的一部分。随后展开的打击奥萨马·本·拉登领导的基地恐怖主义组织和塔利班集团的行动战略一直就被地理和区域地缘政治所支配。这里的一个主要因素是阿富汗的自然地理条件——险恶的多山地形、严酷的冬季气候、低劣的陆地通信基础设施,以及各民族人口住地分散。高度精密的美国空中武器并未消除美国出动地面作战部队的需要。这是最初发生在托拉博拉山区搜捕拉登失败之后。接着是出现在一次规模大得多的由美国和阿富汗军队联合打击藏身沙希库特(Shah-i-Kot)山脉洞穴中的基地势力的行动之中。战斗是在陡峭的地势和恶劣的天气条件下进行的。

  地缘政治的考虑铸成了美国寻求借以进入内陆国家联盟的机会。为要飞越领空,为能利用与阿富汗相邻或相近国家的空军及陆上基地,必须要先获得几个国家的允许才行。这就需要结成一个紧密的联盟,其不仅包括在远处的可信赖的盟友,如英国和其他北约国家,以及世界其他地方的友好国家,如澳大利亚,还包括大多数环绕阿富汗的伊斯兰国家,这些国家与美国的关系一直以来处于不定的状态。

2   这一战略方程的主要因子包括巴基斯坦、乌兹别克斯坦、吉尔吉斯斯坦和塔吉克斯坦:需要巴基斯坦是要用到其领空、空军基地和情报能力,其有普什图族人居住的西部省份与以喀布尔及坎大哈为中心的阿富汗东南部的普什图族人居住区相毗连;乌兹别克斯坦南部绵延的草原可用作空军基地,以及常年从陆上进入阿富汗中北部的入口,还可作为经马扎沙里夫进入阿富汗西部及中心的地域;吉尔吉斯斯坦的玛纳斯国际机场可作为美国与盟国的空军基地;而塔吉克斯坦是进入由阿富汗北方联盟(Northern Alliance)控制的潘杰希尔峡谷地区的直接入口,这是斜穿兴都库什山脉直至离阿富汗首都喀布尔近35英里处的一条狭窄、弯曲的道路。俄罗斯人正是经此路将武器运往北方联盟。

  纠结在一起的地缘政治之网要求华盛顿将那些本身就是恐怖主义支持者的国家包

括在联盟之内,并且要在顾及其中一些国家的政治利益的基础上作出军事决策。例如,在打击恐怖主义行动的早期阶段,对位处喀布尔北面的塔利班阵地的轰炸任务被压了下来,就是因为考虑到巴基斯坦反对后塔利班政府,它是由塔利班的敌人北方联盟所掌控的。希望是能早日达成一项关于战后联合政府的协议。这次攻击延后具有外交以及军事的意义,因为这与印度的政策相左,它们是支持北方联盟的。当此一策略被证明为不现实,而阿富汗国家严酷的冬季眼看就要来临,对塔利班阵地的地毯式轰炸就开始了,随后就出动了地面部队。

另一个引人注目的地缘政治转向是俄罗斯与中国给予美国军事行动的支持。这两个国家对摧毁阿富汗恐怖分子基地都有自己的考虑,因为是基地在幕后支持着它们各自国内的伊斯兰激进分子。俄罗斯能允许使用其领空,还同意美国空军及陆军部队驻扎在乌兹别克斯坦与塔吉克斯坦,这一点特别重要。

阿富汗战争战略的制定证明,其他大国及地区性国家的利益——不管是盟友还是竞争对手——都必须统一纳入制定战争或是和平的战略当中。没有一个单独的国家能够希望将一种宏大的战略蓝图运用于整个世界体系,不管通信、经济等全球化程度有多深,也不管武器是多么先进。

地理依然重要。它重要在战略及战术的军事和政治意义,以及从文化角度出发的领土意义上;它还重要在资源、人口以及物质系统的空间分布意义上。无论是1999年的科索沃战争,还是1991年的伊拉克战争,都没有证明胜利是仅仅通过高技术就可以取得的。尽管对科索沃和塞尔维亚进行了轰炸,但大量南斯拉夫军队并未受损,仍然可能会是陆地战场上可怕的敌人。毫无疑问,塞尔维亚人最终要被击败,然而届时盟军的伤亡人数恐怕在国内是不会被接受的。正像事实发生的那样,俄罗斯的外交干预对使塞尔维亚人回到谈判桌上起到了不可或缺的作用。而且,盟军欲达到让科索沃处于一种与南斯拉夫仅有松散联系的自治状态的目标,亦即让阿尔巴尼亚人与塞族人居住在一道,也被证明是行不通的,也许还已经埋下未来对"大阿尔巴尼亚"进行争夺的种子。

阿富汗和伊拉克的地貌特征以及民族与宗教分布的模式也都证明了地理对于战争和政治的影响。阿富汗战争还在激烈进行,这是因为塔利班和基地组织能够在美国将注意焦点转移至伊拉克的时候,进入居住着普什图族人的巴基斯坦联邦直辖部落区(FATA)——可以藏身且让人感觉舒适的山区,重新将部队进行整合。而且,塔利班在阿富汗南部与东部省份势力的增长又加大了这种可能性,即该国北部的塔吉克人与乌兹别克人将会抵制美国将阿富汗重建为中央集权国家的行动。

受新保守主义理论家编织的美国21世纪梦想的驱使,加之受2001年9月11日袭击事件的触动,布什政府以宗教般的狂热开始奉行单边主义和先发制人的战争政策。阿富汗行动是在北约的庇护下发起的,同时又得到了俄罗斯以及阿富汗周边国家的支持,它是符合地缘政治现实的。而伊拉克就不是这样,在这里,美国2003年发起的匆匆计划、草草准备的战争并未获得广泛的外部支持,也缺乏内在的逻辑。沙特阿拉伯反对派早在战争初始阶段就逼迫美国放弃它在该国的所有重要战略基地。土耳其拒绝加入盟军。它确实允许其飞机飞越领空、运送补给,但拒绝让陆军部队从其领土通过。除英国外,其他盟军部队兵力投入数目很小。萨达姆·侯赛因军队的速败非但没有结束冲突,反而激发了各宗教派别之间的战争和对美国占领的普遍敌意。由于为自己找了一个打击恐怖主义的理由,美国及其盟军的入侵使这一较阿富汗易于进入的地理区域成了恐怖分子的繁殖中心,尽管巴格达及其他城市限制了像飞机、坦克这样的常规武器的使用。伊拉克逊尼派居住的西部沙漠是"伊拉克基地组织"和其他伊斯兰军事组织的聚集处,正是这些组织,与什叶派—逊尼派之间的宗派暴力行为一道,一步步使美国陷入了军事和政治困境。伊拉克战争不仅使伊拉克遭受大面积破坏和大批难民逃离,而且通过颠覆伊拉克逊尼派政府,美国还拆除了该地区重要的防止伊朗势力向中东阿拉伯国家扩散的屏障。美国或许可以认为世界上的某些地方根本不具战略价值,但它必须对其他国家的关切保持敏感。澳大利亚和尼日利亚都是重要的战略盟友,然而华盛顿却无视它们与东帝汶和西非冲突的利害攸关。东帝汶人投票赞成独立后招来残杀,美国所做的是想方设法劝慰印度尼西亚,而不是去帮助制止大屠杀行为。这就忽视了澳大利亚系于东帝汶的战略利益,盖因东帝汶邻近澳大利亚北部,将来有可能在帝汶海(Timor Sea)联合开发石油与天然气资源。在美国袖手旁观的同时,是堪培拉力促联合国出面干预,此后它便一直承担着那里的军事维和重任。不具战略价值同样也是美国忽视利比里亚以及塞拉利昂冲突爆发的主要依据,对此尼日利亚必须作出应对。

即使华盛顿不大可能会出于人道主义的考虑而在世界上被认为没有战略重要性的地方采取行动,它也应该在考虑那些作为盟友的地区性国家利益的基础上——它们对全球地缘政治的均衡有重要作用——去干预或介入。有一个颇有市场的关于美国外交政策的信念是:它的使命就是将世界引领至其历史发展的最高阶段——自由民主。①与令人厌恶的独裁者的结盟,或者得到它们的支持则证明刚好相反。

21世纪的地缘政治结构将不会处在一个美洲帝国的保护之下,其间秩序是通过仁慈和无所不能的超级大国而得以维持。那么将来究竟会呈现什么样的世界地缘政治格局和特征呢?什么样的维护全球均势的机制可以建立起来以便代替内含于帝国结构中的自上而下的世界秩序呢?在没有一门单独的学科可以声称能回答这类问题的时候,政治—地理的视角肯定能够对此有所帮助。

地理政治视角是动态的。它随着国际体系及其运行环境的变化而变化。在相当的程度上,地理环境的动态性质是地缘政治格局和特征变化的原因。这类环境根据诸如自然资源的发现或耗尽、人口及资本流动以及长期的气候变动等现象的变迁而变迁。因此，从乡村风景转变到城市景观，或者从制造业转变到服务业经济，代表了地理的变革，这些变革都最终体现在不断变迁中的国家理想和国家目标之中。大规模的移民也会产生这种影响。美国制造业的衰落，美国对进口商品的更多依赖，国家石油储备的耗竭，数目庞大的国家债务——这一切都增加了对国际贸易的依赖，以致欲作为一个超级大国"独自行动"已是不实际的，甚至也是没有可能的外交政策。这就是美国政府在伊拉克、阿富汗以及在全世界范围反恐行动中面对的现实，也是在遏制核武器扩散的行动中面对的现实。地理能动主义已经影响了濒海欧洲地区、韩国与中国台湾的国家及地区面貌的变化。就后者而言，大批流向中国大陆南方及中部沿海的制造业外包业务已经迫使中国台北和首尔、东京及华盛顿等重新考虑它们与中国大陆的长期关系。反过来，中国也迫于高科技的"黄金海岸"的地理环境变迁而向外部世界开放。中国还同时被迫将重心转向农村极端贫困的内陆地区。

相较于前两个半世纪——其时现代主权民族国家刚刚出现，欧洲殖民体系被强加于全世界——20 世纪世界地缘政治版图的变迁速度更快、范围更广。在 20 世纪，殖民体系毁灭的种子已经被埋在野蛮的第一次世界大战之中，欧洲强权因此而抽空了经济，耗尽了人力。布尔什维克革命、世界经济萧条以及纳粹德国的兴起导致了第二次世界大战。这次战争结束后产生了两个超级大国——美国与苏维埃社会主义共和国联盟（简称苏联）。与它们的欧洲殖民帝国前任不同的是，这些冷战时代的大国通过地区性正式独立的盟国集团以及卫星国家而控制其势力范围。在过了半个世纪之后，苏联解体，为新的世界秩序产生铺下了基础，而其新的轮廓尚在描绘之中。

把握未来地缘政治版图的线索就在过去半个世纪业已定型的重组格局当中。作为紧随第二次世界大战结束后的几年世界体系特色标志的两极性，随着新的或是重新复兴的权力中心在两个大国构建的地缘政治网络之中崛起，让位于多极性。中国从苏联那里挣脱出来，濒海欧洲地区与日本成为与美国相互有联系同时又相互竞争的国家。小卫星国也走出了不同于它们前宗主国的独立道路——南斯拉夫与阿尔巴尼亚摆脱苏联，古巴，最近是委内瑞拉，摆脱美国。反过来，南斯拉夫则分裂成了六个独立部分，其中科索沃问题尚未得到解决。近几年来，南非与尼日利亚已经在撒哈拉以南非洲事务中发挥了更加积极的作用。巴西已经成为南美的"发电站"，伊朗正在中东索要权力，印度已在向世界大国快速迈进。尤其是在发展中国家，地区大国已经获得对周边国家的控制权，谋划好了自己在政治经济事务方面独立的势力范围。而在它们具备发动战争的能力之际，大多数国家又不情愿这样做，而且，除了伊朗，它们往往担当起了冲突调停者而不是将和平强加于其周边邻国的角色。

地区性地缘政治统一在濒海欧洲地区要比世界其他任何地方都更加深入得多。这种统一是由欧洲的领导层将其作为经济复苏的必要前提提出的,实现复苏需要得到美国的大量援助。虽然殖民帝国的丢失刺激了这一过程,但是真正推动走向统一的是第二次世界大战的毁坏,继而是美国的欧洲复兴计划即马歇尔计划的援助。欧洲人认识到这一地区国民经济的互补性以及规模经济和更大市场的好处。另外一个刺激因素是他们认识到地区性政治与军事机构可以将德国和它的邻国,特别是法国,紧密地捆绑在一起。这就最大限度地减小了一个重新复兴的德国某一天会再一次让欧洲陷入与苏联就德国统一问题而展开的冲突之中,或者德国民族主义的重新抬头会让统治西欧的梦想再次复活等这样的威胁。

世界版图还因殖民帝国崩溃之后发生的民族国家的纷纷诞生而大为改变。这类国家类型不一,既有大至印度也有小如瑙鲁或新加坡这样的主权国家,既包括高度成功的国家也包括"失败"的国家。这种国家节点(nodes)的多极性以及它们与外界的联系已导致了更高程度的体系复杂性。

恐怖主义作为古老的赢取冲突的手段曾为很多殖民地民族在争取独立的运动中所运用。以后继续成为分裂主义组织企图从它们所在的民族国家内部挣脱出来的行动的一股重要力量,并还经常转移到国际领域。恐怖主义还被用作镇压叛乱组织和推翻现行体制以便强行推行政治意识形态或者宗教体系的一种手段。如今有所不同的是,恐怖主义已经不再限于地方或地区性领域。全球通信和全球移动的便捷让世界各个角落都可以成为国际恐怖主义的袭击目标。增加体系复杂性的因素还有发生在亚国家(subnational)层面上的新情况,这里随着高速公路和空中交通的革命出现了大都市或"特大都市"实体。这种城市集群经常与国家及联邦政府形成竞争,有时自行推出一套独立的经济活动,而这套活动在历史上一直属于更高一级政府层面的行为领域。其中突出的是资本投资宣传、海外市场促进以及旅游推广。美国这样的例子是跨越自新罕布什尔州南部和缅因州南部到弗吉尼亚州北部的东北沿海特大都市,以及美国中部和南部的加利福尼亚城市复合带。

一个相关的现象是跨国特大都市,即大片延伸城市(conurbations),它们常与其所在国家政府争利。濒海欧洲地区的例子包括伦敦、巴黎和鲁尔盆地,即从跨莱茵河的比荷卢经济联盟(Benelux)到卢森堡和斯特拉斯堡的城市工业三角,还有莱茵河—意大利北部轴心地带。

当代世界地缘政治版图的另一个特征是存在一个"破碎地带"(Shatterbelt)——一个被内部冲突撕裂的地区,其分裂程度随外部重要大国竭力想对这一地区施加影响的干预行为而增加。在次一级地理规模上存在的是"压缩区"(Compression Zone)——面积更小的处在地缘政治区内部或之间的原子区域。这类区域经常被各种内战和邻国的干预行为弄得四分五裂。在过去的半个世纪里,一种自然的国家地位等级已经在国际体系中演绎完成。与重要的或第一等级大国相竞争的是地区性或第二等级大国。随着时间的迁移，后者积攒了足够的力量和野心，试图通过运用军事和经济实力来影响覆盖全区的所有事务。例子有伊朗在伊拉克、黎巴嫩和叙利亚的行动，以及埃塞俄比亚在索马里的行动。第三等级国家也在崛起——那些具有独特意识形态或文化禀赋从而能够影响其周边邻国的国家，尽管它们并不具备军事实力来强制推行这些价值观。第四等级国家一般没有能力对其邻国施加压力，而第五等级国家依赖外部支持才能维持生存。

从历史角度看，处于均势下的超级大国竞争的年代较为短暂——只有45年。但这是一个科学、技术、经济、意识形态等方面发生剧烈变动的年代。核武器以及太空能力，以美国和苏联为主导，造成了两强之间的战略相持。在较短一段时间内，这样构筑起的均衡处于静止状态。一直到苏联翻越了欧亚大陆中心外围，向南渗透至中东，继而与共产党领导的中国一起，东进韩国，南入东南亚之后，平衡才被打破。再后苏联又将势力扩伸至撒哈拉以南非洲和拉丁美洲。

全球体系继而变得愈加复杂，结构更加多变，因为超级大国之间达成的新的均势依赖于一种分巢式(nested)的地缘政治等级体系，其构成成员既有系附于超级大国的，也有系附于新兴地区大国的。这种两极体系凭借"确保同归于尽"(MAD)或核威慑原则而处在一种危险的一时平衡之中，两个超级大国可以在避免直接冲突的同时开展军备竞赛以及为盟友置添武器装备。这一体系随着1991年苏联的崩溃从而冷战的结束而结束，让美国成为短暂一段时间内世界唯一的军事及经济超级大国。

随着新的地缘政治结构和均衡力量的诞生，引领冷战时期全球体系演变的发展原则又重新恢复活力，为预见21世纪地缘政治轮廓提供了基础。本质上，这些发展原则认为系统——包括人文和生物学的——呈阶段性演变态势，从原子化和无差异化到差异化、专业化，再到专业化加一体化。

将这些原则运用于地缘政治版图定然劳心费神，因为世界不同地方处于不同发展阶段。发展步伐的差异又将不同的空间等级弄得更加复杂，地缘政治关系即是按不同的等级形成的。大致上说，这种等级按宏观、中观和微观层面排列。宏观层面包括地缘战略领域，中观层面包括地缘政治区，而微观层面包括国家以及亚国家区域。由于这种复杂性，变化的发生呈阵发性，而不是以平稳有序的方式发生的。

体系不同部分的演进能限，很大程度上，与它们的独自运行环境有关。今天，三个地缘战略辖区覆盖了世界大部分，而不是全部地区。美国是最重要的后工业经济体，是世界上技术最先进的军事力量，它的地缘战略领域是北大西洋海洋世界和北太平洋区域。它既从辖区内部的盟友那里获得力量，又同时给予它们力量支持。濒海欧洲地区是以欧盟为核心形成的，由于其经济实力和受人尊敬的全球外交地位，它已经获得了与美国平起平坐的地缘政治地位。在冷战大部分时期,甚至在意识形态和军事对垒的时代,苏联与中国都同属亚洲大陆地缘战略辖区。而在它们依然对北太平洋和中亚怀有共同兴趣的同时,它们的行进路线开始分叉了。俄罗斯是欧亚大陆心脏地带陆地辖区的中心。中国,作为东亚的中心,已经逐渐形成了一个强大的以海洋为导向的经济基础,其与它的大陆性质结合在一起之后,使它能够开辟出一个单独的大陆海洋兼具的地缘战略辖区。

以上三个地缘战略辖区的分界线包括重要大国认为对其国家利益至关重要的区域。这种利益代表了安全、经济、文化—民族—宗教,以及意识形态方面必然要求的结合。地区性的、国家的,以及亚国家的实体在辖区框架内有它们自己已确定的利益。如果这些利益与辖区内的重要大国的利益高度不合,则结构性的地缘政治变动就会产生。例如,在相互竞争战略辖区交汇或在前破碎地带再次出现的地方会诞生新的破碎地带。同时,在交汇辖区相互发现加强合作关系有利双方利益的地方,这种中间地区即会变成为桥梁或"门户"。

在地缘战略辖区内部,经济差距可以由来自核心国家的剩余能源填补,这些剩余能源能够被送往需要的区域。一般能被送到辖区外某地的能源较少,特别是当这一地区与本辖区并不相邻接的时候。这种情形下的输家是南美洲的南方大陆以及撒哈拉以南非洲。这里大量的人口陷入贫困成为文盲,常受疾病袭扰,又为叛乱所苦。在被交战军队与恐怖主义团伙弄得四分五裂的国家,比如像索马里、刚果民主共和国、塞拉利昂和哥伦比亚,政府已经失去了对大部分国土的有效控制,它们的国家几乎已不再是有组织的地缘政治实体了。

在第二次世界大战结束之后,南方大陆从殖民地与准殖民地地位蜕变为冷战战场。随着苏联以及南方大陆上主要国家的共产主义运动的失败,那种美国、欧洲、苏联强权国家发动代理战争,幕后为附庸政权或叛乱组织推波助澜提供大量军事与经济援助的日子,已经一去不复返了。

因为这些国家被视为不具战略重要性,世界重要国家过去不太情愿过深地卷入直接解决肆虐这片土地的贫穷、文盲和疾病问题,而将问题改善的任务委托给国际机构。然而这类机构缺乏所需要的大量资金,这只有主要工业化国家才能做到。

非洲与南非的战略意义已经随着世界对它们的重要资源——石油、天然气、矿物质以及木材——需求的上升而被重新发现。撒哈拉以南非洲再一次变成破碎地带——一个中国与西方之间的经济战场。南非作为美国注目的焦点既是因为其毒品交易的危险性,也是因为来自委内瑞拉运用其能源财富在这一地区推行社会主义革命所构成的挑战。

南亚独立地缘政治区因为印度作为重要大国的出现以及美国在阿富汗的战争

对巴基斯坦的依赖而上升到地缘政治的突出位置。尽管美国已采取措施,企图创建一个与印度之间的战略联盟,然而可能的是新德里将维持其传统的中立姿态而寻求扩大自己在印度洋地区的影响。随着时间的推移,一个以印度为主导的第四地缘战略辖区已经在望。南亚作为一个地区的重要性是可以由其人口规模和其文明与民族方面的历史文化独特性确保的。虽然还受着重大经济社会问题的困扰,但是这一地区在已经是高科技的世界大国印度的领导下,有能力实现现代化和经济增长。

高速行进中的世界经济全球化以及通信网络向跨越全球的信息系统的转变,并不会消除国家界线和身份标志。全球化并不会导致地理的终结,②也不会形成一个地理上的"平面"世界,像托马斯·弗里德曼所说的那样。③相反,它一般会带来一个更加复杂得多的地缘政治体系。在其内部,民族国家不得不面对来自外部以及内部的压力和种种势力,包括国内以及国际的恐怖主义,其在数量上要比自路易十一(1461—1483)摧毁封建势力最后残余,确立现代法国为雏形以来的5个世纪中国家所面对的问题还要多得多。

全球化并未凌驾地理。相反,它依据地理环境而调整并改变环境。它对各民族国家及地区产生的影响大小不一,而非全盘一样。资本流动及制造业外包并不是均等地进入世界所有地方。其运动方向主要是朝拥有规模市场、进入便利,以及大量廉价并有学习能力的劳动力队伍的国家和地区的沿海部分。其中一些地方已经成了移民的家乡,这类移民已经是美国、濒海欧洲地区和亚太沿岸地区的成功的企业家。

现代工业的扩散行为也是在回应政治考虑。当其符合华盛顿加强亚太沿岸地区核心部分的力量以阻挡苏联—中国的压力之时,韩国、台湾地区和日本就是美国外包的对象。这同样适用于第二次世界大战刚一结束美国即主动提出帮助西欧重建的行为。后来,美国经济注意力转移到了亚太其他地方,比如印度尼西亚、泰国、马来西亚,以及菲律宾。再后来又转向其南方边境区——直到墨西哥和中美洲。

濒海欧洲地区一开始将其兴趣放在马格里布边境区和东南亚一带,前者是因为地理上的相近以及殖民地渊源,后者是因为想继续维持过去帝国主义时期建立起的经济联系。随着欧盟的东扩,西欧现在已将其注意力转向加强巩固中部及东部欧洲大部分地区的经济实力以及为其剩余劳动力提供出口。最近几年,美国、欧盟,以及日本、韩国以及台湾地区已经让全球经济延伸到中国的"黄金海岸"和印度信息技术中心。但是,世界上还有大面积地方没有遇到经济全球化,并且在可预见的将来也不可能被吸入世界经济当中。

甚至是在那些受到全球化强烈影响的部分发展中国家中,某些负面后果也已经出现了。进步体现在诞生了大批中产阶级和工人阶级以及新财富群体,尽管批评家批评说全球化是资本主义剥削的另一种形式。然而,这些国家中获益阶层与低收入的城市及农业工人的差距已经拉大了,造成了新的社会紧张。另外,发展中经济体对世界富裕国家消费市场以及外国资本与贷款的依赖性,已经发展到很危险的地步。当国外市场由于衰退和需求减少或者债务过重而收缩,就几乎没有办法来抵消这一冲击。泰国、印度尼西亚、马来西亚以及阿根廷的经济与金融在20世纪90年代及21世纪初就因为这一弱点而遭受了严重衰退,自此未能恢复。

进入世界经济市场给许多从全球化中受益的国家的农业带来负面影响,农业被放入更加自由的贸易当中,这意味着要将国内市场向海外低成本农产品开放。来自高效、现代化农业部门的产品,比如美国、加拿大,还有澳大利亚的农产品,已经削弱了相对落后国家的农业经济。结果是来自像巴西这样的正在进行现代化的国家反对自由贸易协议的呼声越来越高,它们不愿意放弃保护性农业关税。

尽管农业保护和对乡村景色的保护是一些发达工业国家的关注重点,如在西班牙、意大利、法国、日本,以及美国,但它们的经济能够吸收失地农业工人。而在发展中国家就不是这样。在发展中国家,工业岗位创造赶不上对岗位的需求。失地农民涌向无法吸收他们的城市,或者通过移居国外寻求出路,这其中很多是非法的。

全球化的另一个方面,即信息技术的采用,也没有像有些人认为的那样影响深远。由于因特网,在最压抑的国家中的个人也能够了解世界上其他地方正在发生的事情。然而,人们必须能接触到硬件和软件,这对世界上大多数人来说是做不到的,而在一些国家,它们受到严格的控制。在一些国家,许多沿海地区的人能保持跟踪全球信息网,确实起到了抗衡威权主义政体中的限禁性方面的压力点(pressure point)作用。但这只在较小的程度上能适用于内陆地区较贫困的人口。最终,因地理条件不同从而形成的在经济与信息方面的"富人"与"穷人"的差距可能会导致这些国家国内出现深刻的政治裂痕。

信息革命的另一面是,当其将部分发展中世界暴露在经济自由与消费主义的果实面前,它也同时强化了我们对两个世界在生活水平和生活机会方面巨大差距的认识。在一个像俄罗斯这样的国家,这里自由市场经济的引入竟导致那么大的腐败,包括由行为不端企业家劫掠前国家公司,俄罗斯利用信息技术使人注意到这样一种过度行为,加紧了对政府的控制。另外,信息技术也让政府变得更难以掩藏它自己的违法不公行为。它还便利了恐怖组织内部的信息与情报交流。

还有一个全球化力量的另类冲击的例子与全球变暖有关。"温室效应"会引起海平面及水温上升乃是不争的科学事实,但是其影响将会随地理条件不同而变化。孟加拉国可能会因冰盖融化致海洋水面上升而被洪水淹没。但同时,气候变暖也会能够让农业延伸到更加北面的区域,并使其能更长时间的延驻在美国大平原、加拿大大草原诸省以及俄罗斯的西部与中部西伯利亚。许多现在分布在全世界的美国军事基地将要搬迁新址,而北极地区也许会成为重要的海上公路。因此,尽管全球化是一股最重要的力量,并且还将越来越重要,它的影响将会随具体民族国家和地区的情况而发生变化。在后面论述世界地缘政治区的章节里,这些变化会在关于地缘政治格局和特征的讨论之中更多地被谈到。

虽然美国毫无疑问对稳定世界体系负有相当的责任,但它不可能成为唯一的管理者。那些认为美国作为全球体系掌门人及保护人,其角色没有赖以信任的替代者的人简直是太高估美国现在的能量了。美国在伊拉克和阿富汗的军事任务已经过分,仅剩有限的能力对达尔富尔、伊朗这样的困难地带用兵。它深陷债务,具有失调的贸易逆差,过于依赖服务经济。在维持全球均势的行动中,美国必须与其他地缘政治角色联手,每个角色都有自己的目标和当下的兴趣领域。美国—濒海欧洲地区合伙能够领导这个世界,但它不能单方面将秩序强加于体系之上。事实上,在一个较强国家也许没有能力或者不愿意运用军事力量去实现其特殊目标,或者将其作为停止冲突的手段的情况下,那么国际及地区性机构经常能更有效地维护体系稳定。阿兰·亨里克森(Alan Henrikson)举了一个强有说服力的例子,证明了外交手段作为区别于军事威慑的一种独立形式,在通过联合国及其他机构框架求得国际均衡过程中越来越重要的作用。④中国与韩国在与朝鲜谈判中领衔。如果国际及地区外交不能阻止军事干涉,那毫无疑问它也已被证明对将冲突双方拉开并引导它们走向和平起到了一种必要的辅助作用。

本卷试图指出世界复杂地缘政治结构的性质以及不同构成成分的作用和地位。作者希望一种更好的对形成国际体系的地缘政治力量的理解能够引生促进维持全球均势的各享其位的国家战略。

注释

① Thomas L. Friedman, *The Lexus and the Olive Tree* (New York: Farrar, Straus & Giroux, 1999), 141 - 63, 297 - 378; Francis Fukuyama, "The End of History?" *National Interest* 16 (Summer 1989): 3 - 18; and Niall Ferguson, *Colossus: The Price of American Empire* (New York: Penguin Press, 2004), 169 - 99.

② R. O'Brien, *Global Financial Integration: The End of Geography* (New York: Council on Foreign Relations Press, 1992), 1 - 35, 101 - 15.

③ Thomas L. Friedman, *The World Is Flat: A Brief History of the Globalized World in the Twenty-first Century* (New York: Farrar, Straus & Giroux, 2005), 309 - 70.

④ Alan K. Henrikson, "Diplomacy for the 21st Century: 'Re-crafting the Old Guild'" (paper presented at the 503d Wilton Park Conference, "Diplomacy: Profession in Peril?"); published in *Current Issues in International Diplomacy and Foreign Policy*, Wilton Park Papers, Vol. 1 (London: H. M. Stationery Office, 1998).

第二章

地缘政治学概览

△ 定义
△ 现代地缘政治学的几个阶段
　第一阶段：争夺帝国霸权
　第二阶段：德国地缘政治学
　第三阶段：美国的地缘政治学
　第四阶段：冷战——国家中心与普遍主义视角
　第五阶段：后冷战时代——竞争还是调和
△ 结论

11 现代地缘政治学的真正价值是对构成国际关系基础和影响政治互动的地理因素的学术分析。这种分析并不决定国策制定必须的方向。但是它确实提供了合理的方向，提醒决策者务必注意他们的决定对以上关系与互动的可能影响。

这一学科一直必须克服一些富有争议的基本问题。在其一个世纪前作为一个决定主义的研究领域和一种治国处方而被引入时，它首先被介绍为是一套指引一国战略命运的地理因素决定法则，继而又演变成现实政治(realpolitik)的地理学支撑。在以一门科学身份出现时，它的学术合理性受到挑战：在其专为服务于个别国家的个别需要而形成的学说中缺乏建立在经验基础之上的原则。另外，以现实政治作为研究重心被批评为缺乏道德和伦理基础。

以后，在纳粹德国手中，地缘政治学(geopolitik)成了一门被扭曲的伪科学，没有了科学的边界限制。在冷战期间及之后，这一领域分成两个相互竞争的思想流派——一个以国家为中心，另一个提供普遍主义的视角。

定义

地缘政治学是时代的产物，其定义也相应随时代的发展而改变。1899年首创这一概念的鲁道夫·契伦(Rudolf Kjellén)将地缘政治学描述为"将国家作为地理有机体或空间现象的理论"。① 对德国地缘政治学之父卡尔·豪斯浩弗(Karl Haushofer)来说，"地缘政治学是新的关乎本国利益的国家科学……一种关于空间决定一切政治过程的学说，它以地理作为广泛基础，而尤其是政治地理"。② 在第二次世界大战前夕，美国政治地理学家德温特·惠特莱西(Derwent Whittlesey)将地缘政治学贬为"一种教条……那种认为国家内在地被赋予了其在太阳底下的位置的信念"。③ 理查德·哈特向(Richard Hartshorne)对它的定义是"用于求知目的之外的特殊目的的地理学"。④

与地理学家惠特莱西和哈特向不同，政治学家爱德蒙·沃尔什(Edmund Walsh)赞同美国基于国际正义的地缘政治学，那就是"一种人文地理与应用政治学相结合的研究……它可以追溯到亚里士多德、孟德斯鸠和康德"。⑤

12 对杰弗里·帕克(Geoffrey Parker)来说，地缘政治学是"从空间或地理视角出发的国际关系研究"，⑥ 而约翰·阿格纽(John Agnew)给该领域定义为"对融入了世界政治构成的地理假设、称呼和备忘录的考察"。⑦ 批判地理学的倡导者吉尔罗德·奥图泰尔(Gearóid Ó Tuathail)指出："地缘政治学并不具有一种单独的、无所不包的意义或身份……它是演讲，也是论文，一种从不同文化、不同政治角度来描绘、表现和撰写关于地理和国际政治的方式。"⑧

将地缘政治学视为整合地理与国际政治的手段的政治家和学者也许会发现，在给地缘政治学下定义时,若不去作为某种流派,而是作为一种分析模式,将地理环境内容及等级的多样性与政治权力的运用联系起来,寻找权力流经的空间框架,将是有用的。

"地缘政治学"在本卷被定义为对在以地理环境与视角为一端和以政治过程为另一端的这两者之间的互动分析。环境(setting)由地理特征、模式和这两者形成的多层次地区组成。政治过程包括在国际层面活动的势力和国内那些影响着国际行为的势力。地理环境与政治过程都是动态的,每一方影响着另一方,又被另一方影响。地缘政治学就是要分析这互动的结果。在这种分析中,地理被用空间术语定义为"位置"和两者及两者以上之间的"联系"。"位置"指由人与自然环境在其中发生互动的有边界的环境。"联系"指将"位置"连在一起并影响着它们的人、物品以及观念的循环。

本书中采取的研究路径是地区性和阶段性的。它将世界地缘政治结构看作是由多层次的等级制度组成的不断演进的体系。民族国家及它们的亚国家被安放在地缘战略辖区和地缘政治区之内。

因为地缘政治学横跨两个学科——地理学与政治学——它的研究方法根据各学科一般分析框架而变化。因为大多数早期地缘政治理论与概念都出自地理学思想,后来的历史学家与政治学家对它们的应用经常不成功,因为他们没有将他们的理论去适应地理环境动态的和复杂的性质。

现代地缘政治学的几个阶段

现代地缘政治学已经历了五个发展阶段——争夺帝国霸权、德国地缘政治学、美国地缘政治学、冷战——国家中心与普遍主义的地理学视角、后冷战时代。

第一阶段:争夺帝国霸权

地缘政治思想可以追溯到亚里士多德、斯特拉博(Strabo)、博丹(Bodin)、孟德斯鸠、康德和黑格尔。其 19 世纪的先驱包括洪堡、居约(Guyot)、巴克尔(Buckle)和李特尔(Ritter)。但是,现代地缘政治学的创立者是拉采尔(Ratzel)、麦金德(Mackinder)、契伦(Kjellén)、鲍曼(Bowman)和马汉(Mahan),他们的著述反映了他们那个强烈的民族主义、国家扩张主义以及打造海外帝国的时代。这些最重要的理论家的原理与法则反映了其民族的视角和经验以及社会达尔文主义的影响。

拉采尔

弗里德里希·拉采尔(1844—1904),"德国政治地理学之父"兼自然科学家,他第一个在他的国家比较研究中系统地论及空间与位置。⑨他为后来的地缘政治学家提供了国家扩张主义学说的科学基础,这类学说反映了德国19世纪的经验及其对未来的野心。在19世纪后半叶,德国已经成为欧洲大陆上最主要的经济和军事强国。在俾斯麦的统一领导下,加之在与奥地利和法国的战争中获胜,它扩张了领土,扩大了重工业,同时为社会改革立法。在一个新的强大的海军舰队的帮助下,德国构成了对英国及法国的严重威胁,它获得了在东非和西非以及西太平洋的海外帝国地位,在东亚寻求商业据点。

拉采尔将他的体系建立在进化及科学原理上。⑩他将国家看成置于土壤中的有机体,其生命来自人类与土地的联系。他的地理"法则"以空间(*raum*)和位置(*lage*)为重点,前者取决于同时也增进着居住在空间中的群体的政治性格,后者赋予空间以独特性。边疆是国家的"皮肤"或边缘器官,反映增长与衰落。当与一个唯一政府领导下的大陆区域发生相互关系时,国家将会产生广阔的政治权力。这些国家增长的"有机体"理论符合德国将其未来看作是一个朝气蓬勃、开拓进取的资本主义"国家巨人"的观念。

麦金德

哈尔福德·麦金德(1861—1947),他是让地理进入英国大学课程的人,并预见到了维多利亚时代的结束。他关注的是在海上霸权好像不再能保证世界霸主地位的时候,如何去捍卫英帝国的政治、商业及工业优势地位。随着跨大陆铁路时代(联合太平洋铁路,1869年;柏林—巴格达经安纳托利亚铁路,1896年;西伯利亚大铁路,1905年)的到来,麦金德将欧亚大陆国家的崛起看成是对英国世界霸主地位的最大威胁。

对麦金德而言,地理现实性就在于位置的中心性的优势以及观念、物品和人员的有效移动。1904年,他提出理论,认为欧亚大陆内部区域(欧亚大陆低地国家),以内陆或极地干地以及海上力量不能渗透为特征,是世界政治的"枢纽"区域(图2.1)。这块区域包括北部的基本上是西伯利亚森林地区和南边的草原,以及周边的沙漠和土库曼斯坦半干旱草地。他警告说,鉴于在时间及空间距离方面铁路相对于轮船的优越性,世界最大陆地心脏的统治将成为世界统治的基础。一种得到了对枢纽地区控制的欧亚大陆陆上力量(不管是俄罗斯、德国,或者中国,而特别是前两者的联盟)将取得对海洋世界的优势。⑪11年后,英国地理学家詹姆斯·斐格莱(James Fairgrieve)引入了"心脏地带"概念,正式表达了中国具有极佳的条件统治欧亚大陆的观点。⑫

在《民主的理想与现实》(1919年)中,麦金德开始使用"心脏地带"这个表述,增加了对陆地交通改善、人口增长以及工业化因素的考虑,将他的地图扩大到把从波罗的海穿经黑海的东欧放进欧亚大陆内部的战略附加(图2.2)之中。⑬以下成了他的格言的出

图 2.1 麦金德的世界：1904

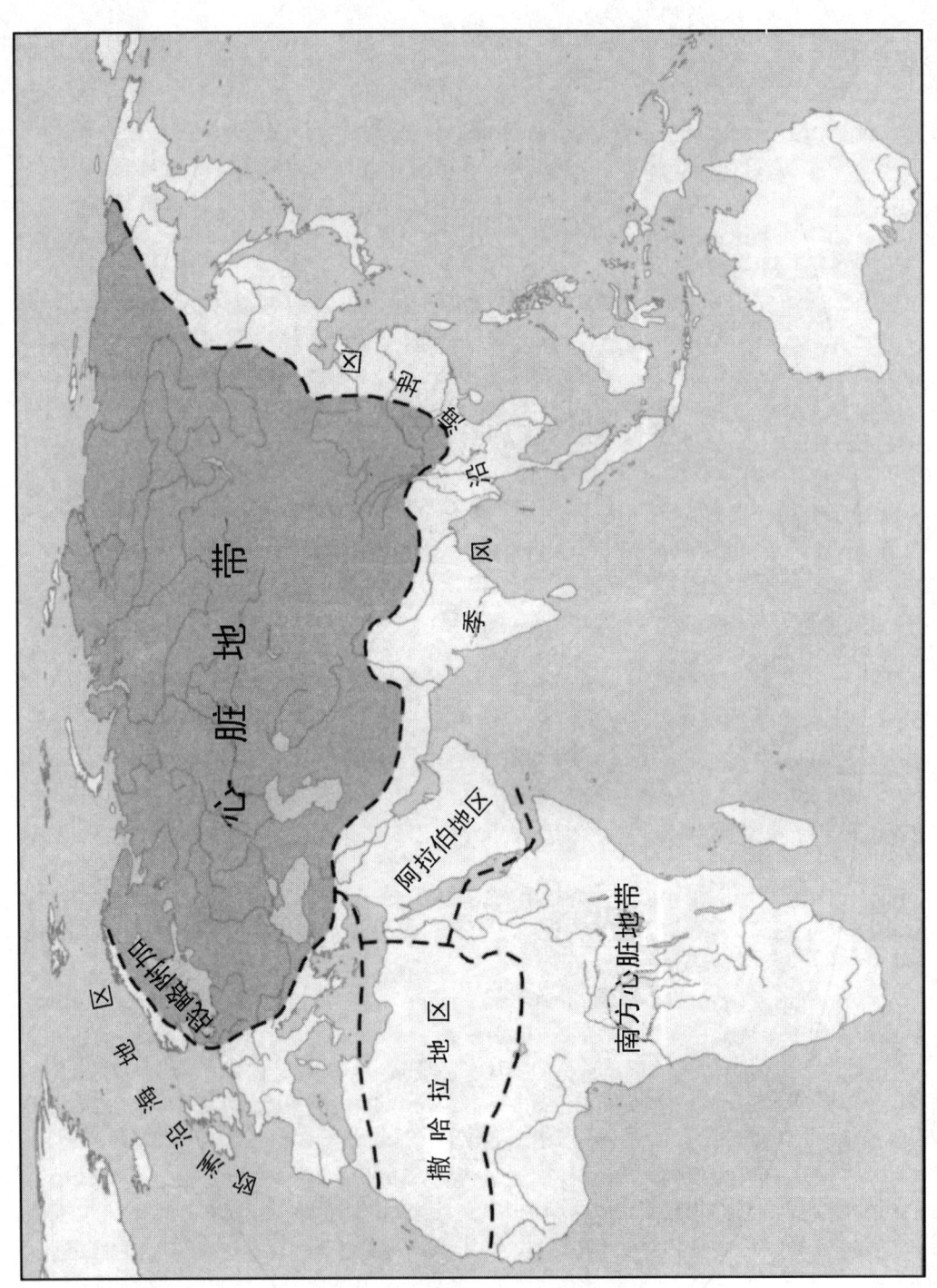

发点,"谁统治了东欧就统治了心脏地带;谁统治了心脏地带就统治了世界岛;谁统治了世界岛就统治了世界"。这对于西方政治家的警示是明显的——控制世界的关键位于德国和斯拉夫国家的中间一层,或者中欧(Mitteleuropa)——一个对德国人进入同从俄罗斯进入一样方便的地区。

麦金德将世界描绘成一个封闭的体系。一切的均势不变,什么也不会变,统治世界还得诉诸武力,尽管主权国家有了对平等的司法假定。麦金德称他自己为一个民主理想主义者,赞成国家拥有平等机会实现均衡经济发展。他还把自己描绘成一个现实主义者,担心国际联盟会随着一两个大国争夺超级控制权而蜕化为一个失衡的帝国。作为一项保护措施,他敦促小国结成联邦,增加世界舞台上重要玩家的数目,让可能的暴君或独裁者更难以取得霸权。因预见到英国作为世界领导国家的衰落,他呼吁西欧和北美成立一个单独的国家组织——北大西洋联盟的前身。

麦金德一直坚持不移地执著于他的均势概念。在考虑第二次世界大战后秩序框架过程中,他预见到一个在北大西洋(地中洋)国家和亚洲心脏地带国家之间取得地缘政治均势的世界。通过共同努力,它们可以阻止未来德国的野心。印度与中国的季风带(Monsoonal lands)代表了世界体系内部一种尚在演变的第三方均衡力量。他还推测,濒临南大西洋的大陆地带也有可能最终成为均衡过程当中的一个部分。"真空地幔",即从撒哈拉延伸穿过将人类主要社区隔开的中亚沙漠的障碍地区,或许能会成为体系中的第五构成部分。麦金德预测,这个障碍地区在某一天也许能够提供作为可耗竭资源替代的太阳能资源。

这些思想以草略形式写在1943年的一篇名叫《圆形的世界与赢取和平》的文章中。⑭在这篇文章里,麦金德放弃了他著名的1919年格言,即统治心脏地带就意味着统治世界岛。他没有为文章配上地图。所以,一幅以制图方式表达他撰写内容的地图被呈现在这里(图2.3)。首先,他将西伯利亚中部高地(Lenaland)从心脏地带排除。因此,心脏地带现在主要由清一色的森林和欧亚大陆草地部分组成。更重要的是,麦金德对地图的概念变了,他引入了一个由多极地区维持均势的世界概念,每一个地区都有它自己独特的自然和人力资源基础。

麦金德用来划分心脏地带分界线的标准表明,原来的世界枢纽概念已经从运动战场(即陆地部队移动地区)的角度变成一个以人、资源和内陆线为基础的"权力碉堡"。三条反映他的变化的地球观的分界线(图2.4)表明,他充分注意到了技术发展水平,以及空中能力。将麦金德的观点放在历史与当代的角度看,冷战时期美国的遏制政策是以1904年及1919年的心脏地带世界领域为基础的。冷战后美国的均势目标更多的是对1943年全球观的响应。

拉采尔的大国理论建立在自给自足、封闭空间和极权主义统治概念的基础上,而麦

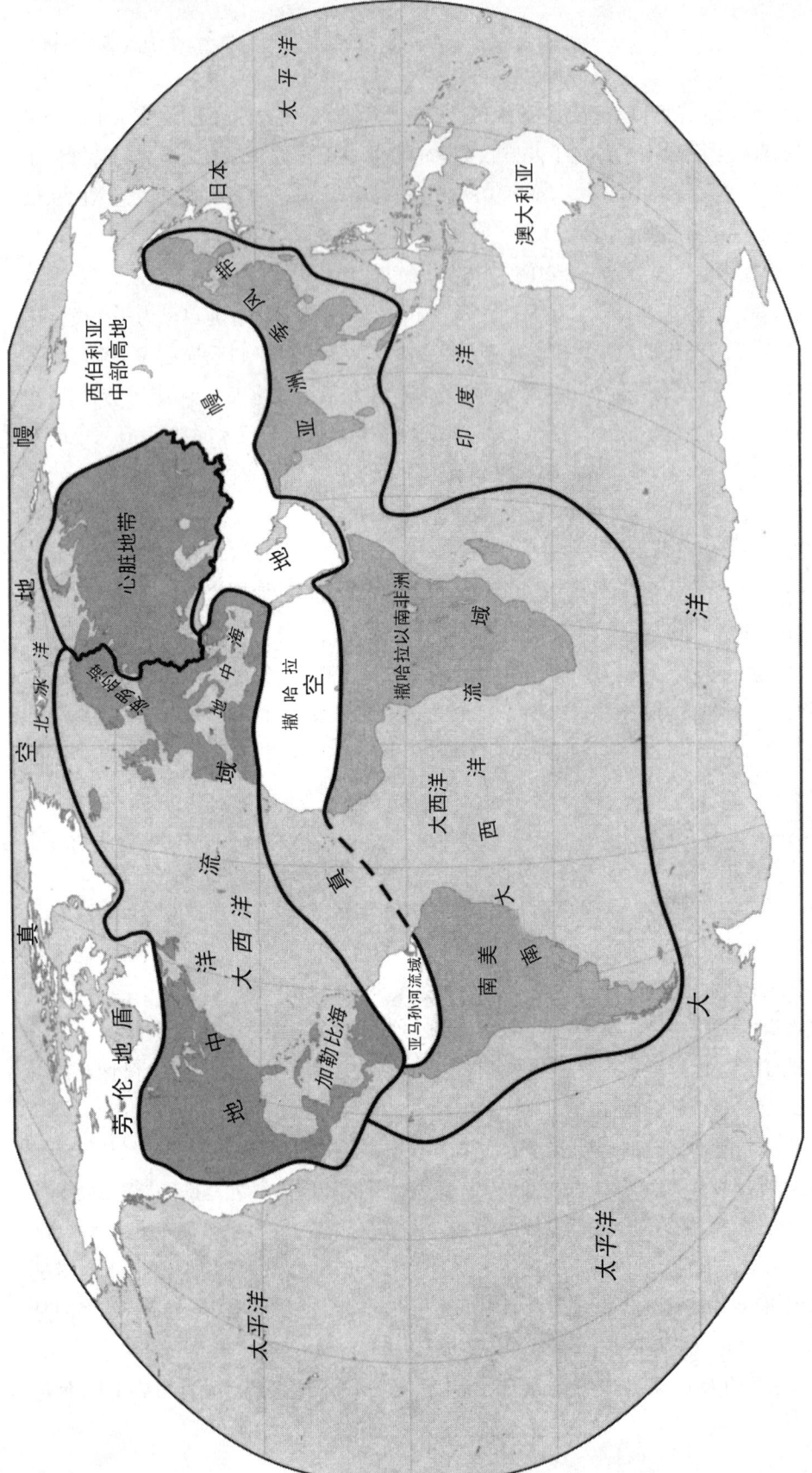

图 2.3 麦金德的世界：1943

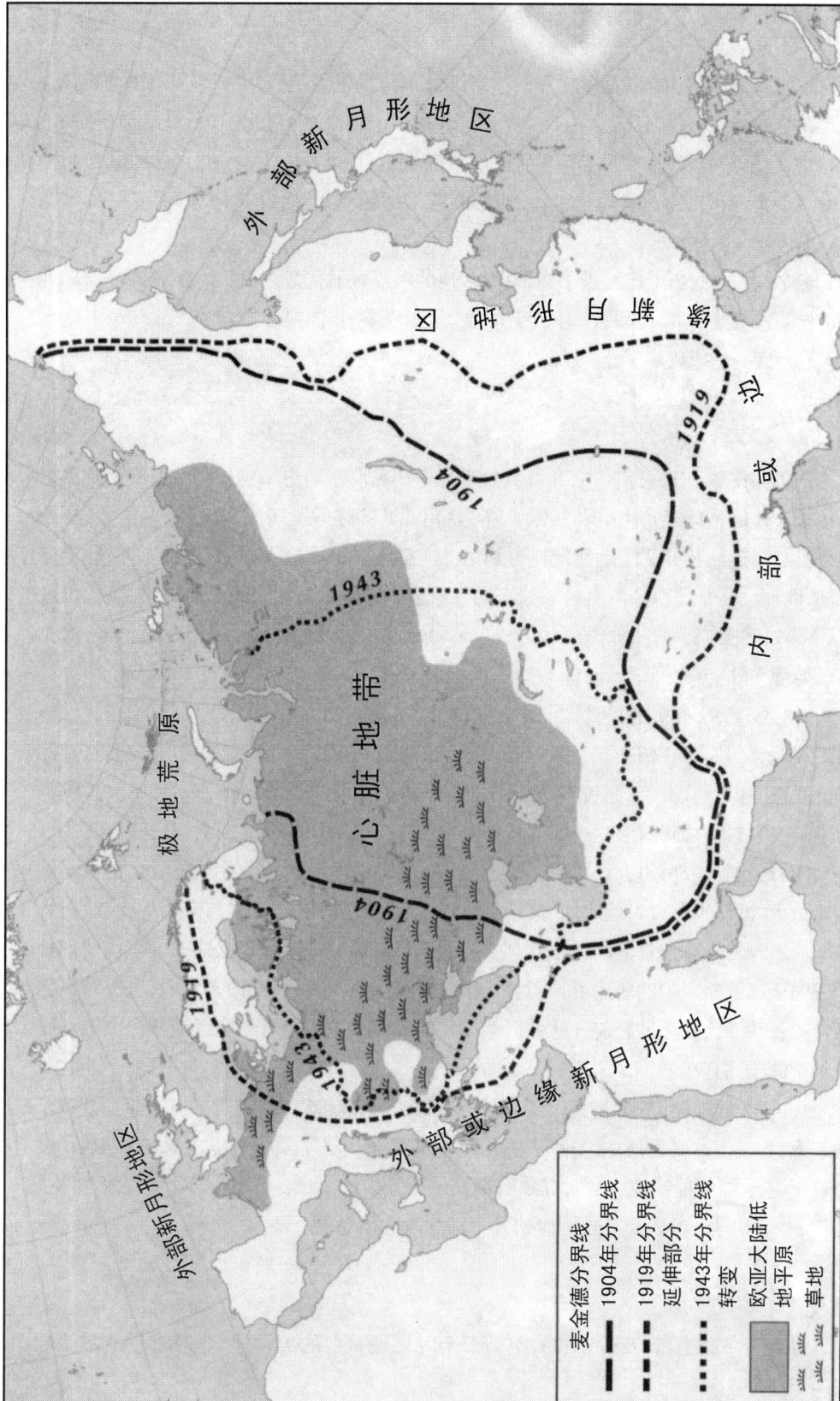

图 2.4 变化中的心脏地带边界

金德一心致力于研究国家间合作、使英帝国民主化地进入英联邦,以及小国保护问题。他跨越学术与政治,担任议会中保守党议员(1910—1922)、英驻南俄高级专员(1919—1920)。他是开放体系的拥护者,然而对贸易方面他又表现得态度模糊。作为最初的自由帝国主义者和自由贸易的鼓吹者,他最终还是站在保护英帝国统一的优惠关税体系的立场上。⑮

麦金德的思想影响已跨越了半个世纪,他的观点是后代战略决策制定者的基石。他对世界的看法成了寇松勋爵在南亚与南俄的帝国战略、德国第一次世界大战与第二次世界大战期间的地缘政治学,以及第二次世界大战后西方遏制战略的基础或出发点。

马汉

阿尔弗雷德·T.马汉(1849—1914)上将是一名海军历史学家和美国海军学院第二任校长。他的全球视角也是以亚欧大陆为中心的。⑯对马汉来说,北方陆地半球,那些凭经巴拿马运河及苏伊士运河航道可到达的广泛地区,是世界权力的关键所在;在半球内部,欧亚大陆是最重要的组成部分。马汉将俄国看作是亚洲陆地统治国家,其地理位置让人攻击不到。但是,他觉得俄国身处内陆让它处于不利位置,因为在他看来,海上移动要优于陆上移动。

对马汉来说,冲突的关键地带处在亚洲的北纬30°到40°之间的地方,在这里,俄国的陆权与英国的海权相碰。他强调,世界统治权会落在围绕着欧亚大陆的重要基地的英美联盟手中。事实上,他预测美国、英国、德国及日本的联盟终有一天会使反对俄国与中国成为它们共同的事业——这是一个暗示了冷战联盟体系的预测。

随着美国边疆历史进入尾声,美国开始越过大陆限制把自己看作是一个世界强国的新角色,马汉也发展着他的地缘政治观点。他视美国为欧洲国家与文明的分支,将太平洋沿岸和岛屿看作是大西洋—欧洲辖区的拓展部分。美国因此就处在一个由两部分构成的全球框架之中的西边半部,另一半边是东方(亚洲人)。在许多方面,马汉对世界环境的看法要比麦金德超前。他们截然相反的战略结论源于对陆地运动和海上运动比较结果的不同判断。

作为"大洋战略"的拥护者,马汉强烈支持美国将菲律宾、夏威夷、关岛、波多黎各串联起来;控制巴拿马运河地区;小心古巴。他的著述促进了美国孤立主义的结束,高度影响了麦金利和西奥多·罗斯福政府期间外交政策的形成。尤其是罗斯福,他采纳了马汉的大海军建议,以及其较明确的几个地缘政治概念。⑰

鲍曼

以赛亚·鲍曼(1878—1949),是他那个时代最重要的美国地理学家,也从政策层面出发加入了企图打造新世界秩序的研究工作。当时的威尔逊（Woodrow Wilson）总统心目中的秩序是："大战的影响是如此深远，以至于我们定将从此拥有一个新世界……这个新时代应当从第一次世界大战算起，正如中世纪的欧洲从罗马陷落开始，或者现代民主时代从独立宣言算起。"战争被鲍曼形容为暗杀侵略及德国野心的汇合，再加上控制生产场所和所有产品运输渠道的欲望，他将国家之间的关系看作是逐步演化的争夺。[18]

鲍曼不认为国际联盟自身即是或者经过它即可形成一个新世界的框架。相反，他觉得不同联盟应为了承担不同功能而设立，每一个都是用来推进合作计划，以减少国际冲突的根源。"世界上的人群还存在基本的区别，"他写道，"通向成功之路必经过无数次的试验。"[19]

这里没有宏伟的理论，如麦金德的那样，只是一个经验主义者及一名实践工作者建立在边界、资源和少数民族基础上的诊断——这是一个国际角色轮换，无序、动荡和危险，需要国际调停组织去让危险最小化的世界。鲍曼的这一新世界的观念基本上就是当时世界的实时地图，唯有更多地注意了某些民族的主权利益和采取国际协调行动的需要。他的著作，实际上，是对由威尔逊第十四点计划——呼吁成立一个具有普遍性的国际联盟以保证世界和平——会遇到什么样的问题的阐释。

契伦

鲁道夫·契伦（1864—1922），1899年创造"地缘政治学"这个词语的政治学家，既受到了其瑞典背景影响，也受到德国成长为一个大国的影响。他把即将到来的欧洲协约国的解散以及随后滑向战争和混乱视为是对瑞典这样的小国家敲响的丧钟。他接受拉采尔的有机体国家概念，认为德国成长为一个大国认为是不可避免和恰当合理的。瑞典的要求将在一个新的从斯堪的纳维亚半岛和波罗的海国家到东欧和巴尔干地区这样范围的中欧（*Mitteleuropean*）区的框架内得到充分满足，这个区由上升的德国统治。

作为瑞典议会一名保守党成员，契伦将地缘政治学看作是"以国家为对象的科学"，国家的自然环境为权力单位提供了追求"势不可挡的进步法则"。最初，地缘政治学被契伦认为是理解国家的五个主要学科之一，其他几个是经济政治学、人口政治学、社会政治学和权力政治学。作为五个学科当中的主干，地缘政治学最后将其他四个学科纳入自身的怀抱。

动态的有机体研究视角使得契伦赞同政治过程是由空间决定的。同时，既然欧洲大国只能通过战争而诞生出来，那么他就将地缘政治学看作主要是一门战争的科学。[20]

21 第二阶段：德国地缘政治学

德国地缘政治学应德国在第一次世界大战中毁灭性的失败而生。受《凡尔赛条约》之羞，德国失却了海外帝国及部分重要国土。阿尔萨斯—洛林又回归法国，小的边界地块被比利时吞并，北石勒苏益格在全民公决后重归丹麦。具有历史意义的普鲁士分裂了。在西普鲁士，波兹南归了波兰，如同构成波兰走廊的土地那样。但泽变成了一个"自由城市"，而同时，在东普鲁士的最东边部分，梅梅尔区第一次归在国际联盟治下，由法国托管，然后又被立陶宛吞并。上西里西亚部分归了波兰和捷克斯洛伐克。萨尔河归法国管辖，待 1935 年举行全民公决决定其最后归属地位，莱茵河流域让盟军占领。德国现在只剩是拉采尔和契伦的帝国时代的扩张型大国的幻影了。

另外，由俾斯麦政策打造的社会凝聚力散了。社会主义魏玛共和国被阶级冲突以及被来自左派的共产党、来自右派的种族激进主义者和贵族保守分子欲推翻它的企图所困扰。失业居高不下，通货膨胀飙升。这就是当时豪斯浩弗与其同事创办《地缘政治学杂志》(*Zeitschrift für Geopolitik*)(1924—1939)和慕尼黑大学地缘政治研究所的背景。通过恢复失去的领土纠正《凡尔赛条约》的影响，将德国重建为世界强国，成为那种为纳粹德国服务的地缘政治学的伪科学法则及原理背后的绝对支撑。

豪斯浩弗

卡尔·豪斯浩弗(1869—1946)，在成为政治地理学家之前曾任军队司令员，并不是一名原创性思想家。由他领导的德国地缘政治学家团队(奥托·毛尔、厄里克·奥布斯特、爱华尔德·班泽、理查德·海尼格、科林·罗斯、阿尔布雷特·豪斯浩弗)的地缘政治学基本上是以契伦、拉采尔、麦金德的著作为基础。其他给予他影响的人包括马汉、斐格莱，以及如辛普尔(Ellen Churchill Semple)等地理决定主义者，后者是拉采尔最重要的美国弟子。

黑格尔的有机体地缘政治哲学的大部分内容直接来自拉采尔，或者要么通过契伦。生存空间(*lebensraum*)和绝对统治成了这类学说的口头禅，其结果是冲突和总体战。三种地理环境贯穿于这种地缘政治学文献中：拉采尔的大国家、麦金德的世界岛和泛地区(panregions)。德国向西部和东部的有机扩张被认为是不可避免的。为获得对世界岛的控制权，控制苏联和摧毁英国海上力量是必要的。地缘政治家们以为德国控制了泛欧地区(包括东欧)就能迫使苏联——被看作亚洲强国——屈服就范。

在 20 世纪 20 年代和 30 年代的大多数时间里，豪斯浩弗赞同以资源和人力互补为基础的泛大陆主义：分别以美国、德国、日本为各自核心的泛美国、泛欧非以及泛亚洲主义。他对苏联的立场犹豫不定。他提出几种不同的建议：德俄联盟、泛俄罗斯—南亚集团，以及日中俄集团。他呼吁德国、苏联与日本结成泛欧亚大陆从而统治世界，这影响了 1939 年的《苏德互不侵犯条约》，但又因随后希特勒进攻苏联而失去了意义。

德国学派可以忽略这些矛盾，因为德国这种地缘政治学（*geopolitik*）并未自称客观。它的原理是用来满足国家与帝国的目的的。像血液与土壤（*blut and boden*）及种族与空间（*rasse and raum*）这样的学说成了纳粹杀人政权的意识形态基础，让世界陷入了历史上最具破坏性的战争，酿成了对犹太人的大屠杀和杀害斯拉夫民族数百万人的罪行。

尽管豪斯浩弗是德国地缘政治学的关键人物，但还有其他几个重要成员。奥托·毛尔（Otto Maull）是《地缘政治学杂志》的合创者和合编者，信奉国家是拥有自己生命的空间细胞（如地区、城市等）的集合体的有机体理论。厄里克·奥布斯特（Erich Obst），《地缘政治学杂志》的第三位合创者，寻求为生存空间（*lebensraum*）建立一个客观标准。理查德·海尼格（Richard Hennig）形成了一种学说，其中土地、空间和经济被认为比种族更重要，为此他受到一些同事的猛烈攻击。爱华尔德·班泽（Ewald Banse）为将要到来的闪电战（*blitzkrieg*）草拟了战略战术。阿尔布雷特·豪斯浩弗（Albrecht Haushofer）以大西洋世界为重点并将地理数据转换成为扩张性的权力政治学。一位来自美国的杂志撰稿人科林·罗斯（Colin Ross）是对日本有发展自己独立于德国方向之外的"生存法则"的自由的早期拥护者。然而，卡尔·豪斯浩弗（Karl Haushofer）才是杂志以及地缘政治研究所的设计师和总导演——他对德国地缘政治学的内容及方向负主要责任。

豪斯浩弗的非凡影响得自他与鲁道夫·赫斯（Rudolf Hess）的亲密关系（后者在第一次世界大战时是豪斯浩弗的助手，后来又成为他在慕尼黑大学的学生）。通过赫斯，他在 1923—1938 年与希特勒有联系。很多豪斯浩弗的学说，特别是生存空间理论，都被吸收进了《我的奋斗》（*Mein Kampf*）一书，1938 年豪斯浩弗还在慕尼黑为希特勒出谋划策。㉑随着赫斯 1941 年逃往英国，地缘政治学家对希特勒的影响结束了。事实上，豪斯浩弗被短暂地囚禁在达豪集中营一段时间（具讽刺意味的是他有个犹太妻子）。他的儿子阿尔布雷特，也是一个与军界精英有来往的地理学家，1944 年参与暗杀希特勒的将军计划，被 S. S. 豪斯浩弗杀死，他妻子于 1946 年自杀。

第三阶段：美国的地缘政治学

斯皮克曼

大多数美国学院派地理学家强烈排斥德国地缘政治学，结果造成大家普遍不愿意从事地缘政治学。斯皮克曼(Nicholas Spykman),是一名出生在阿姆斯特丹的国际关系学者,他是仅有的几位在这段时间(1942—1944)确实在该领域进行研究的人之一。他的"边缘地带"理论反映了马汉的世界观念;它是作为心脏地带概念优势地位的矫正概念出现的。㉒

然而,斯皮克曼的一套用语,他详细描绘的全球地理环境,以及他从他的世界观念引出的政治结论都表明,他的基本灵感来自麦金德,而麦金德的战略性结论恰是他欲驳斥的。在本质上,斯皮克曼是竭力想唤起美国对由德国统治世界危险的注意。㉓他觉得唯有英美海权与苏联陆权之间全心全意的联盟才能阻止德国取得对欧亚大陆海岸线的控制权,进而取得对世界岛的统治。

斯皮克曼认为欧亚大陆沿岸陆地(包括濒海欧洲地区、中东、印度、东南亚和中国)因其人口、丰富的资源和他们对内陆出海通道(sea-lane)的占用而成为控制世界的关键。

本质上,斯皮克曼与麦金德持同样的全球观,但他拒绝接受陆权学说,说:"谁控制了边缘地带谁就统治欧亚大陆;谁统治了欧亚大陆谁就控制了世界的命运。"对斯皮克曼来说,边缘地带(麦金德的"边缘新月形地区")是争夺世界的关键。过去,边缘地区西欧部分的分裂和英美实力的上升(斯皮克曼的沿岸大陆及岛屿的一部分)使得单一方面控制边缘地带成为不可能了(这个沿岸地区,包括新大陆、撒哈拉以南非洲和澳大拉西亚,相当于麦金德的"外部新月形地区")。然而现在,斯皮克曼担心,一个单独的大国,比如德国,或可实施对欧洲边缘地区的控制,然后利用舰船优势和对分布于整个欧亚大陆的海军以及空军基地网的指挥调遣,通过种种征服加结盟的联合行动,迅速进入其他地区。

当然,就货物的移动而言,尚有很多支持海上交通的话可说,尤其是想到由巨型集装箱而获得的效率。况且,航空母舰与潜水艇已经给了海洋流域国家使用飞机及导弹的机动性,而这是固定的陆上基地所做不到的。斯皮克曼学说的不足过去是、现在依然是以下事实,即没有一个欧亚大陆边缘地区国家有能力将所有边缘地区国家或地区组织起来,就因为边缘地区既易遭心脏地带国家的攻击,也易遭沿岸国家攻击。一个统一的濒海欧洲地区在其能够尝试去对南部剩余部分以及边缘地区的东亚部分施加战略控制之前,必须要获得对地中海、北非、中东、撒哈拉以南非洲以及澳大利亚的彻底控制。它只有在心脏地带或新大陆沿岸的美洲国家不干涉的情况下才能成功。他还认为迅速控制了亚洲沿岸或南亚的中国边缘地区再想控制中东将处于不利地位,它将面临来自心脏地带的、西欧的,或者来自非洲的压力。

陆地交往中的内陆交通线,即使是在边缘地区之间,今天看上去也要比斯皮克曼当时考虑得更为重要。因此,就算海上及空中被沿岸敌国控制,中国陆地基地还是能够继续为朝鲜与越南北部提供支持。中国南方及越南北部的铁路网与现代公路网(以及丛林和山道)是输送政治、经济的动脉,过去最终靠它击败了在越南的美国人,今天凭它已将越南、老挝和柬埔寨揽入战略监督联盟之中。

其他理论家

空间时代给地缘政治思想的影响带来了多种不同的观点。1942年,乔治·雷纳(George Renner)提出,空中常规航线已经将欧亚大陆心脏地带和第二个略小一点的横跨北极冰原地区的英美地区的心脏地带相连,形成了在北半球内部的一个新的扩大的心脏地带。[24]这个新心脏地带的一个重要特性是其欧亚大陆以及北极地区英美部分两者都存在弱点。根据雷纳的观点,扩大的心脏地带不仅是统治世界的权力中心,同时还拥有整个极地世界内陆的空中、海上、陆地道路的便利。因此北极地区作为世界枢纽性移动的战场,是心脏地带的关键因而也是控制世界的关键。

另一种来自亚历山大·德·谢维尔斯基(Alexander De Seversky)的观点被斯蒂芬·琼斯称作是"飞行员的全球观"。[25]德·谢维尔斯基的世界地图作于1950年,是以北极为中心的等距方位投影。西半球位于极点的南面,北面是欧亚大陆与非洲。这里又见到旧大陆与新大陆的分野。北美洲的"空中统治"区域(它的资源与制造业储备区域)是拉丁美洲;苏联的空中统治区域是南亚与东南亚以及撒哈拉以南非洲大部分地区。德·谢维尔斯基认为那些北美洲和苏联空中统治区域相重合的地方(这包括英美地区、欧亚大陆心脏地带、濒海欧洲地区、北非以及中东)是"决定区域"。根据这一观点,控制空中,就等于控制了全球。[26]

在某一种意义上,这一观点是雷纳观点的发展。但是,在另外一种意义上,它却导致了两个不同的并且十分可疑的结论。第一个来自对地图投影法的曲解,它暗示非洲与南美相隔如此遥远,以致它们都能受到各自的传统伙伴苏联与美国的保护从而相互免受攻击。

第二,德·谢维尔斯基的观点是空中霸权,以及随之而来的对北半球决定区域的控制,这种控制可以由一个国家通过全面投入的空中战斗而获得。尽管他只说到美国、苏联,以及也许还包括有潜力成为大国的英国,然而在理论上任何具有必要军事硬件、恢复能力强、以及具有意志力的国家都能获得统治权。因此德·谢维尔斯基的理论导向两个结论:(1)"空间孤立主义",也就是说将世界一分为二是可行的;(2)"单一性全球观",即在全面战争情况下,军事硬件领先的国家,不管位于什么位置,都能统治世界。德·谢维尔斯基的主要著作写成于1950年间,他没有预见到有几个大国会同时获得相互摧毁的实力。

还有些人持这样的观点,即空中力量并没有在陆地和海上运动外新增一个第三维度,而只不过是对它们两个的补充。特别是如果全面核战争被消除的话,这种被琼斯称为"空中第一调节派"的观点便认为空权只有在其具有较之陆权或海权的比较优势时方具有决定性。一位较有影响、来自北大西洋联盟中的该观点代言人,是英国战略家、空军元帅约翰·斯莱塞爵士(John Slessor),他是将运用空间核武器作为针对总体战有力威慑因素的强烈拥护者。[27]因此排除总体战之后,他推断说空中力量的作用应当是作为海上或陆地部队的补充。他认为即使西欧遭到入侵,也可以通过有限类型的空中打击结合地面防守进行还击,从而挫败侵略,而不会引起核战争。对斯莱塞而言——他的战略思想以边缘地区—心脏地带均势理论为基础——有限战争的战场可能是中东和东南亚,届时空中力量会是受海上支持的陆地行动的重要补充。

第四阶段:冷战——国家中心与普遍主义视角

冷战的降临重新唤醒西方对地缘政治学的兴趣,这种兴趣来自历史学家、政治学家和政治家,而不是地理学家——他们因为德国地缘政治学的污点而一直回避着地缘政治学。

以国家为中心的地缘政治学

美国的冷战专家奉地缘政治学为对抗苏联与国际共产主义的国家政策的基础。依据早期从地理学中产生的地缘政治理论,凭对全球和地区空间模式的静态解释,他们将遏制、多米诺理论、力量均势大局观、关键国家等政治战略概念引入冷战地缘政治学的语汇当中。在这一背景下,哈尔福德·麦金德的心脏地带理论扮演了工具性的角色。

乔治·凯南(George Kennan)1946年发出的对来自俄罗斯亚洲中心的具有历史紧迫性的苏联扩张主义的警告,被美国反共分子奉为在心脏地带每一处地方对苏联采取遏制政策的知识基础。[28]这一政策在1947年的杜鲁门主义中正式形成。温斯顿·丘吉尔在他1946年的密苏里州富尔顿讲话中,同样号召大家遏制苏联扩张倾向,创造了"铁幕"这个词。[29]

作为杜鲁门政府期间美国国务院政策策划部成员,凯南曾经发表过遏制观点。他是美国众多决策者当中第一个表示支持这一概念的人。其他早期的拥护者有迪安·艾奇逊(Dean Acheson)、保罗·尼采(Paul Nitze)、杜勒斯(John Foster Dulles)、艾森豪威尔(Dwight Eisenhower)、沃尔特·罗斯托(Walt Rostow)、麦克斯韦·泰勒(Maxwell Taylor)。以后又有基辛格(Henry Kissinger)、尼克松(Richard Nixon)、布热津斯基(Zbigniew Brzezinski)、亚历山大·黑格(Alexander Haig)加入进来,从此遏制成为美国外交政策的中心原则。[30]这些对心脏—边缘地带理论的诠释在遏制战略被证明有缺陷和不足之后——随着苏联和中国越过边缘地区向中东部分地区、撒哈拉以南非洲、加勒比和中美地区以及东南亚一带扩散——仍然被作为制定遏制战略的工具达很长一段时间。

所以以后西方外交政策不再将自己局限于对沿心脏地带边界一线的欧亚大陆国家的遏制。相反，它采取了一种阻止共产主义向第三世界扩散的战略。那种过去促使美国支持殖民地民族自由与民主化进程的理想主义愿景很快让位于方便有效的现实政治——扶植右翼独裁政权以便在任何被视为有威胁的地方阻止共产主义的威胁。

另一流行的地缘政治学说，"多米诺理论"，首先是由威廉·布利特（William Bullit）在1947年提出来的。他担心苏联共产主义力量会通过中国向东南亚扩散。这一概念被肯尼迪及尼克松政府接受，从而让美国对越南的干涉被合理解释为一项"拯救"其他东南亚国家的措施。㉛

多米诺理论是支持让西方的遏制政策越过东南亚及中东破碎地带，扩大施用到非洲之角和撒哈拉以南非洲、中美洲与古巴、南美，以及南亚等地的一个重要的论点。这些区域成为两个超级大国的战场，因为它们都从军事上、政治上和经济上支持当地的代理国家。其目的是保护原材料来源地及市场，同时不让海外敌人在此建立军事基地。多米诺虚构仍然活着。科索沃的阿尔巴尼亚民族复国主义向马其顿、保加利亚和希腊扩散的威胁——除人道主义考虑之外——也是加快促使北约1998年发动对南斯拉夫空袭的因素之一。乔治·布什政府虽没有用这个词，但它用了这一理论作为其推翻萨达姆·侯赛因的逻辑依据之一。它声称，一个自由、民主的伊拉克将会增进全中东的民主与和平，同时也能促进解决阿以冲突。在这一任政府临近结束时布什总统改辙了，辩称美国军队必须继续留在伊拉克以便阻止伊斯兰恐怖主义的扩散。

第三个原理，"大局观"（linkage），是1979年由基辛格引入地缘政治学的。㉜事实上，莱斯利·赫波尔（Leslie Hepple）曾暗示，基辛格几乎是凭一己之力重新将"地缘政治学"这个词变成了全球力量均势政治学的同义词。㉝大局观以将世界各地冲突地点都与苏联相连接从而形成一个网络的理论为基础，认为美国卷入任一个别冲突都需要从其对整体的超级大国均势的影响来着眼。对基辛格而言，西方在世界某个地方的无能，如在亚洲或非洲等，将无可避免地减损它在世界其他地方（比如在中东）的名声或地位。大局观被用来为尼克松政府在战争已明显失利后的很长时间内仍然不愿丢弃越南战场提供了辩解理由。名声地位损失的威胁声调在西方未曾稍息，北约即受此驱使攻打了南斯拉夫。

大局观理论还被运用于与苏联实现关系缓和以及与中国达成和解。为维持均势，尼克松政府寻求与莫斯科达成战略武器限制及相互核威慑协议，同时挑动中国反对苏联。这一政策的逻辑结果是默认了勃列日涅夫主义，即军事力量是将东欧及中欧的社会主义国家留在苏联阵营内部的合理手段。

　　布热津斯基的地缘政治世界观建立在欧亚大陆陆权与海权争夺的基础上,对他来说,遏制与阻止苏联取得世界统治地位的关键在于美国对"关键"国家的控制。对此他的定义是从其地理位置出发,这位置要能够让这些国家发挥出经济与军事影响;或者从它们军事上具有重要意义的地缘战略位置出发。这样符合条件的关键国家是德国、波兰、伊朗或巴基斯坦—阿富汗、韩国,以及菲律宾。它们听命于美国将会有效地遏制俄罗斯的"帝国"权力,保护欧洲和日本,以及就韩国与菲律宾的情况,阻止中国的包围。㉞

　　对布热津斯基来说,美苏冲突乃是一个没有结束的游戏,而关键国家控制是美国地缘战略游戏计划的一个必要部分。在这一地缘政治研究路径中,对全球地缘政治复杂性和对不在超级大国控制范围之内,但却已经成为体系中的活跃角色的力量的多极性几乎没有考虑。它特别忽视了中国与印度得天独厚的地缘政治位置和优势,同时显然也低估了超级大国与弱小和不稳定的政权结盟的成本。

普遍主义地缘政治学

　　当地理学家在20世纪60年代和70年代重新进入地缘政治学时,他们引入了以普遍主义或整体主义世界观以及地理空间的动态性质为基础的理论。主要有三种主要观点:(1) 多中心的,国际权力体系;(2) 单一的,以经济为基础的世界体系;(3) 环境、社会决定的地缘政治学。

　　因为这些新鲜理论挑战了两极观的冷战地缘政治学,它们对冷战专家毫无吸引力,故未能进入当时流行的、被当时政治家实践同时也被媒体风光宣传传播的"政治的"地缘政治学。多极或多元与多层权力研究方法拒绝接受关于世界统治的心脏地带理论,正如具有讽刺意味的是哈尔福德·麦金德在其1943年最后一版著作中也拒绝了该理论一样。

　　1963年,本书作者提出,在一个按各种动态均衡力量演进着的体系之内存在着一个灵活多变的由地缘战略辖区、地缘政治区、破碎地带、民族国家以及亚国家组成的等级体制(1973年修订)。㉟ 10年以后,借鉴海因茨·沃纳(Heinz Werner)的发展心理学和贝塔朗菲(Ludwig von Bertalanffy)的一般系统论原理,又增加了一个阶段比较的研究方法。㊱扩大了的地缘政治理论假定,全球体系组成结构从仅含很少要素的原子化和无差异化阶段,向在不同地理范围规模上含许多要素的专业一体化演化。均衡通过对短期动荡的回应从一阶段走向另一阶段而得到维持。

　　在英格兰,杰拉尔德·罗·克龙(G. R. Chrone)形成了一种由同样按等级排列并具有历史和文化基础的10个地区性集团组成的地缘政治体系。㊲根据克龙的观点,世界权力天平重心正在由欧洲和西方向亚洲及太平洋转移。他预测,太平洋将会成为未来苏联、美国和中国相互对抗的战场。

20年以后,英国地理学家彼得·泰勒(Peter Talor),与国家中心地缘政治学的"现实主义"道路决裂,开始运用一种以全球经济学作基础的世界体系研究方法。他借鉴了伊曼努尔·沃勒斯坦(Immanuel Wallerstein)1983年著作中的观点,沃勒斯坦强调世界经济意味着一个整体的全球社会,而不是相互竞争的国家经济体。在对沃勒斯坦模型与乔治·莫德尔斯基世界权力循环进行了整合之后,泰勒将权力与政治放在一个循环的世界经济背景之下加以考察,其中民族国家及地区都有其恰当的位置。[38]

泰勒与沃勒斯坦都用北方—南方(富国与穷国)这套语汇模式来解读全球冲突,而不是采用麦金德早期的东方—西方模式。因为接受了资本主义核心区域是以牺牲世界边缘地区为代价而壮大了自己这样的论点,泰勒的激进视角被推为"透露"当时政治问题的一个基本出发点。[39]

以环境与社会为导向的地缘政治学是由伊夫·拉科斯特(Yves LaCoste)随1976年刊物《希罗多德》(*Hérodite*)的创立在法国推出的。在向"新"的地缘政治学(*géopolitique*)转变过程中,拉科斯特希望可以将重点放在土地而不是放在国家身上,以克服"旧"地缘政治学的国家沙文主义。《希罗多德》将地缘政治学与生态学及广泛的环境问题,以及与世界贫困和资源耗竭联系在一起。[40]拉科斯特著作的大部分内容是受到了法国人文地理学家以及政治上的无政府主义者埃利兹·勒克吕(Élisée Reclus)的启发,后者认为通过废除国家和重建相互合作全球体系从而重塑世界政治结构最为重要。[41]尽管这种法国地缘政治学没有产生系统性的地缘政治理论,但它确实引起了人们对将地缘政治学用于重大全球问题的注意。

第五阶段:后冷战时代——竞争还是调和

冷战时代的结束带来了一些新的地缘政治研究方法。对弗朗西斯·福山(Francis Fukuyama)而言,马克思列宁主义的淡去和西方自由民主及"自由市场主义"的胜利预示着一个普世的、同质的国家即将到来。根据这种理想化的世界观,地理差异及地缘政治学,已毫无作为。福山最近又撰文论证,在接下来的几十年中,威权主义将在世界大部分地方变得更加强盛,尤其是在俄罗斯与中国,美国对此将没有更多办法。[42]

而对另一些人来说,冷战的结束预示着一个"新的世界秩序"和以美国全球霸权为中心的地缘政治的诞生。布什总统在1990年对国会讲话中,将对伊战争背后的政策说成从中能看到一个由美国领导的新世界秩序以及"更加远离了恐怖主义威胁,更加坚定了对正义的追求,以及更加笃实了对和平的热情期盼……一个各个国家于其中认识到对于自由和正义共同责任的世界"。[43]

还有一条道路是罗伯特·卡普兰(Robert Kaplan)的无政府主义地缘政治学。从将世界一分为二成富裕的北方和贫困的南方的视角,卡普兰下结论说,南方,特别是非洲,注定要陷于无政府和混乱。他的未来地图——被称为"最后的地图"——是一种"永无休止的混乱象征"。他强调只有美国才有能力让世界体系稳定下来,阻止专制潮流的扩散,勇敢面对伊斯兰的反现代主义。㊹

这三幅前景一个都还没出现。从最多发生的情况看,推翻共产主义政权并没有导致稳定的自由市场经济。对美国单边运用军事、经济和政治权力的限制从美国在阿富汗、伊拉克、索马里和海地的目标未能达到即可明显看出。但是,后冷战时代地缘政治学的主脉仍然还在沿袭着之前时代的两个方向——国家中心—政治的和普遍主义—地理的。政治性地缘政治学倡导将西方的力量投入中欧和东欧,以削弱俄罗斯西边心脏地带的地位。它们还推出向高加索和中亚渗透以及挑动中国反对俄罗斯的战略。

布热津斯基给维持美国全球霸权的处方是在"欧亚大棋局"中的三个地方取得领先优势:西方,或欧洲;南方,或中东与中亚;东方,或中国与日本。㊺为此目的,他主张使乌克兰与黑海进入西方轨道,美国应与中亚及高加索地区(被称为欧亚大陆的"巴尔干地区")保持密切联系,支持中国对获得在东南亚半岛及巴基斯坦地区的控制地位的渴求。中国尽管影响逐渐扩大,但它还应被依全球而制定的美日战略联盟限制在一个地区性大国的地位。目的是要阻止俄罗斯重申对"国外近邻"的战略控制或者与中国和伊朗一道加入欧亚大陆反美联盟。基辛格最近给美国的未免过分简单化的外交政策建议是,美国要确保没有哪个国家能从某地区崛起后或成为全球大国后即与他国联手反对美国。㊻

借推出一种"西方对峙东方"的地缘政治学,萨缪尔·亨廷顿(Samuel Huntington)宣称世界领先地位可以通过分隔和离间其他文明而得到维持。㊼他的论点是世界冲突的根本来源将不是意识形态。相反,大的分歧将是文化上的,文明之间的断裂层将成为战场的前哨阵地。在将世界分成西方、儒家、日本、伊斯兰、印度、斯拉夫东正教、拉美,以及可能的非洲文明之余,他几乎没去考虑文明内部的宗教、种族、经济以及战略方面的分歧。他还假定了这些文化断裂层的永久性,而不顾由迁移运动和现代化带来的巨大的人口变迁。

地理学的地缘政治理论也同样继续体现着冷战期间推出的普遍主义路径。建基于泰勒和拉科斯特著作,并由约翰·阿格纽(John Agnew)和吉尔罗德·奥·图泰尔(Gearóid Ó Tuathail)作品所代表的"批判"地缘政治学,运用社会—科学的批判思维究问权力是怎样运作以及如何可能会遭到挑战。㊽分析话语——修辞、比喻、象征,分析女性研究国家安全的角度,分析社会运动地理,特别是分析与新被宣布为激进主义以及参与性民主有关的社会运动地理——被乔·佩因特(Joe Painter)视为地缘政治研究的核心。㊾

尼尔·史密斯(Neil Smith)对"新批判地理学家",如艾米(Amin)和思瑞夫特

(Thrift)等,⑩"就为一个变得更平的地球概念而放弃批判地理理论",作了有力的批评。在将新批评拥护者嘲为"异域左派"(heterarchical left)后——它已投靠在弗里德曼新自由主义平面地球全球化理论的旗帜下——他指出这种批评是"让全球去空间化"。对史密斯来说,阶级、种族、性别,以及其他的资本主义等级体制特征依然是社会现实,必须要被改造重建。他认为这应该继续作为批判地理分析的重点。⑪

结论

本卷赞同的以现实为出发点的地理学的地缘政治学建立在多极性与多层性的基础上。它依据的是世界各要素和各层次的持续不断扩散以及它们的地缘政治发展。现在的 200 个民族国家可以在 21 世纪的第二个 25 年中增加到 250 个主权和半主权国家单位。随着权力下放步伐的加快,这些新的地理范围当中有一些将成为高度自治的"准国家"。而且,全球城市网络——由电脑空间、旅游业和移民社区等方面联系得越来越紧密的资本流动和金融服务中心——将以一个主要的新地缘政治层级面目出现,有时推行与国家利益相违背的政策。国际社会运动,比如环境保护主义,也将对制定国家及地区政策(包括军事方面的)具有更大的影响。

在这一框架内,急剧展开的地缘政治重组是一个持续过程。因此,中国已经是一个单独的地缘战略辖区,而东南亚已不再是一个破碎地带。中东甚至已变成一个比过去更加分裂的破碎地带,尽管将从伊朗经伊拉克延伸至海湾国家范围的东什叶派一分为二成两块是完全可能的。目前呈原子状的撒哈拉以南非洲可能最终会再分成四个地区性单位:东、西、中、南。另一种可能的情况,非洲南部也许会成为一个紧密的地缘政治区,而次大陆其余部分还将保持破碎地带。从波罗的海延伸穿经东欧、外高加索、中亚和蒙古的汇合区可能要么变成新破碎地带,要么演变成为一个西方与俄罗斯之间的门户。濒海欧洲地区可能向地中海东部延伸,而将黎巴嫩、以色列和埃及纳入这一地区。

无论地缘政治重组会走哪条道路,我们都正在进入一个各种类型的地区、国家以及其他不同规模与功能的政治领土实体权力分享的时代。从现实出发的地缘政治理论将继续是理解、预测,以及形成世界体系结构与方向的重要工具。

注释

① Rudolf Kjellén, *Staten som Lifsform*, 1916. Published in German as *Der Staat also Lebenform* (Leipzig: Hirzel, 1917), 34 – 35, 203; also cited in Hans Weigert, *Generals and Geographers* (New York: Oxford University Press, 1942), 106 – 9.

② Richard Hennig, *Geopolitik: Die Lehre vom Staat als Lebewesen* (Leipzig: Hirzel,

1931), 9; also cited in Andrew Gyorgy, *Geopolitics* (Berkeley: University of California Press, 1944), 183.

③ Derwent Whittlesey, *The Earth and the State* (New York: Holt, 1939), 8.

④ Richard Hartshorne, *The Nature of Geography* (Lancaster, Pa.: Association of American Geographers, 1939), 404.

⑤ Edmund Walsh, "Geopolitics and International Morals," in *Compass of the World*, ed. H. W. Weigert and V. Stefansson (New York: Macmillan, 1944), 12-39.

⑥ Geoffrey Parker, *Geopolitics: Past, Present and Future* (London: Pinter, 1998), 5.

⑦ John Agnew, *Western Geopolitical Thought in the Twentieth Century* (New York: St. Martin's, 1985), 2.

⑧ Gearóid Ó Tuathail, Simon Dalby, and Paul Routledge, *The Geopolitics Reader* (London: Routledge, 1998), 3.

⑨ Friedrich Ratzel, *Politische Geographie*, 3d ed. (Munich: Oldenbourg, 1923), 4-12.

⑩ Friedrich Ratzel, "Die Gesetze des Raumlichen Wachstums der Staaten," *Petermanns Mitteilungen* 42 (1896): 97-107. Translated by Ronald Bolin under the title "The Laws of the Spatial Growth of States," in *The Structure of Political Geography*, ed. Roger Kasperson and Julian Minghi (Chicago: Aldine, 1969), 17-28.

⑪ Halford Mackinder, "The Geographical Pivot of History," *Geographical Journal* 23, no. 4 (1904): 421-44. Reprinted in Mackinder, *Democratic Ideals and Reality* (London: Constable, 1919; New York: Norton, 1962), 265-78.

⑫ James Fairgrieve, *Geography and World Power* (London: University of London Press, 1915), 329-46.

⑬ Mackinder, *Democratic Ideals and Reality*, 104-14, 148-66.

⑭ Halford Mackinder, "The Round World and the Winning of the Peace," *Foreign Affairs* 21 no. 4 (1943): 595-605. Reprinted in Mackinder, *Democratic Ideals and Reality*, 265-78.

⑮ Brian Blouet, *Halford Mackinder: A Biography* (College Station: Texas A&M University Press, 1987), 140-45.

⑯ Alfred T. Mahan, *The Influence of Sea Power upon History: 1660-1783* (Boston: Little, Brown, 1890), 25-89; and Mahan, *The Problem of Asia and Its Effect upon International Policy* (Boston: Little, Brown, 1900), 21-26, 63-125.

⑰ Neil Smith and Jan Nijman, "Alfred Thayer Mahan," in *Dictionary of Geopolitics*, ed. John O'Loughlin (Westport, Conn.: Greenwood, 1994), 156-58.

⑱ Isaiah Bowman, *The New World* (Yonkers-on-Hudson, NY.: World Book, 1922), 1-2, 8.

⑲ Bowman, *New World*, 11.

⑳ Parker, *Geopolitics*, 10 – 19.

㉑ Andrew Gyorgy, *Geopolitics*, 180 – 86; and Gearóid Ó Tuathail, in Ó Tuathail et al., *Geopolitics Reader*, 19 – 24.

㉒ Nicholas Spykman, *America's Strategy in World Politics* (New York: Harcourt, Brace, 1942), 457 – 72.

㉓ Nicholas Spykman, *The Geography of Peace* (New York: Harcourt, Brace, 1944), 38 – 43, 51 – 61.

㉔ George T. Renner, *Human Geography in the Air Age* (New York: Macmillan, 1942), 152 – 54.

㉕ Stephen B. Jones, "The Power Inventory and National Strategy," *World Politics* 1, no. 4 (July 1954): 421 – 52.

㉖ Alexander de Seversky, *Air Power: Key to Survival* (New York: Simon & Schuster, 1950), 11, map facing 312.

㉗ John Slessor, *The Great Deterrent* (New York: Praeger, 1957), 264 – 85.

㉘ George Kennan, "The Sources of Soviet Conduct," *Foreign Affairs* 25 (1947): 566 – 82.

㉙ Winston Churchill, "Iron Curtain" speech (graduation address given at Westminster College, Fulton, Mo., March 5, 1946). Excerpts in *Internet Modern History Sourcebook* (August 1977).

㉚ Seyom Brown, "Inherited Geopolitics and Emergent Global Realities," in *America's Global Interests*, ed. Edward K. Hamilton (New York: Norton, 1989), 166 – 97.

㉛ Patrick O'Sullivan, "Antidomino," *Political Geography Quarterly* 1 (1982): 57 – 64.

㉜ Henry A. Kissinger, *The White House Years* (Boston: Little, Brown, 1979), 127 – 38.

㉝ Leslie Hepple, "Geopolitics, Generals and the State in Brazil," *Political Geography Quarterly* 5 (supplement 1986): S79 – S90.

㉞ Zbigniew Brzezinski, *Game Plan* (New York: Atlantic Monthly Press, 1986), 52 – 65.

㉟ Saul B. Cohen, *Geography and Politics in a World Divided*, 2d ed. (New York: Oxford University Press, 1973), 59 – 89.

㊱ Saul B. Cohen, "A New Map of Geopolitical Equilibrium: A Developmental Approach," *Political Geography Quarterly* 1, no. 3 (1982): 223 – 42; Heinz Werner, *Comparative Psychology of Mental Development*, rev. ed. (New York: International University Press, 1948), 40 – 55; and Ludwig von Bertalanffy, *General System Theory* (New York: Braziller, 1968), 30 – 53, 205 – 21.

㊲ G. R. Chrone, *Background to Political Geography* (London: Pittman, 1969), 234.

㊳ Peter J. Taylor, *Political Geography*, 2d ed. (Harlow, England: Longman Scientific and Technical; New York: Wiley, 1989), 2 - 41; Immanuel Wallerstein, "European Unity and Its Implications for the Interstate System," in *Europe: Dimensions of Peace*, ed. B. Hettne (London: Zed, 1988), 27 - 38; Wallerstein, "The World-System after the Cold War," *Journal of Peace Research* 30, no. 1 (1993): 1 - 6; and George Modelski, "The Study of Long Cycles," in *Exploring Long Cycles*, ed. George Modelski (Boulder, Colo.: Rienner, 1987), 1 - 15.

㊴ Taylor, *Political Geography*, 157 - 69.

㊵ Yves LaCoste, "Editorial: Les Géographes, l'Action et la Politique," *Hérodite* 33 (1984): 3 - 32.

㊶ B. Giblin, "Elisée Reclus, 1830 - 1905," in *Geographers Bibliographical Studies*, ed. T. W. Freeman, vol. 3 (London: Mansell, 1979), 125 - 32; and Gary Dunbar, *Elisée Reclus, Historian of Nature* (Hamden, Conn.: Archon, 1978), 47 - 53, 69 - 97, 112 - 22.

㊷ Francis Fukuyama, *The End of History and the Last Man?* (New York: Free Press, 1992), 199 - 208, 287 - 99; and Fukuyama, *The Great Disruption: Human Nature and the Reconstitution of Social Order* (New York: Free Press, 1999), 10 - 26, 187 - 93, 249 - 82. See also "After Neoconservatism," *New York Times Magazine* (February 19, 2006), 5 pp.

㊸ George H. W. Bush, "Toward a New World Order," September 11, 1990, *Public Papers of the Presidents of the United States, George H. W. Bush, 1990* (Washington, D.C.: Government Printing Office, 1991).

㊹ Robert D. Kaplan, "The Coming Anarchy," *Atlantic Monthly* 273, no. 2 (1994): 44 - 46; and Kaplan, *The Coming Anarchy: Shattering the Dreams of the Cold War* (New York: Random House, 2000), 37 - 41, 51 - 57.

㊺ Zbigniew Brzezinski, *The Grand Chessboard* (New York: Basic, 1997), 30 - 56.

㊻ Henry Kissinger, *Does America Need a Foreign Policy? Towards a Diplomacy for the 21st Century* (New York: Simon & Schuster, 2001).

㊼ Samuel P Huntington, "The Clash of Civilizations?" *Foreign Affairs* 72 (1993): 22 - 49.

㊽ John Agnew, *Geopolitics: Re-visioning World Politics* (London: Routledge, 1998), 23 - 30; and Gearóid Ó Tuathail, "Thinking Critically about Geopolitics," in Ó Tuathail et al., *The Geopolitics Reader*, 1 - 11.

㊾ Joe Painter, *Politics, Geography and "Political Geography"* (London: Arnold, 1995), 151 - 79.

㊿ Ash Amin and Nigel Thrift, "What's Left? Just the Future," *Antipode* 37 (2005): 220 - 38.

(51) Neil Smith, "Neo-Critical Geography, or, the Flat Pluralist World of Business Class," *Antipode* 37 (2005): 887 - 99.

第三章
地缘政治结构与理论

△ **结构**
　　地理环境
　　地缘政治特征
　　结构层次
　　民族国家
　　国家权力的等级
　　门户国家和地区
△ **民族国家的扩散**
　　潜在的新国家与准国家
△ **地缘政治学与一般体系**
△ **均衡、动荡和世界秩序**

本章内容是由地理与政治力量互动形成的地缘政治结构以及引导结构内部发生变化的发展过程。地缘政治结构由地缘政治模式与特征组成。"模式"是指地缘政治单位的形状、规模和自然与人文地理特征以及将它们联在一起的种种网络，而这些方面使得各地缘政治单位相互区分。特征指政治地理节点、区域以及边界或分界线，它们构成了地缘政治单位的独特性，影响着它的紧密程度以及衡量结构有效性的其他标准。

总体来说，地缘政治结构按下列等级排列的空间层次组成：

1. 地缘战略辖区——覆盖最广的层次，或宏观层；
2. 地缘政治区——辖区的次级部分，为中间层，或中观层；
3. 民族国家、高度自治地区、准国家、最低层次或微观层国家之内或之间的领土部分。

在以上结构排序之外的是不在辖区或地区性框架之内的那些地区或国家群。它们包括破碎地带，其内部分裂状态被来自相互竞争辖区的大国的压力强化了；压缩区，甚至因为内部分歧以及该地域内周边国家的干涉而变得更加支离破碎；门户区，是辖区、地域或国家之间的桥梁。汇合区是夹在辖区之间的地区，其最终地位尚未确定。

地缘结构的成熟性体现在其模式与特征支持该单位政治紧密性的程度。阶段研究方法假定结构通过连续的阶段向前演化——从原子化与无差异化到差异化、专业化，以及最后，专业一体化。革命性的或猛烈发生的过程中断会导致二度发展和开始新的循环。断裂的另一种结果可能是迅速向高一级阶段运动。

结构

地理环境

地球的两个主要自然与人文地理环境是海洋与大陆。这些环境为不同特点的地缘政治结构的形成提供了舞台。在这两个环境中演绎生成的文明、文化以及政治制度，就其在经济、人文传统、精神和地缘政治面貌等方面的表现而言，是完全不同的两类。

海洋环境或在沿海岸地带或在有入海口的内陆区域面向公海。居住在这里的广大人群享受着温度适宜、雨水充足的气候，便捷的对外交通，且经常是处在内陆自然保护性屏障的后面。在这样的环境中，海上贸易与移民持续兴旺，导致其民族在种族、文化和语言等方面具有多样性的特征。它们还加快了经济专业化过程。从这种专业化中产生的贸易及其他交换系统具有公开、政治开明的效果。

大陆环境以极端气候和远离公海为特征。这样的环境经常因为山脉、沙漠、高原障碍的影响，或纯因距离太远等原因，而遭受与外面世界缺乏密切联系之苦。历史上，它们的经济较之海洋地区更加富有自给自足的性质，而它们的政治制度，因接触不到新影响、新观念，往往逐渐变成封闭和独裁。

城市化与工业化到达大陆环境比到达海洋环境的时间要晚得多。这落后还表现在今日的后工业社会之中。在海洋区域通过产生和传播高新技术发明而大步前进的同时，许多大陆地区依然是大片的乡村，或以多年的老工业基地为特征，拖着其城市区域经济发展的后腿。

地缘政治结构由两股力量形成——离心力与向心力。在国家层面上，两者都与对领土属性的生物性心理感受有关。①离心力是政治分裂的动力，它驱使某一民族寻求与那些他们认为是局外人，并可能会将其不同政治制度、语言、文化或宗教等强加于他们的人从领土上分开。在这一背景下，具有明确边界的空间充当了界定和保护的功能。向心力是促进政治团结的动力，它通过人与某一特别领土的那种不可分割的感受而得到加强。这种领土属性既通过与某一特别土地的物理联系，也通过与它的象征性联系表达出来。

在某一个地理规模上，分裂力量可能占主导，而在另一种规模上可能是团结力量占主导。因此，离心力会驱使某些人群正式从一个国家中退出以便保护他们独特的身份。那种或者拒绝接受或者被拒绝在文化及民族同化之外的移民同样也会有离心力的作用。反过来，向心力则可能会推动国家之间在商业、军事国防，或与别国结成联邦等领域形成统一的地区性行动。

虽然分裂与统一的动力相互交织，但它们并不总是处在平衡状态。保持了世界均势形式的帝国主义体系被第二次世界大战摧毁了。接着是全球失衡状态。当统一中的欧洲与复苏中的日本加入与美国的战略联盟一起抵抗苏联—中国的共产主义运动之时，均势恢复。维持均势的一个重要力量是确保同归于尽（MAD，美国的核战争威慑战略）。

观念、迁移、贸易、资本、通信以及武器的流动既发生在不同结构层次的辖域、地区、国家之外，也发生在其内部。国家会从一个层次运动到另一个层次。这种变迁反映了政治权力与意识形态、经济、文化、种族、宗教、民族力量，以及国家安全考虑和领土野心等等方面的相互作用。第二次世界大战结束后最初几年见证了这种演变势头。苏联的解体加大了中国结合大陆与海洋特征，成为一个独立的地缘政治辖区的领袖，从而提高了北京在世界事务中作用的机会。刚果民主共和国的垮台给了尼日利亚将其提升为地区大国角色的机缘，从而能够由西向中非扩大其影响。伊拉克战争巩固了伊朗作为地区大国的地位,有了成为中东东半部什叶派领袖的可能。相反,阿富汗战争对削弱已经弱不禁风的巴基斯坦政府起了重要作用。

地缘政治特征

尽管在功能与规模上有所不同,但所有结构都有某些共同的地缘政治特征:

历史核心或原子核 这是一国起源及国家观念诞生的地方。内核的自然环境与演进中的政治文化制度之间的关系会沉淀下来,进而一直作为国家或地区的身份和意识形态的重要成分之一。

首都或政治中心 首都是引领一块政治界定领土上的人民行为的政治和象征活动的中心。尽管其功能主要是管理性的,但一国首都建立起的景观——建筑式样、大厦、纪念碑以及总体布局——对唤起对国家的支持具有相当的象征价值。首都的选择会因为多种理由——因其相对于国家其他空间的地理中心性,因其坐落地点所在的防卫性,或因其处边界位置,它要么是防卫要地,要么是获取领土的跳板。

核心区 这些是人口与经济活动最密集地区。核心区过去一直常因其恰与密集交通网络重合而被标在地图上以表示经济集中度。在今日后工业信息时代,核心区的边界可以扩大到包括由现代远程通信相联结着的地区,所以核心区已较少与交通汇集相联系。因为核心区是国家经济最发达部分,因而它通常也是最重要的政治区域。

有效国家领土和有效地区领土 这些是人口适中而资源条件优越的地区。作为具有高度发展潜力的地区,它们成为人口增长及人口疏散以及经济扩张的出口。它们的幅员大小是未来力量的标志。

空旷地区 这些基本上是无人区,形成大批人类居住点的前景很小。根据它们的位置和范围,它们可以成为防卫纵深以及武器试验的场所。有些是重要的矿物来源地。

边界 这些是政治区域的分界线。尽管它们是线性的,它们经常出现在更宽阔的边境区之内。对它们的分界会成为冲突的来源。

非主流部门 这些可包括国内少数民族分裂地区以及地区当中的孤立或"无赖"国家。在许多情况下,这些少数民族地区集中在国家的边缘,远离核心区以及有效国家领土中所能提供的经济便利。甚至尽管这样的地区拥有自然资源财富,它们的成果也往往流向了国家中心。

地缘政治特征的发育程度以及由其相互联系而形成的模式是决定地缘政治辖区或地区的成熟阶段的基础。

由这些特征与模式产生的结构变迁可以与由地下岩层及亚岩层运动引起的地质变迁作类比,后者最终获得了一种新的均势状态或所谓的"地壳均衡"(isostasy)。这些地缘政治结构通过具有历史意义的文明建设过程而形成,尔后又被包括短期和长期的地缘政治力量重新铸就。实际上,地缘战略辖区是覆盖地球最大表面面积的主要岩层结构。它们的运动会导致某些区域增加到一个辖区而另一些区域则从该辖区脱离出去;如果这种运动是革命性的,新的辖区将被形成。破碎地带,作为辖区之间的联系地带,甚至会因分离的亚岩层而变得更加分裂,如压缩区,或者完全被包括在一个辖区之内。地区,或中等规模岩层,随着它们在辖区内部转变漂移或从一个辖区转到另一个辖区,也会改变它们的形状和边界,成为汇合区。压缩区,或地区性亚岩层,会随着在地区性亚岩层之内转移而形成或消失。

近几十年最剧烈的地缘政治岩层变动发生在地缘战略层面。第二次世界大战后,世界分成一个两极和高度等级制的结构。冷战的结束标志了一个同样级别的变革。随着苏联的解体、帝国的塌陷,海洋领域凌越欧亚大陆辖区,从后者的西侧划去大片面积。另外,大陆"岩层",在遭中苏分裂削弱之后,已分成两块,而使东亚成了一个独立辖区。随着俄罗斯核心的削弱,中国能够从心脏地带抽身退出,通过国际贸易及技术的力量部分地向海洋领域运动。作为这种转变的进一步结果,西方、俄罗斯、印度和中国的战略与经济利益现在在欧亚大陆汇合区之内相互展开了竞争。

另一种观察结构如何在不同层级上分裂和再分裂的方法是将世界不看作一块玻璃,而看成一块钻石。敲击的力量将玻璃碎成形状大小不可预测的碎片。相反,钻石沿着现存裂纹而裂开形成新的形状。地缘政治边界沿着物理、文化、宗教及政治裂纹形成。这些边界随着政治中心之间权力重心的转变而改变,新的边界然后就沿着浮上表面的裂纹形成。

结构层次

地缘战略辖区

在全球结构空间等级体制中,最高一层是地缘战略辖区。这些辖区是世界上大到足够拥有具有全球影响的特点与功能,服务于重要大国、国家,以及它们所包括地区的战略需要的地方。它们的框架由联结人群、物品以及观念的循环模式形成,而通过对战略要地和海上航道的控制被黏合在一起。

区分一个地缘战略辖区的首要因素是它由"海洋性"或"大陆性"形成的程度。在当今世界,有三个地缘战略辖区已演绎形成:大西洋与太平洋贸易依赖海洋辖区、欧亚大陆俄罗斯心脏地带以及混合型大陆兼海洋的东亚辖区。印度,一个独立的高科技强国,有庞大而贫困的农业人口,从贸易和外观上看基本上仍然属于大陆性国家。但是,它大规模的经济增长正受益于与海洋世界国家的贸易往来。随着时间的推移,它也有可能成为一个混合型的大陆兼海洋辖区。辖区从帝国第一次诞生时起就成为国际生活中的一个因素。在近现代,地缘战略辖区由英国海洋辖区和沙皇俄国陆权辖区创立形成。美国形成了一个混合辖区,由既包括跨大陆权力又包括对加勒比海和太平洋大部分地区的海上控制权组成。今天的贸易依赖海洋辖区,包括了大西洋和太平洋流域及其内陆海,是经由国际交流而形成的。商业主义、资本主义,以及工业化带来了海洋导向的民族国家以及政治与经济的殖民主义。入海通道便利了流通,而适宜的沿岸气候加上宜居的内陆提供了有益于经济发展的生活条件。最终在这一辖区主要国家中发展形成的开放体系促进了争取民主运动,整个海洋地区的运动潮流孕育了多元社会的诞生。

国际贸易与投资的猛烈增长,大规模集体移民运动,是对过去一个半世纪海洋辖区的写照。从19世纪90年代中期到第一次世界大战,欧洲(然后是美国)帝国主义创造了一个全球贸易系统,它由军队强加,尔后通过交通和通信技术的重大变革得到改善。这一系统被第一次世界大战和20世纪30年代大萧条摧毁。

第二次世界大战结束后全球经济在美国领导下重建。到20世纪70年代结束前,世界货物进入国际贸易领域份额已爬升至1914年前的水平。这一比例在20世纪90年代期间大幅上升,大部分归功于关贸总协定及其后继组织世界贸易组织(WTO)。上升仍在继续。

世界最重要进口国与出口国,八国集团成员(G-8),都是海洋辖区国家——美国、日本、德国、法国、英国、意大利、加拿大和俄罗斯。中国由于其南方及中部沿海地区空前的经济实力已经加入这个贸易世界。

自20世纪70年代末期毛泽东的限制性政策被其共产党继任者取消以来,中国沿海再一次成了中国经济增长以及进入劳动密集型消费品制造、高技术及金融服务领域的主要引擎。总称为"黄金海岸"的沿海地区加强了中国环境的海洋成分,使北京得以挣脱欧亚大陆性的经济钳制,获得一个独立的地缘战略地位身份。广东和香港、福建和上海一直是中国具有历史意义的对外贸易和文化交流中心。沿海地区还是向国外大规模移居的源头,其中许多移民一直维系着与祖国的家庭及乡村的牢固联系。

在海洋辖区国家占世界贸易份额依然保持绝对优势之际,中国的零售贸易蹿升至占世界总量的近10%。这个数字仅略低于美国,是日本的两倍多。濒海欧洲地区,截至目前,仍然是世界最大的贸易中心,占世界零售贸易的1/3以上。另一项衡量一国海洋性程度的指标是国际贸易与国内生产总值(GDP)之比。表3.1说明了中国在该领域的增长幅度。这种数据并未显示出中国在按产品计算的人均产值以及人均收入上远低于大部分海洋国家,包括韩国和中国台湾数值的事实。然而尽管如此,凭有利的贸易盈余条件,中国积累了庞大的资本储备,其对世界事务能产生很大的经济与政治影响。开发热导致了极高程度的污染,特别是在许多沿海城市——一个将来难以应对同时需要大量耗费的结果。

表 3.1 2007 年按地区国际贸易占国内生产总值百分比

地 区	百 分 比
海洋辖区	
濒海欧洲地区重要国家	
比利时	210
荷兰	157
爱尔兰	125
德国	82
法国	58
英国	56
西班牙	55
意大利	50
北美及中部美洲地区	
加拿大	60
美国	21
亚太沿岸地区	
新加坡	400
韩国	66
中国台湾地区	66
澳大利亚	35
日本	26
欧亚大陆辖区	
心脏地带俄罗斯地区	27
东亚辖区	
中国地区(包括香港地区)	26
南亚地缘政治区	
巴基斯坦	11
印度	8

来源:中央情报局:《世界概况 2007》(华盛顿特区:政府/中情局出版物,2007)。

具有重大地缘政治重要性的是这一事实,即中国既是海洋导向又是大陆导向的。

中国在冷战的大部分时间都处于欧亚大陆的大陆范围内,甚至在20世纪60年代中苏决裂之后也是如此。随着1976年毛泽东逝世后邓小平引进市场经济,对外联系与国际贸易就被移入了中国封闭的大陆性格之中。大陆性历史上一直与政治威权主义联系在一起。尽管实行了经济开放,但威权主义政府仍然继续存在于中国,像在俄罗斯和其前共和国的情况一样。

中国生活在大陆上内陆导向的北方与内陆地区的人——这些地方基本上是乡村,加上几个拥有现已淘汰的重工业的城市地块——它们直到最近还是比南方、东部及中部地区的人要更加倾向于支持国家的政策,后者接受外部世界影响已有较长时间了。

中国没有成为海洋世界的一员(像当初麦金德、斯皮克曼以及理查德·尼克松预测的那样),尽管它在过去的25年里已迅速成长为一个贸易国家。中国将近一半的人口还在主要从事小规模农业,且大多数人居住在内陆地区。中国沿海经历的显著经济增长和经济繁荣已拉大了与内地乡村的差距,引起了不稳定和罢工。北京已采取了新的旨在通过开发内地缩小差距的政策。但是,对这些地区实行城市化和工业化,像目前在计划的那样,将会是一个严峻的挑战。

对大陆导向的中国人来说,山脉和草地——而非海洋——才富有对精神灵魂上的神秘吸引力。与俄罗斯共享边界既是诱惑又是威胁。中苏对今日边界的冲突具有历史根源,可追溯到中国对1858年到1881年期间被沙皇俄国吞并土地的索回要求——贝加尔湖以东和远东省份的150万平方公里地区。当以1953年斯大林之死为始,以1960年外交关系破裂为峰之裂痕发生在两个大陆性欧亚辖区大国之间,其问题已不止是意识形态和战略问题了。它同时是中国对被当作一个卫星国的不满。1989年莫斯科与北京之间外交关系的恢复反映了它们已成为平起平坐对手的现实。

美国与苏联从印度支那撤出使得中国能够将新的大陆海洋东亚战略辖区向南延伸,从而把印度支那国家越南、柬埔寨和老挝纳入囊中,而它们本身也构成了东亚辖区内的一个独立地缘政治区。东亚辖区的边界根据中国到亚洲其他部分的距离而形成,从西藏和新疆能联系南亚和中亚。在东北太平洋地区,海洋大陆及东亚辖区在此相交,朝鲜是东亚一员。然而,一个统一的朝鲜半岛要么作为三个辖区之中的门户区,要么成为一个压缩区。

欧亚大陆辖区,今日以心脏地带的俄罗斯为支撑,内向而且较少受到外部经济力量或文化接触的影响。直到20世纪中期,那里的主要交通模式是陆地和内陆河流。经济的自给自足性质、较晚进入工业时代和缺乏通向世界资源的入海口等都造成了政治封闭的制度及社会。多少年代以来的高度集权和总体上专制形式的政府成了共产主义和其他形式的威权主义在辖区核心层诞生的温床。

遍布于欧亚大陆心脏地带辖区的大陆性既是自然条件也是心理状态。俄罗斯与苏联历史上一直被封在里面。甚至当技术已改变了以前的现实（如苏联对外层空间的征服，核武器及常规武器的进步，以及能源财富）之后，早期的性情仍还保持不变。苏联的解体和北大西洋公约组织扩张的威胁加强了俄罗斯对被外部世界封在里面的意识。尽管俄罗斯2006年国际贸易占了国内生产总值的20%，但统计数字掩盖了俄罗斯的内向气质。它的国内生产总值严重依赖石油与天然气出口，后者反映了通胀的能源价格水平，而能源价格是有起伏和波动的。

心脏地带俄罗斯辖区的边界线目前已经发生了重大的变动。在它的西面，东欧国家不再在莫斯科的政治掌控之内，而心脏地带与海洋辖区的边界已经成了一个区，而不是一条线。波罗的海国家、斯洛伐克、斯洛文尼亚、保加利亚和罗马尼亚加入北约进一步加深了莫斯科对西方向其传统势力领域渗透行动的怀疑。美国欲将其部分反弹道导弹防卫设施放在捷克和波兰的计划已经增加了紧张感，像乌克兰和格鲁吉亚有加入北约的可能所引起的那样。作为一项报复性措施，2007年12月俄罗斯暂停执行《欧洲常规武装力量条约》。虽说新的冷战可能还早，莫斯科已经开始使用并将继续运用其丰富的能源资源作为阻止北约进一步向俄罗斯黑海边境地带扩张的政治杠杆。在辖区其他的沿边界地带，外高加索和中亚地区的前苏联共和国并未摆脱俄罗斯的战略监视（视野），尽管它们已经获得了独立。西方深入这些地区寻找石油与天然气的行动，以及为阿富汗战争寻找军事基地的要求，都需要俄罗斯的合作才能成功。在中东，这种合作也同样需要。莫斯科在伊朗有相当的影响，是几个中东国家主要的武器供应商。西方不能小看俄罗斯在汇合区和中东的资产，假使它想采取竞争姿态的话。

地缘政治区

地缘政治结构的第二个层次是地缘政治区。大多数地缘政治区是辖区的一部分，但有一些可能是处于辖区之间或在辖区之外。地缘政治区由地理相邻性以及政治、文化、军事互动相连接，可能的话还由历史迁移、民族融合以及共同的国家诞生历史而连接。

海洋辖区的地缘政治区是北美和中部美洲、南美、濒海欧洲地区及马格里布、亚太沿岸地区。欧亚大陆辖区现在仅有心脏地带俄罗斯一个地缘政治区，它一直延伸到白俄罗斯和摩尔多瓦的外德涅斯特（Trans-Nistrian）行政区。它同时还与东欧的前苏联各共和国、外高加索以及中亚国家争夺影响。东亚辖区分成两个地缘政治区：中国大陆和印度支那（后者由越南、柬埔寨和老挝组成）。南亚是独立于三个地缘战略辖区之外的一个地缘政治区。它长期的前景是演变成一个覆盖印度洋流域的辖区。

中东与撒哈拉以南非洲是破碎地带。欧亚大陆汇合区尚待确定——它可能成为一个破碎地带，也可能成为一个门户地缘政治区（图3.1）。

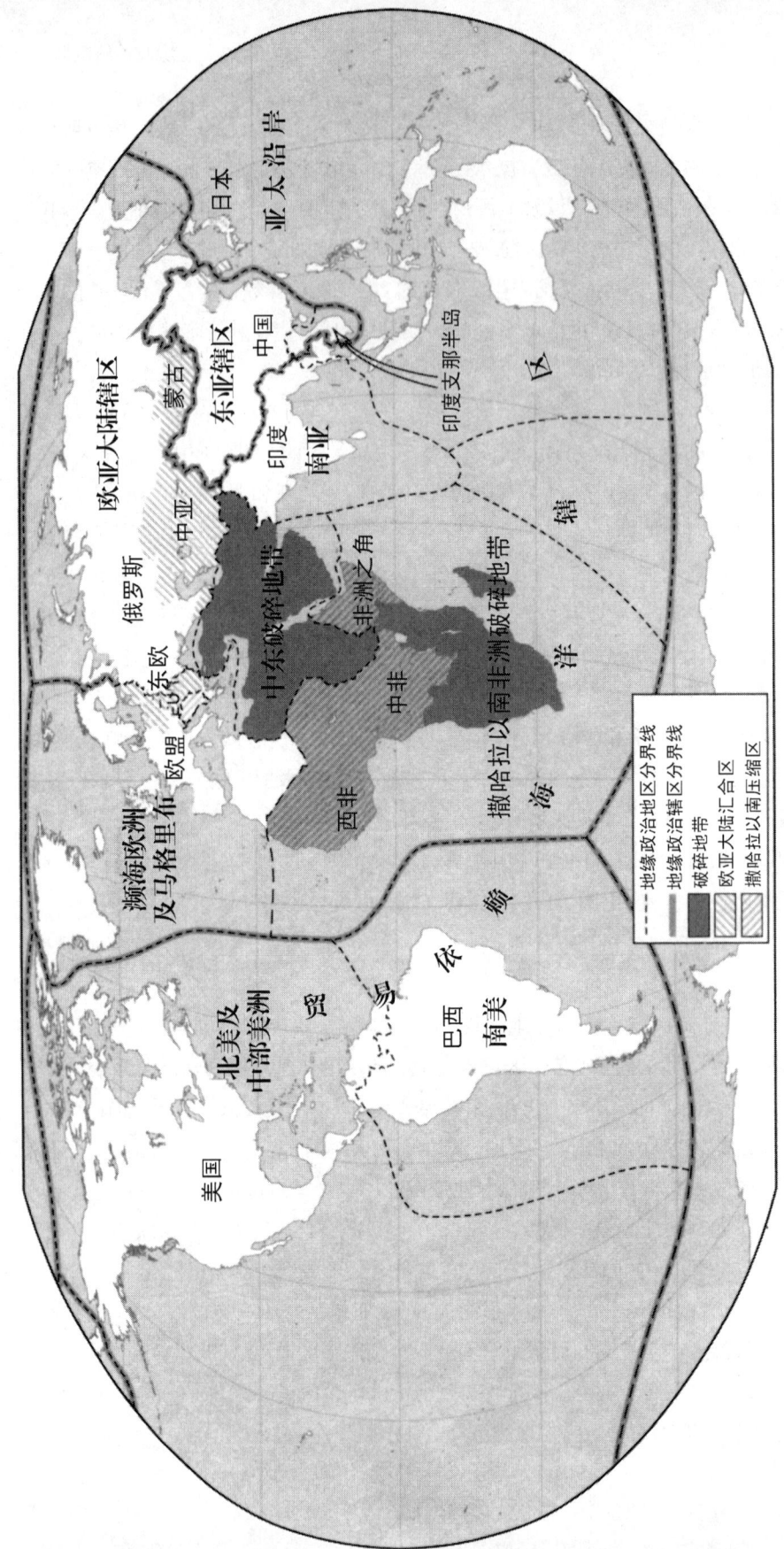

图 3.1 地缘政治世界：21 世纪初

地缘政治区按不同发展阶段划分,它们从高度紧密到原子状态差异很大。紧密的主要例子是濒海欧洲与马格里布。它的核心层,27国欧洲联盟(欧盟)已经开始通过法律、货币和规则打造一种"欧洲的"文化和身份。目前关于这种身份是否会最终导致一种高度集权的机构,同时形成超越其成员国特有的传统民族观念和政治观念的宪法,人们存有相当的怀疑。但是,欧盟已经证明它不止是一个松散的联合。反过来,世界上有些地方比如撒哈拉以南非洲没有地缘政治紧密性。欧洲殖民主义的结束及随后冷战引起的冲突、战争、革命,一波又一波,造成了一个去发展和原子化的过程。早期独立年代创设亚地缘政治区联邦的努力失败了,而今日的,比如东南非共同市场(Common Market for Eastern and Southern Africa, COMESA),能发展成为有意义经济体的可能性非常小,更别说是地缘政治区了。

当然,地区性贸易和协议能够帮助促进地区统一。正如欧洲共同市场最终导致了欧盟的创立,北美及中部美洲自由贸易协定也加强了北美作为一个发展中的专业化区的地缘政治实力。由华盛顿提议的美洲自由贸易区(Free Trade Area of the Americas),包括了南美在内,但因为北部和南部美洲大陆除距离因素外还有广泛的文化、政治和社会传统差异,所以它失败了。相反,一些双边的自由贸易协定已经达成。

在南美内部,最有可能形成地区统一的是南方共同市场(Mercosur),即由巴西、乌拉圭、巴拉圭和阿根廷形成的贸易区。在巴西的领导下,这个组织能够形成足够的政治与经济凝聚力而成长为一个独立的地缘政治区。委内瑞拉正在尝试创立一个横跨加勒比和南美安第斯地区的社会主义集团,但前景可疑。乌戈·查韦斯(Hugo Chávez)的地位被2007年选民拒绝给予他无限权力和终身任期的全民公决削弱了。拒绝不仅来自那些反对他的人,还来自他的几个主要支持者,他们对专制表示强烈反对。另外,查韦斯还一直与哥伦比亚总统和秘鲁总统在意识形态以及私人关系方面不和。辖区与地缘政治区的分别是战略与战术的分别。国家运行在区和辖区两个层面,有时它们可以维持与两个区和/或两个辖区的关系。例如,澳大利亚是亚太沿岸地区的一部分。但是,因为它同时属于海洋辖区,它能够从与那个辖区的两个地缘政治区的关系中受益。从战略上讲,它是海洋世界全球网络中的关键一环。从文化、政治和种族上说,它还保留了其具有历史意义的英国之根,以及它在第二次世界大战中形成的与美国的关系。

随着它们的不断发展,地缘政治区已经成为国际体系中更加重要的力量。大部分欧洲国家、日本和中国已经积蓄了足够的实力和独立行动能力,将它们的注意力集中到其地区周边国家,并更加有效地整合它们,同时对全球问题变得更加具有发言权了。作为权力框架的地缘政治区的诞生通过加强权力均衡体系而提高了全球稳定性。当中国明确宣布其战略独立性之后,苏联对欧亚大陆辖区的霸权控制被打破了。结果是两个前盟友开始相互制约对方在南亚和东南亚、东非以及台湾地区的行动。它们还一起协调行动,参加了美国、日本及韩国谈判小组,导致朝鲜拆除核设施。

欧盟对限制美国对海洋辖区的控制也起到了类似作用。为应对全球权力减损以及经济上和军事上对美国的依赖,战后欧洲开始重建一系列政治机构,期望通过区域统一重新恢复力量。②西欧如愿以偿地重建了其在重要战略地区地缘政治权力新中心的地位,比如在中东、撒哈拉以南非洲以及特别在东欧等地。在很大程度上,它能取得这样的成绩是因为它的高水平的专业化整合。

亚太沿岸地区的地缘政治统一是从这一地区的国家需要的互补性以及它们对美国军事保护的共同依赖中得来的。这使得它达到了专业化阶段水平。日本在这一地区经济发展中的作用是这一过程的关键。日本、中国台湾、韩国、澳大利亚通过资本投资、外包生产以及出口原材料等已经与中国大陆发生大量经济接触,尽管在政治及战略上与中国大陆存在着关系紧张。东盟十成员既包括来自太平洋沿岸地区也包括来自印度支那国家,东盟正与中国谈判创建一个更加广泛的自由贸易区。

在所有世界地缘政治区中,南亚是仅有的独立于三个辖区之外的区。它是一个有意识寻求成为世界协调者角色而结果尚难确定的个别存在。印度把自己打造成独立献身于实现一个和平均势世界力量的企图远未达到。印度拒绝了来自美国和苏联要求它加入其各自集团的压力,采取了中立政策,成为在一个国际事务中寻求第三条道路的亚非集团国家的领袖。

破坏印度成为世界协调者希望的不仅是超级大国拒绝接受这一自愿者角色,印度自己也发现它处在某种挣扎之中,即要对整个曾经是英属印度,但当英国统治者离去后已陷入政治分裂的大陆实行控制。印度经常陷于与巴基斯坦就克什米尔与东孟加拉问题的战争之中,两个核武器国家目前继续维持着令人不安的关系。印度成功干涉了斯里兰卡,两次与中国发生边界冲突,国内遭受着种族与宗教暴力的袭扰。尽管印度为扮演世界舞台上的协调角色的努力遭遇到以上挫折,但印度确实在它从未在冷战期间完全加入哪一个超级大国阵营的意义上部分地成功了。它对苏联在军事、经济、外交上的依赖经常使它倾向后者。2007年,印度的领导层与美国签署了一项合作协议,协议将使得印度能够得到核材料和核工业技术。对协议的反对在两国国内同样强烈,是否会被正式批准尚不确定。华盛顿决策者们应该意识到这样的事实,即这样一种协议是不可能让印度放弃其政治中立文化的。

一个合理的问题是,是否地缘政治区角色地位的提高会成为一个分裂而不是帮助统一世界体系的因素。例如,有人已表示担心一个统一的欧洲,特别是其共同的货币,对地缘政治区外外来移民越来越多地表示反对,农业集团的压力以及奉行一支独立的军事力量,是否加大与外部世界的隔绝程度。虽说这样的担心有些道理,然而却存在着强大的反向抵消力量。削弱"欧洲堡垒"的力量包括单个西欧国家历史上即与马格里布、撒哈拉以南非洲、拉丁美洲以及中东等地方具有的特殊关系。系连欧洲与北大西洋世界的历史、文化、政治、军事纽带也一样。事实上,欧盟政策的方向是扩大世界贸易以便应对缩小低效率行业规模带来的失业问题,同时进一步增加中欧与东欧成员,以便改善这些国家的经济和解放其政治体制,以吸收新的劳动力。

尽管欧洲根本算不上世界地缘政治区的代表,但值得强调的是,如果其他大多数区比之现在相隔更远,则它们达到更高生活水平和安全的能力则要低得多。随着区的演进和越来越专业化,它们向外界的延伸就更多地,而不是更少地,成为必要。

破碎地带

大多数地缘政治区依其成熟阶段不一而具有不同程度的紧密性,但破碎地带却不是这样。这类深刻分裂的地区是全球不稳定的因素。

破碎地带的概念很早就吸引了地理学家的注意,他们还使用过"碎片区"(Crush Zones)、"破碎区"(Shatter Zone)这样的词汇。阿尔弗雷德·马汉、詹姆斯·斐格莱、理查德·哈特向对这种地区奉献了开拓性研究。早在1900年,马汉就将处于英国、俄国之间的亚洲北纬30°到40°之间的地方称为不稳定地带。③15年后,斐格莱用"碎片区"来形容海洋辖区与欧亚大陆心脏地带之间较小的缓冲国家,包括从北欧和东欧到巴尔干地区、土耳其、伊朗、阿富汗、暹罗(泰国的旧称)和韩国等。④第二次世界大战期间,哈特向分析了从波罗的海到亚得里亚海的东欧"破碎区",倡导战后在此地建立联盟组织。⑤

笔者对破碎地带(Shatterbelts)采取的操作定义是战略导向地区,既在内部深刻分裂,又夹在地缘战略辖区大国之间的竞争之中。到20世纪40年代末,两个这样高度分裂的区出现了——中东与东南亚。它们不是在地理上和以前破碎地带的巧合,因为全球战略竞争的重心已经转变。因为海洋与大陆世界被沿着易北河的欧洲部分的一条明显的分界线隔开,东部和中部欧洲破碎地带已经落在苏联的势力范围内。苏联在印度支那的影响是通过它的盟友中国来施加的。

在对破碎地带进行的类型学讨论中,菲利普·凯利(Philip Kelly)指出,世界其他地方也有高度冲突和原子化的特点。⑥确实,战争、叛乱、政变一直就没有离开过加勒比海、南美和南亚。但是,破碎地带与众不同的特点是,它为两个或更多的运作在不同地缘战略辖区的相互竞争的全球大国提供了一个平等的竞技场地。

并非所有处在混乱中的地区都是破碎地带。南亚尽管有冲突,但它不是破碎地带,因为印度在这一地区的统治并未受到美国、俄罗斯或中国的严重威胁,更别说巴基斯坦了。同样,加勒比海没有成为破碎地带,尽管那里有古巴、尼加拉瓜、格林纳达的共产主义政权,还有其他地方的左派分子闹事,原因是苏联无法威胁到美国在那里的统治。

　　破碎地带及它们的边界线是流动的。在20世纪70年代至80年代期间,撒哈拉以南非洲随着苏联、古巴和中国深入渗透到该区,与欧洲及美国争夺影响力。苏联解体之后,饱受战争之苦的撒哈拉以南非洲暂时失去了其破碎地带的角色,因为它对主要西方国家而言已是战略边缘地带。东南亚同样如此,也失去了其冷战时期的破碎地带地位,现在它已被东亚和海洋辖区分成两半。印度支那已经变成为东亚内部的一个独立的地缘政治区,而东南亚半岛的西边和东边以及印度尼西亚与亚太沿岸地区处在一条线上。

　　中东依然是一个破碎地带,其分裂程度被阿以冲突、伊拉克战争、阿富汗战争、黎巴嫩战争、非洲之角战争,以及伊朗作为强大的干扰力量所加强。美国、俄罗斯和欧盟是这一地区的主要干预者。撒哈拉以南非洲已再次重新变为一个原子状的破碎地带区。它的能源和矿物资源是西方与中国之间核心竞争的目标。这种竞争是经济的,不像在冷战时期那样,是意识形态的。这类地区的大部分由高度分裂的压缩区组成,它们形成了一个从非洲之角经中非到西非的连续带。这一地带大部分国家是失败国家,其动荡、腐败和专制的政权将折磨它们的贫穷、疾病和饥荒放大了。将来可能还会有新的破碎地带出现在世界舞台上。一个可能的地方是从波罗的海经东欧到巴尔干的新/旧地带。第二个可能是从外高加索穿经中亚的地区,这里与心脏地带辖区接壤,但对西方、中国以及俄罗斯的能源利益很有吸引力。这种在欧亚大陆汇合区破碎地带的出现取决于西方是否想从地缘战略出发向这类地区渗透从而达到目的。假如它这样做时没有考虑俄罗斯的安全担心,莫斯科的反应很快就会将这两个区变成破碎地带。这种区是世界政治的枢纽,必须要有预先的战略筹划而不是等危机来了再作反应。假如阿富汗和巴基斯坦解体,巴基斯坦西部的普什图族人(Pashtun)家园就可能被划进中东破碎地带。其他解体地区也许会是印度尼西亚和南美加勒比—北安第斯地区。

民族国家

　　近代以来,世界地缘政治体系的一环是民族国家。但是有一些人将国家的消亡看作是世界和地区性政府机构力量上升,非政府组织影响扩大以及信息与经济力量全球化的结果。对这种国家消亡的预测一点也不新鲜。卡尔·马克思认为,随着工人阶级对资产阶级的胜利和无阶级社会的出现,国家将蜕变为集中控制的一种手段。离当代更近的,彼得·德鲁克(Peter Drucker)说,新的"知识社会"将超越国家边界,把国家降为只是一种管理手段。⑦

迈克尔·哈特(Michael Hardt)和安东尼奥·奈格里(Antonio Negri)提出这样的论点,即统治今日全球体系的不是国家权力,而是超国家权力,一种新的政治结构和权力排名正在出现,它构成一个流动的、无限扩张的以及高度组织化的体系,涵盖世界所有人口。他们推论说,因为权力是如此广为分散,任何人都有可能去影响体系的进程,所以革命与民主发生的可能比民族国家和帝国主义时代要远远大得多。⑧

现实中,全球化并不是一股独立的力量。它是民族国家体系的女仆,影响到国家政策,但不会到削弱民族主义的程度。相反,对全球化的敌意已经加强了像法国、墨西哥和美国这样国家的民族主义。分包资本与制造业的全球公司受制于它们母国以及它们经营所在国的反托拉斯法。尽管世界贸易组织确实对国家配额关税补贴制度的应用规定了限制条款,但国家抑制还继续影响着世界贸易模式。在民族国家已经同意限制其行动独立性的地方,发生在地区性而不是全球性的规模上。一个主要的例子是欧盟,它的地区结构是联邦而不是中央集权。另一个重要地区框架——《北美自由贸易协议》——甚至更加受制于国家方向与控制,甚至被美国国内某些利益集团要求终止该组织。无视民族国家权力就是无视政治经济力量,无视重要国家和地区机构在经济、政治、军事、文化领域的决策能力。

全球化理论给出了一幅现行世界的图像,它以表面上不受限制的节点和经济互动与交流的线为基础,具有重塑全球文化与政治的能力。这个建构本质上是基于一种无结构的世界网络,即没有等级制、方向性以及空间分异现象的理念。全球化或许最好被描述为失范(anomie),或者决定世界体系运转的结构的崩塌,而不是一个新的、正在演进体系的预兆。

本卷的地缘政治观与一个全球化的现行世界体系理念有着显著的不同。它认为世界是围绕着空间上依层次等级体制排列的核心区域而组成,其功能根据这些核心的权力和范围而变化。节点之中相互联系的模式强烈受到地区环境以及越过区向辖区延伸的历史及当代的运动的影响。全球化交易体系的主要核心是美国、欧盟、日本以及中国,而第二核心层包括像韩国、新加坡及中国台湾这样的国家和地区。石油美元遍地的阿联酋正在寻求作为一个旅游和金融中心国家进入专业化的第二核心层。太平洋沿岸第二核心层的经济首先是作为外包的重点而发展起来的,然后就扩大到它们自己也成为独立的资本积累来源,自己也成了发包人。虽然辖区和区都不是内向的,然而它们还是定下了总体的地缘政治空间轮廓,绝大多数的政治、军事、经济、文化联系等都在其中发生。

民族国家的作用仍然受到其强有力捍卫者的支撑。彼得·泰勒(Peter Taylor)称,区域国家是维系资本主义制度的关键,因而也是世界经济运行的关键。⑨历史学家保罗·肯尼迪也认为以民族主义为基础的商业性的世界秩序将会持续存在。⑩

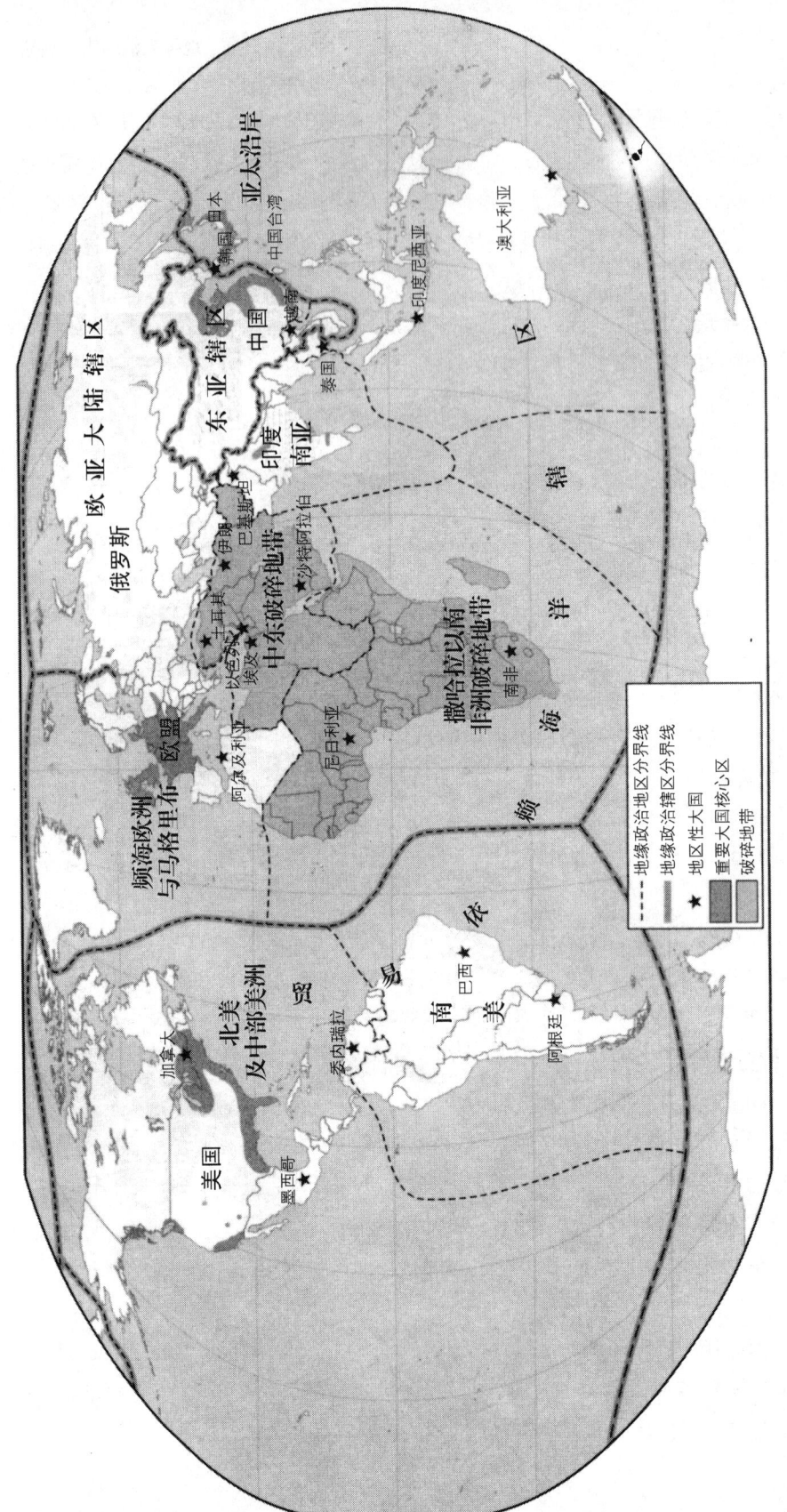

图 3.2 世界重要大国及地区性大国

但是,经济学不是民族国家存在的唯一、甚至不是主要的理由——从社会上和领土上属于某种事物的感觉更加重要。国家满足特殊人群的文化心理渴望。在经济、政治相互依赖性确实对国家文化构成一种威胁时,它也为人们提供了更加稳固地守持他们最珍视事物的资源。对那些新近摆脱殖民主义而获得新生,或者其经济被西方控制的国家,这个问题尤其尖锐。爱德华·赛义德(Edward Said)令人信服地指出,对这些国家而言,需要以一个新的去殖民的身份重新征服空间。⑪今天,对它们自己领土的政治控制让这些前殖民世界国家能够自己挑选它们接受或拒绝什么样的西方文化。

毋庸置疑,正在一个民族国家内部发生着的一切越来越多地受到全球以及地区性力量的影响——通过国际意识形态运动,如环境保护与人权;通过全球经济机构和跨国公司;通过利用外国货币数额以及世界金融市场的其他形式的压力手段让政治国际化;通过国际恐怖主义;以及通过媒体。这些力量也能被国家利用来推行它自己的目标。最后一点,民族国家依然是国际体系的黏合剂,是使得一个民族能够取得与其领土属性意识密不可分的自我实现的主要机制。甚至现行民族国家的解体,尽管能搅乱现实一时,也是见证了民族主义的力量,而不是它的衰落。

国家权力的等级

国家体系可分成五个等级或五个层次。第一等级由重要大国组成——美国、欧盟所含国家集体、日本、俄罗斯和中国。这些国家都具有全球影响,构成三个地缘战略辖区中的核心层。印度也是一个重要大国,是一个独立地缘政治区的核心,正在打造南亚辖区的过程中。

第二等级国家由地区大国组成,其影响范围越过其各自地缘政治区的大部分,并且以专业化的方式,延伸到世界其他地方(见图 3.2)。第三、第四和第五层是那些其影响一般仅限制在它们地区之内的国家。在评估国家的战略重要性时,决策者需要认识它们相应的权力层次,还要记住低层次国家能够成为恐怖分子的基地而搅乱体系。

一个国家在这一等级体制中的排名可以通过一系列社会经济、政治、军事指标加以评估。尽管权力排名有失之机械的嫌疑,但还是通常被用于国际评估。此处采用的排名体系包括观念和政治行为特征,它们超越传统的对人口、区域、经济、资源、军事及技术的强调。这样一种排名方法不能够解释个别因素,比如像某些贫穷国家的领导者,或者如塔利班这样的疯狂分子,将会在多大程度上通过战争威胁、支持叛乱,以及为恐怖主义提供基地而影响到地区性甚至全球性事件。但是,大体上来说,这些国家必须要么能够得到资源,比如石油,或者能够提供它们需要的支持去干涉它们边境以外的事务,例如古巴与朝鲜在冷战期间对苏联的依赖。

第二等级国家权力地位是相较于其邻居的内在的军事与经济实力的体现。它也具有其中间性功能或地区性交通、通信、贸易的节点作用。但是，和以上这些因素同样重要的是国家的野心和毅力，它不仅是要将其影响强加于其他国家，而且还要说服这些国家接受它们对这一地区目标与观念的利害关系。埃及在中东的领导地位很大程度上得自它对其他阿拉伯国家也赞同的泛阿拉伯主义的拥护。沙特阿拉伯的影响来自运用石油美元支持刻板严格的伊斯兰律法，而委内瑞拉的影响是基于它愿意与加勒比海及安第斯地区共享其石油财富。

另一个衡量地区权力大小的标准是它从一个或一个以上重要大国获得帮助而不用成为一个附庸国家的能力，或者通过区外政治军事联盟、贸易联系，或意识形态联系手段的能力。当印度率先倡导第三世界中立概念时，它的内在权力增加了，正如南非尝试成为和平运动的领导人是它内在实力一部分一样。

不是所有地区性国家都是平等的。表3.2是一个将它们按三类进行排名的尝试。欧盟成员被略去，因为欧盟是被作为一个整体的地区大国看待的。

表 3.2　第二等级国家排名

高	中	低
巴西	印度尼西亚	阿尔及利亚
加拿大	韩国	泰国
土耳其	越南	阿根廷
澳大利亚	以色列	
伊朗	墨西哥	
南非	巴基斯坦	
尼日利亚	埃及	
	委内瑞拉	
	沙特阿拉伯	

注：每列类别中的国家也已排名。

某些区含有一种以上的地区权力，这类区中的一些国家已经与坐落在该区的第一等级国家形成了高度互补的关系。美国与加拿大和墨西哥的关系就是这样；后两个国家都由于保持与北美超级大国的密切联系而获得了实力的增长。其他国家则与位于同辖区的重要大国竞争，例如越南与中国。还有一些国家受到远方第一等级国家的重大影响——例如以色列和埃及受美国或者尼日利亚受欧盟与美国的影响。邻近性对第一等级国家从军事和政治上影响第二等级国家的能力具有重要的心理意义，但对扩展经济影响是相对次要的因素，因为贸易更容易超越距离。

虽然第二等级国家也会有地区性霸权欲望,但它们的目标受制于地缘政治现实。除了巴西和伊朗,第二等级国家不可能取得对整个或大部分的地缘政治区的控制。相反,它们可以希望施加一般的地区影响,而霸权仅对邻近的国家才有实际意义。

第三等级国家以特别的方式影响地区事件。它们可能会在意识形态和政治方面或通过拥有一种专业化的资源基地与周边地区性大国展开竞争,但它们缺乏第二等级国家对手的人口、军事以及总体的经济容量,需要依赖更加强大的保护人做后盾。第三等级国家的例子有埃塞俄比亚、古巴、叙利亚、智利、哥伦比亚、利比亚、朝鲜和马来西亚。第四等级国家如苏丹、厄瓜多尔、赞比亚、摩洛哥以及突尼斯,仅对它们最近的邻居有影响。第五等级国家,如尼泊尔,只能在外围有微不足道的参与。

各个等级的成员是流动的。中国现在是第一等级国家。它通过向世界市场力量开放其经济体系而提高了经济实力,它的军事实力通过扩大空中力量和创建"蓝海"海军的欲望得到了增长。印度已经从第二等级的地位上升到一个重要大国的地位,特别是自巴基斯坦因为国内伊斯兰激进分子和它的军事政权之间爆发冲突而迅速丧失稳定和凝聚力之后。一些西方外交决策者曾把俄罗斯贬降为一个大国(Great Power),因为共产主义失败之后经济一度陷入一片混乱之中。它迅速的经济复苏、政治稳定、核裁军、军备工业、能源资源以及在欧亚大陆的战略中心位置已经使它得以维持第一等级的地位。

20年前,27个国家被评为潜在的第二等级国家。这些国家当中,摩洛哥、刚果民主共和国(当时的扎伊尔)和古巴后来从排名中跌出或从未进入。德意志民主共和国和一个大南斯拉夫已经从地图上消失了。同时,韩国、越南及泰国现已获得地区大国的地位。在将它们的势力延伸到周边区域的地区性国家中最突出的是南非、巴西、伊朗和尼日利亚。不过,以尼日利亚国内的不稳定状况,它可能做不到一直保持这样。

第三等级的地位也很短暂。突尼斯、坦桑尼亚、加纳,以及哥斯达黎加都享有过,然随着意识形态影响的式微又丢掉了这种排名。

重要大国和第二、第三等级国家的影响给了地区主义日益重要的地缘政治意义。与本区其他国家在意识形态上不合的国家起到一个特殊的作用。它们通过挑战常规将不受欢迎的能量注入本区而加深了动荡。例子有1990年之前革命的古巴、铁托主义的南斯拉夫,以及20世纪70年代市场导向的科特迪瓦。

门户国家和地区

门户国家在增进民族、商品和观念的交流从而将世界不同地方连接起来方面起到了独特的作用。现在有18个国家被列入门户区(见表3.3)。

表 3.3 门户区和分裂区域

所 在 区	所 在 门 户	潜 在 门 户	独立/准国家
北美及中部美洲	巴哈马群岛 特立尼达岛 牙买加 圭亚那 开曼岛	百慕大	波多黎各* 魁北克*
南美			巴西南部*
濒海欧洲及 马格里布	马耳他 摩纳哥 芬兰 加那利群岛 亚速尔群岛	直布罗陀**	克里特* 加泰罗尼亚* 格陵兰岛 北爱尔兰+ 巴斯克地区* 苏格兰 加利西亚* 布列塔尼* 科西嘉* 法罗群岛* 马德拉群岛* 佛兰芒区* 特伦蒂诺-上阿迪杰区 阿迪杰* 威尔士* 瓦隆区* (Wallonia) 卡比拉* (Kabylla)(阿尔及利亚)
亚太沿岸地区	台湾地区 新加坡	关岛 澳大利亚西南部* 统一的朝鲜	棉兰老岛西部与南部* 亚齐省* 伊里安查亚省 南摩鹿加
心脏地带		俄罗斯远东*	车臣* 图瓦共和国* 萨哈共和国*

(续表)

所在区	所在门户	潜在门户	独立/准国家
高加索/中亚亚洲	土库曼斯坦 乌兹别克斯坦		
中国	香港地区	中国"黄金海岸"*	
印度支那			
南亚		普什图斯坦* (Pakhtoonistan) 泰米尔·伊拉姆╪	克什米尔╪ 那加兰邦* 卡利斯坦*(Kalistan) 阿富汗北部* 阿富汗东部和南部*
中东	巴林(群岛) 塞浦路斯 迪拜		阿拉伯巴勒斯坦 伊拉克南部 库尔德斯坦(伊拉克)* 伊拉克西部*
中欧与东欧	奥地利 爱沙尼亚 芬兰 斯洛文尼亚	克里米亚半岛** 乌克兰	德涅斯特河沿岸共和国* (Transnistria) 科索沃* 阿布哈兹**
撒哈拉以南非洲	吉布提 佛得角	桑给巴尔	邦特兰地区* 索马里兰╪ 苏丹南部╪ 沙巴区 尼日利亚东南部*

* 准国家
** 联合治理
╋ 两阶段:准国家到独立
╪ 两阶段:联合治理到独立

门户国家的特征从细处看有所不同,但若从它们总体的战略经济位置环境或者从它们的居民对经济机会的适应能力看,则都一样。它们拥有不同的政治和文化,经常会有属于它们自己独特的语言或宗教,以及很高的受教育水平,还有便利地通向外部区域的陆路或海上出口。

由于占地面积和人口规模小并且经常处于关键出口通道上，门户区通常拥有高度专业化的自然或人力资源，它是出口经济的基础。由于不能自给自足，它们许多的原材料、制成品和市场都需要依靠与其他国家的贸易；它们还要依赖专业化制造、旅游和金融服务业。特别是当它们因人口过剩而成为人口迁出地时，它们就可与海外群体联系后者能够提供资本流动和技术知识。这种国家的典型存在于古代的中心，如示巴地区（Sheba）、泰尔（Tyre）、纳巴泰（Nabataea）和帕尔米拉（Palmyra）；存在于中世纪的汉萨同盟（Hanseatic League）和伦巴第城邦国家；存在于威尼斯（12—15世纪）；存在于马尼拉（17世纪、18世纪和19世纪）；存在于桑给巴尔（19世纪）。在20世纪，黎巴嫩曾是一个门户区，直到被内部纷争与内战所毁。

今日最重要的门户区是新加坡、中国香港地区、摩纳哥、芬兰、巴林、迪拜、特立尼达岛和巴哈马群岛。最后两位，因其在加勒比海中的焦点位置，邻近美国，便达西欧与南美，加上适宜的气候条件，已经成为旅游、离岸金融服务和银行业、国际公司总部，以及——很不幸——毒品交易中心。开曼群岛也是离岸金融机构所在地。

香港，虽现属于中国，由于其特别的政治地位，继续起着强大的门户作用。随着中国台湾与中国大陆之间的经济往来大大增加，台北成为投资大陆资本的重要来源，台湾作为联系海洋与东亚辖区的门户区的角色又增添了新的重要意义。

门户区的出现使以前自然障碍的边界变成了灵活协商的边界。爱沙尼亚已开始在海洋辖区欧洲部分与心脏地带俄罗斯之间的地缘战略边界扮演着联系人角色，斯洛文尼亚在中欧与东南欧之间扮演联系人角色，奥地利是联系西欧与东欧的主要门户。

门户地区概念是门户国家概念的逻辑延伸。这种区目前还不存在。但例如，东欧会发展成为心脏地带俄罗斯与濒海欧洲之间的门户区，而不是一个破碎地带，如果它被重要大国视作是一个合作区域而不是竞争区域的话。这样的一个门户区的国家，特别是波罗的海国家和波兰，正在向市场经济艰难过渡。乌克兰是俄罗斯天然气工业股份有限公司90％管道以及俄罗斯许多石油管道通向西欧的门户。俄罗斯受区内俄罗斯及西方合资企业的刺激，有意加大与乌克兰的交往，使后者成为通向西方的贸易桥梁。

不是所有的门户区都起到了积极的经济或社会作用。西班牙的加那利群岛是西非非法移民寻求经西班牙进入濒海欧洲地区的起点站（jumping-off places）。这些"船民"（boat people）踏上的危险旅程的一般结局是葬身大海或者一上岛即被送回。类似地，土库曼斯坦和乌兹别克斯坦是大量阿富汗海洛因从此地再分成几路向欧洲出口的门户。牙买加和佛得角是安第斯可卡因转向东欧市场的门户。

民族国家的扩散

世界民族国家的数量在过去半个世纪里增加了两倍。1945年,有68个民族国家。联合国有51个成员,包括3个归入苏联的成员。1991年,有165个国家,而今天有将近200个,包括几个自我声称的但还没有被国际承认的国家。截至2007年,联合国成员数是192个。正式获得承认的国家数目的增长可能会随着中央政府允诺分裂地区高度自治权而不再冒失去领土的风险而减缓。令人感到矛盾的是,随着更小的个体受到共同加入合作框架的驱使,现存国家持续不断的权力下放同时也将为新型的松散联合提供广泛的机会。

国家扩散是两股力量的结果——附属地区争取独立的欲望和现行主权国家的分裂。通常——虽并非总是——权力下放仅在冲突之后发生。有一百个以上的前殖民地和地区已经获得了自决权,要么作为主权国家,要么通过与其他国家联合。目前还剩下将近60个附属地区,其中许多人口很少或者以提供战略军事基地为条件来换得管辖权力,所以后者不愿放弃控制权。还有的是在经济上依赖性太高以致它们无力承担民族独立的高昂代价。在非自治领土中最可能选择独立的是那些拥有足够资源,有宜人的旅游景点,或者是金融避风港(financial havens)的地方。随着世界变成一个更加开放的体系,目前这类领土从遗留殖民关系中享有的好处在逐渐减少。

潜在的新国家与准国家

表3.3列出了可能获得独立或准国家地位的附属地区和"拒绝主义—分离主义"地区。就许多拒绝主义分子兼分离主义分子地区来说,以准国家状态允诺给它们的高度自治是可能会被接受的。

那些独立前景最大的地区由依据其历史核心谋生的许多民族组成,在那里他们始终维持着他们的文化、语言、宗教或部落特性。表3.3中所列的许多有望独立的国家或准国家在经济上是能自我维持的,它们有资源条件的优势——例如,伊拉克南部的石油;伊里安查亚省的铜和金;沙巴区的铜、锡、铝、钻石和肥沃的草地;尼日利亚东南部的石油与天然气;苏丹南部的石油;还有所谓"印度的粮仓"旁遮普邦的粮食,大多数锡克教徒非常想在这里创建一个独立的国家,即"卡利斯坦"(Kalistan)。几个加勒比海岛屿享有的贸易、旅游,以及来自走私的收益也是立国的条件基础。那些仅获得有限主权形式的国家所以成为准国家,既因为它们缺乏军事能力去实现全部目标,也因为它们对宗主国太重要以至于不能被允许给予完全独立。位于苏门答腊岛南端的亚齐省就是一个这样的例子，而加泰罗尼亚则是另一个例子。西班牙2005年答应给加泰罗尼亚更大自治权的允诺成了解决其他分裂主义冲突的有用的模式。修订的自治法律承认了加泰罗尼亚民族，将其分享的收入以及省内征收的增值税比例提高到50%，保证国家在加泰罗尼亚的投资与这一地区对全国国内生产总值的贡献比例相等。另外，这一地区被授予了对文化、教育、卫生、地方政府以及警察的管辖权。

政治自由度也可能带来外交地位，包括联合国成员，就像白俄罗斯和乌克兰在属于苏联时期那样。

对有些准国家的一种组织形式可以是"联合治理"，两个大国共享对国防及对外关系等这类功能的监管。印度与巴基斯坦之间的克什米尔争端不妨通过这样一种方式加以解决。

在濒海欧洲地区，准国家在像西班牙、意大利、法国、英国等这样的国家中的扩散能够进一步强化了地区专业化和一体化的发展过程。这些半独立的实体将摆脱目前限制着它们专业潜力的制约因素，从而是巩固了欧盟而不是成为一体化的障碍。

扩散过程一个不幸的后果是诞生了"失败的"民族国家。这些是深刻分裂、被战争破坏了的国家，缺乏民族凝聚力，它们的统治机构已经陷入无政府或接近无政府状态。有些分歧是如此之深而长久以致给国际及地区调解行动带来难以逾越的障碍。

衡量这些国家的一项指数是2006年失败国家指数。⑫它包括人口压力、难民、经济发展不平衡、服务恶化、侵犯人权，以及政治派别等指标。在这项指数中，前15名当中的10个国家位于撒哈拉以南非洲，其中只有一个(津巴布韦)在这一地区的压缩区内。

解决"失败国家"综合征的模式包括全面国家重建，如在阿富汗和伊拉克尝试的，以及在波斯尼亚的北约维和行动。这些救助手段能获得多大成功尚有待观察。大致来说，国际社会缺乏能力及地缘政治动力在世界上大部分失败国家进行这类活动。更可能的是大规模干预将继续锁定在全球地缘政治引火点(flash point)的那些地方，而其他地方的调停冲突和恢复国内稳定的任务就留给地区大国去完成。

一个早日发现新兴国家的战略将能让国际及地区性机构采取预先行动，在这些未来国家内部安排全面基建开发项目。这可以帮助防止潜在的政治不稳定，待其获得独立时使它们成为国际社会的合格成员。及时有效的国际行动包括为建设与维护水利、卫生、健康、交通、通信，以及教育设施提供技术与资本支持。当新的国家出现时，这种全面开发的行动将要求它们年轻的政府表现出以一种"最佳的努力"来分担这些项目的责任，同时愿意接受国际监督与审计。这对那些拥有可能被抽走的珍贵资源的国家特别关键。

这种持续争取独立的过程对美国外交决策具有重要意义。伴随消灭全球恐怖主义的目标，华盛顿有必要推行新的策略，鼓励分离主义组织通过和平谈判实现目标。在许多情况下,美国的施加压力、制裁及奖励措施本身并不能够一定让分离主义冲突得到和平解决。联合国也缺乏足够条件来担起这一重任。然而,华盛顿若袖手旁观,仅待许多国家发生内部争端,则是在制造全球不稳定因素。发现新的调停这类分离主义争端的机制是一项挑战,它以美国、其他重要大国和地区大国以及地区性组织的协同努力为基础。阿富汗与伊拉克是仅靠外部军事力量无法解决争端的现实证明。一个高度自治的什叶派、逊尼派和库尔德地区的联邦看上去像是对以什叶派占支配地位的伊拉克的唯一替代。一个同样松散的联邦也许是对阿富汗部落争斗的最好解决方法——普什图族人口在生活在阿富汗的东部与南部,塔吉克人与乌兹别克人在北部,塔吉克人在西部。

国家扩散是全球体系向专业化整合方向演进的一个阶段。现在想分出来的国家说不定哪一天会寻求与它们的前宗主国结成邦联,特别是为实现双方的经济利益。表3.4 表示了未来可能的邦联形式。

表 3.4　潜在的邦联

区	可能的联合
北美及中部美洲	"西印度"
濒海欧洲及马格里布	塞浦路斯北部及南部
心脏地带	● 俄罗斯、白俄罗斯、哈萨克斯坦
	● "大土耳其斯坦"(乌兹别克斯坦、塔吉克斯坦、吉尔吉斯斯坦、土库曼斯坦)
	● 格乌阿摩集团(格鲁吉亚、乌克兰、阿塞拜疆、摩尔多瓦)
中东	● 阿富汗、普什图族东部及南部地区、塔吉克斯坦及乌兹别克斯坦北部及西部
	● 沙特阿拉伯、海湾国家、叙利亚、黎巴嫩、伊拉克西部
	● 伊拉克北部、南部及西部
中欧及东欧	● 波罗的海国家(爱沙尼亚、拉脱维亚、立陶宛)
	● 前南斯拉夫国家(塞尔维亚、克罗地亚、黑山、波斯尼亚、科索沃)

未来几十年,多达 50 个新增的准国家或完全独立的国家将会出现,它们将改变领土轮廓和许多重要及地区大国的功能。除尼日利亚、印度尼西亚和巴基斯坦之外,这些变化对这些国家的权力排名,或者对世界均衡,可能仅有有限的影响。

地缘政治学与一般体系

将地缘政治世界看作一个一般体系为我们提供了一个分析政治结构与其地理环境

之间关系的模型。这些相互关系产生了地缘政治力量,它们塑造地缘政治体系,再搅乱它,然后引领其走向新的层次的均衡。为理解体系的演进,运用来自社会学、生物学以及心理学理论中的阶段研究方法是有益的。

发展原理认为,系统以可以预见的结构化方式演进,它们对外部力量开放;分级、调整、耗散(entropy)是其重要特征,它们是自我纠正的。

1860年,赫伯特·斯宾塞第一个详细阐述了将自然有机体与社会组织之间进行类比的发展假说。他的进化观念来自生理学以及有机体从同质变为异质的命题。利用有机增长类比,斯宾塞宣称社会组织从不定的、不相关的同质性演进到非常确定的、联系紧密的异质性。依据这一假说,国家与土地意味着社会组织和自然有机体的结合。[13]

将来自社会学家斯宾塞、心理学家海因茨·沃纳(Heinz Werner)以及生物心理学家贝塔朗菲(Ludwig von Bertalanffy)的有机体概念结合起来,就形成了空间结构化地缘政治理论的基础。[14]它是一种整体论理论,关注相互联系各部分的位列次序和运动过程,运用于各个政治领土层次,从亚国家到国家再到超国家。将这一发展原理用于地缘政治结构,则体系沿下列次序演进。最早是**无差异**或原子状的,这里,如在封建时代一样,没有一个领土部分是相互联系的,它们的功能是同一的。第二个阶段是**区分化**,此时各部分有可以辨别的特征但还是相互孤立的。欧洲的后威斯特伐利亚国家(Post-Westphalian),或者1950年代到1970年代的后殖民地国家,都寻求自给自足和相互模仿。接下来的阶段是**专业化**,它后面是**专业整合化**。在这一最后阶段,不同领土部分相互补充的产品的交流导致体系的一体化。体系的各部分是分层排列的,如此提高了效率,因为某一层完成某些功能,但将其他功能留给属于不同层次的单位实体。有助于为体系带来均衡的是欠成熟部分向更高层次上升的动力。

目前,世界地缘政治区下列阶段上在运作:

1. 专业化整合——濒海欧洲地区和马格里布;
2. 专业化——北美洲及中部美洲、亚太沿岸地区;
3. 差异化——心脏地带俄罗斯、东亚、中东、南美、南亚;
4. 无差异——外高加索—中亚、印度支那、撒哈拉以南非洲;
5. 原子化——撒哈拉以南非洲。

地缘政治体系运行类同自然体系在于,它们会耗尽作为它们权力基础的材料和人力资源,除非它们能够用外部能源为它们的体系补充能量。过去,帝国是通过剥削殖民地和征服地而做到的。而在今日世界,这种能源最好是通过交流获得。苏联解体是因为在试图向全球纵深渗透过程中,它消耗的资源与人力远远超过了它能够从这种渗透中获得的利益。相反,一个像新加坡这样的国家通过进口物品与观念来补充自己,以其出口产品与服务作为交换。沿海世界中大多数国家的好处是它们能够通过国际交流维持能量。但是大陆国家，特别是那些形成了封闭政治体系的国家，已发现它们自己能量越来越少，不仅是关乎影响外部世界而且对维持其自身国内体系运行也已产生了影响。

均衡、动荡和世界秩序

苏联共产主义的失败、冷战的结束、俄罗斯继后的复兴以及中国成功进入全球经济已经激起了这样的希望，即一个新的秩序正在出现，也激起了争论，即这种秩序会采取什么形式。辞令并不新鲜——和平与安全、减少军备、各民族集体共享财富与正义。问题是机制。会有全世界通过联合国在其中采取协调一致行动的一个真正的全球体系吗？通过美国强权之下的世界和平（Pax Americana）拯救世界是可行的吗？或者我们能够依赖世界重要大国中心——美国、欧盟、日本、重构的心脏地带俄罗斯、中国，以及一个正在成长的印度——采取集体行动稳定和改善国际体系吗？

一个稳定的全球体系的更大希望还在这些权力中心的协同努力之中，而要以华盛顿和欧盟带头。在这项达成共识的努力中，联合国安理会——尽管它未必有一个明确的集体利益——已作为一个论坛证明了它的重要性：它要求在其永久成员国之间达成协议，从而对稳定全球体系起到了重要作用。

我们如何看待新时代全球稳定的前景可以说的确是一个概念确立和视角选择问题。不是要讨论"世界秩序"，我们应该说是要谈论"全球均衡"，因为全球稳定是均衡过程的一个功能，不是秩序。秩序是静态的。它说的是一种排列形式固定的，一种正式的按地位高低和人群规模进行的安置或排列，它要求有严格的规定，蕴含着一个被明显分界线相互隔开的精确定义的适当的位置。这一位置被安排在一个精巧的由某些机构设计好蓝图的结构中，而这类机构要么是以霸权形式，要么是在一致行动。基本上，秩序意味着外部的规定。

作为对照，均衡是动态的。均衡这个词这里并不是指其物质或心理物质意义，如有机体的自然状态是静止或体内均衡（homeostasis）。这种均衡曾是封闭体系的特征但不适合人类组织或绝大多数自然系统。这里，均衡是开放体系中两种相对的势力和力量之间的动态平衡的性质。平衡在被打乱后通过引进新的成分和刺激物可再次得到恢复。在理想的状况下，这种平衡是通过自我纠正而恢复的——通过亚当·斯密所说的"看不见的手"，或者人的理性的利己主义。

因为统治阶层追逐私利的惯性，自我纠正未必总会发生。战争、恐怖主义、经济贪婪、能源危机、非法移民，以及环境破坏会把人带到失去理性的边缘。人类对自然环境再生力量的干涉也是同样。当事情走得太远，就会出现反动、纠正和新的规定。不管均衡是通过自我纠正得到维持,还是一个新的层次通过巨大变革力量形成,总是平衡伴生变化,变化伴生混乱。

大量的混乱与冲突发生在冷战结束后的世界。苏联的解体并未造成巨大社会动荡以致引起全球巨变,像那些经济决定主义者如伊曼努尔·沃勒斯坦和乔治·莫德尔斯基等提出的假说那样。⑮共产主义统治从苏联势力范围消失像是只"哼"了一声,并没有引发"大爆炸"。甚至在共产主义政权还在盛行的地方,它们的经济正在实现市场化,它们的体系正向外开放。当这些政权走向结束时,附带的混乱可能是轻微的伤痕。

困扰后冷战世界的混乱与冷战期间的混乱之间的差异不在于战争、内乱,以及恐怖主义活动次数较少或者伤害减轻,而在于它们的地理位置转移了。⑯在冷战期间,重大冲突常爆发在朝鲜半岛、东南亚以及中东破碎地带。随着冷战的结束,冲突地点移到了巴尔干地区和前苏联的边缘地带,而特别集中到了中东和撒哈拉以南非洲地区。在此同时,随着全球恐怖主义越来越老练,也更加具有危害性,它已经渗透到了世界最远的角落,同样影响着重要大国以及小国、弱国。以为冷战结束将会带来一个全球和平与和谐的时代是过于天真了。变革与混乱是相互交织的,这是动态均衡过程中的一个不幸的特点。因为重合的势力范围、全球贸易以及通信等,等级体制变得更加易变,国家和地区体系更加开放。同时,权力的扩散和逐步下移使得体系越来越复杂。

除战争以外,大规模移民流动已成为世界体系不稳定因素。国际移民数量现估计在两亿左右,或世界人口的3%。这些移民中有一半以上居住在发达国家,主要在欧洲和美国。在许多这样的国家,文化同化已经成了一个严重问题。但是,移民创造的将近3/4的现金汇款流向了世界较穷国家,帮助那里稳定了政治经济体系。担心移民潮——不管合法还是非法——会便利恐怖主义的传播是合理的。但是,总体来说,流向发达国家的国际移民对提供所需要的劳动力还是起到了积极的作用。

然而战争产生的难民具有不稳定的作用。来自伊拉克的难民对约旦和叙利亚的经济与政治稳定产生了冲击,正如阿富汗难民对巴基斯坦造成的影响一样。这也同样适用于那些从达尔富尔到乍得,从索马里到肯尼亚,或者从卢旺达与布隆迪到刚果的难民。这些人类悲剧影响了地方及地区的稳定,但并未影响到全球均衡。

另一个对世界稳定的威胁是由全球变暖引起的气候变化。据估计,沿海区域水涝和低海拔岛屿的被淹没将会让多达10亿的人口失去家园和土地。在世界其他地方,气候变迁会增加旱灾、水荒和饥荒。除非我们采取认真措施去减缓或制止温室效应,否则地缘政治体系的稳定将必然会大受影响。

当下的挑战是要就如何应对全球变暖形成全球共识,但这样做的意愿很不统一。欧洲已经强制规定了排放额度;美国似乎最终也开始重视这一问题,但有效的政府行动还没有采取;一些国家继续将它们的首要考虑放在经济增长方面,而无视污染对健康、安全,以及它们人民的生活状况造成的影响。真正的进步取决于世界所有发达国家共同承诺在它们自己的国家内部采取严格措施,同时在技术上对发展中国家进行帮助,必要的话,还要从经济上帮助,以使它们能够在经济增长需要和严格的抗污染标准之间维持平衡。

面对以上所有显示的威胁,维持全球均衡的可能性在哪里?世界重要大国内部不存在战争威胁。尽管存在经济与政治竞争,但它们经济的相互依赖已经成为抗击大规模冲突的堡垒。而且它们面对着同样的有时是相互间的恐怖主义威胁,面对着稳定世界能源资源的需要,以及面对着周边国家的危险。所以,即使世界依然充满动荡,由世界大国来维持全球的动态均衡,还是可能的。

注释

① Robert Ardrey, *The Territorial Imperative* (New York: Atheneum, 1966), 3 – 41, 108 – 17.

② Geoffrey Parker, *A Political Geography of Community Europe* (London: Butterworth, 1983), 1 – 17, 41 – 61.

③ Alfred T. Mahan, *The Problem of Asia and Its Effect upon International Policy* (Boston: Little, Brown, 1900), 21 – 26.

④ James Fairgrieve, *Geography and World Power* (London: University of London Press, 1915), 329 – 30.

⑤ Richard Hartshorne, "The United States and the 'Shatter Zone' in Europe," in *Compass of the World*, ed. H. Weigert and V. Stefannson (New York: Macmillan, 1944), 203 – 14.

⑥ Philip Kelly, "Escalation of Regional Conflict: Testing the Shatterbelt Concept," *Political Geography Quarterly* 5, no. 2 (1986): 161 – 86.

⑦ Peter F. Drucker, *The New Realities* (New York: Harper & Row, 1989), 173 – 86, 255 – 64.

⑧ Michael Hardt and Antonio Negri, *Empire* (Cambridge, Mass.: Harvard University Press, 2000).

⑨ Peter J. Taylor, *Political Geography*, 2d ed. (Harlow, England: Longman Scientific and Technical; New York, Wiley, 1989), 7, 16 – 41.

⑩ Paul Kennedy, *Preparing for the Twenty-first Century* (New York: Random House, 1993), 122 – 34.

⑪ Edward Said, *Culture and Imperialism* (New York: Vintage Books, 1994), introduction and 3 – 61.

⑫ The Fund for Peace, "Failed States Index, 2006," *Foreign Policy Magazine* (2007), 7 pp.

⑬ Herbert Spencer, "The Social Organism," reprinted in *The Man versus the State*, ed. Donald Macrae (Baltimore: Penguin, 1969), 195–233.

⑭ Heinz Werner and Bernard Kaplan, "The Developmental Approach to Cognition," *American Anthropologist* (1956): 866–80; Heinz Elau, "H. D. Lasswell's Developmental Hypothesis," *Western Political Quarterly* 21 (June 1958): 229–42; Saul B. Cohen, "Asymmetrical States and Geopolitical Equilibrium," *SAIS Review* 4, no. 2 (Summer/Fall 1984), 193–212; and Ludwig von Bertalanffy, *General System Theory* (New York: Braziller, 1968), 194–213.

⑮ Immanuel Wallerstein, *The Capitalist World-Economy* (Cambridge: Cambridge University Press, 1979), 6–15, 61–71; and George Modelski, *Long Cycles of World Politics* (Seattle: University of Washington Press, 1987), 18–50, 215–48.

⑯ Dan Smith, *The State of War and Peace Atlas* (London: Penguin, 1997), 16–29, 32–61.

第四章
冷战及其后果

△ **第一阶段：1945—1956**
　　核对峙与核威慑：划定遏制圈
△ **第二阶段：1957—1979**
　　共产主义向海洋辖区纵深渗透
　　渗透地区
　　破碎地带
　　其他地缘政治区
　　军备竞赛
△ **第三阶段：1980—1989**
　　共产主义力量从海洋辖区撤出
　　新兴重要大国
　　苏联影响的式微
　　阿富汗战争
△ **苏联超级大国的崩溃**
△ **向 21 世纪过渡**
　　20 世纪 90 年代的 10 年与 21 世纪初
　　新千年的全球恐怖主义

冷战的记忆已经随着前南斯拉夫、伊拉克和阿富汗的冲突以及对全球恐怖主义的关注而迅速褪去。尽管如此，正是第二次世界大战与冷战结束后发生的地缘政治重组才形成了今日地缘政治版图的轮廓。这重组背后的力量依然是未来版图变化的重要指引。冷战可以分成三个阶段：(1) 沿欧亚大陆辖区外围的海洋辖区遏制圈；(2) 共产主义对海洋辖区的渗透；(3) 共产主义从海洋辖区撤出及苏联权力的消退。在这些阶段形成的地缘政治模式与特征反映了主要冷战角色以及其他被拖入竞争的国家变化中的意识形态立场、军事实力和经济与技术进步。

第一阶段：1945—1956

核对峙与核威慑：划定遏制圈

人们普遍认为第二次世界大战结束将预示着和平时代的开启，与通向战争的凶恶的民族主义告别，以及让整个国家的力量都能用于重建家园、重塑社会。但是，由西方联盟与苏联达成的领土交换和分界已埋下了深刻分歧的种子。苏联接收了波兰东部而将东普鲁士与西里西亚给了波兰。很快，由于美国担心共产主义扩张以及苏联担心被遏制，导致了后来所称的"冷战"的开始（一个由瓦尔特·李普曼1945年创造出的词汇）。

冷战的第一个10年确认了在美国与苏联两个超级大国之间普遍存在的相互恐惧和相互不信任。对华盛顿来说，苏联威胁世界和平的确凿证据是柏林封锁(1948年)、苏联试爆原子弹(1949年)、朝鲜入侵韩国(1950年)、苏联氢弹试验，以及《华沙条约》(1955年)。莫斯科眼里对其安全的威胁是杜鲁门主义和马歇尔计划(1947年)、北约(1949年)、美国卷入朝鲜战争，以及美国氢弹试验(1952年)。在这段时间里发生的各种事件和由两个超级大国形成的各种观念导致了核恐怖与核威慑均势的形成。

第一阶段及第二阶段绝大多数时期的全球地缘政治版图反映了由美国与苏联两个超级大国强加给世界其他地方的僵化、分层和两极特色的结构（图4.1）。世界绝大部分地方被包括在两个地缘战略辖区当中——欧亚大陆（由苏联控制）和依赖贸易的海洋辖区（由美国统治）。南亚的地位是一个独立于两个辖区之外的地缘政治区，但是不断受到来自它们的压力。

欧亚大陆辖区由两个地缘政治区组成——苏联欧亚内陆心脏地带（以东欧作为战略附加）和东亚。苏联心脏地带的经济中心已经从乌克兰—西俄罗斯基地扩展到乌拉尔山脉地区，第二次世界大战期间苏联工业不得不移到这里。战争一结束，共产主义向中欧和东欧的扩张给了苏联新的上升一步的地位，借此可威胁西欧，寻机削弱北约联盟。

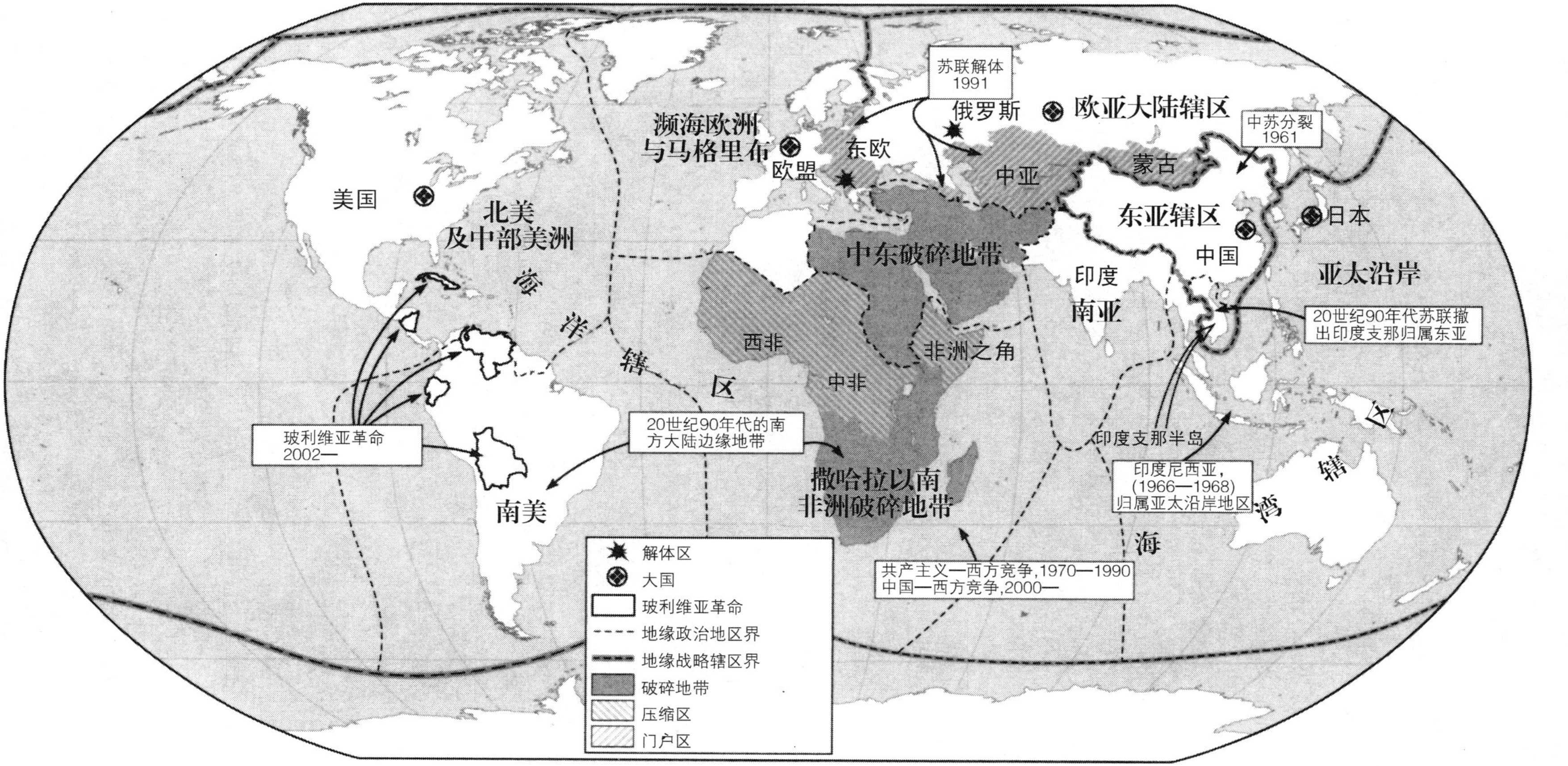

图 4.1 第二次世界大战结束至今辖区及地区变迁

通过它的共产主义盟友中国及朝鲜,莫斯科还对日本以及美国在西太平洋的战略地位构成严重威胁。中国北方及内陆易遭苏联进攻凸显了中国的不利地位。而且,中国也需要与莫斯科联盟,因为它防御西方海军与空军的力量薄弱,它的海岸地带暴露在台湾国民党以及驻扎韩国的美国军队眼皮底下。

贸易所依赖的海洋辖区包括大西洋和太平洋流域以及它们的加勒比海和地中海延伸地区。从处在两大洋中间的位置,美国能够为它的北大西洋欧洲盟友提供支撑,制定全面控制南美的战略网,为日本和其他太平洋沿岸盟友提供军事和经济保护。

海洋辖区的地区性地缘政治划分包括英美及加勒比海、濒海欧洲及马格里布、亚洲沿岸地区及大洋洲以及南美。撒哈拉以南非洲也处在该辖区之内,但它缺乏一个清晰的地缘政治框架,因为它依然处于被各欧洲殖民列强瓜分的状态。辖区的核心是美国北部及中西部的制造业带和北欧的恢复性工业三角。它们通过北大西洋的航道连接在一起。

加勒比海以地理邻近、资本投资、贸易,以及美国在波多黎各及关塔那摩海军基地而与美国东部相连。南美处于美国政治、经济阴影之下,欧洲与巴西、阿根廷等这类国家的文化与经济联系加强了海洋辖区的影响。

马格里布仍然处在法国统治之下,而独立运动已在突尼斯和摩洛哥蓬勃展开(它们不久就取得独立),阿尔及利亚发生叛乱。大量法国居住者的存在,特别是在阿尔及利亚,加上两者的经济关系都促使了将马格里布留在法国地缘政治范围之内,从而也使它留在濒海欧洲的势力范围之内。

在太平洋,美国军事力量牢固驻扎在韩国、日本、菲律宾、澳大利亚,以及新西兰。它受到马来西亚、北婆罗洲(Borneo)、新几内亚及东帝汶等欧洲殖民地的支持。另一个重要基地是泰国,它形成于第二次世界大战日本占领期间(这占领是它自找的)。泰国抛却了它历史性的孤立主义而与美国结成军事同盟。1954年,曼谷成为东南亚条约组织(SEATO)的总部,这一组织是在美国、英国和法国的领导下,紧随日本从印度支那撤出之后建立的。东南亚条约组织还包括澳大利亚、新西兰、巴基斯坦、泰国和菲律宾。新联盟对外宣布的宗旨是遏制共产主义向东南亚的进一步扩张。它最终证明对允许美国在越南的军事存在起了帮助作用。

东南亚条约组织的根本弱点是这一事实,即仅有两个东南亚国家加入了这一组织。相反,地区性防卫角色由亚太沿岸地区承担起来,包括韩国、日本、菲律宾、泰国和马来半岛、澳大利亚及新西兰。这些国家通过军事与经济联盟与美英两国有双边关系(1977年,在第二阶段将要结束以及美国从越南撤退之后,东南亚条约组织解散)。

东南亚国家——印度尼西亚加上三个印度支那国家越南、柬埔寨和老挝——即不在新的亚洲离岸地区之列的国家不久就将变成欧亚大陆和海洋辖区之间相互争夺的区域,然后呈现一种破碎地带形式。

大多数中东国家20世纪50年代早期就获得了独立,但这一地区仍然位于海洋辖区范围之内。1955年,在英国和美国的发起下,土耳其、伊拉克、伊朗和巴基斯坦缔结了《巴格达条约》,试图创建一个阻止苏联势力扩张的北方地区性屏障。该条约组织相当短命,1959年即告瓦解,此时它的唯一阿拉伯成员伊拉克,退奉不结盟政策。余下成员被吸收进中央条约组织(CENTO)。

在中东其他地方,英国还维持着对波斯湾国家、亚丁以及苏丹的统治,与约旦的军事同盟,以及它在苏伊士运河的军队(尽管正处于撤退过程中)。沙特阿拉伯是美国忠实的盟友,以色列和黎巴嫩都把美国作为主要的倚靠。撒哈拉以南非洲,目前还处在欧洲殖民统治下,也基本可以说是属于海洋辖区,而且因拥有这一辖区的战略矿物原料以及其他自然资源而显得特别重要。

南亚是世界上唯一的具有独立意义的地缘政治区,它处在两个地缘战略辖区之外。在尼赫鲁(Jawaharlal Nehru)的领导下,印度在全球争夺中奉行中立的立场给了这一地区独特的地位。缅甸也选择了中立道路,拒绝加入东南亚条约组织。锡兰(斯里兰卡旧称),当其担任科伦坡计划项目主办方之时,就寻求将自己打造成南亚以及东南亚经济发展的领导人角色。但是,由于受叛乱、经济危机,以及政府不稳定困扰,该国几无能力采取地区性率先动作。上一世纪就刻意使自己远离外国影响的尼泊尔,继续奉行不结盟政策以求获得独立。不丹由于担心中国对其领土的索取,在防卫与对外关系方面变得更加地依赖印度,但依然十分封闭和难以进入。

在南亚国家中,只有巴基斯坦卷入了冷战联盟。部分原因归于其既是中东国家又是南亚国家的地理分裂性格。巴基斯坦西北边境省的半游牧普什图族人(帕坦人)地区、联邦直辖部落区、俾路支省北部边境地带,以及西南部的俾路支部落,在文化及语言上都倾向中东。相反,巴基斯坦旁遮普省的农民,虽说是穆斯林,可在文化与地理上却与印度的旁遮普邦部分连接在一起。同样,身为穆斯林的孟加拉人在文化和语言上与印度信奉印度教的孟加拉人连接在一起。这种内部的紧张最终爆发内战,造成了东巴基斯坦的独立,然后它就牢固地与印度联系在了一起。

在第一阶段,苏联与其盟友共产党中国企图通过从欧亚大陆心脏向外推进至周边内海及通向海洋的通道在中苏领域周围形成*缓冲带*(*cordon sanitaire*)。鉴于苏联仍未从第二次世界大战期间纳粹德国侵略军队给它造成的破坏中完全恢复过来,斯大林的目标是在苏联与西欧之间竖起一道坚固的防卫屏障。此举是为防止闪电战(*blitzkrieg*)的再度重演,德国人曾仿佛就在昨日运用这一战术迅速越过波罗的海,轻松攻下列宁格勒(圣彼得堡),深入至离莫斯科城20英里的郊区,到达斯大林格勒(Volgograd)边上的伏尔加河,占领了黑海北面沿岸的大部分地方。①

波兰是苏联防卫屏障的关键。雅尔塔各方联合组建战后代议制政府的尝试失败了,因为1947年由临时政府控制的议会确保了共产主义的胜利。

有一系列的催生因素使西方决定在沿心脏地带外围创建"遏制圈",以试图阻止苏联的进一步扩张,它们包括1945年德国的苏联控制区的建立,次年希腊内战的爆发以及1948—1949年对西柏林的封锁。

在第一阶段,苏联的主要领土目标是东欧与中欧——这是被麦金德称为德国与俄罗斯之间的"中间层国家"的地区,居住着斯拉夫人和南方的斯拉夫人、波西米亚人和马札尔人,它构成心脏地带的战略附加。

到第二次世界大战末,东普鲁士被从德国手里夺走:它的北半部分,包括梅梅尔地区,被苏联吞并,而南边被波兰拿走。德国的战败也使苏联人保留了1940年芬俄战争时占领的芬兰领土,以及同年增加的波罗的海各共和国。这类吞并让苏联得以牢固控制波罗的海,并让列宁格勒有了更大的防卫纵深。卡累利阿地峡(Karelian Isthmus)和芬属卡累利阿被占取,芬兰被迫将波卡拉半岛(Porkkala Peninsula)租给苏联做空军基地。在北方,芬兰人丢了佩琴加和里巴契半岛(Ribachyi Peninsula),加上摩尔曼斯克的安全,后者在第二次世界大战期间是运送来自美国供给的交通线的最后一站,非常重要。

在欧洲其他地方,苏联从波兰东部吞并了一大片土地,给了白俄罗斯和乌克兰。在波兰1919年再次获得独立之前,这些领土曾属于沙皇俄国和奥匈帝国。另外,从波兰手里夺回了东外喀尔巴阡山(Trans-Carpathia),从罗马尼亚夺回了比萨拉比亚和布科维纳部分地区,完成了吞并计划。在得到这些土地之后,苏联获得了沿向莫斯科、伏尔加格勒、敖德萨,以及克里米亚半岛入侵线路的相当防卫纵深,这些线路在战争期间被入侵的纳粹军队占领。

为补偿波兰在东边的损失,苏联从第三帝国1939年领土中拿出39 000平方公里划给波兰西部。新的土地位于奥得河和尼斯河东侧,靠近北端的地方,包括格但斯克(旧称但泽)和东普鲁士南部。所有这些边界变化都在波茨坦会议上得到西方的同意。

苏联的安全目标在1945年至1948年期间得到进一步满足:苏联将其共产主义政权强加到沿吕贝克海湾和易北河延伸到图林根州,到厄尔士山脉和波西米亚森林、多瑙河中游、尤利安阿尔卑斯山脉、亚得里亚海等地区的东欧和中欧的国家带。除了南边的土耳其海岸之外,黑海的大部分现在处在苏联疆域内。包括在其中的国家有一党制的作为卫星国的共产主义国家东德、捷克斯洛伐克、匈牙利、波兰、阿尔巴尼亚、南斯拉夫、保加利亚和罗马尼亚。这代表了苏联沿其高度薄弱的西部边境建立一个缓冲带战略的完成。1955年,在第一阶段快要结束时,《华沙条约》正式将东欧共产主义集团国家在军事上与苏联连在一起,以作为对西德再度军事化的直接回应。

但是,沿苏联权力的西南延伸方向,试图通过由共产党起义者发动的内战而将希腊拉进共产主义版图和给土耳其施加压力的企图失败了。相反,1949年,为回应苏联对柏林的封锁和阻止苏联向西欧扩张创建了北大西洋公约组织(NATO),1952年这一组织增加了希腊和土耳其。另外,南斯拉夫在1948年被驱逐出第三国际(Comintern),1954年它分别与希腊和土耳其签订军事条约,进一步加强了西方的遏制行动。

在第一阶段,西方遏制圈向东延伸将伊朗包括进来。1946年,苏联撤回在伊朗北部的军队,这是它们在第二次世界大战期间军队的驻扎地,当时英美军队已占领南部。苏联撤军是在美英通过联合国施加强大压力以及伊朗承诺(从未兑现)对莫斯科作出石油让步之后才有的。这以后使伊朗得以废黜苏联1945年建立于伊朗库尔德及阿塞拜疆的傀儡共产主义政权。1952年,反美的穆罕默德·莫萨德夫(Mohammed Mossadegh)政府上台执政,将石油工业国有化,寻求推翻伊朗国王。两年以后,莫萨德夫被推翻,这主要归功于美国中央情报局的秘密活动,这样伊朗国王又重新回到台上。次年(1955年),伊朗与土耳其、英国、伊拉克、巴基斯坦等一道加入《巴格达条约》,美国以低级别成员身份参加,巩固了沿中东北部边界一带的遏制圈。

在南亚与东南亚半岛,印度和缅甸的中立立场以及北越的共产主义革命阻止了西方将遏制圈向中国边界延伸。圣雄甘地(Mohandas K. Gandhi)的非暴力哲学的广泛影响不是印度中立政策的唯一来源。它还与新德里与苏联的意识形态差异、担心中国对印度领土完整的威胁,以及怀疑美国有意取得战略统治权从而将美国式资本主义强加于世界等因素有关。

印度对世界共产主义的担心也是因受到1950年中国人民解放军进驻西藏的刺激,中国的依据是1914年麦克马洪线剥夺了本应属于中国的土地。中国与印度在喜马拉雅边境,与尼泊尔、缅甸以及不丹等存在领土争议。在第二阶段,这个争端将爆发成印度与中国之间的冲突。另一方面,新德里对美国及其前英国殖民统治者的不信任受到巴基斯坦加入东南亚条约组织和《巴格达条约》的激发。美国鉴于这些条约而给予巴基斯坦军事支持,从印度的角度看,这是一种直接威胁。

缅甸维持它的中立,拒绝加入东南亚条约组织,认同其他不结盟第三世界国家。在外交承认中华人民共和国的同时,它仍保持与它的距离,因为其国内也受到共产主义以及部落叛乱的困扰。缅甸的一个特别问题是驻扎在其国内的中国国民党军队,它们是1950年战败后越过边境来到这里的。国民党军队在此驻留了3年,直到联合国迫使它离开。

在东南亚,共产主义与西方世界的边界随法国与印度支那战争从1946年打到1954年而一直处于变动之中。在1954年奠边府陷落之后,法国同意停火,协议将越南沿北纬17°线分开。北边,核心是红河三角洲及河内,归胡志明领导下的共产党政权,而南边,其核心是交趾支那,以湄公河三角洲及西贡为中心,成为保大(Bao Dai)领导的法国傀儡政权。

停火分界线作为遏制线并未延续很长时间。紧接着第二年的西贡政权,当时由吴庭艳(Ngo Dinh Diem)领导,被西方承认为全越南的合法政府,而北越开始接收来自苏联及中国的大量经济及军事援助。随后,在第二阶段大部分时间中,整个东南亚半岛的南端变成了一个破碎地带,因为越南战争让世界大国以及越南的敌人都陷了进去。

在东南亚岛国,前荷属东印度也是这片破碎地带的一部分。印度尼西亚1949年已经从荷兰手中获得独立,但在冷战第一阶段,面对间有发生的造反起义以及颇具影响的地方共产党的威胁,它先要忙于将多民族人口团结在一起。况且,苏哈托总统作为印度尼西亚独立战争领导人,他采取了社会主义和中立主义的姿态,引生了西方的怀疑。

中苏辖区与美国及其盟友辖区之间的东北分界是通过战争形成的。日本的北方边界在第二次世界大战后划定。当时,在雅尔塔会议上,同盟国同意了苏联对萨哈林岛(库页岛)、千岛群岛南半边的吞并,以作为苏联加入了抗击日本战争报偿的一部分。1951年,《美日安全条约》授权华盛顿担任保护日本不受外界攻击的任务。

1949年中国共产党对国民党的胜利使得欧亚大陆共产主义权力延伸至东亚大陆尽头,1950年中国人民解放军旋即进驻西藏。然而,在离岸一带,遏制圈就在同年骤然形成,当时中国共产党出兵进击国民党占据的台湾的计划受到美国第七舰队的阻挠。这样,在就西太平洋形成了两大辖区的分界线——沿日本海和中国东海中心往下穿过台湾海峡。这条线在1955—1956年得到巩固,当时美国针对共产党对国民党控制的金门岛和马祖岛的炮击的回应是与国民党达成共同安全协议,并承诺保护台湾不受到外来攻击。

在朝鲜半岛,边界在经过艰苦的冲突之后才稳定下来,其中美国与中国部队直接卷入地面战斗和空中战斗,而后者还有苏联飞行员加入其中。当大部分北方边界已将中国与韩国分隔开之后,苏联对美国军队加入战斗的担心由于以下事实而加大了,那就是一条在顺珲春河(Hunchun)河口延伸的分界线东端10英里长路段成了北朝鲜与苏联分界线,离符拉迪沃斯托克(海参崴)仅有90英里。在半岛上下来回争夺的拉锯战结束之后,1953年沿北纬38°的停火线成为两个朝鲜分界线的基本依据,一直延续到今天。

苏联帮助中国建设空军和陆军产生了始料未及的后果。这支空军成了世界第三大规模的空军,而大量中国陆军变得久经战斗锻炼。这种新的力量使中国对自身的看法从一个苏联卫星国家改变为一个合作者起到了工具性的作用。这是毛泽东在斯大林去世后与莫斯科决裂的一个重要因素。

亚洲沿岸遏制圈的南端还有菲律宾,它在1947年获得独立,然而却继续容纳着美国陆军、海军以及空军基地。这些位置俯视着南中国海和中国及印度尼西亚南部的沿岸陆地。共产主义向菲律宾扩散的威胁到 1954 年终止了,此时当地的共产党游击队(Hukbalahaps,活动在吕宋岛中部)被政府军击败。但是,它们重新整编,继续从事恐怖主义活动长达 15 年时间,直到 1969 年被菲律宾军方彻底击败。次年就停止了活动。

最后完成心脏地带准外围一部分的是北极地区。这里冷战均势通过相互威慑得到维持,双方此时都拥有了能够通过远程轰炸机运载的核武器和能在北极冰盖下执行侦察的潜水艇。美国和加拿大远程预警无线空间防卫系统(Distant Early Warning, DEW),始于 1955 年,是美国多极安全系统中的重要构成部分。同样,苏联在浮冰上建立了气象站、无线通信站以及科研站,它们支撑着苏联的空中、核动破冰船以及潜水艇防卫系统。

共产主义世界在第一阶段对边缘地区的扩张很大程度上得益于莫斯科核能力建设,以及对被战争破坏的重工业的迅速恢复重建。经济重建,包括苏联西部大部分地区的二次工业化,是以军事技术的快速进步为主要标志的。

第一阶段到 1956 年结束,那时苏联的核武器发展导致两个超级大国之间威慑均势的建立。另一个标志这一阶段结束的事件是中苏分裂的开始。

第二阶段:1957—1979

共产主义向海洋辖区纵深渗透

在这一阶段,世界地缘政治版图发生了重大变化,冷战已越出欧亚大陆准外围,向海洋世界内部以及外围地区扩展。超级大国间日趋激烈的竞争乃是由一系列事件引发的。1957 年第一颗人造地球卫星(Sputnik)的发射,比"美国探索者一号"发射早一年,被认为是对美国科学和教育的唤醒铃。同一年,莫斯科宣布开发成功第一颗洲际弹道导弹(ICBM)。另外,它违背了其曾在 1958 年签下的关于志愿停止核试验的协议,1961 年开始恢复试验。美国对苏联威胁的担心还因柏林墙的修建(1961 年)、古巴导弹危机(1962 年)以及(苏联)入侵捷克斯洛伐克(1968 年)而提高了。反过来苏联的担忧被猪湾事件(1961 年)、被美国投入越南战争(1965 年),以及被美国在推翻印度尼西亚总统苏加诺中所起的作用(1965 年)等加强了。

欧亚大陆国家对海洋世界的渗透受益于一系列新的形势变化。欧洲殖民时代在中东、东南亚以及撒哈拉以南非洲面临结束。而与此同时,马克思主义影响正在第三世界民族解放运动中日益显现其力量。美国欲直接卷入新的冷战冲突的能力受到其卷入越战而引发的美国公众的负面舆论的限制。苏联发展大规模武器出口工业加强了许多第三世界国家对莫斯科的依赖。

莫斯科与北京之间的决裂引发了两国为争夺第三世界影响的竞争。这一破裂起始于毛泽东对赫鲁晓夫1956年提出的去斯大林政策的意识形态性反对,并随着毛泽东推出"大跃进"运动而得以进一步扩大。对毛泽东及其继任者来说,赫鲁晓夫对斯大林主义的反对代表着放弃马克思主义。这些事件导致苏联1960年从中国撤回经济援助和技术专家。由于莫斯科与地拉那闹翻之后的1961年中国与阿尔巴尼亚结盟,中苏两国敌意进一步加深。而再度恶化是在20世纪60年代末,当时中国反对勃列日涅夫与西方和平共处的号召。最后,两个共产主义大国之间长达10年的边界争端爆发成战争。

一种显著的意识形态转变惹起了莫斯科的战略野心。与原来仅支持革命的马克思主义政党的意识形态路线告别的标志是1956年共产党和工人党情报局(Cominform)的解散。现在,通过与所有帝国主义的敌人联手,苏联现在可以支持对共产主义持敌意的民族主义运动,也支持那些由马克思主义分子领导的运动。旗帜已不再是"世界共产主义革命",而是"反对资本主义—帝国主义"。

苏联大力发展军事工业,成为世界第二大武器供应商。如果说第一阶段苏联武器销售仅限于《华沙条约》国家以及中国,那么,在第二阶段,武器流动方向就转移到了第三世界和印度。莫斯科虽说在贸易或在对第三世界客户提供经济援助方面不能与美国竞争,但是苏联对其客户的销售和赠送形式的军事转让还是很慷慨的。况且,它改善的物流运输能力使得它能够将大批的古巴军队运送到安哥拉和埃塞俄比亚,以及通过海上和空中航线运载大量武器和军事设备。②

第二阶段发所生的事情大都可追踪到斯大林及贝利亚死后赫鲁晓夫日益上升的影响。赫鲁晓夫1956年在联共二十大的发言谴责斯大林的专制统治及个人崇拜,呼吁下放苏联经济管理权力。这一发言是对前一年发起的为苏联外交政策引入更多灵活性的进一步行动。这包括完成了一项与奥地利的和平条约,与西德建立外交关系,将波卡拉(Porkkala)海军基地坐落地块归还给波兰。

赫鲁晓夫还努力争取将与东欧的关系更多地放在伙伴合作的基础之上。结果是成立了经互会(Council for Mutual Economic Assistance,COMECON),这是《华沙条约》的一种扩大形式,后者是为回应西德的再度军事化而形成的。但是,东欧满以为这预示着苏联将放松控制的希望很快就被浇灭了:波兰心怀不满的学生和工人举行的起义遭到苏联人镇压。在匈牙利,一次宣布匈牙利中立以及让布达佩斯退出《华沙条约》反共产党的革命,也被苏联军队镇压。

鉴于东欧仍然稳控在手,苏联现在能够在外交上及军事上挑战美国及其盟友,且是在它们的后院——海洋辖区。苏联的攻击性被其军事技术方面(包括洲际弹道导弹系统)的进步而加强了,以致到 20 世纪 70 年代末苏联与西方在核武器方面已经势均力敌。

渗透地区

苏联向海洋世界渗透的战略在随后数年加大了力度,而美国则陷于越战。另外,1969—1971 年,尼克松与勃列日涅夫政府在欧洲奉行缓和政策,通过了限制战略武器会谈,而受美国支持的德国的威利·勃兰特(Willy Brandt)的东方政策(*ostpolitik*)旨在减少美苏紧张,达到双方在欧洲共同减少军备的目标。

作为一个总的战略,苏联寻求沿着海洋世界重要航道建立政治军事据点。这类区域包括:

1. 中东与非洲之角——东地中海和苏伊士运河、红海、曼德海峡(Bab el-Mandeb)和亚丁湾;
2. 东南亚与亚洲沿海——马六甲海峡和南中国海;
3. 加勒比海——佛罗里达海峡和尤卡坦海峡。

为贯彻这一战略,一次重大的海军建设开始了。③形成新苏联"大洋"海军核心的是携带导弹的核动力潜水艇、导弹巡洋舰、情报勘探船。舰队受到远洋海军及重型运输机的支持。另外。苏联船厂生产世界上最大规模之一的商业舰队,包括许多具有执行军事任务能力的商船。除在北方、太平洋、波罗的海以及黑海的舰队以外,苏联海军还长期驻扎在地中海及印度洋。

苏联海军力量的上升发生在美国海军建设的衰落时期,后者的舰队规模减小乃至面临被废弃的危险。美国冷战的支持者将苏联的海军建设看作是一种控制海洋的企图以及对海洋安全的一个重大威胁。但是,他们提出的借扩充美国海军来强势回应苏联挑战的请求在里根政府之前没有得到响应。

对苏联给西方海洋统治地位威胁的担心可能是过头了。对苏联海军建设的更合理的解释是它是为了帮助保卫它在海洋世界已经获得的据点,而不是用之作为在海洋进一步扩张的基础。苏联舰队的主要问题是它们的海外基地的不可依赖性,而基地对它们的行动至关重要,因为它们自己没有独立的深水运载能力。亚历山大港、柏培拉港、亚丁港、阿萨布以及马萨瓦等都是得而复失。西恩富戈斯(Cienfuegos)的作用最多是与美国的关塔那摩基地及基韦斯特岛(Key West)基地抵消;金兰湾已被美国在关岛、冲绳岛以及菲律宾的空军与海军作业破坏而失去效力;科纳克里(Conakry)基地被美国在亚速尔群岛以及阿森松岛的设施所冲抵。苏联在印度洋以及地中海的基地完全受制于西方的空中及海上力量。

在20世纪60年代末和70年代早期,中国从一种革命主义的政策向一种积极外交的对外政策转变,有选择地对在南美、非洲和亚洲的一些欠发达国家提供援助。中国这种新的政治气魄得益于其从20世纪60年代开发原子弹和卫星成功而获得的自信,以及1972年由理查德·尼克松总统突然访问北京带来的中美关系缓和局面。

破碎地带

在第二阶段,苏联对海洋辖区的渗透造成了三个破碎地带——中东和非洲之角、撒哈拉以南非洲,以及东南亚。

中东与非洲之角

中东是海洋辖区中苏联进入西方遏制圈的第一个地方。这里,叙利亚、埃及和南也门是莫斯科扩大势力的主要目标。埃及作为面积最大和力量最强的阿拉伯国家,是其首要对象。早在1955年,苏联即开始对埃及提供援助,同时也对叙利亚进行援助。

美国与英国从拟议中的阿斯旺大坝,即加麦尔·阿卜杜勒·纳赛尔(Gamal Abdel Nasser)的埃及开发计划中的中心项目中撤回经济援助,为苏联打开了提供资金援助的大门。埃及军队在西奈半岛战争中被以色列击败之后,莫斯科继续给予军事支持。在以后的15年里,苏联对埃及的影响无所不在,有大量的军事、技术、经济援助。反过来,作为回报,苏联人获得了进入地中海沿岸的埃及海军基地的资格,这一海军基地支撑着苏联的地中海分舰队——黑海舰队的一个独立分舰队。

对阿拉伯世界主要国家的渗透终结于1972年,其时安瓦尔·萨达特(Anwar al-Sadat)已在准备与以色列的另一场战争,这有悖于苏联的意愿。萨达特赶走苏联军队,接管了它们的基地。而在埃及与以色列战争失败之后,美国钻入真空,并在戴维营以中间人身份使埃及与以色列达成了和平。埃及然后通过与美国达成的新的联盟重返海洋世界。

苏联与叙利亚的关系维持更长一些。阿拉伯社会复兴党,作为社会主义与民族主义的结合体,在20世纪50年代中期就已积蓄了力量。1960年,其中的激进派在苏联的帮助下获得了控制权。随后的经济与军事协议使苏联在叙利亚有了牢固的根基,但是总统哈菲兹·阿萨德——1971年攫取权力后成为总统——担心内部发生共产主义政变,因而对苏联的长期意图始终保持着警觉。这类担心对叙利亚决定与埃及和利比亚一起加入历史短暂的阿拉伯共和国联盟(1969—1970)起了作用。

与彻底消除苏联影响、选择与以色列达成和平并获得美国强大支持的埃及不同,叙利亚继续就戈兰高地与以色列交战。结果,苏联依然保持着对大马士革的强大影响,后者还继续严重依赖着俄罗斯的武器装备。

当黎巴嫩在20世纪70年代中期陷入由基督徒、穆斯林以及巴勒斯坦人之间形成的内战之中时,叙利亚抓住机会扩大对黎巴嫩的影响。1976年,叙利亚应基督教派的邀请阻止其被黎巴嫩穆斯林及巴勒斯坦人吞灭,出兵干预了战争。而当基督教派控制的黎巴嫩军队领导层竭力想把叙利亚军队从该国赶走时,大马士革又转而支持穆斯林和巴勒斯坦人。

苏联对南也门的渗透始于1967年亚丁殖民地从英国手中获得独立。这个新的国家包括在哈德拉地区(Hadramaut)的阿拉伯半岛南部的阿拉伯酋长国,它位于亚丁的东面。作为阿拉伯半岛南部历史上著名的贸易中心,亚丁拥有极好的天然港口,能够很好地为苏联在红海和印度洋的战略目的服务。

1979年,苏联与南也门达成一项有效期20年的协议,为苏联基地的投入使用做好了准备。这为东地中海的苏联舰队提供了支持,因舰队在开向苏伊士运河的途中要从曼德海峡进出红海。加上早期构建的互补性苏联基地——先是在索马里,后在埃塞俄比亚厄立特里亚海岸——苏联对红海南端的监视得到了加强。

1969年在利比亚,穆阿迈尔·卡扎菲(Muammar al-Qadaffi)推翻伊德里斯一世(King Idris)夺取了政权,导致关闭了那里剩下的英国军事基地和美国惠勒斯空军基地(大多数英国军队3年前就撤出了)。这为埃及与叙利亚结成短期联盟以及为利比亚成为一个反对以色列和西方的国际恐怖主义基地铺平了道路。

卡扎菲信奉社会主义原理,却强烈反对共产主义。尽管他与苏联建立起了军事关系,后者供给了他大量先进的军事设备,包括导弹,他的主要兴趣还是放在扩展利比亚在阿拉伯世界的影响以及为巴勒斯坦游击队组织提供支持上。一个正式的苏联与利比亚联盟要到此后很晚的1980年才打造形成,这时利比亚人已开始与突尼斯发生冲突,而这一联盟在随后利比亚与乍得的冲突年月里继续存在。不过,到1980年之前,这一联盟对苏联没有什么战略价值,因为此时埃及已经与以色列和解,成了美国的一个重要盟友。

苏联与伊拉克的关系经历了好几个转折。1955年,伊拉克就苏联支持伊拉克北部的库尔德叛乱而断绝了与苏联的关系。后来在1972年,伊拉克断绝了与英国及伊朗的外交联系,与苏联签订了友好条约,但是它的各种复兴党政权继续对可能会发生的共产主义政变保持着警惕。鉴于华盛顿与伊朗国王之间联盟的力量,伊拉克将其与苏联的联系视作是珍贵的对抗手段,进而从莫斯科购买了大量的武器。而到1979年,情形有了重大改变,此时剧烈反美的霍梅尼政权推翻了伊朗国王。因为萨达姆·侯赛因已准备对伊朗发动战争,美国判断支持伊拉克既可取而又可行。

在苏联对阿拉伯世界进行重大渗透这一阶段,西方通过与土耳其、伊朗国王统治下的伊朗(直至他被驱逐)、以色列、沙特阿拉伯以及海湾国家结盟来维持其地位。而就在1979年之初,即第二阶段之末,美国与伊朗之间的联盟由于伊朗国王被推翻以及在霍梅尼领导下的原教旨主义的伊斯兰共和国的建立而瓦解。伊朗激进分子占领了美国驻伊朗大使馆,扣留了52名美国人质达444天,使得两国关系从此趋于恶化。

自20世纪50年代以后,来自阿拉伯半岛东部和海湾水域以及伊拉克和伊朗的石油,对全球已经具有极端的重要性,以至于西方不得不在中东维持其势力存在。另外,这一地区最大的军事大国土耳其充当了北约从东面对抗苏联黑海阵地的柱石和防卫堡垒。

美国对以色列的支持始出于对国内政治及人道方面的关注。然而,在美国的帮助下,以色列已经变成了一个令人生畏的军事机器,比它所有的阿拉伯敌人加起来还要强大,其在冷战期间构成的强有力的军事力量,抵消了苏联在阿拉伯人当中的影响。沙特阿拉伯与海湾国家完全依赖华盛顿的军事支持和武器来防御来自伊拉克的持续威胁(以及在1979年后来自伊朗的威胁),它们为西方提供了在波斯湾的一个稳固的军事存在。

苏联的渗透还延伸到非洲之角,在此其战略目的是完全控制红海南端。这让莫斯科卷入了与沿阿拉伯半岛和非洲之角海域相邻国家的事务。即使苏伊士运河现已被关闭,位于中东和撒哈拉以南非洲之间过渡地区的非洲之角,也是一个充满诱惑的地方。通过将非洲之角沿岸的阵地与南也门据守的阵地相连,苏联海军将凭借监视美国及盟友空军与海军在阿拉伯海和印度洋活动的监视设备,实现对亚丁湾两侧的控制。

在非洲之角,苏联的机会于1969年在索马里出现了,其时一次军事政变让穆罕默德·赛义德·巴雷将军执掌了权力,建立了马克思列宁主义国家,与苏联发展建立了牢固关系。苏联的援助包括用相当多的武器武装索马里部队。作为交换,莫斯科得到了在亚丁对面的柏培拉港口北部(前英属索马里兰)以及在南部的摩加迪沙建立海军与导弹基地的权利。

埃塞俄比亚事件很快让苏联人陷入窘境,迫使他们在盟友即埃塞俄比亚与索马里之间作出选择。1974年,由苏联支持的军政府推翻了海尔·塞拉西皇帝,扶植起以海尔·门格斯图·马里亚姆(Haile Maryam Mengistu)为首的马克思主义政权。两年以后,埃塞俄比亚人正式终止了与美国的联盟而与苏联结盟。在索马里人与埃塞俄比亚人就后者对欧加登(Ogaden)沙漠——沙漠处于它们中间——控制权的长期争端中,苏联与古巴选择了埃塞俄比亚,苏联人引入2万古巴军队并提供顾问,使得埃塞俄比亚人1978年重新夺回了欧加登。④随着冲突的继续,索马里人向埃及、沙特阿拉伯、伊朗以及美国请求帮助。

1978年,苏联—古巴的援助还让埃塞俄比亚人得以击败厄立特里亚叛军——他们已控制了大部分厄立特里亚土地——从而为苏联人得到位于马萨瓦和阿萨布的红海海军军事基地扫清了道路。

撒哈拉以南非洲

撒哈拉以南非洲成了这一阶段的第二个破碎地带。随着1975年苏伊士运河的重新开放,苏联获得了经由东地中海与黑海直接进入红海的权利;加上在陆地上的邻近,这为苏联人在中东提供了相较于地处更遥远的西方列强的战略优势。但是,在撒哈拉以南非洲的大多数国家里,莫斯科相对于西欧处于战略劣势。法国、比利时、英国在地理位置上离西非及中非要近得多,可以更快速地在那里运用军事力量。另外,欧洲人与这些地区有着牢固的经济关系和文化渊源。而苏联人就不得不利用漫长的海路或者飞越大陆来为当地的共产党活动提供军事支持。

只是在十分遥远的非洲南部,莫斯科才与其古巴盟友享有平等的战略权利。然而,在此,苏联人不仅必须要与由大西洋彼岸的美国同伙撑腰的欧洲列强竞争,同时还要与白人统治的南非竞争,后者可以直接支持附近莫桑比克和安哥拉的反共产主义势力。

苏联有一个较早的机会,可以闪电式侵袭撒哈拉以南非洲,这个机会出现在中非的刚果,刚果1960年从比利时获得独立,它的第一任政府首脑帕特里斯·卢蒙巴是一个马克思主义者。他的受到苏联支持的政权从一开始即受到矿物资源丰富的加丹加省(现扎伊尔沙巴区)退出的困扰,而苏联提供军事帮助的能力是有限的。卢蒙巴不久即被推翻,并遭到谋杀,一个新的全国政府在美国的暗中协助、比利时军队以及白人雇佣军几方面共同作用下建立起来。两年之后,蒙博托攫取权力,美国成为这个国家的主要支持者(重新起名为"扎伊尔")。这就终结了苏联想在刚果——一个拥有如铜、铝、钴和锡等战略矿产以及工业用金刚石、石油及橡胶的来源地——获得一个据点的希望。

相邻的刚果(布)共和国(Congo-Brazzaville)在与刚果独立的同年从法国获得独立。虽然由一个马克思列宁主义政府执掌政权,但它选择了一条在莫斯科和资本主义世界之间保持中立的道路,尤其是因为它经济上要依赖法国。只是在冷战的第三阶段开始之后刚果才与苏联签立了友好协定———一种不具战略意义的关系。

在西非,由艾哈迈德·塞古·杜尔(Ahmed Sekou Touré)领导的激进联盟运动1958年从法国手中获得独立的国家几内亚与苏联攀交了关系。1961年杜尔因苏联大使在其国内寻求不正当影响而将其驱逐出境,但后来关系恢复,科纳克里(Conakry)成了苏联的军事侦察机基地和苏联海军在几内亚海岸常设的巡逻基地。

加纳没给苏联提供什么机会,尽管在克瓦米·恩克鲁玛(1957—1966)领导下它采取了一种反殖民主义、泛非洲主义的立场,对西方不友好。在西非其他地方,马里和苏联在20世纪60年代和70年代有过短暂的接触,当时苏联军事顾问提供了为数不多的坦克和几架飞机。尽管苏联有它的一些出口市场,如兽皮、野豆、罐头鱼等,然而除了与其周边的非洲国家进行贸易之外,这个贫困国家还是主要依赖从法国获得进口和信贷。

在第二阶段的后半部分,已在 1975 年接受了马克思主义意识形态的贝宁,从共产主义世界寻求支持。结果除了几条苏联海军的小船,什么也没得到,所以该国在经济上依然与欧洲绑在一起。贝宁和马里都没有为苏联提供任何战略便利。

在东非,这一地区 1963 年从英国获得独立,只有坦噶尼喀(Tanganyika)和桑给巴尔岛(Zanzibar)是共产主义渗透现实的机会目标,因为主要是民族分歧,而不是意识形态,才是肯尼亚和乌干达陷入动乱的根本。就在独立之后,桑给巴尔岛成为左派分子造反的舞台,其中有些参与者是在古巴训练的。但是,该岛很快就与坦噶尼喀合并建立了坦桑尼亚(1964 年),大陆控制了该岛的一切事务。

因为中国在 20 世纪 60 年代末为修建从达累斯萨拉姆到赞比亚的坦赞铁路提供援助,中国影响在坦桑尼亚增长。虽然如此,共产主义影响还是被控制在一定范围之内,因为朱利叶斯·尼雷尔(Julius Nyerere)更喜欢走他自己风格的社会主义道路,不想与那些大国有更多关联。尼雷尔与他的继任者继续在大国碰撞中走不结盟道路。坦桑尼亚确实卷入了与乌干达的边界冲突,并在 1978—1979 年爆发成全面的战争。它还是非洲其他地方解放运动的援助基地。

在 20 世纪 70 年代中期,非洲南部为苏联打开了新的机会之窗。在安哥拉,曾领导了从葡萄牙赢得独立战争的共产党游击队获得了对政府的控制。在它保护权力不被反对派的叛乱活动夺去的斗争中,马克思主义政权接受了来自苏联与古巴的大量援助,1976 年,反对派安哥拉彻底独立全国联盟(UNITA)在南非军队的帮助和美国的支持下差点就成功夺取罗安达(Luanda)。但是,由苏联飞机送运来的古巴士兵,在海运供应品的支持下,拯救了首都,使这一政权得以获得对北部以及该国其余大部分地方的控制。也是在古巴与苏联的帮助下,安哥拉为西南非游击队(西南非洲人民组织,SWAPO)从南非手中争取独立的战斗提供基地。

当 1975 年莫桑比克解放阵线(Frelimo)掌握权力之后,一个马克思主义政府也在莫桑比克建立起来。新政府接受来自苏联的援助、设备和培训辅导,以及来自古巴空军人员的帮助。贝拉(Beira)成了苏联印度洋海军分舰队的基地。国家不久就成了信奉马克思主义的津巴布韦非洲民族联盟反叛分子的避难所,使国家遭到来自由白人统治的罗得西亚短暂却很具破坏性的侵略。

苏联在两个南部非洲盟友安哥拉和莫桑比克的两个海岸基地,具有战略价值。从监视着莫桑比克海峡的贝拉基地,苏联人对美国第五舰队以及对它建于印度洋迪戈加西亚岛上(Diego Garcia)的空军基地——向英国租用的——构成了挑战。另外,从贝拉还能监视从东地中海和印度洋通过海峡进入好望角的大洋航线以及开往大西洋的船只。安哥拉让苏联能够监控自大西洋一侧绕过好望角的航线。

到第二阶段快结束时,苏联在撒哈拉以南非洲的地位已经动摇,尽管花了大量的努力对这一地区进行渗透,它在埃塞俄比亚与安哥拉的共产主义附属政府依然与它们国内的强大的反叛势力处于胶着对抗状态。莫斯科在维持大量古巴军队支撑这些政权的过程中产生了高额成本,同时还要不断为它们输送武器与经济援助。另外,在白人统治的南非,苏联人遇到了一个具有军事实力和运输优势来帮助安哥拉和莫桑比克的反叛分子与马克思主义政府以及他们的共产主义盟友形成对峙的地区性大国。

苏联在第二阶段在撒哈拉以南非洲的地缘政治行动将这一地区变成了一个破碎地带。莫斯科的目标是双重的——支持任何地方发生的马克思主义和反殖民主义的民族解放运动,并通过在沿非洲之角和其他邻接印度洋的陆地和近海岛屿建立据点,从而威胁对海洋世界至关重要的海上通道,实现其地缘战略目标。但是,这些努力的成果后来证明是喜忧参半,因为非洲有很多地方继续依赖西方维持经济生存,不愿意放弃与欧洲投资商及市场的联系。

东南亚与亚洲沿岸

在第二阶段,东南亚半岛与亚洲沿岸西部变成了第三个破碎地带。共产主义对越南北部的控制已经由1954年对越南的分割得到确定。这一分割是之后使整个印度支那卷入并使这一地区分成共产主义世界与西方世界的那场战争的开始。美国未能遏止共产主义力量的传播,虽然它在超过10年的对抗中花费了1 500多亿美元。⑤

尽管苏联与中国之间存有裂痕,两国都对北越给予了大量的军事和经济援助。在战争结束3年之后的1978年,中国就越南侵入柬埔寨以支持由洪森领导的共产主义派别——它推翻了受中国支持的波尔布特以及红色高棉政权——而与越南决裂。作为中国的替代,苏联成了越南的主要盟友和援助来源,作为回报,苏联则长期租用了监视中国南海的金兰湾海军基地。

东南亚半岛的印度支那北半部大都在第二阶段期间落入共产主义阵营,而半岛南半部及印度尼西亚也被拖进东西方的冲突之中。

在马来西亚,一次贯穿整个20世纪50年代的共产主义运动以对将近50万华人的重新安置和一个强烈受到西方支持的国家的诞生而告终,1957年它获得独立并成为英联邦成员之一。泰国与中国邻近并且受到共产主义在越南得势的威胁,曾利用东南亚条约组织寻求保护。在随后的越南战争期间,它接受了来自美国的大量军事与经济援助。尽管在20世纪70年代早期,在泰国几个地方(特别是在东北部)有共产主义的暴动困扰着泰国政府,但它们最终还是被镇压下去。菲律宾虽然不时受到一些起义的骚扰,却依然保持坚决反共产主义的态度。共产党领导的抗日人民军(Hukbalahaps)在

20世纪60年代末再度崛起,不时还发起一些战斗,直到1979年才被最终镇压下去。自那以后,主要反叛团体变成棉兰老岛和苏禄群岛的摩洛族穆斯林。

在这一阶段,印度尼西亚经历了从中立到亲共产主义再到亲西方的过程。向西方的转变发生在1966年共产党发动的一次政变遭到苏哈托将军领导的军队镇压之后。有近75万人——其中许多是当地的华人——被杀害在爪哇岛和巴厘岛。苏哈托将军趁乱剥夺了苏加诺总统的一切权力并将其软禁。次年他自任总统。苏哈托然后发展与美国的密切关系,还帮助推动了东南亚国家联盟的成立(ASEAN)。这一地区反共产主义国家集团成员包括马来西亚、菲律宾、新加坡和泰国(今天,东南亚国家联盟还包括越南、柬埔寨、老挝、缅甸和不丹)。

其他地缘政治区

南亚

尽管不如中东、撒哈拉以南非洲和东南亚那样对苏联具有同等战略重要性,但是南亚仍然在这一阶段被更深地拖入了冷战之中。是中国,而不是苏联,才表现出对印度的威胁。尽管新德里延续着它的不结盟政策,它对中国的恐惧随着成千上万的中国人在西藏定居而增加了。

一直不断的印度与中国的边界争端1959年上升为在拉达克(Ladakh)和阿萨姆(Assam)的边界冲突和1962年的小范围战争。随着印度与中国关系的恶化,印度与莫斯科的关系得到了改善。例如,1966年,苏联作为调停者主持了印度与巴基斯坦之间的一次军队后撤,使它们的部队退回到了1965年战争以前的分界线。

5年以后,苏联的政治支持和一次军事设备空运帮助了印度与巴基斯坦的第三次战争,这次是借经孟加拉上空。随后,莫斯科与新德里之间形成了一项新的经济援助计划。同时,印度与美国的关系因后者对巴基斯坦持续不断的军事与经济支持而变得日益紧张。尽管这样,印度还是维持了它的中立立场,它与美国的关系逐渐得到改善。

缅甸不仅是在外观上和历史上与印度次大陆具有同一特征,而且与印度一样持中立立场。除了不信任英国之外,缅甸的中立还受到中国的影响。反叛分子和部落组织,如克伦人(Karens),在缅甸独立不久就起来反对缅甸政府,在随后的20年时间里持续着他们的暴动行为。1962年攫取权力的军政府日益使国家从其早期与不结盟世界的联系朝彻底的孤立、独裁和社会主义的方向转变。

拉丁美洲

拉丁美洲是第二阶段苏联渗透活动的又一个重点。将冷战延伸至处在美国最近的战术及战略范围之内的加勒比海地区，代表了一种大胆和代价昂贵的挑战。古巴作为俯视着佛罗里达海峡和墨西哥湾的国家，为苏联提供了在其家门口挑战美国的机会。当卡斯特罗1959年推翻了巴蒂斯塔之后，他将美国土地信托公司和金融及工业公司收归国有，断绝与美国的关系而宣布忠于东方集团。随后在1961年美国发起的猪湾入侵行动失败让赫鲁晓夫更加大胆，大力强化古巴武装部队，在岛上建立苏联导弹基地。

约翰·肯尼迪随即作出的反应是强烈要求苏联人拆除他们的导弹，同时强令海军对古巴实行封锁，迫使苏联人放弃在古巴部署导弹。另外，关塔那摩的海军基地尚在美国手中，因而使美国人能够控制向风海峡（Windward Passage）和大西洋与加勒比海之间的航线，以及从北面保证巴拿马运河的安全。尽管古巴继续作为苏联海军及其监视活动的基地直到苏联解体之日，但1962年的导弹危机对两个超级大国来说都是一个教训。为避免同样的核冲突，双方在竞争过程中都采用了尽可能依赖代理人的战略。古巴后来担任起了将革命传播到拉丁美洲其他地区的重任。但是，虽然说卡斯特罗（Castro）变成完全依赖苏联武器、经济援助和燃料，以及共产主义集团的蔗糖市场，但他决不是那种东欧政权意义上的傀儡。事实上，地理距离，对苏联保住古巴和在西半球传播革命的种种努力是一个极大的不利条件，但对卡斯特罗推行他的一些国内和国外的倡议计划却是一种政治便利。这种行动自由是东欧的卫星国无法享有的，因为苏联就在家门口或者在它们的国土之内。

猪湾事件激起美国人对已开始横扫拉美的马克思主义造反行动采取一种进攻性姿态。虽说古巴在牙买加和圭亚那的影响不可忽略，但卡斯特罗未能把那里的社会主义政府改造成公开的盟友。在委内瑞拉，1962年发生的两次由共产党鼓动的海军叛乱以及随后的打了就跑的恐怖主义行为威胁着社会民主主义政府，华盛顿帮助消除了这些威胁行为。

在其他地方，美国早在1954年就出兵对危地马拉进行干预，推翻了受共产主义影响的政府。然后危地马拉基地在美国的帮助下于20世纪60年代初期建立起来，以训练反卡斯特罗的游击队。当危地马拉在60年代中期以及随后数年爆发左翼恐怖主义之后，美国对它的军事支持强烈地影响了危地马拉政治。

只是到了第二阶段就要结束的1979年，两个激进的左翼政府才在加勒比海地区出现，它们将在第三阶段与古巴及苏联成为关系紧密的盟友。桑地诺分子在结束了漫长的索摩查家族统治之后取得了对尼加拉瓜的控制权，而受古巴军队支持的一次左派的政变在格林纳达攫取了政权，但4年后被美国和加勒比海军队赶下台。

在南美洲，苏联渗透行动尤其不成功。在玻利维亚，美国协助右翼军政权抗击由卡斯特罗主要助手切·格瓦拉（Che Guevara）领导的共产主义游击队，后者在1967年的战斗中被击毙。3年以后,玻利维亚的一次左派政变导致尝试与苏联发展关系,但该政府翌年被一次右派反政变推翻。

在智利,1970年阿连德成为在拉丁美洲第一个民选马克思主义总统。他努力与共产主义集团建立密切关系,结果却在3年后被暗中受到美国支持的智利军方推翻,阿连德在政变中身亡。1967年随着一个恐怖主义组织的建立,马克思主义革命发展到乌拉圭,最终,城市游击队组织——图帕马罗斯(Tupamaros)运动,被一个由军方扶植起来的压迫政权镇压下去。

在阿根廷,共产党及庇隆(Peronista)党在1963年选举中被执政的右翼政权取缔。在巴西,左翼游击队在20世纪60年代和70年代早期被无情镇压。

苏联未能在古巴(以及后来尼加拉瓜)以外的拉美扩展势力在相当大的程度上是由于华盛顿采取的强有力对策。由美国在巴拿马运河区的美洲学校进行培训的军事及警察领导人是为拉美地区绝大多数国家中的右翼政权提供安全支持的重要力量。这种培训的影响的一个例子是"秃鹰行动"(Operation Condor),这是在巴西、阿根廷、智利、巴拉圭、乌拉圭和玻利维亚等国共享的情报与反击左翼安全行动的系统。这些国家的安全部门与华盛顿支持者在遏制苏联及古巴支持的共产主义运动扩散的过程中,经常对真实的和想象的安全威胁不作丝毫区分。

军备竞赛

正是在第二阶段苏联取得了与美国在军事及核武器建设方面的平等地位。尽管美国在朝鲜战争期间军备费用迅速上升,但它们后来又遭缩减,因为艾森豪威尔总统想控制"军事工业综合企业"。到1961年,苏联军事花费几乎赶上了美国。在20世纪60年代期间,两个超级大国齐头并进。例如,从1956年到1970年,华盛顿的防卫支出总计8 617亿美元,而莫斯科是8 128亿美元。⑥美国仅在罗纳德·里根政府期间才大步领先。美国对外军火销售——主要是对中东——在20世纪70年代呈指数式增长,超过了苏联的增幅。

苏联军费开支增长最大的部分是导弹与空军,核武器平等地位也已经实现,但与此同时苏联舰队的建设也需要大量的花费。此项建设的代价对苏联经济与社会构成严重压力。在对外报道的国内生产总值为美国的一半,以及一个按实际价格计算可能仅有对手1/3的人均收入的情况下,苏联成功地在第二阶段实现与美国的军事开支比肩的地位。由于越来越受到食品及消费品短缺以及高新技术落后的困扰,加上由里根政府大力发展武器带来的进一步压力,苏联对于武器竞争已力不从心。

第三阶段：1980—1989

共产主义力量从海洋辖区撤出

在20世纪80年代,世界地缘政治版图再次发生重大重组。最重要的是,中国从欧亚大陆世界中挣脱,建立了一个单独的东亚地缘战略辖区。其他作为第三阶段的标志是里根采取了对苏联以及其他共产主义国家的强硬姿态,以及苏联影响在中东、撒哈拉以南非洲和拉美的快速下降。

第三阶段是20世纪70年代美苏关系缓和阶段的继续,它导致形成了限制战略武器谈判(第一阶段和第二阶段)——禁止新的洲际弹道导弹(ICBMs)和发射装置的协定。缓和结束于1980年初苏联入侵阿富汗和美国抵制莫斯科夏季奥运会。

如果说第二阶段标志着苏联对海洋世界实施渗透的高峰,则第三阶段就是它的低点。苏联对阿富汗血腥的然而最终未获成功的战争使它几乎已没什么多余的能量可用于其他冷战目标,而里根政府中止缓和关系和大幅增加美国军费开支的决定给莫斯科施加了相当大的压力,因为它引发了一场苏联既承受不起也赢不了的军备竞赛。⑦截至1989年,即第三阶段结束,美国年度防卫开支是2 750亿美元,苏联是1 900亿美元,比前一个阶段的每年平均费用要高出许多,但还不足以阻止军备差距的拉大。美国已将其领先地位,特别是在高新技术应用和远程通信方面,延伸到了现代战争领域,就像后来的海湾战争可以证明的那样。

从经济上说,苏联形势趋于恶化,因为生活水平下降,消费品供应不足,苏联农业未能满足国家需要。尽管苏联在国防预算上是美国的2/3,但其国民生产总值已降到美国的1/6。到20世纪80年代末,苏联领导人已很清楚,代价高昂且不均等的军备竞赛是不可能维持下去了,这个国家不允许同时拥有"大炮与黄油"。

新兴重要大国

体系的多极性在第三阶段开始清晰显现,因为欧盟、日本及中国逐渐被认同为全球权力中心。濒海欧洲与日本异常快速的经济增长与繁荣是影响这一阶段冷战均势的重要因素。西欧的经济成就和在北约组织中军事力量的累积,对苏联在东欧的地位增添了新的压力。这里,由消费品缺乏引起的社会动荡、波兰团结工会组织的崛起,以及"爬行的资本主义"——特别是在匈牙利——开始破坏"指令性经济"的基础和苏联卫星国共产主义政权的稳定。

日本在20世纪80年代取得了惊人经济及技术成就——其国内生产总值不断扩大

以至成为世界第二大规模——使它提高了在东南亚以及亚洲沿岸区域的影响,到20世纪80年代末,东京已与共产主义越南缔结了重要的经济联系,为其提供投资资本及经济援助。这些关系的达成是鉴于越南将其国家经济重新向私有化方向调整,并在莫斯科被迫减少大幅补贴之时请求外国投资。在受到中国冷落之后——它曾向中国请求帮助——河内转向发展市场经济,将目光瞄准日本。后者具有经济能力以及政治和经济兴趣作出积极回应,它也确实这样做了。

莫斯科与北京的关系在20世纪80年代继续恶化,不仅是因为越南和柬埔寨,而且也因为苏联需要在与中国的边界一线维持一支大规模军队。苏联在这一地区的动作自1969年就开始了,当时这两个以前的盟友在中国东北和新疆爆发了冲突。两国间的敌意还因为中国反对苏联入侵阿富汗而进一步加深。

在前两个冷战阶段,中国曾与苏联一起同属欧亚大陆辖区,先是作为其盟国,后来是作为具有敌意的竞争者。而在中国与苏联的关系紧张程度随意识形态差异和边界争端而升高的同时,它们沿当时4 500英里长共同的陆地边界的易受攻击性却起到了将它们在地缘战略上连接起来的作用。另外,双方都在封闭的政治经济制度环境下运行,加强了它们共同的对海洋辖区国家的不信任。

中国对苏联的战略立场在20世纪70年代中期以后开始改变,此时美国已从东南亚撤出,越南重新统一在共产主义政权之下。对中国来说,这是一个重大的地缘战略胜利。被视为对南方诸省的西方军事威胁解除了,北京可以不受干涉地在中国南海区域内实现扩张的目标。毛泽东的继任者邓小平现在也能够开始与美国及其他海洋国家建立新的政治关系,这将使他得以把中国亟须的经济改革引入停滞不前的社会主义国营经济当中。1979年,美国与中国建立外交关系,四个沿海经济特区被创建起来以吸引外资,推动国际贸易。

这些新情况是20世纪80年代中国经济强劲增长的必要序曲——一种与整个亚太沿岸地区空前经济扩张阶段相巧合的增长。这一地区的扩张使得日本、中国台湾、中国香港和新加坡与美国一起,为中国提供资本、技术,而这扩大了中国大陆的制造业基础,刺激了它的出口经济。

中国广泛的经济改革对外交政策的影响是,它开始寻求与海洋辖区国家实现政治和解,调整它传统的大陆倾向。其战略结果是东亚作为世界第三地缘战略辖区和全球权力方程中的一个新的平衡力量的诞生。

苏联影响的式微

东南亚

东南亚半岛北半部——印度支那——依然是一个破碎地带,不过现在主要的外力干涉因素不是共产主义大国和西方国家,而是两个相互反对的共产主义国家。苏联作为越南的主要政治盟友和军备供应者,有能力维持过去它在越南的影响,但是,中国与越南之间的关系因为两国对柬埔寨的争端而恶化了。在1978年越南侵入柬埔寨推翻波尔布特和红色高棉政权之后,其军队继续留在柬埔寨长达10年之久。越南还在老挝驻军。另外,越南与中国针对中国南海西沙群岛和南沙群岛的领土主权发生了小冲突。

相反,东南亚半岛的南半部分变得更加牢固地与海洋辖区的亚太沿岸地区联系在一起。新加坡、马来西亚和泰国受益于与日本的密切经济关系,它们参与了这一地区惊人的经济复兴。印度尼西亚作为亚洲沿岸以及更加广阔的海洋世界体系内部的一个现代化工业国家和贸易国家,也取得了快速进步。

中东

在中东内部,苏联在第三阶段影响大幅降低。莫斯科最大的挫折来自埃及进入了西方集团。苏联在中东的另一个挫折是其盟友伊拉克在两伊战争——从1981年延续到1988年——结束之后实力削弱。利用伊朗局势的混乱,伊拉克人发动突袭,占领了富有争议的阿拉伯河水道。与其期望获得速胜的愿望相反,他们陷入了血腥的冲突之中。具有讽刺意味的是,就像事情后来发展的那样,伊拉克在这次战争中得到了美国相当大的支持。

叙利亚是这一阶段苏联在中东剩下的主要盟友。大马士革完全依赖从苏联购买武器,以支持其在黎巴嫩的军事存在和其与以色列持续不断的冲突。叙利亚人受到了设在其国内由苏联人管理的监听站的帮助。但是,叙利亚的经济关系变得更趋平衡。即使它在1980年与苏联和利比亚已经结成了经济联盟,以及即使苏联仍然是它最大的出口市场,但鉴于步履蹒跚的苏联经济,大马士革还是与西方(特别是与欧盟国家)结成了更牢固的贸易关系。在这一段时间,叙利亚加紧了对黎巴嫩的控制,既从军事上也从经济上,终于结束了过去一直在基督徒和黎巴嫩穆斯林以及巴勒斯坦人之间发生的内部冲突。

南也门是20世纪80年代苏联在这一地区剩下的另一个盟友。马克思主义政权继续在亚丁为莫斯科提供海军基地和通信以及电子情报设备场所。这使得苏联得以保留其在红海和阿拉伯海的战略存在,南也门与北也门随后签订了一项和平条约,开启谈判,最终导致两国在1990年实现统一。当马克思主义国家消失之后,苏联在阿拉伯红海和亚丁湾海岸的战略据点也随之消失了。

撒哈拉以南非洲

在非洲之角,埃塞俄比亚由海尔·马里亚姆·门格斯图(Haile Maryam Mengistu)

领导的马克思主义政权还在台上。但是,它受到饥荒及提格雷人(Tigre)与厄立特里亚省激烈的反叛活动的困扰,使得苏联在非洲的红海基地处于危险境地。另外,在这期间来自莫斯科与哈瓦那的经济援助下降,埃塞俄比亚政权不得不去寻找其他经济帮助。

在非洲大陆其他地方,特别是在西非,苏联影响迅速下降,因为马克思主义政权在许多国家被推翻,在其他一些国家也受到严重削弱。苏联及其古巴盟友军事与经济支持的缩减迫使非洲马克思主义政权在经济上转向西方,从而重新建立这一地区与海洋辖区的地缘战略关系。莫斯科继续坚决支持安哥拉和莫桑比克的共产主义政权以及古巴军队,后者继续与这些国家的政府军并肩作战,一起抗击得到了南非大量援助的叛乱分子。

但是,近10年来,安哥拉政权在开始执行土地及工业私有化计划的同时,马克思主义热情趋淡。另外,美国通过为安哥拉彻底独立全国联盟(UNITA)提供武器而直接登上了舞台。在莫桑比克,随着苏联及古巴影响的消退,共产主义政府转向津巴布韦请求帮助。那里激进的左翼政权以派出军队去保卫从贝拉港伸入津巴布韦境内的铁路和石油运输线作为回应。

拉丁美洲

在20世纪80年代的大部分时间,共产主义对拉丁美洲的渗透尝试取得了一些成功。但是,到这个10年末,它们也大都消逝无影了。虽说古巴还依然是苏联的重要权力据点,但尼加拉瓜的右翼游击队的行动和美国贸易禁运已削弱了桑地诺政府的经济。经济萧条和对压迫性政权的不满导致桑地诺政府在1990年举行的大选中下台。在格林纳达,在美国入侵并占领该岛之后,莫里斯·毕晓普(Maurice Bishop)的马克思主义政权在一次政变中被推翻。

20世纪80年代是哥伦比亚左派反叛组织和秘鲁的毛主义游击队力量趋向上升的一段时期。但是,这些恐怖主义组织是自这些国家内部产生并受内部操控的,没有为苏联及古巴将影响扩伸至安第斯山脉西部地区提供多少空间。缺少了外部援助,游击队就越来越依赖毒品贸易来支持它们的活动。

阿富汗战争

阿富汗是第三阶段苏联军事力量的主要集中点。尽管只是最终导致苏联帝国崩溃的几个因素之一,但阿富汗战争给苏联军队留下了创伤。冲突始于1979年,当时3万人苏联军队进入阿富汗拯救前年夺取权力并与苏联结盟的马克思主义政权。莫斯科扶植巴布拉克·卡尔迈勒(Babrak Karmal)为总理,并逐渐增加军队人数,以至在战斗高峰时期有多达10万名苏联士兵参加战斗。巨大的技术力量被用来抵御人数劣势的穆斯林游击队员,后者依靠的是来自美国、沙特阿拉伯、中国以及成批从巴基斯坦进入的武器;巴基斯坦还为叛乱分子提供了他们主要的训练基地。在整个战争进程中,超过100万的阿富汗人被打死,500万人(战前人口的1/3)逃离家园成为难民。苏联有15 000人死亡,37 000人受伤。

到了米哈伊尔·戈尔巴乔夫1985年上台,施行其开放(glasnost)和重组(perestroika)政策之时,已经太晚,挽救不了局势了。苏联为让战争进行下去已耗尽了实力,穷尽了依据说辞。承认它的枉然徒劳,加上也不堪维持一个不得人心的阿富汗政权的巨大成本之重负,使戈尔巴乔夫在1988—1989年撤出苏联军队,彻底为伊斯兰圣战组织迅速登台让出了道路。

对莫斯科而言,阿富汗战争的代价除了经济上和军事上的之外还有政治方面的。战争在国内的不得人心加剧了对苏联政府的压迫性及经济失败的不满。后者随着戈尔巴乔夫的自由化政策而完全显性化了。在国外,很多发展中国家将苏联侵略阿富汗看作帝国式的冒险,削弱了莫斯科作为反殖民主义保护人的声誉。

苏联超级大国的崩溃

当这些事件在苏联发生之际,它对东欧卫星国家的控制却在削弱。1989年,民主运动已经积攒了惊人的力量。至年末,共产党政府已在所有这样的国家被推翻,加上柏林墙倒塌,使得苏联心脏地带的欧洲准外围挣脱出了苏联的控制。

翌年,波罗的海各共和国向苏维埃社会主义共和国联盟要独立,莫斯科签下接受德国统一的协定。这样这个心脏地带的东欧战略卫星国未中一枪一弹就丢失了,苏联多年经营的强大核武库被证明毫无用处。现在欧亚大陆辖区已经开始向大陆中心方向收缩内陆,从地理上说它类似哈尔福德·麦金德一个世纪前描述的"枢纽区域"。

苏联顽强地奉行向海洋辖区纵深渗透的决心已被证明是最严重的地缘战略错误。在将冷战扩展至西方拥有绝对军事、物流以及经济优势领域的地方,苏联是在助长敌人的长处。

苏联原本有可能维持超级大国地位吗?这样做的一个战略选择之一是将目标重心放在它的准外围,让欧亚大陆辖区发展成为一个以合作为基础的紧密实体。这种战略仍然可能会失败——鉴于苏联的社会政治腐败以及经济的疲弱不振。事实上,勃列日涅夫政权由于采取了对抗主义政策,使得分裂程度进一步被扩大了。

苏联未能认识到中国与苏联的共产主义是诞生于根本不同的文化,拒绝尊重毛主义的意识形态合法性,后者以农业农民基础和不断革命的原理为中心。毛泽东在1958

年"大跃进"和1966年"文化大革命"中将工业向内陆扩散的政策显然是彻底失败的。但是，站在莫斯科的立场看，承认两国可以走不同的革命路线的原则也许会使中苏合作得到加强，但却不能带来让两个大国设法挑动对方反对美国的结果。

一种寻求在苏联和东欧以及苏联和中国之间打造平等地位联盟的战略，就能使冷战进程发生改变。从这一角度看，我们可以断定苏联的各种政策与输掉冷战之间的关联要比美国的各种政策与赢得冷战之间的关联程度更大。

地理因素塑造了各种事件，但不具决定性意义。在以上限定范围之内，是政治领导人的政策与决策决定了全球地缘政治结构。

向21世纪过渡

20世纪90年代的10年与21世纪初

冷战的结束带来了世界地缘政治结构的重新调整以及同时伴随的对国际关系的期望与态度的改变。有三大变革构成了这一阶段的特征。这次调整与由两个超级大国之间的竞争强加给体系的那种稳定截然不同。冷战期间的地缘政治势力范围已发生了重要变化，但两个超级大国知道由相互的核威慑加于它们的限制。今日动态的体系更加复杂，但是多极存在的诸多大国为全球均衡提供了更牢固的基础。

首先，苏联的解体使得只剩下一个超级大国——美国。许多人会以为，作为本阶段唯一超级大国的美国，会将美国强权下的和平强加给世界；事实刚好相反。第二，尽管骚乱与冲突还在持续，但并不是发生在已经诞生的大国之中，因而在范围与地缘政治意义上更加有限。第三，更加开放的边界使得全球化与地区化势头更加蓬勃，它们既有积极的也有负面的影响。负面影响是，大国控制力量的缺失，加上通信的便捷，给了国际恐怖主义更大的活动空间。

这些变革造成了世界地缘政治结构的改变。随着欧亚大陆辖区经苏联和前南斯拉夫的解体而缩减，东欧及中亚的地位发生了重大变化。在东亚辖区，俄罗斯压力的减弱使得中国能够在与亚太沿岸地区的关系中变得更加敢想敢说，并且在地缘战略上将印度支那纳入自己的势力范围。在海洋世界，北约的扩充，加上欧盟的扩大，除了影响欧洲与俄罗斯心脏地带辖区关系之外，已经影响了濒海欧洲与美国之间现存的均势。

在20世纪90年代，撒哈拉以南非洲和南美洲在地缘战略上相对海上强国处于边缘地位，即使它们还是在海洋辖区之内。当中非内部分裂状况被东面及南面的邻国干涉而强化，它加速沦为一个压缩区之时，西方列强冷漠地袖手旁观。

后冷战时代一开始，世界唯一的超级大国——美国——担任了世界领导的角色。

它很快就遇到了第一次国际挑战——1990年8月伊拉克入侵科威特。华盛顿组织和领导了联盟部队,在1991年1月将伊拉克人赶出科威特,以及通过一次前所未有的电子空军力量的展示,摧毁了伊拉克的主要军事设施、港口和城市。

但是,在伊拉克,萨达姆·侯赛因继续以共和国卫队为后盾执掌着权力,他们在海湾战争中实际上避过了盟军大规模的空中轰炸而未遭损伤。1992年,萨达姆残酷镇压了受美国支持的北方库尔德叛乱和南方什叶派起义。

当索马里军阀头目穆罕默德·西亚德·巴雷(Muhammad Siyad Barre)1991年被推翻后,索马里陷入混乱之中,美国迅速作出反应。索马里到处爆发部落之间的战争,接着又受到20世纪非洲最严重的旱灾的袭击。为保护救援物质和恢复秩序,华盛顿向索马里派出了军队。

美国这类早期的举措被广泛地当作是一个稳定的、受到美国式世界和平保护的"新世界秩序"的先兆,这是由美国通过全球经济、军事和信息霸权而强加给世界的。然而接下来发生的却是那种作为正在发生根本性变革的体系特征标志的大动荡。美国这个超级大国既不能阻止,也不能轻易地终结在20世纪90年代爆发而在21世纪第一个10年已经升级的冲突。

1994年,美国远征军在摩加迪沙巷战期间遭遇一次埋伏,18名特种兵被打死,75人受伤。美国军队被迅速召回,因为美国公众明确表示他们对以牺牲美国人生命为代价的人道主义的干预毫无兴趣。第二年,联合国部队也撤了出去。在其他地方,在几个前苏联共和国国家内的战争——特别是格鲁吉亚、亚美尼亚和阿塞拜疆——之后,是南斯拉夫的解体,同时伴随着克罗地亚、波斯尼亚和科索沃爆发的血腥冲突。

在冲突是作为冷战的后果而爆发的地方,其地理范围一般总是有限的。即使在波斯尼亚、科索沃和卢旺达,以及在利比里亚和塞拉利昂血腥的内战之中,这些冲突都造成了广泛的伤亡,但它们没有越出它们所在的地区。在阿富汗,塔利班和它的部落对手之间的战斗并未导致成千上万生命的伤亡或者数百万计的难民流离失所,就像在苏联入侵时发生的那样。但尽管如此,那种引生出一种新世界秩序观念的乐观主义很快就让位于悲观主义。布热津斯基提出了一种世界处于永久动乱之中的世界观;约翰·卢卡斯预测国际体系将会处在不妥协的民族主义的统治之下;亨廷顿看到了一个以在伟大世界文明和文化之间爆发的血腥的全球争夺为标志的未来;罗伯特·卡普兰(Robert Kaplan)预测将会有全球性混乱出现。⑧

20世纪90年代以来发生的事件表明,乐观主义者和悲观主义者都没有正确解读世界地缘政治版图。事实上,国际体系在经历深刻变化之后已产生了相当的动乱。这一种动乱,特别是伊拉克和阿富汗战争,以及全球恐怖主义,确实威胁着全球稳定,但是它不可能导致全球性混乱,因为对它的遏制与所有世界大国都有利害关系。

对冷战后果的全面观察必须要考虑许多业已发生了的统治权力的和平过渡和领土的增减变化。这些变化包括乌克兰、白俄罗斯、波罗的海各国及前苏联中亚共和国等从苏联(FSU)退出，斯洛文尼亚、克罗地亚、波斯尼亚和马其顿从南斯拉夫退出，斯洛伐克从捷克斯洛伐克退出。德国的统一仅见轻微的经济和政治一时失调，而在波兰、罗马尼亚、保加利亚及蒙古，对共产主义政权的告别过程则相当顺利。在其他地方，南非向黑人政府转变十分平稳，因为民主已在这块土地上生根。随着21世纪的到来，一些表面上看来无法解决的冲突在安哥拉、塞拉利昂、亚齐省、北爱尔兰和秘鲁逐渐平息。一项终结苏丹北南冲突的协议于2005年达成，但没有被完全执行。在大的战争还在阿富汗和伊拉克激烈进行的同时，冲突依然也在困扰着斯里兰卡、非洲之角、苏丹的达尔富尔、以色列和巴勒斯坦、黎巴嫩和尼泊尔，而巴基斯坦还面临着解体的威胁。

其他有重要意义的后冷战时期变革因素——全球化和区域化，20世纪80年代就出现了，但直到诸体系变得更加开放，以及那些曾在冷战竞赛中遭遇首当其冲命运的世界其他地方的边界变得更加容易通过之时，这些因素才得以充分发展。经济与文化互动网络自那时起就呈指数式增加，为部分发展中国家带来了繁荣。在这样的地区，国际资本流动便利了投资活动，促进了制造业外包业务的发展。信息革命拓宽了个人的视野，使得向地位稳固的权威发出挑战变得更加容易。

同样这类因素中有一些会产生负面作用。开放的体系使得遏止武器及毒品贩运，以及阻止国际恐怖主义穿越更加开放的边界，比前更加困难。技术转让让印度和巴基斯坦加快成为核大国，增加了朝鲜与伊朗发展它们自己的军事核武器和化学武器的可能性。腐败以及为资本非法流到国外所提供的便利起初损害了俄罗斯经济，但俄罗斯的经济复苏出人意料地迅速，这源于它的能源财富和普京政府强大的中央集权控制。对文化快速全球化的反对已加深了传统社会内部的裂痕，导致伊斯兰激进观念扩散到像土耳其、埃及、阿富汗、伊拉克、巴基斯坦、中亚诸国、尼日利亚、菲律宾和印度尼西亚等这样的国家。

鉴于现在已经没有搅起那么多战争的冷战竞争，冲突调停变得更加广泛了。俄罗斯已参与帮助调停地区性危机。第一次海湾战争在俄罗斯协助下得到了遏止，莫斯科的影响还帮助缓和了塞尔维亚在与克罗地亚交战中的行为以及战争最后阶段在波斯尼亚的行为。它还对将米洛舍维奇(Slobodan Milošević)带上谈判桌起到了重要作用。北约、俄罗斯及中国一直支持美国在阿富汗的战争行动，同时参与了与朝鲜和伊朗就寻求停止核武器生产的一系列谈判。美国在北爱尔兰扮演了一个关键的调解人角色。在中东，它组织起了一个"四国组合"(Quartet)——美国、欧盟、联合国和俄罗斯——以致力于求得一种解决阿以冲突的方案(再经常不过的是，美国往往会绕过"四国组合"，而喜欢自己直接采取行动)。南非已走在调停刚果冲突的最前面。各级政府,加上联合国和地区性机构,都在越来越多地参与到调停过程之中。

战争罪行、侵犯人权和恐怖主义,在冷战阶段被忽视到令人麻木的程度,现在成了国际议程中的重要议题,虽然国际社会显然经常行动缓慢。而尽管全世界的战争和武装冲突造成了破坏和灾难,但战争和武装冲突的次数与20世纪90年代的峰值相比,已下降了将近一半。⑨

新千年的全球恐怖主义

2001年9月11日事件,以及它的后果——炭疽邮件炸弹威胁,严重震动了美国公众和美国政府。将近3 000人生命的失去和给国家金融及军事神经中枢造成的破坏,以及借恐怖劫持的飞机实施攻击的大胆,产生了惊人的心理效果。大西洋与太平洋两"护城河"(moats)曾让人们对美国逐渐生出一种安全感,今日却决了口。阿尔及利亚、英国、意大利、法国、印度尼西亚、土耳其、爱尔兰、以色列以及西班牙等民族过去忍受了很长时间的恐怖主义——且不说被施加于整个发展中世界无辜平民身上的暴行,突然一下子就成了美国经验的一部分。

恐怖主义(包括国内和国际的)是一个古老现象。它的目的从攫取政治权力和争取民族自由,到推行意识形态及宗教信仰,再到纯粹的打家劫舍,动机不一。它曾被个人和小集团、国家性的和超国家组织、帝国和国家等当作工具。这些实践者们运用威吓手段和越来越致命的武器与技术,造成在目标群体内部产生大面积的惊慌和恐惧。绑架与伏击是传统的计策,但飞机及其他运载工具劫持、自杀式袭击以及以飞机等作为直接攻击手段等都是近代才开始有的。而更具致命性的是生物的、化学的以及大规模杀伤性核武器。

尽管在历史上某些阶段曾发生过重大的暗杀和其他恐怖活动,但直到20世纪80年代和90年代,美国公民及美国设施才暴露在大规模恐怖活动的威胁之下。总体上说,它们大都发生在海外——如在贝鲁特、西德,在苏格兰的洛克比(Lockerbie),以及在内罗毕和达累斯萨拉姆,在沙特阿拉伯的霍巴塔军营(Khobar barracks),在也门的亚丁湾港。炸弹袭击及其他恐怖攻击在发生的14起重大事件中共夺去了1 000多条生命,而大使馆、飞机、机场以及船只是它们的重点目标。尽管在美国国内这些攻击引起了公众不小的惊讶和关注,但华盛顿的反应则相对显得温和,因为它未能意识到国际恐怖主义对全球体系的稳定所带来的威胁。

国内比较分散的事件也没有成为唤醒铃。发生在纽约的有弗朗西斯酒馆(Fraunces Tavern)、联邦法院大楼的恐怖爆炸和1993年对世贸中心的袭击,以及发生在弗吉尼亚州中央情报局总部外面的一次冲突,损失生命有限,同时外观受破坏也极小。美国人付出了9·11事件的代价才感受到了恐怖主义有多痛苦,同时也承认了这是他们定要面对的问题。

自第二次世界大战结束以来,有将近100个国家成为恐怖袭击的目标。表4.1列出了这一阶段期间遭到过的重大恐怖袭击——将近2/3行动是发生在过去的20年——或者仍然非常容易受到恐怖袭击的国家的名单。其中34个遭到了恐怖主义袭击的国家大多是伊斯兰国家,反映了穆斯林自己也易受伊斯兰激进分子恐怖主义的袭击。

表4.1 第二次世界大战以来受到重大恐怖袭击的国家

地　区	国　　　家
北美及中部美洲	萨尔瓦多、危地马拉、墨西哥、尼加拉瓜、美国
南美洲	阿根廷、玻利维亚、智利、哥伦比亚、厄瓜多尔、秘鲁、乌拉圭
濒海欧洲与马格里布	阿尔及利亚、奥地利、法国、德国、希腊、意大利、摩洛哥、荷兰、西班牙、英国
东欧	阿尔巴尼亚、克罗地亚、塞浦路斯、科索沃、马其顿
俄罗斯心脏地带及外围	阿美尼亚、阿塞拜疆、格鲁吉亚、哈萨克斯坦、吉尔吉斯斯坦、俄罗斯、塔吉克斯坦、乌兹别克斯坦
中东与非洲之角	阿富汗、巴林、吉布提、埃及、厄立特里亚、埃塞俄比亚、伊朗、伊拉克、以色列、约旦、科威特、黎巴嫩、巴勒斯坦地区(西海岸与加沙)、沙特阿拉伯、苏丹、叙利亚、突尼斯、土耳其、也门、索马里
南亚	孟加拉国、缅甸、印度、巴基斯坦、斯里兰卡、尼泊尔
东亚	柬埔寨、中国、老挝、越南
亚太沿岸	印度尼西亚、日本、韩国、马来西亚、菲律宾、泰国、东帝汶
撒哈拉以南非洲	安哥拉、布隆迪、刚果、几内亚、肯尼亚、利比里亚、莫桑比克、纳米比亚、尼日利亚、卢旺达、塞拉利昂、南非、坦桑尼亚、乌干达、津巴布韦

在美国1996年《反恐怖主义和有效死刑法》已出台的情况下,美国国务卿必须要指出威胁国家利益和安全的国外恐怖组织。2005年末,确定了42个这样的恐怖组织。这当中占最多的是伊斯兰激进组织,而其成员大多带有阿拉伯血统。[10]基地组织——恐怖组织中危害最大——已经越来越变成了一个松散的网络,其所属各分支活动于37个国家(有估计说高达60个)。而这样的恐怖组织是否像活动在美索不达米亚或者活动在摩洛哥的基地组织那样都归属一个统一的指挥或者使用某种只有他们才有的印记符号以便辨认,还不清楚。

有组织的恐怖组织并非活动在地理真空中,而是以某些它们可以从此到达其他地方的国家为基地。它们从那些赞助它们或为它们提供安全藏身处的国家的支持当中汲取了很大力量。美国国务院最近公布的这样的赞助者名单中列有古巴、朝鲜、伊朗、苏丹和叙利亚。美国法律要求对这些国家实行制裁。在制裁名单中——虽然它们控制的是并非构成国家的区域——有南黎巴嫩的真主党、加沙地带的哈马斯。巴基斯坦、沙特阿拉伯和索马里为恐怖组织提供赞助,筹措资金,或者有意藏匿它们。但是,美国已在争取让叙利亚和伊朗这样的国家与美国一起去寻找一种稳定伊拉克局势的地区性解决方法。在期望能获得这些国家支持的军事考虑之外,华盛顿的设想是构筑联盟可以为一些国家退出支持恐怖主义提供一个机会。这样的例子如利比亚、南也门和伊拉克。具有讽刺意味的是,直到 2007 年结束之前,华盛顿对被用来袭击其盟友土耳其的伊拉克西北部库尔德工人党武装的安全藏身基地视若不见,尽管事实上库尔德族伊拉克人是依赖美国保护的对象。为了全球性反恐战争的成功,支持它或者对之漠不关心的国家都将不得不面临改变它们行为的压力,否则就将被国际社会所抛弃。整个世界需要集体行动,解决施暴者能轻易获得通信、金融工具以及武器弹药条件,以及酿生恐怖主义的经济及社会条件等问题。

美国用于打击塔利班和本·拉登基地组织战争的多边主义策略不仅赢得了海洋世界大多数国家的支持,而且还得到了俄罗斯、中国以及伊斯兰国家的支持。遗憾的是,这没有成为当初单边发动伊拉克战争时期的布什政府的策略。布什政府只是在暴乱与混乱席卷了伊拉克之后才转向多边主义。自我保存是每一个主权国家最为紧要的事。一个国家容易遭受恐怖主义攻击,以及它想得到世界经济发达国家经济支持并与其展开贸易的欲望,是我们以集体行动反对恐怖主义的动力。

注释

① B. Liddell Hart, "The Russo-German Campaign," in *The Red Army*, ed. B. Liddell Hart (New York: Harcourt, Brace, 1956), 100–126.

② Andrew J. Pierre, *The Global Politics of Arms Sales* (Princeton: Princeton University Press, 1982), 256–62.

③ Paul H. Nitze, Leonard Sullivan Jr., and the Atlantic Council Working Group on Securing the Seas, *Securing the Seas* (Boulder, Colo.: Westview, 1979), 31–118.

④ Daniel A. Korn, *Ethiopia, the United States and the Soviet Union, 1974–1985.* (London: Croom Helm, 1986), 23–47.

⑤ All dollar figures in this work refer to U.S. dollars unless stated otherwise.

⑥ Paul Kennedy, *The Rise and Fall of the Great Powers* (New York: Random House, 1987), 384.

⑦ Peter Trubowitz, *Defining the National Interest* (Chicago: University of Chicago Press, 1998), 225 - 34.

⑧ Zbigniew Brzezinski, *Out of Control: Global Turmoil on the Eve of the Twenty-First Century* (New York: Charles Scribner's Sons, Macmillan, 1993), 181 - 231; Robert Kaplan, *The Coming Anarchy: Shattering the Dreams of the Cold War* (New York: Random House, 2000), 3 - 57, 169 - 85; Samuel P. Huntington, "The Clash of Civilizations," in *The Clash of Civilizations? The Debate* (New York: Council on Foreign Relations, Simon and Schuster, 1996), 12 - 25; Huntington, *Clash of Civilizations?*, 56 - 67; and John Lukacs, *The End of the Twentieth Century and the End of the Modern Age* (New York: Ticknor and Fields, 1993), 242 - 91.

⑨ Worldwatch Institute, *Vital Signs 2006 - 2007* (New York: W. W. Norton, 2006), 82 - 83.

⑩ U. S. Department of State, *Office of Counter-Terrorism Fact Sheet*, *Foreign Terrorist Organizations (FTOs)* (Washington, D. C., October 11, 2005).

第五章

北美洲及中部美洲

△ **美国**
　　地缘政治特征
　　美国地缘政治发展的四个阶段
　　环海圈
△ **加拿大**
　　与美国的战略及经济关系
　　地缘政治特征
　　地缘政治合作的挑战
△ **墨西哥**
　　地缘政治特征
　　地缘政治吸引力
△ **中部美洲**
　　美国—中部美洲交往的四个阶段
　　地缘政治特征
　　地缘政治吸引力及排斥力
△ **结论**

6个主要权力中心——美国、欧盟、日本、俄罗斯、中国和印度——主宰着世界地缘政治舞台，而其中每一个中心的潜力、需要以及历史联系形成了它们各自的地缘战略和地理外观以及政策。随着这些中心的核心区人口、经济或者政治方面的变化，它们的战略决策也相应发生改变。

过去半个世纪以来的事件见证了核心区域的动态特征。美国、欧盟和日本的核心区域在地理规模上已经扩大，经济上也发生了转变。俄罗斯的核心区域由于其东乌克兰的丢失而在地理规模上缩小了。俄罗斯在短暂陷入经济瘫痪之后又凭借其能源财富以及政治回稳而重新使经济恢复了稳定。中国的"黄金海岸"已经发展成为一个全球性的制造业和高技术领域的引跑者，以致掩盖了它的历史更久已经老化了的北方重工业中心。高技术领先的国家印度，已经在孟买—海得拉巴—班加罗尔三角新增添了一个核心区域。这些变化让我们对过去以及现在的全球权力关系的基础有了深入了解，同时这也是未来地缘经济结构及其互动方式的先兆。

美国

美国，以及它位于其中的北美和中部美洲地缘政治区，将首先要在这里讨论。作为世界最重要的军事与经济大国，美国因其在贸易依赖海洋辖区中的中心位置而得天独厚地适合于领导这一辖区。它在大西洋与太平洋的地缘政治地位使它能够将濒海欧洲以及亚太沿岸地缘政治区联结在一起。而且，美国是仅有的既拥有高度先进的濒海地区又拥有充分发达的大陆腹地的重要大国。但是，它不是作为超级大国而主宰世界舞台，它必须与它的战略盟友和竞争者一起共享全球影响。它只有通过与海洋辖区其他权力中心结成平等的合作伙伴关系才能保持"强中强"的地位。

地缘政治特征

美国的地缘政治特征包括它的历史核心、目前的政治首都、核心区（经济人口集中区）、有效国家领土、空旷区，以及边界。由这些特征确定的结构模式为我们分析美国的地理与政治之间的相互关系提供了依据。

历史核心

波士顿人习惯将马萨诸塞州称作美国的历史核心（原子核），因为那里拥有法纳尔大厅（Faneuil Hall，革命集会场所），有过波士顿大屠杀，有波士顿茶党（Tea Party），等等。但是，大多数学者一致给予费城以历史核心的地位，美国是围绕它而形成的。独立

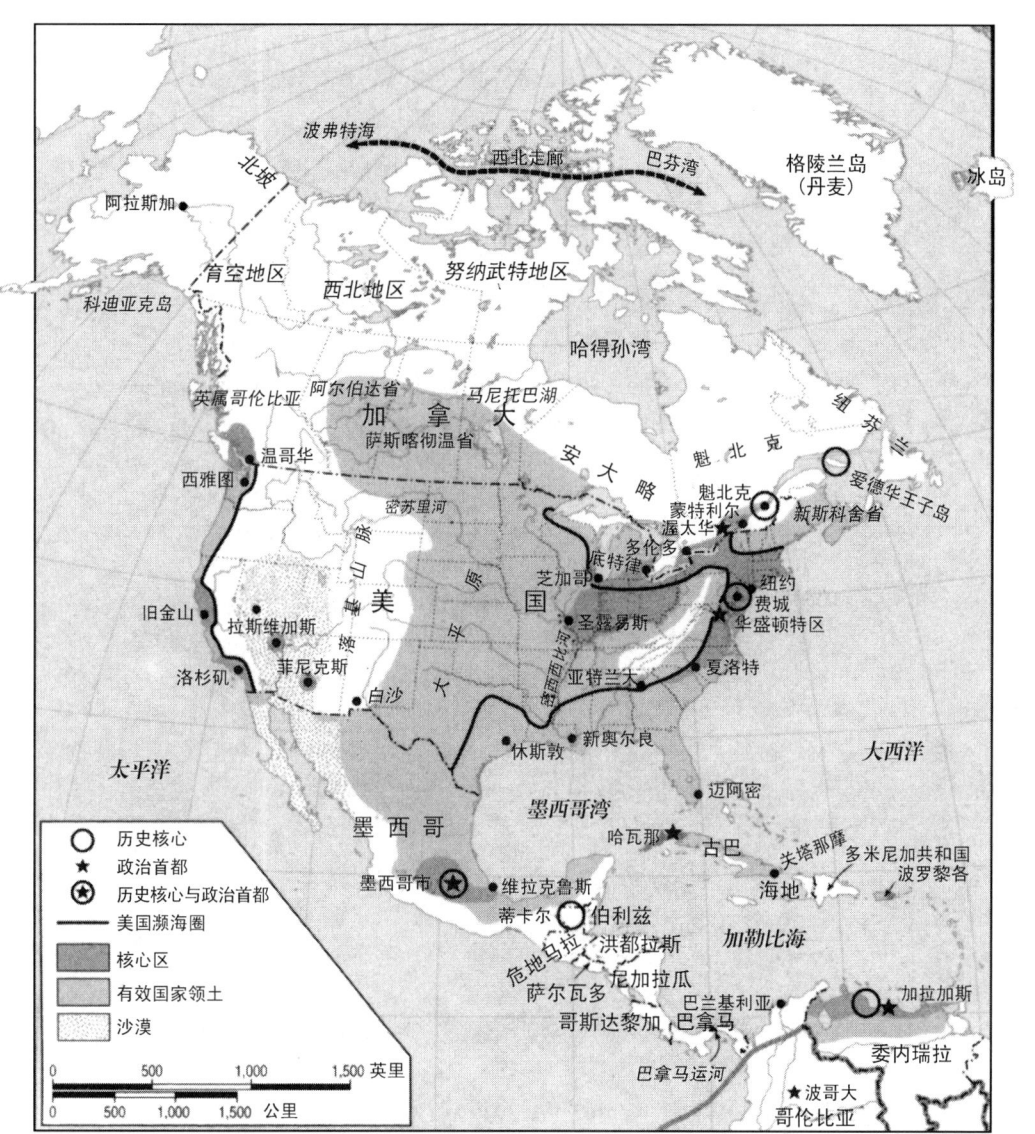

图 5.1 北美洲及中部美洲：主要地缘政治特征

大厅是1776年《独立宣言》的签署地以及大陆议会和制宪会议的召开地点。更为重要的是，费城曾是美国这个新国家最初的首都。

无论荣誉是归于马萨诸塞州，还是归于宾夕法尼亚州，革命的美国国家的诞生地是在东北和中部殖民地，而不是在南方种植园。正是在位于沿东部海岸的殖民地的小商贩和农民中，美国独特的国家观念得以系统形成——自由、个人自主权、宗教宽容和人人平等。

政治首都

随着联邦政府的建立，将新的联邦首都放在何处的问题就不得不被提出来了。当时还有其他首都候选地址，但争论的最终解决是倾向于当前的首都华盛顿，一个可充当北方和南方各州之间"中间地带"的所在。这一地方坐落在波托马克河的(Potomac River)落差线上，到达北南双方的距离几乎相等，离梅森-迪克森线(Mason-Dixonline)向南仅大约55英里。人们原期望新首都能够有助于弥合在城市化、制造业的北方和乡村特色并蓄奴的南方之间的差距。然而最终，不是首都的地理因素，而是内战最后确保了国家的统一。

联邦首都在1790年筹划完毕，先在10年后由国会占住，至1878年与哥伦比亚特区重合。今天它已远不再是美国地理上的人口中心。它并未容纳所有联邦大楼，后者逐渐扩伸至附近的马里兰和弗吉尼亚州，这里是大多数联邦雇员居住的地方。今天，这个城市55万居民中大多数是美国黑人，其中许多人居住环境差，没有工作，一贫如洗。

数年来，这一地区的居民一直在嚷着要求政治"独立"。他们已经赢得了总统选举权，以及选举他们的市长和城市议会的权利，但是，在国会中仅具有无表决权的代表资格，也参加议会年度预算审核。联邦政府维持对它自己的建筑物的控制权，而该区欲在国会获得州地位和选举代表资格的尝试已经失败。

具有讽刺意味的是，世界上大多数富裕国家都有一个人口在缩减，贫富差距巨大的国家首都，如果首都是要起到一个"弥合"作用，体现建国先辈们的人人平等的观念，则答案就不是地理位置所能提供的，而是要到社会经济和政治行为中去寻找。

核心区

第二次世界大战结束之际，美国核心区沿大西洋海岸线从新英格兰南部向华盛顿区延伸，从两个方向向西横穿纽约州和宾夕法尼亚州——沿五大湖到底特律，然后再到芝加哥，以及从匹兹堡横穿俄亥俄州南部、印第安那州和伊利诺伊州到圣路易斯。

过去半个世纪以来，这一核心区发展饱和后向外扩张，加利福尼亚核心区诞生了。旧的核心区现在沿东北大都市从南部、缅因州南部和新罕布什尔州穿过弗吉尼亚州，然后进入北卡罗来纳州山麓地区。这里，两个主要的分叉形成了。一个是罗利—达勒姆—查珀尔希尔研究三角——一个重要的高技术、药物、医疗以及科学中心。另一个是夏洛特——一个重要的国家金融总部城市和空中交通枢纽。这一核心区向南面的扩张可能不久就会越过南卡罗来纳和佐治亚山麓地区，到达大亚特兰大。

经济与人口核心区也已经从芝加哥向西往威斯康辛的密尔沃基—麦迪逊地区扩张，向北从布法罗和底特律直至与位于沿安大略湖及伊利湖北岸的加拿大核心区汇合，向南从辛辛那提沿俄亥俄山谷低地到路易维尔，然后再向西到圣路易斯。纳什维尔和孟菲斯是可能不久就将被包括到核心区当中的飞地。由于东北部纺织行业以及鞋制造业的衰落、重工业的瘫痪，以及纽约西部及宾夕法尼亚与中西部工业衰退地带的出现，旧的核心区中大部分的产业活力受到了削弱。由于受国外竞争、高劳动力成本以及在南方及加利福尼亚新开的机动车辆生产厂的影响，密歇根的汽车工业遭受了严重的衰退。

第二个核心区是在加利福尼亚南部和中部。它从圣地亚哥向洛杉矶和圣巴巴拉延伸。在沿海岸经过一个豁口之后——其中大部分被国家森林服务基地和军事用地占据——这一地区与硅谷(沿圣何塞到帕洛阿尔托到圣马特奥的高技术硬件及软件产业中心)连在一起，然后再与旧金山—奥克兰相连。从这里，它沿东部和东北方向进入中部山谷到达萨克拉门托。拉斯维加斯、内华达、菲尼克斯、亚利桑那是加利福尼亚区的飞地。在除了作为富裕的灌溉农业区的枢纽以及最重要的旅游和娱乐中心之外，它的高技术和航天工业是加利福尼亚中心的伴生产品。

从信息时代角度观察二元核心区，它们的增长与繁荣近来受到了两个极点——加利福尼亚硅谷和纽约市"硅巷"(Silicon Alley)，即传媒时代的电子计算机图表及信息中心的刺激。随着高技术的日益扩散，尤其是软件行业，核心区域有可能会大幅度地向外拓展其边界。

有效国家领土

美国大陆不缺有效国家领土。在国家核心区所占土地以外的国土中有将近2/3的部分是有效国家领土。在有效国家领土内部，随着得克萨斯和密西西比下游流域、太平洋西北部大部以及东部大平原的大城市和偏僻的工业中心向美国乡村的大片农业用地扩张延伸，它们有能力消化吸收大量的人口增长。有效国家领土内部农业用地的快速缩减在2007年由于突然出现的对以谷物果类为原料的乙醇的大量需求而停了下来。新的谷物储存仓和乙醇加工厂现在遍布从伊利诺伊到南达科他州和内布拉斯加州的农业带上。这次兴旺的持续时间将取决于成本效益更高的替代品，比如以纤维素为原料的柳枝稷、稻草，或者乙醇等能够以多快的速度从进口的蔗糖中产生出来。

有效国家领土同时还包括干燥的西部大平原，它从西经100°延伸到落基山脉。它们作为粗放的农业和放牧场地,其地下储藏着丰富的石油和天然气气田。在有效国家领土内部,达拉斯—奥斯汀—休斯敦三角正在迅速成为金融、高技术石油以及化学中心,它的经济与政治实力已与该核心区西部延伸块的衰退工业部分的实力不分上下。

空旷区

美国的另一个主要特征是它的空旷区。在美国"本土四十八"州内部,空旷区覆盖了从落基山脉西至内华达山脉和喀斯喀特山脉将近100万平方英里的地方,含西经105°以西的所有山脉和沙漠。它具体包括了莫哈韦沙漠(Mojave Desert)、内华达大盆地,后者一直延伸到盐湖沙漠;还有从半干旱到干旱的亚利桑那州科罗拉多高原以及新墨西哥州。

空旷区对防御战略和国家经济起到了重要作用。从军事上说,空旷区为攻击轰炸及导弹试射场、武器试验场地以及核试验场所提供了广阔的空间。丝兰山(Yucca Mountain)位于莫哈韦沙漠,在拉斯维加斯西北90英里,2002年2月由美国能源部提议作为核武器废料以及来自104个核反应堆的废弃燃料的国家存放地点。新增近180个反应堆的许可证已经发放,但开工日期尚未确定。而这一项计划,即提出到2010年前对外开放场址,是否会在面对来自地方及环境组织包括内华达州长的反对时被执行,还有待观察。新墨西哥州中南部的白沙导弹试射场,同时也是航天飞机的降落场,是1945年第一次原子弹爆炸的地点。该区奇异壮观的景色是其娱乐和旅游业的主要优势,而像铜、煤、褐煤、锌和镍等矿物,加上石油、天然气,以及木材等一起,增强了国民经济。

另一个空旷区,其延伸范围覆盖了绝大部分阿拉斯加地域(该州总陆地面积超过65万平方英里),是1867年从俄罗斯手中购得的,数十年来一直拥有一个绰号叫"西沃德的蠢举"(Seward's Folly)。此地已被证明了具有相当的战略及经济价值。阿拉斯加提供了一个军事据点,它长达1 000英里的海岸线俯视着北冰洋。这里容纳了防御设施,借以监视北太平洋。随着全球变暖,北极水域向船运开放,石油与天然气开发,以及渔业发展等因素带来了经济机会,同时也带来邻接国家瓜分北极地区的地缘政治挑战。

阿拉斯加中部的格里利堡(Fort Greely),在费尔班克斯附近,是陆基截击导弹的指挥中心和试验中心,专用来射落可能来自朝鲜的洲际弹道导弹。南阿拉斯加的科迪亚克岛(Kodiak Islands)是布置反弹道导弹防御系统的另一个中心。另外,普拉德霍湾(Prudhoe Bay)附近的北极北坡(Arctic North Slope)——北冰洋的波弗特海(Beaufort Sea)的一个海湾,已经成为美国最重要的石油产区。从普拉德霍湾一直通到阿拉斯加海湾瓦尔迪兹港(Valdez)的800英里的石油运输管道已于1977年竣工。从这里,石油通过内航道,即沿岸与沿海岛屿之间狭窄的运输线——它通过鲁珀特王子港港湾将安克雷奇和阿拉斯加海湾与英属哥伦比亚以及西雅图水域连接在一起——运往美国。

利用这条水道运输石油所蕴含的环境危害,在 1989 年被戏剧化地呈现出来,当时埃克森·瓦尔迪兹油轮(Exxon Valdez)在鲁珀特王子港搁浅,创造了美国历史上最严重的石油泄漏事件,给阿拉斯加生态系统带来了严重的损害。而在北极国家野生动物保护区更深内陆开采天然气以及石油储藏的行动已遭遇了环境保护主义者的强烈反对。随着普拉德霍湾生产能力的下降,支持保护区向能源开采部门开放的呼声越来越大。

阿拉斯加州的绝大多数人口分布于沿阿拉斯加湾一线,以安克雷奇为中心,环费尔班克斯的中南部地区是边远的人群集居地。内陆旅游主要以空中交通为主。但是,一个重要的战略及经济上的陆上联系方式是阿拉斯加公路(又称阿尔康公路),这条公路全天候开通,用砂砾铺成,从靠近艾伯塔省的不列颠哥伦比亚省的道森克里克(Dawson Creek)延伸到费尔班克斯,长 1 523 英里。该路是作为为阿拉斯加美国军队提供给养的美国加拿大联合计划项目,建于 20 世纪 40 年代早期。现存的位于道森克里克南边的公路将此路与美国太平洋西北部及中西部连接,而始于费尔班克斯的阿拉斯加道路系统则将其与安克雷奇及阿拉斯加湾相连。阿尔康公路在第二次世界大战期间在为位于海湾、白令海以及阿留申群岛的军事基地提供给养方面起了重大作用,日本对阿留申群岛的阿图岛和基斯卡岛的进攻就是从这里被打退的。由于气候变暖导致冰雪融化,因而美国海岸警卫队能够对在北坡靠近巴罗地区的首个北极军事基地开展军事行动。

中西部太平洋代表了美国的另一个空旷区,一块从波利尼西亚诸岛延伸到密克罗尼西亚群岛的地域。这里一个最主要的美国设施是夸贾林环礁(Kwajalein Atoll)导弹试射场——马绍尔群岛当中的一个密克罗尼西亚环状珊瑚岛,洲际导弹试验发射台和雷达群坐落在这里。1979 年,马绍尔群岛在美国军事保护下成为自治国家,2007 年以后以"自由联盟"方式与美国关联在一起。比基尼环礁和埃尼威托克环礁是位于夸贾林环礁以西分别为 200 和 400 英里的马绍尔群岛中的环状珊瑚岛,从 1946 年到 1979 年期间被华盛顿用作原子弹和氢弹的试验基地。夸贾林的军事战略意义在 2001 年 7 月再一次被显现出来:珊瑚岛成了测试美国新的反弹道导弹防御系统的基地。它其中的一个截击导弹成功地摧毁了一个从范登堡(Vandenberg)空军基地发射出的哑核弹头。范登堡位处太平洋沿岸,南面是洛杉矶,东望莫哈韦沙漠,可以被看作是一个宽 4 600 英里的巨大的导弹试射场在东面的一个锚;它西面的锚则是夸贾林环礁。

国际边界与治外领土

美国与加拿大及墨西哥的国际边界主要是诱惑性而非障碍性边界。在加拿大和美国大陆之间,4 000 英里的边界(不包括阿拉斯加,其与加拿大的边界又伸出另一个

1500英里)已成为一个半世纪以来和平互让的典范,尽管距离有如此之长,情形是那样复杂。西半段沿着一条虚线,北纬49°,穿过山脉与平原。1821年的红河居民点锁定了该西部边界的东半段。在远西(Far West),这条纬线延伸到温哥华岛,此时英美已解决了有关俄勒冈州领土的争端。

美加边界的东部,大部分是以水域为分界线,它从伍兹湖和五大湖的西端延伸至圣劳伦斯河上游。从这里,它迅速沿北纬45°线流过,从而成为纽约与佛蒙特州的边界,它又突然转沿新罕布尔什州的北部和缅因州的西北端前进,然后再沿圣约翰和圣克罗伊河到达帕萨马科迪湾和芬迪湾。

在一种特殊的国际礼让情形下,曾经在1812年作为英美之间战争前沿的分界线,已经演变成今日美加之间不设防的边界,而人群、货物与观念越过边界相互流动,同时增进两国的利益。边界划分一直并不简单,特别是水域,许多条约和协议对水域的调整作出了规定,直到1925年最终划定。两国之间长期以来的自由流动现已被对安全及移民的担心而弄复杂化了。

两国之间的阿拉斯加边界延伸超过1500英里。它的北半部分沿西经141°从北冰洋穿经育空地区(Yukon region)到达不列颠哥伦比亚省。南半部分沿东南阿拉斯加和不列颠哥伦比亚省之间的沿岸山脉到达华盛顿州州界。尽管两国同时都同意分界线将沿该山脉的主要分水岭作出划定,但是它的划定变复杂了,因为本来没有一个单独的山顶可以被用来划出那道线。

关于这条5500英里(包括阿拉斯加)的国际边界的了不起方面是,对它目前还余下的争端是微不足道的。它们的焦点是四个沿海边界的精确定位:波弗特海阿拉斯加—加拿大边界的北端;阿拉斯加最南端岛屿与不列颠哥伦比亚省的鲁伯特王子港之间的迪克森海峡;温哥华岛与华盛顿州最北点之间的胡安·德富卡海峡(Juan de Fuca);以及在大西洋这一侧,芬迪湾南端的马柴厄斯锡尔岛(Machias Seal Islands),加拿大在上面建有灯塔。

美国与墨西哥的边界1848年由《瓜达卢佩·伊达尔戈条约》确定,这一条约结束了墨西哥战争。这条边界确立了美国对新墨西哥州、犹太州,以及西班牙上加利福尼亚州的吞并。美国这片地区的最南端长条地带是后来通过1853年的加兹登购地获得的。东边部分的2075英里分界线中沿格兰德河(Rio Grande)将近1000英里,它从埃尔帕索以北20英里一直到墨西哥湾的布朗斯维尔。边界西边部分从格兰德河沿新墨西哥州、亚利桑那州及加利福尼亚与墨西哥的奇瓦瓦州、索诺拉州及下加利福尼亚州之间的虚构线伸入太平洋。虽然就大部分而言,边界经过的都是半干旱或者沙漠地区,但它也穿越经过帝国山谷和科罗拉多河下游的高灌溉农业区。

格兰德河分界线的划定出现了问题,因为1848年条约将这条线规定为沿正常河道中心的一条线。既然这条河流因为洪水而不断的变动,争端也就一直到 1933 年才结束,那时双方共同决定,最深处连续存在的河道,即河流谷底线(thalweg),将作为双方一致同意的分界线。几十年来,美墨国际边界委员会承担了加固与稳定河流的责任。另外,两国于 1945 年签署了水域共享协议,1968 年还解决了埃尔帕索边界的定位争端。

在加利福尼亚南部的西端,这里的边界要穿过高密度人口区,在 1891—1896 年之间这条边界最终划定,但是,对经过墨西哥领土的一条运河的使用的争论一直到那条 84 英里的全美运河完全建于美国国土之内(1934—1940),与科罗拉多河水域接通以后才得到解决。

美墨边界已成为两国围绕从墨西哥以及从中美洲经墨西哥前往美国的非法移民问题而导致的关系紧张的焦点。控制这种渗透的努力包括边界管制、摄像头,以及其他安全措施。一道安全防护栏正在沿部分边界修建,其中有些部分是从边界双子城市中间建成的围墙。

在远离北美大陆的地方,美国在加勒比海面临两个领土争端。海地对美国拥有的纳瓦萨岛提出主权要求,这是一个坐落在海地与牙买加之间的不起眼的小岛,以前曾富含鸟粪有机肥料,而今早已被开采完毕,目前仅用于安放灯塔。一个更为严重的争端是针对关塔那摩湾美国基地的。该址位于古巴东南端,占地 45 平方英里。它 1903 年租给美国,自 1960 年古巴要其归还,并拒绝接受每年象征性租费以来,它一直是两国关系紧张的一个重要方面。

美国在太平洋地区托管领土的地位在近年来已有了重大变化。1986 年,北马里亚纳群岛成为与美国在政治上联盟的共同体。同年,密克罗尼西亚联邦国家,像马绍尔群岛共和国一样,与美国签署了自由联盟协定。帕劳群岛 1994 年与美国签署了同样的协定。

在太平洋其他地区,好几个岛还保留着托管地地位(如在加勒比海的美国维尔京群岛)。这些岛包括关岛、中途岛和威克岛。关岛对华盛顿来说在战略上显然是最重要的。作为马里亚纳岛链的一部分,关岛离菲律宾及亚太沿岸其他国家和地区距离最近,拥有重要的空军及海军基地,为美国提供远程攻击能力。威克岛拥有一个军事和商业两用的空军基地。中途岛有一个军事基地。

在新西兰托管的西萨摩亚 1990 年取得独立时,美属萨摩亚群岛依然还在美国控制之下,即使萨摩亚岛链的美国东面部分很早以前就已失去了战略价值。帕果帕果(Pago Pago)曾作为渔业及维修基地为美国海军服务,但在 1951 年被关闭,其时托管地管理被移交给美国内政部。今天,华盛顿已根本没有理由保留对萨摩亚岛链东半部分的控制,那里的岛民靠他们的旅游业以及金枪鱼罐头制造维持生计。

美国地缘政治发展的四个阶段

美国的居民点建设步伐和景色利用形成了它在世界以及半球事务中的地缘政治姿态。四个相连续的阶段构成美国地缘政治姿态发展的标志:(1) 海洋阶段,(2) 大陆阶段,(3) 大陆—海洋阶段,(4) 海洋—大陆阶段。

表5.1　美国地缘政治发展的四个阶段

阶　段	岛		地　缘　政　治	
	时间跨度	交　通	动　力	定　位
海　洋	殖民地到1803年(路易斯安那购买)	河流、道路、马	人力、水轮车	稳固大西洋沿岸
大　陆	1803—1898年(西班牙—美国战争)	铁路、河流、运河、马	煤炭、水轮车	大陆统一与扩张
大陆—海洋	1898年到第二次世界大战爆发	铁路、公路	石油、燃气、煤炭、水电动力(涡轮机)、内燃机	大陆发展、加勒比海及太平洋扩张
海洋—大陆	1941年到现在	公路、铁路、航空	以上全部加上核能、风电、太阳能	美国海洋圈及全球范围

海洋阶段

海洋阶段贯穿从殖民地时代到美国独立战争以及1803年路易斯安那购买这段时间。英国殖民地从其沿海岸与山麓脚下的基础向外扩展,包含了一系列与法国以及印第安人在18世纪中期(1745—1763)进行的战争。殖民地居民点的西部边界是由《1763年公告》强加而形成,在其中英国人确定了一条将英国定居者与印第安人隔开的分界线,同时英国人要设法与印第安人发展稳定的关系。通过这一公告,英国试图阻止向流入大西洋的各条河流的上游源头的西面进行殖民扩张。

这条分界线是一条分水线,它沿佐治亚州西北阿巴拉契亚山脉最南端向北到宾夕法尼亚州中部的阿勒格尼山脉,到纽约北部,再到佛蒙特州的格林山。这条线随着殖民开拓者不断向俄亥俄、田纳西,以及肯塔基河流域推进,并在1763年前后受到了严重破坏。

在独立战争结束后的一个时期,"西部土地"上的殖民者那种无法遏止的干劲将定居点的边缘推进到密西西比河,侵占了由英国人特别留出的印第安人土地。定居点还同时渗入俄亥俄州北部区域,一直到五大湖上游,这里被英国宣布为魁北克的延伸部分,但在独立战争结束时又同意还给美国。

尽管围绕"旧边境"向西扩张搞得热火朝天,人口与经济活动重心还是保持在沿东部海岸和山麓脚下一带。在通向分裂与独立的年月里,是与英国保持行动一致还是独自采取行动,绝大多数美国人还站在大西洋海岸观察。经济中的主要因素商业,是以像烟草、稻米、棉花、杂粮、牛、鱼和动物毛皮等这类农业商品的出口为基础的。进口的物品是来自英国的制成品,而蔗糖、糖蜜以及糖蜜酒来自西印度群岛。所以,对这一时代的大多数美国人而言,殖民地,以及当时刚刚形成的新民族国家,是可开发世界的一部分,他们主要关注的就是稳固大西洋海岸。

大陆阶段

大陆阶段的重点是1803年的路易斯安那购买、1803—1806年的刘易斯及克拉克探险,以及1812年战争。在此后将近一个世纪的时间里——直到西班牙—美国战争——重点一直是征服大陆腹地,将国家边界从"海洋扩展至闪光的海洋"。这一时代由从法国手里购得自密西西比河到落基山脉以及墨西哥湾到英控北美洲地区的一大片土地而开始。这样获得的828 000平方英里土地使美国陆地面积翻了一倍,并激起了美国更大的胃口。

1812年战争的结果和1821年对西班牙控制的西佛罗里达的吞并稳固了美国对其大西洋和五大湖边界以及对墨西哥湾北方绝大部分沿岸地带的控制。英国的战争战略包括计划占领密西西比河,阻止其前殖民地向大陆腹地扩张。这一战略要求英国军队夺取新奥尔良,尔后向上游行进,与自加拿大南来的军队会合。当安德鲁·杰克逊的优秀射手在新奥尔良战役中击退威灵顿公爵最优秀的沙场老兵之后,英国的计划失败了。具有讽刺意味的是此役发生在《根特条约》已签署,战争已经技术性结束的两周之后。

1818年,美国与英国就五大湖西部的大陆腹地边界达成协议。这条线沿北纬49°从伍兹湖向西延伸至落基山脉山顶。根据协议,北方红河谷的大部分——温尼伯的南部,成为美国领土。出落基山脉,分界线沿这条纬线延伸到太平洋沿岸,但不包括温哥华岛。这条线确保了美国对哥伦比亚河流域中下游的所有权。

在南方,美国随着1845年得克萨斯加入联邦而取得对北部湾岸的完全控制,此前美国定居者已将墨西哥军队从其领土驱赶出去,并于1836年宣布独立。继美墨战争(1846—1848)之后的条约确定了以格兰德河为得克萨斯南部的边界。新边界从新墨西哥州界沿线的格兰德河出发向西延伸至科罗拉多河,转到科罗拉多与希拉河(Gila

River)的交界处,然后再向西伸至圣迭戈正南面的太平洋。这样,所有上加利福尼亚领土都交还了美国,而下加利福尼亚仍在墨西哥境内。两年之后,加利福尼亚加入联邦。各海洋之间土地的统一必须等到联邦取得内战胜利以及建立跨大陆铁路系统之后。早期的系统,以道路、伊利运河(Erie Canal)以及俄亥俄—密西西比—密苏里河流域为基础,只影响到国家的东半部分,属于缓慢的交通系统。过去被内战打断的跨大陆铁路线的建设于 1869 年竣工完成。在当年的 5 月 10 日,联合太平洋铁路(Union Pacific)从奥马哈基地出发,与中部太平洋铁路(Central Pacific)相交,后者以萨克拉门托为始。

每条铁路线建设都不得不面对令人生畏的工程挑战。工程雇用了爱尔兰劳工,联合太平洋不得不在过平原之后再经过拉勒米(Laramie)和沃萨奇(Wasatch)山脉。中部太平洋铁路——雇用了来自广东的中国劳工——必须在穿经内华达和犹他州沙漠之前先翻越内华达山脉。当两条线在落基山脉东侧犹他州的悬崖顶交汇之时,整个国家内陆的开发就可以全面展开了。居民区、农场、牧场、矿区和商业,以及工业在东西向的大陆铁路建成之后出现了,以后南北向的铁路线又与它相连。

1893 年,在由先驱者对大陆腹地进行移民定居将近一个世纪努力之后,弗雷德里克·杰克逊·特纳(Frederick Jackson Turner)根据他对 1890 年普查数据的评估,提醒大家注意美国当时的边疆地区。①只有犹他、俄克拉何马、新墨西哥以及亚利桑那州依然还被同意加入联邦,而且所有这些州都是在 1896 年到 1912 年期间被允许加入的。在大陆的其他地方,阿拉斯加——1867 年从俄国购得——也在等待批准,但直到 1959 年才获准加入联邦,与此同时夏威夷也加入了联邦。向大陆腹地进军受到许多美国人一种信念的激励,即扩张是他们的"天定命运"(Manifest Destiny)——必要的话还可以动用武力。

尽管大陆观主导这段时期,但同时也有一种强烈的信念——从海洋阶段早期以来——即美国舰船有权巡视公海而不受干涉。这种海洋取向导致了加强海军、大力发展商船,以使用美国船只运载越来越多的美国经济产品的种种努力。在与英国的贸易战遭受重重损失之后,美国成功地促进了与英国、西印度群岛以及加拿大的相互贸易。但这种争取海上自由和扩大国际贸易的欲望不但从属于那种压倒一切的释放大陆腹地财富以获得农业、矿业及制造业的自给自足的目标,而且是从中产生的。

在内陆的发展过程中,农业革命最先到来,定居者迁入中西部大草原,在那个世纪后半叶,又迁入更远的大草原。1825 年伊利运河的建成对这一地区第一阶段的发展是一个重要推动。继之很快是铁路建设的高潮,它将芝加哥与美国其他地方连在一起,为制造业有效获得原材料及市场准备了条件。到内战结束之时,东北部及中西部的制造业已经与这些地区的农业产值齐平。战争本身对这些地区的工业化速度的提升是一个巨大的刺激。到19世纪80年代末，美国已经成为世界上最大的钢铁及农业机械生产国。

大陆—海洋阶段

接下来是大陆—海洋阶段，它由德国地理学家弗里德里希·拉采尔(Friedrich Ratzel)首先预告。在对大陆性与海洋性的关系进行了一番思考之后，他认为这两个因素存在互补性。对拉采尔和他的美国弟子辛普尔(Ellen Churchill Semple)来说，内陆的征服靠的是密西西比河灌溉系统的划一性质，它有海洋出口。对广袤的北美大陆腹地的观察，未必要站在陆地导向的孤立视角，而可以从一个与海洋相关联的框架出发。②

大陆—海洋阶段以1898年西班牙—美国战争为开始。这场战争的胜利让美国得以将其影响施加到加勒比海与太平洋地区，以寻求"天定命运"的扩大实现。这一阶段结束于第一次与第二次世界大战期间几十年过渡期。

大陆—海洋时代的标志是既有内陆持续发展，又有向外寻求外国市场、原材料及政治影响的开拓行动。铁路轨道里程从1870年的52 922英里增加到1916年的266 381英里，既服务了粮食出口又支持了新制造业中心(自第二次世界大战以后，轨道里程急剧下降，目前仅剩148 000英里一级铁路线)。铁路使得农业和工业扩张。因此，1900年到1920年期间农业面积增加超过1亿英亩。另外，芝加哥巩固了其"第二城市"的地位(纽约被公认为"第一")，吸引了大量重工业和包括了摩天大楼在内的开创性美国建筑形式。底特律成为第一次世界大战时期最重要的军事生产地，而圣路易斯，在当时已经是世纪之交的美国第四大城市，进一步扩大了其作为交通、商业和多种工业中心的地位。

这种城市化增长很大程度上取决于能够获得大量的劳动力，其中很多是来自中欧与东欧的新移民。1900—1920年，有1 450万移民获准进入美国，使外国出生人口占1.6亿总人口的比重达到了14%。这是一个后来再未被超过的高峰百分比，1970年这个比例曾降到4.7%，此后又上升至近12%。近来合法的与非法的——来自墨西哥、中美洲以及加勒比海的移民浪潮，占了这一总数的一半，而亚洲人是另一个25%。

华盛顿卷入地区及全球政治初始于美西战争，而在加入第一次世界大战同盟国一方后便臻于全部完成。然而，这种卷入并未以放弃大陆腹地为代价。相反，它加快了腹地的发展。第一次世界大战刺激了中西部的谷物以及东部大平原的小麦生产。它还对芝加哥工业增长以及其他内陆中心的发展给予了不小的推动。

随着美国在同盟国胜利中起了决定性作用以及威尔逊对美国发出的口号"让民主安全屹立于世界"，人们广泛认为，全球与海洋导向将取代国内取向。结果并非如此。威尔逊领衔创建了国际联盟，但1919年美国参议院拒绝批准《凡尔赛条约》，包括美国在联盟中的成员地位。这个向内的转向随 1924 年对移民迁入强加的严格限制以及 1930 年的《斯穆特—霍利关税法》而继续着,后者提高了世界贸易壁垒。以后华盛顿与全球事务的疏远又分别被 1936 年及 1937 年的第二、第三中立法案进一步强化。

这种孤立主义和大陆性继续将大陆腹地作为重心。由于随处可见的第一次世界大战带来的农业繁荣以及随之而来的经济兴旺,美国在 20 世纪 20 年代又另将南部大平原的 1 亿英亩土地改造成农田耕地。在大规模引进的拖拉机以及其他机械设备的帮助下,这种扩张发生在从得克萨斯锅柄状地区、西俄克拉何马及西堪萨斯到东新墨西哥及东科罗拉多的大片区域。这使得美国农业总面积在 1930 年增加到 9.9 亿英亩。自那以后这一数字逐渐下降,直到 2005 年的 9.3 亿英亩。

战后的 20 世纪 20 年代也使美国工业兴旺,工厂大规模生产以新技术为基础的消费品——家用电器、汽车、卡车以及拖拉机。绝大多数这类新生产集中在中西部。因此,这一地区——1870 年时就已经因为是农业居地而成为美国人口最稠密的地区——现在能够通过城市化以及相伴而来的工业化而维持其领先地位。截至 1920 年,伊利诺伊、俄亥俄、密歇根以及密苏里州位于人口最多州之列,而芝加哥、底特律、克利夫兰以及圣路易斯州则进一步提高了其主要大城市中心的地位。1929 年美国股票市场的崩溃引发大萧条,1931 年波及整个世界,导致生产过剩和农业带产品价格跌落。1934 年及随后几年的黑风暴——一种不仅源于风与干旱而且还由于耕作带来的天然草地的退化从而造成土壤侵蚀之后的产物——使形势进一步恶化。

在大萧条期间,美国没有精力投身外部事务。美国对外贸易从 1930 年的 69 亿美元在 1935 年跌到 43 亿美元(此前的高峰是第一次世界大战之后 1920 年的 135 亿美元)。失控的失业率达到 25%,而内陆乡村人口因失去家园而流落他乡的现象尤其严重。在 20 世纪 30 年代的南部大草原,创纪录的高温、干旱,以及草地转变为小麦耕种等导致"黑风暴"的因素,造成大批人口向外流出。据估计约有 1/4 的草原人口,主要是俗称为"俄克拉荷马流动农业工人"的佃农以及来自密西西比河流域的按棉花收益分成的阿肯色佃农,举家搬迁,移居到加利福尼亚。

尽管这一阶段的重点是大陆,但是有一个重要的海洋成分也开始形成。阿尔弗雷德·马汉(Alfred Mahan)是"美国的未来将成为海上强国"观念的强烈支持者。根据马汉的看法,世界可被分成两个地缘政治框架——西方的或海洋的和东方的或大陆的。③ 在这样一种框架下,美国是欧洲强国及欧洲文明的前哨基地,而它的太平洋沿岸与太平洋中部的岛屿则是大西洋欧洲的延伸部分。与这一观点一致,美国的"天定命运"就是向加勒比海及太平洋扩张,而以一条跨越巴拿马的运河作为两个边界之间的战略衔接。

在 20 世纪初,古巴摆脱了西班牙统治,在《普拉特修正案》(1901 年)的约束下,古巴实际上成了受美国保护的领地。《普拉特修正案》还为在关塔那摩湾建设海军基地作了准备。另外，西班牙把波多黎各割让给美国，而在太平洋地区它还交出了菲律宾、关岛和威克岛。与此同时，美国通过与德国和英国的一纸条约得到了美属萨摩亚，在帕果帕果建立了海军基地。美国这样一种太平洋存在在1898年吞并夏威夷后又进一步扩大了，后者两年后成为一个准州。正式收并夏威夷要等到美国在75年后大力投资蔗糖工业，以及在美国海军1887年得到在珍珠港维持一个装煤和修理中心的权力之后。1900年后，这一特定场所完全成为一个标准的海军基地。

1899年美国主动在中国推行"门户开放"贸易政策。此举旨在帮助美国冲破欧洲及日本强加于中国的势力范围。就大体而言，这项政策所获有限，因为它未受到主要欧洲列强的理睬，它们继续将中国瓜分成它们各自的贸易区域，而将美国商业活动排除在外。美国在加勒比海的影响在1913年得以扩展，此时美国获得了建造拟议中的巴拿马运河以及从新独立的巴拿马租用运河区的权力，后者成功反抗并脱离哥伦比亚的暴动受到了作为保护性存在的美国战舰的援助。巴拿马运河建成于1914年，一直为美国所把持，直到1999年12月19号交还巴拿马人控制。

1915年美国以军事占领方式入侵海地以保护美国投资与财产，这一行动一直延续至1934年。入侵海地的另一个理由是担心德国会占领海地，威胁巴拿马运河的安全。1917年美国从丹麦购得美属维尔京群岛。

古巴、海地和巴拿马不是仅有的感到美国军事干涉压力的加勒比海国家。1912年，出于保护美国企业在橡胶、蔗糖、棉花和烟草等方面的利益，美国海军陆战队进入洪都拉斯、圣多明各和尼加拉瓜，它们在此驻留数年。美国军队还在1947年及1916年被派往墨西哥。

对加勒比海岛屿及中美洲沿海地区的统治权被罗斯福（Theodore Roosevelt）对门罗主义的推论而合法化，他断言拉美国家的不稳定或会引来欧洲干涉，所以采取先发制人的军事行动是合理的。塔夫特与威尔逊政府广泛利用这一推论对这一地区内部事务进行军事上和政治上的干涉，正如随后的20世纪20年代及30年代美国政府所做的那样。即使在美国放弃了这一推论（《克拉克修正案》，1928年）以及罗斯福总统（Franklin D. Roosevelt）引入"睦邻政策"之后，华盛顿依然将这一地区视为特别保护区。

美国总统当选本身就反映了这一时期在大陆腹地与美国海洋利益之间的选择拉锯过程。从美西战争到第二次世界大战爆发这段时间，8位总统中有4位总统的出身和权力据点是在大陆腹地。他们的任期多半以对内的国家要务为标志。其他4位总统来自东北，任职于干涉主义时期。

海洋—大陆阶段

海洋—大陆阶段始于第二次世界大战爆发，当时美国在为全球战争行动作工业与政治上的准备。在战争期间到20世纪50年代和60年代,大陆腹地维持着其与国家沿海地区的经济及政治平等地位。美国制造业带——从布法罗、克利夫兰和匹兹堡到俄亥俄、印第安纳、伊利诺伊和密歇根——曾是国防工业的基础,在1959年圣劳伦斯航道开通之后得到进入大西洋的机会。这个制造业带是美国国防工业的主要支柱。截至第二次世界大战末,它的钢厂已经生产了8 000万吨钢,占全世界年钢产量的50%。随着航道的开放,这个数字1965年又上升到1.3亿吨,此时重工业已生产机动车辆、机床、橡胶、玻璃、建筑材料以及多种多样的家用电器,如洗衣机和电视机等。其中绝大多数来自中西部的工厂。

内陆的繁荣被大草原及东部平原的粮食和牛肉加强和扩大了,后者既满足了日益增长的国内消费需要,又满足了濒海欧洲及日本经济恢复时期的需求。另外增进了内陆经济基础力量的因素是得克萨斯以及俄克拉荷马的石油与天然气,怀俄明、蒙大拿及犹他州的煤炭,五大湖上游的木材。

这一增长阶段似乎是对世纪中叶的"大陆主义者"推出的学说的肯定。历史学家詹姆斯·马林(James Malin)从弗雷德里克·特纳的著作中汲取了大量灵感,他认为后者的"封闭空间"理论是建立在19世纪美国的大陆性农业领域的基础之上,因而与20世纪城市工业背景没有相关性。相反,他强调说,大陆腹地拥有与它过去曾给予农业的同样多的能供工业所需的大量原材料。因此根据马林的分析,内陆的空旷区将依然是美国生活中的主导因素。

马林画了一幅从温尼伯由北向南直到达拉斯—沃斯堡的中心权力轴线图,其中有"权力潜能沿轴线长度分布",有效的中心相应转变以适应变化的要求。他预测,工业将向内陆纵深迁移,而人口分布亦将伴随这一转变。④根据这一假说,人口将会向食物供给,向轻金属、石油与天然气、合金、塑料、水力发电等所在地运动,而它们都位于内陆地区。另外,北—南流动性将会因沿中轴线的主要商业航空中心的扩张而提高。

马林对两次战争期间的中西部孤立主义势力表示支持,他将美国描绘为一个不应当将其事业越过太平洋、大西洋或者亚马孙河之南的陆地国家。他觉得战后的世界会为七八个重要大国留下空间——北美、日本、中国、俄罗斯、德国、拉丁欧洲,以及英帝国。

一个对大陆腹地地缘政治重要性的扩大看法是由葛德石(George Cressey)在1945年提供的。⑤他假设美国已经成为世界的真正心脏地带。在将麦金德的心脏地带重新定义为"世界的要塞"(World Citadel)之后,他想证明北美,而不是欧亚大陆,才可容纳这个要塞,因为北美的核心是世界上拥有所有如内陆空间、规模和资源,以及出海口等所有有利条件的一个区域。

德·谢维尔斯基(Alexander de Seversky)将其理论建立在空权主导世界事务之上,

他觉得美国对北美及南美其余地方的空间优势等同于苏联对非洲及南亚的空中优势。⑥两个大国共同的弱势区域是北极。他认为洲际轰炸机与洲际导弹的优势将在全面爆发的战争中得到充分显现,而要获得这种优势的基本前提就在于持续地开发美国内陆。事实上,他把美国未来的权力中心放在了堪萨斯。

大陆腹地统治理论不久就受到了新的经济与人口现实状况的考验。早自20世纪60年代初起,工业、人口和市场就开始越出腹地向外发展。即使圣劳伦斯航道已经为五大湖制造业区域提供了远洋交通便利的机会,还将其从地理上附加到国家的海洋导向的近海沿海圈内,它还是不能保留它的工业垄断地位。当钢铁与机动车辆生产方面的新技术出现之后,绝大多数被用来促进处在五大湖及俄亥俄河流域(Ohio Valley)等传统中心以外的工业的增长。

去工业化过程对密歇根、俄亥俄、印第安纳以及伊利诺伊的钢铁及机动车辆经济的影响特别具有破坏性。美国原钢生产从1965年的峰值1.31亿吨掉落到20年后的低点0.88亿吨,这既是由于旧的美国钢厂效率不高,也是因为采用进口钢材的新工业中心地处沿海。随着效率的进一步提高以及新技术的引进,美国钢铁产量在1989年升到1.09亿吨原钢,然而2006年又一次掉到了0.9亿吨,是年日本、俄罗斯、韩国、印度、中国大陆、中国台湾、巴西以及乌克兰提供了将近0.45亿吨原钢来满足美国工业的需求。布什政府在2002年实行了高达30%的关税,试图遏止国内钢铁工业遭到削弱的局面,美国钢铁行业劳动力已经从过去的高峰值100万人以上降落到了44万人。布什这一举动引起了国外生产厂家的愤怒抗议但并未激起针对美国出口的反措施。关税保护并不能拯救大型、过时、一体化的美国钢铁企业的运营。唯有较小规模,同时已经采取现代化手段的工厂,才能在竞争激烈的钢铁市场中生存下去。面对日本的挑战——1980年它超越美国占得世界汽车生产领域的领头地位——美国本土钢铁行业在随后几年猛烈反弹。截至2005年,它的产量占到了世界总量的18%,日本以微弱之差居第二位。整个欧盟加起来占了世界产量的30%,而中国和印度正在快速发展它们的工业。美国国内生产反弹的原因不在于底特律"三巨头"公司的振兴,而是因为日本及欧洲制造商在美国大陆内部建立了生产设施。而绝大多数国外和美国生产厂家建成的新流水线和零部件工厂都坐落在加利福尼亚、南方沿海以及中南部地区(田纳西和肯塔基州),而不是在大陆腹地。因为以上地点转移的结果,底特律作为世界汽车中心的角色已经遭到很大程度的削弱。2007年,丰田超过通用成为世界上最大的汽车制造商。相当一部分的车辆装配和制造能力也同时被美国汽车工业搬到了加拿大与墨西哥。这一变化开始于1965年的《美加汽车协定》,后随《北美自由贸易协定》(NAFTA)的签订而速度加快。2006年,从加拿大与墨西哥的进口车辆占了美国进口车辆的40%,而其中日本占了30%。

除此之外,中西部经历了国防开支的急剧下降,而它曾在越战期间支撑了这一地区的大部分工业基地,尽管由于阿富汗与伊拉克战争让军事采购有了大幅度上升。采购的品种从密歇根及相邻州制造的坦克和弹头到环海圈的大西洋、海湾以及太平洋部分地区的产品,如飞机、电子武器系统、船舶等,范围很广。大陆州享有的份额依然只占总国防预算的20%。

美国国内还出现了石油生产的显著下降。生产量从1970年的每天960万桶——当时世界生产产量的20%以上——掉落到2006年的570万桶,为世界产量的8%。现在进口石油占总消费量的70%。美国没有能力执行一种强有力的燃料保存计划,这表明这样的依赖只会继续增加。2006年有将近70%的石油进口来自加拿大、墨西哥、沙特阿拉伯、委内瑞拉以及尼日利亚。其他供应国是安哥拉、阿尔及利亚和厄瓜多尔。这些进口石油的来源随生产、市场以及总的地缘政治局势的变化而变化。自1990年以来,从石油输出国组织(OPEC)国家的进口从60%下降到了50%,而来自加拿大的进口则大幅增长。安哥拉已经成为一个越来越重要的石油供应国,而委内瑞拉的角色尚不甚确定。这种石油低生产和高进口的结合进一步削弱了大陆腹地和下五大湖的经济,同时石油化学工业已将其作业场址移往美国的海洋港口。

内陆及五大湖各州由于农业部门的性质变化已经失去了经济与社会影响。战后农业生产及其生产力已经由于机械化、化肥以及农药的使用、作物杂交以及农场合并而提高了。在这同一时期,农业人口有了急剧下降。1940年,农业人口占美国总人口的23%。到1970年,这一数字已下降到5%,而现在则在2%以下。

在产粮的大陆腹地,农业人口的损失显得特别严重,因为这里的农业机械化程度已经非常高,劳动投入相对较小。凭借因进入圣劳伦斯航道的机会而带来的低交通成本,以及世界市场对食物产品需求的上涨,美国农业已经日益变成以出口为导向,从而使得美国成为世界农业出口的领头人。2005年,农业出口总计达900亿美元,其中2/3是来自内陆与五大湖与中西部各州的食物和饲料粮、含油种子、大豆以及动物产品。但农产品占美国出口总额依然在10%以下。不仅如此,以牺牲谷物、小麦以及大豆食品出口为代价而转向以谷物为原料的乙醇,已经使价格上涨,并与中国及印度需求上升的因素一起促成了2008年世界最穷国家中的粮食危机。

面对农业相对于经济其余部分的衰落,内陆的农业板块的政治力量与影响大为减小。那个以定居宅地(homesteading)为根,极度独立的美国农民的时代,已经过去。今天的200万农民,特别是那几家最大的公司,已经严重地依赖越发慷慨的联邦补贴。农业援助支付是为占用土地使其脱离农业,为旱灾救济以及为给予大型农业公司到海外参与市场竞争以补贴而形成的。2005年,补贴额达到250亿美元,占美国农业生产总产值的10%和农业出口的30%。而这当中有超过1/3的补贴流向了农业带的几个州。联邦农业政策因而对小规模生产者来说更像是社会政策而不像是农业政策,因为它的主要目的似乎是让乡村农民经济上能够应付自如,同时,不让农业荒废。这种情况很可能因联邦预算赤字,以及世界贸易组织反对补贴的压力而发生改变,同时往后一代代年轻农民越来越追求较少风险经济生活的愿望将进一步淡化产粮的大陆腹地的乡村性质。当这种情况发生时,保留在农业游说集团中的政治力量将会落到环海圈中的农业区域之中,这里包括加利福尼亚、得克萨斯以及佛罗里达州的水果及蔬菜集约种植部门。这些州已经有了强大的农业游说集团,而其特别是能够让加利福尼亚州从高补贴灌溉水源中收益。

环海圈

近几十年来使重心摆脱大陆性,走向海洋性的因素是美国沿海一带的人口、工业、服务以及政治力量的大幅度增长。这种地理上的变化实际上已经形成了一个围绕着和支配着大陆腹地的环海圈。专业化已将环圈的各部分连接起来,这样他们的各种不同的经济及政治利益集团就可以跨越地区线协调行动,而不是按线分开行动,像过去的那样。这一环圈还为美国提供了相对于贸易依赖海洋辖区——一个包括地球的水及陆地表面积2/3,人口1/3的地缘战略辖区——让各部分相互连接的中心的位置。

与往日的大陆主义者的预测相反,空间的利用与价值已经最明显地体现在高度城市化和大都市性质的环海圈之内,绝大多数人口居住在此,而不是在大陆腹地。这不是要贬低环圈内部过度拥挤的负面影响。城市环境的污染是一个严重的问题,而工业活动的密集直接导致了尘雾和水污染,并且已经让许多厂家搬迁到了内陆西部的沙漠和山区地带。但通过工业界、地方及州政府的协同努力能够减轻这些问题,联邦通过环境保护署施加的压力已经开始显现出某些积极的效果。

环海圈不妨可以被称为"四海美国"——大西洋、墨西哥湾、太平洋和五大湖(自1959年圣劳伦斯航道开通)。这些沿海地区在许多方面存在差异——气候、海拔、地貌、自然植被、农业以及矿物等。但它们在很重要的方面是相似的——密集的人口,高度的城市化,大量可用的港口以及整合协调的海陆空联络条件,高度集中的制造业与服务业、旅游业和国际贸易。

在共同的自然地理特征中有湿度、天然港口、山脉的障碍效应,如阿巴拉契亚山脉和西边的山地。环海圈每年平均降雨量超过30英寸(除去得克萨斯西南部和南加利福尼亚沿海)。而在大多数情况下,降雨量都超过40英寸。这种降水量已足够满足城市中心和高产区的农业郊区对水的需求量。最好的天然港口出现在以高原地形为特征的东北及太平洋沿岸,而且沿岸平原由于浸没在水中——从巴泽兹海湾到詹姆斯河——而与海洋连在一起。南大西洋、墨西哥湾沿岸地区及五大湖天然港口条件较差,需要挖掘疏通,并且在很多情况下,要求地处上游位置。但尽管如此,当我们从总体上看待这一环圈时,我们发现,也许密西西比州除外,滨海各州都有良好的深水港,不管是天然的还是人造的。

虽然说山脉没有成为海与内陆之间的完全障碍,它们还是引导了陆地交通线的具体分布。大西洋东南沿岸与中西部的陆路联系条件较差,而这反过来又进一步推动了人口沿着大西洋沿岸由北向南移动。在五大湖与大西洋离得最近的地方——纽约、新英格兰、宾夕法尼亚和马里兰走廊——极好的东西向陆上交通与圣劳伦斯航道运输线相辅相成。由于西部的山脉—沙漠—高原地带的南北走向,海湾与太平洋西北沿岸之间陆上交通一直很差。

互为补充的资源与产品也助推了环海圈的统一。相互交换的物类包括石油、天然气、煤炭、森林产品、硫磺、磷酸盐、棉花、铜、铅、锌、铁、水果、奶牛、牛排、家禽等。

环海圈内的所有州都拥有直接面向海洋的区域,包括那些获得进入海道权力的五大湖州。这30个沿海州占国家2008年3亿人口中的比重在80%以上,而占城市人口的比重则还要高。在过去的20年获得最大人口绝对数增长的10个州中,有9个是环海圈州,10个最大大都市地区中9个拥有环海圈港口。环海圈州占制造业人口和产值的比重都超过了90%,而占金融服务的比重则甚至还要高。

有些以环海圈为指向的大城市和人口集中区离海的距离长达150—250英里。例子有得克萨斯州的内陆低地城市,如圣安东尼奥和达拉斯;夏洛特和亚特兰大山麓中心;五大湖各州农业带的"中心位置"城市和城镇,比如哥伦布和印第安纳波利斯。但是,环圈内绝大多数人口居住在离海洋沿岸及五大湖各县无障碍水域两小时路程内的地方。

有673个县被美国国家海洋及大气署界定为其土地当中至少有15%是在沿海水域或者内陆水域(通向公海的内陆水域)。单这些县就容纳了超过1.6亿的人口,或为国家总人口的将近55%。

近几十年中环圈规模的增长首先始于加利福尼亚、得克萨斯和佛罗里达州的人口爆炸。1900万人口的纽约州在最多人口州中排名已经滑落到第三,而加州人口近3600万,得州人口近2300万人。佛罗里达的人口已增加到1800万人。在今天,南方和得州,其中大多数人口居住在环海圈内,是人口最多的地区,占国家总人口的1/3。

环圈内的人口增长先由高技术工业带来,再由移民迁入、退休搬迁、金融、教育和医疗服务,以及旅游业的发展而导致。并非区内所有地方都经历了这种增长。在如密歇根、伊利诺伊和俄亥俄等五大湖州,以及在宾夕法尼亚和康涅狄格州,人口都只有少量增长甚至没有增长。但是,必须要从县级层面去观察理解人口数量下降的影响。在理查德·朗斯代尔和克拉克·阿彻1990—1995年对美国县的研究中,他们指出在总共

3 141个县中有635个县的人口减少。⑦随着县的合并,县的总数已经减少到3 034个。大多数在大陆腹地——大平原、西部谷物带以及阿巴拉契亚地区。

内陆的人口形势并非一种全面的人口增长停滞。内华达、亚利桑那、科罗拉多、犹他、怀俄明和爱达荷州都经历了人口增长。内华达和亚利桑那州的增长大部分是来自加利福尼亚的高技术工业外溢的结果,以及这里环境对退休者的吸引力。科罗拉多和犹他州除了那些搬迁过来要在"伟大的户外"体验生命的人口之外,也吸引来了高技术工业。但是,显然最大的人口增长发生在核心区中的新增部分——在美国东南部、佛罗里达、得克萨斯、加利福尼亚、亚利桑那和内华达等——美国"阳光地带"(Sunbelt)。⑧

西部内陆的增长,与中心城市的复兴一起,被一些人引为数字时代已经创生出了一种"新地理"的证据。⑨根据这一观点,美国的自然景观在这块内陆中的分散、小型和较宽敞的城镇正在经历深刻的变迁,因为高技术工业、旅游业,以及退休者已经摆脱过去旧有的那种将工业与人口集中在核心区的大都市区域中的地理限制。然而事实上,数字时代并没给国家的地理人口模式带来任何改变。作为例外的是犹他州,它吸引了高技术工业;还有爱达荷州,它享有了旅游业及娱乐业的兴旺。在南达科他和衣阿华这样的州,那里属于信息化年代的后台顾客服务中心没有给大平原带来大的人口增长。而被西部内陆宽敞背景吸引而来的国内软件开发商人数远没有搬来这里的退休者人数多。

数字年代也不是中产阶级向部分旧的中心城市环境移居的原因。相反,传统的银行业、金融服务、法律以及医疗职业提供了绝大多数吸引中产阶级进入这些中心的工作。

总的来说,高技术增长发生在核心区的郊区大都会中心,在它们的外层,比如像菲尼克斯、图森和亚特兰大,以及在独立的大都会,如西雅图—波特兰,盐湖城—普罗沃或丹佛等。这些行业被密集的公路、航空和铁路网,高度发达的远程通信设施,熟练的劳动力队伍,大都会生活的教育及文化便利,以及工业集聚的好处等所吸引。319个美国最大的大都会地区所起的作用是如此之大,以至于现在它们的物品及服务占到了美国全国GDP的85%。

数字时代改变国家人口分布模式的可能性几乎不存在。确实,它为国民经济增添了活力,要么使空旷区增加了大都会地区,要么帮助扩大了大都会的边界。但是,这绝不意味着代表了一种"新地理"。它就是正在进行的大城市化过程的一部分,它与起初将制造业和商业吸引到有利地点的那些地理特征有关。这些中心由交通及通信网络连在一起,使它们得以成长为国家持续扩张的核心区。今天它们的大都会外层在塑造和再塑造美国的景色。

民族多样性是美国两个核心区和国家有效领土的重要特征。环圈内高度多样化的宗教、种族和民族性质早在一个半世纪前就体现在来自爱尔兰的移民身上,后来又被在始于19世纪80年代终于20世纪20年代这一期间从南欧与东欧而来的移民进一步强化了。1965年《移民法》取消了那种限制亚洲人及其他非欧洲北方人的移民配额制度。核心区得到了随后从拉美、亚洲、欧洲和非洲涌入的移民的补充。1990年新合法移民的数字是158.6万人,而1991年高达182.7万人。每年新进入总数还在100万合法移民之上。官方移民数字没有包括将近1 200万的非法进入者,而其中一半估计是来自墨西哥。所有这些都促进形成了新的人口变化数据图表,这其中美国的非西班牙裔白人人口已经减少到占国家总白人人口的近2/3,并且目前还在下降。

就整个环圈,庞大的新移民现在集中在大中型城市当中,正在形成新的政治权力基础,改变着地方、州以及国会的政治版图。⑩西班牙裔美国人现在在与洛杉矶、芝加哥、休斯敦、费城、纽瓦克和纽约等地的黑人争夺政治权力。阿拉伯裔美国人及南亚人正开始对以黑人为主的底特律发生影响。在纽约市,黑人、西班牙裔人以及亚洲人成功地挑战了以白人为主的因循守旧的核心组织,而亚洲人还是西雅图、旧金山、洛杉矶、圣迭戈等这样一些地方的一股增长力量。

这种多样性已经带来了在生活水平、教育水平、社会政治观点以及传统等方面的种种对比,把美国社会从一个熔炉变成了一个受到多元主义挑战和重塑的社会,赋予了民主以新的意义。吸收弱势移民群体的负担是很重的,要求对教育、卫生及福利方面的大量投资。然而这种过程的历史结果是作为一个整体的国家的更新和能量补充。另外,近期上百万来到美国的移民随身带来了科学技术技能,足以使他们能够即刻就为国家发展作出贡献。

种族和少数民族人口的迅速增加,他们绝大多数集中在环海圈内,已经为海洋性概念增添了比单单是贸易与气候之外远为丰富的意义。对美国而言,海洋性通常意味着对来自全世界各个地方和角落的民族和观念的持续的接纳以及移民群体对他们来源地的回馈。这就让环海圈作为国家21世纪前沿角色有了特殊的表现空间。

整个环海圈一线,发生的变化已重塑了美国全球经济主导地位的性质。驱动经济的行业的坐落地点选择不是由与内陆原材料的距离邻近性决定,而是由与市场以及受过高等教育的劳动力的远近而决定。在东北的特大都市,金融服务、电子器件、药品,以及化学制品已经成了经济增长的引擎,率领了始于1991年3月的经济兴旺,其在短暂的回落之后,延续了美国的这一次持续时间最长的经济扩张。南方也一样加入了这次增长。北卡罗来纳州,尽管依然是一个主要的纺织业中心,也已成长为一个高技术、保险、银行业中心,成为核心区的一个不可分割的部分。南卡罗来纳州的主要工业还是纺织业与纸业,但是,该州已经引起了国外机动车辆和轮胎厂的注意。另外,尽管它设在艾肯郡的萨凡纳河边的核场址不再生产新的核材料,但工厂还在对核废料进行再加工。在佐治亚州,远程通信、飞机装配、机动车辆和金融等是最主要的产业。佛罗里达州在原来的旅游业和农业的基础上又增加了防御及空间目的的电子器件厂,而卡纳维拉尔角是美国卫星的主要空间发射场。在阿拉巴马,制造业现在超过了农业的重要性,生产从纸张、化学制品到机动车辆等不同品种的产品。路易斯安那的丰富原油和天然气储量是其重要的石油加工业和石油化学工业的基础,但高技术与汽车工业也坐落于此。一次严重的受挫是由卡特里娜飓风造成的破坏痕迹。在新奥尔良,贫困的非洲裔美国人遭打击最为严重,他们中许多人逃往其他城市,特别是得克萨斯州,寻求避难的难民到现在也没有回去。这种向外流出以及城市的缓慢复苏状况已经改变了城市的组织结构。甚至在密西西比,一个长期以乡村为特点和经济上不景气的州,制造业也已超过农业成为最重要的经济部门,尽管重点是放在传统制造业领域,比如服装、家具和化学制品。

环海圈内增长最快的部分是得克萨斯州和西海岸。在得州,第二次世界大战时建立的飞机工业在重要性上已经被达拉斯—沃斯堡和奥斯丁地区的高技术计算机和电子行业所超过。休斯敦作为南方最大的大城市区域,是东得克萨斯的石油、石油化学以及重工业中心,也是金融、电子器件、计算机技术和机动车辆零件的中心。国家航空和航天局的林顿·B. 约翰逊航天中心已经催生了一个至关重要的航天工业。休斯敦港口沿休斯敦航道延伸,离加尔维斯顿湾有 50 英里疏浚后的水路,是美国第三大最繁忙港口和国家大部分拉美贸易的处理中心。

作为美国最重要农业州、国防工业中心,以及世界动画和电视制作中心的基础,加利福尼亚州已经成为世界工业发动机之一。假使它是一个独立国家的话,它将可以被排在各国国内生产总值第六的位置。硅谷从圣何塞伸向圣马特奥,它依然是世界最重要的半导体及软件生产地,即使这一地区在 2001—2002 年的经济衰退时期遭遇了高技术产业缩减以及关闭的严重打击。其他重要的制造业业务是机动车辆和其他交通工具、电子设备、机械和食品加工。洛杉矶—长滩港,是美国最大的港口,处理了 40%的美国外贸业务这一事实反映了以跨太平洋贸易来平衡两个美国核心区重要性的惯例。华盛顿以大西雅图为其经济核心,是全球最重要的飞机生产商和计算机软件(包括电子商务产业)的重要中心,微软作为世界上资本化程度最高的公司的出现即是证明。它还是五角大楼预算快速扩张的受益者。

加利福尼亚人口与工业的增长带来的不全是纯粹的福音,因为它对环境造成了相当大的压力。南加利福尼亚和硅谷的土地与住房成本已经逐步上升,城市中心向外漫无计划的扩展已经对交通系统和其他基本建设设施加了严重压力。因为这种增长对电和水的需求也迅速升高,导致电力不足。尽管在 2001 年春季州政府开始对公用事业公司实行资助,但长期问题远未得到解决。加利福尼亚州从州外的燃气发电工厂引进了大量电力,后者也处在供应不足状态。问题还因为太平洋西北部发生旱灾使得通常被输送到加州的富余水力发电量减少而变得复杂化了。

甚至在农业与矿业方面,环海圈现在也大大超过了大陆腹地的产值。沿海各州贡献了美国农产品产值的63%。加利福尼亚在庄稼与牲畜产值两方面显然都是最重要的农业州,生产量是最重要的大陆农业州衣阿华的2.5倍。体现加州高灌溉农业集约性质的是,该地占用的总面积只有衣阿华州的1/3。

环海圈内的农产品大部分在国内消费,只有25%用于出口,出口产品主要是水果、蔬菜、棉花、稻米和烟草。大多数美国农业出口产品依然是来自大陆腹地和五大湖的谷物、动物饲料、大豆、小麦、牛排、兽皮。但是,这与美国进口的农业产品相等。

高密度的海上货物运送,与这一地区对铁路及货车运输的严重依赖一起,构成环海圈的重要特征。95号州际公路(Interstate 95)从缅因州的加拿大边界到迈阿密和佛罗里达,长达1 500英里,是连接东部海岸和联邦公路系统中交通最繁忙道路的主要动脉。在从波特兰、缅因到北卡罗来纳的一段路上车辆尤其多。大量海上交通是地方性和走近岸内航道的,事实上,1997年在由60个最繁忙港口运载的吨位中,总运量的一半是国内的。总体来说,环海圈内由陆路或水路运送的货物远远超过在环圈和大陆腹地之间的产品运送量,反映了发生在美国海岸高度专业化部门之中的贸易的互补性质。

从人口集中度衡量,国家政治权力非常明确地是在环海圈之内。在美国总统选举团中,环海圈各州拥有538张总票数中的401票。2000年及2004年总统选举非常接近的结果可以归因于以下事实,即当民主党得到环海圈州内401张选举团票中的近60%之时,共和党获得了来自大陆腹地的90%以上票数,这在很大程度上是由于那里的福音派基督教组织的势力。两党之间的均势——反映在2000年戈尔比布什赢得略多一点的全民投票的事实之中——已经被共和党在得克萨斯、佛罗里达、北卡罗来纳,以及弗吉尼亚州的胜利而继续得以维持。

四个最大环海圈州的政治——加利福尼亚、得克萨斯、纽约和佛罗里达——受到了国际货物贸易、金融服务以及旅游服务所起作用的强烈影响。另外,这些州是所有合法移民中的将近2/3人以及占比例更高得多的非法移民的目的地。因此,他们的政治也同样越来越多地受到他们的移民与移民的母国以及所在社区的关系的影响。

对美国外交政策及贸易的影响

美国对拉美的外交政策,以及在较小程度上对亚洲的政策,近年来已经肯定地受到了来自环海圈内最重要州移民集团压力的影响。移民集团的利益体现在对处理与墨西哥的国家移民及贸易的外交政策,对处于与中国大陆争端之中的中国台湾地区的政治和军事支持,对与中国的贸易政策,以及对像双语教育、卫生和福利政策等这样的国内问题,而施加的压力上。在纽约,同样的压力产生之后导致了美国对波多黎各和以色列的观念的形成;在佛罗里达,这样的压力影响了对古巴的政策;在得州,移民影响了华盛顿对《北美自由贸易协定》出口加工区的支持。在美国国内,针对华盛顿对于非法移民——他们既是被剥削劳动阶层,同时,在某些情况下,也卷入毒品交易——的马虎政策,争议越来越多。美国法律给予非法进入者的子女免费接受公共教育的权利;1986年移民法下的赦令允许一些人,特别是农业帮工,获得绿卡。西班牙裔选票的权重与国会及行政官员不愿意对非法移民采取强硬政策有很大关系,而这又被许多美国农场、建筑及工厂雇主在剥削廉价劳动力方面的利益关系进一步强化了。

国际贸易已经成为美国经济的支柱,外贸占了国家国内生产总值的1/4。近年来,随着对来自中国以及其他新兴经济体的低成本货物的进口,以及对日益昂贵的石油进口的增加,这条趋势线已显得特别陡峭。这类外贸的增长为美国消费者带来了利益,但也造成了制造业岗位的严重损失。商品货物方面已积累的贸易不平衡猛涨。在服务部门已取得贸易顺差的同时,未来尚不确定,因为通信和医疗部门的许多工作岗位正在对外招聘。

鉴于占有整个世界12%的国际商品贸易额量,以及作为输出直接资本投资的领头人,美国无可摆脱地与世界经济联系在一起,反之亦然。美国的主要贸易依然发生在与海洋辖区盟友之间,特别是与加拿大、墨西哥、日本和欧盟,但是,与中国及东亚其他地方、南亚,以及中东的贸易正在迅速增长。华盛顿因而在处理与其有政治摩擦国家的关系之时必须让其地缘政治目标与经济现实之间保持平衡。

美国的海洋—大陆背景支持这样的命题,即美国的命运现在严重依赖于大西洋及太平洋世界,以及在两者之间保持平衡。过去半个世纪发生的事件已经以十分确定的方式将美国引向了太平洋。1959年授予阿拉斯加与夏威夷以州的地位具有非常重要的地缘政治意义,让美国的安全利益光明正大地放在北太平洋和北冰洋。夏威夷最近的邻居密克罗尼西亚群岛,仅在1 000英里开外的地方。阿拉斯加的苏尼德半岛突入白令海峡,离西伯利亚最东北端仅55英里,离北海道也仅短短的1 400英里。这些是相当短的空中距离。阿拉斯加的1 060英里北冰洋海岸线不仅扩展了美国在50英里专属渔区的近海主权要求,而且还增大了对200英里海底区实施控制的可能性。这同时还让华盛顿可以对延伸到北极的某一部分提出主权要求,万一北极地区按与其毗连国被分为几个部分的话——俄罗斯、加拿大、挪威、丹麦和美国。当该地区的石油、天然气,以及渔业随着源自全球变暖而来的冰雪快速融化而变成可接近和得到的时候,对其资源的竞争将会趋于激烈。另一个将美国引向亚洲的重要因素是美国太平洋沿岸各州在人口、经济及政治权力方面的快速增长。亚洲裔美国公民人数的增加,尤其是在加州,提高了太平洋彼岸的吸引力。历史性力量也构成太平洋强大的吸引力。日本的占领与重建、朝鲜战争及越南战争，以及对台湾海峡的防卫等全都是冷战早期的纠结牵连，在美国公众意识中留下了心理的及政治的烙印。

1972年尼克松总统打开中国之门，标志着美国在与中国不断演化时而混乱的关系之途中所跨出的第一步，从经济上说，从这关系中两国谁也承负不起后退的代价。华盛顿帮助中国进入世贸组织的努力并不是基于利他主义。中国现在排在美国进口来源国中的第一位，仅次于日本而成为美国贸易赤字的原因之一。因此，中国进口的规模要求中国市场必须向美国货物开放。从中国这边说，美国是它位于日本之后第二个最重要的贸易伙伴，这一事实反映了美国对中国持续现代化和发展的重要性。

美国边疆的转变是一个持续不断的过程。东北部殖民者的边疆随着开发重心的移动而失去了它的创新性质，先是到横贯阿巴拉契亚山脉地区，然后到大陆腹地。大陆腹地边疆性质的衰落始于"黑风暴"时期中西部小农场的倒闭以及对小块草地和平原农场以及牛镇(cattle town)的实际放弃。这一趋势在相邻接的五大湖的重工业中心陷入衰退以及技术革新被转移到沿海地区之后而得到确定——先是化学塑料业革命，然后到计算机技术、信息时代，最后到金融服务革命。

这一新的边疆由于延伸到由美国倡议开发的近海地区，以及由于近海一带产生的创新被接受并且适应了美国当时现实而被加强了。

为了扩展美国在全世界的军事影响范围，美国创建了一个庞大的有700多个海外基地组成的网络，规模从小型移动雷达站到在伊拉克、英国、德国、冲绳岛、迪戈加西亚岛的超大规模陆军与海军基地，到在吉布提和巴林群岛的海军基地等。另外，还有13支海军特遣部队被安排在航空母舰周围，巡视着从西太平洋到地中海到波斯湾的世界海洋水域。

美国外交关系中"硬实力"的拥护者呼吁继续维持高国防开支。他们举出像中国大力投资于"大洋海军"、俄罗斯在中亚和外高加索的军事部署，以及支助恐怖主义的无赖政权等这种挑战的例子。五角大楼呼吁为一切可想得到的紧急状态作好准备——传统的冲突、不对称战争(游击战术与恐怖主义)、空间反导系统，以及"第四代"或"以网络为中心的"战争。这类预算请求不仅受到一些军事战略家的支持，而且还受到美国私人军事与工业综合企业的游说力量的支持，关于后者这方面半个世纪前艾森豪威尔曾表示忧虑。游说不仅仅限于对尖端武器的开发与销售呼吁支持，它还鼓励宣传加大军事物流、训练和服务的私有化，这是一种始于20世纪90年代的合同雇用过程，它在伊拉克战争期间达到顶峰。

国防预算占美国联邦预算的20%，已经限制了卫生、教育与其他社会服务的扩展程度，以及基本建设的发展。它使美国国家债务上升到与国家一年国内生产总值将近齐平的水平。战争成本分析专家认为有些"星球大战"式的防卫计划可以被缩减或者放弃而无损美国作为世界最重要军事力量的角色。

从积极的方面看,布什总统对气候变化引起的各种危险迟到的承认很大程度上是受到了由一个颇有威信的已退休高级军官委员会搞的一项研究的重要影响。[①]它警告说全球变暖将会严重影响到国家安全和防御战略。除了认同调整武器系统和武器平台,以及预见在美国低海拔岛屿和美国东海岸的国外军事基地的易遭攻击性的需要之外,它同时还警告大规模集体迁移和失败政府将会在海平面上升、洪水、旱灾、疾病、饥荒以及水源稀缺之后出现。它呼吁美国政府从安全与人道两方面进行干预和准备。

变动是边疆最显著的特征。既然环海圈是最重要的变化发动者,那么显然美国的新边疆就是环海圈,一个必须应对逐渐增多的社会、教育、就业和环境问题的城市化区域。它的海外联系也要求美国必须重新调整和安排地区性和全球性的优先考虑事项。

加拿大

极少国家有像美国与加拿大这样在地缘政治上联系密切。一个半世纪以来,它们拥有和平与开放的边界,两国间大陆土地分界线的冲突在今天只是历史久远的回忆了。

随着1867年《英属北美洲法案》(后并入1982年《宪法案》)的签署,加拿大成为加拿大自治领,这是一个独立、松散结合的联邦,它直到第二次世界大战地缘政治上一直倾向英国。它的经济关系通过由伦敦给予其原材料和制成品优惠关税而得到加强。作为英联邦成员之一,加拿大随英国加入第一次世界大战,并在战争结束后加入国际联盟。

经过第二次世界大战之后的加拿大已是一个集权化大大高于过去的国家,它一直执行着始于20世纪30年代大萧条时期渥太华倡议的推行更严格的联邦经济政策的一套计划方法。与英国的联系随英国战后遭到削弱的经济状况以及帝国的瓦解而有所松动。伦敦1973年加入欧洲共同体(现在的欧盟),进一步淡化了英联邦纽带的重要性。到1982年《加拿大法案》时,英国议会决定给予加拿大完全主权,有权修改自己的宪法。该法案取代了1867年的《英属北美洲法案》,使1982年《宪法案》成为可能,后者吸收了《英属北美洲法案》部分内容,以及之后的补充条款。这只不过是从法律上确认了加拿大自第一次世界大战以来就享有的独立地位的现实,联合国和北约成员本身就是证明。这个完全主权国家已经有了一个坚定的社会福利追求,正在应付魁北克的分裂主义以及本土及少数民族权利问题,它需要新的宪法工具来处理它们,而《宪法案》就提供了这些。

与美国的战略及经济关系

加拿大在地缘政治上转向美国始于第二次世界大战期间,当时两国结成了紧密的战略伙伴关系。北美最大的港口哈利法克斯不冻港被用作美国护航舰队渡过大西洋,以及与美国海军共同执行保卫任务的加拿大护航舰队列队集结与出发的地点。美国和加拿大的军事基地也建在拉布拉多半岛和纽芬兰省(其在1949年经过投票加入加拿大),飞机从纽芬兰和新斯科舍省的悉尼飞送越过北大西洋。加拿大还在战争期间提供了通向阿拉斯加的重要陆上交通线,当时阿拉斯加公路的建设需穿过其领土。

冷战把加拿大北极群岛(Canadian Arctic)推上新的战略突出位置。远程预警(DEW)线是用来防止来自横越极地的进攻的一个防卫系统,它由加拿大和美国北部的一系列大致上呈同心圆形状的反飞机和反导基地组成。北美防空司令部成了美国战略决策的柱石,因为它的几个最重要的基地,包括防御和攻击基地,都放在了加拿大国土上。除了空军部队之外,美国导弹核潜艇潜行在北冰洋冰盖之下的水域,保持着对北极极地对手的监视,为此常引来环境主义者和加拿大民族主义者的关注。

这种防御合作产生的一个难题是,华盛顿提出的针对弹道导弹的防御系统——一开始要以阿拉斯加作为基地。有一种加拿大的观点认为,北美防空司令部应当对新的防御系统负责,如果渥太华反对阿拉斯加项目系统开发,加拿大应该从北美防空司令部退出。许多加拿大人反对新的防御计划的理由是它将危及与俄罗斯的反弹道导弹条约,同时还将影响核武器控制,引发新一轮的军备竞赛。终于在2005年,总理马丁拒绝加入布什总统提出的防御系统。

比共同的战略关注甚至更重要的,是加拿大与美国之间经济上的相互依赖已经确定了他们共同的地缘政治命运。战后兴旺起来的美国经济对原材料的需求不可能在国内得到满足。这就给了加拿大大规模向美国出口木材、纸浆、纸张、能源资源以及矿物的机会。反过来,美国消费品生产商在加拿大找到了现成的市场。他们还开始对加拿大矿产资源以及边界北部的低成本制造厂进行投资。这在随后的几年里激起了加拿大人的某种政治抗拒。但是这种抗拒被克服了,而上述过程随着之后的各种自由贸易协定的签署进一步加快。在这些协定当中最重要的是1987年的《美加自由贸易协定》以及1993年最终成型的《北美自由贸易协定》(NAFTA)。

两国在贸易上的相互依赖现在已是难解难分了。加拿大排在美国进口来源和出口目的地中的第一位。美国20%的进口来自加拿大,23%的全美出口流向它的北方邻居,即使加拿大市场仅容纳3 300万人。对加拿大而言,与美国贸易的重要性甚至更大。加拿大全部出口产品的85%去向美国,3/4的进口产品来自那里。因为在制造业、能源以及矿业等部门的大部分经济生产现都为美国利益把控,加拿大的经济命脉越来越取决于美国的经济命运和市场波动。

地缘政治的统一性为加拿大带来了在制定外交政策时需要维护它区别于美国的本民族文化特点及其独立地位的挑战,而与此同时它还不得不与由魁北克分裂主义带来的对国家统一造成的威胁,以及与其北部原住民族日益上涨的对自治的需求作斗争。

渥太华已经开始努力在某些国际事务方面维护自己独立的立场,同时又与美国保持着紧密的伙伴关系。例如,当北美防空司令部(NORAD)初创时,加拿大拒绝将带核弹头导弹基地放在其领土上,只在 1963 年才改变了政策。加拿大人也大都反对越南战争。这不仅是通过公众表示强烈抗议以及通过欢迎逃往美国躲避征兵的美国公民的形式表达出来,而且还通过 1970 年承认共产党中国而表现出来。加拿大还与古巴维持外交及贸易关系,反对里根政府对中美洲的干预。它通过支持国际法院和《京都协议》而与美国闹翻。虽然它派遣了战斗部队去阿富汗,然而它反对美国入侵伊拉克。尽管没有加入盟军,但它通过继续参与对波斯湾一带的海军巡逻——始于第一次海湾战争期间,自此帮助培训了伊拉克警察——而缓和了与美国的紧张关系。

作为对世界和平奉献的表达,加拿大一直位于促进国际军备控制、反对发展核武器计划以及维和任务等方面的最前沿。正是渥太华第一个提出了成立一支联合国紧急部队以代替 1956 年苏伊士运河遭侵占之后留在那里的英法部队;加拿大维和部队从那以后参与了大多数的联合国维和行动。另外,加拿大还领导了国际反地雷运动,是国际人权和多边主义的公开支持者。由于采取了这些政策,渥太华成功地塑造了在国际事务中一个独特和受人尊敬的角色,同时继续享有其美国盟友的信赖和信任。

因此,在历经两个半世纪法国以及其后英国的统治之后形成的加拿大文化和国民身份意识依然区别于"南方大鳄"。但是,它也不得不根据地缘政治现状作出一些非常必要的调整。

地缘政治特征

加拿大在仅半个多世纪的时间里作为一个成熟的地缘政治国家已取得了显著的进步。它从 1940 年的 1 000 万人口到现在已增加了两倍多。它的东西向铁路和公路网,特别是后者,已经大大延伸并得到改善,而草原各省,以及安大略省和魁北克省,也从圣劳伦斯航道获得了相当大的便利。除了这些东西运输线的开发之外,南北交通与通信联系也已经充分发展起来,这是对源于两者之间各种贸易协定结果的美加经济一体化的关键一步。

任何关于加拿大地缘政治特征的讨论不仅必须要考虑加拿大与美国的关系,而且要考虑它的说法语与说英语地区的历史发展问题。深刻的差别是两种加拿大文化的政治观念的特点。

历史核心

正是由于历史核心,加拿大的国家观念诞生了。对法属加拿大人来说,老魁北克——魁北克市的南部地区,是他们的历史核心。塞缪尔·德·尚普兰(Samuel de Champlain)在今日叫下城区(Lower Town),高出圣劳伦斯河300英尺的一个峭壁脚下建立了一个法国殖民地。到17世纪中期,魁北克城已成为新法国的首都和皮货生意中心。该城依然是当代魁北克分裂主义的意识形态中心。

英属加拿大的历史核心位于何处更难以确定。对有一些人来说,它是亚伯拉罕草原——今日魁北克上城区的地底下。就是在这块高地上英国将军詹姆斯·乌尔夫(James Wolfe)击败了由路易斯·蒙卡尔姆(Louis Montcalm)将军率领的法国人,建立了英国在加拿大的统治地位。但是,还有一个更有力的论点,如德温特·惠特莱西(Derwent Whittlesey)提出的,即是美国的亲英分子(loyalists)在独立战争期间以及结束时逃往加拿大之后才创建了现在的加拿大国家。⑫这就等于将加拿大国家观念的诞生地要么放在中南部魁北克的东镇区(Eastern Townships),要么放在圣劳伦斯河上游和五大湖下游地区。

镇区吸引了大批的亲英分子,他们居住在蒙特利尔与魁北克之间圣劳伦斯河南部地区。该地从格兰比(Granby)延伸到梅冈蒂克湖(Lake Megantic)约100英里,在靠近离佛蒙特、新罕布什尔州北部以及缅因州边界约30英里的一条铁路线边上。这些亲英分子以及他们的后裔是英国文化的顽强捍卫者,一个多世纪来让这个地区带有了明显的英国气息。

另一个历史核心候选地是圣劳伦斯河上游和五大湖下游的石灰岩低地区,它以后成为上加拿大的首府。今天的多伦多坐落地点是1787年由英国人从印第安人那里买得的,后来成了1783—1784年之后居住在此地的许多亲英分子的家。

还有人将夏洛特敦、爱德华王子岛作为加拿大联邦的历史核心,因而也是加拿大的原子核。1864年,滨海诸省(新不伦瑞克、新斯科舍及爱德华王子岛三省)代表召开了夏洛特敦会议,确定了联邦。会议还有其他省份代表参加,它是3年后形成的加拿大联邦的前身。

政治首都

加拿大联邦首都渥太华,其地位之获得应归功于1867年《宪法案》,它将魁北克分成了下加拿大(现在的魁北克省)和上加拿大(安大略湖)。渥太华河被选为边界。渥太华城1827年建于渥太华河南岸,离它与圣劳伦斯河的交汇点50英里,而处在多伦多与魁北克城的中间。它先是成为加拿大联合省(1858年)的首府,然后又成为加拿大自治领的首府,它是按1867年《英属北美法案》建立的;它取代了魁北克市和蒙特利尔,后者曾在1841年联邦诞生之后的短暂一段时间成为联合加拿大的首都。

选择渥太华作为联邦首都受到了建立一个政治中心欲望的驱使,这个中心要处在"中间地带",能够担任国家两个部分之间联系的桥梁。选择确定之后就迎来1837年由操法语的魁北克人发动的一场未成功的叛乱。但是,从一开始,它就没有成为大家希望中的桥梁,因为随后在1870年和1884年魁北克又再次发生叛乱。尽管今天渥太华拥有双语地位,但渥太华并没有成为魁北克分裂主义分子情感上的首都,他们继续致力于以魁北克作为他们未来的首都。

核心区

加拿大的核心区是美国主要核心区核心部分的延伸。加拿大主要核心区从安大略湖北岸向西沿伊利湖湖岸延伸,经汉密尔顿和伦敦,到达温莎(Windsor)。它的主要节点是多伦多—哈密尔顿和尼亚加拉,它与纽约的布法罗地区以及温莎相连,后者又与底特律和俄亥俄州托莱多相连接。这一核心区近期的发展大部分是受到了安大略南部几个中心——奥沙瓦、埃利斯顿、剑桥、伦敦、温莎——机动车行业增长的刺激,它们同时还都是各种机械、化学制品、电子器件制造的主要生产地。多伦多—哈密尔顿既是这一核心区的工业龙头,也是它最重要的金融及服务中心。渥太华作为核心区的外层,已经与大多伦多一起成了加拿大高技术中心的重要焦点。核心区的心脏部分,从奥沙瓦经多伦多到尼亚加拉,其繁荣水平与经济实力达到相当高的程度以至加拿大人将这里称为"金三角"。

除了安大略南部主要核心区之外,加拿大还有两个次一级的核心区——大蒙特利尔和温哥华—维多利亚。作为法属加拿大的文化、商业及工业中心,蒙特利尔多种多样的工业包括了钢铁、电子、信息技术、药品、纺织品与服装、精炼石油以及交通设备。尽管它现在已被多伦多超过,但它依然是加拿大第二个最重要的经济中心和最重要的港口。一旦拥有760万人口的魁北克省最终投票赞成独立,则大蒙特利尔核心区与美国纽约—新英格兰地区的联系可能会扩大。

不列颠哥伦比亚省南部的温哥华—维多利亚地区是加拿大的第三主要经济中心。温哥华作为加拿大的主要太平洋港口,拥有一个极好的常年开通的港湾。而作为一个含一大块亚洲人,尤其是中国人的多样化城市,它的工业包括了造船、鱼类加工、机械、木材和纸加工、石油提炼等等多种门类。得益于地处跨加拿大铁路网西部终端和从埃德蒙顿伸出的石油运输线上的有利位置,温哥华市已经逐步发展成为加拿大进入中国和亚太沿岸地区的门户。因此来自草原各省的粮食、石油和矿产就能够叩开日益扩大的亚洲市场。省会维多利亚是一个重要的旅游中心，也是深海渔业船队基地和海军设施、谷仓，以及鱼类加工厂的所在地。

几乎近400万不列颠哥伦比亚省的所有人口都集中在与美国相邻的边界一带，这个省的其余地方被大片的森林覆盖，落基山与海岸山脉从南面延伸至省的北端。这一近边界位置已使得温哥华—维多利亚从其与西雅图和波特兰的经济及商业关系中获得大量好处。由于与安大略省隔开有2 200英里的山脉、草地以及加拿大防御系统，200英里的从艾伯塔省到东面的落基山脉，温哥华—维多利亚已经发展形成了一种它自己独特的政治文化观念，既反映了其与加拿大其余部分相隔遥远，同时又反映了其与美国距离邻近的特点。假如该省响应分裂主义的挑拨煽动——目前来看还极少可能发生——它有成为一个门户国家，从而具有将北美与亚太边缘的土地连接起来的潜能。

有效国家领土

虽然加拿大国土面积达3 851 787平方英里，是世界第三大国家，但其一大片部分是空旷地区。这就剩下相对较小部分领土可以被归入有效国家领土，其中绝大多数位于草原各省和苏必尔湖以西安大略省西南部地区。草原各省中随时可开发的部分目前是马尼托巴省南部，萨斯喀彻温省的南部和中部，以及艾伯塔省的南部和东中部的小麦和普通农业区域。

除了支持大规模小麦和普通农业的肥沃草地之外，这一地区拥有丰富的矿产——尤其是艾伯塔省储量丰富的石油、天然气以及煤炭，萨斯喀彻温省的铜、铅、锌，马尼托巴西南的大片石油矿床。该地还享有可以直接获得处于北方的成批木材、珍贵金属以及矿产资源。这些资源是加拿大原材料中的重要部分，占到加拿大出口总量的40％。自然资源已经取代制造业成为经济增长的引擎。特别地，艾伯塔省的石油地块已经成为大规模投资的重点目标，包括天然气、石油管道建设以及铁路联系网的延伸等等。

这些省的五个主要大都市中心——温尼伯、埃德蒙顿、卡尔加里、里贾纳和萨斯卡通——现在拥有的人口超过有效国家领土总人口的一半。这些城市持续的扩张以及次级城市中心的增长能够支持有效国家领土的扩张。有效国家领土的其他连片部分，包括以渥太华为中心的安大略湖与蒙特利尔之间的土地，还有蒙特利尔与魁北克城之间的圣劳伦斯河下游地区。

空旷区

加拿大的空旷区覆盖面积超过300万平方英里，亦即超过国家总陆地面积的80％。

在空旷区,人数不多而散住在育空和西北地区、努纳武特地区、拉布拉多、不列颠哥伦比亚大多数地方、草原各省的北部及中部、安大略省北部以及纽芬兰大部分地区等地方的人口,大都是当地的猎人和渔民,或者是那些从事采矿业的人口。纽芬兰和拉布拉多省1949年作为第十个省加入加拿大联邦,受自近海石油生产利润所得的好处极大,以至于它期望到2009年年末能够不再需要联邦的资助。这将减轻该省对因过分捕捞而日显衰退的渔业及其加工包装业的依赖。

这一穿过加拿大防御系统一直到北极的加拿大北部地区,其土地大都由光秃秃的当风岩石和不生树木的冻土带而组成。最后一次的冰原退去使这一地区陆地表面积中央部分的大块地方往下沉陷,被湖泊和大哈德孙湾将其取代。最南边的地块被茂密的森林覆盖,而最北端的地带则被冰层覆盖。大体来说,北部干燥——从北极地区的降雨量不足10英寸到自落基山到哈德孙湾的广阔地区的20英寸以下。

虽然这种空旷性不能在任何程度上维持人类生存,但它对加拿大依然是珍贵的。北部广阔的空间是各种矿物的仓库,包括已探明的和潜在的,从黄金、石油、天然气到铁、铜、镍和铝等等。它还充当着国家防御系统的功能。其北冰洋的冰面和水域有闻名于世的西北航道。随着全球趋暖,它可能会逐渐成为油轮和一般货物运输船行走的一条重要的大西洋—太平洋航线。这将可以使欧洲—亚洲经巴拿马运河的交通线缩短将近2500英里。在2007年夏天,人类历史上第一次冰层融化使得航道水域对外开通,而乘有国际级科学家的加拿大船只,从东西两端出发航行经过了全程距离。渥太华长期以来一直在声称其对北极大部分地区的主权,尤其是对西北航道的主权。美国与俄罗斯都在声称有权经过其水域进行国际中转,这一水域处在加拿大的北部大陆与加拿大群岛之间。虽然长时间以来一直是探查和跨海尝试的重点目标,但只是到了1969年通道才被从头到尾航行经过一次,当时美国曼哈顿号破冰轮从东端起横穿到达普拉德霍湾然后返回,加拿大及美国破冰船一路伴行。两国间1988年订立的条约并没有解决主权问题,它允许美国在逐次申请(case by case)基础上使用航道,条件是这样的船只上必须要载有加拿大科学家。

对加拿大人来说,对西北航道以及加拿大群岛以外的北极部分的主权是一个高度敏感的政策话题。2006年,加拿大军方对外宣布它不再将这一水域称为"西北航道"而改称为"加拿大内河水域"。2007年8月,紧随在一艘俄罗斯潜水艇将一面俄罗斯国旗插在北极海床,为他们对罗蒙诺索夫海岭(Lomonosov Ridge)主权要求上加上了科学发现的官方声明之后,加拿大总理哈珀宣布建立两个军事基地。一个是在航道东端努纳武特地区领土上的纳尼维斯克港口,另一个是在雷索卢特湾(Resolute Bay),这是一个为监视加拿大群岛中心的军队和加拿大巡逻队(一个因纽特人志愿团体)而设的培训中心。哈珀对此问题谈得很清楚:"加拿大的北极对我们作为一个北方国家的国家身份来说是个关键问题……北极主权的第一原则是使用它,或要么就失去它……它是我们历史的一部分,它代表了我们未来的巨大潜力。"⑬

鉴于空旷区艾伯塔省北部的石油资源,加拿大作为美国主要石油提供商的重要性在未来10年可能得到提高。艾伯塔省东北部的阿萨巴斯卡区孕含石油的沙地,以麦克默里堡为中心,拥有巨大的储量,甚至也许比沙特阿拉伯的储量还要大。直到现在,回收石油的成本一直高得吓人。但是,从砂矿中分离石油的新技术已经使生产成本降低到了1970年第一个实验性工厂时期的生产成本的1/4。

在2007年由石油输出国组织推升的高油价水平情况下,阿萨巴斯卡的能源资源达到了富有竞争力的成本水平,每天提供量超过100万桶,超过了阿拉斯加北坡的产量。到这个10年期末,阿萨巴斯卡的产量有望达到200万桶。

此外,北部丰富的水力资源才刚刚开始开发利用。其中最重要的是魁北克北部的詹姆斯湾水电开发,这个庞大的计划被分为四个阶段完成。第一阶段,完成于1985年,目前提供的发电能力已经大于所有魁北克的煤炭和核电厂加起来的发电数量。尽管整个项目按计划是在2004年完成,但来自环境保护组织的反对使第二个阶段被迫中断。未来的全球能源危机很可能会使得它得到恢复。

迁移

加拿大与美国的开放边界不仅推进了经济交流(包括旅游业),它还促进了移居者的流动。在18世纪与19世纪,移动方向是美国亲英分子和黑人向加拿大流动。而在20世纪的绝大部分时期,除了越战期间美国年轻人为逃避征兵,流动都是从北向南的运动。美国移民法在自自由贸易协定签署以来条件已有所放宽,适用于永久移居者也适用于临时工人。尽管加拿大历史上有过人数最多的向外迁出,即1950—1970年的那段时间,反映了加拿大人的不成熟以及依然处于萧条中的经济状况,但在更近时期,特别是在20世纪90年代,加拿大经历了一次专业人员的"人才流失"现象。好在这已经被外国专业人员入住加拿大所抵消,特别是自美国移民法变得更加严格以来。

其他移居因素,包括国内与全球的,也影响着加拿大制度。从20世纪70年代中期到90年代中期,由魁北克分裂主义运动而产生的紧张关系促使超过40万操英语的加拿大人离开该省去加拿大的其他地方。多伦多和渥太华尤其是大量企业专业人才以及资本流入的受益者。

造成人口变迁的一股甚至更大的力量是来自国外的移民。第二次世界大战以后,加拿大成了成千上万欧洲人的慷慨接纳地。对寻求工作或避难的移民依然热烈欢迎不变,但是移民模式改变了。过去10年中,大量移民来自不发达世界,尤其是南亚和中国。移民的影响是如此之大,以至于多伦多一半的人口,或加拿大所有移民的1/4,都是出生于外国的,超过一半的城市人口是有色人种。大都市温哥华的人口现在 1/3 是中国人和亚洲沿岸人。加拿大太平洋沿岸从来这儿的移民以及由他们同时带来的资本身上所得到的好处是扩大了贸易,为这个地区赋予了一个鲜明的泛太平洋导向。

地缘政治的吸引力

以下讨论的是形成加拿大与美国之间亲密地缘政治关系的主要因素。这些关系根植于国家的地理关系当中,以及两国人民对民主原则和制度的介入深度。

人口分布

加拿大的 3 300 万人口分布在一个个相隔遥远的聚集区,最远到被边境劳伦琴高地(Laurentian Uplands)封挡的一个沿加拿大南部与美国边界蜿蜒伸展的 3 926 英里的狭窄地带。这些人口的大部分居住在离国际边界 50 英里的距离范围之内。这些人群聚集区有加拿大最重要的大都市区——多伦多,人口 520 万;蒙特利尔,370 万;温哥华,220 万;以及渥太华,100 多万。85% 的人口居住在离边界 200 英里的范围之内,而只有极少的人口居住在 300 英里之外。

这些人口聚集在滨海诸省、圣劳伦斯河中游、安大略半岛;而太平洋沿岸,现在不是相互连接,而是与南边的美国人口连接。这些加拿大聚集区相互分开的距离又被自然地理障碍加强了——大西洋的浅水深湾和阿巴拉契亚山脉,劳伦琴高地的两个分叉(阿尔贡金帕克—阿迪朗达克区和五大湖上游—苏必利尔高地),落基山脉。卡尔加里和埃德蒙顿,各有超过 100 万的人口,是仅有的两个离边界超过 50 英里的重要大都市。

经济交流

随着美国继续消耗其大部分的自然资源库存,加拿大丰富的自然资源就变得对美国经济至关重要。这些自然资源包括淡水、水力资源、鱼类、木材和纸浆、石油、天然气,以及像铝、锌、钾、石棉和镍这样的矿物。在对美国的石油出口中,加拿大位居第一。来自落基山的天然气通过跨加拿大管道被输往芝加哥,然后向东到达宾夕法尼亚边界。这种资源交流的一个重要例外是草原各省的农业生产,它在与美国商品争夺世界市场。

让加拿大西部草原农民深感失望的是,加拿大政府通过大幅削减小麦补贴来响应自由市场协议。同时,美国小麦补贴依然很高,达到 38% 的水平。尽管加拿大依然每年生产着 2 000 万吨小麦,供应着 20% 的世界市场(2/3 硬粒小麦市场),然而对草原各省农民的经济压力很大,农业人口已经缩减。事实上,长期来一直被称作加拿大"面包篮子"的地方现在更多地是指城市而不是农村。例如,在马尼托巴,谷物与蓖麻油产值已大大被像公共汽车、飞机零部件、家具,以及书籍等这样的制成品的产值超过。实际上,对制造业的最大唯一障碍就是劳动力的短缺。渥太华作出了选择——鉴于其与美国之间的巨大贸易差额——通过纠正低补贴政策以解救西部农民已经让位给保存加拿大货物向美国出口的自由市场。

随着对第一次 1989 年《加美自由贸易协定》及然后 1994 年的《北美自由贸易协定》的贯彻执行,加拿大的制造业产业高度地以适应和服务于美国市场为导向,目前它占到了加拿大国内生产总值的 20%。汽车与零件生产大部分位于下安大略省,是最重要的产业。这一产业的增长早于《北美自由贸易协定》签订之前,而始于 1965 年《美加汽车协定》签署之时。但是,正是《北美自由贸易协定》为产量增长提供了主要推力。加拿大本土工业每年生产 270 万辆汽车,其中绝大多数销往美国,这使加拿大成了一个重要的汽车生产国。其他制成品包括纸张、新闻纸、铝、化学品、电子器件、机械和服装等。这种制造业的增长严重依赖于美国的投资。反过来从加拿大流往美国的投资资金,虽然较少,却具有实质性,尽管其中很多也许源自其资本基础是在美国的加拿大公司。

因为工业扩张,加拿大经济的性质在过去的 1/4 世纪里已发生了深刻变化。向着制造业和服务业,以及能源、小麦、森林产品出口方向转变,已经使加拿大成为一个高度依赖对外贸易的国家。进出口总值现已占到国内生产总值的 60%。既然这类贸易当中的 70% 是发生在与美国之间(欧盟、日本、中国及墨西哥占了其余部分),很显然加拿大的经济命运是掌握在其南方邻居的手中。

两国经济的相互补充和互为依赖的性质被南北铁路、公路、管道、航空线、水路,以及远程通信线路和网络进一步加强。这一方向性定位的例外是东西向的圣劳伦斯航道以及跨加拿大天然气管道。但是,即使是这条航道也激励了加拿大全球大宗商品出口,它还促进了五大湖区内部的跨境贸易。

地缘政治合作的挑战

美加关系似乎看上去无可遏止地在沿着提高互赖性的方向行进着。但是,鉴于两国之间实力对称性的缺失,加拿大对从伙伴地位跌落到附属国地位的担心并不是毫无理由的。环境问题已经变成特别引发争议的问题。拟议中的詹姆斯湾第二阶段为纽约州提供能源的电力项目引起加拿大(以及美国)环境保护主义者和印第安克里人(Cree)强烈的反对,以至于 1992 年纽约州供电局放弃了在原来承诺的购买合同上签字。次年,魁北克政府决定搁置这一项目。

尚待解决的环境问题包括加拿大国内反对美国提出的从加拿大温尼伯湖进口纯净淡水的建议,以及反对美国陆军工程兵团(Army Corps of Engineers)提出的分流北达科他州洪水进入红河的洪水控制计划。后者会将受到污染的水引入加拿大。另一个问题是由美国太平洋沿岸营运的开往阿拉斯加的游轮和商船,它们在驶经加拿大内河航道——一道由一条深水渠槽形成的水路,沿加拿大海岸从温哥华岛到鲁珀特王子港,然后再沿着阿拉斯加海岸一直到朱诺时对环境构成威胁。加拿大政府不允许外国船只继续在此倾倒垃圾和发生渗漏现象。

最近的一个争议领域是有人提出要延伸跨加拿大(Trans-Canada)的天然气管道,从芝加哥和伊利湖底穿经纽约州到达纽约市之北的南方各县。那里的郊区环境保护主义者坚持认为,管道的建设将会对当地景色带来负面影响。

以上问题中没有一个是不可解决的。电力和淡水出口可以为加拿大带来好处,如果环境方面的担心处理得当的话。西北航道的使用不妨让它适应技术突破,亦即允许巨型深水油轮、液化气轮,甚至装运淡水的轮船在此通过,完成从大西洋到太平洋之间的中转。为了美加之间的地缘政治合作的持续久远,就必须存在一种相互共同的利益。这要求理解力、敏感度和灵活权变。因为北方的不列颠哥伦比亚和育空地区没有直接进太平洋的入口,有一些加拿大人呼吁建立一条横穿阿拉斯加锅柄地区的走廊。尽管这项建议可能会因被认为对加拿大既无经济上也无战略上的重要意义而不被理睬,它仍然是某些加拿大团体的难解之痛:1903年即得到确认的加拿大陆围边界让加拿大失去了通向大海的机会。

加拿大对走廊的兴趣集中在奇尔库特(Chilkoot)和怀特通道(White Passes),后者通过阿拉斯加的斯卡圭港(Skagway)将育空河河畔的白马市(Whitehorse)与林恩运河(Lynn Canal)和大海连接在一起。允许加拿大建立走廊不会影响美国的战略或经济地位,因为主要的陆上交通——阿拉斯加公路,已经穿经加拿大。在这种情况下,一个有远见的、能尊重加拿大政治心理热望的美国政策,将是一个毫不费力,然而却是很重要的表示相互理解的方式。

这就有必要使华盛顿保持对加拿大的政治发展特别敏感和熟悉了解。这包括尊重作为加拿大政治组织特点,同时帮助将加拿大与美国区分开来的联邦主义。魁北克的分裂欲望大都与法属加拿大(占加拿大人口25%)和安大略省(人口1 200万,或36%)之间的经济不平衡有关。这种不平衡持续至今,因为美国投资和美国产业一直集中在下安大略省。一个例子是汽车装配和零部件行业,它的3/4位于下安大略省。华盛顿鼓励与魁北克之间的资本流动和贸易增加能够带来政治和经济利益,因为弥补安大略省和魁北克之间的经济差距将有助于减少操英语的和操法语的加拿大人之间的政治关系紧张程度。而加拿大国内更高的政治稳定状态能加强两国地缘政治统一的基础。

这种资本和贸易流动已经开始在刺激蒙特利尔的经济。近年来,蒙特利尔市依托低劳动力成本、廉价能源、强大的大学和研发中心，以及邻近纽约市和波士顿——蒙特利尔的时装和针织品，以及地铁手推车等在这两个城市找到了适销市场——已经成为向美国东北部的主要出口中心。实现交流的另一个基础是蒙特利尔作为金融、高技术行业以及旅游业中心的成长壮大。由于近期这些经济活动猛增，魁北克对美国的出口已上升到占全省国内生产总值的1/4；这种交流的持续增长能够对弥补操法语与操英语的加拿大人之间的差距起到非常重要的作用。

魁北克人关于独立的问题几乎每一个人都有自己不同的看法，以至于问题还远远没有得到解决。1999年末，加拿大政府提出一个法案，试图对一个省从国家退出的条件给予更加明确的规定。这项提议的立法草案显示了退出程序中的一些复杂因素——要对边界问题、联邦债务负担份额，保证印第安人权利以及不同语种的少数民族问题等等进行谈判协商。魁北克分裂主义者将不得不面对该省与安大略省及纽约的边界区域以及该省北部地方的可能损失问题，在该省北部印第安人与因纽特人反对与渥太华断绝关系。而华盛顿若是被拖入除以调停者身份之外的任何角色而进行的政治谈判将会是一场外交上的灾难，很可能会危及目前占支配地位的地缘政治统一。

努纳武特是从曾属于西北领土（Northwest Territories）的东面部分的一个样本；它的边界沿一个"之"字型线路从萨斯喀彻温—马尼托巴边界一直延伸到北极，涵盖了这一分界线以东到哈德孙湾的土地。居住在努纳武特的将近3万名因纽特人对772 260平方英里的20％领土拥有直接的权利，包括13 896平方英里的矿产权。他们还对这一地区全部归联邦拥有的土地上的石油，以及矿产权和1993—2007年间的超过10亿加拿大元的补偿金，拥有一份份额。

在加拿大其他原住民族的政治地位和土地主权要求方面，也已取得了进展，他们是将近100万的印第安人和白人与印第安人所生的混血儿，其中许多还居住在保留地上。在放弃了过去的同化政策之后，渥太华20世纪90年代开始着手解决土地诉求问题，对土地拥有和收益分成达成了一系列协议。尽管有了这些协议，加拿大与原住民族之间的紧张关系依然存在，最近的例子是渥太华延迟宣布联合国决定承认原住民族权利宣言的行为。努纳武特地区的成立对美国具有重要的地缘政治意义。在部署新的反弹道导弹雷达系统，以及维持现有监视系统时，美国在与渥太华保持协商时，要注意新领土上的公民权利。努纳武特的新首都伊卡卢伊特（Iqaluit），只能通过飞机或雪橇才能进入。以前，伊卡卢伊特是远程预警站点仅有的一个前哨基地。华盛顿现在必须要考虑努纳武特政府关于在未来美加联合防御设施中应当如何使用因纽特人环境的观点。加拿大制度的联邦性质让美国与加拿大之间的政治往来变得复杂，但是假如要去实现和完成两国之间的共同地缘政治命运，则决策过程将加拿大联邦体制中所有相关成分都包括进去这一点就很关键。加拿大与美国之间地缘政治关系的牢固很大程度上要归功于两国的地理环境背景——它们互补的资源基础;它们边界的开放性,它鼓励了观念、商品以及人员方面的交流;核心区的交融。但是,正是它们具有共同的对以下根本问题的基本观念,如民主过程、保护人权和国际援助,以及它们对那些持不同看法的事物的共同尊重,才使得两国能够利用好将它们绑在一起的地理因素。最重要的,两国之间的关系是建立在真正的伙伴合作基础上,而不是一种支配—从属关系,那经常是一直生活在规模与实力都远在其上的邻国阴影下的小国的命运。

墨西哥

从地理上与文化上说,墨西哥属于中美洲。但是,从地缘政治角度看,它的命运一直紧密地与美国的抱负与政策联系在一起,这种状况使得在 19 世纪和 20 世纪的很多时间里两国关系常现暴风骤雨。1846—1848 年美墨战争造成美国吞并去 40% 的墨西哥领土,并从此开启了长达一个世纪的美国对墨西哥经济与政治事务的干预。

在 19 世纪的第四个 25 年,直到 1910 年墨西哥革命这段时间,墨西哥被寡头波尔菲里奥·迪亚斯(Porfirio Diaz)统治,他偏向大土地主和外国所有者的政策呼应着美国的矿产、铁路和养牛业投资商的利益。这一政策又延伸到石油方面,1901 年在沿墨西哥湾的坦皮科(Tampico)发现了石油。第一次世界大战期间,石油产业随着协约国军队对墨西哥石油需求的扩大而增长。美国与英国的资本促进了这种增长,石油产业兴旺一直持续到 1918—1921 年,这段时间墨西哥成了世界第二大石油生产国,仅次于美国。

但是,在这些年中,美国与墨西哥总体的政治关系恶化了。1910 年上台执政的自由党领导人开始出现了内讧,引发了一段时期的政治不稳定以及内战。为保护美国利益,美国在 1914 年和 1916 年进行军事干涉,支持卡兰萨政府(Emiliano Carranza),先是反对反革命势力,然后又对付弗朗西斯科·"潘丘"·维拉(Francisco "Pancho" Villa)和萨帕塔(Emiliano Zapata),即与卡兰萨闹翻的革命同盟。

两国之间的紧张态势被第一次世界大战期间墨西哥盛行的强烈的亲德情绪所加剧——一种被那份齐默曼电报(Zimmerman telegram)煽起来的紧张情绪。这份电报日期上注明是 1917 年 1 月 19 日,好像原本是由德意志帝国外交秘书阿瑟·齐默曼打算发给德国驻墨西哥城大使的。这份信息遭中途截获,被一个英国密码编书小组传到了华盛顿;其内容中提议应当鼓励墨西哥去与日本以及轴心国(Central Powers)结盟反对美国,一旦美国参战帮助协约国的话。作为回报,德国将乐意帮助墨西哥重新拿回其 1846 年失去的领土。有人认为齐默曼电报是伪造的,是有意用来帮助捍卫威尔逊(Woodrow Wilson)的参战决定的合理性的。且不管事实如何,这件事情增加了华盛顿与墨西哥城之间的敌意。是年卡兰萨提出修宪(从未执行),将使国家矿产资源国有化,使得敌意又进一步加深。

对石油资源的严重争议从20世纪20年代初持续到30年代，其时墨西哥石油兴旺让美国公司得到了很可观的经济回报。当1934年卡德纳斯(Lázaro Cárdenas)成为总统，发起以土地再分配为中心的大幅度改革运动之时，两国紧张关系达到了新的高度。他将铁路与外国土地信托公司收归国有，还剥夺了石油矿井所有权，但给予补偿。

20世纪40年代两国关系得到改善，是因1942年墨西哥加入到第二次世界大战同盟国一方。作为酬报，墨西哥收到了来自美国的大量经济援助。正因为这样，墨西哥石油才成为补充得克萨斯和俄克拉荷马石油生产的重要来源。美洲公路(Inter-American Highway)，从新拉雷多(Nuevo Laredo)、墨西哥州，到巴拿马城，在战争期间起到了重要的物资输送作用。尽管公路的很多部分已完成于1941年前，还是专门调用了美国基金来帮助其竣工，以满足战争行动的需要。稍晚时期体现两国关系融合增长的例子在政治领域，当时墨西哥坚决支持华盛顿对古巴导弹危机所持的立场。

两国提高经济相互依赖的最重要因素是1992年签署、1994年1月1日生效的《北美自由贸易协定》。这项具有历史意义的协议，伴随着一场始于20世纪80年代末的私有化浪潮，引发了墨西哥经济的一轮快速增长。然而增长在不到一年时间兀自停顿，当时墨西哥政府让比索贬值，从此引发了墨西哥半个世纪以来最严重的一次衰退。经济瘫痪的标志是52%的通货膨胀率、失业翻番、经济生产规模缩减6.5%等等。

为应对危机，华盛顿迅速介入，防止灾难发生。它投放了世界最大规模的金融支持一揽子计划之一——500亿美元——采用以美国政府、国际货币基金组织、国际银行业机构几家联合名义的短中期贷款和保证金形式。到1996年，墨西哥经济开始复苏，之后在3年时间内，墨西哥经济不但收复之前失地，还取得了其他进展。

华盛顿为其迅速干预提供的理由不只是墨西哥当时所处的危在旦夕的境地，而且还有它的行动是为了保护美国的利益——出口、就业岗位和国家安全——以及稳定其他新兴市场经济体。此举帮助巩固了两国关系，预示了一个友谊与合作时代的到来，其与19世纪及20世纪频频出现的紧张关系形成鲜明的对照。虽然墨西哥对美国用以遏止非法移民的一些手段表示了相当的不满，紧张事态还是让位于相互需要——美国需要墨西哥石油及农业劳动力，墨西哥需仰赖国外定居者的汇款和美国的金融援助、市场以及旅游者。

虽说墨西哥现在是美国第二个最重要的石油进口来源国家和世界最大的石油出口国，但它对石油收入的依赖可能将下降。这源于国内石油消费量窜高和石油储备下降的双重原因，后者现仅占世界总量的1%。因而，让墨西哥经济多样化乃是一个当下面临而非尚且遥远的挑战。

地缘政治特征

首都与历史核心

在战后的第一阶段,美国的注意力主要集中在墨西哥城国家政治核心和坎佩切湾,这里有墨西哥的主要油气产区和丰富的储量。与联邦区相邻的墨西哥首都坐落在高海拔山谷之中和作为墨西哥历史核心所在地的前湖床上。作为历史核心,这一地点要追溯到14世纪,当时阿兹特克人将首都建在前阿兹特克的废墟上面。当西班牙人在1521年征服该城,他们通过用山谷中到处皆是的石头填入湖中以及抽干湖水来扩展这块地方,使墨西哥城成为新西班牙总督管辖区的政治中心。

墨西哥城的城市聚集区现在有人口近2000万。它的郊区向外朝四面八方延伸长达100英里。拥挤的大都市,其中很大部分处在墨西哥山谷之中,四面被丘陵和大山包围,正受到无休无止的交通堵塞和严重空气污染的困扰。尽管存在土地、空气和水等方面的压力,一些人口学家估计,到21世纪中期墨西哥这个大都市将变成一个拥有5000万人口的特大都市,向外延展半径将长达150英里。

核心区

墨西哥的核心区——含最高密度人口和经济活动的区域——围绕墨西哥城形成。除了联邦区外,核心区包含墨西哥、普埃布拉、莫雷洛斯、特拉斯卡拉等周边几个州,向外延伸到韦拉克鲁斯的湾岸地区。它还包括米却肯(Michoacán)、伊达尔戈(Hidalgo)、克雷塔罗(Querétaro)的部分地方。

目前,核心区总人口超过3500万,或占国家1.1亿常住人口的1/3。这一地区包含墨西哥的大量制造业,比如食品、纺织服装、汽车、化学制品、药材、钢铁、纸张,以及消费品。另外,墨西哥城还是国家的金融服务和商业中心。

核心区的海岸延伸中心——坎佩切湾的韦拉克鲁斯城,是墨西哥两个主要港口之一(另一个港口是坦皮科),是钢铁、化学制品和旅游业的重点。它由铁路和公路与墨西哥城相连。在墨西哥北部沿海某地,一条从坦皮科和图斯潘老油田伸出的管道为首都提供精炼油。但是墨西哥的石油化学工业基地是韦拉克鲁斯南边新建的石油、天然气矿井,它一直延伸进相邻的塔瓦斯科(Tabasco)州,这里在1972年发现了大片的近海石油储量。坎佩切湾石油的发现引发了墨西哥的第二次石油兴旺,它从1973年延续到了1982年。在这段时间当中,石油装运量占了国家出口收益的3/4。随后的增长随着国际价格下降而大幅回落,墨西哥实现偿还国外欠债的能力面临极度考验。石油行业自此后开始走向复苏,生产能力稳定在早期的高峰水平,一天将近350万桶。但是,针对此前石油价格波动的教训，政府制定了产业多样化的政策，旨在提高制成品、金属和农业产品的出口，此举成功降低了对石油的依赖性。在相当大程度上，已取得的成功靠的是墨西哥对外国资本的引进，以及由《北美自由贸易协定》提供的市场准入机会。资本流动量非常可观。在中低收入国家中，墨西哥是世界上最重要的私人资本引进国家之一，绝大多数私人资本来自美国。此外，进入国外市场的机会又被1999年与欧盟签订的自由贸易协定，以及与许多拉丁美洲国家的协议，如智利、哥伦比亚、委内瑞拉、乌拉圭、玻利维亚、哥斯达黎加、尼加拉瓜等，而拓宽了。

有效国家领土

遍布一家家加工厂(*maquiladoras*)的"免税区"概念源自墨西哥1965年《边境工业化法案》。但是，30年之后《北美自由贸易协定》的完成——它激起了加工厂的爆炸性增长——才是让墨西哥有效国家领土扩大至美国边境的关键推手。墨西哥北部的大部分地区依然是一个人口稀少、农庄散落、严重依赖灌溉的半干旱到干旱的牧区。但是，它的城市集群和工业中心已经将一个落后和大面积的空旷地区改造成了国家的有效国家领土的一部分。

从地缘政治的观点看，《北美自由贸易协定》使美国与墨西哥更加紧密地结合在一起，墨西哥工业增长的重心已从北面转向了两国之间的边境地带。由于加工厂——从美国进口大部分原材料及零件、免税出口制成品的装配加工厂——的快速增加，这一北部边境地带带动了重要的制造业和城市化行为。

极少沿边境一带的城市和城镇不建有加工厂，而其中许多的地方，比如像蒂华纳、奥太迈沙、墨西卡利、诺加莱斯、新拉雷多(国家最繁忙内陆港)和马塔莫罗斯等，都经历了经济繁荣过程。这一北部边境地带还向南延伸至方便通往边界的城市。蒙特雷是墨西哥第二个最重要的工业城市和最主要的钢铁中心，距边界仅75英里；奇瓦瓦距边界125英里；埃莫西约距边界175英里。但是，活动与就业最集中的区域是在四个边境城市——华雷斯、蒂华纳、新拉雷多和马塔莫罗斯。

加工厂的增长是如此之快，截至2001年，它们已占到全墨西哥新的制造业岗位的一半以上，涉及从纺织品、服装、家用电器、电视机到高技术产品、化学制品和金属等领域。尤其是，加工厂刺激了电子器件和汽车装配以及零件厂的扩张。墨西哥现在是世界上第十一大汽车制造国，每年有150万辆汽车是位于北部的中心生产的，如埃莫西约、奇瓦瓦、萨尔蒂约、雷诺萨和蒙特雷的工厂，以及位于墨西哥中心和在普埃布拉和瓜纳华托的工厂生产出来的汽车。

所有这些活动的影响给这些北部城市中心带来了较高的繁荣和更高的生活水平。例如蒙特雷——加工厂计划开始的地方——现在有50万以上的工人在诸如玻璃、水泥、钢材、化工和家具以及汽车等行业就业,它已经成为一个财富和资本形成的中心。

实际上,这类制造业增长已经在美国与墨西哥之间形成了一个新的工业化边境地区。在墨西哥边界这一侧,人口已在过去的10年间增加了近50%。增长集中在12个墨西哥边境城市,分布范围从太平洋这面的蒂华纳和墨西卡利伸展到位于中心的诺加莱斯和华雷斯,再到位处墨西哥湾的新拉雷多、雷诺萨和马塔莫罗斯。它们在美国边界一侧的孪生对应城市的人口,从圣迭戈和卡莱克西科,到诺加利斯和埃尔帕索,到拉雷多、麦卡伦和布朗斯维尔,在这一阶段增长了20%,主要通过受这些中心及中心周围的美国工厂与农场吸引的西班牙裔人——合法与非法的移居流入。美国边界这一侧的一个显著特征是,它也从曾经的一个农业区域迅速转变成了以工业为主的区域。

有一些加工厂位于墨西哥中心位置,如在像阿瓜斯卡连特斯、瓜达拉哈拉和墨西哥城这样的城市。它们提供的就业人数只有北部边境地带就业工人的大约40%,其中将近一半集中在服装和纺织业。作为对照的是,薪酬更高、技术要求高的行业,如电子器件和汽车等,是北部地带占主导的行业。有几家为数不多的加工厂位于遥远的南方,在尤卡坦半岛,在此它们靠的是与美国东海岸的飞行及航海距离较近的便利。

虽然加工厂的所有权大都是美国与墨西哥利益的混合形式,但所有权份额也随着与边界的距离远近而有所不同。在边界中心,美国公司拥有60%的股权,30%归墨西哥公司拥有,其余受外国股份控制,主要是日本人。在北部边境地带的内陆部分美国股权掉落到50%以下。在墨西哥中心位置,墨西哥公司的股份占近80%。北方的比重反映的不仅是地理上的接近,而且也反映了美国资本对电子器件和汽车业的重视。⑭包括在墨西哥的中美洲的加工厂计划并非没有批评者。低工资和低于标准的工作地点引起了美国国内自由主义势力和劳工力量的反对。这已经导致了对与美国消费者订立合同,或者出售物品给美国消费者的企业的零星抵制。但是,产品生产国的总的反应是,这一计划提供给极度贫困又没有工作的当地工人的机会比任何可能产生的谴责或攻击语言都更加重要。

加工厂正式从市场退出是在2001年1月1日,此时对美国和墨西哥之间的制成品关税在《北美自由贸易协定》背景下被彻底取消。但是,在20世纪90年代制定的产业结构和地点模式保持不动。很可能,墨西哥将继续以出口工业为重点,北部边境地带将从与美国的伙伴合作中受益。在不久的将来,这一地区完全有可能从国家有效领土转而变成国家的第二个核心区。

这里无意暗示加工厂对墨西哥从头至尾一直是不带掺杂的纯粹福音。加工区内较高的薪酬结构导致了加工厂从地理上向国家南部与中部的低工资地区转移,以及向中美洲转移。当比索在2003年对美元升值,发生了一大批工厂向马来西亚、泰国、斯里兰卡和菲律宾转移的情况。大约有30万个岗位丢失,加工厂就业队伍从2001年高峰时期的120万人下降到90万人。服装与纺织行业损失尤其严重,它本来就是来去自由、依靠廉价劳动力的行业。从那以后出现了一次复苏过程,以至北部边境一线的劳动力升至110万人,占了墨西哥商品出口行业人员的将近一半。高附加值行业,如电子器件、交通车辆,以及化学制品等是这次经济回升的原因。这一项目设计本来部分地是想用来缓解从墨西哥流向美国的合法和非法移民,但也许是引起了反面效果。有些此前一直享有较高生活水平的城市化的墨西哥工厂工人,现在突然发现自己没了工作,因而感受到前所未有的压力,必须要到边境以北去寻找工作。但尽管这么说,墨西哥北部工业的出口基地现在是稳定的。最大的挑战是要加强因为加工厂而出现的城市的基本结构。例如,蒂华纳的城市规模已经翻番,已经无法应对由突然增长而引起的住房、教育、社会以及环境方面的问题。很多工人住在简易工棚,电力、清洁水源严重短缺。墨西哥与美国政府以极高的热情发起了这一项目,为美国工厂主提供免费土地、电力与水源,却至今它们谁也没有为解决边境城市问题采取什么实质性措施。

在广泛的收入不均成为墨西哥特征的同时,最大的差距却是出现在操西班牙语的美洲印第安人以及白人和美洲印第安人原住民之间,后者占总人口的30%。这种不平等最明显地出现在有效国家领土的最南端,尤其是在瓦哈卡和恰帕斯州。贫困是维持恰帕斯州萨帕塔叛乱分子身份的驱动力,他们本是从长期受富裕地主剥削的土生土长的印第安农民那里走出来的。恰帕斯是一个深染古代玛雅传统和萨帕塔民族解放军记忆的州,1994年高举起独立大旗,依凭那一种印第安人方言和社会习惯的独立意识一路昌盛。

1996年,墨西哥军队将萨帕塔分子赶进了丛林隐匿处。在圣安德烈斯协议中,墨西哥政府允诺有限政治自治的条件,作为对萨帕塔领导人奉行非暴力政策的回应。这一允诺从未被埃内斯托·塞迪略总统(Ernesto Zedillo)的政府付诸法律,谈判破裂了。但是,在2000年比森特·福克斯·克萨达(Vicente Fox Quesada)被选为总统之后,和平谈判得以恢复。在2001年一次戏剧性的向墨西哥行进途中,萨帕塔分子宣布结束战争,他们的组织转而成为一个政治的而非军事的组织。在宣布放弃使用武器之后,绝大多数萨帕塔分子将其目标转向政治行动,试图搭建起一个广泛的左翼联盟,而以通过选举获得权力为目标。尽管在2006年警察对一些叛乱残余分子进行了镇压,他们还是一直坚持此项政策。

空旷区

墨西哥有几个空旷区要么多山要么太干,无法维持人口生存。面积最广的是在西北和最南面。最大的空旷区之一是干旱和荒芜的下加利福尼亚半岛,它被加利福尼亚湾(亦称科尔特斯海,西班牙语作 Mar de Cortés)与国家的其他部分分隔开来。沿加利福尼亚湾的东侧,在索诺拉的海岸地带,也是荒漠地区。

再往东,马德雷山脉养活着极少的一些人,它面向内陆的干燥斜坡以及更前方的沙漠盆地也一样。在最南边,空旷区包括与危地马拉接壤,包含玛雅城遗址的热带低地恰帕斯,以及位于尤卡坦半岛坎佩切州南部的内陆热带硬木森林区,它们与伯利兹和危地马拉毗邻。

边界

墨西哥的正式边界今日已无争端。对围绕埃尔帕索的边界相互冲突的主权要求在1964年和1967年得到解决,1965年条约签署,责成美国维护科罗拉多河的淡水容量;科罗拉多河水源被用于灌溉和墨西哥的居民生活需要。这些水源易受到来自上游美国农民在汲水灌溉、施肥、洒农药于农田之后,又返回水中的剩余物当中的高盐分和化学污染的侵袭。

然而为美墨之间长2 075英里的边界作出决策并非没有困难,因为美国移民官员希望能遏制墨西哥的非法移民。总体来说,墨西哥当局与其北方邻居保持了合作,尽管没有北方国家的资源帮助或类似承诺。

另一个引起某种关注的分界线是恰帕斯州和危地马拉之间的边界,它已被毒品贩子和偷渡组织者当作了一个运送中转区。在墨西哥政府与萨帕塔分子的谈判中胶着的一点是后者坚持要求墨西哥军队完全从恰帕斯撤出去。政府不愿意充分满足这项要求是鉴于维持国家边界沿线安全的需要。

地缘政治吸引力

与美国的贸易关系随墨西哥的产业多样化而加深。石油与天然气出口中的绝大部分流向美国。它占了美国总进口的近1/5,差不多与美国从加拿大和沙特阿拉伯的进口齐平。但是,墨西哥处于下降中的油田出产量和增长中的国内消费对美国构成了一个迫在眉睫的供应问题。生产的汽车一半以上销往美国,1/3留给国内市场消费,余下的出口到拉丁美洲。在贸易级别上,墨西哥仅在欧盟、加拿大以及日本之下,是美国重要的贸易伙伴。超过80%的墨西哥出口贸易和60%的进口贸易发生在与美国之间,形成了墨西哥对其北方邻居惊人的经济依赖。当这种依赖在经济增长与经济繁荣方面给墨西哥带来相当大益处之同时,它也随之带来当美国遭受严重衰退会引起经济急剧下降的危险,就像2001—2002年和2008年发生的情况那样。这类贸易联系可能还将继续扩大,因为欧洲及南美的公司,为寻求进入免税的美国市场的机会,把工厂放在了墨西哥。

两国间其他三股的地缘政治吸引力量是旅游、移民和贩毒。墨西哥现在是美国当仁不让最大的移民来源国家,每年产生占美国进入移民总数1/4的移民数量。如果算上非法移民,则每年数字将会更高。

移民流入量是如此之大,使得西班牙裔人(其中大多数为墨西哥人)占了新墨西哥州在册选民的1/3,占得克萨斯州20%以上,加利福尼亚和亚利桑那州15%以上(西班牙裔现占美国总人口15%,非洲裔占13%)。许多移民来自墨西哥北面边界各州。尽管这一区域经济取得增长,美国对失去工作的城市加工厂工人以及北部乡村地区的墨西哥人——这里有限的耕地加上过多的居住人口已经造成了一大批陷入贫困的人口——依然是一个充满吸引力的地方。而比以上数量甚至更大的进入美国的移民是来自干旱和极度穷困的位于首都北面的墨西哥中部的农业地区。在这类极度干旱的农业州,如萨卡特卡斯、哈利斯科和瓜纳华托等的许多地方的人口已经呈直线下降趋势,因为这些地方的非法移居者已取道去了美国。

与美国的邻近和与已经居住在那里的朋友亲戚保持通信联系构成又一种"拉动"因素,如同在农业、建筑以及服务行业的就业机会一样。最后,从美国汇出的"移民美元"刺激了经济活动,尤其是北部这块。这些汇款仅次于石油成为墨西哥外汇的来源。它们对墨西哥的政治以及经济具有强大的影响。事实上,在墨西哥某些政治集团内部存在一种组织,它允许居住在美国的移居者参加州的和全国的选举,期望吸引一些成功的墨西哥移民回到国内谋求公职。

还有一种互动力量是从墨西哥跨越边境进入美国的毒品流动。这方面随着哥伦比亚毒品供应商将他们的一些基地转移到墨西哥边境城市而比以前加强了。为监控和杜绝这种流动,美国当局需要他们的墨西哥同行的合作。虽然这样的合作在此前显得很勉强,但近来似乎已得到加强。很难用货币形式来衡量这种合作的价值,但华盛顿在1995年墨西哥经济崩溃时出手为墨西哥外债进行再融资的援助体现了某种承认,即墨西哥对美国的重要性已经随着美国对墨西哥出面支持打击毒品行动的依赖而上升了。

承认相互需要是让这两个国家走到一起的强有力因素,美国与墨西哥之间的地缘政治关系即反映了这种需要。墨美关系之重要性在2001年夏天得到凸显,此时美国政府开始考虑将在美国非法工作的300万墨西哥人合法化。此后形成一个合理的移民政策就成为一个被广泛讨论的话题,但对任何建议都强烈支持或者强烈反对的行动阻止了立法行动。赞成采取更加开放政策的——它包括获得公民权以及外地工作项目的途径——是农场和工厂雇员以及西班牙裔游说集团。表示强烈反对的是工会和边境各州的居民。普通美国公民观点变化很大,有采取人道主义立场的,有坚决不同意目前的非法进入者在拟议的赦免项目中得到优先照顾的,有担心走私犯与恐怖分子浸入的,等等。上一次大赦是在1986年执行的,给予了1982年前非法进入美国的近300万人以合法移民地位。这种地位还给予了那些已工作超过 90 天的农场工人。那时给出的理由是这样一个项目将会减缓非法移民的势头,然而它没有得到证明。只要极端贫困状况不消失,墨西哥及其他地方的浸入现象还将继续下去。墨西哥的小农依然还要受到《北美自由贸易协定》自由贸易政策以及农作物如玉米、大米、咖啡和甘蔗市场价格骤然下跌的冲击。因而,农业荒废不可能放缓,或者不再影响每年的非法进入者的流动。

北美洲地区在西班牙人统治下作为一个统一陆地出现,然后在一个半世纪前被美国征服者分隔开,通过克服国际边界障碍影响的贸易与迁移,今日已经开始重新恢复相当程度的地缘政治统一性。结果是在墨西哥与美国之间建立了一套联系机制,它开始仿照加拿大与美国之间的做法,对形成一个地缘政治统一的北美洲作出了有力贡献。

以一种具有讽刺意味的历史玩笑方式,墨西哥在一个半世纪前的战争中失于美国的土地现在在社会文化及政治的意义上正被重新收回。由于迁移以及高出生率带来的墨西哥裔美国人以及其他西班牙裔人口的快速增加,可能造成到 21 世纪中期西班牙裔人口将在美国加州、得州以及新墨西哥州占到大多数。除了对州及国会的政治影响之外,这些州的选民,与那些在纽约和佛罗里达州的选民加在一起,会对国家对各种政治问题的处理发生影响,包括从移民政策到经济外交政策中对墨西哥和中美洲的关注水平等复杂程度不一的许多方面。

中部美洲

中部美洲,虽从地理上自成一体,但在地缘政治上说是作为北美洲一部分的一个亚地区;这两部分都在海洋辖区。这一地区包括加勒比海岛屿、中美洲,以及南美洲北部沿海地带,即从达连湾到委内瑞拉和圭亚那的地方。哥伦比亚因其与美国日益密切的关系不妨也可被放入这一地区。

委内瑞拉是一个"桥梁"国家,地理上可算中部美洲亦可算南美洲的一部分。它的高地和奥里诺科河草地及丛林是南美洲的延伸部分;它的沿海地带是加勒比海的一部分。这一位置以及石油财富的地缘政治意义使得委内瑞拉的查韦斯总统能够将他的社会主义色彩的"玻利瓦亚革命"从古巴和尼加拉瓜推向南方大陆。

将近一个世纪前,辛普尔(Ellen Churchill Semple)注意到在新大陆的墨西哥湾—加勒比海湾,和旧大陆地中海的内陆海之间的地理上相似性,她称前者为"美洲的地中海"。[15] 斯皮克曼(Nicholas Spykman)从地缘政治上将"美洲的地中海"形容为美国对其有绝对控制权的地区。[16]

美国—中部美洲交往的四个阶段

毫无疑问,美国在整个20世纪充当了中部美洲的霸主。但是,它对加勒比海事务的介入却早在霸主时代之前,反映在标志它们交往关系的四个阶段中。

第一阶段：防御为主的时代

随着美国作为一个独立国家的诞生,美国人不无理由地担心欧洲国家会利用它们的加勒比海岛屿基地和墨西哥来控制海湾和密西西比河,从而把美国限制在东部海岸。另外,美国人自己也被西印度群岛的财富——蔗糖、朗姆酒以及奴隶——吸引,生存性殖民经济与此形成鲜明的对比。

第二阶段：攻击性干预的时代

当蓄奴制问题在美国通过内战得到解决之后,北方及南方都发出了支持美国向加勒比海和中美洲扩张的声音。其间的兴趣包括商业的、人道的和战略的。到世纪之交和1898年西班牙—美国战争之后,军事以及经济考虑已经形成足够的压迫,势必引起美国对古巴、海地、多米尼加共和国、尼加拉瓜以及巴拿马的一连串干涉。战略考虑的分量随着美国海湾各州人口与工业的增长以及1914年巴拿马运河的开通而提高。运河使得加州更加紧密地与美国东部连在一起,帮助华盛顿将影响扩展到了太平洋彼岸。20世纪30年代的睦邻友好政策表示了美国在与拉美的关系上采取了一种重理性但不失同情的战略,但在对本半球其余地方采取攻击性行动方面没有任何实质性的改变。

第三阶段：对反包围孤立政策的冷战恐惧

卡斯特罗1959年推翻了巴蒂斯塔政权,不久宣布自己为马克思列宁主义者,并与苏联结盟。共产主义的古巴,就其本身来说,完全构不成对美国安全的威胁。但假如苏联1962年成功地在古巴岛上建立了它的核导弹基地,就像在古巴粉碎了美国支持的猪湾入侵之后苏联所企图做的那样,美国就真的会受到威胁。但是,华盛顿迅速对苏联突袭提出质疑,让莫斯科撤出导弹。这样做了之后,苏联承认了美国在其地缘政治地区的战略主导地位。美国对古巴东南端关塔那摩湾海军基地的保留,帮助确保了这一主导地位。作为有时被称作"大西洋中的珍珠港"的关塔那摩基地,监视着大西洋与加勒比海之间两个狭窄出口之一的向风海峡。另一个出口莫纳海峡由设在波多黎各的美国海军基地控制。

取消苏联导弹基地并没有让苏联停止为古巴提供大量军事及经济援助。但是,除去驻扎在尼加拉瓜支持桑地诺主义者的古巴军队之外,直接的古巴军事干涉发生在西半球以外的地方——安哥拉、埃塞俄比亚,以及其他非洲和中东国家。

卡斯特罗确实寻求通过支持这样一些国家如危地马拉、萨尔瓦多、委内瑞拉、乌拉圭和玻利维亚等国的革命运动,将共产主义带到加勒比海及南美洲的其他角落。但是这种支持是通过给予游击队组织武器装备,而不是通过输送军队形式。只有在尼加拉瓜,那里桑地诺分子在1979年夺取了权力,以及在格林纳达有限的4年时间中,古巴与苏联的努力才成功地帮助维持了马克思主义政权。

虽然美国及国际大多数决策者都很清楚,古巴并不构成对美国的军事威胁,但华盛顿对古巴的封锁还在持续,不仅贯穿整个冷战时期,而是一直持续到今天。这是一个已过时的政策,越来越失去它的作用,因为国际舆论也压倒性地支持取消制裁,而古巴的外国投资商则对其不予理睬。

第四阶段:"仁慈警察"的时代

随着卡斯特罗影响的减退,提倡民主与人权成为20世纪80年代初美国新的中部美洲政策。1982年,华盛顿迫使洪都拉斯军政府举行自由选举,而这甚至是在美国还在为设在该国的支撑尼加拉瓜反政府武装抗击桑地诺政权的战争的基地提供资助的时候。

在1983年的"喜剧战争"中,美国军队入侵格林纳达,去"保护"那里的医科学生和阻止在那里重建马克思主义政权。美国发起民主选举,而不是让格林纳达军队——它刚推翻前革命政府,处决了首相莫里斯·毕晓普(Maurice Bishop)——留在台上执政。

1985年华盛顿撤消了对危地马拉军队的支持,以让该国进行民主选举。4年以后,巴拿马遭25 000名美国军人入侵,后者推翻了独裁者曼纽尔·诺列加(Manuel Noriega),并将他带至美国,在美国他被控从事毒品交易而被关进监狱。

在1989年苏联帝国解体之后,美国继续执行它的"仁慈警察"政策,而到1991年苏联使古巴经济陷入失控状态,从而增加了它的地区政治孤立。随着苏联作为中部美洲因素的消除,以及古巴实力的减弱,华盛顿感到可以毫无压力地放弃过去它出于反共产主义而对右翼军政权的支持。当1990年尼加拉瓜镇压性桑地诺政府在民主选举中下台,美国急忙支持新政府。桑地诺主义者针对普遍的骚乱和自身不受欢迎要求进行选举,同时尼加拉瓜的国民经济也在美国贸易禁运和苏联经济援助减少的压力下处于恶化状态。

具有讽刺意味的是,在2006年举行的自由选举中,曾被驱赶下台的革命领导人丹尼尔·奥尔特加(Daniel Ortega),被对包括来自左的和右的党派腐败行为感到厌倦的人民选上总统位置。他在建立尼加拉瓜的第一个深水港、建造住房和水力发电厂等方面获得了来自委内瑞拉和伊朗的援助,同时将咖啡、猪肉和香蕉等出口到伊朗。重演20世纪80年代的一幕已经不可能了,当时华盛顿支持反政府武装分子,推翻了桑地诺政权。相反,美国鼓励尼加拉瓜经济发展,促进其在《中美洲—多米尼加共和国自由贸易协定》中的成员地位。单单自由贸易本身不会让尼加拉瓜及其邻居摆脱贫困。它还需要有外国援助来提升其实际基本建设设施及卫生与教育服务水平,提高这一地区小农户收入,以便他们能够与享受高补贴的美国进口农产品相抗衡。

在危地马拉,华盛顿欢迎内战于1996年结束。由政府与左派反叛分子签订的和平协议为宪法改革扫清了道路。此事后来促使比尔·克林顿总统为以前美国政府提供危地马拉武装部队及镇压性军政权以大量军事援助而道歉。

在因暴力而变得四分五裂的海地,美国1994年的干预将被驱逐的让·贝特朗·阿里斯蒂德(Jean-Bertrand Aristide)又扶上总统职位。随后是打着联合国旗号的美国军队执行维和任务的失败冒险。美国军队最终因为持续不断的政治危机和政府瘫痪而撤退。2004年,联合国再次进行维和干预,当时阿里斯蒂德被叛乱分子驱赶下台逃往国外。团伙暴力行为自此减弱,2006年举行了自由选举。尽管这样,这个在这一地区最贫穷的国家——其将近80%人口生活每日不足两美元水平——依然还没有政治稳定的基础。

地缘政治特征

总体来说,中部美洲的各个国家和依附性地区,都具有地缘政治不成熟的特征。这里没有历史核心或者具有整个地区影响的当代政治首都。包含实质性产业特征、具有明确核心区仅有的几个国家是集中在哈瓦那西端一带的古巴、位于从加拉加斯到马拉开波北海岸的委内瑞拉、大圣胡安市的波多黎各。这一地区绝大多数国家也有有限的有效国家领土,重要的例外是委内瑞拉的奥利诺科河谷的草地。

边界

具有讽刺意味的是,边界在近代以来很少成为引起争端的理由,但它已再一次成为中美洲争斗的焦点。洪都拉斯与尼加拉瓜在20世纪80年代对太平洋水域捕鱼权问题发生过冲突,今天陷入范围更广得多的对加勒比海海洋边界的争端。所争的内容是5万平方英里的水域和两个很小的小岛。美洲国家组织(OAS)已在尝试调停争端。

另一个边界争吵发生在尼加拉瓜与哥斯达黎加之间,争吵的对象是构成两国边界的圣胡安河流的使用问题。美洲国家组织再一次被请求进行干预。

第三个争端发生在危地马拉和伯利兹，即旧时的英属洪都拉斯之间，后者1980年获得独立。⑰在最终导致独立的谈判中，危地马拉曾暗示它能满足于在伯利兹城获得一个更有限的区域和进入自由港的机会。联合国确认了伯利兹领土的完整性；1991年，危地马拉放弃了其大多数要求，除了关于最南边的一部分。但是，2000年，对这一区域的争端再次爆发，导致一些小规模的冲突。

还有一个边界问题与委内瑞拉对埃塞奎博河以西所有圭亚那领土的主权要求有关，这块土地相当于圭亚那陆地总面积的一半以上。这一要求尽管近来已趋于沉寂但它还不时冒出来。委内瑞拉还与哥伦比亚就两国在委内瑞拉湾石油丰富水域的海上分界线问题处于争执之中。其中争执最多的是对蒙赫斯群岛（Los Monjes Islands）的控制权问题，它远离瓜希拉半岛（Goajira Peninsula），处在委内瑞拉的东北端。20世纪50年代这些岛屿由委内瑞拉占领，但是哥伦比亚在海湾周围水域的石油钻探权问题悬而未决。

有一个不在政治争端之中，然而却可能是中美洲所有引爆点中最严重的边界问题是在巴拿马与哥伦比亚的南部边界。这条170英里的边界线穿过达连隘口（Darien Gap）（这样取名是因为这个隘口位于泛美公路系统在巴拿马最南部省份达连）浓密的热带雨林。毒品贩子很容易通过这条从哥伦比亚向北的边界，走私贩子也容易通过这条边界从中美洲国家如尼加拉瓜和巴拿马等向南运送武器给哥伦比亚左翼游击队。

达连隘口长期吸引着走私贩运，美国支持的打击哥伦比亚毒品活动的哥伦比亚计划未曾预料的结果是增加了达连省的走私贩卖活动。虽然计划下的大多数行动是瞄准打击古柯（coca）种植者和哥伦比亚最南边（在沿厄瓜多尔边界的普图马约省）的加工者，行动还同时瞄准另一个毒品生产和游击队活动区域——与巴拿马接壤的安蒂奥基亚省。活动在安蒂奥基亚省的毒品游击队（narco-guerrillas）逼迫许许多多难民逃越边界进入巴拿马境内。他们利用安蒂奥基亚省的丛林作为安全隐身处，同时将它们用作走私武器的路线。

对巴拿马来说，它没有军队，稳定边界相当困难。这种安全形势增添了警察部门的负担，而他们身上已经担负着打击流经世界第二大自由贸易区科隆（Colón）的违禁品和毒品的繁重任务。没有美国从经济上及其他方面的大量援助来稳定巴拿马边界局势，这一区域可能会成为一个极度危险的火药桶。

地缘政治吸引力及排斥力

总体上看，边界及其他地缘政治特征对决定中部美洲地缘政治命运起着相对较小的作用。决定性因素是那些影响这一亚区(subregion)与北美洲关系形式的地缘政治力量。

地缘政治吸引力

最具强制性的向心力或分裂力是位置,这是既从战略上,也从经济人口的意义上说的。从战略上说,加勒比海众多岛屿可以被视为围住内陆海的一个外框的北边与东边,中美洲沿海地带在西边。岛围的北侧对美国具有特别意义。它由两堵"墙"组成——巴哈马群岛,这是外墙;大安的列斯群岛,此为内墙。经过这一外围部分,船舶被引入三个主要航道:佛罗里达海峡、向风海峡和莫纳海峡。美国环海圈的大西洋装运业务走佛罗里达海峡,大西洋—太平洋装运业务走向风海峡和巴拿马运河。委内瑞拉—美国之间的大量船舶走位于波多黎各和伊斯帕尼奥拉岛(Hispaniola)之间的莫纳海峡。

外围东缘由小安的列斯岛组成。这些较小和居住人口较少的加勒比海岛屿大多是欧洲的属地或托管地,尽管上面到处部署着美国的军事基地。往欧洲的船运走北端的圣托马斯岛和该岛链南端的特立尼达岛。美国海军传统上一直从设在佛罗里达的基韦斯特岛、古巴的关塔那摩湾,以及波多黎各和巴拿马的基地保护着这片美洲地中海水域。有一个海军基地曾在第二次世界大战伊始之际建在特立尼达岛的查瓜拉马斯(Chaguaramas),但后来放弃了租用。巴拿马和波多黎各的基地也是这样。

关塔那摩湾海军基地长期来一直是美国—古巴关系中的一个刺激剂。对被关押在那里的伊拉克和阿富汗战俘的种种虐待所提出的控告已经让人权倡导者和伊拉克战争反对者组织起来强烈要求关闭这所监狱。

时代与技术的变化大大降低了这些基地的战略重要性。从美国大陆和自给性海军战斗舰队上起飞的远程飞机能够轻松地控制加勒比海。巴拿马运河的狭窄以及它的水闸结构(locks structure)已经排除了其作为航空母舰和核潜艇航道的可能性。实际上,运河本身对美国已经失去其大部分的意义,因为现在它仅承载着美国12%的水上商业航行。这种情形或许会有变化,原因是在2006年巴拿马同意建造第三套水闸,加深并拓宽航运通道,提高加顿湖(Gatun Lake)的水位。当完成之日,它将使运河能供最大的集装箱船只航行。目标完成日期是2012—2014年,巴拿马运河管理局预计运河将要接待大幅增加的穿梭在美国和中国以及亚太沿岸之间的船只。

1979年,华盛顿在与巴拿马签署条约保证运河中立地位之后,开始预测它最终从运河区撤退的时间。美国对奥马尔·托里霍斯·埃雷拉和曼纽尔·诺列加(直到后者令人困窘地贩卖毒品)右翼政权的支持只不过是进一步增加了普遍的反美情绪和让巴拿马转向中立。美国南方司令部(U.S Southern Command Headquarters)1997年从运河区搬到了迈阿密的一个空军基地。待到运河区在1999年末归还巴拿马之时,对坐落在运河区内的霍华德空军基地的使用,已是局限于寻求阻止可卡因和其他毒品流往美国的监视行动。只有12架飞机长期驻扎在那里,因为它已成为飞越此地到哥伦比亚及其他安第斯国家上空执行任务的战斗机、空中加油机以及喷气式侦察机的前沿支持的机场。为了替代这一被关闭的美国在巴拿马的基地,替换地点只要求配有有限军事装置和设施。

加勒比海地区很大部分与美国环海圈的邻近是它位置上具有吸引力的一个方面。位于佛罗里达群岛和古巴之间的佛罗里达海峡只有90英里宽,而大巴哈马岛与西棕榈滩(West Palm Beach)一片水域仅65英里宽。纽约市与波多黎各相距1 700英里,距多米尼加共和国1 400英里,距巴哈马群岛1 000英里——其中距每一处地方的飞行时间都在2—3小时之内。新奥尔良距古巴600英里,距牙买加1 000英里,而南佛罗里达距洪都拉斯750英里,距巴拿马运河1 200英里。以上距离使得加勒比海诸岛成为美国旅游者和商人非常容易到达的地方,并已经促进了这一区域的移居者和观光客向美国大陆的流动。

进入机会不能单单用里程与时间长短来衡量,正如那些寻求离开古巴的人可以证明的那样,但是距离接近是一股强大的吸引力。它使得来自中部美洲的移民能够保持与家乡的亲人和朋友的联系。这种联系是已经形成的旨在促进新增移民以及指导新来者进入大陆的帮助性社区的那些网络的基础。它们还帮助维护了文化与家族纽带。例如,像纽约这样的城市中,每年有来自波多黎各、多米尼加共和国、牙买加,以及更小岛屿的移民返回他们的加勒比海故乡度冬假,甚至度更长的假期。

另一股强大的向心力是气候与地貌,以及资源方面的互补性。从战略观点看,美国从加拿大、墨西哥和委内瑞拉进口的石油是北美与中部美洲地缘政治联系中令人信服的因素。这三个国家给了美国最近、最安全的供应来源。尽管近来委内瑞拉查韦斯政府的反美姿态以及它的石油工业国有化给这一来源的可靠性投上了些许阴影,但国际主要石油公司可能会找到继续提供技术服务和资本投资的方法,就像它们在其他实行国有化或对其石油行业形成大部分控制的国家所做的那样。

虽然其他产油区,如中东、尼日利亚和安哥拉等也是重要供应商,但它们政治上欠缺稳定。美国对从伊朗发出的石油采取禁运,是一旦反美立场在未来非洲、沙特阿拉伯或其他海湾国家政权中形成之后可能会发生情形的一种预示。此外,亚太沿岸及中国日益上升的石油需求为中东和印度尼西亚出口提供了更近的市场。

旅游业是加勒比海地区经济的一个重要方面和一些较小岛屿的主要经济支柱。对来自美国北部和加拿大的游客来说,加勒比海地区冬天温暖的气候、干净和温热的河流、令人凉爽的偏东信风,以及相对干燥的天气,是逃避北方冬天的好去处。除此之外,自然景色,从低低的礁脉、长长的沙滩、隐蔽的洞穴到火山山脉,都增添了这一地区对游客的吸引力。在中美洲,大量的考古遗址以及在包含有多种多样植物和动物的热带雨林区的生态旅游促进了旅游业。

互补性还延及农业部门。在种植园作物已不再像以前那样,是中部美洲经济的主要部分时,蔗糖依然是古巴的经济支柱和巴巴多斯、多米尼加共和国,以及牙买加经济中的主要成分。洪都拉斯还是一个高度依赖香蕉业的国家,海地及危地马拉依赖咖啡,伯利兹依赖木材。这些及其他的种植园作物,如可可豆、剑麻以及烟草,也广泛种植在周边国家,并在美国与加拿大找到了市场。

对美国最重要的中部美洲矿产,有委内瑞拉的石油、牙买加的铝土、特立尼达的石油与天然气。最近几年,极端民族主义的委内瑞拉总统乌戈·查韦斯减少石油产量以抬高价格,以便与石油输出国组织制定的指导方针保持一致。这样一来,这个曾经是对美国最大的石油出口国,掉到了第四,落在加拿大、墨西哥和沙特阿拉伯之后。查韦斯总统的石油政策是受政治与经济方面的考虑指引的。他通过供给石油加强了与筛选出来的加勒比海及南美洲国家的关系。从长期看,马拉开波盆地丰富的石油储量和到美国的低运输成本有可能确保委内瑞拉将依然是美国的一个主要供应商。

加勒比海地区对农业、旅游、石油以及铝土的依赖,使它成为一个不能有效满足它新增人口就业需要的地方。但是,除了波多黎各和委内瑞拉,制造业在这一地区大部分地方皆没有较大的进展。在哥斯达黎加、危地马拉、海地和牙买加——后者也是铝土的重要出产国——也有一些服装生产方面的外包业务,但这些活动未能对改变这一地区经济结构有所作为。

因此加勒比海大部分地区依然深陷贫困之中,除了那些专以金融服务、旅游,或石油出口为特色的区域。在一小片繁荣地区中有巴哈马(旅游业)、巴巴多斯(蔗糖加工和多样化的制造业)、特立尼达(石油和天然气)及安提瓜和巴布达岛(旅游业)。委内瑞拉处于中等收入水平,因为它的石油财富还没有能提高最下层人民的生活水平。但是就加勒比海和中美洲的绝大部分地区而言,贫困是流行病,而于洪都拉斯与海地为最严重。

极度的贫困、劣质的土壤和土地缺乏是移居美国的"推动"因素。8 000万加勒比海和中美洲人口占进入美国的非法移民中的一个庞大的数量。其中,非法移民人数最多的来自五个国家——多米尼加共和国、危地马拉、牙买加、海地和萨尔瓦多。对古巴人有特别条款。那些没有得到合法签证而企图非法进入美国的人——大多数是经墨西哥——在到达美国边境时被允许有条件地进入美国,而一年之后可给予合法移民地位。中美洲的土地压力大,前五国中后三个国家人口密度超过每平方英里600人。乡村人口过剩和有限的耕地状况因出生率而更加严重,它在大多数国家中从每年增加不到

2%—3%。

贫困不是美国磁铁效应的唯一根据。对古巴人和那些逃离右和左的压迫政权的人来说,强烈的吸引在于受教育的机会和政治以及经济的自由。创造"移民美元"资助留在家乡的亲属的欲望也是重要原因。

毒品交易、洗钱、武器贩运已成为强大的"拉动"因素。尽管压根算不上一种积极的吸引力,但是它们仍然让美国不得不对这一地区保持持续的兴趣和介入。禁止毒品从南美洲安第斯山脉地区流出需要新的空中监视前沿的基地。随着在巴拿马的基地关闭之后,在洪都拉斯已建有一个军事基地的美国在此地新建了一个执行毒品监视和阻断任务的机构。类似的航空站还设在萨尔瓦多和荷属阿鲁巴岛和库拉索岛,以帮助监视从哥伦比亚北部横穿加勒比海地区的所有船只。就对安第斯地区的监视而言,一个设在太平洋港口曼塔市的厄瓜多尔空军基地已为美国提供了监督哥伦比亚南部的空中及海上活动的一个场所。但是,厄瓜多尔政府拒绝延长租期,它将在2009年到期。美国还拥有固定或流动的雷达基地,监督着17个国家(包括秘鲁和哥伦比亚)的毒品输送路线。

陆地与水域的分布结构解释了为什么牙买加、海地、古巴、巴拿马和维尔京群岛成为南美毒品贸易的踏脚石以及为什么美国如此专心于在这些岛内或周围建立监视机构。维尔京群岛距美国本土仅1 000英里,也是偷运者以飞机和船只将非法移民运进美国的出发点。离岸金融服务中心利用与具有自由度很高的免税规则国家距离上的邻近,为投资商和洗黑钱中心提供避税港。壳公司(Corporate Shell)已经在如开曼群岛、大特克斯岛、巴哈马群岛和安提瓜岛等这样的中心建立起来——它们全都距美国很近,而且从这里飞往欧洲与巴西也很方便。

地缘政治排斥力

北美与中部美洲之间的地缘政治统一是两个地区间地理、战略及经济关系一个逻辑,但并非不可避免的结果。向心力也是这类关系的特征。过去一个世纪以来,这些方面受到了直接或间接军事压力的强大阻碍,再加上被以上所述的吸引力的抵消性力量所淹没。

许多过去潜伏着的分裂力量现在正在显现。对拥有大片蔗糖和香蕉种植园,以及矿产股权的美国大公司的不满基于这样的事实,即总体上,这些原材料是出口供消费或者加工的,没有为中部美洲人民带来任何附加值。真正的互补性应该意味着每一方都拥有它应有的附加值份额。如果更多的食品加工发生在这一地区内;如果现在牙买加运往美国的铝土和铝被改变成制成品;如果洪都拉斯木材被做成家具;又或者如果这一地区内的石油被加工成种类更多的一系列石油化学制品和塑料制品,以及将这一地区的兽皮做成鞋与鞍,等等,这是可以实现的。现在大多数来自美国的服装制作外包业务瞄准的是廉价劳动力和廉价项目。所以消费者组织发起了一项鼓励购买互惠贸易项目产品的运动。基于当地天然染料和设计的高附加值服装产品将会提高当地工人的工资水平。这是留给中部美洲国家政府、美国经济发展援助,以及美国制造商的一个政策规划问题。

尽管美国支持中部美洲右翼独裁政权的时代基本上已经过去,但是怎样鼓励实行政治及经济改革的问题还没有得到充分解决。华盛顿1994年对海地的军事干预出了岔,因为单靠军事干预不能保证实现向民主制度的转变。值得信赖的当地政治家和与腐败无沾的警察部门对建立一个完全的和健康的社会是必要的。在一个像海地这样的国家,它要花15年或更长的时间来培育一个稳定、民主的社会,这对华盛顿和美国公众来说太长了。他们谁也受不了将军队无限期驻扎在那里,1999年美国将军队撤出就是证明。但华盛顿必须面对这样的现实,维和需要有像举战一样那么多的能量或者精力。它能够并应该忍受一个长期的援助项目和旨在形成一个中产阶级、训练一套政府官员班子和建设一个开明教育制度的投资计划。

美国对中部美洲右翼独裁政府的支持酿成了这一地区深深的反美情绪。对华盛顿给予委内瑞拉马科斯·佩雷斯·希门内斯、巴拿马的托里霍斯和诺列加,以及古巴的巴蒂斯塔的支持的记忆,深深地印在那些国家的民族心灵当中。虽然委内瑞拉和古巴信奉左派意识形态,但当美国军事干预迫使诺列加将军下台——而以前美国曾支持他——之后,它们与巴拿马的关系又转向积极。今日巴拿马与美国有双边自由贸易协定,唯一剩余的争执点是华盛顿拒绝了为其从巴拿马运河区撤退后对遗留下的军事射击场做消毒处理承担直接责任。

2008年,卡斯特罗正式将执政权移交其弟弟劳尔(Raul)。这预示了国家将会放松对经济的控制而选择一个更开放的市场。但是,在华盛顿一贯的政策条件下,古巴可能会加强它与欧洲的经济关系,而不是从地缘政治出发与美国重新结交。如果古巴的美国游说集团能强大到如此地步,以至于美国国会不能够采取一种明智的外交政策,至少后卡斯特罗时代的规划应当考虑许多古巴人对美国保留关塔那摩海军基地的反对意见。坐落在关塔那摩湾南港之内的45平方英里海军专用地域,包括机场和防御工事,是美国大西洋舰队的主要训练中心。它还成了关押基地分子以及在阿富汗和伊拉克战争中俘虏的其他叛乱者的一个安置营所在地。1903年的土地租用和1934年续用是美国强加的。协议条款要求双方政府都同意将其撤消。自1960年以来古巴政府拒绝了这些条款,要求美国归还土地。2007年,华盛顿对外宣布计划将那些拘押在关塔那摩监狱的犯人转移至大陆或转移至其他国家,而公众对他们的司法地位模糊性的关注又让这一计划加快了推进速度。古巴人依然继续坚持要求归还土地,但美国还没有计划放弃那里的海军基地。这是一个要与将来的古巴政府商谈的领域。

另一个破坏性军事力量是美国海军对波多黎各别克斯岛和罗斯福路海军站的使用,它们是波多黎各民族主义者、环境保护主义者以及渔民的主要争论议题。1999年4月阻止海军将别克斯岛用作大西洋舰队军事演习射击场的非暴力反抗成为华盛顿的一个不小的政治困局。来自波多黎各岛内以及如纽约、芝加哥和佛罗里达等这些拥有大批波多黎各人地区反对使用射击场的声浪,最终导致了它在2003年被关闭。

罗斯福路海军专用地引发的骚乱导致它于次年被关闭。这个海军站是1943年作为俯临加勒比海入口的中央海军与空军基地而建立的,它位于岛的最东端。海军站关闭后,各类操作设备和操控装置被转移至佛罗里达和得克萨斯。

别克斯岛现正被规划成为一个生态旅游中心,而罗斯福路的机场将被改造成为一个民用机场,其土地将用于经济发展。

在2004年波多黎各州长选举中,亲自治政区党(Pro-commonwealth Party)得到48.4%的选票,亲州党(Pro-stalehood Party)得到48.2%,独立党仅获2.7%。以这样一种极微弱的差距,州地位的势力可能会在就波多黎各未来的全民公决中占上风。在这样一个事件中,不妨重新考虑军事监视和空运服务设施在波多黎各的再分布问题。但是,鉴于有过反对别克斯岛和罗斯福路军事基地的历史,再考虑岛上的旅游业、居住和工业区域的用地需要,以及还有环境方面的担心,大规模地设置军事设施是不可行的。

随着失去巴拿马基地,在后卡斯特罗时代将关塔那摩归还古巴几乎不可避免,加上波多黎各军事设施的不确定性,五角大楼需要一个建立在可供选择地点基础上的中部美洲长期战略。

在洪都拉斯、厄瓜多尔和秘鲁寻求建立的监视设施仅有有限的功能。就全面性基地和射击场而言,也许最终别无其他办法,除了在美国本土扩大安放设施范围。

结论

中部美洲与北美洲结合成为一个统一的地缘政治区的过程建立在加勒比海地区对美国——以及,某种程度上还有加拿大——在投资资本、市场、经济援助、旅游业和移民通道方面的依赖基础上。反过来,美国需要委内瑞拉的石油以及来自特立尼达石油供应的较少部分。邻近性以及陆地和狭窄海域等方面的布局结构,使得加勒比海地区对美国环海圈的东面与南面地区的安全具有至关重要的战略意义。

贸易是一股重要的吸引力量。华盛顿已经出炉了一个自由贸易协定,即《中美洲自由贸易协定》(CAFTA-DR),它包括危地马拉、洪都拉斯、萨尔瓦多、尼加拉瓜、哥斯达黎加和多米尼加共和国。它还与其他加勒比海国家订有双边协议。对这类协议的反对声在不断增加,反对声既出现在关注廉价劳动力对美国工业影响的美国国会内部,也出现在一些中美洲国家当中,它们担心的理由是享受补贴的美国农产品将会进一步削弱它们的农业。这也许可以通过财政和技术支持机制来加以克服,使得中美洲农民能够与美国农业相抗衡。

墨西哥在促进与中美洲邻居贸易关系方面还表现出领导地位。墨西哥、萨尔瓦多、危地马拉和洪都拉斯之间在存在自由贸易协定的同时,墨西哥还分别与哥斯达黎加和尼加拉瓜签订了协定。墨西哥政府还提出了一个"普埃布拉到巴拿马"的计划,以整合在墨西哥9个南部(及最穷)州和它们的7个中美洲邻居中筹划的各种促进旅游、贸易、教育、环境保护、灾难救助的行动。计划中的这一地区内电路、电话和煤气网联通,一旦实施,它将构成一股重要的地缘政治一体化力量。

虽然中部美洲国家太小、太穷以至于不能达到加拿大与墨西哥享有的那种与美国的伙伴合作水平,但这并不意味着华盛顿可以忽视它们的政治及文化敏感性。那种出于冷战动机的美国对右翼独裁政府的支持已经不会再有了。它已经被强调经济发展以及鼓励民主政府和保护人权的行动所取代。

近来的历史已经证明,对中部美洲粗暴的军事干预并未带来长期的解决方案。一个更加明智的策略是扩大平衡贸易和经济援助,以及在必要时将它们作为手段来加以运用。

加勒比海作为统一的北美洲及中部美洲地区一部分的长期地缘政治地位绝非是确定不移的。其与濒海欧洲和南美洲的深厚关系,加上其与美国的关系,也可能会使它发展成为一个独特的门户区,连接北美、濒海欧洲和南美,同时成为海洋辖区内部的一个重要枢纽。加勒比海地区对美国经济、文化以及战略上的重要性是无可争议的。但是,其与欧洲的关系也很牢固。加勒比和共同市场(CARICOM)的15个成员国和5个非正式成员国,以及10个加勒比海托管地,享受着准入欧盟香蕉、大米和蔗糖市场的优惠条件。另外,它们还从欧盟——这一地区当仁不让的最重要的转赠者——获得相当数量的发展资金,同时还是欧盟相当数量私人投资的接受者。

古巴与委内瑞拉代表着在加勒比海与南美洲之间一种不一样的桥梁,这基于它们对一些安第斯国家社会主义制度的衷心支持。尽管巴西还没有接受这两个国家激进的社会主义制度,但它所致力追求的是在自由市场与社会福利政策之间取得平衡。它显然是南美洲最强大的国家,它在加勒比海地区的政治影响正在增长。

随着加勒比海地区与欧洲及南美联系的加强,与北美向这种关系发展,加勒比海地区凭借其地理位置、历史、文化以及民族融合等因素,很可能会成为一个典型的门户区。

注释

① Frederick Jackson Turner, "The Significance of the Frontier in American History" (paper delivered at American Historical Association meeting in Chicago, 1893); reprinted in Turner, *The Frontier in American History* (New York: Henry Holt, 1920), 1-38。普查局负责人总结说，不可能再找得到一条边疆线，对它的范围和向西运动的讨论将不会出现在未来的普查报告中。从这里，特纳发展出他的论点，即随着边疆的消失，美国历史的第一阶段也就结束了。正是在此阶段中，特纳认为，开放的西部土地成为东方失意人群的安全阀，铸就了独立的开拓主义精神。

② Ellen Churchill Semple, *American History and Its Geographic Conditions* (Boston: Houghton Mifflin, 1903), 397-419; and Friedrich Ratzel, *Politische Geographie der Vereinigten Staaten* (Leipzig: Oldenbourg, 1897), 17.

③ Alfred T. Mahan, *The Problem of Asia and Its Effect upon International Policy* (Boston: Little, Brown, 1900), 24-26, 63-65, 84-86.

④ James Malin, "Space and History: Part 2," *Agricultural History* 18 (July 1944): 65-126.

⑤ George Cressey, *The Basis of Soviet Strength* (New York: McGraw-Hill, 1945), 245-46.

⑥ Alexander de Seversky, *Air Power: Key to Survival* (New York: Simon & Schuster, 1950), map facing 312.

⑦ Richard Lonsdale and J. Clark Archer, "Emptying Areas in the United States, 1990-1995," *Journal of Geography* 96, no. 2 (March/April 1997): 108-22.

⑧ Fred M. Shelley, J. Clark Archer, Fiona M. Davidson, and Stanley D. Brunn, *Political Geography of the United States* (New York: Guilford, 1996), 235-80.

⑨ Joel Kotkin, *The New Geography: How the Digital Revolution Is Reshaping the American Landscape* (New York: Random House, 2000), 3-26, 38-51, 130-39.

⑩ Shelley et al., *Political Geography of the United States*, 308-35.

⑪ *National Security and the Threat of Climate Change* (Washington, D. C.: CNA, Corporation, 2007), 63 pp.

⑫ Derwent Whittlesey, *The Earth and the State* (New York: Holt, 1939), 528-29.

⑬ Agence France-Presse, *Yahoo! News*, August 10, 2007, http://dailynews.yahoo.com/.

⑭ Ian MacLachlan and Adrian Guillermo Aguilar, "Maquiladora Myths: Locational and Structural Change in Mexico's Export Manufacturing Industry," *Professional Geographer* 50, no. 3 (1998): 315-31.

⑮ Semple, *American History and Its Geographic Conditions*, 397-419.

⑯ Nicholas Spykman, *America's Strategy in World Politics* (New York: Harcourt, Brace, 1942), 51-61.

⑰ "Central America's Border Order," *Economist*, March 13, 2000, 42.

第六章

南 美 洲

- △ 美国—南美洲关系
- △ 地理环境
- △ 地缘政治特征
  - 核心区
  - 有效国家领土
  - 边界领土争端和战争
- △ 地缘政治排斥力与吸引力
  - 排斥力
  - 吸引力
  - 区域经济组织
- △ 南美洲地缘政治独立的前景
- △ 结论

南美洲已经演变成为海洋辖区中一个独立的地缘政治区,而不再是冷战时期美国的地缘战略上的附庸。苏联在当时通过地方共产党和左翼反叛分子对这一地区的渗透,未能成功推翻美国支持的如阿根廷、智利、哥伦比亚、乌拉圭等这些国家的政府。但是,美国并未在南北洲大陆内部推进民主,也没有与巴西、阿根廷这两个最重要的大国结成紧密的伙伴合作关系。

随着苏联的解体,南美洲逐渐被美国视为处在它自己的战略与经济利益外围的地位。与撒哈拉以南非洲一道,它成了世界权力格局中的一个边缘地带。这一情形自世纪之交美国、濒海欧洲、中国及日本等对它的资源财富展开竞逐之后有了巨大变化。南美洲的矿产、木材、农业资源和市场成了被大力追逐的对象。巴西作为一个占支配地位、已走在成为一个世界强国之路上的地区大国的出现,加强了南美洲作为一个独立地缘政治区的角色地位。委内瑞拉对将合并玻利维亚和厄瓜多尔的"玻利维亚革命"的支持进一步使大陆与"北方大鳄"分开。

南美洲如今是海洋辖区中一个重要的区域。它没有在地缘政治上与北美洲和中部美洲融合在一起,所以不受美国带给离它更近的中部美洲拉美邻居同样的军事—战略影响。

美国—南美洲关系

一个统一的、泛美主义的半球概念,是门罗主义的愿景,它认为,这一地区对欧洲势力和殖民化是禁入区。它实质上是一个防御政策,专门用来阻止武装干预或控制那些从西班牙挣脱出来以及美国考虑将其放在自己后院里的新建立的拉美共和国。目标是要维持一个免受世界其他地方冲突影响的孤立的半球,以及保护前西班牙和葡萄牙殖民地的共和国性质。[①]当西蒙·玻利瓦尔使大部分安第斯地区摆脱了西班牙的控制,1822年创建新的大哥伦比亚共和国(Republic of Gran Colombia)时,美国给予了强烈支持。起初包括的国家有今日的哥伦比亚、委内瑞拉、厄瓜多尔和巴拿马。后来,秘鲁和上秘鲁(今日的玻利维亚)在联邦解散前加入了联邦。

地理因素阻止了美国对南美施加直接政治控制,它距离太遥远,一些国家面积太大,其他一些国家所处地形过于险峻。

经济因素在形成由美国第一次在门罗主义中详细阐述的泛美主义概念中承担了关键角色——西奥多·罗斯福(Theodore Roosevelt)的干预政策、巴拿马运河的控制、"美元外交"以及富兰克林·罗斯福(Franklin D. Roosevelt)睦邻友好政策都是同样目的的表现——将拉美作为美国的战略储备。

美国之所以认为南美经济重要是强烈地受到了发现亚马孙河流域潜力的影响。这一流域过去长期就被人们认为是世界上最富裕的地区之一,拥有广阔的未经开采的矿物、森林和农业资源,以及通向海洋运输的入口。这种认识又因巴西的橡胶业兴旺而进一步加深——这发生在 1839 年查尔斯·古德伊尔(Charles Goodyear)发明了橡胶硫化作用之后。大多数橡胶来自亚马孙河上游野生的帕腊橡胶树(或三叶橡胶树),它使巴西得到了对橡胶贸易的垄断权。橡胶业的兴旺一直持续到 20 世纪初,它吸引来了巴西东北部的移民,其中许多被安排在实际上是奴隶般的条件下工作。

随着近 19 世纪末橡胶种植向马来亚和苏门答腊的转移,亚马孙河流域橡胶业兴旺,就像非洲橡胶业的兴旺一样结束了。虽然福特汽车公司 1927 年重新引入橡胶种植园,在亚马孙河流域建起福特之城,但它在第二次世界大战后因为工人不足而放弃了计划。

认为西半球能够自给自足的观念同一个自给自足的泛欧非概念(Pan-Eur-Africa)一样虚幻。与可持续发展相反,南美经济一直呈现出繁荣与萧条的交替。这是秘鲁矿业中心的命运,而在巴西,它是木材工业的命运,东北蔗糖种植园的命运,也是米纳斯吉拉斯(Minas Gerais)金矿、东圣保罗州帕拉伊巴河谷(Paraiba Valley)的咖啡以及今日亚马孙硬木的命运。同样的经历还发生于智利北部的硝酸盐和巴塔哥尼亚的牧羊场。整个大陆的经济史就一直是迅速开发然后迅速耗尽的历史。而对快速致富的追求今天仍在伴随将哥伦比亚的古柯叶加工成可卡因,以及伴随哥伦比亚阳光和阴地两类咖啡的种植而在继续着。

一个南北战略结盟的概念不仅是从经济上看有缺陷,而且从空间上看也在产生误导。南美洲大部分地方距美国东部和濒海欧洲的距离一样近。在 20 世纪 30 年代和 40 年代,一个统一的能够实现自给自足的半球的观念,被美国孤立主义者利用来作为不干涉欧洲的民主国家与纳粹及法西斯政权之间斗争的一个理由。

在很多方面,发生在南方大陆域内的海洋国家与共产主义国家之间的冷战争夺,代表的是泛区(panregions)概念的延伸。具有讽刺意味的是,大量的争夺发生在形势已普遍明朗的时候,即这些地方并不是它们曾经被以为的全球资源宝库。尽管苏联与古巴尽种种努力在各个南美国家煽动马克思主义者的反叛,但他们没有能够在这一地区建立固定的据点,因而没有让南美大陆沦为一个破碎地带。乌拉圭、秘鲁和哥伦比亚被游击队的活动弄得四分五裂,但并没有落入受莫斯科支配的范围。

在智利,共产党与社会主义者势力联手使得阿连德成为拉美首位直选的马克思主义总统。但是,在执政 3 年之后,阿连德被一次受到美国暗中支持的军事政变推翻。阿根廷也经历了相当的动荡,第一次是在 20 世纪 50 年代末庇隆(Juan Perón)首次被赶下台之后的那段时间里,它被夹在庇隆主义者和共产主义势力之间而进退两难,第二次是在庇隆,然后庇隆的遗孀,在 1973 年到 1976 年重新掌握权力之后。但是,接掌权力的军政府发动了对包括马克思主义者和庇隆主义者在内的"肮脏战争",从此将阿根廷留在西方世界。尽管南美经历了这么多的混乱,但它没有沦为破碎地带,其原因是苏联与这一地区相隔太远以致不能与美国权力相抵。

地理环境

文化地理学家觉得将西半球沿着作为文化分水岭的格兰德河一分为二然后将英美与拉丁美洲分开很方便。但这对地缘政治不适用。美国与中部美洲关系的强度,尤其是与墨西哥的关系,已经超越了这条河作为经济、文化分水岭的障碍功能。封锁整个美墨边界以遏止非法移民流入美国的不可持续政策将不会削弱两国间的地缘政治联系。美国边境各州西班牙裔的政治权力、他们对劳动力队伍的贡献,以及他们向故土的现金汇款,是一股更强大得多的向心力。

另一个西半球分水岭是由自然环境形成的——北安第斯山—哥伦比亚科迪勒拉山系和南委内瑞拉—圭亚那高地的轮廓线,它们邻接亚马孙河,将中部美洲与南美洲分开。这是本作者借以划出地理分界线的那道分水岭。南美是一个面临两大洋即大西洋与太平洋的三角。两个规模巨大的自然特征影响着地缘政治版图——安第斯山脉和亚马孙河流域。安第斯山脉以其连绵的森林和荒漠,将南美洲分成东西两部分。巴拿马运河加强了这种分隔状态,使得南美洲西北部与加勒比海及北大西洋地区交流比横越大陆与南美其他地方交流更方便。

热带雨林、气候以及亚马孙河流域稀疏的居民点加强了南美与中部美洲以及南美洲西部与东部之间的障碍。利用河流作为统一西海岸国家与巴西之间的交通动脉价值有限,不仅是因为安第斯山脉的障碍,而且还因为缓慢和不确定的船运时间表。从亚马孙州南端到合恩角,整个大陆突然收窄,直至被称为南锥(Southern Cone)的地方。

除安第斯山脉和亚马孙州之外,另外的力量也趋向于从内部分裂南美洲。这些力量包括语言、文化和种族差异,它们可追溯到许多因素比如像航行方向、当地资源以及西班牙与葡萄牙之间的竞争,1493 年它们遵照《托德西里亚斯条约》(Partition of Tordesillas)对这一地区作了瓜分。在由西班牙控制管辖的部分,一套被称作"总督管辖制"的行政管理组织制度造就出了强有力和准独立的政治个体。这些个体有秘鲁、新格拉纳达(哥伦比亚、委内瑞拉和巴拿马),以及查科斯(Charcas)(其核心是今日玻利维亚)。这些个体辟出的各自的河道交通系统通向公海,然后通到各个分叉的海外连接点,这些连接点强化了总督辖区内个体的相互孤立状态。最后,几个国家依赖同样的商品,这在助推了不同国家争夺国外市场竞争的同时又限制了展开跨地区贸易的可能。

值得一提的是,除了在阿根廷与智利之间之外,安第斯山脉的山顶都没有作为国家

第六章 南 美 洲

分界线。在南边,安第斯山脉在这里形成了一个单独的山脉,它们又高,又窄,无人居住,足可保证担当障碍分界线功能。在北面,三个分立的山脉被高高的山谷相互隔开。在中间,有两座山峰和一个高谷。它们形成了一个宽阔但适宜人居住的地带。安第斯山脉中的盆地是一个统一地带,而不是分裂地带。山脉东坡上热带雨林地区起到了障碍作用。

南美洲地缘政治结构中的一个重要侧面是它的人口分布。在大陆西边,人口在历史上就是高地导向的。西班牙人为了获得矿产而定居在山中。他们发现了已经在那里的印第安人,而这种矿产与劳动力供给的巧合就使得欧洲人口留在了高地上。

为迫使印第安人去太平洋沿岸帮助开发港口作了一些尝试,但这些努力大多数都以灾难告终。原住民民族不适应多雨的低地环境,多患上严重热带疾病,总想方设法要逃脱强加给他们的强制性劳动条件。在西海岸较干燥的地方,比如像亚热带稀树草原以及南面的秘鲁沙漠,印加人就形成了一种灌溉文化。但他们的人数太少。当欧洲人后来寻求在安第斯山以北国家的热带森林海岸一带(以及在巴西沿岸地区)发展种植园农业,他们就从非洲引进奴隶,或从东印度群岛以契约形式雇用劳动力。

因此南美洲西部人口的中心——首都城市和商业枢纽——位于高地,在波哥大盆地、基多湾、秘鲁高地以及玻利维亚高原。只有在智利中部人口集中在低地上,这里有一个宽阔、湿润、气候温和的山谷,其东面是又窄又高的安第斯山脉,在太平洋沿岸是低海拔海岸山脉。

南美洲人口集中于高地的现象继续表现在中美洲及墨西哥的很多地方,进一步证明了一条原理,即热带及亚热带地区的较高海拔可抵消低纬度的不利影响。气候的垂直成带(zonation)过程使温度随海拔升高而下降,同时将最低海拔处的炎热热带气候改变成较高海拔时温和到凉爽的温度环境。

安第斯高地与海岸的邻近以及交通与通信的改善,为那些高地地区形成向海导向,从而走向更高城市化水平提供了相当大的潜能。在现代,随着卫生条件和医疗设备的改善以及空调建筑物的出现,让一部分人口转移至海滨一带,或者,在有限的意义上,转移到安第斯山脉东面含有能源资源的低地区域,是有可能做到的。后者作为处在安第斯山脉另一边的内陆,要么是热带雨林,或者,如玻利维亚的稀树草原地区。天然气矿床刺激了格兰查科北端玻利维亚圣克鲁斯(Santa Cruz)区的城市发展。但是,向沿海地区转移可能要在高地中心过分拥挤,以至牵涉到的国家除了从事重大的沿海或内陆开发就别无选择。

与大陆西边的人口形成对比的是,南美东边的人口分布在大西洋沿岸地区。这些地区包括从肥沃、易旱到水量充足的沿岸平原,这些平原从巴西东北部伸展至阿根廷的布兰卡港。它们背倚低海拔的巴西东部高地,高地后面是平坦的草地高原。在南边,大

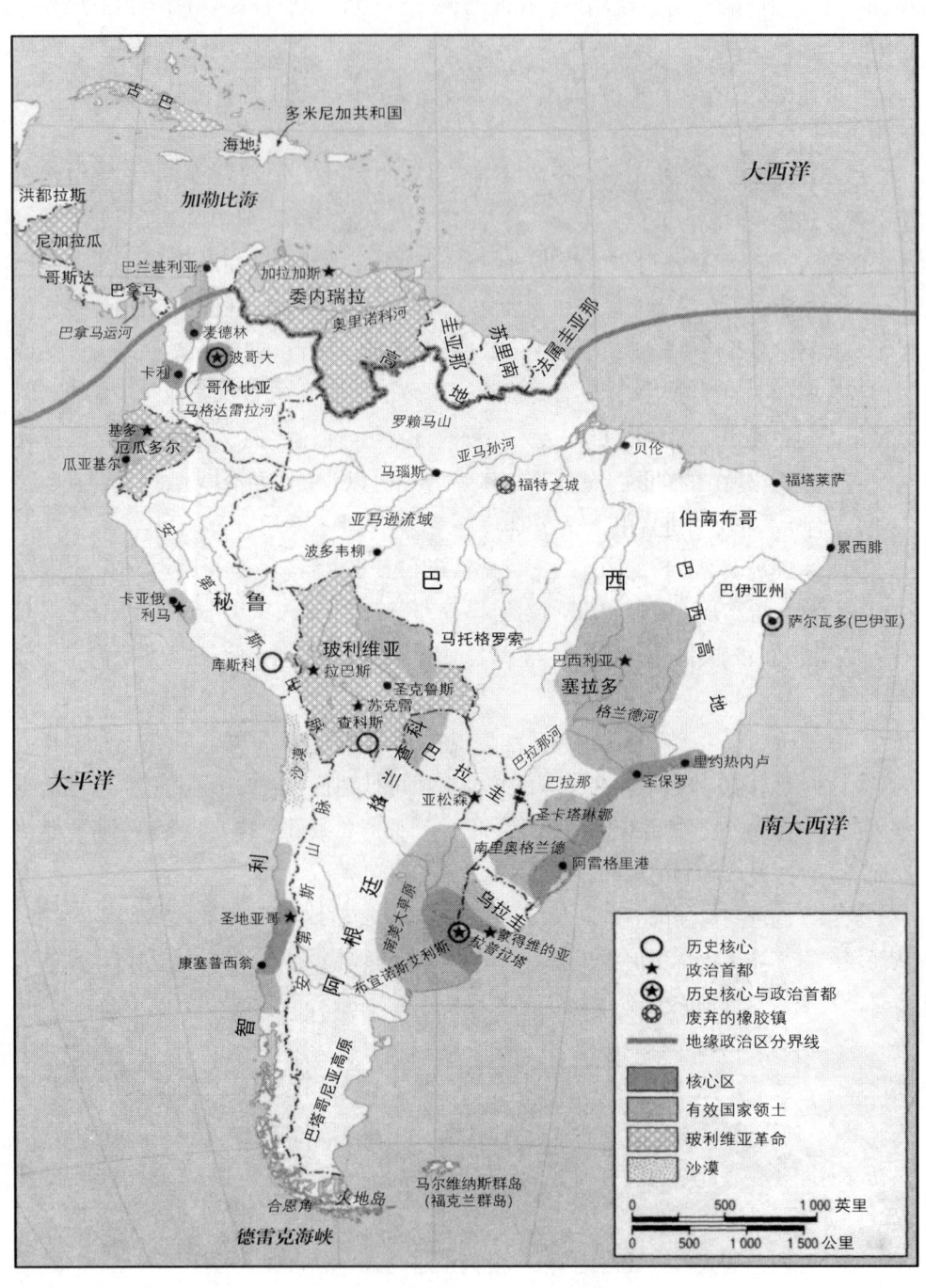

图 6.1 南美洲：主要地缘政治特征

量人口向内陆渗透,他们沿着巴拉那港湾出发进入稀树大草原,然后到格兰查科,高度体现了这一区域经济面向海洋港口和国际贸易的倾向,同时也体现了这里温和的中纬度气候特征。

南美洲的绝大部分人口居住在西部、沿岸山脉地区或在东部沿海平原及容易进入的高原等地,但内陆却因为雨林、干草地和巴塔哥尼亚沙漠而成了一个空核。南美洲大陆人口及资源的重心在东部。巴西、乌拉圭、巴拉圭和阿根廷有将近2.5亿人口,而西边——哥伦比亚、厄瓜多尔、秘鲁、玻利维亚和智利——仅有1.1亿。在面向加勒比海地区的哥伦比亚部分,其人口数量占不到国家总人口的10%。在委内瑞拉,情况刚好相反,它90%的人口面向加勒比海地区,而只有不超过10%的人口居住在该国的圭亚那高地和奥里诺科河地区。

地缘政治特征

南美洲的地缘政治特征对一个享有长期民族独立的大陆来说,至今依然显得非常不成熟。例如,它既缺乏历史的也缺乏当代的、具有足够地区性影响能力统一东部或西部地区——更别说整个大陆——的国家性首都。

核心区

在南美洲西部,哥伦比亚、厄瓜多尔、秘鲁和智利的国家核心区全被限于相距几百英里的山区盆地。事实上,秘鲁的核心区以利马为中心并延伸至沿海地区的卡亚俄,距智利的核心区域1 500英里,后者自圣地亚哥起向南延伸至康塞普西翁。

在大西洋一侧,不同国家的核心区相距很近,不过巴西与巴拉圭的核心区还是与地理上相连的阿根廷与乌拉圭的核心区离开有相当的距离。巴西的历史核心和第一个核心区位于巴西东北部。早期移民被吸引至东北海岸定居乃是因为那里适宜种植糖料作物。开发的重点是,从萨尔瓦多(巴西的第一个首都,在巴伊亚州)延伸至伯南布哥州的累西腓的一带。在大规模从非洲引进奴隶的基础上,糖料作物种植园文化得以蓬勃发展。当这一行业在19世纪由于土壤肥力耗尽、海外竞争以及蓄奴制的废除等原因,这一地区的经济开始衰落,同时巴西的居民点及经济活动向南转移至今日核心区所在的地方。东北部现在是一个非常贫困,极易发生干旱的地区,这与它昔日的繁荣时代是大不相同了。

巴西今日的核心区沿海岸线从里约热内卢延伸至圣保罗,然后到近海岸的南方圣卡塔琳娜州和南里奥格兰德州。米纳斯吉拉斯的水力发电和矿产(黄金、钻石,以及丰富的铁矿储量)为19世纪末20世纪初的里约热内卢的工业化过程提供了资本和物质基础,当时新的核心区已经开始在里约热内卢出现。促进里约州经济增长的沃尔塔雷东达,位于距里约州 50 英里不到的内陆区,第二次世界大战以后发展成为世界上最大的综合一体化钢铁厂,现在它供应着国家一半的铁与钢材。

从里约州,核心区接着向南铺开,因为圣保罗的咖啡种植园导致了巴西随后的一次经济兴旺。数年以来,总是需要新鲜土壤的种植园从圣保罗州东北部搬迁到该州的北部和西部,以及向南进入巴拉那州。正是咖啡为圣保罗的工业增长提供了资本。

到 20 世纪 60 年代,圣保罗已成为巴西核心区的重点,而一直到今天还是这样。它是南美洲的主要金融中心和南美洲大陆面积最大、最富裕和城市化程度最高的地区,有 1 000 万城市人口,郊区人口在 800 万之上。它广泛的工业基地包括电子器件、远程通信设备、药品、化学品、食品和纺织品等等。

如果巴西核心区最终与阿根廷—乌拉圭的核心区——以拉普拉塔河河口为重点——融合在一起,它将要归功于圣保罗的经济实力。但是,这种扩张只是一种长期的前景,因为巴西的阿雷格里港与蒙得维的亚—布宜诺斯艾利斯的距离有 450 英里。

有效国家领土

巴西内陆稀树草原的有效国家领土和它最南边的草地也许会有一天与乌拉圭和阿根廷大草原——全都是能够吸引人口和实现经济发展的地区——相连,但是这也是一种长期的前景。情况同样的还有巴拉圭东部和玻利维亚东部大片辽阔的肥沃而未开垦的土地,它们的发展可以通过改善铁路和公路而得到加快,就像航空服务之于巴西沿岸一样。构成巴西、玻利维亚及巴拉圭的有效国家领土融合的主要障碍不仅是它们的放牧经济养活较大人口的有限能力,而且还有它们之间的潘塔纳尔地区的位置。潘塔纳尔是横越巴拉圭河的一片开阔的湿地,易受季节性洪水泛滥影响,在这一阶段实际上它没有利用价值。

边界领土争端和战争

有几个边界或领土问题也阻碍了区域合作。[②]智利对在南极洲的领土主权要求部分地与阿根廷及英国的要求重合。玻利维亚在太平洋战争(1879—1883)之后将阿塔卡马沙漠(Atacama)割让给了智利。结果,玻利维亚不再拥有通往海洋的主权走廊,而它继续怀着领土复原的愿望。两国还对劳卡河(Rio Lauca)用水权存有争端。这与 1962 年由智利建造的一个大坝和水电工程有关,玻利维亚控告它使得流入玻利维亚的水量减少,导致科伊帕萨(Coipasa)湖盐分增高。

巴西与乌拉圭的边界有两段处于争端之中。一个是在夸拉伊河地区。另一个涉及夸拉伊河和乌拉圭河交汇处的岛屿。

哥伦比亚与委内瑞拉在委内瑞拉湾存在海上分界线的争端。另外，尼加拉瓜挑战哥伦比亚对圣安的列斯与普洛维登西亚群岛的所有权，它位于尼加拉瓜蚊湾对面，是一个旅游业中心和将可卡因从哥伦比亚运往美国的中转站。

厄瓜多尔与秘鲁对它们在亚马孙地区的边界问题有过长期和激烈的冲突。这要追溯到1942年的马拉尼翁河战争，从这场战争中秘鲁得到了对马拉尼翁河东北段地区的控制权。它包括马拉尼翁河上游和基多港，因而提供了通往亚马孙河湾的入口。厄瓜多尔只是很勉强地接受了这一和平方案。在经过20世纪80年代、90年代早期以及1995年的第二次零星战斗之后，它们最终在阿根廷、巴西、智利和美国的调停下于1999年达成协议。协议确认了秘鲁提出的边界沿秃鹰山顶峰穿过的要求，同时又给了厄瓜多尔一块秘鲁在亚马孙河流域的土地(1平方英里)，供其安葬军事英烈。协议为整合两国经济(特别是在边境区)和联接两国电网作了准备。它还给予了厄瓜多尔在亚马孙河以及在秘鲁境内支流航行和贸易的权利。

福克兰群岛(马尔维纳斯群岛)是由英国管辖的，阿根廷对其提出了主权要求，1982年阿根廷对该岛发起了一次注定要失败的军事入侵。尽管布宜诺斯艾利斯还没有放弃主权要求，但自那场战争后争端就停止了。阿根廷还对英国管辖的南大西洋火地岛以东2 000英里的南乔治亚岛和南桑威奇岛提出了主权要求。在福克兰群岛战争期间，阿根廷军队侵入了南乔治亚岛，但被英国人赶走。两国间的另一个争端是针对南极洲的领土主权问题，这里，它们双方的要求发生重叠。

智利与阿根廷之间就比格尔(Beagle)海峡大西洋一端三座岛屿的控制权问题发生争端，最终以将这些岛屿给予智利而告结束。阿根廷从来就没有接受过这项裁决，但两国间的某种合作精神在今日占了上风，他们已在该地区从事能源开发联合项目。

地缘政治排斥力与吸引力

排斥力

各种离心力——物质的、经济的、社会的和政治的——将南美洲分隔开，导致了其地缘政治上的分裂状态。③这些包括各不相同的历史走向与文化，对领土扩张和边界的争端，以及国与国之间重要贸易联系的缺乏(随着南方共同市场东海岸自由贸易区的建立，贸易联系已有了大幅增加)。直到现在，巴西缺乏能力或者不愿意发挥它的地区性支配作用，这是阻碍地区凝聚力形成的一个重要因素，尽管其人口占到这一地区人口的60%。

大陆分裂状态被国家的和地区层面的各种种族和少数民族群体的分裂恶化了。例子有巴西东北部的非洲裔巴西人飞地，哥伦比亚的太平洋及加勒比海沿岸黑人人口，安第斯、东安第斯皮埃蒙特东部、亚马孙河流域和奥里诺科河上游的印第安人。维续或保护所谓大地产者(*Latifundia*)大庄园财产的法律帮助将这些人口留在了原来的地方。

南美洲那些享有有利自然条件的地区可以算是本应处于赤贫状态的热带和副热带地区中的富裕绿洲了，后者常年遭受土壤贫瘠、旱灾或洪水，以及远离海洋，山脉阻挡了有效陆上交流之苦。那些确实迁往肥沃高原盆地的人口生产出了富余产品，带动了商业与工业的发展。随着这些富裕人口地区的工业化，它们吸引了农村贫困人口。结果是主导城市的形成，它吸引了成千上万的无土地人口，他们无房居住或者不能在城市中就业，因为人口已经超过了经济承载能力。偏远的中心，因失色于主要城市中心并通常被高度集权化的国家政府机构绕过，渐趋萎缩。南美的经验证实了孟德斯鸠的判断，集中通过剥夺地方中心作为首府的活力而导致人口减少。④

另一个增加地缘政治不成熟的因素是时断时续的国家经济开发和国际政治关注。间歇性的南美开发行动再经常不过地与危机政治有关，比如由巴西旱灾造成或者由阿根廷选举及金融危机带来的局面及其处置，然后又随着紧急情况的消失而被搁置一边。这一情形被美国未能给予这一地区一个公正、稳定和持续的政治关注、经济援助和资本投资加剧了。相反，它通常以发起极少超过一届总统任期的项目应对危机。在最近的几十年中，从哥伦比亚和厄瓜多尔等国进入美国的移民，以及从哥伦比亚和——更早时期——秘鲁的毒品流入，占去了华盛顿不小的注意力。鉴于这类事情具有长期的影响，它们可能会促使美国对哥伦比亚的发展援助，连同禁毒计划一起采取一种长远的策略。

吸引力

尽管存在将南美洲大陆东部与西部分开的分裂力量，但也有重要的将两者连接起来的吸引力。最重要的，存在一种将所有南美国家结合在一起的拉丁文化，这是一种超越具有葡萄牙历史和语言的巴西与大陆其他国家之间差异的纽带。此外，单就这在南美洲东部的主导地位，对南美洲西半部就是一种吸引。

在南美洲东海岸与西海岸国家之间经济上存在某种互补。南美洲西部较之东部有相对更强的矿产基地，这可能会成为拓宽交流的基础。空中航线目前提供了解决山脉和热带雨林障碍影响的替代选择。同时，上游水道将巴西亚马孙流域的马瑙斯(Manaus)与西部的秘鲁伊基托斯(Iquitos)以及中部的厄瓜多尔以及这个国家的道路系统连接在一起。从马瑙斯向南往马代拉河(Rio Madeira)上游方向，水路通往巴西的波多韦柳(Porto Velho)。从这里一条路向西伸入秘鲁。但是,这些陆上连接还处在开发之中。跨亚马孙平原公路(Trans-Amazon Highway)的一条支路网已经竣工,已与玻利维亚和秘鲁的公路系统接上,但主要公路站点还离哥伦比亚边界有很远距离。同样,亚马孙平原的公路北环确实接上了委内瑞拉与圭亚那的道路系统,然而没有越过巴西往哥伦比亚方向的罗赖马州(Roraima)。此外,一条从玻利维亚大气田通向圣保罗的天然气管道已经铺设完成,而另一条完成的天然气管道从阿根廷南部内陆,穿过乌拉圭到达巴西南部海岸阿雷格里港。巴拉那河上的大坝建筑是另一种吸引力和统一行动的证明。建于巴拉圭与阿根廷之间的巴拉那边界河河段上的亚西雷塔水坝(Yacyreta Dam)1994年开始发电。另一座水坝正在由两国筹划建在上游的科尔普斯。再往上游,巴西与乌拉圭在其共同的河界上联合建造了巨型的伊泰普水坝,就在伊瓜苏瀑布上方。

区域经济组织

吸引力的一种表现是区域性组织。南美洲的两股主要吸引力是南方共同市场和安第斯集团。南方共同市场是1991年《亚松森条约》中建立的地区性自由贸易协会,其成员包括巴西、阿根廷、乌拉圭和巴拉圭。智利与玻利维亚是非正式成员,已经与南方共同市场签订了协议。该组织正式成员国,以其将近2.5亿的人口,加在一起的国内生产总值有近2.5万亿美元,年贸易额超过3 250亿美元。集团间四国贸易自其成立以来已是原来的3倍以上,占所有成员对外贸易额的12%。这不仅可以归功于成员之间的自由贸易,而且还要归功于集团外进口共同关税的降低。另外,外国投资受南方共同市场——尤其是巴西——的市场规模吸引,猛烈增长,巴西今天接收到的外资是其10年前的10倍之多。

不幸的是,过去几年来由于未能按照一个具有共同对外关税的真正共同市场的做法坚持下去,以及由于货币贬值和经济停滞引起的金融危机,集团内的贸易开始走平,不见新的增长。但是,与集团外国家贸易的比例出现了增长。巴西、阿根廷和乌拉圭的大部分贸易都发生在与南方共同市场以外的国家之间。只有巴拉圭将其一半的出口品输往南方共同市场国家。美国——巴西最重要的贸易伙伴——占集团总贸易量的15%以上。2007年,委内瑞拉寻求成为南方共同市场正式成员。巴西鉴于巴委两国间不断加大的政治裂痕没有批准,委内瑞拉欲想在不久的将来加入该贸易集团不大可能实现。

在巴西继续致力于增加与南方共同市场邻居的贸易并支持它们经济发展的同时,其他海外市场为巴西的原材料——大豆、谷物和矿物——提供了更加广阔的空间。巴西已成为世界上使用乙醇最多的国家。自2003年以来,它要求每一辆新车使用混合常规汽油或使用百分百乙醇。由于它现在拥有的石油储备和这项政策,它在发动机燃料方面已能做到自给自足。一旦美国以其对乙醇的潜在需求,降低对以蔗糖为原料的巴西产品的关税,则巴西东北部的种植者们将会体验到更大的出口兴旺。

南方共同市场的经济影响力使它能被用作一种提高地区基本建设水平的手段。另外,它对成员国的政治影响力是实实在在的。例如,将民主政府作为加入集团的条件来要求,对一个在过去两个世纪的大部分时间都受着独裁和腐败困扰的大陆来说,代表了政治史上的一个巨大的突破。这一政策帮助挫败了巴拉圭的政变企图。

智利一度曾为加入南方共同市场成为其正式一员作了顽强努力。但是,在2000年结束之际,它收回请求,转而代之以寻求与美国签订一项自由贸易协定。这一两国间的协定于2004年签署。巴西将它自己视为包含整个南美洲在内的西半球经济集团的关键角色,反对华盛顿发起的美洲自由贸易区,因为它担心这一建议代表了美国欲控制西半球经济统治权的企图。在寻求新的市场过程中,巴西的偏向或许会导致与欧盟建立自由贸易协定的谈判。

作为南美洲绝对的最大市场、拥有相当于俄罗斯经济规模的巴西及其领导人期望自己被视为与美国平等的角色来对待。这不仅适用于经济谈判,而且适用于华盛顿制定的影响到这一地区的政治决策,如对哥伦比亚的政策。

安第斯集团创建于1969年,包括玻利维亚、智利、哥伦比亚、厄瓜多尔、秘鲁和委内瑞拉(后者在地缘政治上属于中部美洲)。因为——除智利和委内瑞拉之外——安第斯集团代表了经济上处于挣扎和不稳定阶段的国家,它远没有南方共同市场重要。智利的人均收入是委内瑞拉的将近两倍,尽管后者具有石油财富,并且仅次于阿根廷。安第斯集团的功能主要局限于形成共同规定以便控制外国投资。能够为这一集团带来关系推升的将是智利与玻利维亚之间订立一个确保后者对能源贫乏的智利的能源供应协议。但是这样一个协议将要求智利恢复玻利维亚失去的通向大海的入口。这又进一步让以下事实弄复杂化了,即这样一个走廊将不得不穿过秘鲁领土。

总体来说,安第斯集团的贸易是发生在与美国和亚洲之间。委内瑞拉联络玻利维亚和厄瓜多尔左翼政府,同时为这些国家提供经济支持的举动,降低了其与美国建立双边自由贸易协定的前景。美国国会2007年12月批准了与秘鲁的自由贸易协定,但还没有批准政府已与哥伦比亚及与巴拿马和韩国达成的协定。

作为南方共同市场一个非正式成员,智利怀着重新加入安第斯集团的希望——它1976年离开——寻求与两个南美组织保持贸易联系。但是,它的对外贸易未来是在美国、中国和亚太沿岸地区。智利2005年与美国签订了自由贸易协定,是向中国出口铁矿石、硝酸盐和贵金属的主要国家之一。

2008年5月,南方共同市场与安第斯集团12个成员国模仿欧盟模式结成了南美国家联盟(South American Union, UNASUR)。联盟起初的重点是在自由贸易与经济发展,但其影响在有一个固定的交通与通信机构被创建起来之前,可能是有限的。即使有了这样一个联盟,安第斯集团全然进入巴西的经济及地缘政治势力范围也是不大可能的,也不可能会与阿根廷和乌拉圭发展有意义的联系。美国市场对安第斯共同体比巴西或其他南方共同市场国家远为重要,安第斯集团的伊比利亚—印第安文化与浸淫葡萄牙文化的巴西或其南边的欧洲—西班牙国家的文化距离更远。

南美洲地缘政治独立的前景

在以巴西占主导地位的南美洲大陆,完全的地缘政治统一因在大西洋与安第斯南美之间深刻的地理条件及民族文化差异而成为不可能。但是,南美洲作为一个地缘政治区的独立性通过巴西持续的经济增长、政治稳定和世界影响而得到了加强。巴西当仁不让是南美洲国家中占主导地位的政治及经济强国,以及世界上重要的地区性大国之一。它的人口(占南美洲总人口 3.6 亿中的 1.9 亿)、面积(占南美洲总面积 640 万平方英里中的 330 万平方英里)和国内生产总值(1.65 万亿,或占南美洲总数的 55% 以上)让大陆其他地方相形见绌。⑤拥有除与智利和厄瓜多尔之外每一个南美洲国家共同边界的巴西,作为南美洲地区的巨人,其在地理上注定要影响其他国家并给其他国家施加压力,特别是在多种跨大陆交通和能源项目被完成之后。

有利于实现巴西经济发展前景的因素是它对投资资本具有吸引力的广阔市场,丰富的铝土矿产、黄金、铁、锰、镍、磷酸盐、铀、木材和水力等自然资源。它在石油开发方面已取得快速的进展,2006 年巴西在石油供应方面已完全能自给自足。

在远离东南沿海发现的储量丰富的图皮(Tupi)深水油田及随后规模甚至更大的近海卡里奥卡油田的发现为将巴西转变成全球能源强国提供了可能。当这类石油最终进入输油管道,巴西的储备将使其能够成为在南美洲仅次于委内瑞拉的石油出口国。这将为巴西提供抗衡查韦斯依靠石油支撑的外交政策目标的新的政治砝码。

在现在尚依赖玻利维亚和阿根廷的天然气之同时,巴西能够开发自己在圣多斯盆地的近海天然气矿床,向实现国家的天然气自给自足目标迈进。这将要求进行大量的投资,将国家的天然气管道分布系统扩充一倍,从而使气田进入投产的时间表不太确定。农业也是一种优势,它的农产品出口占了总出口的 1/3 强。塞雷多已经成为一个迅速成长中的商业性农业综合经营的地区。凭借比沿海各州更加稳定的气候,这些内陆的稀树草原已经成为大豆、优质棉和牛肉生产的主要中心。

马托格罗索州现在已是巴西重要的大豆生产地,巴西第二大水稻种植地区和第四大养牛基地。大豆今天通过大型平底船顺马代拉河而下至亚马孙河伊塔科蒂亚拉港,然后换远洋轮运送。为了使这一地区能获得更多发展机会而增加的交通路线,是拟议中的位于亚马孙河东端的圣塔伦港北面长1 200英里的全天候公路,以及一条从马托格罗索南部到费隆诺特,再到圣保罗和桑托斯港的铁路交通线。凭借在其有效国家领土内新开辟的土地上生产和运输成本较低,巴西已超过美国成为最重要的大豆产品出口国,阿根廷列第三位。这三个国家占了世界大豆贸易的90%。不过,美国的市场份额随着巴西扩大生产以满足中国的需求而继续下降。

此外,圣保罗州依然是世界上最大的咖啡生产地。当这类作物再被增加到蔗糖、橘子及其他水果、小麦、水稻、家禽和烟草等队列当中之后,巴西农业的前途一片光明,特别是考虑到其以甘蔗为原料的乙醇的前景。农产品在巴西与其主要商业伙伴——美国、德国、荷兰和阿根廷——达成贸易平衡的过程中起到了特别重要的作用。

巴西工业经济的广度也增加了国家的经济实力。巴西的工业产品包括铁(巴西主要的出口产品)和钢产品、水泥、纸张、纺织品、化肥、电子器件、远程通信设备、汽车组件和民用飞机等。巴西正与加拿大争当这类飞机世界第三大生产国。

虽然巴西绝对是唯一的能够保护南美地缘政治统一性免受"北方大鳄"支配的国家,但它能够充分在自己本地区内运用地缘政治权力的程度受到了它国内挑战的限制。大范围的贫困、通货膨胀以及在黑人(占6%)和"棕色人口"(或混血人口,占38%)和白人之间的种族界限困扰着巴西。虽然种族界限并没有公开表现在人际关系当中,但它在经济上得到反映,非白人遭受着更高得多的失业率,更低的受教育水平。太多的这类问题都集中在巴西东北部的事实就是这种界限存在的证明。全球变暖是构成对巴西长期稳定的又一个重大威胁。亚马孙森林担负着世界1/5碳排放的全球存储仓功能。干旱、火灾、木材采运及庄稼作物收割已造成亚马孙地区大面积森林减少,所释放出的二氧化碳数量甚至于占到了巴西排放的3/4,使巴西成为世界上第四大温室气体制造国。这是发生在巴西已成功地通过利用乙醇减少了汽车排放的情况之下。

直到最近,巴西采取了与其他主要新兴经济体政府同样的立场——最富裕国家应对废气排放承担责任并率先采取行动。随着国家的降水及植被模式开始发生变化,巴西政府的态度与行为也在发生改变。全球变暖会引起干旱在巴西东南部谷物产地的普遍化,减少亚马孙河流域的降雨量。目前在亚马孙河流域建大坝与水库正处于筹划之中,目的是用管道将水输送到圣保罗,以满足工业与农业的需要。另外还有人担心亚马孙河东端的热带雨林有可能遭受土壤和水分流失,逐渐使树林转变成稀树草原。巴西利亚今天正在考虑采取市场化策略,如"总量控制与交易制度"(cap and trade),花钱使亚马孙河流域农民与原住民民族不去砍伐森林。

扩大与濒海欧洲及美国的海外联系将会为巴西带来新的经济与政治权力,使它得以在打造一个一体化的南美洲东部地缘政治区的过程中起到领头作用。这样一个地缘政治区将会包括巴西、阿根廷、乌拉圭、巴拉圭、大致可以肯定的智利,以及也许还有玻利维亚。

最近一个可用来衡量巴西对美国增加的重要性以及它自身对世界权力渴望的标准是巴西 2000 年 4 月与美国签订的协议。这一协议让美国能够使用巴西位于大西洋这一侧、亚马孙河三角洲东面的阿尔坎塔拉空军基地,这个基地是美国发射宇宙飞船和通信卫星的理想地点。反过来,巴西得到了资金,开发生产它自己的火箭和无人驾驶航天器。

尽管南美洲东部地缘政治统一的潜力很大,对西部来说,安第斯集团国家一体化的前景则要暗淡得多。事实上,随着美国与委内瑞拉在意识形态和经济利益方面的竞争日益增大,安第斯地区有成为一个微型破碎地带的危险。中部与北部的安第斯国家被内部的暴力与跨边界冲突弄得四分五裂。此外,不像东部,它们近来在巩固民主政府方面已取得长足进步,这些国家依然大多还处在威权主义政权控制之下。

南美洲西部随处可见的混乱被毒品贸易的收入加剧了,这种贸易既支持了左翼反叛分子,又支持了右翼民兵组织。在这方面,哥伦比亚的形势最为严峻,这里大规模的古柯生产已经替代了过去 15 年里在秘鲁、厄瓜多尔和玻利维亚被铲除的大部分古柯种植面积。哥伦比亚产量的大头是在南部和东南部,这里最大的马克思主义游击队——哥伦比亚革命武装力量(FARC)——继续对这里的很多人口稀少的乡村地区施加着控制,从对古柯和罂粟种植者以及毒品生产者征税而壮大自己的力量。

这项收入已让反叛组织得以维持一支拥有 12 000 名战士,使得哥伦比亚军队元气大伤的强大队伍。一个规模较小的反叛组织——受到古巴支持的哥伦比亚民族解放军(ELN)——活动在东北部一带,在这里它通过向石油生产商敲诈钱财以及通过抢劫等维持生存。这些游击队以油田和输油管道为目标。联合起来反对这两个反叛组织的是政府军和右翼民兵组织以及他们的那些已对左翼分子发起过恐怖袭击行动的杀手小队。无论左翼还是右翼团体都不是软弱的中央政府所能控制的。实际上,当右翼民兵组织在 2006 年被遣散之后,他们从反游击队战士蜕变为分散的帮伙,成为重要的可卡因贩卖群体,期间他们还同时腐蚀着高级政府官员。华盛顿的哥伦比亚计划调拨了 50 多亿美元给哥伦比亚,试图根除可卡因生产,引导农民种植替代作物,打击并战胜叛乱。然而尽管如此,可卡因出口势头不减,国家越来越受到鸦片经济和鸦片社会的困扰。哥伦比亚今天供应着世界上超过 80% 的可卡因,以及由美国消费掉的海洛因中的很大部分(其余可卡因由墨西哥提供)。如果要使和平与正常化回到哥伦比亚,则反叛分子、右翼民兵组织及贩毒集团之间的联盟就必须被打破。

许多企图结束政府与哥伦比亚革命武装力量之间战争的努力都已经失败了。在 1998 年 11 月,哥伦比亚总统安德烈斯·帕斯特拉纳(Andrés Pastrana)作了一次大胆的企图结束两者之间战争的尝试。为促进和平谈判,他专门划出一块25 000平方英里的区域作为非军事区(DMZ),而这里的控制权就交给哥伦比亚革命武装力量——实际上是国中之国。但是,随后的谈判几未产生什么实质性结果。非军事区成了哥伦比亚革命武装力量的安全庇护地和借此加强军事实力的基地。2002年初,哥伦比亚革命武装力量发起了一波针对哥伦比亚政治领导人的绑架与谋杀行动。作为回应,帕斯特拉纳总统在2002年2月20日终止了失败的谈判行动,命令政府军重新夺回非军事区。在阿尔瓦拉多·乌里韦(Álvarado Uribe)总统的领导下,战争重新开始,哥伦比亚革命武装力量开始从非军事区战略撤退,又重归游击队战术。

随着哥伦比亚内战的恢复,华盛顿增加了军事援助,2006年与哥伦比亚达成双边自由贸易协定。与人数较少的哥伦比亚民族解放军进行了断断续续的谈判,离今天最近的一次搁浅是2007年谈判之后。尽管美国与哥伦比亚保守派政府之间存在强大的联盟,但乌里韦总统仅勉强同意与委内瑞拉总统查韦斯会谈,让后者扮演一个调停者。而查韦斯尽管在一开始受挫,但还是设法安排释放了两名引人注目的长期被哥伦比亚革命武装力量拘禁的人质。这对查韦斯来说是一个政治胜利,证明了他在南美左翼革命团体中的影响。但是,这没有可能导致哥伦比亚与委内瑞拉之间外交重建或者削弱华盛顿与波哥大之间的关系。

即使打击哥伦比亚古柯种植这场运动取得成功,总还存在这种可能,即古柯生产也许会转移到周边安第斯国家,这里曾经种植古柯的地区大都已在美国的协助下被根除了。同时,世界其他地方很有可能会取而代之,比如像阿富汗黄金新月地区、巴基斯坦和伊朗,或者像缅甸金三角、泰国和老挝等这些现在或过去就是重要的罂粟和海洛因生产商地区(塔利班曾经根除了罂粟,但自他们被美国驱赶下台之后,现在的阿富汗生产着世界上超过90%以上的供应量)。哥伦比亚内战已牵连厄瓜多尔,后者为走私武器和毒品出口提供了后方基地;秘鲁亚马孙地区,哥伦比亚革命武装力量通过它接收走私来的武器;委内瑞拉松懈的西部边境成为哥伦比亚毒品贩子的一条渠道。

厄瓜多尔一直受到政治不稳定的困扰,其自1996年以来已经历了8届政府。2006年,拉斐尔·科雷亚(Rafael Correa)当选总统。作为一个狂热的反美左翼分子,他动作迅速地获得了对国家政治机构的控制,同时与委内瑞拉结成紧密的联盟,成了玻利维亚革命中的重要一员。与华盛顿的紧张关系随着没收美国石油公司财产和取消美国对曼塔军事基地的租用而升级。

尽管如此,美国依然是厄瓜多尔最重要的石油出口市场,它占到国家外汇收入的40%,税收收入的1/3。虽然说厄瓜多尔正在将更多的石油出口转向日本及其他亚太市场,但就与美国的石油贸易这方面来说,经济必然性还是可能会战胜马克思主义意识形态。厄瓜多尔的油田坐落于奥连特区,其原油通过300英里的输油管道向西横穿安第斯山脉一直到太平洋边的埃斯梅拉达斯港。这种石油生产是以高昂的环境及政治代价换来的。清除热带雨林以为石油开采和往外输送腾出空间已经侵蚀了原住民民族的故土。这种情况以及石油工人因薪酬和工作条件而举行的罢工,让奥连特陷入混乱之中。

玻利维亚也经受了骚乱和政治不稳定之苦。当左翼人士埃沃·莫拉莱斯(Evo Morales)2005年当选总统时,他是1995年以来的第四位总统。作为前古柯生产工人工会的主席,莫拉莱斯迫使所有外国公司通过重新谈判达成石油与天然气合同,以与他所拥护的玻利维亚革命一致。

作为安第斯集团中最贫穷的国家,玻利维亚严重依赖与巴西、哥伦比亚以及其他南美洲国家的贸易往来。它的经济未来很大程度上要取决于向巴西的天然气出口。玻利维亚的气田位于奥连特区,即所谓的查科斯三角(由科恰班巴、苏克雷和圣克鲁斯省诸城市组成)。它被塔姆斯(Tambs)形容为"玻利维亚心脏地带权力中心",而数年过后,它提出了更多的自治权要求。⑥这在2008年圣克鲁斯省的一次全民公决中得到了压倒性的支持。奥连特的经济面向巴西,2007年玻利维亚领导人提出将玻利维亚的资本从拉巴斯高地(La Paz)转往国家重要的商业中心苏克雷。1898年,在血腥的战争中,苏克雷让出首都地位给了印第安原住民人口的中心拉巴斯。奥连特的反莫拉莱斯情绪和它经济上面向巴西的定位使得莫拉莱斯难以完全采取反西方主义和革命主义的立场。

在阿尔韦托·藤森(Alberto Fujimori)总统的领导下,将秘鲁弄得四分五裂的20年内战结束了。1992年,光辉道路毛主义派领导人的被俘导致了反叛分子的失败。几年之后即20世纪90年代末,图帕克·阿玛鲁(Tupac Amaru)叛乱也被镇压。在藤森独裁统治期间,秘鲁引入了自由市场改革,但其总统任期存在普遍的腐败和贿赂。2000年,藤森逃往日本,在日本他正式发表辞职声明。2007年,秘鲁成功地将其从智利引渡回国,并就其在打击反叛分子中的侵害人权行为,以及行贿受贿与非法窃听等对其进行审判。在藤森被赶下台后的6年时间里,国家遭受了相当程度的政治不稳定。2006年当选的总统阿兰·加西亚(Alan Garcia)与华盛顿建立了以秘鲁—美国自由贸易协定为基础的牢固关系。美国是秘鲁主要的贸易伙伴,其基础是秘鲁有矿产、石油、纺织品和食物产品与美国的消费品和机械交换。从发展的角度看,南美洲大陆尚处于差异化阶段。南美各国追求自给自足的内驱力促进了这种差异化。向专业化整合迈进的第一个标志是在巴西、阿根廷和乌拉圭之间的贸易与通信联系的增长。既然巴西已经与经济孤立主义发展战略告别,朝向更高一级的专业化整合层次的运动可能会被加快。

阿根廷自2001—2002年金融崩溃之后重新获得经济稳定,其经济继续保持南美第二大规模。半个世纪以前,阿根廷是一个拥有大量资源、强大的工业与农业基础以及受过良好教育的中产阶级人数众多的富裕国家。但是,这个国家被多年的军事管制与腐败、误人的民粹民族主义、经济保护主义、财政与政治管理不当等众多因素所拖累。问题不在于经济全球化本身,而是在太急于去拥抱它的冲动和鲁莽。财政的不稳定点燃了强烈的民族主义和反全球化主义的情绪之火。而随着2003年总统内斯托尔·基什内尔(Nestor Kirchner)强制推行财政抑制措施和对债务进行改革,阿根廷找到了复苏之路。它已增加了与传统伙伴巴西、欧盟、美国和智利等的贸易量。较高的国内生产总值增长来自大豆产品、服装、纺织品等的出口兴旺和工厂生产的刺激。

阿根廷还与委内瑞拉建立了关系,后者一直寻求通过合资企业形式(包括一个拟议中的改造委内瑞拉液化气的工厂)将阿根廷拖入玻利维亚阵营。但是,几乎不存在这样的可能,即阿根廷会从它与巴西的牢固地缘政治关系的道路中脱离出来,或者说它会放弃市场经济。2007年选举克里斯蒂娜·内斯特(Christina Nestor)当总统有可能会给予欧洲、美国和巴西的关系带来新的侧重点的变化。在继续坚持前任总统的以国内经济改革为重点的同时,内斯特已发出强烈的暗示,希望加强与广大海洋国家的关系。

结论

南美洲已经获得了在海洋辖区内的一个独立地缘政治区的地位,和美国、濒海欧洲及亚太地区保持着平衡的关系。巴西作为一个地区性大国的大陆杰出地位引导了这一独立的过程。而在南方共同市场国家和智利已经取得相当程度的地缘政治稳定性之同时,4个安第斯国家却不是这样。它们依然在种族、社会和经济方面处于内部分裂状态,并就领土问题而相互不和。它们还夹在美国与委内瑞拉意识形态冲突之中,进退两难。

查韦斯追随西蒙·玻利瓦尔脚步的梦想——玻利瓦尔创建了大哥伦比亚——是不可能再次以那种形式重新实现的。但是,应当认识到查韦斯控制了一个高度威权主义的体制,准备利用国家的石油财富去影响或左右安第斯各国的事务。解决赤贫的土生土长的安第斯农民以及城市贫困者需求问题的承诺是有诱惑力的。按照古巴模式的社会、教育和卫生方面的改革的前景具有不可忽视的影响。查韦斯还提出建立一个南方银行为地区性开发项目提供资金。2007年,已有7个国家非正式性同意创建这一机构,其按计划于2008年开始运行。查韦斯将此银行看作是可替代世界银行和国际货币基金组织和泛美开发银行的一种选择,后者都有华盛顿方面的大量参与。巴西作为签署者之一,已有自己的开发银行,但也打算加入。⑦

查韦斯通过修改宪法创建一党制社会主义国家的努力因在2007年12月就此进行的全民公决中失利而受到阻碍。拟议中的修改条款本将使他能够通过终结任期限制而成为终身总统和将包括地区性议会、法院和中央银行等管理机构的权力集中于总统职位一身。他是否无视这种拒绝,继续追求他将大量工业国有化的强制性的独裁政策目标,还有待观察。

在这一地区,华盛顿将其绝大部分精力放在军事援助和根除毒品方面。为阻止一个加勒比海—安第斯微型破碎地带的出现,美国不得不投入大量的资源和持续的关注以促进广泛的经济、社会和政治改革,解决享受低水平服务阶层的需要。巴西是这项事业条件最好的合作伙伴。

南美洲发展成为一个充分融入海洋辖区地缘政治区的前景取决于该大陆唯一的地区性大国巴西的命运。它在这一地区的中心位置使它能够影响大陆南锥体的大量地方事务——南锥体指的是从亚马孙河上游源头和秘鲁南部安第斯山脉延伸至巴塔哥尼亚高原的地理三角。

形成这样一个区的前景被最近巴西与阿根廷的关系转向而改善了。在历史上,巴西的主要地缘政治重点一直是与阿根廷争夺对拉普拉塔的领导权和对作为两国之间缓冲地带的三个国家即乌拉圭、巴拉圭和玻利维亚的主导地位。今天巴西与阿根廷重归于好,这增进了巴西领导这一地区走向一体化以及确保和平与稳定的能力。阿根廷经济持续快速的复苏式增长对这一地区的统一前景也很重要。要将这样一个地区扩大至将哥伦比亚、厄瓜多尔、玻利维亚和秘鲁等安第斯国家包括进来,将会因为亚马孙地区和安第斯山脉的障碍作用而需要花相当长时间。在最近的将来,这四个国家可能依然保持孤立状态从而处身海洋辖区行动主流之外。它们之间的离心力甚至会导致它们自身的解体。

但是,南美洲更大的部分,在巴西的领导下,通过与北美濒海欧洲以及太平洋沿岸地区的平衡关系,已经准备好在海洋辖区内强化自己独立的地缘政治身份。它不再还是处在近上百年来统治着它的"北美大鳄"的阴影之下。

注释

① Frederick Merk, *The Monroe Doctrine and American Expansionism—1843-1849* (New York: Alfred A. Knopf, 1966), preface.

② Central Intelligence Agency, "Disputes International," *World Factbook 2007* (Washington, D.C.: Gov/CIA, 2007).

③ Philip Kelley, *Checkerboards and Shatterbelts: The Geopolitics of South America* (Austin: University of Texas Press, 1987), 48-83.

④ Charles Louis de Montesquieu, *The Spirit of Laws*, Book XIV, trans. Thomas Nugent, Library of the Classics (1906, reprint; New York: Hafner, 1949), 221-34.

⑤ Central Intelligence Agency, *World Factbook 2007* (Washington, D.C.: Gov/CIA

Publications, 2007), 2, 3, 5.

⑥ Lewis Tambs, "Geopolitical Factors in Latin America," in *Latin America: Politics, Economic and Hemispheric Security*, ed. Norman Bailey (New York: Praeger, 1965), 36, 42–43.

⑦ Alexei Barrionuevo, "Chavez's Plan for Development Bank Moves Ahead," *The New York Times*, October 22, 2007, A3.

第七章
濒海欧洲与马格里布

△ **地缘政治特征**
　　历史核心
　　政治首都
　　核心区
　　有效地区领土
　　空旷区
　　边界
△ **欧洲一体化**
　　军事—战略方程式
　　欧洲一体化模式
△ **移民模式**
△ **欧盟内部的东西相融**
△ **国家扩散**
△ **马格里布：濒海欧洲的战略附加**
△ **结论**

"濒海欧洲"恰当地描述了位处欧亚大陆西部半岛和岛屿地带的人类居住区，这里是欧洲文明逐步形成的地方。在很多方面，西欧是典型的濒海地区。其不仅以海洋导向的一套自然和经济条件为特征，而且它的居民也逐渐形成了一种独特的贸易导向的世界观，这源自他们与海洋的接触互动。

无处不在的海洋影响由以下事实彰显出来，即这一地区的大多数居民都居住在离大海不超过 250 英里的范围之内，以及这一地区有便于通向沿海的重要的河流与山谷穿越经过。这一地区的自然特征中突出的是温和、湿润、濒海森林或地中海气候以及肥沃适宜、潮湿、中纬度灰壤化或红色石灰土土壤。这些自然特征与木材、水力、煤炭、铁矿以及化学资源一起，孕育了集约化的农业，帮助促进了濒海欧洲在工业革命期间成为世界上最重要的制造业中心。近 20 世纪末，煤炭储备得到北海石油及天然气的补充。逐渐加深的港湾、大西洋海岸线蕴藏丰富的渔场水域，以及离开锯齿般地中海海岸的规模更加有限的渔场，为渔业经济以及商业发展提供了一个初步的基础。

就是在这种环境中现代民族国家诞生了。大多数民族国家是围绕着坐落在通向海洋的河谷之中的历史核心建立起来的。将它们分开的政治边界是沿着像山脉、冰碛脊、沼泽地和无障碍水域等这样的自然屏障来划分的。在西欧国家的发展进程中，它们通过与世界上其他地区展开贸易活动，并最终形成殖民网络，来弥补它们陆地的相对限制。实际上，西欧经验证明，一个较小的陆地区域有时可能会转化为优势。荷兰的陆地边疆需要有限的军队，而国家舰队的人力需求也不高。这种情况同样适用于英国，它四周的水域为防止外敌袭击提供了相当的保护。凭它们更有限的陆地面积，两个国家都有能力与面积更大、人口更多的如法国和德国那样的陆地强国争当世界强国。

在中世纪和近代初期曾将欧洲各民族分开的文化、地区、语言和自然环境差异，随着近代民族国家的出现和殖民帝国的形成而被强化了。而这些西欧竞争对手的共同点不仅有海洋性这种物理条件，而且还有内在于民族国家和帝国概念两者当中的心理和社会的观念。是海洋赋予了欧洲人向外发展的机会——探险和寻求新的原材料、产品及市场以与他们的制成品交换。无限广阔的无障碍水域鼓励了一种国家性和地区性的精神气质：已习惯于开拓新的经济活动领域和追求制造业、贸易与服务业方面的创新。尽管从 16 世纪到 20 世纪欧洲的主要列强确实将世界瓜分为几个不同的殖民地，但依赖交流的开放体系在那些独立的势力范围中发展起来，最终成为跨区域交流和统一的基础。

欧洲区域贸易体系要回到中世纪，甚至可追溯到古罗马时代，当时商人随罗马军团一起远征。因此，1 000 年前，欧洲地区性商业就受到了中世纪连接盎格鲁—萨克森、高卢、日耳曼、斯堪的纳维亚和斯拉夫民族贸易中心的激励。德意志商人早在 11 世纪就在伦敦开办了贸易商行,两个世纪之后(1226年),由德意志北部城市组成的汉萨同盟成立。在接下来的4个世纪里,该同盟将这一网络沿北海与波罗的海扩伸,最后覆盖多达160个城市与市镇,直到18世纪中叶同盟解散。1167年,一个类似的联合即伦巴第联盟出现在伦巴第市镇区,但它只延续了一个世纪,就被教皇和德意志神圣罗马帝国统治者之间的战争拆散了。

在近代初期,欧洲的商业取向显示出一种全球视野。英国、荷兰及法国贸易公司自17世纪在亚洲及北美洲地区经营一直持续到19世纪,因为它们要争夺对国际贸易的控制权。另外,欧洲本土成熟的银行业务和金融体系也促进了欧洲的经济发展。一个例子是罗斯柴尔德家族,其在法兰克福、伦敦、巴黎、维也纳、那不勒斯等设有金融分支机构。这一网络在对支持各类政府的运转开销和为铁路、矿井以及苏伊士运河的资本筹措方面起到了重要作用。

欧洲的全球经济与政治霸权随着两次世界大战爆发而结束。第一次世界大战让它失去了青壮劳力;第二次世界大战使得这一地区遭到巨大破坏,以致无法给全球帝国留下什么。尽管1945年盟军获胜,西欧已不可能与美苏超级大国的实力相比。它的地缘政治劣势地位由依赖于美国保护其军事安全以及经济复苏而凸显出来。

近来的四股力量已使这一地区能够克服它的劣势地位,而代之的是作为在贸易依赖地缘战略辖区内美国的一个完全的地缘政治伙伴:(1) 通过欧盟以及其他组织和机构表现出的政治经济统一;(2) 华沙条约的解散和苏联的解体,后者消除了往日曾耗尽濒海欧洲政治能量的军事及政治威胁;(3) 很多时候,欧洲的企业及金融部门借以集体超越美国带头促进全球市场经济的那种魄力;(4) 美国由于其单边政策以及陷入伊拉克的军事泥潭,造成它在世界事务中的权力与威信的损失。

在短短的1/4世纪时间里,濒海欧洲已经成为世界上——也是事实上——仅有的高度专业化和一体化的地缘政治区。欧盟成员国及其邻国已经从专门通过国家经济、政治、军事机构求得安全,转向通过共同的地区性机构和行动得到越来越多这样的安全。

这一通过地区性一体化产生安全的概念是从更广泛的欧洲也嵌入其中的地缘战略框架——濒海欧洲,其核心是欧洲—大西洋联盟——借得力量。事实上,假使不存在这样一个更广泛的框架,欧洲的地区性统一目标将有可能比现在要小得多,也许永远也实现不了。正是北大西洋公约组织为西欧提供了抵御苏联压力的军事防御系统,尤其是在冷战早期阶段,并让它在其内部获得了抵抗强大的共产党的能力。另外,美国作为北约军事支柱的现实存在,使德国及其邻国抛开过去的敌意而选择一个共同的地区性命运成为可能。北约保护西欧不让它受到复活的德国军国主义的威胁,正如它保护德国及这一地区其余地方不受苏联攻击一样。

是美国的经济力量让欧洲走上了复苏之路，并拥有今天的经济实力，有超过5亿的人口(包括全部27个欧盟成员国加挪威和瑞士)。它加起来的财富以及金融中心与美国相应的数字齐平。欧元已经获得对美元的相当优势，欧洲出口有了大幅增长。欧洲的工程、电子、药品及时装行业都在争着与美国同行进行全球经济合作，同时工作在一起。

虽然濒海欧洲已无疑是世界主要权力中心之一，但它仍然缺乏在北美及中部美洲、心脏地带的俄罗斯以及东亚那里的一些地缘政治模式和地缘政治特征。首先，濒海欧洲的核心不是一个单一的、统一的民族国家，而是这类国家的联邦。它的统一来自国家与地区利益的平衡，为达成这一平衡而出现的紧张态势一直持续地存在着。第二，这一地区的陆地面积有限。它缺乏像一个居住人口较少然而得到广泛利用的有效地区领土及一个广阔的空旷区这样的地缘政治特征——这种特征可为其他区域提供防御纵深、航天时代活动空间、自然资源保留地，以及吸收人口的潜能等等。

将马格里布(北非西部)和撒哈拉沙漠并入濒海欧洲地缘政治区提供了一个空旷区。但是，将其他区与它们的空旷区相连接的有效地区领土还是没有。过渡性的通向摩洛哥、阿尔及利亚和突尼斯一带撒哈拉沙漠的陆路通道由一个狭窄的背倚阿特拉斯山脉的沿海平原组成。因此，马格里布地区不能像殖民地时期那样，作为欧洲人口扩张的出口。相反，移民潮方向已颠倒。马格里布地区人口过剩国家现在为欧洲，特别是法国、西班牙和意大利，提供了大量流动工人，他们在庞大流动队伍中占相当比重，形成了一个生活在城市及乡村地区的下层社会，成为日益增多的社会紧张的来源。

濒海欧洲对北非西部拥有军事及经济统治地位。另外，既然俄罗斯在东欧及东地中海的活动范围已被缩减，欧洲便经过欧盟扩张，将东波罗的海、波兰、斯洛伐克、保加利亚和罗马尼亚揽入范围而向东伸展。一旦土耳其加入欧盟，同时以色列与巴勒斯坦阿拉伯人、叙利亚和黎巴嫩达成和平协议，欧洲的经济援助与投资将对于支持和促进东地中海的发展就至关重要。在这种情况下，濒海欧洲扩大成为一个欧洲地中海地缘政治区将成为一种现实可能。

将濒海欧洲及马格里布与世界体系其他部分分开的分界线以三个方向的障碍水域——西面的大西洋、北面的挪威海—北冰洋和东南面的地中海——为标志。向南有险峻的障碍——阿特拉斯山脉和撒哈拉沙漠。大西洋水域障碍从冰岛延伸至亚速尔群岛和加那利群岛，不包括格陵岛，它在地理上属于北美而地缘政治上属于欧洲。挪威海北面—北冰洋分界线包括斯瓦尔巴群岛。东南的地中海障碍水域将塞浦路斯与黎凡特(包括以色列、黎巴嫩、叙利亚和巴勒斯坦权力机构)。

大自然仅在东面没有对濒海欧洲的地缘政治界限起作用。这里，越过奥得河，在北

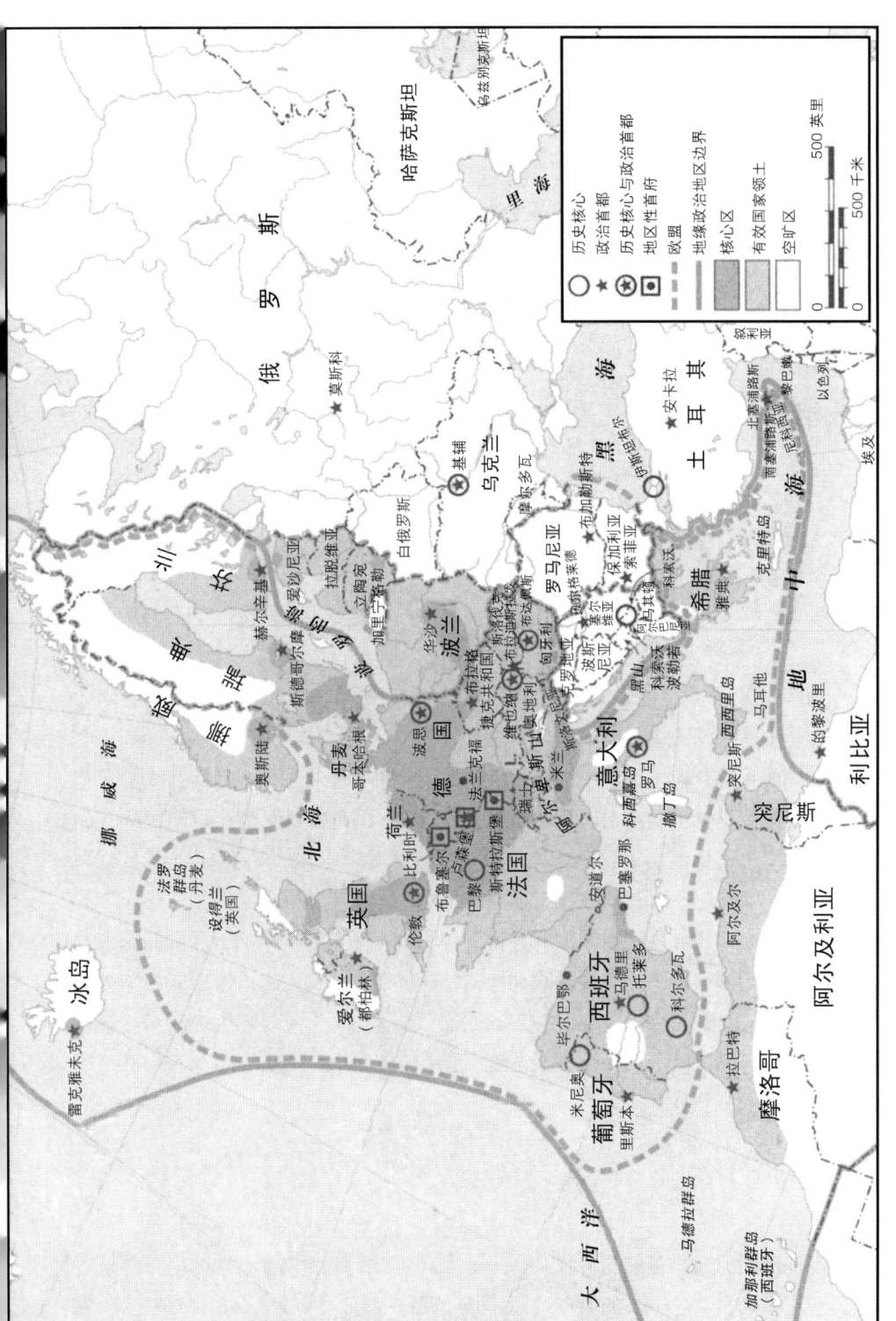

图 7.1 濒海欧洲与马格里布：主要地缘政治特征

欧平原变阔，进入波兰、白俄罗斯和欧亚大陆平原，大陆性占主导地位。结果，濒海欧洲与欧亚大陆心脏地带的地缘政治边界历史上一直在中欧及东欧的一个宽泛的争议区域波动。不是大自然，而是相互竞争的权力中心的相对的经济及军事优势以及它们各自的战略联盟构成决定了这一地区的范围。

苏联1945年将这条线向西推至易北河。苏联解体后，这条边界被西欧经济实力和北约军事力量移向东面。这条边界最终的位置将在相当程度上取决于西方国家能够和希望施加多大压力以及东欧与巴尔干国家借此能获得多大的成功。但是，边界也可以通过俄罗斯施加的反压力(特别是对乌克兰和塞尔维亚)来确定。

地缘政治特征

濒海欧洲与马格里布区的地缘政治特征包括它的历史核心、政治首都、核心区、有效地区领土、移民模式、空旷区和边界。

历史核心

一个地区的历史核心随着标志一个具体年代的地区性框架的变化而变化。西欧的原子核可能是罗马帝国的中心——拉丁姆平原。对东部欧洲及地中海地区来说，核心是东罗马帝国的首都君士坦丁堡。加洛林王朝的统治中心是北莱茵—威斯特伐利亚州的中心亚琛。巴黎是拿破仑统治时期欧洲的历史核心，而布鲁塞尔是今日的统一欧洲的核心。布鲁塞尔成为致力于这一地区统一的第一个欧洲机构的总部——建于1952年的欧洲煤钢共同体——所在地，这个共同体的目的是为煤炭和钢铁行业创建一个统一的材料和劳动力市场。这一超国家的监管机构原是一个六国——法国、西德、意大利和比荷卢经济联盟国家——的组合。欧洲煤钢共同体在英国加入之后发展成为欧洲经济共同体，或共同市场。之后，爱尔兰、丹麦、希腊、西班牙以及葡萄牙成为成员。欧洲经济共同体其后与其他欧洲机构合并成为欧洲共同体，这是一个欧洲国家的经济与政治联邦，它是欧盟的前身。

政治首都

确定濒海欧洲的政治首都同样复杂。一个国家的首都比一个统一地区的首都更容易界定。前者是各种功能中心的所在地，对国家的各个部分发生着影响。但是，一个地缘政治区的首都必须要为一组具有各自不同利益、热衷于它们自身独享权利的国家服务。在某些情形下,包括在当今的濒海欧洲,这样一个首都被视为"中间地带",拥有一种特有的政治—社会心理特点,能够有助于地区领导人调动公共舆论支持地区性目标,同时又不是以一种压倒性的角色。在国家的层面上,渥太华与堪培拉在高度联邦制的国家履行着这种角色。在其他情形下,比如像在苏联时代那样,莫斯科的功能与形象表现了它的地区性统治地位身份。

欧洲对一个地区性首府的解决办法放弃了一种单一的"中立地点"选择策略。在20世纪50年代早期,萨尔布吕肯让很多人觉得有条件作首都之选,因为当时正考虑让它成为西欧联盟的一个自治区。1955年它被撤出考虑圈之外,因为其选举团拒绝接受一个欧洲化的萨尔布吕肯,而更愿意让其在西德的管辖下。鉴于日内瓦所处位置、设施、历史和作为一个国际中立中心的传统,它也被考虑作为首都的可能选择。但是,瑞士依然与欧盟和西欧保持疏远,因而让日内瓦失去了资格。瑞士对与统一欧洲正式结缘的最大的让步是成为欧洲自由贸易协会的成员,在一起的成员有像挪威、冰岛和列支敦士顿公国等其他欧洲国家。

与指定一个地方作为欧盟的首都相反,它的政治功能是分散的。布鲁塞尔成了欧洲委员会和部长理事会的中心,斯特拉斯堡是欧洲议会的中心,卢森堡市是欧洲法院的中心。在三个中心中,布鲁塞尔扮演着更突出的角色,因为它是欧盟主要决策机构欧洲委员会(由每个成员国的一个部长组成)的总部。斯特拉斯堡的欧洲议会是普选的代议制政府机构。但是,除了它对欧盟预算有最后投票权之外,它的立法权大半是顾问性质的。除了作为欧盟法院的总部,卢森堡市还是欧洲投资银行的总部所在地。

这三个"首都"之间的距离很近——布鲁塞尔距卢森堡120英里,卢森堡市与斯特拉斯堡隔45英里——因而三者之间交通便利。同样重要的是这一"首都走廊"是英格兰东南部、巴黎盆地和莱茵河流域的中心,因而处在欧洲经济人口核心区的心脏之内。

布鲁塞尔作为三个中心的"强中强"的魅力不仅是其坐落中心位置的特性。这座城市拥有一种世界主义的特色,温和的气候,政治经济稳定,长期以来一直是文化艺术的中心。它有多样化的语言、多元化的文化,富有贸易和金融传统。凭拥有可追溯至公元6世纪的历史,布鲁塞尔能够不失恰当地宣称它是欧洲思潮和传统的汇集地。

除了正式被指定为欧盟功能活动中心的那些城市之外,某些国家首都对决定濒海欧洲的命运具有强烈的政治或经济影响。伦敦、巴黎和柏林对把欧洲带进地区性专业一体化的发展阶段起到了决定性的作用,并还在继续影响着这一地区未来的经济、政治以及社会人口方向。法兰克福已成为欧盟的金融首都,它是新的央行和十二成员欧元区的总部。法兰克福的建筑和建造计划正在进行,以提升它的基础和作为现代欧洲首都的形象。

核心区

　　西欧核心区的轮廓由这一地区人口密度和经济活动最集中的地方来确定。这一区域从爱尔兰东南部、英国中部地区，经过巴黎和法国北部的泰晤士河流域*、低地国家、德国北部、莱茵河流域、瑞士平原，延伸到意大利北部。人口密度一般超过每平方英里300人。这一核心区包括伦敦、巴黎、兰斯塔德大城市区(Randstad Holland)、莱茵—鲁尔集合城市，以及哥本哈根—不来梅—汉堡大三角等特大都市。从这里，一路向北伸入哥本哈根和马尔默，一路向东伸向马格德堡—不伦瑞克—柏林特大都市，南面一路沿莱茵河至法兰克福、曼海姆和斯图加特，东南一路则从莱比锡到德累斯顿到布拉格。在莱茵—鲁尔集合城市区，多特蒙德成为高新技术企业的中心，高新技术已取代了处于衰落的传统的化学及钢铁工业。伦敦、巴黎、法兰克福、日内瓦和米兰是驱动发展的金融引擎。

　　在描绘一个国家或一个地区核心区的过程中，较小的、非连续的外层也可以包括进来。一个重要的外层是意大利高度工业化的波河流域，它从都灵经米兰延伸至威尼斯和的里亚斯特。爱尔兰东南部(一个兴旺的高新技术中心)和苏格兰南部是最近新增的外层，它们与核心区的英国部分分隔开来，尽管两地之间有一段空间距离。苏格兰南部的新增加层反映了它由于高新技术发展而带来的经济复兴。此外，来自北海油田的近海石油与天然气为经济繁荣作出了贡献。实际上，苏格兰民族主义者坚决主张一个独立的苏格兰能够成为一个富裕的国家，特别是如果近海深油井真的是像一般认为的那样覆盖广阔。不管苏格兰是否取得独立，它正在成为欧洲核心区大不列颠部分中的北部飞地。

　　英国中部地区和它的北方地带工业的衰退使这些地区与高新技术、服务导向的富裕的东南部形成鲜明的经济对比，因而前者就不再是核心区的一部分。同样的情况也适用于北方的"第二个英格兰"，那里纺织厂与钢厂已经关闭，造船工业垮掉，煤矿不再开工。

　　从不来梅—汉堡，核心区延伸到厄勒海峡，这里，瑞典的马尔默已经与丹麦的哥本哈根相连接，从而进一步通过桥梁隧道系统与大陆其余部分相连。哥本哈根机场是欧洲北方航空的枢纽。厄勒地区充满活力的工业与金融业完全有条件向挪威东南部(奥斯陆)和芬兰南部(赫尔辛基)伸展。它的产业基地包括工程、汽车和飞机、药品、造船、武器、电信设备和一个已被北欧银行业和保险企业加强的金融部门。

　　易北河中上游和德国与捷克东南部的穆尔德河谷从汉诺威向东南分叉，将核心区

---

* 原文如此。疑为塞纳河。

从莱比锡延伸至哈雷至德累斯顿至布拉格。这块区域集中了大量的化工、机械、纺织品、运输、光学仪器、电子器件和武器生产,加上原来即为一个商业和金融服务的中心。

随着高新技术的增长,不仅欧洲核心区恢复了活力,而且其外层边界也在扩张过程之中。各大学中心对将风险资本吸引到他们的城市以支持软件、计算机芯片、无线技术、互动电视和生物技术等领域,起到了关键作用。因此像剑桥、莱顿、卢万这样的大学城成了发展的先锋,补偿了曾由煤炭、钢铁为主要动力的邻近地区陷入衰退带的损失。

在欧洲南部,一个高新技术工业弧形带已经形成,它从图卢兹的航空工厂延伸到尼斯附近索菲亚—安提波利斯的计算机芯片中心。该弧形带准备加入目前核心区的都灵—米兰—威尼斯部分,后者也是一个软件中心。

坐落在阿尔卑斯山北面的慕尼黑已成为生物技术的主要中心,有希望将富裕的德国南部拉进核心区的莱茵河上游部分,其现在已延伸至斯图加特。[①] 在欧洲北部、斯德哥尔摩、乌普萨拉和芬兰的坦佩雷大学城是远程通信的重镇。但是,它们在地理位置上与瑞典南部相隔太遥远,没法加入扩大的欧洲核心区。自2004年以来加入欧盟的12国核心区——"新成员核心区"或"新欧洲"已与"老欧洲成员国"核心区分开。例外是波兰从克拉科夫到卡托维兹的西里西亚核心区,它沿奥德河上游延伸至边界对过的捷克的俄斯特拉发工业化地区。

有效地区领土

欧洲的有效地区领土包括比高度城市化核心区人口密度低,但由于其与核心区所处位置、有利的土壤或矿产以及良好的交通和通信网络,而随时可供开发利用的区域。有1/4到1/3的老欧洲部分是由可耕地组成,它们构成了有效地区领土。这些土地主要用于农业或放牧,养活着大量的农村人口。例如,葡萄牙的农村总人口是45%,爱尔兰40%,芬兰40%,意大利30%以上,法国25%,挪威与西班牙各在20%以上。同时,这些国家(除葡萄牙外)都拥有高度现代化的工业及后工业经济支撑着农业部门,加快着它的现代化速度。

在正常的现代发展条件下,人们能够期望这些国家的行播作物(row-crop)和牧场被改造成更集约化的经济用途以便快速并入核心区当中。但是,文化、传统和政治往往倾向要维持现状,阻止一种本可能减轻目前核心区的"堆压"现象的城市扩张。例外情况有加龙河上游地区(从图卢兹到地中海)和巴伐利亚州南部(从慕尼黑到奥格斯堡)。

如果欧盟农业补贴政策和国家传统不改变,老欧洲的核心区可能在空间上依然受到抑制,背负人口及经济活动过量的负担,而不是因此扩大有效地区领土,就如通常的发展进程一样。一旦政策产生变化,相对灵活的高科技、远程通信和服务业能够很容易进入有效地区领土的范围。有这种移动潜力的地区是西班牙的梅塞塔、意大利的南部地区和法国的阿基坦大区,后者覆盖了从比利牛斯山脉直到加龙河下游(波尔多),然后向北沿比斯开湾延伸至拉罗谢尔。

相对于西欧有效地区领土的区域扩张所受到的限制,新欧洲拥有广泛的农村地区,这里居住着占总人口1/3到一半的人口。当它们的经济进行重组以及西欧资本与技术为它们提供外包业务机会,新成员国将使它们的核心区扩大到现在的有效地区领土当中。这是一个相对长期的计划。欧盟农业补贴,年轻工人移居老成员国寻求工厂和服务岗位,传统、老龄化的农业人口的惰性等因素都有可能延缓经济发展。尽管新成员国只得到欧盟农业补贴的1/4,但这也许已足够维续它们的农业经济。

就像美国农业补贴政策那样,欧盟的农业政策也受到相当多的批评。它的共同农业政策中充满了相互矛盾的政策。这些目标有保证农民和渔民足够的收入,使农业更加具有竞争力和更具市场导向,推动农村发展,进一步加强环境保护等。但是,农业游说集团,特别是那些法国、德国、西班牙和意大利的游说集团,抵制降低对甜菜、乳制品、小麦及家禽的补贴。反补贴势力认为他们是在削弱挣扎中的第三世界农民,特别是那些在撒哈拉以南非洲的农民,而主要的受益人是大公司。反补贴斗争已显示出一定效果。反补贴浪潮越出了欧洲,世界贸易组织也卷入进来。在20世纪90年代,超过60%的欧盟预算给予了共同农业政策。2007年,补贴占到预算的43%,而目标是到2013年将此数字降低1/3。②

空旷区

濒海欧洲地区没有广阔的空旷之地,正是因这样一个背景马格里布才成为如此重要的一个地缘政治附属地。这一地区的空旷区是马格里布的撒哈拉沙漠,这是世界上最大的沙漠,居住人口不到200万。在阿尔及利亚沙漠表层下面有丰富的石油及天然气储藏。另外,在毛里塔尼亚和阿尔及利亚西部有丰富的铁矿石储藏,在摩洛哥北部和西撒哈拉——前西班牙殖民地,1975年被摩洛哥吞并——有磷酸盐。西撒哈拉地区冲突的一个来源是当地的西撒哈拉独立阵线,它依托阿尔及利亚基地展开活动,背后有阿尔及利亚政府的支持。虽然10年前的一份停火协议结束了叛乱分子与摩洛哥之间的冲突,可近来冲突再现白热化。

直到20世纪60年代末,法国有能力利用难以接近的看上去无边无垠的撒哈拉沙漠的大片地带进行核武器试验和火箭发射活动。西撒哈拉的科隆-贝沙尔(Colomb-Bechar)和哈米格尔(Hamiguir),以及阿尔及利亚南部的拉甘,被用作自20世纪40年代末至60年代的导弹试验场。仅拉甘一处就见证了由法国进行的17次地下及大气层核试验。但是,因为阿尔及利亚与法国关系紧张,这类实验被移至太平洋地区法属波利尼西亚南部的穆鲁罗瓦环礁和方阿陶法环礁。鉴于利用撒哈拉沙漠作航天发射场的可能性已被排除,法国已将这类活动转移至法属圭亚那的库鲁,欧洲航天局现在在库鲁维持着一套活动计划。这是一个与直到第二次世界大战结束前法属圭亚那所扮演的功能远远不同的功能。数个世纪以来,这一海外地区,比如像魔鬼岛,总被法国人用作流放地以及遣送政治流亡者的地点。

当阿尔及利亚解决了长期存在的伊斯兰原教旨主义叛乱——它与柏柏尔人骚乱一道使这个国家失去了稳定,以及当欧洲提供一个可以信赖的共同的空间活动的预备地点之后,撒哈拉沙漠可能会再次成为一个重要的民用以及军用航天发射的世界舞台。

正如前文提到的,使撒哈拉空旷区区别于世界其他重要大国空旷区的地方是阿特拉斯山脉构成欧洲南部进入沙漠区途中的一个主要障碍。相反,作为对照的是,美国、俄罗斯及中国的定居区都与它们各自的空旷区有直接的陆路交通联系。另外,与俄罗斯情况类似——它将大多数的中纬度沙漠区给了哈萨克斯坦以及其他4个前苏联中亚共和国——欧洲进入撒哈拉沙漠的途径现在高度依赖与西北非的阿拉伯国家——尤其是阿尔及利亚——稳定的政治关系。

边界

东部边境区

濒海欧洲的东部边界是这一地区唯一的从自然地理和地缘政治观点都尚未界定的分界线。绝大多数对欧洲大陆的地理定义将其东部边界描绘成经乌拉尔山伸出,然后向南到达注入里海西北的恩巴河。在这一宽阔的地理框架内,欧洲的濒海部分海洋与大陆部分的分割沿着一个宽阔的地带延伸,而边界即在其间起伏呈现。

这个区域的边界,作为欧洲历史上最古老的地缘政治特征之一,一直随着日耳曼的斯拉夫民族的相对实力的变动而波动。实际上,这两者之间曾有过一条边界,早在公元843年就由《凡尔登条约》确定。它起自易北河和萨勒河,一直到波西米亚森林。在随后的5个世纪里,日耳曼民族违背了这一条约,以一系列的突袭和入侵向斯拉夫民族领土渗透。

最深入的早期渗透是进入波罗的海一带,这里的商业机会和大片的农业土地以及森林充满着诱惑。汉萨同盟在11世纪在波罗的海沿岸一带创建了一长串的贸易中心,它自西面的吕贝克、哥本哈根和马尔默起,经但泽到达东面的里加、塔林和纳尔瓦。

一次更具攻击性的入侵是由条顿骑士团发动的,他们在14世纪伊始就建立了对整个一大片沿岸地区的控制。他们创建了大片的地产,加强了日耳曼人对这些斯拉夫土地的控制。

在接下来的世纪里，形势转了。日耳曼人被赶出波罗的海东部，这块地方又成了波兰、瑞典和俄罗斯之间的战场。后者最终占了上风，在18世纪得到了对这一地区的控制权。但是，在波罗的海西部，东普鲁士和西普鲁士仍属于德国。它们在1600年加入了勃兰登堡公国，领导了近代德国国家的最终统一。

在20世纪上半叶，德国又一次向东逼近，第一次世界大战时侵入俄罗斯，第二次世界大战中侵入苏联。这个东边边境区依然是德国人与斯拉夫人之间的交汇点和战场，不过现在成了陆权与海权之间更广泛冲突的一部分。

1915年，詹姆斯·斐格莱(James Fairgrieve)将处在欧亚大陆心脏地带和西欧海洋诸强之间的欧洲地带描绘成一个宽泛的起缓冲作用的"碎片区"，它东起斯堪的纳维亚半岛和波罗的海国家，经西欧到达黑海，西自低地国家和德国到达瑞士。③这是一个比麦金德在1943年给出的区域要广阔得多的地方，麦金德所指的区域从波罗的海延伸至黑海，代表了欧亚大陆陆权与欧洲海权之间的联系区域。斐格莱假定这块区域内的边界会随着技术变迁和政治经济发展水平给一方带来相对于另一方战略上的优势而发生转移变化。④

在第二次世界大战后濒海欧洲与大陆欧洲的争夺中，边界由于苏联权力的延伸(见图7.1)向西移到了易北河。当第三帝国1945年分裂，西德的东面边界从吕贝克伸向易北河下游，然后沿哈尔茨山脉和图林根林山向南，最后掉头向东入厄尔士山脉。成为东德的这块地方是从其东边的三月土地(March Land，普鲁士扩张领土)脱离，转让给了波兰和苏联。东德与波兰之间的边界包括波兰境内的什切青省(斯德丁)，然后沿着奥得河到尼斯河到苏台德山脉和捷克边境。1950年，东德承认了这条边界；20年后波恩也承认了这条边界。

这条边界东面的德国土地大多数给了波兰，以补偿被苏联吞并的波兰东部领土。这块区域面积39 000平方英里，包括西普鲁士(波美拉尼亚、下西里西亚和上西里西亚)、但泽独立国和东普鲁士南部。虽然波兰得到的德国土地曾高度工业化，但它们被盟军的轰炸和苏联与德国军队的地面战斗破坏了。

在第一次世界大战和第二次世界大战之间，波兰被苏联占去的土地面积更大，达68 000平方英里(它们以前属波兰的东部)，这抵消了波兰在战后得到的土地。这些版图变化使波兰总陆地面积为121 000平方英里，净损失了战前20%的土地。

除了德国割让给波兰的土地，东普鲁士北部(哥尼斯堡地区)也被苏联吞并。改名加里宁格勒之后，它直接被并入了俄罗斯联邦共和国。

第二次世界大战后波兰与苏联之间的新边界自加里宁格勒和立陶宛南部延伸至喀尔巴阡山。这条边界靠近提议中的寇松线，它是由寇松勋爵在第一次世界大战结束之后的凡尔赛会议上推举出的波兰边界,但首先遭到新苏联的拒绝,然后被波兰人拒绝。苏联人反而强烈要求重划该线,以将向东 5—8 公里的本来归入波兰的几个小块地区移到俄罗斯境内。

被并入苏联的波兰领土本是犹太人规定居住区——沙皇俄国法律规定的犹太定居点——的一部分。这包括像维尔纽斯、格罗德诺、巴拉诺维茨、布列斯特、平斯克、利沃夫和捷尔诺波尔这样的主要犹太人中心。战争期间,几乎全部的 130 万犹太定居点人口和波兰其他地方的总共 330 万犹太人葬身于大屠杀,而仅有一小群人在集中营存活下来,逃到苏联,或继续隐藏。

苏联还从罗马尼亚手里抢去了比萨拉比亚,形成了属于苏联社会主义共和国的摩尔多瓦大部分领土。比萨拉比亚南部,像位于比萨拉比亚以西的北布科维纳一样,被并入了乌克兰。在苏联最北部,若干块芬兰的狭长土地被苏联占夺,以便加大对摩尔曼斯克(科拉半岛的矿业中心)以及圣彼得堡的防御纵深。已于 1919 年获得独立的波罗的海国家——立陶宛、拉脱维亚和爱沙尼亚——也被重新吸收为苏维埃社会主义共和国联盟。

全加起来,苏联在东欧与中欧取得的领土总数达到 265 000 平方英里。它们大大增强了莫斯科牢牢控制其《华沙条约》卫星国的能力,帮助抑制了濒海欧洲国家向东拓展势力范围。

紧随各种领土变迁发生之后,将近有 1 000 万德国难民和被驱逐者迁往西德。他们大多数来自波兰奥得—尼斯河界线以东和东普鲁士北部,还有 350 万来自捷克苏台德地区,50 万来自匈牙利、南斯拉夫和罗马尼亚。过去已日耳曼化 1 200 多年的国土现在又回到了斯拉夫民族手里。

其他边界

濒海欧洲内部边界争端较少。最严重的是希腊与土耳其关于地中海东侧的争端。其中一个是涉及塞浦路斯的冲突,另一个则围绕爱琴海范围内的领水、空间和矿床的主权要求争执。

希腊的塞浦路斯区域由国际承认的塞浦路斯政府控制,它掌管塞浦路斯岛 59% 的陆地区域——2004 年获准加入欧盟。土耳其塞浦路斯区域占该岛面积的 37%;这两部分被占该岛面积 4% 的联合国缓冲区分隔开来。土耳其对大陆架的主权要求影响到环希腊爱琴海诸岛,如萨莫色雷斯岛、莱斯博斯岛、开俄斯岛、萨摩斯岛和开俄斯岛等四周的水域。土耳其人主张这些位置靠近土耳其海岸的希腊岛屿只能享有其海岸以外 6 英里的领土范围,而希腊人坚称这一范围应为 12 英里。这一争端影响了航运和领空权,而在爱琴海海床发现石油又加剧了这一争端。

直布罗陀的主权问题依然在英国与西班牙之间争执不下,特别是就英国对18世纪已(遵照1713年《乌得勒支条约》)作为中立区地段的蚕食部分。直布罗陀的机场就在中立区之内,英国人已在其四周筑起了一道墙和防护栏。

在濒海欧洲东北端,北爱尔兰依然是一个主要冲突区。将放在关于马格里布部分讨论的是西班牙与摩洛哥之间的领土争端以及北非西北部阿拉伯国家之间的争端。

欧洲一体化

军事—战略方程式

德国重新统一,中欧及东欧共产党政权的垮台,加上苏联的解体,使得濒海欧洲向东扩张成为可能。北约扩充形成了包括从中欧(捷克、匈牙利和斯洛伐克)到波罗的海国家(爱沙尼亚、拉脱维亚和立陶宛)、东欧(波兰)、亚得里亚海地区(斯洛文尼亚)、巴尔干地区(克罗地亚和阿尔巴尼亚)以及黑海地区(保加利亚和罗马尼亚)的26个成员国联盟。

北约最初的扩充基本理由有两方面。一是提高这些国家内部的安全和民主水平。另一个,正像布热津斯基和某些德国官员表述的,是通过扩大联盟来减少一个重新统一的德国的压倒性力量,同时也再一次向波兰保证,德国将成为它的战略伙伴,而不是一个威胁性的邻居。巴尔干地区的马其顿,以及乌克兰和格鲁吉亚也在谋求加入北约。北约秘书长哈维尔·索拉纳·马达里亚加强烈支持把这次扩张作为北约通过具有跨大西洋联系的集体安全公约保护东欧免遭俄罗斯可能重新崛起之威胁的新战略理念的一部分。⑤乔治·W.布什极力主张北约向东扩展至俄罗斯边境,声称这将抹去东西欧之间"虚假的"地理分隔,保护民主,同时也不构成对俄罗斯的威胁。同时,布什还谈及将俄罗斯作为安全合作伙伴对待,这是一个显然已遭北约扩张破坏了的目标。接纳波罗的海国家加入北约构成对俄罗斯心脏地区的直接威胁。如果严重的紧张态势在俄罗斯与美国之间出现的话,这就可能导致短程核武器将重新回到俄罗斯飞地加里宁格勒的基地,后者像一个楔子一样夹在立陶宛和波兰之间,是俄罗斯海军波罗的海舰队的大本营。

俄罗斯具备破坏波罗的海国家稳定的能力,因为那里有大量的俄罗斯族人口。罗马尼亚和保加利亚加入北约又增加了莫斯科对其使用黑海自由程度的关注。但是,对俄罗斯最大的威胁是乌克兰可能加入北约。目前,一个定义模糊的"特别合作伙伴"地位存在于北约与俄罗斯之间。将乌克兰直接吸纳进入北大西洋联盟将肯定会破坏现在脆弱的战略均势,因为它表示了一种对欧亚大陆心脏地带非同寻常的袭扰。此外,让乌克兰加入北约,十之八九会使莫斯科通过鼓励俄罗斯族人口从乌克兰东部——包括已实现高度工业化的哈尔科夫和顿涅茨煤田等地区——退出,从而谋求破坏乌克兰政府的稳定。

令人吃惊的是,甚至格鲁吉亚和阿塞拜疆也提出了希望能成为北约成员的要求。一旦这些申请得到接受,那么俄罗斯与西方之间朝着有利方向的关系就将处于危险之中。亚美尼亚与阿塞拜疆的冲突将把北约拖入泥潭。甚至北约东扩坚定的支持者乔治·W.布什,也没有强逼北约将俄罗斯的外高加索后门包括进来。

欧盟作出的建立一支具有在地区性危机爆发时采取自治行动能力部队的决定是一个与此相关的军事—战略政策问题。其动机是让欧洲在不需要大规模介入行动,而仅靠一支坚强有力、作战机动的6 000人部队差不多可以控制局面的情况下,能减少对美国主导的北约的依赖。欧盟快速反应部队将吸收已停止运作的十国西欧联盟的军事功能。法国尤其将这样一支防卫部队看作欧洲运用其独立身份,毋庸坐等美国国会与政府行动或者不作为的一种方式,以及抵消美国催迫他们卷入更远地区冲突所带来压力的砝码。

刺激欧盟快速反应部队诞生的是欧洲在波斯尼亚和科索沃战争期间军事能力表现上的明显欠缺。在这些冲突中,北约的欧洲成员发现它们缺少精确制导武器和先进情报系统,这妨碍了它们在影响华盛顿的政治—军事政策中起到有意义的作用。此外,在两次战役和随后的维和行动中,北约部队的统一指挥和统一调遣都做得差强人意。在科索沃,维和部队受到华盛顿对如何安排美国军队提出的限制条件以及让美国士兵离开危险场所的愿望的阻碍。但是,欧盟与北约在波斯尼亚合作得很好。莫斯科鉴于两个原因表示支持独立的欧盟快速反应部队的提法。第一,它将这种对欧洲军事独立性的表述方式看作是对华盛顿借北约旗号对东欧实施渗透手段的一种抵消作用。第二,它真的关注其西边邻国发生的需要即刻给予关注的突发战火,生怕它们的不稳定会给俄罗斯带来负面影响。

但是,美国以重复劳动为由,对支持一支独立的欧洲军事部队并不热情,担心欧盟的防卫政策可能与北约不相协调。特别是土耳其的角色,呈现出军事上和政治上的复杂性。欧洲军团的设置是基于它能够使用北约资源执行它的任务,既包括那些专门用来干预战争的,也包括那些用来维和的。许多这样的资源,比如像机载警报和控制系统雷达飞机、坦克、直升机和军需品,都安放在土耳其的北约基地,它们在地理上与许多欧洲潜在的冲突多发地区较近,特别是规模庞大的因斯里克空军基地和伊斯肯德仑港口这两个地方。安卡拉表达了对该军团的种种疑虑,提出以让其对军团的任务计划拥有发言权作为条件;任务计划完全可能影响土耳其,特别是因它的对手希腊是欧盟的一员。

尽管土耳其现在被承认为一个正式候选人,它的欧盟成员资格申请依然搁浅。申请遭到推迟考虑是由于希腊坚持要在塞浦路斯问题和爱琴海领土争端解决之后再讨论土耳其加入问题。更重要的,欧洲人的保留意见是围绕容纳一个伊斯兰国家的问题。

欧洲一体化模式

欧洲一体化模式与其他地区的一体化模式有着深刻的区别。例如,《北美自由贸易协定》几乎只与经济一体化有关。苏联集团,在其代表政治、军事和经济统一性的同时,建立在自上而下的模式基础上,其中苏联支配着已有的地区性组织。欧盟有特殊性,因为它以国家间的伙伴合作作为基础,有些国家是高度集权化组织,有些国家则是联邦组织体制,它们自愿将许多不同的国家功能托交给地区性机构。尽管一个统一欧洲的初始重点主要是在消除地区之间的贸易与流动障碍以及军事安全,但这一地区自此却逐步演进为一个全面广泛的联盟,其在经济、社会和政治领域的各种法律和规定直接冲击许多以前被激烈捍卫的主权权利。

自1993年一个单独的农业市场形成以来,欧盟对为其成员国制定一个共同的农业政策发挥了很大作用。大量补贴全日制农民,以及对来自欧盟以外进口商品征收高关税或采取配额制的结果,是维持高成本粮食和牛肉生产。这迫使欧洲消费者要付出比世界市场价格水平高出很多的价格来购买这些产品。另一个结果是剩余存货的积压,特别是奶制品。这一政策还倾向于让大量乡村景色保持原样,否则它很可能已被城市化力量摧毁。

在欧洲正努力寻求与美国在大西洋联盟和海洋地缘政治辖区内部达成新的均衡之同时,争取欧洲统一性是一件在那些国家利益和地区利益之间找到一种均势的困难费力之事。在欧盟内部,争执的焦点特别是关于是否欧盟应当是一个高度集权化的机构,像德国倡议的那样,抑或是一个基本由其成员组成的松散的联邦,像法国这样所持的立场。英国则处于犹疑不定之间。

欧盟内部在一些问题上存在分歧,如大陆成员国禁运英国牛肉、英国反对欧元货币、欧盟农业政策、欧盟扩充的节奏,以及部分成员国怀疑法国因为担心将来北约成为一支欧洲独立的军事力量而正在设法削弱北约实力等问题。这些分歧于2005年明显地暴露在世人面前,当时一项拟议中的宪法遭法国与荷兰投票人拒绝,而英国与波兰表示了坚定的保留意见。尽管如此,过去10年大幅的经济增长和社会进步还是支持了更大的一体化。这体现在跨界企业兼并,欧洲法律对在如贸易、人权、工作条件和环境控制等领域对国家性立法的凌越,加入欧元货币区的欧盟国家——截至2008年1月1日,共15个——对制定自己国家的货币政策的主权控制的实际损失(英国、丹麦和瑞典在非参加者之列)。共同海关和关税政策进一步加强了一体化。欧洲人要发展形成一种地区性政治意义上的欧洲身份还有很长的一段路要走,但进步是确凿无疑的。

即使濒海欧洲不是一个与美国同样意义上的军事超级大国,它获得政治平等地位的目标则因为它的经济实力和历史文化纽带,以及因为它的国家性核心区,借着其密布的通信网络可以融合成高度整合的地区性核心区,而具有深厚的基础。27个欧盟成员国构成了世界上最大的贸易集团和外援捐赠者。他们的国内生产总值加起来超过15万亿的财富大于美国,他们的5亿人口是美国的1.75倍。华尔街不再主导全球的资本市场。事实上,欧盟金融市场价值加起来与之一样大,而欧元通过便利资本流动和商业交易起到了统一市场的作用。金融全球化帮助欧洲巩固了它在世界上的地位,阻止了美国对国际经济的控制。伦敦在投资银行业与资金管理方面领先世界,伦敦与法兰克福都超过纽约成为世界金融服务最重要的输出者。国际企业兼并浪潮让欧洲人如此害怕,他们强烈反对美国兼并欧洲公司,但它远不是一边倒性质的。欧洲公司同样一直在大胆接受美国企业,所以有一种跨大西洋的均势存在于企业兼并过程之中。

欧盟的营业收支预算在2007年是1250亿欧元,与华盛顿的将近3万亿美元比较起来算是微不足道的小数目,所以对外交政策行为远构不成强大的财政手段,尽管如此,布鲁塞尔确实是把预算用在了地区对贫困成员国的援助,以及越来越多的用在对发展中国家的人道援助上面。对外援助占预算的比重已经是世界上最高的之一。此外,欧盟对国际金融机构,以及对它成员国的国库,具有实在的影响,而后者就远比美国提供了更多的人道援助。

导致濒海欧洲走向政治一体化的主要因素是:(1) 互补的经济及人力资源;(2) 相对短距离迁移的便利;(3) 地区统一的政治任务。

贸易

濒海欧洲历史上一直是国际贸易的世界中心,现在也还是这样。如此主导着经济的物品与服务的交换还造就了它的政治与文化。衡量欧盟对外贸易重要性的一个标准是它占了世界进出口的1/5,占西欧最大五个国家——英国、法国、德国、意大利和西班牙——的国内生产总值总和的55%。作为对照,美国贸易额占其国内生产总值大概20%多一点。

过去半个世纪来发生的革命性变化是,大量的此类贸易是在这一地区之内进行的——既然人、物及观念的移动不受西欧国家边界的阻碍。西欧最大五个国家一半以上的对外贸易是在欧盟内部进行的;美国与它的《北美自由贸易协定》邻居贸易额是30%。

贸易特征直接与这一地区的繁荣程度,以及与它的密集的内部联系和它与世界其他地方的关系联系在一起。

表 7.1 欧盟主要国家中濒海欧洲贸易与收入

国家	主要贸易伙伴	物品及服务贸易 （GDP 百分比）	购买力平价人均国民收入* （GNI PPP）（千美元）
比利时	法国、德国、荷兰	210	35
法国	德国、意大利、西班牙、英国	58	32
德国	法国、荷兰、英国、美国	82	31
爱尔兰	德国、英国、美国	125	36
意大利	法国、德国、西班牙	50	30
荷兰	比利时、德国、英国	157	36
西班牙	法国、德国、意大利	55	28
瑞典	德国、英国、美国	86	35
英国	法国、德国、美国	60	35

资料来源：中情局，世界概况(Washington, D. C.：Gov/CIA Publications, 2007)；
世界人口数据表(Washington, D. C.：Population Reference Bureau, 2007)。
* GNI=Gross National Income 国民总收入；PPP=Purchasing Power Parity 购买力平价。

欧洲较大国家有更广泛的经济基础，但还是受益于专业化所起的作用。德国的经济最为丰富。它是濒海欧洲中最大的国家，有 8 000 万以上的人口，国内生产总值列世界国家中第五位。德国以世界重要出口国地位而引人注目，它是世界第三大汽车制造者，还是金属、工程产品和化学品的主要生产国。西德成功地应对了消化吸收东德衰颓的前共产主义时代经济现实的挑战。

法国在其欧洲同类国家中显得独特，盖因其 3/4 的电力产自核能。化工、飞机和汽车是主要的产业，再加上酒、旅游业和时装。它是濒海欧洲国家中第二大国家、第二大经济体。它在第二次世界大战后与德国的和解为欧洲走向一体化道路，包括采用欧元，开了一个头。

意大利在葡萄园栽培和时尚商品行业据有重要一席，而它的工程、钢铁和化学工业是主要经济支柱。对西班牙而言，机械、鞋类、化学品和食品是重要的出口商品。在其南部，一套为供出口的集约型蔬菜生产系统已经形成，它利用灌溉及塑料薄膜并从附近摩洛哥借用劳动力。这为这一地区传统的橄榄、水果和酒类销售又作了补充。

英国的人口与国内生产总值都与法国相等。它以与服务相关的行业，尤其是金融和信息技术为发展重点，从而抵消了传统制造业如钢材、化学品和纺织品等方面的衰落。在与法国合作之后，它还在民用飞机制造方面与美国互争高下。英国在通过大西洋联盟将欧洲与美国从地缘政治上连接起来方面起到了独特的作用。汽车、铁路皆通的英吉利海峡隧道已将英国与欧洲大陆在交通和心理两种意义上连在一起。但是，伦敦还是通过拒绝加入欧元区与欧盟其他部分保持着距离。而且，与挪威共享北海油气田给予了英国其欧洲邻居所缺乏的能源独立地位。但是,这种石油已在世纪之交达到峰值。在随后的20年产量有可能快速下降,从而把英国从出口者的地位变成进口者的地位。这也同样适用于挪威,它的经济受益于北海能源油田的程度甚至还要高。

瑞典广泛的制造业基础提供了森林产品、机械和交通设备的出口。它的远程通信产品还拥有一个强大的市场。它证明,不仅在欧洲,其实可以说在世界上任何一个国家,都能够将企业家、职业道德和教育及卫生条件的提高与一种服务于最需要国家帮助人群的福利经济结合在一起。

经济的互补性提高了欧洲小国的专业化水平。因而冰岛的电子工业为很多欧洲和世界商船及渔业船队提供了航海和渔业技术利用设备。挪威曾是为用于核反应堆的重水的主要生产者,直到1989年才停止生产;但它的世界第三的商船队,依然承负着全球10%的贸易量,它的渔产品出口到很多地方。这还没算它的主要出口——石油及天然气。希腊继续稳居世界主要船运国家之位,其船队占了世界上20%以上的商船吨位。

卢森堡克服了其铁矿石耗尽和钢铁工业衰退的不利局面,以世界级银行与金融业中心的姿态获得了繁荣。荷兰的经济虽然多种多样,但在温室鲜花栽培和奶酪制作方面占有特殊地位,同时欧洲港区给了荷兰相当的优势便利,这一港区是鹿特丹港向西的延伸部分,位于荷兰湾南岸,在此莱茵—马斯—瓦尔河注入北海。欧洲港区是西欧主要的油港,处理集装箱轮船和运送大部分运往欧洲内陆的原材料。比利时仍然以钢铁生产和纺织品为特色,同时保持着它作为世界上最大钻石切割中心和专业化玻璃制作的地位。

爱尔兰的经济不再依赖于渔业和农业,尽管酿酒和食品加工依然是重要行业。它已成为世界上最富裕国家之一,而其繁荣与它在欧洲的个人电脑软件和企业运用软件、出版、远程服务以及工业与化学品制造等方面占有重要份额联系在一起。爱尔兰不再是一个向外移民的国家,它已将许多移居国外的爱尔兰人吸引回国,并且已成了东欧劳动力的目的地。芬兰远程通信行业产品也享有广阔的全球市场。丹麦因为农业、渔业和造船行业的衰落已经向电力和电子设备及金融服务转移。超小国家如列支敦士登和安道尔专事旅游业及提供交易避税场所和为外国公司设立总部。摩纳哥在这类功能之外还要再加上一项重要的活动内容,即赌博业。

交通与远程通信

濒海欧洲高度一体化的交通与通信系统促进了地区统一的进程,而它反过来又使持续进行的公路、铁路、河流及运河、管道以及远程通信网络建设等进一步加速。这些是将欧洲各国结合在一起的筋腱系统。这一系统中重要的连接有汽车、铁路皆通的"英吉利海峡隧道"和丹麦与瑞典之间的厄勒海峡大桥及隧道。后者已经鼓励两万名丹麦人到瑞典马尔默地区定居,而有很多瑞典人每天乘公交车到哥本哈根上班,那里薪酬更高、更有吸引力。

北海油气田有管道与不列颠群岛、挪威、丹麦、荷兰和德国沿岸一带的炼油中心相连。从那里,一个管道网伸向西欧四面八方。一个天然气管道网也从北非油田经西西里和意大利伸入南欧,经直布罗陀到达西班牙,而从俄罗斯伸出的管道则通向波罗的海东部、德国和亚得里亚海顶端。

从北海及非洲油田,以及中东和世界其他地方的燃料进口,是通过全部沿着欧洲海岸线的港口设施办理的。另外,一个从斯堪的纳维亚半岛北部到地中海海岸的密集的区际网为电力的有效销售与交换作好了准备,电力方面的净出口者是挪威、瑞典、法国、瑞士、奥地利和西班牙。

尽管公路交通现在已超过铁路成为人流与货物运送的主要途径,欧洲铁路系统依然维持着高水平的运营效率,而高速铁路在长距离运输方面是飞机强有力的竞争者。运行时速超过每小时 200 英里的火车将英国与法国、法国与德国、英国与比利时、荷兰、德国连接在一起。类似的连接还在柏林与华沙、法国和意大利,以及法国与西班牙之间酝酿筹划。

运河承运只占了西欧货物的 5%,但它们为地方交通起着重要的作用,特别是对德国北部和低地国家。交错复杂的运河及河流系统将塞纳河与卢瓦尔河、卢瓦尔河与罗讷河、莱茵河与摩泽尔河和马恩河连接在一起。莱茵—摩泽尔—马恩河水网对大宗原材料如煤炭、铁矿石和钢材的交流互换尤有助益。

现代远程通信和信息系统的普及也令人惊叹。这一地区在无线电话系统开发与运用方面超越了美国,尽管在个人计算机和因特网技术运用以及营销应用等方面落后于美国。高技术运用最多的集中在巴黎,而同时在法国其他很多地方却存在对配置家庭计算机的文化抵制。但是荷兰已证明了具备发展成为一个世界级软件生产和堪与美国许多中心竞争的电子商务中心的能力。"铁路团队"营销联盟提供了一个网站,将预订与班次最新信息连接在一个网络上,此网络又让西欧很多地方融合在一起。

统一的政治学

当初,濒海欧洲统一背后的驱动力是第二次世界大战的毁灭性影响和苏联输出的共产主义威胁。经济复苏和军事防御走在欧洲地区性机构创立之前。但最近几年,大多数欧洲人都已清楚如果没有一种既表现在法律上也表现在政治观念上的统一是不能充分发挥出这一地区的地缘政治潜力的。

第七章 濒海欧洲与马格里布

在推进欧洲统一中诞生的重要立法机构是在卢森堡的欧洲法院和在斯特拉斯堡的欧洲人权法庭。欧盟在成为世界主要地区性管理者的过程中,形成了一套解决核废料处理规定、排放控制、贸易、渔业配额制、工作条件、人权和武装部队中的歧视等法律。这种规范策略还通过产品标准和环境及卫生监督而用于消费者保护。欧洲法律与国家性法律之间的竞争远未解决,因为欧洲法令的执行常遇到成员国的抵制。但尽管存在这样的抵制,一个超国家的法律机构的演化——地区性统一的先决条件——正在稳步进行之中。

目前欧盟面临的两个最重要的问题与它的治理机构及对其扩张的管理有关。正如大家都注意到的,德国一直是一个强大的中央集权的欧洲联邦的坚定支持者,联邦拥有由直选产生的总统和分享重大权力的议会——实际上即一个欧洲的美国(如半个多世纪以前罗伯特·舒曼设想的)。而就英国、斯堪的纳维亚半岛成员国和波兰等国而言,它们长期以来就一直反对任何过多的淡化国家主权之举,仅支持有限的欧洲议会和行政权力,就像目前这样。现在预测究竟哪种观点——中央集权的超国家或民族国家联盟——会最终占得上风,还为时尚早。法国曾经信奉高卢人向往中的"欧洲家乡",现在也采取一种反高度集权统治机构的立场。它赞成在防卫及经济政策上增加合作,但反对一部将产生一个中央集权联邦的宪法。

2005年法国与荷兰都拒绝了拟议中的宪法。2007年10月,欧盟在里斯本拟订了一份新的协议草案。新协议草案舍弃了与国家地位有关的虚饰浮华,比如像欧洲的盟旗与盟歌,它们曾激起情感上的抵触。它将确保保留国家对司法政策和外交事务的主权,但同时保留决策效率更高的措施和手段。欧盟选举制度将更加简化,并更能体现一国人口规模大小的因素。多数票通过将取代目前许多地方的由全体通过决定的规则。协议还设计一位欧洲议会全职主席,经选举诞生,任期两年半,可连任一次,其地位相当于欧洲外交部长。这一协议必须待27个成员国批准通过,包括10个东欧国家。

法国所倾心的国家联邦形式的欧盟由致力于实现更高一体化的坚定内圈核心集团成员(由法德联盟执掌领导权)和欧盟对其更多的只是起一种关税同盟作用的外圈成员组成。法国还延缓了欧洲共同农业政策的改革步伐,而德国则支持削减农业补贴。另外,巴黎担心柏林对联盟的主导地位,因而反对重新在欧洲议会分配选票,因为那将要考虑德国人口更多的因素。若干年来,这些以及其他方面的分歧对两国关系造成了损害。随着2007年萨科奇当选总统,法国开始寻求重建法德联盟。但是,巴黎依然反对土耳其加入欧盟,对此德国没有表示官方立场,同时对波兰的强烈亲美的政治姿态非常怀疑。这种怀疑部分地被波兰2007年11月选举结果所缓解;在这次选举中,不稳定的卡钦斯基政府被赶下台,新保守主义政府宣布接任。

欧盟政治扩张的方向具有深远的地缘政治意义。一个将规模扩大到把与俄罗斯接壤的乌克兰包括进来的高度中央集权化的欧盟,将使德国在经济及人口主导地位之外,又具有了地理上处于联盟的中心位置。它会通过和平政治获得它在两次世界大战中没有得到的东西——对东欧的战略控制和一个可能会破坏海洋辖区和俄罗斯心脏地带均势的地位。但是,依然是民族国家联邦的欧盟将在英国与法国的共同作用下而处于均势状态——凭借它们一方面的大西洋倾向和另一方面的德国倾向。在这样的情况下,更大的均势不仅可以在濒海欧洲,而且还可以在海洋辖区及整个世界体系内部得到维持。在欧盟的扩张过程中,经济以外的考虑开始发挥作用。甚至当这些国家经济疲弱时,它们的申请也被英法以它们在科索沃战争期间一直是西方的支持者而促使通过。它们还必须符合西方在清洁环境方面的要求——这是对新成员国的一个巨大挑战,它们那里空气与水污染以及不安全的核反应堆危及卫生与安全标准。

而那些目前在寻求加入欧盟的国家——土耳其、克罗地亚、前南斯拉夫马其顿共和国、阿尔巴尼亚、波斯尼亚和黑山——也必须证明它们的政治制度是民主的,是以市场经济和合法保护人权为基础的。希腊也因为马其顿的国名而反对马其顿加入欧盟。

土耳其的申请已经因为前述的理由而被延迟——它在镇压库尔德人叛乱过程中侵犯人权,希腊针对塞浦路斯冲突而提出反对,以及对土耳其经济实体部分的军事控制。土耳其人深信他们的伊斯兰国家身份是他们取得成员地位的根本障碍。信奉伊斯兰教的土耳其人在德国作为客籍工人遇到的普遍歧视和类似的由北非穆斯林移民遇到的敌意,被当作是种族与宗教偏见的证明。

从地缘政治上说,欧洲未能真正作出努力将土耳其带进"俱乐部"可能会产生严重的后果。土耳其是北约的柱石。若它遭到欧盟冷落,它可以将地缘政治注意力重新转向中东与中亚,这不仅损害海洋世界的地缘战略利益,而且还有增加与希腊的紧张关系以及削弱土耳其走向世俗国家责任心的危险。

移民模式

近来的移民对过去半个世纪中濒海欧洲核心区的增长和有效地区领土的扩张起到了关键作用。在现代的很多时间里,一直输出过剩人口的地区已在最近几十年成了一个国外流动劳力的进口地区。

目前对来自欧盟以外的移民还没有共同的欧洲政策,而是将它留给了各国政府。大多数已经移居欧盟国家和已经留在那里的人是客籍劳动力、季节性工人、寻求避难者,或者是通过各种海上和陆地途径私自进入欧洲的非法移民。最大数量的移民定居在核心区的重要城市中心或外围的大都市区。不过许多是以农业工人身份居住在那里,其中有些工人是季节性的。

这些外国人的来源地和目的地表明了地理上邻近,前殖民地关系以及熟悉东道国语言的综合特点。与任何其他欧洲国家相比,德国有更多的外国人——在800万人以上,或占其人口的10%。从1960年到1973年——是年波恩终止了移民项目——波恩政府大量招募客籍工人,其中大多数来自土耳其。土耳其人现在的人数超过250万,他们中包括了第三代人。这之后有好几十万的移民来到这里,他们来自东欧——波兰、匈牙利、捷克、爱沙尼亚、罗马尼亚、斯洛文尼亚——以及北非。

这一移民的流动队伍被好几万的寻求避难者,特别是来自前南斯拉夫和土耳其库尔德斯坦,同时也有来自中东的避难者壮大了。巴尔干半岛也是成千上万企图进入欧洲的亚洲非法移民的主要路径。尽管德国与奥地利是欧盟成员国中对待寻求避难者最慷慨的国家,但这些国家内部也存在着对移民普遍的种族和宗教偏见,其根据是对他们的吸纳将会稀释东道国的文化和民族特征。

除了外国移民,有超过300万的德裔人口在苏联帝国解体后来到德国。其中大多数是俄罗斯德裔,他们是1763年第一次被俄国女皇叶卡捷琳娜二世邀请到下伏尔加地区的德国移民的后裔。其他的德裔人口来自波兰、罗马尼亚、捷克、斯洛伐克和巴尔干国家。

随着时间的推移,伏尔加德裔人口增长,直至19世纪末达到180万。增长之快以致伏尔加地区农田短缺,所以在1890年发起一个项目将德裔人口移居到西伯利亚西部。1924年,伏尔加德意志自治共和国建立,承认了这些移民的独特文化背景。但是1941年这个共和国被撤消,其居民被流放到西伯利亚和哈萨克斯坦,因为斯大林担心他们是纳粹勾结者。从俄罗斯迁出的德裔人只有极少数会讲流利德语,因此吸收他们并没有比非德裔移民容易多少。这对许多来自波兰的德裔人口也一样。

法国有超过700万的外籍人口,是欧盟第二大移民目的地。在阿尔及利亚独立战争期间(1954—1962),有100万法国殖民地居民回到母国。自那以后,有将近500万穆斯林来到法国,大多数来自阿尔及利亚和摩洛哥,许多是乘从阿尔及尔到马赛的通宵渡轮过来的。来自法属西非的非洲人也很庞大。地理上接近与法语流利便利了这种迁移。就业主要集中在法国大城市中的低酬服务业和建筑工种。意大利吸引了来自突尼斯和阿尔巴尼亚的非法移民,这些移民中的一部分接着向北欧流动。

西班牙从摩洛哥补充了大部分农业劳动力。绝大多数工人是经直布罗陀海峡到达西班牙的非法移民。有部分摩洛哥人利用直布罗陀海峡前往法国城市中心。

荷兰的外籍人口占其总人口的将近10%。荷兰流动工人来源地分布很广——前印度尼西亚和苏里南殖民地、前苏联、东南欧,以及最近的摩洛哥和土耳其。有着悠久的宽容和多元文化传统的荷兰,最近也不得不处理一些移民对融入荷兰的抵触情绪问题,包括部分伊斯兰激进分子。

瑞典也拥有相当高比例的外籍人口——超过 50 万,或占其总人口的 6%。其中大多数来自东欧和东南欧。

很多难民在第二次世界大战结束后不久就来到英国。但更大得多的流入群体是与前殖民地历史渊源的结果,它在英国的 300 万以上的移民中占了很大的比重,包括 150 多万穆斯林,其中一半来自巴基斯坦。有大批的操英语的南亚人来到英国以逃避印巴边界争端的恐怖。几乎紧随他们之后而来的是操英语的西非和加勒比海国家的移民。西印度群岛公共汽车驾驶员与医院工作者积极参加 20 世纪 50 年代和 60 年代的招募行动,直到 1971 年这次移民结束。欧盟的扩张将许多东欧人带入西欧,特别是使 110 万波兰工人进入英国,除补充了建筑及服务业岗位外,他们还填补了熟练工岗位。

爱尔兰因经济激增而缺乏信息技术和电子学领域的劳力,它成功地吸引了来自美国、加拿大和南非的爱尔兰侨民。此外,医院、旅馆和建筑工人,以及农业劳动力的工作机会,也吸引了来自欧盟东欧国家——特别是波兰——的工人。

大多数濒海欧洲国家最近的移民建立在临时打工许可证、同意避难,或非法居住基础之上。在许多欧盟国家,移居者面临遭剥削、种族偏见及其他形式的歧视行为。奥地利的海德尔(Jörg Haider)和法国的让·勒庞(Jean LePen)通过反对穆斯林和黑人移民而成为政治首脑。他们的成功鼓励了意大利和荷兰的右翼反移民党的崛起,并在德国、法国、西班牙和希腊等国得到呼应。移民控制现已成为许多国家的一个主流问题。

具有讽刺意味的是,反移民偏见恰与欧盟国家人口增速下降时期重合。最新的联合国人口署预测表明,濒海欧洲国家到 2025 年将需要 3 500 万移民,而到 2050 年则达 7 500 万,但它们只是保持了 1995 年时的劳动力水平。到 2025 年,欧盟老年人比例预计增加到 22%。若没有持续不断的移民,欧盟总人口将停滞在今天的 5 亿人,而美国人口则可能增加到 3.5 亿。⑥由于出生率下降,一些欧洲国家,如意大利、葡萄牙和波兰,在以后 20 年将面临明显的人口下降。西欧自然增长率是 0.1%,而东欧实际上在经历人口下降。

假如欧洲想维持它现在的生活水准,则必须要对移民政策进行重大修订。这将包括以一种系统化的方法形成一种规模化、有计划、合法化的移民,而不是胡乱地对劳动力需求作出反应。还必须在对待来自欧盟疆域以外的外国人态度上有一个相应的改变,以一种对宗教及文化多元主义的理解去代替敌意。

新成员国的纳入为西欧打开了一扇后门。欧盟的一个基本信条是人员、物品及资本在成员国之间的自由流动。但是,新成员国还没有能够制定好旧成员国施用于外来移民的控制措施。结果,它们成了中东、东南欧及其他地方的移居者进入欧盟的一个通道。因此,包括这些新成员国的条约规定了为时 7 年的过渡期,特别是针对保加利亚和罗马尼亚,在这 7 年时间内对从新成员国向老成员国自由流动的工人实行限制。⑦

对西欧的恐怖袭击(包括失败的和成功的)和对在文化上吸纳大批穆斯林的抵制,

已经导致移民控制政策的收紧,并使其成为许多欧盟国家的首要问题。尽管这样,鉴于出生率低、对劳动力的需求,以及给予避难保护的人道压力,继续接收移民依然会是一个无法抗拒的任务。

欧盟内部的东西相融

欧盟正试图按西欧的模式重塑东欧,这是一个与其说是受到社会政治和经济现实,不如说是受到需要一劳永逸地将这一地区从俄罗斯势力范围中抢夺过来的"软安全"的论点驱使的政策。

19世纪上半叶,保守的奥地利政治家梅特涅公爵试图用中欧来抵消法俄联盟。他把亚洲形容为处在一条通往维也纳之外,名字叫作"连恩大道"(Renweg)的街道的始端。用现代语言表述,这意思是说濒海欧洲终止于中欧——在维也纳、布拉格(德意志化的波西米亚,今日捷克的核心)和布达佩斯(马扎尔人为主的匈牙利国家中有部分德国人居住的城市)。从这条线往东,大陆性是地区性特征。

维也纳与布达佩斯这两个多瑙河上游城市,曾是19世纪下半叶哈布斯堡王朝奥匈帝国的双首都。布拉格通过易北河支流伏尔塔瓦河以及南边可到达多瑙河与维也纳的一系列山谷与德国相连,是中欧伸达维也纳和布达佩斯中轴线的北端。从文化、经济和历史标准衡量,捷克共和国与匈牙利进入欧盟是理所应当的。

斯洛文尼亚曾是奥地利帝国的一部分,它也有深厚的西方传统。而作为显然的前南斯拉夫共和国中工业化、城市化程度最高,经济最繁荣的共和国,加上在贸易方面与德国及意大利的牢固联系,它也有机地与西欧连接在一起。波罗的海地区的爱沙尼亚与立陶宛,凭其丰富的贸易传承,也有很强的海洋导向。但是,从这些国家位于东方,扩增的成员地位就出现问题了。相较于海上贸易国家,大陆导向的标志之一就是高度依赖农业。波兰是与濒海欧洲国家交界的东欧国家带中规模最大的,人口有近4 000万,其中1/3是农村人口,而它全部劳动力中的1/4依然还在依靠从事农业。尽管波兰在经济上通过有限的市场改革取得了某些进步,但其农业发展滞后,它的外贸占国内生产总值之比很低。类似的农村与农业导向也适用于保加利亚和罗马尼亚。

欧盟东进预示一种巨大的挑战——这些国家经济、政治文化一体化程度远不如西欧。这种扩张反映了西欧通过分享其财富和技术知识对"软实力"的实践,这与过去有很大的不同,过去欧洲的扩张与收缩是通过武力手段实现的。

欧盟内部的政治和解更加复杂。许多后共产主义国家正遭受着政治动荡和不稳定之苦。联盟中立场的转变是常见之事,就像在少数派和看守政府中那样,而在许多国家官僚作风已到令人窒息的地步。一个例子是波兰,尽管其依赖欧盟补贴和国外侨民往国内汇款，它仍然拒绝遵从欧盟的规章条例。2007年波兰的全国选举夺去了强烈亲美的政府对议会的控制权，让一个保守党执掌了权力。它的公开论坛呼吁从伊拉克撤出所有波兰军队，体现出普遍的反战情绪。凭这届政府，波兰有望在支持欧盟政策方面采取更加合作、更加值得信赖的姿态。

国家扩散

在一个地缘政治区内，民族国家是节点，而交通与通信线是连接器，它们组成了地区性网络。濒海欧洲有世界上最密集的节点和连接器网络，使它能够达到无与伦比的专业化和一体化水平。这密集网络提高了这一地区维持动态均衡的能力，因为各个成分提供了多极化的反馈与自我纠正机会。一旦一个国家失去稳定，它与本区其他地方的连接器受阻，其他国家有可替换的互联器维持体系完整。北爱尔兰的内战、西班牙北部的恐怖主义，以及塞浦路斯的冲突等都没有阻止濒海欧洲走向地区性统一的态势。

在一个整体体系内部，节点的扩散加速了它的发展，因为各个节点能够成为新的专业化中心。因此，濒海欧洲的国家、微型国家和国家节点的扩散不一定表示分裂和无政府。例如，一个独立的斯洛文尼亚已经为自己挣得了一个从奥地利和匈牙利到东南欧的货物中转中心的地位。假如像加泰罗尼亚、巴斯克地区和北爱尔兰这样的节点变成高度自治或者甚至独立，我们能够期望它们利用它们的位置、人力和资源增加欧洲的经济与政治实力吗？这只有在它们将所有注意力转向国家发展而不是将其大量能量消耗在争取政治自由的情况下才有可能实现。

欧洲发生的国家权力转移(state devolution)并不必然意味着完全的主权，但它确实给予了居住在历史上拥领土上的民族自决权和完成他们认为对他们作为一个民族的生存很关键的职责的自由。一般来说，人们努力争取从他们的宗主国(host countries)得到自由的兴趣，集中在能够决定关于语言、宗教、文化和经济等方面的事务。他们完全可能愿意让他们争取从中脱离出来的大国保留那些与外交政策和军事防卫有关的功能。圣马力诺自称是欧洲最古老的国家，已放弃了建设广播站和种植烟草的权利，以换取意大利每年的补贴。列支敦士登是一个与瑞士一起加入关税同盟的富裕国家，它没有军队，在国外以瑞士作代表，但执行独立的税收和金融政策。其他地方，中国内地最近与香港的约定方案——"两种经济，一个国家"——或可作为另一种有用的模式。

欧盟诞生的结果之一是通过地区性文化与语言的复兴推动这些国家性权力的下放趋势。41国欧洲议会宪章鼓励学校、媒体、公共生活使用本土语言，而欧盟非经常使用语言管理局为促进少数语种项目提供资金赞助。此外，全联盟中贸易与人员流动障碍的减少或消除，也淡化了现有国界的重要性。

表 7.2 列出了可以从濒海欧洲内部各种新区域实体中出现的国家节点,包括国家、准国家、邦联以及联合统治的共管政府。

表 7.2 潜在的欧洲国家与准国家

新 国 家 节 点	类 型
亚速尔群岛	门户国家
巴斯克地区	准国家
布列塔尼(半岛)	准国家
加那利群岛	门户国家
加泰罗尼亚	门户准国家
科西嘉	准国家
克里特岛	准国家
法罗群岛	准国家
佛兰芒地区(比属佛兰德斯)	准国家
加利西亚	准国家
直布罗陀	英、西共管门户
格陵兰(岛)	国家
马德拉群岛	准国家
北爱尔兰	英、爱共管(第二阶段独立)
苏格兰	准国家
特伦蒂诺—上阿迪杰区	准国家
塞浦路斯联合共和国	邦联
威尔士	准国家
瓦隆(Wallonia)(操法语的比利时)	准国家

西班牙北部巴斯克地区从比斯开湾内陆方向沿岸地带往埃布罗河延伸,进入比利牛斯山脉西部,在此它与法国重合。地理上所处的孤立位置让欧洲这个最古老民族之一的西班牙巴斯克人得以保持了其独特的语言传统和民族特性。在西班牙内战期间,他们建立了一个自治国家,后遭弗朗西斯科·佛朗哥将军镇压。过去的 30 年来,巴斯克游击队组织针对马德里发起了一场激烈的战役,至 1998 年接受停火。2005 年当暴力恐怖活动复燃时他们再一次拿起武器,自此以后和平谈判就时而恢复时而停止。巴斯克人对他们与西班牙关系的未来看法有分歧。温和的巴斯克右翼和社会主义政党愿意接受高度自治。而更极端的巴斯克独立党利用恐怖主义手段试图为巴斯克自治区争取到完全独立;巴斯克地区有人口 275 万,而法国边界一侧人数更少的 25 万巴斯克人口则回避了与其西班牙亲属联系在一起的呼吁。

巴斯克自治区是一个人均收入超过西班牙的富裕地区，有兴旺发达的圣塞巴斯蒂安工业中心和毕尔巴鄂港口，是一个有强大产业支撑的重要商业与金融中心。尽管毕尔巴鄂的钢铁与造船业近年来趋于下降，但它的现代化行业包括了汽车、药品、化工、纺织机械和各种消费品。它的基础建设已得到改造，而其文化习俗则帮助推动了旅游业的发展。塞巴斯蒂安的海滨胜地已经促进形成了一项重要的旅游产业，加上渔业、冶金和机械行业。在和平环境下，巴斯克地区具有成为连接欧洲北部与伊比利亚半岛重要门户的经济潜能。

加泰罗尼亚的国家历史可追溯到自9世纪到15世纪末的独立政治存在时期。到中世纪末为止，巴塞罗那的商人一直与热那亚和威尼斯的商人争夺地中海的商业霸主地位。这一地区自17世纪以来始终坚持不懈地争取与西班牙脱离。1934年爆发了一次独立革命，但是失败了。在西班牙1936—1939年内战中，巴塞罗那先是成了忠于共和政府一方的首都，后失陷于佛朗哥政权；佛朗哥压制加泰罗尼亚的语言和文化。近年来，加泰罗尼亚凭借从马德里得到的相当大自治权而提高了地位。

加泰罗尼亚的核心巴塞罗那，是西班牙主要的商业与工业中心，主要的港口。它的工业包括汽车及零件、飞机、电子器件、机械及纺织品等制造业。加泰罗尼亚整体而言是整个西班牙地区中最富裕的。凭借其700万的人口、受过良好训练的劳动力，以及它具有历史意义的地中海领导传统，这一地区尤其适合成为整个地中海西部的门户。西班牙宪法2006年得到修改，承认了加泰罗尼亚"国家性现实"(national reality)的地位。新的地位使加泰罗尼亚语与卡斯蒂利亚语一起成为官方语言，每个加泰罗尼亚人都有权利与责任知道这种语言。正如第三章中强调的，加泰罗尼亚现在是一个高度自治的地区，具有对经济、文化和政治事务的广泛管辖权。凭借这一新的政治地位，加泰罗尼亚能够保留其民族特性而不削弱西班牙总体的经济与政治独立性。

加利西亚是西班牙另一个力求独立的省份。加利西亚位于西班牙西北角，在大西洋和比斯开湾之间，加利西亚人操一种与葡萄牙语同源的语言。他们主要从事的是近海水域的渔业。尽管1981年它被授予自治区地位，但这里的分裂主义情绪依然强烈。通过与加泰罗尼亚的协定而形成的西班牙新的联邦体系能够也应当成为解决加利西亚人问题的模式。

直布罗陀是另一个可能的门户国家，它也许会成为英国和西班牙共管领土。

在法国，布列塔尼自治要求的依据基本上是文化和语言方面的。自巴黎通过准予布列塔尼预算权而松开集权控制之后，独立的主权就未得到支持。

科西嘉因其独特的语言和文化，自受热那亚统治的中世纪起，直到1768年转让给法国，就一直是分裂主义组织、盗贼和血仇的传统舞台。在20世纪70年代和80年代，科西嘉游击队大搞爆炸活动以推进它们的独立事业。近年来，经济发展战略已以旅游业为中心。2001年末,科西嘉被给予有限自治权,包括允许在学校里教授科西嘉语言。但这没有能让分裂主义的暴力活动停止,因为科西嘉人在2003年的全民公决中拒绝了有限自治。一个高度自治和准国家地位看上去像是一个科西嘉问题的解决办法。

克里特岛是20世纪之交针对土耳其人的重大分裂主义骚乱活动的舞台,直到1913年与希腊合并。随后,到1938年,克里特独立势力谋求从希腊迈塔克萨斯(Ioannis Metaxas)的独裁统治下获得自由,然而叛乱遭到镇压。在第二次世界大战期间,克里特岛落入德国人之手,在短暂的战后一段时期,岛上有一些共产主义游击队活动,但这并没有推动一个强大的分裂组织的崛起。如果希腊与土耳其之间的紧张关系消退,特别是如果土耳其加入欧盟,克里特岛的战略价值将会降低。在这样的情况下,雅典也许会有意将有限的准国家的权力授予这个世界最早文明之一的发源地。

希族人控制的塞浦路斯,人口70万,占岛上人口的80%,面积的60%。它已获得国际承认,是欧盟成员,但在找到能消除土耳其控制的北塞浦路斯对被并入更大、更富裕希腊人控制部分的恐惧的解决办法之前将不会有和平出现。土耳其部分有人口20万,其中将近一半是土耳其族塞浦路斯人,而其余是来自土耳其大陆的移民。1960年塞浦路斯在既禁止其与希腊结盟又不允许实现隔离的协议下获得独立。1974年由亲希腊军人发动的政变引发了土耳其人侵入岛的北部,以保护穆斯林。隔离是希腊族塞浦路斯人给予断然拒绝的选择。而这两块充满剧烈敌意的土地,在它们分别与希腊和土耳其联系的孤立状态中,建立联邦是不可能会实现的。一个过渡的解决方案也许是由雅典与安卡拉设立一个北塞浦路斯共管政府。

比利时是一个可分为两个新的欧洲国家节点的场所。富裕的北方佛兰芒(操荷兰语)人口的政治领导人已经将以前要求佛兰德斯在比利时实现自治的条件扩大了,呼吁建立一个大佛兰德斯,它将既包括比利时北部,同时包括荷兰南部部分地方。这样一块"佛兰芒土地"将拥有2 200万的人口和排名世界第十的经济总量。

2007年,佛兰芒的独立要求达到高峰,激进的佛兰芒分离主义者在他们的党第一次进入全国选举时制造了一次议会危机。体现比利时政治深刻分歧的是,为组建新政府拖延的时间太长。既然两个地区的经济不可分割地缠绕在一起,而操法语的布鲁塞尔既是北约又是欧盟的总部,国家的分割将呈现出复杂的状况。法国无意吸纳有独立倾向而重工业衰落、失业高企的瓦隆。荷兰亦未见有合并佛兰德斯之兴趣。两边皆不具独立存在的能力。最可能的抉择是让双方都有高度的文化及经济自治权,而将布鲁塞尔作为一个"单独实体"(corpus separandum),作为联盟和欧盟的首都。

北爱尔兰的放权已经实现。已达成的协议为在统一党的新教多数和共和党的天主教少数之间实现权力共享作好了准备。遵照协议条款,一套立法机构、行政部门和内阁会议班子被建立起来。伴随着和平,北爱尔兰有可能先作为共管领土,其中像国防与外交事务等这样的权力由英国与爱尔兰共享,然后最终成为一个单独的国家。

意大利北部有两股在领土与种族上相互分离的势力:特伦蒂诺-上阿迪杰区和帕达尼亚。前者曾是奥地利蒂罗尔的一部分。其操德语的人口(现在约占博尔扎诺和特伦托省总人口的一半)对立法、行政和语言自治的要求受到了奥地利的支持。罗马已经给予该区相当大的自治权,但回归奥地利的问题如果没有采取一种受意大利和奥地利共管关系形成的准国家状态可能是不会偃旗息鼓的。

"帕达尼亚"(Padania)是北方联盟——一个1982年成立的意大利北方右翼党——捏造的一个词。其领导人时而表示欲退出,时而又显露出要联邦之意。一般被视为帕达尼亚的这块地区其名称得自波河以及有时被称为帕达那谷(Padana Valleg)的拉丁语名字。从地理上说,这一地区包括伦巴第区、皮埃蒙特区、利古里亚区、威尼托区和艾米利亚区(艾米利亚-罗马涅区的一半)。在历史上不存在一个帕达尼亚国家的领土基础,它与意大利其他地方在语言上也没有什么两样。驱动北方联盟退出的目的是将意大利最富裕部分的北方(有时他们还将要求扩展到托斯卡纳区和罗马),与较穷困的南方分开的欲望。虽然这一政治运动不能被轻易忽视,不过它拆散意大利的机会十分渺茫。

在西西里和撒丁岛也存在分离主义组织。不过,由于获得了有限的自治,以及因为它们在经济上对罗马的依赖性,要求独立的压力减退了。

葡萄牙的亚速尔群岛和马德拉群岛已经获得了自治区地位,而加那利群岛从西班牙得到了更多的自治权——它们都属于放权趋势的一部分。因为对其母国的经济依赖,准独立地位对马德拉群岛和亚速尔群岛来说是最现实的。更远一些的亚速尔群岛,鉴于其位于葡萄牙以西1000英里、大西洋宽面的1/3处以及距非洲西北海岸1000英里的战略位置,它可能会演变成为一个门户国家。亚速尔群岛现为北约提供空军基地,它也是著名的度假胜地。

在苏格兰和威尔士建立议会是权力下放道路上的里程碑。苏格兰国家党有义务在欧盟中谋求独立——这是一个需要欧盟所有成员同意的过程,因此要看伦敦是否会否决。阿伯丁的高技术产业的增长和控制近海石油及天然气资源的前景,提高了民族主义者要求得到国家地位的呼声,尽管苏格兰现在已享有相当大的政治自治。绝大多数英国油田分布在苏格兰海岸,如40%的气田一样。苏格兰倘若要获得独立,盎格鲁—苏格兰海上分界线的位置——从福思河起注入北海——将成为一个争论之点。也许还有奥克尼和设得兰群岛的命运,它们远离苏格兰东北海岸,具有它们自己刚形成的分离组织。威尔士的情况不同。威尔士民族主义者首要关注的是教育、语言与文化。这些可以通过作为一个准国家获得更大的自治而获得满足,特别是威尔士不景气的经济使它需要依赖伦敦才能获得长期的复兴。

格陵兰岛已享有丹麦王国治下的半自治地位,外交政策与国防交由哥本哈根处理。

尽管如此,格陵兰继续在为其超过 55 000 人的人口追求自决权。⑧它尤其谋求对未来的美国图勒空军基地有更大的发言权,后者建于第二次世界大战期间,近几十年来其规模已被大为扩大。丹麦对图勒被用于为美国国家导弹防御系统服务有所保留,但格陵兰人倒似乎赞成这样一种部署,并正在利用这一问题作为谋求华盛顿对其获得最终决策发言权表示支持的一个机会。这一能力将意味着一种准国家地位的形式。然而,很有可能,国家地位将是唯一能满足绝大多数格陵兰人民族自决目标追求的一条出路。

丹麦的法罗群岛位于冰岛和设得兰群岛之间。法罗群岛于 1380 年第一次处于丹麦统治之下,自 19 世纪以来有过一次强烈的民族主义运动。事实上,法罗群岛的居民 1946 年在一次公民投票之后宣布独立,但随后撤消宣言,而转而接受地方自治。这一自治使得 5 万居民得以向欧盟成员关闭了他们的捕鱼水域,尽管他们依赖丹麦。原定于 2001 年 5 月对独立进行公民投票计划在哥本哈根威胁要砍掉对法罗群岛的补贴之后被取消。或能再次刺激起新的独立欲望的是附近水域发现石油的可能。看上去,一个准国家地位的解决方案可能会满足岛民的愿望,特别是在传统的渔业依然是他们的经济支柱,每年对来自丹麦补贴的需要依然强烈的情况下。一种带有与丹麦君主政体象征性关系以及与丹麦有密切财政关系的高度自治似乎最可能成为法罗群岛的未来。总之,濒海欧洲国家中领土上的权力下放有望采取不同的形式。但是,与扮演分离和削弱这一地区的角色相反,它们可能会提高一体化水平,并且通过增加将会使这一地区进一步团结在一起的专业化部分来巩固这一地区。欧盟成员几乎不可能会让联盟成为促进现有民族国家遭到分裂的工具。

马格里布:濒海欧洲的战略附加

濒海欧洲与北非的地缘政治关系受到地中海形状与结构、它的分支以及周围沿海地区的很大影响。现在的地中海形状是由构成海岸线 3/4 的山脉决定的。西地中海海域——从直布罗陀延伸至突尼斯和西西里之间的狭窄水域——四周完全被山脉包围。在这片海域之内,科西嘉岛和撒丁岛形成了一堵南北向的墙;而在其西面,存在时间很久的跨地中海交流形成于伊比利亚半岛和法国与摩洛哥和阿尔及利亚之间。这条岛墙的东侧封住了地中海的第勒尼安海湾,导引船只行驶在意大利半岛的西侧和突尼斯北面的海岸线之间。

东地中海海域仅在北边和东沿立有山脉。在其南海岸线上,从西奈半岛向西到埃及、利比亚和突尼斯湾,海岸又低又直,没有天然港口。意大利东海岸和利比亚东海岸之间的跨海域交通穿过亚得里亚海和爱奥尼亚海,然后分路进入地中海。在海域东端,爱琴海也分流注入地中海,将希腊、土耳其与埃及和黎凡特连接在一起。

西地中海经历了与东地中海不同的政治发展历史。其海域从百英里宽的西西里海峡——海峡位于突尼斯东北的邦角与西西里西南部之间——的东端向西延伸至直布罗陀海峡，其在赫拉克勒斯之柱（Pillars of Hercules）之间最窄的宽度仅有8英里。总体看，西地中海四周被年轻的褶皱山脉包围。在欧洲这一侧它们很少有断裂，除了埃布罗河、加龙河和罗讷河流域。在马格里布，穿过平行的阿特拉斯山链的有限出口被撒哈拉沙漠挡住，从而与非洲大陆其他地方隔开。地中海中有几个岛，它们起着连通北海岸和南海岸的踏脚石作用（巴利阿里群岛、科西嘉岛、撒丁岛和西西里岛）。很早就有欧洲人定居的这些岛屿，是欧洲国家在发展与地中海南海岸国家战略关系中的重要前哨。

直到现代，地中海周围山脉缺乏有效的断裂，这已经使得控制问题成为地中海西部海域一个内部或"家庭"问题。因此迦太基、罗马、北非、西班牙、法国和意大利都在几乎没有任何外来干涉的情况下争夺对地中海海域全部或部分的控制权。鉴于只有有限的因而微弱的北非支持基地，摩尔人（以及他们之前的迦太基人）没有能有效渗透到西班牙、撒丁岛和西西里一部分以外的地区。在中世纪，西班牙、法国、奥地利三国对意大利的争夺使欧洲列强的注意力转离了北非海岸。

现代出现了两个变化：(1) 经西欧至地中海陆上交通条件的改善；(2) 盎格鲁—法国联盟，它控制了通向地中海和跨地中海海上航线的两个西入口。经过从19世纪第二个1/4世纪到20世纪初这段时间，法国确保了对马格里布大部分地区的战略控制。1830年，法国首次入侵阿尔及利亚；1844年，它击败了摩洛哥的苏丹，后者帮助阿尔及利亚人进行持续不断的反抗活动。4年后，阿尔及利亚被吞并，而摩洛哥的法国势力在19世纪下半叶稳步上升。突尼斯遭入侵，1883年成为法国保护领地。

但是，西班牙和意大利在马格里布的利益，以及来自德国和英格兰的干涉，阻止了法国人取得对北非西北部的完全控制。当1912年摩洛哥被分割成一个包含90%土地的法国保护领地和包含其余土地的西班牙保护领地之后，巴黎不得不与马德里分享权力。在突尼斯，法国遇到了来自意大利持续不断的反对，后者在突尼斯保持着相当的经济影响，有相当一批意大利国民是突尼斯的居民。最终，建立于法国与这部分穆斯林世界结成的殖民关系基础上的地缘政治模式被证明与穆斯林对平等和政治自决的要求不相协调。

据说，突尼斯占领期间的法国总理莱昂·甘必大（Léon Gambetta）1880年说过这样的话：法国海岸的轮廓和法国在阿尔及利亚建立的统治已使地中海，尤其是西地中海，成了法国的"活动舞台"。⑨历史证明他是对的，但不是以他曾经设想的地缘政治形式。在经过170年的殖民化和同化作用之后，法国在马格里布的影响虽然仍然强大，但已很脆弱。

自马格里布摆脱殖民主义以来，它与濒海欧洲的关系变得相当模糊，尽管现实是法国、意大利、西班牙和德国依然是它主要的贸易伙伴。法国与阿尔及利亚之间的政治关系还在遭受战争和殖民统治遗留的影响。此外,随着这一地区的独立,将北非西部与欧洲分开的经济差距是扩大而不是缩小了,这使得马格里布在经济上依然处于依附地位。如果不是通过无数工人移民欧洲(其中很多人移居法国)所起到的安全阀作用,以及从这些移民寄往母国的汇款,马格里布的经济将面临更大的困境。

形成一个新的跨地中海政治伙伴合作关系的希望是,欧洲与马格里布现在是相互依赖,而不是以殖民时代的支配—从属模式绑在一起。欧盟需要马格里布的石油和天然气以及劳动力资源。马格里布需要濒海欧洲的资本、技术、制成品以及游客。

阿尔及利亚是世界第二大天然气出口国,拥有世界第五的储量。它的石油出口排名世界第十四位。目前,大部分石油与天然气——占整个国家国内生产总值的25%和将近所有的出口——输往美国以及意大利、法国和其他欧盟国家。

突尼斯也是一个石油与天然气出口国,主要出口欧盟。由于位于地中海中央、俯视利比亚这一重要战略位置,它是马格里布进入意大利、东南欧和东地中海的门户。石油与天然气管道经阿尔及利亚中部与东部到达地中海港口,而天然气管道则继续穿过地中海到达西西里和意大利。

马格里布是欧洲资本投资的重点,不仅投向能源和其他矿产和石油化学制品,而且还投向食品行业。此外,3个国家加起来的7 500万人口对欧洲而言代表了一个具有巨大潜力的市场,也是欧洲的必要流动劳动力的重要来源。从负面意义上说,它还是某些宗教恐怖分子流入的一个渠道。

阿尔及利亚是马格里布的地区性大国,是这一地区与濒海欧洲建立均势关系的关键。阿尔及利亚有3 500万以上的人口,仅略多于摩洛哥,其人均国内生产总值是其西边邻国的1.5倍,原因是它有丰富的烃(碳氢化合物)资源。另外,阿尔及利亚的工业基础比摩洛哥广泛,这归功于它的石油化学工业。尽管两国的武装部队在规模上旗鼓相当,但阿尔及利亚的部队更富作战经验。

但是,欧洲与阿尔及利亚的往来被后者的政治动荡弄复杂了。结束于1962年针对法国的30年解放战争,让阿尔及利亚的经济完全崩溃,造成50万士兵和平民死亡。在随后的数年中,阿尔及利亚与摩洛哥发生边界战争,还不得不应对政治政变和柏柏尔人骚乱。

柏柏尔人占阿尔及利亚总人口的1/3,一直在为获得文化自治、承认他们的语言,通过政权民主化分享政治权力而努力着。他们的家园,即卡比利亚,延伸穿过阿尔及尔东面的山区和沿海地带,从其中心提济乌祖到斯基克达省。在那些住在沿海平原的居民数百年后已部分变得阿拉伯化的同时,山地柏柏尔人却没有改变,一直坚持他们的习惯和柏柏尔语言,以及使用法语而不是阿拉伯语,作为他们的第二语言。

2001年，发生了一次针对政府压迫、拒绝承认柏柏尔语言和大面积失业的柏柏尔人叛乱。这次叛乱伴随着日趋广泛的伊斯兰暴动，继续使阿尔及利亚陷于混乱之中。次年，作为一种对柏柏尔人表示的姿态，阿尔及利亚政府同意让柏柏尔语塔马齐格特（Tamazight）与阿拉伯语共同成为官方语言。此举减少了柏柏尔人的骚乱，尽管针对歧视行为的不满仍然普遍存在，而这也许只能通过给予准国家地位才能得到解决。

在1991年的全国选举被一场军事政权宣布作废之后，阿尔及利亚还被伊斯兰解放阵线游击队势力发动的针对政府的恐怖行动弄得四分五裂，期间有20万名叛乱分子被打死。战争于1999年结束，但又间歇性恢复，直到双方于2005年正式达成和解，随后释放了几千名在1991—1999年战争期间被关押的叛乱分子。因为法国站在阿尔及利亚政府这边，它面临着受到阿尔及利亚伊斯兰激进分子恐怖袭击的危险。政治乱局使得改变阿拉伯世界最集中的计划经济之一的努力，以及减少对石油及天然气资源依赖的经济改革的努力陷于停顿。大量能源财富被腐败与政府官员的办事低效挥霍或浪费，而臃肿的政府工作人员队伍（占所有劳动力的30%）阻碍了变革的实施。阿尔及利亚的另一个负担是严重的外债，它是由对其能源部门持续不断的资本投资需要以及扩大其他行业规模的各种努力所积累起来的。

摩洛哥1956年从法国获得独立，1958年从西班牙获得独立，都只伴随轻度的骚乱，而没有发生像阿尔及利亚那样大范围的叛乱。在随后很多年，摩洛哥享有了在一个君主专制政体严厉统治下的国内政治和平。1963年与阿尔及利亚的边界冲突由1970年的协定得到解决。但是，与毛里塔尼亚就西撒哈拉（前西属撒哈拉）——摩洛哥提出主权要求并在实施管辖——的控制权争端，还有待裁定。在摩洛哥占领西撒哈拉全部领土，并使30万移民在这一地区定居之后，西撒哈拉游击队在阿尔及利亚的支持下，发起了一次武装斗争。这场武装斗争经历了整个20世纪80年代，只是当阿尔及利亚撤消军事支持之后才停止。为保护定居者击退叛乱分子，摩洛哥人修建了一道斜穿经过全部领土的1 500英里的深沟和围墙。

在由联合国调停的停火仍然有效的时期内，对独立付诸全民公决条款的争论还在继续。反对给予定居在西撒哈拉的摩洛哥人投票权的萨拉威人（Sahrawis，"西撒哈拉独立阵线成员"）在阿尔及利亚西部营地维持着一个组织有序的流亡政府。但是，贫困大面积存在。萨拉威人——其对独立的渴求被目前由摩洛哥控制的西撒哈拉的磷酸盐进一步刺激起来——的经济困境，会驱使他们破坏停战协定，将阿尔及利亚再一次拖入争端之中。摩洛哥人提供的西撒哈拉自治条件在2007年遭萨拉威人领导层拒绝，他们除了全民公决之外什么也不会接受。撒哈拉的冲突——其间3万游击队员被打死——离大部分摩洛哥人居住的地方相距遥远，因而对日常生活、旅游或外国投资没什么影响。摩洛哥还与西班牙就休达和梅利利亚沿岸飞地以及3个小岛——一个在梅利利亚东北地中海中,其余远离西撒哈拉海岸——的控制权问题发生争端。

今天摩洛哥所面临的主要挑战在经济方面。它是马格里布各国中最贫穷的,同时文盲率也最高。虽然摩洛哥出口磷酸盐、若干铁矿石与铜,以及食品,但是从这些产品所得到的收入仅仅是阿尔及利亚从其石油与天然气中所得收入的1/10。从积极的方面看,邻近欧洲以及摩洛哥低廉的劳动力已吸引了相当数量的外国资本投资于正在快速私有化的工业及服务业,与此同时旅游业也在稳定增长。另外它还与欧盟签订了2012年前分阶段免税贸易协定。伴随持续的政治稳定,经济发展的前景令人看好。

突尼斯显然是马格里布3个国家中经济最发达的。它的经济丰富多元,有农业、矿业开采(磷酸盐)、能源(石油与天然气)、旅游业和多种制造业部门;它的财政运转良好。突尼斯在1956年获得独立前就已享有一定程度的自治,同时在哈比卜·布尔吉巴(Habib Bourghiba)的领导下,奉行一套温和的总体上亲西方和亲法国的社会主义政策。1970年解决了与阿尔及利亚之间较不重要的边界争端,1980年击退了利比亚对边境矿镇的一次入侵(与利比亚的海上分界线争端仍未解决)。尽管在这10年之中发生多起劳工骚乱,但总的来说,突尼斯还是成功地实现了经济的现代化,同时在阿拉伯世界当中起到了具有调节性作用的影响。它在1998年与欧盟签订的交往协议是欧盟与西地中海阿拉伯国家之间的第一个,而自此以后贸易障碍就逐渐消除了。凭借更高的经济增长率和与欧洲邻居密切的关系,突尼斯已经是跨地中海欧洲国家的一个门户,能够成为在地缘政治上连接马格里布和濒海欧洲的关键国家。

虽然大多数欧洲国家领导人将其地缘政治目光投向东面,然而在他们扩大欧盟与北约的计划中,他们最好还是以同样——如果不是更大——的关注度将目光看向南方。欧洲的南缘——马格里布——已经通过历史、贸易、邻近性和移民劳动力紧密地联系在一起。

创建一个新的跨地中海的濒海欧洲地区地缘政治框架是一个现实的目标。濒海欧洲与马格里布之间的地区性统一在经济上是可行的。但是一个必须要克服的障碍是那种如此长时间曲解了欧洲人对北非看法的种族与宗教偏见以及拒绝与西方和解的伊斯兰极端主义。克服这些障碍既有经济上的必要性,同时也是合理恰当的地缘政治政策。

一个地缘政治上统一的濒海欧洲与马格里布地区和北美洲及中部美洲有着许多相似性。区别在于马格里布比中部美洲大许多,与其北边的欧洲具有数百年的政治、经济及文化关系。欧洲凭借它绝对的军事实力和对大西洋、跨地中海海上航线及地中海岛屿的控制,享有着对南部阿拉伯国家邻居的战略统治地位。此外,欧盟具备支持马格里布经济发展的经济能力。

当萨科奇2007年当选法国总统,他的公开目标之一就是创建一个地中海联盟。虽说这不算一个新的想法,但他对之作了强有力的促进。这个概念部分地是防御性的,因为其目标之一是通过进行大量投资和促进与北非国家的自由贸易,阻止摩洛哥移民向欧洲尤其是向法国、西班牙、意大利流动。鉴于法国吸收摩洛哥移民有困难,这些移民中的大多数住在大城市周围的贫民窟里,那里是犯罪与恐怖主义的滋生地,因而这一意图正开始被更多人接受。意大利也加入进来,并将利比亚视为一个有希望的合作伙伴。法国在北非包括利比亚有大量的石油及天然气利益,而马格里布是其武器销售的一个主要市场。这样一个政策是否能够阻止北非非法移民或合法移民的流动存在争议,但一个地中海联盟可能对大海两边都会有益处。

许多与统一西地中海海域的有关因素已经存在。对濒海欧洲的挑战是如何通过发展一套不照搬19世纪和20世纪帝国主义将当时海域结合在一起的机制来抓住机会。今天需要的是建立于互利、平等参与基础上的机构。例如,如果欧盟愿意从非欧盟成员国招纳有望进入欧盟快速反应部队的力量,它也许会考虑邀请它的马格里布邻国提供有限的精选部队——一个将主要是象征性的动作。一个远更重要的步骤将是与突尼斯、阿尔及利亚和摩洛哥缔结牢固的自由贸易联盟并扩大到包括利比亚。然后这样一种联盟可以被放入一个更大的自由贸易框架,后者也可能包括若干东地中海国家。

结论

随着欧盟向更高水平的专业一体化运动,它在海洋辖区中,作为与美国充分合作者的地缘政治地位,已导致它在全球舞台上采取独立自主行动。欧盟对涉及强加于伊朗和伊拉克的制裁已经采取了一个更加灵活的态度。它在阿以冲突问题上采取了与华盛顿不同的立场——一个总体来说对巴勒斯坦阿拉伯人地位表示了更大同情的立场。

欧盟强烈反对布什政府不批准1997年《京都议定书》的决定。这份协定已有100多个国家签字,它呼吁减少导致全球变暖的散热气体排放,如二氧化碳。因为美国占全部温室气体来源的1/4,它拒绝支持气候协议削弱了协议的效果。在2007年七国集团加俄罗斯峰会上,欧盟领导人强烈反对美国的提议,即采取一种自愿而非确定的配额制度。大会主席德国总理默克尔敦促订立新的全球气候变化公约,计划到2009年前正式形成,让各国保证到2050年前将按他们1990年的温室气体排放减少一半。就其本身而言,欧洲环境署(EEA)呼吁到2020年前努力将交通燃油中生物燃油比重提高到10%以上。英国与德国达到了它们2007年前《京都协议书》排放目标要求,证明工业化国家如果它们有决心接受成本是能够减少排放量的。但是排放交易计划作为世界上规模最大、包含种类最齐全的计划,未能从总体上减少二氧化碳排放,相反,它们还略微上升。

此外,欧洲人,尤其是德国人,对华盛顿提出的国家导弹防御系统,尤其是部署在捷克和波兰的设施,表达了强烈的异议,因为它蔑视了反弹道导弹条约。大多数欧洲国家还强烈反对华盛顿入侵伊拉克和对伊朗进行战争威胁。而当布什政府从某些国际事务,比如国际刑事法院,抽身退出之际,欧盟采取了更具干涉性的策略。其他可能会在欧盟与美国之间出现的差异是在针对北约与拟议中的欧洲军团之间的关系处理上,以及针对与俄罗斯及伊朗的关系应采取的态度等方面。这样的差异既非出人意料也并非不健康。在一个真正伙伴合作的基础上,它们可以通过对争论问题采取一种折中的办法来解决。

在濒海欧洲内部,德国统一与北约向中欧和波兰扩张的事实已经将德国从地理上的边境位置转变到了中心位置上。这一中心性的地缘政治结果对法德两个最大经济体之间的战略均势具有深远的影响。随着欧盟的东扩,德国的地位已因其在欧洲的中心位置,其与东边邻国的历史关系,以及它们日益增加的对德国的贸易与经济援助依赖,而得到了提高。法国对德国让自己失色的恐惧增大了对形成一个更宽松而不是一个更加集权的地区性统治机构要求的压力。

英国有可能会变得更多地参与欧盟事务,这将会保持欧盟主要成员国的均势,而不使它转向唯德国是尊。与此同时,美英之间历史联盟的力度将有助于维持美国与欧盟在海洋辖区的利益合作关系。

将欧洲形容为"欧洲的美国"——一个第一次由温斯顿·丘吉尔在1946年明确表述,以及里德(T. R. Reid)认为已经被达到的目标——还为时尚早。[10]尽管说欧洲远不止是一个贸易集团的说法是正确的,但它的政治与结构性分歧以及缺乏军事能力的状况,阻止了它怀着与美国拥有的同样集中的目标而行动。例如说,仓促发动伊拉克战争这样的行为在欧洲就不可能发生,因为它国家构成的力度不够。

欧洲在许多经济及社会领域已领先于美国,比如环境条例、对发展中国家援助以及社会福利政策方面。作为一个全球性的力量,它在军事能力以及某些技术创新领域落后。欧洲之不情愿成为一个全球性军事强国来自它20世纪的毁灭性战争经历。因为第二次世界大战之后全部军事工业基础被毁,它既缺乏能力也缺乏毅力去与美国或苏联竞争,它依赖美国主导的北约解决其防卫需要。它因此可以集中其精力与资源重建其"软的"而非"硬的"实力,以解决国际争端。

现实中,美国与一个统一的欧洲互为补充。两者都是大国,但华盛顿经常不承认欧洲的经济及道德力度,不愿意对其平等看待。这种承认肯定会随着未来美国政府承认美国的全球能力之局限以及"美国例外主义"对全世界许多地方失去吸引力而到来。欧洲与美国在处理与世界上其他大国关系、追求全球均衡过程中必须成为合作伙伴。

注释

① William Drozdiak, "Old World Reinvents Itself as Model for New Economy,"

International Herald Tribune, February 19, 2001, 1,11.

② European Commission, *Financial Framework 2007 - 2013*, *Investing in Our Future*, April 23, 2008, 3.

③ James Fairgrieve, *Geography and World Power* (London: University of London Press, 1962), 329 - 30.

④ Halford Mackinder, "The Round World and the Winning of the Peace," *Foreign Affairs* 21, no. 4(1943): 268 - 73.

⑤ Javier Solana Madriaga, "Growing the Alliance," *Economist*, March 13, 1999, 23 - 28.

⑥ *2007 World Population Data Sheet* (Washington, D. C. : Population Reference Bureau, 2007).

⑦ "Restriction in EU Immigration Policies against the New EU Member States (NMS)," http://www. Europeananalysis. org. uk, 2007.

⑧ "Denmark and Greenland: Ultima Motives," *Economist*, February 17, 2001, 55.

⑨ Léon Gambetta, as quoted in Norman Harris, *Intervention and Colonization in Africa* (Boston: Houghton Mifflin, 1914), 238.

⑩ T. R. Reid, *The New Superpower and the End of American Supremacy* (Penguin: 2004), 1 - 23, 245 - 271.

第八章
俄罗斯与欧亚大陆汇合区

△ 变化中的国家领土
　　沙皇俄国的领土扩张
　　苏联时期的领土变化
　　后苏联时期俄罗斯领土的收缩
△ 苏联的解体
△ 地缘政治特征
　　历史核心
　　政治首都
　　核心区
　　有效国家领土
　　空旷区
　　边界
△ 欧亚大陆汇合区
　　欧亚大陆汇合区的地缘政治特征
　　边界
△ 东欧
　　波罗的海国家
　　白俄罗斯和乌克兰
　　南斯拉夫的解体和巴尔干地区
△ 外高加索和中亚
　　外高加索
　　中亚"相关异国"
△ 蒙古
△ 结论

201 当哈尔福德·麦金德1904年在英国皇家地理学会上宣读他的论文《历史的地理枢纽》时,沙皇俄国已经完全控制了欧亚大陆的核心区域——世界的枢纽区域或心脏地带,麦金德认为海洋国家是无法渗透到这片区域来的。①1581年,俄国人就跨过了乌拉尔山脉,向东往太平洋方向开始了他们横贯大陆的领土扩张。在随后的几个世纪中,俄国人一路把定居点推进到西伯利亚南部地区。1860年,俄国从中国吞并了远东地区,同年开始着手对日后成为俄罗斯在太平洋地区主要港口的符拉迪沃斯托克(海参崴)的建造。1905年,随着从莫斯科到符拉迪沃斯托克(海参崴)长5575英里的跨西伯利亚铁路的建成,俄国确立了其对整个西伯利亚的控制。向南的扩张完成于19世纪末期,这一时期俄国迅速将外高加索那些尚未在其控制之下的地区拿下,还占领了中亚。

麦金德1919年的著作——《民主的理想与现实》,写于布尔什维克革命推翻沙皇宣告苏维埃国家诞生之后。②在这部著作里,麦金德表达了他的担忧:共产主义或许会横扫中欧与东欧,并让在德俄之间从亚得里亚海和黑海延伸至波罗的海的"中间层"的那7个独立国家也吞没进去。麦金德警告说:新苏维埃国家不仅控制了欧亚大陆的心脏地带,而且,它现在还具有条件可能会统治东欧——心脏地带的战略附加。麦金德假设,在另一种场景下,德国或有可能成功地赢得对分裂的东欧的控制,从而控制心脏地带。在上述两种情况下,都会迎来对世界岛(World-Island)进而对世界的控制。

在写于第二次世界大战正进入高潮的1943年的《圆形的世界与赢得和平》一文中,麦金德再次重申了以下论点,即欧亚大陆的心脏地带是"世界上最大的天然堡垒"。③这次他提到的心脏地带,划掉了勒那河地区,即从叶尼塞河以东直到太平洋这一区域。麦金德提出这一心脏地带区域,面积为425万平方英里,人口为1.7亿人。根据麦金德的观点,对于这一新的心脏地带的统治,将使得苏联在与纳粹德国的冲突中获得难以攻破的战略防御阵地。在否定了他1919年的格言之后,麦金德断言统治心脏地带并不能保证对世界岛的统治。相反,一个统一的北大西洋海域的内在力量可以抵消心脏地带的优势。麦金德预言,这一全球均势体系必定会随着季风带亚洲地区的印度和中国发展成为新的地缘战略权力中心而得到加强。

202 第二次世界大战胜利后,苏联获得了对东欧和中欧"战略附加"的完全控制。这是通过直接合并芬兰东南部、波罗的海国家、东普鲁士、波兰东部、捷克斯洛伐克东部、罗马尼亚北部这一宽条区域,以及通过在其余地区扶植共产主义附庸政权而实现的。在冷战高潮时期的20世纪60年代及70年代,苏联所支持的共产党政权通过跳出西方国家沿欧亚大陆周围建立的遏制圈,进一步扩大了心脏地带的影响力。它渗入了海洋辖区中的东南亚、中东、撒哈拉以南非洲和加勒比海地区。

苏联想要称霸全球的愿望持续相对较短。在过度使用军事和经济能力,以及维持专制和腐败的政权之后,莫斯科加速了苏联帝国的解体,造成相当大一部分心脏地带土地的丢失。现在,远不是世界上最强大的陆权国家的俄罗斯发觉自己在战略上处在北约东扩政策、濒海国家及伊斯兰激进势力对外高加索和中亚区域的蚕食,以及来自北太平洋区域的中国压力之下。

一个对后苏联时代俄罗斯地理边界的现实描述,要把哈尔福德·麦金德1943年划出的从黑海到芬兰湾的"心脏地带的西界"补充到他1904年提出的"枢纽区域"中(见图2.4,"变化的心脏地带边界")。继共产党垮台、其他14个加盟共和国脱离后的新俄罗斯经受了经济崩溃过程,然后又受到了派系间的政治内讧、街头暴力以及车臣激烈叛乱的困扰。在这一阶段,以美国为首的西方,在1995年把北约推进到了波罗的海国家;1999年,又吸收了捷克共和国、匈牙利和波兰,所有这些都得到了鲍里斯·叶利钦总统的默许。

俄罗斯的复苏始于1999年病中的叶利钦对弗拉基米尔·普京总统的任命。普京上任后,在车臣打了一场强势战,从叛军手中夺回了格罗兹尼,并进一步将其权力强加于政府。在当时的经济领域,随心所欲的寡头们已将"改革"(由米哈伊尔·戈尔巴乔夫提出的经济改革政策)推进到了超过俄罗斯人民可接受的程度,普京则重新对经济实行强力控制。

俄罗斯在21世纪第一个10年的政治和经济上的复苏体现了它的内在优势。它自然资源丰富,是世界上最大的天然气生产和出口国,占世界天然气储量的60%;是世界上最大的石油生产国、第二大石油出口国,占世界石油储量的10%;俄罗斯的煤炭储量位居世界第二,并拥有丰沛的水电及核能。此外,俄罗斯还拥有庞大的核武库、大量的科学工程人员、广阔的空间,以及处于欧亚大陆战略中心的位置。目前,尽管俄罗斯的很多国营企业还由普京的亲信来掌管,但他推行的改革毕竟扫除了叶利钦时代存在的很多裙带资本主义成分。在重获自尊之余,复苏的俄罗斯也带来了民族主义的复兴,民族主义与日益增加的俄罗斯东正教的影响有关,尽管俄罗斯国家是世俗性质的。

过去10年能源价格的上涨,使得俄罗斯积累了大量的资本储备,而这些资本储备现在正开始被用来投资于现代化的工业,扩大高技术部门,以及在国外公司的参与下创建一个新的综合民用飞机产业。俄罗斯目前正加大对大型和最先进核电站的建设和出口力度,在武器出口方面,俄罗斯仅次于美国。困扰俄罗斯的问题是人口逐渐减少,有关外国投资政策的不确定性、高酗酒率,以及较差的健康服务。

俄罗斯民族主义情绪的高涨,促使普京政府对一些从前的加盟共和国和卫星国,如乌克兰、格鲁吉亚和波兰等采取严厉的手段。尽管重新实行的集中经济和政治控制与西方的民主和自由市场的标准不符,然而,持独立立场的俄罗斯明确表示,美国及西方的反对并不起作用。

前苏维埃加盟共和国的失去使得新俄罗斯的人口减少到大约1.4亿,其中,80%为俄罗斯族,对民族主义口号和倡议的诱惑反应日益强烈。主要的少数民族是北高加索地区及伏尔加河中游鞑靼斯坦共和国的穆斯林、斯拉夫乌克兰族、摩尔多瓦族及白俄罗斯族。大量的地理位置集中的俄罗斯族人居住在靠近俄罗斯边境的地区,如前苏联的加盟共和国爱沙尼亚、拉脱维亚、乌克兰、摩尔多瓦及哈萨克斯坦。这些俄罗斯族人的存在可能是西方国家把这些新独立国家从俄罗斯的战略控制中分离出去努力的主要障碍。一个合理的海洋辖区应采取的政策是认可俄罗斯在东欧和欧亚大陆汇合区内其他地方的战略利益。这样一种政策需要寻求与莫斯科以及在合适时机与中国和印度结成伙伴合作关系,以便把这一地区建成一个门户区,而不去冒使其成为破碎地带的危险。

在高加索和中亚地区,国际石油利益集团及一些美国冷战专家,一直是西方加入重演"大博弈"的强烈拥护者。一个世纪前,英国发起中亚大博弈的目的是为了取代俄国在中亚的影响以及向黑海和高加索地区渗透。新的大博弈之初始一步发生于1996年,当时美国为与乌克兰及摩尔多瓦一起结成互助组织的格鲁吉亚、阿塞拜疆提供了军事援助。乌兹别克斯坦在3年后加入这一互助组织。这一互助组织取成员国首字母组合GUUAM作为名称。GUUAM确定其成立的目的是协商达成减少边境内和边境周围的俄罗斯驻军,以及促进管道建设以减少在石油和天然气的供应和运输上对俄罗斯的依赖。2002年,美国向格鲁吉亚派遣军事人员,以反恐的名义帮助格鲁吉亚训练政府军,这是美国企图渗入这一地区的又一个例子。美国和北约在罗马尼亚、保加利亚及一些中亚国家建立军事基地的意图也相同(当乌兹别克斯坦2005年石油减产后,组织简称恢复为GUAM)。

今日的大博弈战略不太可能取得像早期的英国竭力削弱俄国的战略利益时所得到的结果那样长期成功。在与西方国家就黑海、高加索、里海以及中亚内陆地区的战略影响力的竞争中,俄罗斯具有压倒性的地缘政治优势。这种优势与美国在加勒比地区、濒海欧洲在马格里布地区、中国在印度支那半岛所享有的优势类似。由远距离的外部力量对地缘政治意义上的从属地区进行渗透,结果往往会是时间短暂,同时效果又适得其反。

变化中的国家领土

当今的俄罗斯,像所有的领土国家,包括它之前的苏联和沙皇帝国一样,是对一国国民与其占据的地貌之间的相互作用的表达。对国家的政治划分产生一个国家性的地貌——国家的经济、文化、政治活动舞台。当国家的政治领土变化了,那么国家的特点和目标也要变化。

一国的地貌沿着两个方向发生变化。垂直变化是通过在内部形成新的形态来实现的;而水平变化则表现为外部领土的添加及现存领土的减少。垂直变化随着一套新的环境条件出现,或者随着对目前环境条件新的利用方法的形成而产生。环境状况改变的例子有荷兰对海洋的征服,非洲萨哈尔地区气候变干,以及咸海由于其源头水源被分流用作灌溉水而导致的干涸等。对目前环境条件的重新利用则包括城市化、引进新的作物、发现新的矿产资源,以及土地保有权制度的改革等。

水平变化可能不会立竿见影式地影响一国的地貌形态,但它最终会对其产生影响。自西德合并东德以来,德国的东半部就开始从过去那种老式低效的钢铁化工类的重工业制造基地,改变为一个高科技的、服务型的经济。新加坡自从脱离了马来西亚,很快就成为亚洲一个主要的经济强国——一个全球的金融中心和一个化工、电子及精炼石油产品的主要生产国。

半个世纪内,俄罗斯的地貌经历了巨大的水平变化:起初是通过直接将领土并入苏联,以及对周围卫星国的大片领土行使主权,现在则是很多以前的国土被剥离,以及对东欧战略附属国直接控制权的失去。俄罗斯现在所面临的挑战是通过工业、农业、服务业的现代化,高技术的运用,以及合理使用自然资源,实现垂直方向上的增长。

俄罗斯帝国水平方向上的扩张始于16世纪末期,当时俄国吞并了许多非斯拉夫民族国家。一个世纪以后,沙皇帝国又着手通过现代化实现垂直扩张。从那时起,两种类型的变化同时进行。

彼得大帝1702年夺得瑞典的英格曼(被涅瓦河吸干的地区和芬兰湾东岸)之后一年,他开始建造圣彼得堡。1712年,彼得大帝将首都从莫斯科迁到了这座新城。对于彼得大帝来说,圣彼得堡不仅仅是"观察欧洲的窗口",它是俄罗斯向现代工业化国家转型的先锋。阿尔汉格尔斯克港在一年中的很多时间都要由破冰船来保持开通。在圣彼得堡建造的港口取代了阿尔汉格尔斯克,成为俄罗斯在白海的主要港口。彼得大帝的现代化计划包括建立一支海军,而科特林岛上的圣彼得堡外围港口成了喀琅施塔得海军基地所在地。

现代化的其他目标还包括:工业化,俄罗斯东正教向王权臣服以及高效率的中央集权的国家管理。各种制造企业,如造船类的、工程类的、纺织类的很快被引入圣彼得堡市,到18世纪中叶,新首都已经超过莫斯斯成为俄罗斯重要的工业中心。由法国和意大利建筑师设计的那些气势恢弘的古典建筑以及精心装饰的公园及园林,使圣彼得堡成为世界级的文化中心。在很短的一段时间里,圣彼得堡的垂直变化的成果就超过了水平扩张。

彼得大帝将圣彼得堡视为国家变化的引擎和俄罗斯获得欧洲帮助完成其现代化计划的工具。但是,彼得大帝绝不认为俄罗斯的未来方向在欧洲,他的目的是先让俄罗斯尽可能地向西方学习,一旦到可以在平等条件下与之展开竞争,就从欧洲转过身来,集中精力向东和向南扩张沙俄的领土。

相较于新首都,18世纪之交的俄罗斯政治中心和重要城市莫斯科,代表了俄罗斯内向型的及内陆性精神方面以及地理方面的形式和传统。莫斯科市从12世纪中叶的一个小山村在1271年成为弗拉基米尔-莫斯科公国所在地,它位于伏尔加河上游平原与俄罗斯中部高地交汇处的盆地。因此,莫斯科的战略位置使莫斯科公国的统治者控制了周围的俄罗斯地区。

莫斯科城的建造形式,以及莫斯科公国的社会和军事组织,体现了多种影响的混合——拜占庭、鞑靼和斯拉夫。莫斯科大公不得不与俄罗斯东正教分享他们的权力,后者已在14世纪中叶将教会中心移到了莫斯科。此外,在其与鞑靼人斗争的几个世纪里,俄罗斯贵族家庭与鞑靼通婚,吸收了很多鞑靼的习惯和传统。莫斯科早期的公共建筑和教堂——包括克里姆林宫,克里姆林宫是莫斯科有城墙的中心和堡垒——始建于14世纪,表现了试图在这些混合影响中创造出一种独特的俄罗斯建筑风格的尝试。木质的建筑材料以及以后的建筑时期中所用的砖都取自当地;标志莫斯科城鲜明特色的圆顶和塔形,形成了一个派生的然而却自成一类(*sui generis*)的俄罗斯拜占庭风格。

到彼得大帝即位时,莫斯科城已经有了很大的发展。但是,产品市场基本上局限于内陆的莫斯科公国领土之内,因此就限制了持续的增长。在彼得大帝建造圣彼得堡并试图将经济活动扩展到现存领土范围之外的决定当中,商业方面的考虑占了很大的比重。

沙皇俄国的领土扩张

从近代开始到当代,俄罗斯的历史进程是以领土扩张和领土收缩的交替进行为特征的。因受阻于南面强大的蒙古鞑靼帝国——它们在12世纪之前就已经侵占黑海和里海以北的区域——以及吞并了乌克兰和白俄罗斯大部分领土的立陶宛大公国,莫斯科公国当时是向北面及东面的伏尔加河方向扩张。

1552年伊凡四世冲破将其前任限禁在莫斯科和诺夫哥罗德地区的鞑靼军事力量,洗劫了喀山,喀山是1480年从蒙古"金帐汗国"(又被称为钦察汗国)分裂出来的4个独立汗国之一的鞑靼喀山汗国的首都。喀山位于莫斯科东面500公里,是穿绕南乌拉尔山进入中乌拉尔山的门户。1581年,叶尔马克·季莫费耶维奇率领他的哥萨克兵团越过中乌拉尔山,之后,占领了西伯利亚汗国的首都西伯利亚城(今托博尔斯克城附近)。

沙皇伊凡四世统治结束的时候(1584年),俄罗斯领土的形状是一个倒三角形。倒三角形的北边是科拉半岛、新地群岛,以及冰冻的白海、巴伦支海和喀拉海。位于白海的德维纳河河口的阿尔汉格尔斯克,建于伊凡四世在位的最后一年。尽管阿尔汉格尔斯克一年中的大部分时间被冰雪覆盖,它还是成了俄罗斯的重要港口,直到一个世纪以后被圣彼得堡取代。1898年,在一条通往莫斯科的铁路线建成之后,阿尔汉格尔斯克港口又重新恢复了重要性。然而,从第一次世界大战期间巴伦支海上的摩尔曼斯克被建成不冻港那时起,阿尔汉格尔斯克港口就不得不成为仅面向北部区域的港口。第二次世界大战期间,摩尔曼斯克成为开往苏联的盟军护航运输队的重要供应基地。今天,摩尔曼斯克是重要的海军基地、核潜艇舰队的母港,同时也是主要的货运港和渔业中心。

1598年,西伯利亚汗国被沙俄征服,进入整个西西伯利亚的道路就此打通。17世纪,西西伯利亚被沙俄吞并,哥萨克人向东移动,建起了城堡并进行毛皮贸易。哥萨克人穿越西伯利亚的速度很迅速,没多久,他们就到了北太平洋的一条狭长海湾——鄂霍次克海,1649年在鄂霍次克建立了渔业和贸易的据点,但是很快在中国的军事压力下,他们又不得不放弃了这片领土,这块地方也就是后来所说的俄罗斯远东地区。直到将近两百年之后,俄罗斯人占领了阿穆尔河以北、乌苏里江以东所有领土时(1856—1860),他们才重新回到了西伯利亚的太平洋沿岸地区,并在符拉迪沃斯托克(海参崴)建立了军事哨所(1860年)。西伯利亚的毛皮贸易已经成为俄罗斯财富的主要来源。当毛皮贸易在18世纪初期趋于衰落时,它被银、铜、铅采掘业取代,而这其中很多是由囚犯在从事。相反,作为19世纪西伯利亚主要财源的金矿开采业,则主要是由自由劳动力所从事的。

俄国沿波罗的海和黑海海岸向欧洲领土的渗透始于其推进至西伯利亚的一个多世纪之后。波罗的海国家中最重要的是瑞典,而直到俄国、丹麦、波兰、萨克森、汉诺威、普鲁士结成同盟,发动长达21年的战争(1700—1721年的北方战争)之后,才打败了瑞典查尔斯十二世的军队。在战争初期,彼得大帝夺取了英约尔曼兰(1702年);8年后,占领了瑞典的立窝尼亚(今日爱沙尼亚以及拉脱维亚部分地区)。《尼斯塔德和平条约》(Peace Treaty of Nystad)(1721年)正式确认了俄国对上述领土以及还有卡累利阿的大部分领土的吞并,但是当时芬兰没被割给俄国。俄国在一个世纪以后(1809年)的拿破仑战争中征服并吞并了芬兰。此后,芬兰一直处于沙皇俄国的统治下,直到布尔什维克革命的混乱使芬兰人得以脱离俄国,重新获得独立。

尽管彼得大帝以波罗的海为立足点实现了他的很多抱负,可是俄国还是缺少一个常年开通、四季不冻的港口,原因是芬兰湾一年中有三四个月都被冰雪覆盖,虽然黑海为彼得大帝提供了暖水港,但是从那里出来的道路被奥斯曼土耳其人阻断。

早在1696年,彼得大帝就征服了亚述海周边的区域,后者位于黑海的北湾,顿河水系流入其中;但1711年亚速海又被奥斯曼人夺回。俄国对在与波斯的战争中(1722—

1723)占领的里海西部海岸(杰尔宾特和巴库)与南部海岸地区的控制时间也不长。虽然 1735 年俄国又最终重新占领了亚速海地区,但直到叶卡捷琳娜女皇对奥斯曼帝国发动了两场战争后,黑海北部海岸才被征服和全部吞并。1783 年,沙皇俄国夺得克里米亚半岛,克里米亚汗国灭亡,1791 年,敖德萨陷落。

19 世纪上半叶(1806—1855),沙皇俄国征服了处于黑海东岸高加索地区的格鲁吉亚各公国,这扩大了它对黑海的控制。巴统、埃里温(耶烈万)、第比利斯以及巴库都成了沙皇俄国的领土。此外,对比萨拉比亚大量领土的吞并(1812 年)为敖德萨提供了更深的防御深度。19 世纪下半叶(1868—1884),沙皇俄国从波斯手中掠夺了里海的整个东南岸,以及(俄罗斯的)中亚南部(1864—1878)。布哈拉和希瓦汗国随同在此期间占得,但其保持在俄罗斯保护下名义上的独立(北半部的哈萨克斯坦已经在从 1730 年到 1840 年延续一百多年的战争中从鞑靼汗国手中夺取)。

在 19 世纪末期,沙皇俄国对于中亚地区的控制随着横贯里海的铁路的建成而得到加强,这条铁路西起里海的克拉斯诺沃茨克,向东经过阿什哈巴德、布哈拉、撒马尔罕进入土耳其斯坦之后,又向北到哈萨克斯坦最南端的塔什干。这条铁路的支线连接到肥沃的费尔干纳盆地以及中国与地中海之间古丝绸之路上的绿洲城市。很长时间以后,这条铁路又通过塔什干到新西伯利亚的土耳其—西伯利亚铁路(建成于 1931 年)而与横贯西伯利亚的铁路相连。

在两个世纪的征服与扩张中,沙皇俄国始终未能得手的战利品是对博斯普鲁斯海峡和达达尼尔海峡——黑海到地中海的出口——的控制。在克里米亚战争中(1853—1856),西方国家奋起保卫奥斯曼帝国,终结了沙皇冲破俄国温水港处于封锁包围之中的战略限制的梦想。

19 世纪的远东扩张

这段时期,沙皇俄国向东扩张的步伐,基本上是按照经济机会、劳动力可获得性和进入机会来进行的。当哥萨克兵团于 17 世纪第一次征服西伯利亚之后,他们依靠马匹和内河船只前行,穿越平缓的连接东西西伯利亚河道系统的陆上运输线路。西伯利亚北部的当地民族很少,所以根本未作什么抵抗,同时他们也开始跟着从事毛皮贸易。农业发展水平有限且不平衡,主要是面向贸易中心、军事哨所和矿区。在 19 世纪(1861 年),解放农奴获得了自由土地。这刺激了在西西伯利亚南部草原树木茂盛的黑土地上定居点的发展,这里对行播作物和乳品业都很适宜。

从这之后就开始了 19 世纪中叶的穿越中西伯利亚的举动,中西伯利亚后来被称做远东地区。俄罗斯人利用中华帝国的虚弱,取得了所有阿穆尔河以北、乌苏里江以东地区的控制权;这一地区从雅库特和勒拿河往东一直延伸到整个东北亚海岸。

总体来说,俄国在远东的种种努力是针对太平洋沿岸地区的。这一地区的内陆部分雅库特(现在的萨哈),从西面的中西伯利亚高原伸展到东面的维尔霍扬斯克山脉。它覆盖面积120万平方英里,或整个远东领土的一半。雅库特是地球上最寒冷的居住地之一,其大片区域位于北极圈内。在俄国殖民化的早期,小部分定居者被限住在勒拿河谷的上游(南部)地区,1632年雅库特作为一个城堡被建造在这里。一直到20世纪前,雅库特一直基本上是一个放牧、打猎、伐木、金矿开采的地区。今天,主要的收入来源是钻石开采。目前居住在为数不多的几个城镇中的100万人以锡、天然气、石油、煤、磷酸盐矿以及木制品、纸和食品加工等维持生活。

俄罗斯在远东太平洋地区的主要定居点都朝向重要河流的下游地区,或者朝向鄂霍次克海、日本海以及白令海。它们要成长为重要中心须要等到横贯西伯利亚铁路的建成(1891—1905)之后。符拉迪沃斯托克(海参崴),既是铁路线的最东端,也是北方航线的最东端,其港口冬天由破冰船保持开通,已成为俄罗斯太平洋上重要的海军基地以及渔业和捕鲸船队的中心。符拉迪沃斯托克(海参崴)港作为海军基地在俄罗斯由于日俄战争(1904—1905)中战败失去亚瑟港(今中国的旅顺港)之后而获得其重要性。

俄罗斯1898年建亚瑟港本是作为中俄战略联盟抗击日本的关键一招。亚瑟港位于中国东北南部辽东半岛的最南端,俯视黄海,亚瑟港是用来保护辽东半岛不受日本人占领威胁的基地。对俄罗斯人和日本人来说,中国东北是一个极大诱惑。它大片广阔的草地为大规模农业开垦提供了可能;它矿产资源丰富,尤其是煤、铁、木材。此外,中国东北还是通往中国北方的战略门户。

日本在日俄战争中取得胜利后,掌握了亚瑟港和中国东北南部控制权,将俄罗斯对该省的影响限制在北部,使得俄罗斯将海军基地移到了符拉迪沃斯托克(海参崴)。俄罗斯在19世纪初就开始了第一次对中国东北北部的渗透,对它的影响一直持续到第一次世界大战。

早在17世纪,俄罗斯人就从他们的远东大陆越过鞑靼海峡,对萨哈林岛进行了勘探,一直到日本北方岛屿北海道的北面。在接下来的两个世纪中,俄罗斯人和日本殖民者共同在该岛开拓殖民地。很快,就由俄罗斯全盘统治该岛。但在1905年俄罗斯被日本打败后,俄罗斯对该岛的控制权就被限定于北纬50°以北的那半部分。第二次世界大战后,苏联重新获得了整个萨哈林岛的控制权,而日本则放弃了对该岛的主权。现在,萨哈林岛上的石油和近海天然气储量以及从该岛经鞑靼海峡一直到俄罗斯大陆的石油管道,大大提高了萨哈林岛对于俄罗斯的价值。

俄罗斯和日本的另一个共同战略目标是千岛群岛链。它从堪察加半岛顶端一直延伸到北海道的北部,最后将鄂霍次克海和萨哈林岛围在里面,延伸长度达775英里。18世纪,两国都声明拥有千岛群岛的主权。从1875年直到第二次世界大战结束,都由日本占据着千岛群岛。第二次世界大战结束后,苏联军队占领了千岛群岛。因为日本强烈要求归还千岛群岛最南端面积最大的4个岛,因此,这一岛链的归属权是外交争论中的一个话题。因为存在争端,第二次世界大战后,苏联和日本没有签订和平条约。千岛群岛之所以重要,是因为它有深水不冻港,以及具有能够在其上面建立俯视北太平洋的空军和海军基地的空间。此外,千岛群岛周围水域还有富饶的渔场。

在更远的北部——远东地区的堪察加半岛上——是1741年由维图斯·乔纳森·白令建成的彼得罗巴浦洛夫斯克城。更早的时候,彼得大帝曾雇佣这位丹麦探险家勘探西北通道——俄罗斯人寻求的沿俄罗斯北部的北极海岸线连接大西洋和太平洋的水路——的东部。白令在航行到现在以他的名字命名的那个海峡,试图到达阿拉斯加的时候,发现了堪察加半岛。彼得罗巴浦洛夫斯克早期是捕鱼船队的中心,现在是俄罗斯重要的海军基地和船厂所在地。它还是现代的拖网和工厂捕鱼船队的中心。1867年美国从俄罗斯手中购买的阿拉斯加,1821年沙皇宣称对其拥有主权——主要从事毛皮贸易业务。

另一个早期的定居点哈巴罗夫斯克,位于阿穆尔河下游与乌苏里江交界处,它是作为一个贸易前哨而建立的。随着1905年横贯西伯利亚铁路的开通,哈巴罗夫斯克经历了相当的增长与繁荣,现在它已成为重要的工业中心及港口,与阿拉斯加和日本通航。

向西的扩张

虽然沙皇俄国在4个多世纪的时间里能够不断地向北、向南、向东扩张,但沿着西部边沿的领土扩张却被几个强大的权力中心阻挡住了,起先是立陶宛和波兰,之后是德国和哈布斯堡帝国。俄罗斯民族的发源地——基辅罗斯,在13世纪的时候被蒙古金帐汗国占领。一个世纪以后,尽管克里米亚半岛仍被鞑靼人统治,但对乌克兰的统治权转到了立陶宛和波兰的手上。在乌克兰现代历史早期的很多时间里,乌克兰处在波兰统治之下。

因为对乌克兰这个"小俄罗斯"的兴趣日增,使得俄罗斯与波兰发生了冲突。1667年的波俄战争,以乌克兰的被分割告终,俄罗斯获得了第聂伯河东面的左岸乌克兰,包括基辅在内,而波兰留住了右岸。一个世纪以后,叶卡捷琳娜女皇继瓜分波兰(1772、1793、1795年)后吞并了西乌克兰,乌克兰的左岸和右岸统一。在20世纪,东乌克兰被证明了对俄罗斯人所具有的重要价值。他们使大量的俄罗斯族人迁到了顿巴斯盆地和哈尔科夫地区,这一区域紧邻俄罗斯的中心城市罗斯托夫、别尔哥罗德及库尔斯克。依靠顿巴斯盆地巨大的焦煤储量和克利瓦罗格丰富的铁矿石,顿巴斯和哈尔科夫崛起成为世界上两个最大的重工业钢铁和冶金中心。

白俄罗斯同样是沙俄扩张的一个严峻挑战。它也曾被立陶宛大公征服,在16—18

世纪的俄波战争期间依然处在立陶宛和波兰的统治之下。和乌克兰一样,随着波兰被瓜分,白俄罗斯最终归于沙俄帝国。第一次世界大战后的1921年,波兰重新夺取了白俄罗斯西部,而东部——更大的那部分还留在苏联手中。1939年,苏联军队进入白俄罗斯西部,把它合并到白俄罗斯,这片领土一直被保留到现在。

立陶宛曾是中世纪欧洲最大最强的国家之一,逐渐归入波兰治下。1569年,作为针对来自伊凡四世压力的防御手段,立陶宛与波兰结成了联盟,从而波兰化了。随着波兰被瓜分,立陶宛被并入俄国。当俄国在第一次世界大战后垮台后,立陶宛重新获得独立,但维尔拉被波兰占去。1923年,立陶宛夺取了原属于东普鲁士的梅梅尔地区(克莱佩达)。1939年,维尔拉作为苏—德对波兰的瓜分结果又回到了立陶宛,而梅梅尔归回德国。次年,立陶宛被苏联占领,被迫成为苏联的一个加盟共和国。在第二次世界大战中被德国占领之后,1944年立陶宛又被苏联夺回,此后,它一直是苏联的一个加盟共和国,直到1990年独立。

在彼得大帝从瑞典抢得拉脱维亚东部的同时,拉脱维亚的西部,也就是位于西德维纳河南部、被称作库尔兰德的区域,加上其波罗的海的港口利耶帕亚和文茨皮尔斯,直到1795年波兰第三次被瓜分之后才到俄罗斯手中。数百年来,拉脱维亚一直被因汉萨同盟而定居在此的德国商人统治。拉脱维亚的那些地主贵族——"波罗的海大亨"也来自德国。在1918年俄国和德国的崩溃使拉脱维亚独立成为可能,1940年拉脱维亚被苏联征服并被吸收进苏联版图,但是在第二次世界大战中拉脱维亚人强烈支持占领拉脱维亚的德国军队。

在第一次世界大战刚开始,沙皇俄国的领土达到了顶峰:从波罗的海到太平洋绵延5 700英里,总面积为8 647 660平方英里(包括布哈拉和希瓦)。1.45亿的沙俄人口高度集中于沙俄的欧洲部分领土上。尽管1891—1911年期间,大量人口迁移到西伯利亚,但西伯利亚的总人口只有800万人,差不多全是俄罗斯族。总的来看,沙俄人口中大约3/4是斯拉夫族,第二是突厥族。

总的来说,沙俄远没能达到彼得大帝所期望的现代化。沙俄经济仍然是以农业为主的欠发达经济。依靠外资的工业仅集中于少数的几个地方:圣彼得堡,主要的制造业和金融业中心;莫斯科,主要的纺织和冶金中心;巴库,俄罗斯石油工业中心;顿巴斯/哈尔科夫,钢铁城。沙俄的铁路网非常落后,里程密度仅是英国、法国或德国的1/10。

沙俄政权专制腐败,低效率、集权式的地方和军队官僚体制,无法很好地领导国家参加第一次世界大战。尽管现在俄国的领土已经越过了麦金德的"枢纽区域"的边界,但它还不足以对环绕欧亚大陆的海上势力构成战略威胁。这样一种威胁只有在布尔什维克革命、苏联军队取得第二次世界大战的胜利,以及共产主义蔓延到东欧、中欧和东亚以后才会到来。

苏联时期的领土变化

在布尔什维克革命及其以后一段时间,俄罗斯拥有的领土比以前沙俄时期缩减了 405 740 平方英里。"白色"(反布尔什维克)共和国——外高加索地区的格鲁吉亚、亚美尼亚和阿塞拜疆存在时间不久,就重又被苏联夺去。丧失于苏联的领土包括芬兰、爱沙尼亚、拉脱维亚、立陶宛、曾由沙俄占有的波兰省份、比萨拉比亚(属罗马尼亚),以及远南的卡尔斯和阿尔达罕(后归还给土耳其)。这样,1938 年,苏联的领土面积是 8 340 479 平方英里,比沙皇时期的俄罗斯少了大约 30 万平方英里。

表 8.1 第二次世界大战后苏联吞并的领土

地 区	前 殖 民 地	苏 联
佩琴加地区(旧名贝辰加)	芬 兰	摩尔曼斯克州(俄罗斯苏维埃联邦社会主义共和国)
卡累利阿	芬 兰	卡累利阿苏维埃社会主义自治共和国(俄罗斯苏维埃联邦社会主义共和国)
维堡	芬 兰	列宁格勒州
东普鲁士北部和梅涅兰德	德 国	加里宁格勒州(俄罗斯苏维埃联邦社会主义共和国)和克莱佩达州(立陶宛苏维埃社会主义共和国)
爱沙尼亚	独 立	爱沙尼亚联邦共和国
拉脱维亚	独 立	拉脱维亚联邦共和国
立陶宛	独 立	立陶宛联邦共和国
东爱沙尼亚和拉脱维亚	爱沙尼亚和拉脱维亚	普斯科夫州(俄罗斯苏维埃联邦社会主义共和国)
波兰东部(白俄罗斯西部)	波 兰	白俄罗斯苏维埃社会主义共和国的四个州和立陶宛苏维埃社会主义共和国的科米州
外喀尔巴阡(鲁塞尼亚)	捷克斯洛伐克	外喀尔巴阡州(乌克兰苏维埃社会主义共和国)
比萨拉比亚中部	罗马尼亚	摩尔多瓦苏维埃社会主义共和国
比萨拉比亚南部	罗马尼亚	伊兹梅尔州(乌克兰苏维埃社会主义共和国)
塔努图瓦	独 立	图瓦苏维埃社会主义自治共和国(俄罗斯苏维埃联邦社会主义共和国)
萨哈林岛南部	日 本	萨哈林州(俄罗斯苏维埃联邦社会主义共和国)
千岛群岛	日 本	萨哈林州(俄罗斯苏维埃联邦社会主义共和国)

苏联再一次扩张,先是 1939—1940 年间按照与纳粹德国签订的协议中的一些占领领土,后是在苏联取得第二次世界大战胜利后作为战利品获得确认的土地。苏联的大部分吞并的地区是在东欧,尽管如前所说萨哈林岛南部及千岛群岛南部的 4 个岛屿得

自日本。此外,1984年,与蒙古接壤、名义上独立的塔努图瓦正式被苏联合并。

苏联进行领土扩张的出发点基于三个方面:战略上的、经济上的以及民族的。只有在和这三个因素相关的情况下,宣称哪种扩张具有历史价值才首显必要或有意义,因为它们在苏联的宣传机器中并不重要。

领土扩张的战略目的是出于防御动机,确保对内陆、领海和陆地通道的控制权。但它也通过增加周边国家对苏联压力的防御脆弱性而起到一种攻击作用。

经济目的在为俄国核心区提供波罗的海优良港口设施以服务于对外贸易方面起到了重要的作用。民族目的不仅和泛斯拉夫野心相关,而且也与生活在苏联国家名义管理框架下的少数民族的团结有关。不仅是俄罗斯人居住的拉脱维亚地区被合并加入俄罗斯苏维埃联邦社会主义共和国,波兰鲁塞尼亚居住地区被并入乌克兰,而且波兰东中部卡累利阿人居住地区的很多部分也被并入苏联卡累利阿。

在这些领土合并中,有两个是最重要的因素——苏联一些最重要城市的战略纵深需要(事实表明这些城市在德国入侵时很容易被攻击),以及对德国未来入侵的担心。1939年苏联主要的国际港口是敖德萨、列宁格勒(圣彼得堡)、摩尔曼斯克、阿尔汉格尔斯克以及符拉迪沃斯托克(海参崴)。在这些港口中,除了阿尔汉格尔斯克,其余都是边境城市。敖德萨和列宁格勒距第二次世界大战前罗马尼亚的边界分别为20英里和12英里。摩尔曼斯克距芬兰边界50英里,而符拉迪沃斯托克(海参崴)距中国东北35英里。苏维埃港是第二次世界大战期间作为鞑靼海峡上一个深水海军基地和阿穆尔河流域的商业港而发展起来的,距日本占据的萨哈林岛南部仅70英里。由于第二次世界大战期间及在战后发生的领土变化,敖德萨现在距苏联边界50英里、列宁格勒90英里、摩尔曼斯克80英里,而符拉迪沃斯托克(海参崴)则以萨哈林岛南部和朝鲜作为掩护。

对莫斯科来说,这些港口与边界之间距离的少量增加具有心理和战略上的意义。列宁格勒曾经被入侵的纳粹德国军队围困了两年多,敖德萨曾经一时失陷于德国和罗马尼亚联军的猛攻。摩尔曼斯克遭德国人轰炸,后者1940年占领了附近的挪威城市希尔克内斯,苏联主要的供给线一直处于被切断的危险之中。而且,苏联对于1918—1920年间苏俄内战期间摩尔曼斯克曾经被联军占领这一事件有着深刻的记忆。同样给苏联人留下了深刻的记忆的是符拉迪沃斯托克(海参崴)的易遭攻击性,它曾经在苏俄国内战争期间被日本和其他联军占领,一直到1922年。

苏联在西面吞并的那些领土是准备用作防止将来被复兴的德国或者是敌对的西方国家联盟攻击的一种缓冲。例如,第二次世界大战时,希特勒入侵苏联最初的巴巴罗萨计划,是同时通过几个通道进攻苏联:(1)从芬兰北部进攻摩尔曼斯克和阿尔汉格尔斯克;(2)波罗的海地区,通过芬兰南部和波罗的海国家进攻列宁格勒;(3)白俄罗斯地区,经由普利佩特沼泽北面的华沙—比亚韦斯托克—明斯克陆上通道,然后向北到列宁格勒;(4) 波兰南部和顿巴斯盆地;(5) 通过罗马尼亚到敖德萨和黑海。

第二次世界大战后对芬兰北部佩琴加地区的吞并,包括里巴契半岛的西部,为不冻港摩尔曼斯克提供了防御纵深。它还帮助使苏联获得了附近科拉半岛上的磷灰石资源——俄罗斯磷酸盐工业的基础。佩琴加以南是俄罗斯的帕斯威克,1920年曾经被芬兰占领以便获得进入佩琴加的通道。这一通道以及该通道地区所拥有的镍资源,现在为苏联控制。占领这一地区后,苏联就与挪威拥有了一段共同的边界。后者的铁燧岩矿镇希尔克内斯就暴露在外,而挪威北部人口就受到强大的共产主义宣传攻势的压力。

尽管苏联在北面吞并了所有这些领土,但巴伦支海的入口却仍未被苏联控制,斯瓦尔巴特群岛依然为挪威拥有,后者拒绝了苏联对这个采煤的北极群岛的主权要求。

边界线发生的最重要变化是对波罗的海各共和国的吞并。苏联地理学家尼古拉斯·巴朗斯基(Nicholas Baransky)对此有恰当的总结:"由于它的地理位置,苏联的波罗的海地区是苏联对外联系中最重要的地区……(它是)服务苏联中部的天然港口。"⑤拉脱维亚的里加作为最大的城市和重要的铁路终点站,尽管并非是完全不冻港,但它给了苏联最好的波罗的海港口。克莱佩达和文茨皮尔斯是新开发的石油港,塔林是一个天然气终端站,加里宁格勒是除波罗的海东部港口以外的另一个重要的不冻港。

加里宁格勒州,在清除出德国人并让俄罗斯人居住进去之后,成了俄罗斯苏维埃联邦社会主义共和国的一部分,虽然中间还被立陶宛和白俄罗斯共和国隔开。加里宁格勒可以直接通达波兰和东德卫星国的格但斯克、什切青以及罗斯托克港。内部领土的微小变化使俄罗斯在波罗的海的地位,相比于苏联的卫星国和其他共和国,都得到了加强。爱沙尼亚位于纳尔瓦河右岸的一部分领土被分离出来,直接并入了列宁格勒州。最终,由俄罗斯人定居的爱沙尼亚和拉脱维亚的乡村地区——位于里加湾东面——也被分离出来并入了俄罗斯苏维埃联邦社会主义共和国的普斯科夫州。普斯科夫位于佩普西湖的南端,其重要性在于它是通往列宁格勒的陆上通道。

同样,根据以民族为基础划分边界的原则,一个由立陶宛人居住的白俄罗斯长条地带被合并到立陶宛苏维埃社会主义共和国,后者曾再度合并波兰的维尔拉地区。由于维尔拉和普斯科夫都成了苏联的领土,维尔拉通道——沿着高高的波罗的海终碛(标示冰河边缘的脊状突起)向东北到列宁格勒的通道——就更安全了。在宽泛的意义上,由于俄罗斯核心地带暴露于西面的欧洲国家,因此苏联在波罗的海地区的行动,可以说是防御性的。

白俄罗斯边界线的西移,使普里皮亚特沼泽完全落在了苏联界内。由于苏联要求索回在1920年波苏战争后失于波兰的领土,这条边界线又恢复到1919年的寇松线(Curzon Line)。恢复寇松线使得俄罗斯完全控制了整个维尔拉峡谷,从而阻住了通往列宁格勒和莫斯科的高地通道。此外,寇松线还使苏联获得了通往莫斯科的最直接的通道,即沿着普里皮亚特沼泽的北部边缘从布列斯特到明斯克的高地。另外,白俄罗斯的西部也是以民族为根据而要回的,因为白俄罗斯人占极地人的大多数。

乌克兰西部得自波兰的土地包括利沃夫和德罗戈贝奇。前者是布格河上游的一个铁路枢纽,它的各种产业服务于东部的农业地区。后者是位于喀尔巴阡山脉北部山坡上的一个地区,曾经是波兰主要的石油产地。它的军事和经济上的意义在于它现在拒绝加入波兰,并且由它可以到达基辅。就乌克兰西部而言,乌克兰民族的统一是其主权要求的重要基础,尽管苏联对其感兴趣的另一个原因是苏联的边界现在距克拉科夫只有130英里,距工业化的上西里西亚180英里。对外喀尔巴阡的吞并,使俄罗斯人获得的成就远大于鲁塞尼亚人与他们的同宗乌克兰人的联合。这一吞并使苏联完全控制了喀尔巴阡山脉东部地区,并可以南部的斜坡为基地监视提莎河和整个匈牙利平原。现在,捷克斯洛伐克及匈牙利和苏联拥有共同的边界,而布达佩斯就坐落在距苏联边界仅仅150英里开外。贝尔格莱德和维也纳也受到苏联在多瑙河的新阵地的影响。

对布科维纳北部和比萨拉比亚边界变化的解释理由是吸纳以乌克兰族为主的人口,但它们同时还服务于苏联更广泛的军事和经济利益。它们给予了苏联人德涅斯特河和普鲁特河之间的土地,以及多瑙河最北端的河口。普洛耶什蒂油田和布加勒斯特距苏联的边界是125英里,这是卫星国陷入易受攻击状态的又一个例子。

对莫斯科来说,西伯利亚地区的边界调整与欧洲的边界调整相比,在战略上不太重要。在太平洋地区,对萨哈林岛和千岛群岛(包围着鄂霍次克海)的兼并,是指向日本北部的双剑。但这些兼并并没有对俄罗斯在日本海岸及符拉迪沃斯托克(海参崴)地区的安全有实质的影响,因为苏维埃化的朝鲜提供的保护更大。

在西伯利亚的中南部,1944年对名义上独立的塔努图瓦的兼并,可能会被看作是苏联最终兼并(从未发生)蒙古人民共和国的前奏。作为一个不发达、人口稀少的地区,图瓦自治苏维埃社会主义共和国位于叶尼塞河的源头,从萨彦岭西部的东端俯视着伊尔库茨克和横贯西伯利亚的大铁路。

冷战一开始的时候,苏联对中东边界处的土耳其的阿尔达汉、卡尔斯及阿尔特温重新提出主权要求,但没有成功。俄罗斯曾经从奥斯曼帝国手中夺取过这些地区,苏联人现在想把它们并入到格鲁吉亚和亚美尼亚。莫斯科也未能实现土耳其几条海峡的非军事化。在20世纪20年代初期,连接黑海和波罗的海之间的水路被短暂地实现国际化和非军事化,然而1936年又被土耳其重新加固和强化。

苏联领土扩张的压力也施加于伊朗。1945年,在第二次世界大战期间驻扎在伊朗北部的苏联军队,支持在伊朗石油储量丰富的阿塞拜疆省建立一个分离主义的共产主义的共和国。苏联军队还为俯视着伊拉克北方油田的乌尔米耶湖以西和以南地区的库尔德人分裂主义共和国撑腰。但第二年叛乱就被镇压；迫于联合国安理会的压力，苏联将军队撤了出去。

但是，与上述失败的领土扩张努力相抵消的是，后来苏联成功地在地中海和印度洋打造了一圈基地。从20世纪60年代到80年代，苏联在埃及的马特鲁、亚历山大和塞得港，以及叙利亚的拉塔基亚修建了海军设施。在苏伊士运河的南面，沿着红海地区，苏联还在埃及的拉斯巴纳斯、苏丹的苏丹港及也门的荷台达建立了军事设施。此外，苏联在俯视着亚丁湾的亚丁基地和索科特拉岛基地，也为苏联在苏伊士运河之东通向印度洋海域备建了强大的军事存在。

埃及在1967年的阿以战争中失败，使西奈半岛为以色列占领，因而封锁了苏伊士运河，使得运河在1975年之前一直未能使用，莫斯科想建立一条受苏联控制的黑海—地中海—苏伊士运河—印度洋这一线路到远东的努力就化为了泡影。埃及和以色列之间1978年谈判达成、1979年正式批准的和平协议终结了苏联想利用苏伊士运河作为其冷战战略武器的一切希望。

后苏联时期俄罗斯领土的收缩

第二次世界大战后的苏联获得了265 000平方英里的领土，使苏联的领土达到8 600 660平方英里，仅比最盛时期的沙俄少50 000平方英里。45年后当苏联解体时，领土的分散将苏联的14个加盟共和国从俄罗斯中心地带分离出去。留在新俄罗斯联邦的领土减少了大约200万平方英里，为6 592 735平方英里。1991年，俄罗斯的人口减少到1.54亿，而苏联的人口是2.93亿。从那以后，由于较低的出生率、较高的死亡率，以及人口的移出，俄罗斯的人口已经下降为大约1.4亿。医疗体系的崩溃，以及许多经济和社会因素，导致了人口的持续下降。如果这种趋势不能得到显著的改善，那么到现在这个10年结束的时候，俄罗斯的人口将只剩下1.35亿，而它经济的复苏也会受到劳动力严重短缺的阻碍。

在苏联时期，俄罗斯族人只占全部人口的53％，与苏联时期高度的多民族特色相比，俄罗斯族人现在占俄罗斯联邦人口的82％。这并不意味着俄罗斯在民族和宗教上不再多样化。在俄罗斯联邦的21个共和国、48个州以及其他的政治分区中，有超过60个可区分的不同民族，包括大量的乌克兰族人、鞑靼族人、雅库特人、奥塞梯人、车臣人、印古什人、巴什基尔人、楚瓦什人、科米人、马里人、犹太人、德国人、亚美尼亚人。然而，俄罗斯要将现在的这么多民族打造成一个新的国家，相比于原苏联将108个截然不同的民族打造成一个有凝聚力的国家，所面对的挑战要远远少得多。

苏联的解体

苏联解体发生在这一政权建成 80 年后,这一政权是在国内的恐怖活动、对外部敌人的担忧以及对没有阶级、更加公平社会的向往等因素共同作用建成的。这个国家建立在马克思主义和苏联境内各民族共享权力的原则基础上(有 22 个民族,每一个民族的人口都在 100 万以上)。然而,由于对民族平等的宽容只是空头承诺,所有的民族都被迫接受语言和文化上的同化。在第二次世界大战期间,数以百万计的少数民族,包括克里米亚半岛的鞑靼人、车臣人、印古什人、伏尔加河流域的德国人以及卡尔梅克人,被流放到中亚和西伯利亚。在经济方面,要为大多数人提供更好生活的中央集权计划经济的失败,与西方世界的繁荣形成了鲜明的对比。苏联的共产主义制度充满了低效以及高额的国防费用,而后者更严重侵蚀了共产主义制度。苏联解体只是时间问题。1991 年 9 月,苏联正式解体。

苏联解体是经一致同意的。11 个新独立的国家,基于对在共同框架下解决争端和促进贸易所带来利益的预期,同意成立独联体。只有格鲁吉亚和波罗的海各国没有加入独联体,然而,独联体实际上是一个空架子,因为只有俄罗斯和白俄罗斯之间保持着实质性的联系。

苏联的权力下放之后,冲突就主要限于新独立国家之间的内部争斗。一个例外是,亚美尼亚和阿塞拜疆之间就位于阿塞拜疆东南部的亚美尼亚的基督徒飞地纳戈尔诺—卡拉巴赫而发生的激烈战争;纳戈尔诺—卡拉巴赫已经拥有了一个自治区的地位。亚美尼亚人和阿塞拜疆穆斯林之间的战斗甚至在苏联解体之前就已经开始了,但在亚美尼亚人宣布这一地区为独立国家之后达到了巅峰。亚美尼亚军队卷入了这场冲突,把大多数在飞地及连接飞地与亚美尼亚本土之间的阿塞拜疆人赶了出去。莫斯科起先支持阿塞拜疆,但是后来又倾向亚美尼亚。俄罗斯现在在亚美尼亚建立了空军和导弹基地,俄罗斯军队帮助守卫亚美尼亚与土耳其之间的边界。在此期间,土耳其加大了对阿塞拜疆的军事和经济影响,并于 1993 年对亚美尼亚实行贸易封锁,但没产生什么经济影响。

在格鲁吉亚,内战几乎在苏联解体后立即爆发。此外,在与俄罗斯的黑海海岸以及北高加索地区接壤的格鲁吉亚穆斯林居住区——阿布哈兹也爆发了分离主义的叛乱,后者企图将阿布哈兹变成俄罗斯的联系邦。俄罗斯军队帮助了分离主义者,最终,俄罗斯解决了冲突,让阿布哈兹作为格鲁吉亚的一个自治共和国,而实际上处在俄罗斯的控制下。俄罗斯的干预强加给南奥塞梯一个同样的解决方案。在南奥塞梯,操波斯语的奥塞梯人于 1992 年发动了反对格鲁吉亚的叛乱,其目的是加入北奥塞梯,后者位于沿俄罗斯大高加索山脉北部山坡地区。俄罗斯军队代表奥塞梯人介入了这场冲突，结果是在格鲁吉亚建立了处于俄罗斯保护之下的南奥塞梯自治共和国。而当南奥塞梯宣布成为名义上独立的国家时，俄罗斯回避对它的承认。

另一个分离主义地区，穆斯林居住的阿扎尔，位于格鲁吉亚西南角的黑海。阿扎尔于1992年从格鲁吉亚分离出来。2008年，在"玫瑰革命"将亲俄罗斯派总统驱赶下台之后，俄罗斯人同意从阿扎尔，包括从巴统的海军基地中撤出。

一场分离战争还在摩尔多瓦东部，与乌克兰接壤的德涅斯特河东岸一带爆发。在近1991年年末的时候，这一地区大多数俄罗斯人和乌克兰人宣布脱离摩尔多瓦独立。分离主义者在德涅斯特河东岸建立了自封的伪国家——德涅斯特沿岸共和国。该"共和国"的领导层谋求该"共和国"与俄罗斯的统一。

在其他地方，苏联的解体，俄罗斯与乌克兰之间针对乌克兰的独立以及克里米亚的主权问题关系变得相当紧张。俄罗斯人的民族感，主要源于俄罗斯与基辅罗斯(位于现代的乌克兰)——被很多俄罗斯人当作是俄罗斯历史核心的中世纪斯拉夫国家——的历史和象征性认同。很多俄罗斯人认为基辅国是现代俄罗斯人、乌克兰人以及白俄罗斯人的共同遗产。而且，在乌克兰的4 700万人口中只有20%多一点是俄罗斯族，而在顿巴斯河东面和哈尔科夫地区，俄罗斯人占了总人口的将近一半。俄罗斯与乌克兰之间由于基辅问题导致了关系的紧张，其后果之一是乌克兰没有加入独联体。克里米亚现在是乌克兰的一部分，但它80%以上的人口是俄罗斯族人，俄罗斯族的分离主义者要求莫斯科保留这一地区。他们的理由是，苏联黑海舰队的司令部所在地——港口城市塞瓦斯托波尔对俄罗斯的安全是不可缺少的。

尽管争论很激烈，但这两个问题最终都被和平解决了。1997年，俄罗斯接受了乌克兰现存的国界线，并且承认了乌克兰对克里米亚和塞瓦斯托波尔的主权。克里米亚被给予自治地区的地位，乌克兰的让步反映了这一地区俄罗斯族人口占绝对优势的事实，以及它对莫斯科的战略重要性。作为交换，乌克兰给予俄罗斯在塞瓦斯托波尔建立黑海舰队军事基地的权力。⑦

除了塔吉克斯坦之外，前苏联的中亚共和国都没有被新独立的高加索各个国家经历的那种冲突所分裂。然而，在塔吉克斯坦，这个苏联所有共和国中最贫穷的国家，1992年爆发了一场内战。内战是在莫斯科支持的、由以前的共产党人和伊斯兰塔吉克联合阵线反对派之间展开的。尽管在1997年达成了脆弱的和平，但杜尚别政权却自此不得不请求俄罗斯军队帮助它挡住来自东部高地宗教激进分子的攻击。2003—2004年，俄罗斯在塔吉克斯坦建立了一个军事基地，以控制恐怖主义和毒品交易活动。

俄罗斯自身也没能避免内部冲突。在北高加索地区，车臣穆斯林叛军让俄罗斯军队在1994—1996年的战争中遭受到了羞辱性的失败。在战争结束时，叛军宣布建立

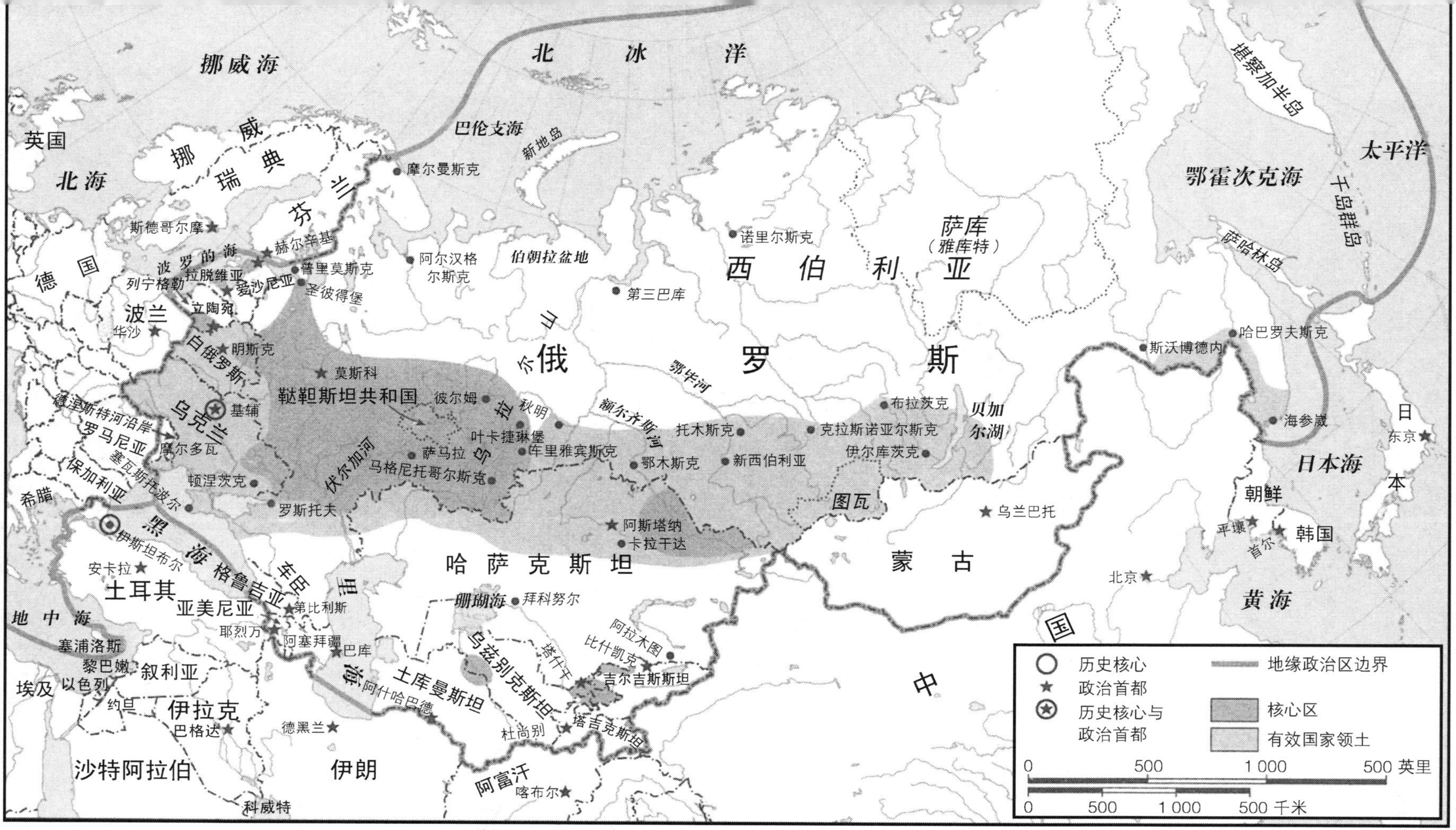

图 8.1 心脏地带俄罗斯与外围：主要地缘政治特征

伊斯兰原教旨主义者国家。这一国家存活的时间很短——经济上崩溃，领土被当作恐怖主义的避难所，并且中央政府在国家的管理方面显得很无能。两年以后，继车臣恐怖分子在莫斯科、北奥塞梯以及车臣制造爆炸事件，以及车臣卷入达吉斯坦的一次叛乱之后，战争又重新恢复。冲突最终在2006年被平息，此时车臣领导人被杀，并被一名与俄罗斯结盟，后成为车臣共和国总统的前叛乱分子所取代。从那以后，1999—2000年间几乎被毁掉的格罗兹尼，开始了大规模的重建。石油储量丰富的车臣，经济也得到了发展。在北高加索的其他地区——俄罗斯的印古什、北奥塞梯，以及卡巴尔达-巴尔卡尔共和国，都遭到了伊斯兰激进分子的恐怖袭击，这引发了俄罗斯军队的强烈回击。

从俄罗斯的战略角度来看，在位于里海和黑海之间的俄罗斯北高加索地区发生的叛乱，意味着对贯穿北高加索地区的交通线路，尤其是对铁路和管道的威胁。另外，这一地区邻近国际边界的事实，为分裂主义组织提供了与阿塞拜疆和格鲁吉亚在地理上连在一起的机会。

和车臣不同，在鞑靼斯坦内陆，鞑靼斯坦的分离主义运动对俄罗斯仅是次要威胁。这个位于俄罗斯欧洲部分的中心，沿着伏尔加河中游和卡马河的下游，石油储量丰富的鞑靼斯坦共和国，有着强大的被陆地包围着的制造业基地。它与外部提供援助的基地之间没有通路。因此，当1991年前鞑靼斯坦苏维埃社会主义自治共和国的领导层宣布鞑靼斯坦独立，这一事件是与战略无关的。而且，俄罗斯族人和鞑靼族人一样多的事实排除了鞑靼斯坦发生严重冲突的威胁。虽然鞑靼斯坦不是1992年成立俄罗斯联邦的签约国，但它后来与俄罗斯之间签订了单独的条约，成了俄罗斯联邦的一个共和国。

地缘政治特征

苏联的解体对"新俄罗斯"的地缘政治特征产生了实质性的影响，尤其表现在以前核心区的收缩、一些矿藏储量丰富的有效国家领土和空旷区的丧失以及领土边界的变化等方面。然而尽管如此，俄罗斯仍然是一个令人生畏的国家，拥有世界上最大的政治大陆：从西到东跨越11个时区，绵延5 000英里，从极北到黑海、高加索和西伯利亚南部山脉延绵1 500英里。世界上没有其他国家能拥有和俄罗斯一样的空间纵深。

这一因素又被庞大的核武库加强了，后者在遵照美俄核军备协议进行削减的同时正在对自身进行现代化。对俄罗斯地缘政治特征的分析可以找出使其能够迅速从苏联解体之后长达十年的政治与社会不稳定及经济紊乱状态中恢复过来的固有优势。重获作为控制心脏地带中心的强国地位可让俄罗斯得以对心脏地带外围施加压力及影响,进而再次对全球施加影响。

历史核心

俄罗斯历史核心——俄罗斯国家起源的地方——一般被认为是中世纪的基辅罗斯公国,尽管诺夫哥罗德可能也会宣称拥有这一地位。俄罗斯的起源可以追溯到瓦兰吉亚人——由留里克(Rurik)领导的斯堪的纳维亚的商人和士兵——的到来;留里克于公元862年在诺夫哥罗德建立了他的王朝。诺夫哥罗德位于俄罗斯西北部,坐落在沃尔霍夫河边,处于从波罗的海到伏尔加河上游再向南和西南方向到黑海和里海的重要贸易线路上。诺夫哥罗德的地理位置最终使它得以和伦敦、布鲁日以及卑尔根一样,成为汉萨同盟的4个主要中心之一。

公元879年,留里克的继任者奥列格将首都迁到了基辅罗斯的中心基辅。但是,诺夫哥罗德继续作为对外贸易的重要中心,并最终(从12世纪初期到15世纪)成为俄罗斯整个乌拉尔山脉以北地区的首府。

公元880年,弗拉迪米尔击败他的兄弟奥列格,成为基辅大公。之后,弗拉迪米尔征服了遥远的斯拉夫部落,并在对立陶宛、保加尔、拜占庭发动的战争中获胜,从而扩张了领土。对俄罗斯人来说,国家地位的决定性时期是在988—989年,当时,弗拉迪米尔皈依基督教,使希腊东正教成为民族的宗教,将世俗的统治与东正教联系起来。

基辅之所以被选为瓦兰吉亚王朝的新中心,是因为它靠着第聂伯河,更有利于斯堪的纳维亚—黑海—君士坦丁堡之间的贸易。作为基辅罗斯的首都,基辅成为主要的欧洲商业和文化中心。被俄罗斯南部富饶的作物和大草地环绕的基辅城,有比诺夫哥罗德城更繁荣的农业区,后者位于俄罗斯北部寒冷的、多沼泽的、贫瘠的冰川地区。

"罗斯"这一名字最初是指瓦兰吉亚人,后来瓦兰吉亚人把它用到定居在基辅周围的东斯拉夫人身上并用它命名新的国家——基辅罗斯。基辅成为俄罗斯人熟知的"母亲城",即使在政治权力转移到莫斯科之后也是这样。1169年之前,基辅一直是罗斯公国的首都。这期间,东正教巩固了在斯拉夫人中的地位,拜占庭文化占据了主导地位。正是在这段时间里,俄罗斯东正教成了俄罗斯民族特性的基本部分,古教会斯拉夫语成为俄罗斯文学语言和礼拜仪式用语。

事实上,因为基辅国是一个边疆国家,暴露在席卷欧亚大陆草原的蒙古游牧民族的攻击范围内,最终臣服于入侵的蒙古大军(1237—1240),后者确立了对俄罗斯南部和东部的统治。

政治首都

随着基辅罗斯公国的分裂,俄罗斯政权向北转移。在鞑靼统治时期出现的最强大的政治实体,是以莫斯科为中心的弗拉基米尔-苏兹达尔公国。莫斯科处于伏尔加河平原和俄罗斯中部高地结合处盆地的这种节点位置有助于使它成为中世纪的贸易中心和弗拉基米尔大公国(基辅王朝一部分)的中心。莫斯科市各个方向都有便利出口,周围的瓦尔代山、斯摩棱斯克山脊,以及中部高地构成一个大分水岭体系的基础。莫斯科是中世纪贸易线路——莫斯科河向东南流入奥卡河,然后往南流入里海的伏尔加河——的战略性十字路口。莫斯科河的一个支流也向北流入伏尔加河的上游,而伏尔加河上游通过水系与波罗的海和白海相连。奥卡河也与莫斯科南面最近的顿河以及莫斯科西面的第聂伯河相连,顿河与第聂伯河都流入黑海。后来,运河将这些水系有效地连接起来。辐射状的铁路网以及更近时期的航空、电力、管道线路等,更巩固了莫斯科城的中心城市地位。

除了通达性以外,莫斯科的地理位置还具有天然的防御优势。它的东面受到克利亚济马-奥卡湿地平原保护,北面受到伏尔加河上游的湿地平原保护,西面和西北面被斯摩棱斯克-莫斯科山脊保护,更远的西北是瓦尔代山。尽管在1238年蒙古人洗劫了莫斯科城,但它又重新成为莫斯科大公国的中心以及俄罗斯东正教教会的中心所在地。到1328年,莫斯科已经成为莫斯科大公国重要的政治和经济中心,1380年,莫斯科成为统一的俄罗斯国家的首都。到16世纪中叶,莫斯科公国的统治者带头摆脱了鞑靼的统治,并开始向南向东的扩张。

莫斯科逐渐成长为俄罗斯重要的制造业中心,并成为俄罗斯的首都,直到1721年,此时彼得大帝在波罗的海边建造了新首都——圣彼得堡,率先开始了俄罗斯的商业扩张。在接下来的两个世纪里,莫斯科一直是宗教中心和第二重要的经济中心。1918年,莫斯科又恢复为俄罗斯的政治首都。这一转变既象征着布尔什维克排斥过去两个世纪里沙皇俄国在文化和经济上转向西方,同时又是苏联想要争取更大防御纵深的战略表达。从地理上来看,圣彼得堡暴露于来自西方和北方的入侵势力之下,而莫斯科的优势则在于其远离边境。莫斯科绝对是国家最大的都市,有超过1 000万的人口,又是俄罗斯的金融中心。它已经通过在近郊的泽列诺格拉——俄罗斯主要的微电子公司的总部——建起一个新的"硅谷",开始对工业基地进行现代化。

政治权力中心在莫斯科和圣彼得堡之间的交替,代表了相互独立的观点。莫斯科体现了向中世纪和现代早期的俄罗斯及苏联转变的内倾倾向;而圣彼得堡则代表的是沙皇要将国家向外部技术创新、文化影响以及金融资本开放。正是从圣彼得堡(1914—

1924 年改名为彼得格勒,1924 年改名为列宁格勒,现在又改回圣彼得堡),城市的产业工人、士兵、水手成为在 1917 年俄罗斯二月革命和十月革命中的先锋。

核心区

俄罗斯核心区——以最高的人口密度和经济活动来界定——的形状像一条边指向东面的三角形。它西面的宽阔底边,从圣彼得堡到斯摩棱斯克(对着白俄罗斯),然后到与乌克兰东北部接壤的布良斯克和库尔斯克,再接着向南到顿涅茨盆地东部边缘的顿河畔罗斯托夫。顿涅茨盆地曾经是苏联核心区的主要部分,但是现在大部分在乌克兰境内。有 600 万人口的国际大都市圣彼得堡,长期以来就是造船业的中心,现在又重新成为国际金融和贸易中心,它还是石油、天然气贸易公司和现代汽车工业的中心。

核心区从三角形西面的底边向东延展,包括了莫斯科和俄罗斯的中南部,然后在往下诺夫哥罗德(高尔基)、喀山和三角形北边边上的彼尔姆以及三角形南边边上的萨马拉(位于伏尔加河中游的古比雪夫)与其南边边界上的乌法延伸过程中,核心区逐渐变窄。萨马拉是现代商业航空工业的主要中心。越过乌拉尔山,核心区包括西西伯利亚中心的马格尼托哥尔斯克、叶卡捷琳堡(斯维尔德洛夫斯克)以及车里雅宾斯克。这些城市构成了一个三角楔形。核心区从该楔形向东延伸到秋明——一个重要的石油、天然气、化学工业的中心——再向南延伸到库尔干——它生产农业和化学机械,这两个城市都位于鄂毕-额尔齐斯河的支流,而鄂毕河是现在核心区的边界。

在核心区欧洲部分的许多地方,人口密度在每平方英里 200 人到每平方英里 330 人之间。从乌拉尔山到西西伯利亚,高峰时期的人口密度在每平方英里 120 人到每平方英里 150 人之间,而在核心区的北部边缘和南部边缘,人口密度在每平方英里 60 人到每平方英里 120 人之间。

主要的煤矿储量位于顿巴斯东部和彼尔姆以北的地区,而褐煤矿储量则位于莫斯科盆地的周围。从伏尔加河中游的萨拉托夫向东北方向沿着卡马河流域到乌拉尔山西部山脚的彼尔姆,这一地区的石油储量非常丰富,被称为"第二巴库"。从 1950 年到 1975 年,这一地区是苏联最大的石油生产和精炼中心。自那以后,这一地区被能源丰富的西西伯利亚超过。现在,被称为"第三巴库"的秋明州,横贯鄂毕-额尔齐斯河流域,拥有巨大的天然气储量——是世界上最大的——它的石油储量使俄罗斯成为世界上第二大石油出口国和占总产量的 10% 的最大生产国。俄罗斯的石油主要出口到欧洲。欧洲接近 1/3 的天然气进口也由俄罗斯供给,它们主要通过穿越乌克兰的管道输送到欧洲。近来,东欧和中欧国家输入了这些天然气的主要份额。现在,管道通过白俄罗斯、乌克兰和波兰延伸到濒海欧洲和西欧。作为对以上管道的补充,还要建设一条从维堡,经波罗的海下面到德国北部的管道(北流),以及与此相对应的另一条从俄罗斯南部借与俄罗斯天然气工业股份公司的中欧管道体系与意大利的北部相连接,而向西南方向通往希腊和亚得里亚海沿岸(南流)。这两条新线将不与中转国家商讨定价政策问题。第三条管道(绿流)计划与意大利的埃尼集团(ENI)共同建设,这条管道从利比亚穿过地中海到欧洲南部地区。此外,在2008年1月,塞尔维亚和俄罗斯签署了一个能源协议,该协议的内容包括将俄罗斯天然气工业股份公司出口的天然气分配到与其接壤的欧洲国家。扩展后的管道体系将能使俄罗斯天然气出口量在目前水平上再增加一倍以上,而出口增加量的大部分是用于供应西欧国家的。这样一种近乎垄断的地位会更加强化俄罗斯在与欧盟关系中的地缘政治影响。大量新的石油和天然气储量已在北极圈北面的伯朝拉河盆地到北部西伯利亚的西部地区被发现,这将增强俄罗斯的能源生产能力。

俄罗斯西部库尔斯克以南地区丰富的铁矿石储量,以及散落分布的钼、铜、铅、锌、铝土的采掘中心,也位于核心区内。这种丰富的矿藏基地为俄罗斯顿巴斯东部、莫斯科、库尔斯克和乌拉尔地区的重工业发展奠定了基础。

乌拉尔地区在18世纪初期最先发展冶金和炼铁工业,而产业发展的大爆发期是在第二次世界大战期间,当时,由于纳粹德国的入侵,苏联的许多工业从俄罗斯的欧洲部分转移到了位于乌拉尔中心的安全地区,如斯维尔德洛夫斯克(叶卡捷琳堡)、车里雅宾斯克和马格尼托哥尔斯克。

500万人口的叶卡捷琳堡现在不仅是斯维尔德洛夫斯克州的首府,还是拥有2 300万人口的乌拉尔地区区域组织的中心。1992年以前,该市由于有保密的核武器装配以及铀浓缩工厂而不对外国人开放。现在,叶卡捷琳堡开始吸引外资,使民用飞机零件工业现代化,并且成了俄罗斯第三忙碌的外交中心。

车里雅宾斯克最初的工业化步伐是伴随着横贯西伯利亚大铁路的建设而开始的。它的钢铁和拖拉机产业形成于20世纪30年代。车里雅宾斯克也是一个不对外开放的城市,它是核武器设计和铀加工的中心。现在,由于核废弃物和核事故,车里雅宾斯克正遭受着辐射污染。苏联时期共有10个这样的不开放城市,总人口为700万人。将这些城市中大量的科技人员重新转到民用项目领域,是莫斯科面临的一个巨大挑战,但也是经济复苏战略中的一个重要因素。

马雅克是世界上最大的核综合企业,它坐落在捷恰河旁的车里雅宾斯克的正北部。捷恰河是流向西西伯利亚空旷区水系的鄂毕-额尔齐斯河系的源头。马雅克核综合企业位于奥兹奥斯科城(以前的秘密城市车里雅宾斯克-65)。马雅克目前对来自核潜艇、破冰船、增殖反应堆的燃料进行后处理,是1949、1957和1967年后处理事故现场。1996年,莫斯科开始在马雅克建造一个可裂变材料储存机构,马雅克已经成为世界上最大的核工厂核废料储存库。这一机构为整个欧洲和亚洲市场顾客提供服务,将高浓度的铀配制成可用于发电的低浓度铀。

对核废料采取保护措施,不仅仅是俄罗斯的问题,而是一个全球性的问题。1992年,美国和俄罗斯达成了一项协议,以帮助俄罗斯和其他原苏联国家销毁核武器、化学武器、生物质武器和运载武器。在这个项目中,已经有7 000枚核弹头的活性被解除,其发射平台被销毁。这个合作项目经受住了莫斯科和华盛顿之间外交关系的考验,被认为是联合处理其他重要事项的一个学习典范。⑧

马格尼托哥尔斯克(马格尼特山城)是乌拉尔地区又一个重要的中心。它建于斯大林时期,是围绕马格尼托哥尔斯克钢铁工厂而建的一个工厂城。马格尼托哥尔斯克钢铁工厂曾经是苏联最大的钢铁生产厂家,也是世界最大的铣削和造船综合企业。苏联解体后,马格尼托哥尔斯克的生铁产量仅为从前的一半。马格尼托哥尔斯克城的弊病代表了俄罗斯的工业衰退地带总体上所面临的问题:膨胀的劳动力、陈旧老化的设备、污染的空气以及对单一产业的依赖,而当地的铁资源已经大量地被耗空。随着国家市场的对外开放、国外更便宜的钢铁的进口,俄罗斯的钢铁生产从每年8 000万吨下降到5 000万吨以下。马格尼托哥尔斯克现在必须找到振兴经济的办法。

随着俄罗斯的经济复苏和重振民族主义,普京政府恢复了对核心区强有力的控制。在叶利钦时代的混乱环境下,地方和地区政府——尤其是在乌拉尔地区——与中央政府在政治上和经济上相脱离。普京成功地把各层次权力又整合到一起,从而遏制住了这种分离趋势。

城市化和工业化是核心区的经济支柱,区内有80%的人口是城市人口。然而,核心区最初的支柱农业,仍然具有突出的地貌特征。在核心区的北部欧洲部分,混合农业以土豆、水稻和其他的谷物、甜菜、家畜和亚麻为重点。此外,一条围绕大城市的"郊区农业带"生产蔬菜、奶制品和猪肉。核心区欧洲部分南部的边缘是肥沃的黑钙土,那里是小麦、黑麦、甜菜和向日葵的主要产地。这一边缘区对谷物引进发生在20世纪30年代,在此期间的几十年中,这里的生产遭受了土壤侵蚀和风蚀以及周期性干旱的困扰。

由于1991年的政治巨变和苏联解体,核心区的发展前景取决于它向俄罗斯余下的有效国家领土部分的扩张。

有效国家领土

就像苏联的解体把俄罗斯的核心区截去一块一样,苏联的解体也把俄罗斯以前有效国家领土中的很大一块——乌克兰东部、外高加索、哈萨克斯坦给剥离出去了。尽管俄罗斯失去了这些国土,但它的有效国家领土依然很大。俄罗斯的有效国家领土包括从北高加索地区大面积的平原,向东经过伏尔加河下游的盆地和乌拉尔河下游的盆地,再到西西伯利亚和中西伯利亚的南部边缘。有效国家领土目前的人口密度在每平方英里25人到每平方英里60人之间;通过现代城市、工业和农业的发展,有效国家领土能够养活更大密度的人口。

这一地区很大部分处在始于20世纪50年代的尼基塔·赫鲁晓夫处女地开垦计划范围当中。这一计划的目的是在从北高加索经北哈萨克斯坦延伸到西西伯利亚的干草原下面的那一片长期休耕的、红棕色的土壤上,促进大规模、机械化的谷物耕种。这一开发计划土地中大约有90%位于哈萨克斯坦,并将大量的俄罗斯殖民者吸引到这一地区,同时也雇佣了很多在第二次世界大战期间被驱逐到哈萨克斯坦的德国人(哈萨克斯坦独立后,这些德国人中的许多人已经被遣送回德国)。

在草原北部,除了种植小麦和其他一些谷物,也发展家畜饲养业以提供奶制品和肉制品。而草原南部则主要用于养牛以供给牛肉。伏尔加河的下游,从斯大林格勒到里海,以及北高加索地区,则引进了灌溉类的水稻、棉花和水果。

在处女地计划中引进了改革,比如,把农业设备从集中的机械拖拉机站移交到集体农场,对集体农民私人的小块土地减税。可是,由于降雨量小并且不确定,再加上容易发生干旱,这一地区的农业生产潜力受到了限制。许多新犁耕出来的土地被沙尘暴刮走,按照计划植下的许多防风林都被种植于太干燥以至于不能维持树木生长的地区,土壤侵蚀到处都是。因为该计划是集中于边缘气候区,因此它是一次冒险行为,计划没能达到预期目标。

目前有效国家领土中较大的一部分位于从西西伯利亚低地南部的鄂木斯克到托木斯克以及再到中西伯利亚的克拉斯诺亚尔斯克,长800英里的一长条土地上。横贯西伯利亚的大铁路是这一区域的脊柱。这一长条区域北为西西伯利亚低地寒冷潮湿的地块所挡,南被哈萨克斯坦边界以及阿尔泰山和西部萨彦岭所围,宽在100英里到250英里不等。有效国家领土西端的鄂木斯克,处于鄂木河和额尔齐斯河上游交汇处,是西伯利亚的第二大城市,有超过100万的人口和最先进的为工业提供服务的工业中心。鄂木斯克也是一个高科技产业发展的重要中心。

更远的东部,有效国家领土的主要城市中心包括鄂毕河上游的托木斯克以及煤炭资源丰富的库兹涅茨煤田的重工业城市带,它聚集在西伯利亚最大的城市新西伯利亚的周围,后者有150万人口和西伯利亚最先进的工业和科学中心,它已成为西伯利亚的"硅谷",在这里,大型跨国公司对高科技硬件和软件产业进行了大量投资,而国家则通过投资基础设施建设作为支持。托木斯克是重型机械和化学工业中心,因其与核有关的历史,而特别处在危险的境地。与托木斯克邻接的城市谢韦尔斯克,当初是为了给苏联的核武器计划生产原料而建的。这个核综合企业——也许是世界上最大的——有着陈旧老化的、用来生产钚的核反应堆,很容易发生事故。此外,这个核综合企业目前还有一个最大的核废料堆放场址之一。这些工业中心的周围是巴拉巴草原的农田。

进一步再向东,到达这一区域的终点克拉斯诺亚尔斯克,它是中西伯利亚地区的首府,坐落在叶尼塞河畔,后者向北流经1 200英里注入北冰洋。像托木斯克一样,克拉斯诺亚尔斯克是一个拥有钚生产和铀浓缩加工设备的不对外开放的核城市。这两个城市都已经开始了向现代商业和工业中心的转型。

有效国家领土主要部分的外围层位于向西伯利亚再深入500到600英里的地方。它从布拉茨克水库北部顶端的布拉茨克城,一直到位于水库南端与贝加尔湖——世界上最大最深的湖——最西端之间的工业中心集群。这一外围层被北面寒冷贫瘠的西伯利亚高原和南面的萨彦岭东部山脉所包围。布拉茨克是铝的重要产地,也是一个单一产业的城市。相反,像位于水库南端的切列姆霍沃、安加尔斯克、伊尔库茨克这样的城市,形成了一个通往贝加尔湖的陆地桥,有多样化的产业基地,包括机械、铝、化学、纸浆、造纸、纺织和食品加工等产业。老纸浆厂是湖水污染的一个重要源头,如同为满足快速增长的旅游业需要而加大对海岸线的开发带来的污染一样。

再向东1 500英里的第二个有效国家领土外围层位于阿穆尔河中游以北、乌苏里江下游以东俄罗斯远东地区的草地地区。这个外围层是中间断开而不是连续的长条形状。最西边的端点是阿穆尔州的首府布拉戈维申斯克,它与从中国边境城市黑河(一个农业和采金业中心)面对面。布拉戈维申斯克的经济建立在当地的褐煤矿和食品加工厂的基础上。阿穆尔河上的哈巴罗夫斯克位于阿穆尔河与乌苏里江交汇处附近,是一个重要的工业城市和交通枢纽,有炼油厂、船坞、木材加工厂和工程建筑等。

外围层结束于符拉迪沃斯托克(海参崴),乌苏里江在这里流入日本海。符拉迪沃斯托克(海参崴)是俄罗斯在太平洋最重要的港口和海军基地。由于有破冰船让符拉迪沃斯托克(海参崴)港冬天也保持开通,它成为滨海地区的首府。作为横贯西伯利亚大铁路和北方航线的终点,符拉迪沃斯托克(海参崴)已经发展为一个拥有造船、化学品和机器制造厂、鱼品罐头厂和食品加工厂等多样化的工业基地。它还是俄罗斯远东地区重要的文化和教育中心。

在乌苏里湾的东岸,符拉迪沃斯托克(海参崴)正对面,是一个不对外开放的城市波尔希卡曼,它是专门处理退役核潜艇的海军船坞的母港,俄罗斯海军一直在这里倾倒放射性废料。这里在由日本人融资并在美国承包商的帮助下建起了废弃物处理工厂。日本对清理日本海中污染物的投资反映了俄罗斯远东地区在战略上所具有的敏感地位。不仅是对日本,对朝鲜、韩国也是这样。

东方港是一个距符拉迪沃斯托克(海参崴)以东60英里的日本海上的集装箱港,借助于国外投资,其设施实现了现代化。它已开始吸引越来越多的来自日本、中国和韩国的业务。从这些国家航运来的集装箱,被直接装上横贯西伯利亚的大铁路,向西运到 6 000 多英里以外的俄罗斯西部、东欧和芬兰。

仅作有限开发的区域是阿穆尔河下游,其河畔是共青城制造业中心,而共青城东南方海岸上有苏维埃港海军基地,萨哈林岛就在阿穆尔河河口鞑靼海峡的对面。但是,萨哈林岛上的煤炭和石油储量正发挥着越来越重要的作用。在萨哈林岛东北端以及鄂霍次克海近海所进行的石油和天然气开采,将来有可能带来大规模的经济和移民活动。在北部,萨哈林一号项目正在运转,通过管道把石油和天然气运往内陆。正在开发中的萨哈林二号项目,以把石油和液化天然气运往日本为基础。在叶利钦时代,国外的石油公司被允许拥有特许经营权。但是普京政府强制国外石油公司放弃这些控制权益并将它们移交给受莫斯科资助的俄罗斯公司。这些跨国公司屈服于普京政府的压力,同意只在这些公司中占少数股份。

俄罗斯对西伯利亚有效国家领土的开发,先是靠农民、牧民和军队,之后是靠采掘和造林,而近来是靠城市化和工业化,这是一个统一集中组织实施的过程。俄罗斯转向市场经济和个人首创性会对这一地区的发展带来什么影响,尚有待观察。在军事产业与核研究与核生产活动转型的过程中,中央政府的支持始终是一个重要的因素。而且,重建莫斯科对外层地区在财政和金融上的监管,是实现投资者所要求的稳定政治局势的一个前提条件。因此,有效国家领土扩张的前景将依赖于政府和个人能动性的综合,而不只是依赖于自由市场力量,后者是西方在类似地区的开发中的主导力量。

可能的情况是,俄罗斯的核心区将持续扩张到有效国家领土的西部和南部地区。然而,与美国的西海岸不同,在中西伯利亚和远东地区的有效国家领土外层部分,不太可能产生独立的第二个核心区,因为目前这种严寒的气候、贫瘠的土壤以及与俄罗斯心脏地带之间的遥远距离等因素,给这一地区带来了太多的限制。全球变暖可能最终会使西伯利亚有效国家领土的气候变得温和,以至于它能够凭其矿物财富吸引大量的城市工业项目。

这些地区能源资源的开发将会带来北西伯利亚和俄罗斯太平洋地区的下游河流和流域沿岸部分地方人口的急剧增长。在远东地区,丰富的石油和天然气毫无疑问地会吸引产业扩张,尤其是石化行业。随着全球变暖,现在冬天是靠破冰船来保持开通的符拉迪沃斯托克(海参崴)港,很可能会受益于全年畅通的贸易,吸引周边的北太平洋国家的业务。不过,这些区域限于范围太小以致无法吸引建立次级核心区所需要的大量人口。

空旷区

西伯利亚占据了俄罗斯空旷区的大部分。这是一个超过 400 万平方英里的地区,其范围从北极的雪地、冻原、针叶树林地带到中、高纬度的山地和高原,再到大面积潮湿的西西伯利亚低地。另外,有些以前属于俄罗斯的空旷区,也就是那些气候温和的亚热带大草原和沙漠,现在属于那些独立的中亚共和国。

空旷区基本上是不能居住的,因为它大部分被永久冻土覆盖,裸露在寒冷的冬天。因此,西伯利亚的3 200万居民(占俄罗斯全部人口的22%)几乎全部生活在核心区和有效国家领土区。

在北部地区,这一地区极少的居民是当地操芬兰-乌戈尔语(Finno-Ugic)的原住民和一些其他靠狩猎、打鱼和驯鹿为生的民族。南部居住的是操土耳其语的民族和蒙古族人,他们以养牛为生。零星分布的斯拉夫人主要从事采掘和林业,而少数几个城市社区则是西伯利亚资源的加工中心。

空旷区所含有的丰富的自然资源,包括石油和天然气、不含铁的贵金属以及木材,它们是俄罗斯核心区和有效国家领土区经济发展的一个重要支撑。东西伯利亚还是金、银、钻石、云母、铝土的宝库。空旷区内叶尼塞河和安加拉河河畔的大型水电站,与其他地方的水电站一样,是国家电网的重要组成部分。

空旷区广阔的西西伯利亚低地的油田和天然气田自1965年起就被开发,它们使苏联成为世界上最大的天然气生产国。它们依然是俄罗斯外汇的最大来源。这些油田和气田位于鄂毕河中游流域,由苏尔古特城、涅夫捷尤甘斯克城、下瓦尔托夫斯克城管理。这几个城市建于20世纪60年代,现居住着数以万计的能源产业工人。从这"第三个巴库"向四周伸展出的石油和天然气管道,供给到西西伯利亚有效国家领土和中伯利亚外层,以及核心区的乌拉尔和欧洲部分。

除了这些储量丰富的气田和油田,西伯利亚的空旷区上还有几座城市,它们散落于中西伯利亚和东西伯利亚。诺里尔斯克是俄罗斯最北端的重要城市,也是北极圈上面第二大的城市,它通过杜金卡港与叶尼塞河河口相连接。诺里尔斯克当地的矿藏——镍、铜、钴、铂和煤——以及来自附近水电站的电力,支撑着各种各样的金属熔炉。雅库茨克拥有通往附近煤田和气田的出口,是勒拿河上的重要港口;它拥有食品、纺织、皮革制品工业,还有锯木厂和船坞,同时它也是地区的文化和科学研究中心。鄂霍次克海沿岸的马加丹,是科雷马河上游采金区的中心,它制造采掘机械,盛产鱼罐头,有很多船坞。

历史上,西伯利亚不仅作为矿物仓库维持着俄罗斯居住区的生存而服务于沙皇和共产主义者,而且还作为流放地和集中营所在地。在太空时代,西伯利亚广阔、人烟稀少的空间被赋予了一个新的用途——服务于苏联的防御与攻击军事目的。冷战期间,沿北冰洋海岸建造了面向美国和加拿大的北美防空联合司令部一个导弹和预警雷达站网络。此外,载有核导弹的苏联潜艇一直在北极冰盖和水下保持着警戒状态,在一个连续的"核标签"游戏中,暗中对抗着它们的对手美国潜艇。

位于摩尔曼斯克以东 500 英里、北极圈以北大约 6°的多山的群岛新地岛,从 1995 年起成为核试验的地方。有 100 多次的核爆炸在这个冰雪覆盖的岛上进行。虽然最后一次大型的爆炸发生在 1990 年,但俄罗斯实际上一直在这个岛上进行地下试验,测试核武器的稳定性。

随着太空时代的来临,苏联发现它的空旷区具有新的战略用途。这一地区成为军用和商用太空飞船的发射台。苏联/俄罗斯的太空活动场所曾经并且一直是在哈萨克斯坦。拜科努尔航天器发射场建在海水收缩的咸海以东 100 英里、土拉坦的北面。自 1957 年发射人造卫星开始,苏联和俄罗斯的太空和弹道导弹大部分是在拜科努尔的 3 个主要发射场发射的。此外,主要的太空着陆点是在附近的咸海城,咸海城就位于咸海的东北部。咸海内的复活岛,是世界上最大的炭疽病掩埋场和苏联主要的户外生物试验站。乌兹别克斯坦曾经不得不请求国际机构帮助清理那些场所。

俄罗斯北部的普列谢茨克,位于阿尔汉格尔斯克以南 125 英里。普列谢茨克曾经是几次高倾角发射的发射场。但是俄罗斯一直是集中在拜科努尔从事太空活动,俄罗斯从哈萨克斯坦租下了 6 000 平方英里的一片区域,每年的租金是 1.15 亿美元,拥有对设备的所有权。俄罗斯还在阿穆尔河以北 100 英里、俄罗斯远东阿穆尔州南部的斯沃博德,建造了一个新的发射场。此外,俄罗斯乌拉尔山脉北部的奥尔斯克和哈萨克高地西部边缘的哲兹卡兹干,是咸海城着陆点以外的补充着陆点。很明显,俄罗斯把哈萨克斯坦的这一片区域当作其空旷区的一个关键部分,并不准备放弃对它的使用。

随着冷战的结束,西伯利亚处于全球中心位置的空旷区,又有了新的重要的商业价值。横穿北极和西伯利亚,直接将北美的大城市与北京、曼谷、上海、香港和开罗等这样的点连接起来的远程喷气式飞机飞行路线,正在开发之中。通过缩短 5 小时之多的飞行时间,可以节省相当多的燃油和人力。俄罗斯和加拿大希望能获得大量的领空飞越费用。冷战结束带来的一个好处是,美国和苏联在北极上空发展的军用空中控制网络,现在也被补充到商业用途领域。

边界

就像前面提到的,随着因全球变暖而导致的北极冰雪线的快速后退,俄罗斯在极地的领土要求就具有新的政治和经济方面的重要性。2001 年,俄罗斯对罗蒙诺索夫环形山提出主权要求。罗蒙诺索夫环形山位于水下,它通过北极穿过俄罗斯的极地冰雪区,长 1 240 英里。俄罗斯这一要求的理由是罗蒙诺索夫山脊是欧亚大陆板块的一部分,因此根据国际法属于俄罗斯的大陆架。如果这一主权要求得到认可,会使俄罗斯获得 40

万平方英里的领土,或者说差不多是富含大量资源的北极海床的一半。而联合国拒绝了这一主权要求,因为它缺乏科学依据。但是,2006年,俄罗斯将国旗插在了北极的冰架上,重申了这一主权要求。

加拿大、丹麦、挪威和美国也在北极圈拥有领海。它们对200英里专属经济区的主权要求与俄罗斯的主权要求有重叠的部分。因此,丹麦派出了科学考察队研究山脊的另一端是否与格陵兰岛以北的大陆架相脱离。随着石油和天然气提取技术的提高,以及冰雪消退所带来的运输成本的降低,北极争议各方也许会最终意识到共享资源要比长期的争执更为有利。

俄罗斯与中国之间几百年的陆地边界争端,起源于更大范围的领土冲突。在19世纪,中国被迫割让给沙俄58万平方英里的领土。这些领土有帕米尔高原上塔吉克人和吉尔吉斯人居住的地方、哈萨克斯坦南部和北部的大面积领土,还有阿穆尔河以北、乌苏里江以东的苏联远东地区。其中,苏联的远东地区包括一些中心城市,像符拉迪沃斯托克(海参崴)、哈巴罗夫斯克和堪察加半岛上的彼得罗巴甫洛夫斯克。大体上来说,争端主要是针对土耳其斯坦、西伯利亚和蒙古的一部分领土。这些领土曾经被俄罗斯占领,是麦金德所说的心脏地带的核心。最初,在这些领土上居住的是中亚和东亚居民,在历史上,他们与斯拉夫族或汉族并没有种族或者语言上的联系。尽管如此,这些领土却仍然成为俄罗斯和中国历史领土主权要求的基础。

中苏关系破裂后,北京政府重申了对与新疆西部接壤的帕米尔高原地区以及哈萨克斯坦东南部一块由伊犁河和额尔齐斯河——其源头在新疆北部——湿润地区的主权要求。北京政府措词最为严厉的领土主权要求,集中在与苏联远东地区的交界部分。这一地区位于阿穆尔河和乌苏里江旁,涉及1 200平方英里的领土。1969年,两个国家在那里爆发了严重的军事冲突。⑨中国主张阿穆尔河的主航道是从东北方向流到哈巴罗夫斯克,而苏联则主张主航道是从东南方向流往乌苏里江。战斗集中在大曼岛(珍宝岛),这是一个靠近哈巴罗夫斯克、阿穆尔河以南乌苏里江上一个无人居住的小岛。双方都遭受了重大损失,战后,双方进行了没有结果的谈判。

虽然在20世纪70年代,这一边界地区被高度军事化,但并没有发生进一步的冲突。1997年,双方最终达成了一个协议,它使得在当时两国间2 300英里的边界中仅剩下两小段仍有争议,并降低了边界的军事化水平;两小段的争议也在2004年得到解决。⑩

根据1945年的雅尔塔协议,苏联占领了太平洋上的整个千岛群岛。千岛群岛自1875年起由日本占据,长期以来就是俄罗斯和日本的争议地区。从千岛群岛可以俯视俄罗斯的堪察加半岛,堪察加半岛是俄罗斯到阿留申群岛和白令海最近的点。然而,日本一直要求返还北海道以北、千岛群岛最南端的那4个岛,日本认为那是日本的北部领土。这4个岛是择捉岛、国后岛、色丹岛、齿舞群岛。针对这些岛屿的争议已损害了两国自第二次世界大战结束以来的外交关系,成为阻碍两国签署正式和平协议的症结所在。最近,俄罗斯和日本寻求解决千岛群岛南部诸岛的争议,证明双方希望北太平洋地区实现全面的稳定。另一个争议是关于斯瓦尔巴群岛的海上边界,斯匹次卑尔根岛是斯瓦尔巴群岛的主岛。斯瓦尔巴群岛属于挪威,根据1920年的巴黎协议,它应是一个非军事化岛屿。1942年,斯瓦尔巴群岛被德国短暂占领,后又被挪威夺回,挪威也从此拒绝了莫斯科提出的共同防卫斯瓦尔巴群岛的要求。斯瓦尔巴群岛的经济价值在于它富有矿藏资源,尤其是煤炭资源。俄罗斯的煤炭开采占了斯瓦尔巴群岛煤炭出口量的60%,而在斯瓦尔巴群岛上很少的3 000人口中,有大约60%是俄罗斯的采掘者。俄罗斯和挪威还没有就两国在巴伦支海上的边界以及俄罗斯在超出斯瓦尔巴群岛领地以外地区的捕鱼权等问题达成协议。

苏联解体以后,在俄罗斯12 375英里边界上还有许多未解决的其他问题。[11]俄罗斯、阿塞拜疆、哈萨克斯坦同意平分里海海床边界。伊朗和土库曼斯坦没有同意。但是关于在哪里划定含有丰富鱼类资源的表层水面界线问题,各方还没有达成一致意见。现在,5个里海国家都正在就海床和表层水面的所有权问题进行磋商。在波罗的海,俄罗斯与爱沙尼亚的边界问题最微妙。爱沙尼亚对位于圣彼得堡以西的纳尔瓦地区和普斯科夫以西的佩兹里地区的一片770平方英里领土主张主权。虽然两国于1996年达成了协议,但是2005年俄罗斯又收回了这个协议,在2005年俄罗斯还宣布否决了它与拉脱维亚在1996年达成的一个边界协议。莫斯科之所以这样做,是想让俄罗斯族人在这两个国家受到更好的待遇。2003年,俄罗斯批准了与立陶宛1997年签订的边界协议,这一协议重申立陶宛对克莱佩达(梅梅尔)地区的主权。

莫斯科对波罗的海国家边界的战略关注集中在通往加里宁格勒近海飞地的入口上。立陶宛对于前往和离开加里宁格勒的俄罗斯人实行简化的中转手续。乌克兰和俄罗斯之间的陆地边界划定于2007年,但是两国在亚速海和刻赤海峡的海上边界还没有划定。2005年,俄罗斯和哈萨克斯坦批准了两国划定的陆地边界。

欧亚大陆汇合区

自华沙条约组织解散和苏联解体以来,心脏地带俄罗斯的欧亚大陆外围,经历了革命性的地缘政治变化。心脏地带的这一外围现在代表心脏地带、海洋辖区、南亚、东亚的汇合区。外围内那些前共产主义卫星国,曾经是苏联的同盟国和苏联借以控制欧亚大陆边缘地带的基地,现在却变成可能针对俄罗斯的基地。此外,俄罗斯把分离出去的那14个原苏联加盟共和国当作"相关异国",是因为这些国家具有防御和经济价值,还因为整个俄罗斯族人中大约有18%生活在这些国家。

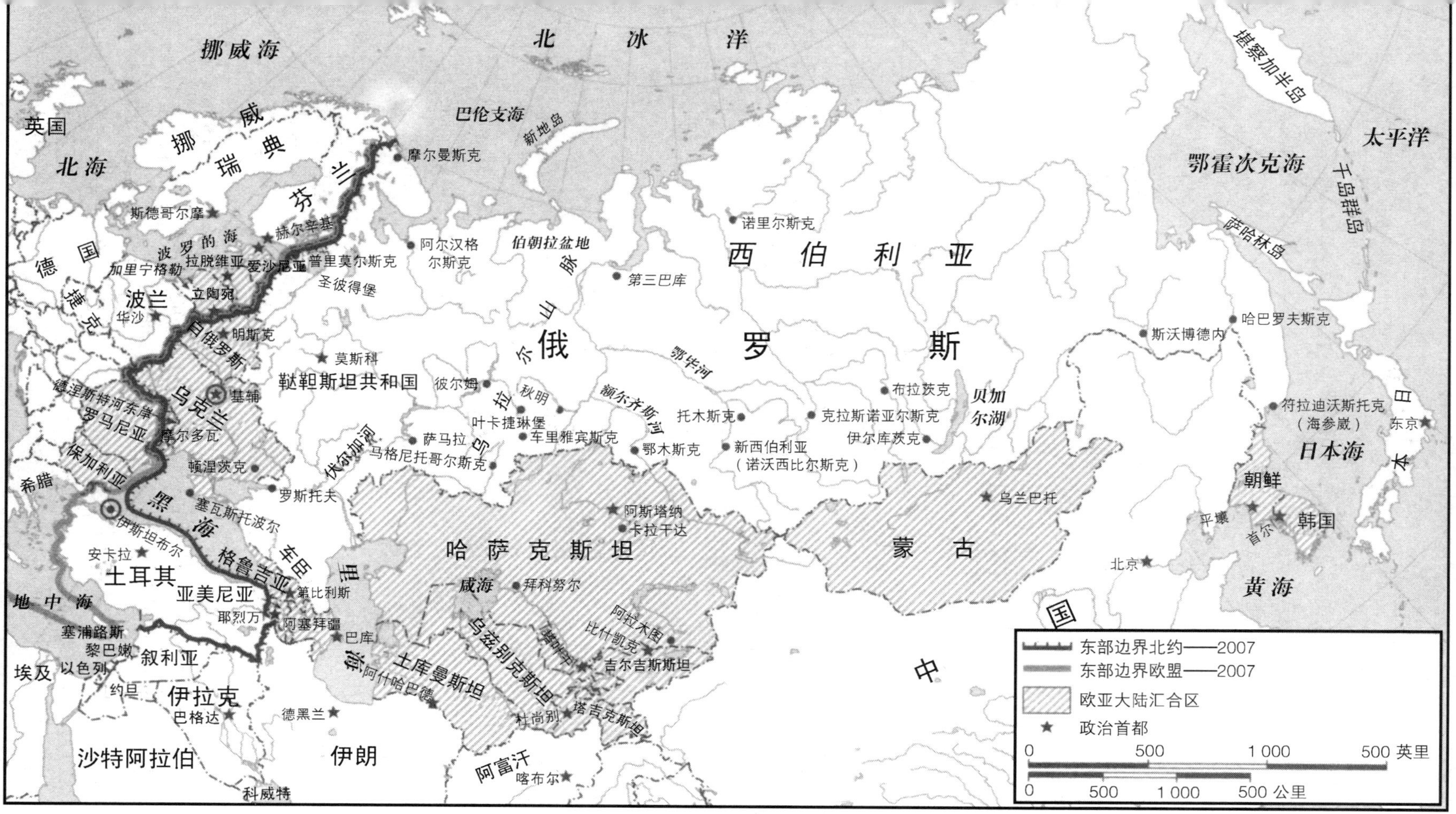

图 8.2 欧亚大陆汇合区

西方的政策制定者也许会认为莫斯科对北约扩张的担心是毫无根据的,甚至是偏执狂式的,从而不加理睬,但是俄罗斯对第二次世界大战期间德国入侵的记忆非常深刻,无法抹去。据估计,德国的入侵导致了 2 000 万苏联人的死亡,许多城市和产业被摧毁。

当俄罗斯从防御纵深的目的出发来检视它的西部外围的时候,他们会回想起从列宁格勒(圣彼得堡)到莫斯科到图拉到斯大林格勒(伏尔加格勒)到位于黑海东北岸的罗斯托夫和诺沃罗西斯科的这条线路在战时的易受攻击性,而就是因为西面的防御纵深给精疲力竭的俄罗斯军队提供了重整时间,这条线路被守住了。列宁格勒被围困的痛苦经历、在面对对莫斯科的攻击把首都暂时迁到古比雪夫的必须性、斯大林格勒的几近被毁,都是俄罗斯历史和民族主义的组成部分。

俄罗斯人对历史上重大外来入侵事件的记忆,远远超过第二次世界大战。1812 年,拿破仑大军夺取了莫斯科,烧毁了这座城市的大部分,一个月之后才被迫撤军。在 1854—1856 年的克里米亚战争中,英法军队联合土耳其渗入黑海地区,围困了俄罗斯在塞瓦斯托波尔的海军基地。在两年的战争中,入侵者占领了半个城市,僵持下来的局面把双方都拖得很疲惫。战争结束时,没有任何一方达到目的,双方都被严重削弱。从 1918 年到 1920 年,阿尔汉格尔斯克——俄罗斯重要的白海港口和北部航线的终点——以及摩尔曼斯克,被未能在战争中推翻布尔什维克的协约国军队和俄罗斯白军占领。也是在内战期间,波兰军队在与布尔什维克就俄罗斯—波兰边境问题争论期间占领了乌克兰,而在 1922 年之前,符拉迪沃斯托克(海参崴)一直被协约国军队(包括日本)所占领。

俄罗斯现在的安全担心集中在南面和西面。西方国家对外高加索地区格鲁吉亚和阿塞拜疆的政治和经济介入,已经引起俄罗斯的警觉。对中亚也是这样,在中亚,国际石油利益集团主要投资于这一地区的能源资源,包括计划修建新石油管道,而石油管道将围绕现存的经过俄罗斯的管道,这被认为是西方国家的策略——使外高加索地区摆脱俄罗斯的战略控制——的一部分。美国在中亚形成的用以支持在阿富汗进行的打击塔利班和基地组织战争的军事基地,加上美国在格鲁吉亚执行的军事训练任务,加大了俄罗斯的不安。

只有位于欧亚大陆心脏的蒙古,好像是安全地处在俄罗斯的势力范围内,尽管中国可能也寻求在这一地区发挥更大的作用。莫斯科的另一个担忧是,俄罗斯远东地区易于受到来自中国的攻击。但是,最近那里的紧张局势有所缓解,因为两个国家都对美国的核战略武器政策感到忧虑。

所有以上这些担心,将俄罗斯的当前行为转向心脏地带的外围。复兴的俄罗斯民族主义,因受俄罗斯东正教新增势力以及为了恢复过去的声望和权力而对建立军事工业利益的影响而得到加强,影响了俄罗斯的外围政策。这些担心也与现在生活在外围的2 500万俄罗斯族人有关,他们中的大多数人居住在与俄罗斯接壤的地区,孕育着组成一个"更大的俄罗斯"的动力。最后,也不能小觑哈萨克斯坦的空旷区或者里海的石油储备对俄罗斯的重要性,莫斯科最近对其从总体上进行管辖,正在寻求对其采取一些控制措施。

欧亚大陆汇合区的地缘政治特征

很多心脏地带外围国家在面对来自俄罗斯的压力时都呈现出脆弱性,那些在俄罗斯的西面和南面与其接壤的国家表现得尤为明显。这种脆弱性源于它们的地缘政治特征,尤其是它们的首都、核心区和边界。

首都

大多数俄罗斯邻国的首都,与俄罗斯之间的距离都很近,使得这些城市暴露于俄罗斯的军事威胁之下。下述关于各个国家首都到最近的俄罗斯区域之间的距离就表明了这一点:塔林(爱沙尼亚),120英里(距圣彼得堡200英里);里加(拉脱维亚),130英里;维尔拉(立陶宛),200英里;基辅(乌克兰),170英里;第比利斯(格鲁吉亚),70英里;耶烈万(亚美尼亚),100英里;巴库(阿塞拜疆),120英里;乌兰巴托(蒙古),150英里。阿斯塔纳在1997年取代阿拉木图成为哈萨克斯坦首都,它位于离俄罗斯边界200英里处的哈萨克斯坦中部偏北草原上的哈萨克人核心区。曾经作为苏联处女地农业项目行政中心而被称作切利诺格勒的城市,在20世纪50年代到60年代吸引了以俄罗斯族为主的人口,人口增长得很快。现在它正在被开发成为一个吸收外资、激励工业增长以及吸引更多哈萨克人的经济特区。

核心区

这些国家的核心区同样离俄罗斯的领土很近,在某些情况下,实际上是与俄罗斯领土相融合的。爱沙尼亚经济和人口核心区位于波罗的海沿岸,从塔林延伸到纳尔瓦,在那里与俄罗斯圣彼得堡以西的核心区汇合。拉脱维亚的核心区以里加为中心,距圣彼得堡仅150英里,而白俄罗斯的核心区,从明斯克延伸到维捷布斯克和莫吉廖夫,在斯摩棱斯克与俄罗斯的核心区汇合。立陶宛的经济核心区,从考纳斯延伸到维尔拉,距白俄罗斯核心区西部边缘仅100英里。乌克兰经济和人口的核心区,从第聂伯河下游向东北方向延伸到俄罗斯边境的哈尔科夫,向东延伸到顿涅茨克及与之关联的顿涅茨盆地工业中心,在那里与位于罗斯托夫的顿涅茨盆地俄罗斯部分相融合。

在高加索,格鲁吉亚主要的经济核心区从巴统沿着黑海向北延伸,向东北方向到达库塔伊西地区,距沿着亚速海和罗斯托夫的俄罗斯核心区南部边缘 200 到 300 英里。亚美尼亚的工业中心耶烈万和库麦里,距俄罗斯的核心区 250 到 300 英里,而阿塞拜疆的核心区距离俄罗斯核心区稍远,为 550 英里。

哈萨克斯坦的核心区从卡拉干达和铁米尔套向东北方向延伸,经过阿斯塔纳到俄罗斯的巴甫洛达尔边境,那里距鄂木斯克和西伯利亚有效国家领土上的新西伯利亚工业集群大约都是 250 英里。额尔齐斯河上的塞梅伊,是哈萨克斯坦东北部的制造业和交通中心,它位于核心区的外围。蒙古国很有限的核心区,从乌兰巴托向北延伸到俄罗斯的边境,那里距西伯利亚中南部的贝加尔湖工业中心不到 150 英里。

边界

正如上述讨论过的,俄罗斯现在与它的邻国间不存在相持不下频频爆发的边界争端,尽管俄罗斯与爱沙尼亚和拉脱维亚的边界线协议还在等最后的批准,斯瓦尔巴群岛的海上边界还没有划定,但是,外围层内邻国之间在领土和边界上的冲突,已经严重阻碍了这些国家经济和政治的发展。亚美尼亚和阿塞拜疆之间的战争是因为位于阿塞拜疆境内的主要由亚美尼亚人居住的纳戈尔诺-卡拉巴赫自治州问题。战争导致了生命和财产的巨大损失以及大量人口离开家园。类似的是,塞尔维亚就波斯尼亚和科索沃问题的冲突大大损伤了贝尔格莱德的元气。在科索沃问题上,俄罗斯站在调和冲突的立场上,因此,这也许能使俄罗斯在外围层地区的影响力得到加强。

在摩尔多瓦的德涅斯特东岸和格鲁吉亚的阿布哈兹与南奥塞梯所爆发的分离主义者叛乱中,俄罗斯发挥着双重作用。俄罗斯向分离主义者提供军事支持,同时,它还起节制和稳定的作用,俄罗斯在阿布哈兹驻扎了维和部队,将德涅斯特东岸分离主义者控制在目前的水平上,以帮助限制战争。2007 年,摩尔多瓦政府认可了德涅斯特东岸最高苏维埃政府的合法性。摩尔多瓦同意将国家政府的高级副部长职位留给这一地区。虽然俄罗斯军队计划在 2009 年前撤出,但这决不是已可确保的事。

乌克兰和罗马尼亚之间就黑海的大陆架——在其下面可能有丰富的石油和天然气——划分存有争议。然而,这与俄罗斯没有多大关系。阿塞拜疆、伊朗、哈萨克斯坦、土库曼斯坦和俄罗斯 5 国之间尚未解决的里海边界问题,与俄罗斯有更大的利害关系。

从 1992 年到 1997 年,前共产主义、现民族主义政府的塔吉克斯坦发生了宗教激进分子的叛乱。俄罗斯向塔吉克斯坦与阿富汗的边界处派遣部队,以阻断来自阿富汗的塔吉克人对叛军的支援。土库曼斯坦也已就防卫与伊朗和阿富汗的边界请求俄罗斯帮助,而莫斯科不得不密切关注乌兹别克斯坦与哈萨克斯坦、土库曼斯坦和塔吉克斯坦之间的领土争议。

显然，俄罗斯的中亚外围邻国之间的边界和领土争议，使得俄罗斯在那里的影响力得到加强，这一点以及与中亚国家的政治中心和经济核心区的邻近加强了莫斯科在这一地区的战略地位。

东欧

波罗的海国家

在第一次世界大战期间，哈尔福德·麦金德曾提出，欧洲的稳定依赖于俄罗斯与德国之间一个由独立国家构成的中间层。⑫第一次世界大战后，鲍曼(Isaiah Bowman)又主张以扩张的波兰和罗马尼亚为首，建立一个这样的中间层，以作为历史夙敌俄罗斯与德国之间的一个缓冲地带或中立地区。⑬

自这些著作面世以后，情况已经发生了很大的变化。首先，第二次世界大战期间，"中间层"被德国占领，但是此后，"中间层"中的这些国家又成了苏联的卫星国。现在，西方国家正在向这一地区扩张。如果欧盟和北约联合起来吸收整个中间层的国家，那么西方和俄罗斯之间的不平衡就会变得复杂起来，欧亚大陆的局势也会不稳定。正如以前所讨论的那样，减弱西方与东欧之间的军事和经济联系，是一个更切实可行的地缘政治方案。中欧国家匈牙利和捷克共和国的北约成员国身份，不意味着是对长期稳定的威胁，但是波兰加入北约却是一个威胁，尤其是波兰已经同意：如果北约要求的话，可以在波兰领土部署核武器。但如果波兰大量民众对此持反对意见，那么2007年新选举出来的议会是否还会遵守这一协议，这也是一个问题。

波罗的海国家的北约成员国身份使莫斯科很烦恼。叶利钦没有正式反对这些国家加入北约，是因为克林顿总统同意不在这些国家部署或者储藏核武器。2001年，华盛顿退出反弹道导弹条约。之后，布什政府就建议在捷克共和国安装雷达装置、在波兰设置拦截导弹，以加强先进的美国反导系统。这一建议加深了美国和俄罗斯之间的紧张局势。由于各自国内和莫斯科都反对这一建议，到2008年初，捷克政府和波兰政府都还没有批准这一协议。在后来的协议中，华沙表示会接受建拦截导弹基地以换取大量的军事援助。波兰还迫切要求在其领土上设立北约基地，这是一些欧洲成员国不愿意接受的一个要求。

波罗的海国家是通往圣彼得堡的关键地区，这些国家的港口在俄罗斯的对外贸易中占有重要份额。而且，立陶宛，还有波兰，环绕着俄罗斯加里宁格勒州的海军基地波罗的斯克——俄罗斯波罗的海舰队和第十一军的母港。俄罗斯缺少直接与加里宁格勒连接的线路，莫斯科迫切要求有一条经白俄罗斯和波兰再到飞地的安全而高速的走廊作为弥补，也作为对现在通过立陶宛的线路的替代。这一建议获得了白俄罗斯的支持，但是到目前为止，波兰还没有接受这一建议。

俄罗斯已经采取措施，加强其在波罗的海地区的安全性。俄罗斯在普里莫尔斯克建了一个大型的石油输出终端。普里莫尔斯克位于芬兰湾的东端、圣彼得堡西北100英里处。普里莫尔斯克石油输出终端与一条新完工的管道相连接。这一管道是由德国投资的波罗的海管道项目的第一部分。波罗的海管道项目将扩展目前的管道体系，加速对俄罗斯北极远北伯朝拉河地区的石油和天然气资源的大规模开发，更好地服务于西西伯利亚和哈萨克斯坦部分地区。

俄罗斯很大一部分的石油出口，都要经过位于拉脱维亚和爱沙尼亚的波罗的海终端。拉脱维亚的文茨皮尔斯是这些终端中最大的，它自身就占了俄罗斯石油水运量的15％。普里莫尔斯克终端将促进俄罗斯整个生产的扩张，并且，在紧急情况下，经普里莫尔斯克终端可以绕过波罗的海国家的中转线路。此外，俄罗斯已经将圣彼得堡扩张为国内最大的港口，以减少对爱沙尼亚和拉脱维亚干货港的依赖。

除了以上这些军事上的担心以外，莫斯科还关心那些生活在波罗的海国家的俄罗斯族人的权利。虽然现在立陶宛俄罗斯族人占了不到10％；但俄罗斯族人在爱沙尼亚和拉脱维亚则要占更大的比重，在爱沙尼亚，俄罗斯族人占了近30％，在拉脱维亚，俄罗斯族人现在占了30％(苏联时期是40％,现在下降了)。

白俄罗斯和乌克兰

对于俄罗斯来说，白俄罗斯和乌克兰是同样微妙的战略性地区。历史上，白俄罗斯曾经是沿着斯摩棱斯克—莫斯科高地往莫斯科方向入侵的十字路口。斯拉夫族的白俄罗斯人，也被称作"白俄"。他们的文化、语言或特性与俄罗斯人没有明显的区别。苏联时期，白俄罗斯共和国发展为一个工业中心，制造武器装备、机械、汽车、化学用品、纺织物品和电器设备。然而，白俄罗斯仍然是一个相对贫穷的国家，还保留着低效率的、苏联时期的集体农场和国有工业企业。

既然与白俄罗斯西面接壤的波兰已经加入了西方的联盟，俄罗斯人就把白俄罗斯视为对抗北约的关键缓冲区。白俄罗斯的共产党总统亚历山大·卢卡申科(Alexander Lukashenko)迫切要求与俄罗斯完全联合。虽然这两个国家于1996年成立了"主权国家共同体"，但是这并不是专制的白俄罗斯总统所期望的那种完全融合。尽管如此，明斯克正在通过重新整合防空、情报，以及包括移动飞毛腿导弹发射装置在内的武器生产，来满足莫斯科的安全需求。此外，白俄罗斯的经济完全依赖于俄罗斯的石油和天然气供应，其中大部分是免费或减价供给的。2006年，俄罗斯天然气工业股份公司决定提高对白俄罗斯的供给价格,从而爆发了一场短暂的纠纷。双方达成的协议是:俄罗斯天然气工业股份公司获得向西经过白俄罗斯的中转管道的所有权,作为交换,白俄罗斯继续获得低于市场价的石油和天然气供给。

对于俄罗斯来说,乌克兰的重要性甚至比白俄罗斯更大。俄罗斯与乌克兰之间的紧密联系有很强的历史、文化、宗教和经济根源。俄罗斯人认为基辅是俄罗斯国家历史上重要的历史发源地。虽然后来俄罗斯人开始把乌克兰人叫作"小俄罗斯人",以区别于"莫斯科王国的大俄罗斯人",但是他们还是记得俄罗斯与乌克兰有共同的起源:基辅罗斯。从16世纪到19世纪,乌克兰是边境地区,而在苏联时期,乌克兰则远不是边境地区。对于苏联来说,乌克兰很重要,因为乌克兰的工业产品产出占苏联全部工业产品产出的30%,乌克兰的食品产出占苏联全部食品产出的1/4。由奥洛林(O'Loughlin)和塔尔博特(Talbot)2005年的一项研究表明:在被调查的俄罗斯人中,有90%以上希望俄罗斯和乌克兰之间在政治上和经济上统一(与白俄罗斯重新统一的意见大致相同,而对俄罗斯与哈萨克斯坦和摩尔多瓦统一愿望的调查也得到了较高的百分比)。⑭

在乌克兰,"俄罗斯化"的势头很强劲,以至于现在独立的乌克兰发觉自己在经济上严重依赖乌克兰东部和南部地区的俄罗斯族人。虽然,在整个乌克兰人口中有20%多是俄罗斯族人,但是在乌克兰的东部地区,差不多50%的人口是俄罗斯族人,而在克里米亚地区,则有高达85%的人口是俄罗斯族人。乌克兰的西部仍然偏重农业,是较贫穷的地区。乌克兰的东部出产该国的绝大部分工业产品,包括钢铁、汽车和飞机。在乌克兰5个最大的城市中,有4个位于东部地区。乌克兰最大的城市基辅位于西部地区,其人口中有20%是俄罗斯族人。而且,尽管乌克兰语是乌克兰的官方语言,但一半以上人口的第一语言是俄罗斯语。

尽管乌克兰对俄罗斯如此重要,并且俄罗斯族人在乌克兰人口中占了很大比重,但乌克兰被濒海欧洲国家和俄罗斯这两股势力弄得左右为难。自2004年"橙色革命"以来的政权波动就是证明。"橙色革命"以前,乌克兰政府由亲俄派领导。在2004年的总统选举中,亲西方派的维克托·尤先科战胜了亲俄派的维克托·亚努科维奇,但是两年后,维克托·亚努科维奇所在的党派在议会选举中获胜,维克托·亚努科维奇成为乌克兰总理。2007年,一个亲西方派的联盟重新夺回了议会的领导权,但是不论从哪个角度来看,该联盟所获得的胜利都是以非常微弱的优势赢得的。亲西方派的政党一直致力于加入北约。北约接纳乌克兰将是一个重大的地缘政治错误,不仅会使乌克兰的领土完整面临风险,而且会加重俄罗斯对西方的敌对态度。如果乌克兰被欧盟接纳,则对乌克兰国内各方都有利,并且还有助于乌克兰成为心脏地带和海洋辖区之间的一个门户。

克里米亚地区曾经是一个鞑靼人的自治共和国,1945年,该共和国解体。因为被指控在战时曾经与德国入侵者合作,所以那时鞑靼人被强迫重新定居到苏联的亚洲部分。最初，克里米亚地区被合并到俄罗斯苏维埃社会主义联邦共和国，1954年这一地区又被转入乌克兰苏维埃社会主义共和国，但是这一地区的亲俄感情仍然很强烈。

而在将克里米亚从俄罗斯分离出来时，必须就苏联舰队的处置问题达成协议。当时，这一问题的解决方案是：塞瓦斯托波尔海军基地80%的船只和50%的设施，将以20年租赁的形式留在俄罗斯，其余部分则由新的乌克兰海军接管。这样，塞瓦斯托波尔就继续服务于俄罗斯的黑海舰队，从而被俄罗斯的黑海舰队和乌克兰的海军船舶共同拥有。分离主义者中不仅包括俄罗斯人，也包括剩余的鞑靼族人，他们偶尔会与俄罗斯的邻居发生冲突。为了抚慰分离主义者，1993年，乌克兰在它的政府架构内建立了克里米亚自治共和国。尽管这样，如果乌克兰加入北约，克里米亚显然容易发生由俄罗斯支持的分离主义者叛乱。

莫斯科与境外俄罗斯族人的紧密联系，还表现在分离出来的德涅斯特河东岸共和国的建立上，该共和国位于摩尔多瓦的德涅斯特东岸地区。楔在摩尔多瓦和乌克兰西南部之间的德涅斯特东岸地区，俄罗斯族人和乌克兰族人占了人口总数的一半。当分离主义者和摩尔多瓦军队之间爆发武装冲突的时候，第二次世界大战后就驻扎在这一地区的俄罗斯第十四集团军站在分离主义者一边介入了冲突。因为进口俄罗斯的天然气，摩尔多瓦欠莫斯科大笔的债务，这使得摩尔多瓦对俄罗斯有很深的依赖性。2006年，德涅斯特河东岸地区经过投票，以压倒性的多数票通过了从摩尔多瓦独立及最终与俄罗斯合并。2007年，摩尔多瓦政府同意了德涅斯特河东岸地区的准国家地位。但这是否能使德涅斯特河东岸地区达到满意，还有待观察。

另一批分离主义者是位于摩尔多瓦大西南地区的、土耳其语系的加告兹族人，他们也在德涅斯特人的支持下，同时宣告了独立。加告兹是一块很小的区域，人口15万，经济以葡萄栽培业为主。从加告兹可以俯视位于罗马尼亚和乌克兰之间的普鲁特河的下游，在离那里几英里远的地方普鲁特河汇入多瑙河河口。加告兹地区冲突在1994年的时候得到和平解决，建立了加告兹自治地区。加告兹被准许有权处理本地区事务，并且如果摩尔多瓦决定加入其他国家（可能会是罗马尼亚），加告兹则有权选择独立。

南斯拉夫的解体和巴尔干地区

从地理上来说，巴尔干半岛包括阿尔巴尼亚、前南斯拉夫的大部分、保加利亚、罗马尼亚的东南部、希腊的北部、土耳其的欧洲部分。从历史和政治的角度看，这6个国家被称为"巴尔干国家"。从地缘政治的角度看，希腊和土耳其现在属于濒海欧洲，而罗马尼亚和保加利亚则对俄罗斯具有地缘战略上的重要意义。莫斯科主要关注的是罗马尼亚和保加利亚加入北约这件事。这两个国家以及土耳其的北约成员国身份，使西方控制了黑海西部海岸地区。如果乌克兰和格鲁吉亚也加入北约,那么俄罗斯就会被挤进黑海东北部海岸的一块非常小的地区。北约在黑海地区所举行的军事演习以及美国在保加利亚和罗马尼亚建立的军事基地,进一步使俄罗斯感觉到易于遭受攻击,增加了俄罗斯对西方遏制政策的担心。

虽然俄罗斯以多种方式坚决支持塞尔维亚,包括科索沃争端,但俄罗斯不再对前南斯拉夫国家——克罗地亚、波斯尼亚、马其顿、斯洛文尼亚、黑山和塞尔维亚——或者说阿尔巴尼亚有大的战略兴趣。正因如此,这一遭受战争破坏的地区才没有成为破碎地带。南斯拉夫联邦共和国解体过程所经历的冲突,比苏联解体时所经历的冲突要大得多。南斯拉夫的解体在初期阶段相对平和。斯洛文尼亚是南斯拉夫联邦共和国中经济上最发达的国家。在发生了并不激烈的冲突后,斯洛文尼亚就被准许从南斯拉夫分离出去。马其顿在一小部分联合国兵力的掩护下宣布了独立。可是,斯洛博丹·米洛舍维奇所梦想的"大塞尔维亚"将克罗地亚很大一部分再加上波斯尼亚、黑山,还有位于塞尔维亚境内的伏伊伏丁那和科索沃自治区包括在内。发生在克罗地亚和波斯尼亚境内的战争激烈进行了4年。1995年,在美国的斡旋下波斯尼亚签署了代顿协议,克罗地亚人也重新夺回了所有被塞尔维亚人控制的克罗地亚领土,战争方才结束。塞尔维亚人被驱逐出克罗地亚的所有地区,除了斯拉沃尼亚东部以外,因为在那里驻扎有联合国的维和部队。

继由塞族人、波斯尼亚穆斯林、波斯尼亚和克罗地亚的克罗地亚族人参与的不受约束的战争、大规模的杀伤和种族清洗的4年之后,塞尔维亚人在科索沃采取了相同的行动。这场战争由北约对塞尔维亚人采取大规模的空战结束的。波斯尼亚和科索沃和平协议的维护,全都是通过北约军队大规模的介入,再辅以俄罗斯军队和联合国警察的力量来进行的。

北约在波斯尼亚所采取的军事行动,远未能确保一个多民族的独立共和国,而是推动波斯尼亚形成了两个基本的自治实体——塞尔维亚共和国和穆克联邦。穆克联邦是一个由穆斯林占主导地位的不稳定联盟。克罗地亚人集中于波斯尼亚的西南部,邻近达尔马提亚海岸,他们想挣脱这一联盟,重返克罗地亚。2001年,波斯尼亚的克罗地亚人全国执行委员会就自治举行投票,迈出了走向独立的一步。

波斯尼亚的局势,使西方的政策——试图将支持不同主权的民族构成一个统一的国家——受到了质疑。从长远来看,如果波斯尼亚的塞尔维亚人加入塞尔维亚,而波斯尼亚西部的克罗地亚人被允许加入克罗地亚,从而留下一个更小但更有凝聚力的穆斯林波斯尼亚,也许会更有利于地区稳定。尽管科索沃省的人口主要是阿尔巴尼亚人,但它现在还是塞尔维亚的一个部分。在科索沃分离主义者为了脱离塞尔维亚而引起的战争中,数十万阿尔巴尼亚人逃离或被塞尔维亚部队驱逐出去。北约以轰炸行动结束了战争。战争结束后,大多数阿尔巴尼亚人返回科索沃,又将大多数塞尔维亚人驱逐出去。10万塞尔维亚人,虽然一直获得贝尔格莱德的政治支持,但是他们的未来还是个未知数。

2007年的联合国报告呼吁科索沃独立,但是莫斯科一直支持塞尔维亚反对这样的方案,尽管独立是一个被抛弃的结论。科索沃北部的塞尔维亚人地区,以伊巴尔河流域的米特罗维察为中心,这里有丰富的铜矿和锌矿。科索沃北部的河流,还用于科索沃的主要电厂,这些电厂供给的电量占科索沃总电量的75%。对科索沃独立要求的认可,必须经过所有欧盟成员国、美国和联合国的同意。如果通过了这一关,占科索沃总面积15%的北部塞尔维亚人地区可能会寻求与塞尔维亚的合并或者是享有与波斯尼亚联邦塞尔维亚部分相似的高度自治。无论在哪一种情形下,都应该保证贝尔格莱德进入位于这一地区其他部分重要的塞尔维亚民族和宗教圣地的权利,尤其是科索沃的波勒若。科索沃的阿尔巴尼亚省政府在2008年2月18日宣布成为独立国家后,很快就获得英国、德国、法国、意大利和美国的承认。塞尔维亚、俄罗斯和中国,与一些害怕这会鼓励本国分离主义运动的欧洲国家一样强烈反对科索沃的独立。支持科索沃独立的国家的理由是,科索沃的独立会稳定地区局势。但在东欧、高加索地区的其他一些国家,甚至还有西班牙,如果这些国家的少数民族利用同样的理由提出他们的独立要求,则可能会产生事与愿违的后果。

作为塞尔维亚民族的历史核心,科索沃对塞尔维亚具有特殊神话般的意义。斯拉夫族最初在7世纪的时候,定居在科索沃。到9世纪斯拉夫族皈依东正教之前,也就是在8世纪末的时候,斯拉夫族完全统治了科索沃。1389年,在科索沃平原之战中,土耳其族打败了塞尔维亚人,占领了科索沃。战争遗址自此就成为塞尔维亚民族和塞尔维亚东正教的圣地与朝圣场所。

15世纪和16世纪,在奥斯曼人的统治下,科索沃阿尔巴尼亚族的大多数人皈依了伊斯兰教。因此,当科索沃在巴尔干战争(1913年)期间被塞尔维亚和黑山从土耳其手中夺回,并于第一次世界大战后正式并入南斯拉夫(最初命名为塞尔维亚—克罗地亚—斯洛文尼亚王国)的时候,东正教的塞尔维亚族发现他们自己成了少数民族。科索沃的塞尔维亚人现在仍然是少数民族,塞尔维亚人占科索沃总人口的比重,最高时——由于政府在20世纪20年代实行了定居政策,为38%;而最低时——在科索沃战争期间,尚不到20%。

剩余的塞尔维亚人的地理分布,使科索沃协议的前景变得复杂。科索沃平原长50英里,塞尔维亚人定居的米特罗维察位于科索沃平原的北端,与塞尔维亚相邻。而科索沃平原战争遗址以及相关的陵墓和寺院则位于普里什蒂纳西南5英里处,普里什蒂纳是科索沃的首府,现由阿尔巴尼亚人居住。而且,有令人景仰的教堂和圣地的佩奇城,位于科索沃的西部边缘,它的周围都是阿尔巴尼亚人。与远南地区的一个城镇普里兹伦(Prizren)一样,后者也有许多古代的修道院和教堂,它的周围也都是阿尔巴尼亚人。科索沃已经挑起了一系列新的与塞尔维亚南部和马其顿地区的阿尔巴尼亚人有关的边界争端。尽管北约维和部队试图加以限制,但科索沃的游击队活动已经扩大到这些地区。虽然塞尔维亚和马其顿已经解决了它们的边界争端并且划定了边界线,但阿尔巴尼亚人游击队仍然威胁要破坏局势的稳定,要建立一个大阿尔巴尼亚。

200万马其顿人中大约有30%是阿尔巴尼亚人,其中包括在科索沃战争中接纳的难民。长期以来,在存在工作和语言歧视的地区,许多阿尔巴尼亚人对马其顿的大斯拉夫民族抱有很深的怨恨。大部分马其顿阿尔巴尼亚人生活在三个地区:沿马其顿与阿尔巴尼亚之间的西部边界地区,以及与科索沃和塞尔维亚接壤的北方地区。泰托沃是马其顿第二大的城市,也是马其顿阿尔巴尼亚人的中心。泰托沃位于距马其顿西北部的科索沃边界不到10英里的地方。马其顿的首都斯科普里位于距阿尔巴尼亚人所形成的新月形领土仅10到20英里的地方,因此易于受到科索沃游击队活动的袭击。

当马其顿从保加利亚、塞尔维亚和希腊的孤立中凸显出来的时候,雅典反对它使用"马其顿"这个名字,因此,它现在的官方称呼是"前南斯拉夫马其顿共和国"。当科索沃游击队侵犯马其顿领土时,马其顿与邻国发展了积极的关系。对于北约来说,这是政治和经济的双重挫折。在与塞尔维亚的战争期间,北约武装并训练了科索沃人,并且在科索沃人将数以万计的塞尔维亚人驱逐出这一省份时,佯装不知。现在,它发现自己要转到塞尔维亚人这边来共同抑制阿尔巴尼亚人,这些阿尔巴尼亚人也寻求对塞尔维亚南部与科索沃接壤处的阿尔巴尼亚人居住的普雷舍沃山谷的控制。北约允许塞尔维亚人向与马其顿接壤处的3英里缓冲区内派驻部队,这里是北约以前为了将塞尔维亚人与科索沃军队分开而在塞尔维亚建立的。贝尔格莱德,而不是阿尔巴尼亚的科索沃人,成为北约稳定局势的希望所在。

在前南斯拉夫的其他地方,黑山2006年经过投票脱离了与塞尔维亚的联盟。脱离过程是和平进行的,这个小国(人口不到75万)现在正在寻求加入欧盟以重新打造自己。最近这些年,黑山已经成为走私中心,但是由于它位于亚得里亚海沿岸,这也意味着与西欧存在着合法贸易的机遇。黑山的经济以铝、钢铁和大服务业为基础。黑山当前的贸易伙伴是瑞士、希腊和意大利。而随着叙利亚经济的复苏,黑山与叙利亚的经济关系可能会改善。

在巴尔干这一地区所发生的所有这些骚乱中,俄罗斯一直是塞尔维亚的主要支持者。俄罗斯向塞尔维亚提供石油和其他商品。而北约一直在争取达到那些虚无缥缈的目标——和平与稳定。从战略上来看,这一解体区对俄罗斯和北约中的任何一方都不是至关重要的。

外高加索和中亚

把外高加索和中亚地区联系起来的是里海。中亚国家哈萨克斯坦和土库曼斯坦的石油和天然气的大量出口需要依靠经过外高加索部分地区的管道。

外高加索

俄罗斯在20世纪90年代对格鲁吉亚、亚美尼亚和阿塞拜疆等国家事务的广泛军事介入,反映了外高加索地区之于俄罗斯的战略利益的深度。俄罗斯与格鲁吉亚——这个在主要以穆斯林为主的高加索地区中唯一一个以基督教为主的国家——由于莫斯科对阿布哈兹分离主义运动的支持,以及由于俄罗斯在南奥塞梯叛乱中所扮演的模棱两可的角色,关系已经变得尤其紧张。[15]

阿布哈兹是格鲁吉亚西北部的穆斯林地区,从黑海延伸到俄罗斯的度假地索契以南,向北到俄罗斯的卡拉恰伊—切尔克斯共和国。阿布哈兹的主要城市苏呼米港是一个风景区和制造业中心,也是120英里长的苏呼米军用公路的南部终点。这条公路穿过大高加索经克卢霍里山口到俄罗斯,是俄罗斯与黑海之间重要的陆地连接通道。直到最近,莫斯科还在苏呼米以北的古达乌塔保留一个军事基地,在格鲁吉亚还有另外3个军事基地。

阿布哈兹的叛乱爆发于1992年,根据格鲁吉亚的指控,它受到了俄罗斯的支持。在战争一开始的时候,阿布哈兹的穆斯林分离主义者驱逐了26万格鲁吉亚族基督徒,给第比利斯政府带来了一个棘手的难民问题。到1994年,俄罗斯和格鲁吉亚的维和部队稳定了局势。但1999年,分离的呼声又高涨起来,阿布哈兹就独立问题举行了一次全民公决,结果绝大多数选票赞成独立。今天,阿布哈兹的政治地位仍然是模糊的,它继续在按准独立地位运转,与俄罗斯合并的感情还是很强烈,而一个阿布哈兹流亡政府则在第比利斯。

在南奥塞梯,对格鲁吉亚的反叛爆发于1992年,也就是在第比利斯取消南奥塞梯自治地位两年后,这一地区与北奥塞梯在苏联时期作为山地自治共和国组成部分而享有自治。俄罗斯和北奥塞梯部队介入并镇压了叛乱,恢复了南奥塞梯的自治地位。1995年,零星的战争再次爆发:信奉基督教的南奥塞梯人强烈要求要么独立,要么与信奉伊斯兰教的俄罗斯北奥塞梯共和国合并;俄罗斯人又一次平息了骚乱,这一次在该地区驻扎了部队以确保地区自治。虽然南奥塞梯对俄罗斯的战略重要性要小于阿布哈兹,但170英里的奥塞梯军用公路——穿过奥塞梯、将北奥塞梯的阿拉吉尔与格鲁吉亚的库塔伊西和巴统沿海地区相连接——是两条穿过北高加索的主要公路之一。

俄罗斯不愿意从这些由格鲁吉亚对其提出主权要求的分离主义者地区撤军,不仅是因为它们在阿布哈兹和南奥塞梯的战略利益,而且还因为格鲁吉亚为车臣叛乱分子提供了安全庇护所,从而可以越过车臣和格鲁吉亚之间 75 英里的边界发动攻击。能够凸显车臣对俄罗斯重要性的是一条从阿塞拜疆的巴库到黑海沿岸的新罗西斯科的重要石油管道和铁路要途经车臣境内(新铺设的从里海东北部海岸到新罗西斯科的管道即绕过了车臣)。因此,莫斯科一直希望通过在潘吉西峡谷驻军,以封锁车臣—格鲁吉亚边界;潘吉西峡谷是穿过山顶通往沙替利山口的一个狭窄山谷,它是俄罗斯和格鲁吉亚的界标。这个峡谷长期以来就是从阿富汗向车臣叛军贩运药品和武器的中转线,也是叛军向外出逃的一个出口,而且,根据莫斯科的说法,它还是叛军的训练营。俄罗斯军队并不是限制格鲁吉亚无视莫斯科压力的唯一因素。第比利斯政府也要依靠俄罗斯的天然气供给,并且为此还欠着俄罗斯一大笔债务,它是格鲁吉亚国家供电和取暖的基础。莫斯科在冬季毫不犹豫地放缓甚至暂时切断向格鲁吉亚的天然气供应,以将其作为一种政治影响手段。

鉴于深陷贫困、腐败横行与违法行为充斥,加上遭多次叛乱战争破坏,又被农业经济的崩溃完全击垮,格鲁吉亚处在俄罗斯和西方的压力之间进退两难。1998 年,莫斯科把在格鲁吉亚黑海海岸和格鲁吉亚与土耳其一半陆地边界上的军队撤出。1999 年,莫斯科同意关闭阿塞拜疆的基地以及第比利斯附近的空军基地。尽管这样,俄罗斯与格鲁吉亚之间的紧张局势依然存在,因为格鲁吉亚政府一再坚持认为格鲁吉亚的未来在于西方,并且已经表达了要申请加入北约的意愿。美国没有阻止格鲁吉亚的这些姿态,同时正在为扩大其在格鲁吉亚的影响作相当大的努力。它提供格鲁吉亚的直接对外援助现在占到了格鲁吉亚预算的 1/3。格鲁吉亚政府邀请美国军队训练格鲁吉亚部队,以清除在潘吉西峡谷的车臣以及其他方面的游击队和恐怖团伙,这增加了莫斯科的关注。

假如西方竟如此鲁莽以至于接纳格鲁吉亚加入北约,那是在走一条充满严重地缘政治失误的道路。试图把几乎所有的黑海地区完全变成一个受西方控制的湖泊,将会使整个地区成为一个破碎地带,其后果是引起大量的地方战争,以及冷战的重新恢复。

俄罗斯人的另一个问题是 1999 年的车臣叛乱分子对周边的俄罗斯达吉斯坦共和国的渗透,达吉斯坦共和国位于里海海岸,阿塞拜疆的北面。这次突然进犯以及向俄罗斯南部的渗透,引发了第二次车臣战争,这次战争直到 2006 年才结束,但是还有小股分散的游击队团伙继续隐匿在山区。俄罗斯对车臣的大规模空袭在 1999 年秋天继续进行,以回应恐怖分子在俄罗斯几个城市制造的炸弹袭击。从那以后,莫斯科的弗拉基米尔·普京政府和现在的德米特里·梅德韦杰夫政府重新占领了大部分车臣地区,尽管冲突仍在以游击队打了就跑的策略方式而继续着。

经车臣到达俄罗斯黑海沿岸或向北进入俄罗斯的里海石油和天然气管道，首先要穿越达吉斯坦。对达吉斯坦——俄罗斯与阿塞拜疆之间唯一的连接陆地——的控制，也增强了莫斯科对富含石油的阿塞拜疆地区的军事影响。达吉斯坦激进分子企图建立一个独立的伊斯兰国家，但这些激进分子只不过是少数派。大多数达吉斯坦人是伊斯兰苏菲派的温和追随者，他们无意离开俄罗斯联邦或者放弃俄罗斯的经济补助。达吉斯坦对莫斯科具有战略重要性的另一个原因是它与格鲁吉亚的东北部接壤，这使得俄罗斯军队离第比利斯的距离不超过70英里。

另外两个外高加索国家是信奉基督教的亚美尼亚和信奉伊斯兰教的阿塞拜疆，它们自1988年起就卷入了与纳戈尔诺-卡拉巴赫有关的冲突之中，阻碍了穿过外高加索到黑海或伊斯肯德伦湾的管道建设。当时，纳戈尔诺-卡拉巴赫是位于阿塞拜疆境内的一个自治的苏联地区，有20万人口，其中超过3/4属亚美尼亚人。当两个国家取得独立之时，亚美尼亚民族主义分子要求将纳戈尔诺-卡拉巴赫地区归入亚美尼亚。1992年，亚美尼亚部队在俄罗斯的军事支持下，占领了这个多山的飞地以及连接阿塞拜疆和亚美尼亚的一个走廊。在数年的战事中，多达80万的阿塞拜疆人和40万的亚美尼亚人背井离乡，35 000人死于冲突。1994年双方达成了停火协议。但是3年后，纳戈尔诺-卡拉巴赫宣布独立，亚美尼亚虽然宣布放弃对这片脱离出去的领土的主权要求，但仍继续在军事上占领着这一地区。

经济上，阿塞拜疆对外部世界的重要性要远大于亚美尼亚，尽管亚美尼亚有更高的收入水平，这归功于它的机器设备制造、黄金、珠宝、水电等行业，以及居住在国外的富裕的亚美尼亚人对家乡的投资和汇款。阿塞拜疆的重要意义在于阿普什伦半岛上巴库的石油生产和精炼中心。阿普什伦半岛以及近岸水域，曾经是世界上石油资源最丰富的地区之一，在第二次世界大战开始前，它一直是苏联主要的石油生产中心。巴库的石油储量已经下降，但巴库作为从中亚石油生产国西来的石油管道的主要终端，以及大型的提炼场所，它的作用依然重要。

在与受俄罗斯支持的亚美尼亚所发生的冲突中，阿塞拜疆曾经寻求——但是没能成功——美国的军事和外交援助，并主动为美国和土耳其两国在阿塞拜疆设立军事基地提供条件。这样的建议让美国处于尴尬的境地。尽管条件很有诱惑性，但是在美国，强大的亚美尼亚游说团反对建立这样一种关系。但华盛顿和莫斯科鉴于这一地区的稳定与否和它们双方有着同样的利害关系，已经联合起来共同在为寻求达成和平协议而努力着。结局可能是在纳戈尔诺-卡拉巴赫以及相邻的拉欣地区——它从地理上将纳戈尔诺-卡拉巴赫与亚美尼亚相连接——建立一个自治的准国家。作为交换，阿塞拜疆能获得一个通往它位于亚美尼亚西南面的纳希切万飞地的安全走廊。俄罗斯也和阿塞拜疆签署了一个为期10年的协议,让莫斯科继续在阿塞拜疆境内操控一个苏联建造的导弹跟踪站,后者可覆盖南亚和海湾地区的整个空域。

执掌外高加索和平钥匙的是莫斯科,而不是华盛顿,因为美国不具备在俄罗斯外高加索后院挑战俄罗斯的条件。逐渐在背后显露出的问题是,西方是否会就拟议中的外高加索地区管道开发将俄罗斯视为一个完全合伙人而与其接触商谈,并且认可俄罗斯在保护目前从里海延伸经过其领土的管道方面所具有的利益关系。

中亚"相关异国"

从苏联分离出来的5个独立的中亚国家——哈萨克斯坦、吉尔吉斯斯坦、塔吉克斯坦、土库曼斯坦和乌兹别克斯坦——占据了一个面积达154.2万平方英里的广阔陆地区域,全部人口为5 600万。这一由草原、沙漠、山地组成的区域被北面的俄罗斯、南面的伊朗和阿富汗、东面的中国所围绕,人口稀少,非常贫困。假如不是因为最近在哈萨克斯坦和土库曼斯坦的里海东海岸及其附近区域发现了大量的能源储藏,那么西方对这一地区根本就不会发生什么兴趣。由于这种潜力的存在,克林顿政府把整个里海地区列为一个重要的战略和商业目标,从而也就明确表示了对这一传统上一直是俄罗斯后院地区的地缘政治兴趣。

在国际石油利益集团的施压下,华盛顿所采取的立场是:要确保一条可靠的绕过俄罗斯领土而把能源出口到需求地区的管道系统,美国需要对中亚国家以及阿塞拜疆和格鲁吉亚给予政治和经济上的强有力支持。事实上,利用中亚历史上作为在丝绸之路上的节点而曾起到过的重要作用——西方和中国在这条路上进行丝绸和黄金贸易——美国的石油利益集团促使国会于1999年通过了能源丝绸之路战略法案,后者鼓励了美国政府对这一地区事务的干预。

石油和管道的地缘政治很复杂。俄罗斯对里海石油开发方面的参与已经包括了它对两条管道线路的控制。一条是开采自曼格什拉克和田吉兹油田的石油线路,它从哈萨克斯坦的阿特劳向北进入俄罗斯到达波罗的海。第二条线路是从里海西海岸达吉斯坦的马哈奇卡拉向西穿过俄罗斯(通过车臣)到达黑海的新罗西斯科港。2001年,作为对这条线路的补充,俄罗斯、哈萨克斯坦和国际石油公司新建了一条900英里的管道。这条管道绕过了车臣,从曼格什拉克和田吉兹油田到新罗西斯克港,运输成本比旧线路更低。开采自卡什干大型油田的原油也经这条管道运输,卡什干油田位于里海的哈萨克水域,并于2005年开始开采。

哈萨克斯坦政府原本特许由国际石油公司组成的财团开发卡什干油田,后来哈萨克斯坦政府改变了合同的最初条款,大量增加了哈萨克斯坦国家石油公司的特许权,使哈萨克斯坦国家石油公司的所有权股份与财团中的每一个成员的股份相同。

据估计,卡什干油田的石油储量多达130亿吨,可能是过去20年发现的最大的油田,这些储备加大了美国对这一地区的兴趣,促使华盛顿强烈支持1 099英里长的BTC管道的建设:这条管道从里海的巴库(B),然后穿过阿塞拜疆,到格鲁吉亚的第比利斯(T),再经土耳其的东南部,到地中海东北海岸的杰伊汉港(C)。这条管道绕过了博斯普鲁斯运输线,于2006年5月开通。

这条管道的支线能够服务于土库曼斯坦里海水域潜力巨大的石油和天然气田,那里也吸引了国际石油和天然气利益集团。这条线路绕过了博斯普鲁斯运输线,因此在生态方面更为合理。但是,在土耳其东南的库尔德人家园,这条线路易于被库尔德叛乱分子切断。一些国际石油公司建议的另一条线路是从里海经伊朗到波斯湾的哈格岛石油终端。除了更加昂贵以外,鉴于华盛顿和伊朗之间的紧张关系,对于华盛顿来说,这条线路还令人憎恶。国际石油公司建议的长程路线还有从土库曼斯坦到阿富汗、巴基斯坦、印度的管道,在政治条件许可的情况下,它们再经伊朗到南亚和东亚。这些建议的目的在于结束俄罗斯对里海和中亚能源资源的控制。

为了行使管道的政治权力,俄罗斯最近建造了一条到土耳其的天然气管道(蓝流)。这条管道从黑海下面7 000英尺海底深处穿越,从俄罗斯的新罗西斯科地区延伸到土耳其的黑海港萨姆松布,然后到安卡拉。这条管道将土耳其对俄罗斯天然气的依赖度提高到90%。俄罗斯和哈萨克斯坦的油田,以及最终土库曼斯坦的油田,是这条管道的供给源。

同一时期,在2007年,俄罗斯与土库曼斯坦和哈萨克斯坦签署了一项天然气管道协议,这条管道将沿着里海海岸从土库曼斯坦经哈萨克斯坦进入俄罗斯的管道体系。这一项目进一步凸显了俄罗斯在控制里海和中亚油气线路竞争中的地缘政治优势。

一个更现实的美国政策应当是支持并出资入股一套混合管道线路,包括土库曼斯坦—俄罗斯的线路,也许最终还会把华盛顿目前强烈反对的一项伊朗线路作为这条线的补充协议包括进来。这样一条线路几年之内还不需要,而在这期间伊朗国内事态变化也许会产生有利于美伊关系修复的气候氛围。无论这些线路的方向如何,以及时间选择怎样,将莫斯科以一个共有人与股东的身份纳入由西方发起的里海管道网络,将缓和俄罗斯与美国之间的紧张关系,同时,确保俄罗斯从那些现在经过其领土的或者将来要建造的管道中所获取的中转费方面的收益得到提高。在全球地缘政治围绕中亚石油和天然气展开的同时,水电也有值得重视的潜力。塔吉克斯坦和吉尔吉斯斯坦有大量未开发的水资源,可以向阿富汗、巴基斯坦,以及最终向中国和印度提供电力,正像中亚—南亚地区电力市场项目(Central Asia-South Asia Regional Electricity Market)中所设想的那样。

如果西方和俄罗斯在能源开发上不能合作,这将在中亚地区引发另一场大博弈,并会使俄罗斯和伊朗走得更近。⑯ 在19世纪的大部分时间里,英国曾努力阻止俄罗斯对这一地区的控制,它试图与位于丝绸之路上各个王国中的酋长、贵族建立联盟,但未能成功(在1839年第一次阿富汗战争的时候);它试图控制阿富汗这个通往中亚沙漠和草原的崎岖道路也失败了;1905年,它出兵远征通往中国古代道路东南面的西藏,也没有取得持续性的影响。争当帝国的竞赛结束于19世纪末期,俄罗斯控制了范围至波斯、阿富汗、天山、阿尔泰山和蒙古边境的中亚地区。

一场新的大博弈(这次以美国为首)比之英国参与的那场大博弈——它能够以印度次大陆作为根据地——获得长期的西方式胜利的机会甚至更小。俄罗斯有两大优势:第一是俄罗斯的战略位置。俄罗斯毗邻里海和哈萨克斯坦,而哈萨克斯坦绝对是最大最强的中亚国家,它的石油储量最为丰富。第二是生活在哈萨克斯坦和吉尔吉斯斯坦的大量俄罗斯族人。这两个国家中的斯拉夫组织,利用对中国的怀疑以及对受伊斯兰激进分子袭击的普遍的恐惧或担心,呼吁就加入白俄罗斯—俄罗斯联盟一事举行全民公决。到目前为止,这些号召还没有付诸实施,但是它们亦不容忽视。这两个政权——俄罗斯在这两个国家有重要军事部署——的领导人,也都完全清楚:他们需要长期依赖俄罗斯的军事支持来维护地区的稳定。

在中亚,1 000多万或者总人口数5 500万中的近20%是俄罗斯族人。苏联解体前,哈萨克斯坦北部人口中有近40%是俄罗斯族人。苏联解体后,有100万俄罗斯族人离开,但俄罗斯族人还是占到了哈萨克斯坦北部人口的30%。另外有80万日耳曼族人也离开了哈萨克斯坦的北部,现在这里的日耳曼族人和乌克兰族人占10%。哈萨克斯坦北方作为国家的制造业中心和主要农业区,还设有俄罗斯的航天产业和核试验场所。哈萨克人略占哈萨克斯坦人口的多数,有1 500多万,他们是决定国家稳定的关键因素,因此也是未来要充分开发陆上和近海石油储备的决定因素。尽管与贫穷的邻国相比,哈萨克斯坦有丰富的能源,但这一地区任何形式的一体化整合都要依靠俄罗斯的支持。

哈萨克斯坦的东部,以靠近俄罗斯边界额尔奇斯河上游的乌斯季卡缅诺戈尔斯克为中心,这里主要是俄罗斯族人,这里的人强烈支持哈萨克斯坦加入拟议中的白俄罗斯—俄罗斯联盟。他们许多人最早是哥萨克人,他们定居在这里的时间可以追溯到17世纪晚期(从19世纪初以来哥萨克人也生活在哈萨克斯坦的南部)。事实上,东哈萨克斯坦的北部地区在1936年前是西伯利亚的一部分。分离主义目前不是一个严重问题,但是如若强令哈萨克斯坦与俄罗斯脱离关系,则可能会导致其分裂,因为俄罗斯族人已经明确表示了要优先捍卫俄罗斯民族。

一旦大博弈中被注入哈萨克斯坦的政治因素,则边界就是另一个可能引起争执的问题。哈萨克斯坦北部的边界,长期以来被俄罗斯族人认为是传统的殖民区域以及处女地计划中的开垦重点,它还没有被确定下来。在里海北部领水的分界线问题上也是如此,那里的水域下面储藏有丰富的能源资源,而这甚至也会成为咸海的一个问题。

曾经是世界上第四大海的咸海,由于苏联发起的灌溉政策将咸海 3/4 以上的支流河都分流进入了棉田,咸海的规模缩减到不到原来的一半。沿海城镇变成被陆地包围、渔场遭到破坏,以及来自干涸湖床的有毒沙尘暴等结合在一起,造成了一场重大的人为灾难。到 20 世纪 80 年代后期,咸海分成了两部分。小的北面部分,整个落在哈萨克斯坦境内;大的南面部分——又接着再被分成了两部分——由哈萨克斯坦和乌兹别克斯坦共有。在世界银行的资助下,哈萨克斯坦政府承担了修复北部咸海的任务,他们建起了一个大坝,阻截流向咸海南部的水,并对使用锡尔河水进行灌溉的行为进行了规范。随着大坝在 2005 年建成,咸海北部开始重新充满。而乌兹别克斯坦,与关心恢复咸海南部高盐度水域问题相反,它更想利用干海床来进行天然气开发的业务。既然乌兹别克斯坦和哈萨克斯坦共享这部分水域,因此,为防止北部海域过剩水量可能面临不得不被分流到南部(水域),两个国家将必须就此达成协议。

划分里海仍然是一个地区性挑战。苏联时期,莫斯科和德黑兰曾同意共有这片水域及水下海床。现在,已出现了 5 个海滨国家——阿塞拜疆、哈萨克斯坦、土库曼斯坦、俄罗斯和伊朗。伊朗曾经提议在里海的中间划出一个联合区域,由 5 个海滨国家在各自海岸区域以外共同拥有。哈萨克斯坦、阿塞拜疆和土库曼斯坦曾经提出用中间点将里海划分到几个国家,而俄罗斯、哈萨克斯坦和阿塞拜疆也提议过将管辖水域与各自的海岸线长度联系起来。⑰2007 年 10 月,里海国家举行了一次峰会,形成了一个包含 25 项条款的宣言。它们就许多事项达成了共识:这几个国家中任何一个国家的领土都不能被第三方用来作为针对其他成员国家开展军事行动的基地;这几个国家将尊重对有益核技术的追求,但应坚持核不扩散条约;只有挂有里海沿岸国家国旗的船只才能行驶于里海;它们将促进里海的经济发展和环境控制。此次峰会没有解决里海争议海体和海床的法律地位问题,这个问题留给了以后的峰会。⑱

在俄罗斯所关注的中亚地区中,第二重要的是吉尔吉斯斯坦。与哈萨克斯坦一样,俄罗斯也是吉尔吉斯斯坦的最主要贸易伙伴。在第二次世界大战期间,许多俄罗斯族人和乌克兰族人定居在吉尔吉斯斯坦,现在,他们占到了比什凯克(伏龙芝)总人口数的一半,后者是吉尔吉斯斯坦当仁不让的最大城市和工业中心。全部加起来,总共有 100 万吉尔吉斯斯坦人,或者说是 500 多万总人口中的 20%,是俄罗斯族人。他们的地位对莫斯科而言相当重要,同时他们也是莫斯科的一份战略资产。鉴于它所处的位置,北面是哈萨克斯坦,南面是乌兹别克斯坦,西面是塔吉克斯坦,东南面是中国,吉尔吉斯斯坦被围在当中,因此,吉尔吉斯斯坦对未来的俄中关系可能会很重要。吉尔吉斯斯坦和哈萨克斯坦都与中国新疆维吾尔自治区接壤,在两个国家的边境地区都生活着少量的维吾尔族人。如果出现在新疆的分裂活动严重威胁到了北京，那俄罗斯在中亚国家边境地区的驻军可能会对中国有所帮助，因为中国和俄罗斯在抑制中亚宗教激进分子的扩散方面有着共同的利益。

俄罗斯比西方有着优越得多的从军事上干预中亚稳定的条件。中亚国家困扰于陆地和水上边界之争，并且还受到来自阿富汗和伊朗的伊斯兰激进组织扩散的威胁。莫斯科曾在塔吉克斯坦帮助平息了政府与伊斯兰激进反对派组织的内战，从那以后，莫斯科沿阿富汗边境驻扎了几千人的军队，伊斯兰激进分子就是越过那条边界从塔利班接收武器的。吉尔吉斯斯坦也需要俄罗斯的帮助，以与受阿富汗人资助的伊斯兰激进分子作战，而俄罗斯也对乌兹别克斯坦政府在1999年遭受恐怖分子炸弹袭击之后对伊斯兰激进组织的镇压表示了赞许。一个进一步反映俄罗斯对这一地区军事重要性的事件是2001年5月莫斯科与哈萨克斯坦、吉尔吉斯斯坦、塔吉克斯坦签署的协议，要在吉尔吉斯斯坦首都比什凯克建立一支联合快速反应部队，以对付宗教激进分子。乌兹别克斯坦人口占中亚总人口数的一半，对哈萨克斯坦南部山地部分边境地区提出了主权要求。2000年，乌兹别克斯坦边境防卫队占领了几块陆地。乌兹别克军队的实力使哈萨克斯坦特别仰赖俄罗斯提供给它的作为使用拜科努尔航天火箭基地年租金一部分的武器。哈萨克斯坦繁荣兴旺的能源收入和市场改革，吸引了数以万计的来自乌兹别克斯坦的非法移民，他们进入棉花和烟草农场，以及建筑和家政服务领域工作。为防止宗教激进分子和走私者进入，哈萨克斯坦政府正在沿着南部边界的山脊处修建防护栏。

除了乌兹别克斯坦对哈萨克斯坦南部提出主权要求之外，乌兹别克斯坦还对费尔干纳山谷的塔吉克斯坦部分提出了主权要求，而土库曼斯坦和乌兹别克斯坦则为了咸海边阿姆河三角洲上的乌兹别克斯坦西部的卡拉卡尔帕克地区而关系不和。2001年，为了解决边界争端，打击宗教激进分子，哈萨克斯坦、乌兹别克斯坦、塔吉克斯坦、吉尔吉斯斯坦与俄罗斯、中国联合成立了上海合作组织(Shanghai Cooperation Council)。土库曼斯坦后来也加入了这一组织。上海合作组织呼吁美国制定从中亚撤军的时间表。华盛顿对此给予拒绝，理由是其在乌兹别克斯坦南部和吉尔吉斯斯坦北部的空军基地对于阿富汗反恐战争至关重要。

土耳其试图通过向乌兹别克斯坦提供武器和军事培训帮助对付乌兹别克斯坦国内的宗教激进分子，来增加在乌兹别克斯坦的影响。但是到目前为止，这一意愿还没有被乌兹别克斯坦接受。刻板僵化的政府政策使外国投资者深感失望，他们最初是被乌兹别克斯坦的灌溉棉产品以及大量的天然气储量吸引来的。曾经满足了苏联大部分需求的铀不再具有其在冷战期间的战略意义。

蒙古

蒙古共和国位于中亚以东,总面积 60.4 万平方英里,北与俄罗斯接壤,南与中国毗邻。在 18 世纪和 19 世纪,蒙古处在中国的影响之下,而第一次世界大战之后,作为独立的蒙古人民共和国而为苏联左右。稀疏分布的 260 万人口在过去曾长期过着游牧生活,在共产主义的影响下改变成定居农业和城市化的生活方式。而它在中国成为一个大国之后的改变甚至还要大。超过 60% 的人口已经城市化,好几个工业中心已经发展成型。尽管如此,今天蒙古在经济上还是依赖于牲畜、铜及其他矿产、纺织和开司米等的出口。

蒙古被陆地包围的现实强化了它对俄罗斯和中国的贸易依赖。阿尔泰山和戈壁沙漠将蒙古国与中国的内蒙古自治区分开,而蒙古国的首都和主要的工业城市乌兰巴托,以及国家大多数其他的大城市和开采中心,位于距俄罗斯边境 50 英里到 200 英里的地方,从这里穿过高高的长满草的草原和低低的山岭,能够很容易地到达贝加尔湖地区的西伯利亚工业中心。蒙古国这部分领土在战略上的易受攻击性表明,20 世纪俄罗斯对其的影响将会一直延续至 21 世纪长期不变,同时俄罗斯在亚洲内层的势力范围仍将安全,不会为外界渗透所破坏。

哈尔福德·麦金德关于心脏地带理论的灵感来自他所称的"欧洲—亚洲"的中心所起的作用,在 15—16 世纪期间,欧洲—亚洲的中心是轮番冲出草原的游牧民族的源头,他们征服了欧亚大陆上的许许多多面向海洋的边缘地区。在这些群体中,用马作为那个时代的军用坦克的蒙古人对欧亚大陆边缘区留下了最深、最持久的影响。精湛的骑术,加上地理位置的中心性以及短距离的内陆交通线,使他们能够利用速度和突然性,从任何方向向外攻击。这给了他们相对于流动性较差的欧洲和东亚农民及森林区居民很大的地缘战略优势。

麦金德把在他撰写论文《历史的地理枢纽》后第二年竣工的横贯西伯利亚的大铁路当作是蒙古帝国骑马和骑骆驼的人以及他们之后的草原骑手的接替角色。他认为铁路是俄罗斯控制欧亚大陆枢纽区域的关键。

过去一百年所发生的历史事件证明:尽管蒙古依然处于欧亚大陆的地理中心,但是心脏地带的中心还是位于西面——在西西伯利亚。世界权力现在更多地是由自然资源和人力资源集中的地方决定,而不是中心性和交通移动线路决定。蒙古现在只是一个小国,同时是战略上的边缘国家。它已经被时间和技术绕过,正为求得现代经济发展而将目光移向心脏地带的俄罗斯。

结论

过去一百年中发生的历史事件表明,欧亚大陆心脏地带的中心性,并不意味着就能主宰欧亚大陆或者控制整个欧亚大陆,当然更不意味着能控制全球。但是,心脏地带的俄罗斯所处的位置确实能使其利用其地理中心性,而对外围地带的重要地区施展战略支配权力。这种支配或主导地位是基于地理邻近性、较短的内陆交通和通信线路、历史文化渊源、对重要的军事和经济的陆地通道及能源财富的控制,以及俄罗斯民族和其他斯拉夫民族向外围地区的扩散等因素。这些因素为莫斯科在影响东欧、东南欧、外高加索、中亚和蒙古等地区的事件进程方面,提供了相对于外部列强的一种战略上的优势。

这种中心性也是使俄罗斯能够在中东的北部高地地区发挥持续性作用的一个因素。这种地理优势便利了俄罗斯对伊朗的武器销售,尽管华盛顿试图阻挠这样的销售。同时,南亚又远处于心脏地带俄罗斯的战略范围之外。此外,位于贝加尔湖和勒拿河以东的东西伯利亚,尤其是远东地区,易于成为中国、亚太沿岸地区以及美国(从其阿拉斯加基地)的攻击目标。心脏地带的俄罗斯最一般的自然地理和地缘政治特征是大陆性。在历史上,欧亚大陆辽阔的疆域、丰富的矿藏资源、广泛的农业和林业基础,使得心脏地带的统治者把精力集中在腹地开发上,而不是放在对外交流方面。在近代,这种大陆性还反映在沙皇和苏联对国家的自给自足的追求上——通常是在封闭的威权主义的政治与经济体制环境下。今天,俄罗斯的经济发生了根本的变化,它靠的是能源出口,大量外国资本储备的积累以及向一种修正的市场经济的转变。俄罗斯的政治体制是一种混合体,它将某些民主元素与强大的威权主义控制糅在了一起。西方资本主义所宣扬的理想境界,即政府对市场过程的干预最小化,对于一个亲眼目睹了实行极端裙带资本主义的腐败的俄罗斯寡头阶层的盛行和衰落,继后是国家营私舞弊的民族来说,是没有什么价值的。在许多俄罗斯人眼里,世界经济及文化的美国化和全球化,构成了对俄罗斯文化的挑战,它助燃了民族主义和军国主义,而不是削弱了它们的影响。

除了投向石油和天然气产业的国际资本投资外,大多数投资流入现在都被引向直接为俄罗斯消费者提供商品和服务的领域,而不是像在贸易导向型的亚太地区国家那样,用于打造出口产业。此外,很多由产业私有化和能源出口所产生的资本被送到了国外,而不是用于对国内经济的再投资。

俄罗斯的内在优势包括它相对的民族同质性、高度的城市化(76%)和识字率(98%),以及大量的受过良好训练的科学技术人员。可作为以上补充的还有能源财富和其他矿产资源、丰富的林业产品和牲畜产品、强大的农业基础,以及国家所具有的有利的全球性战略位置。一个附加的优势来源是俄罗斯在资源上承载的负担已经大大减轻了,原因是俄罗斯不再需要从经济上和军事上支持其前卫星国,同时用于维持庞大核武库、进攻性海军和大规模陆军的成本也大为降低。

2000年弗拉基米尔·普京当选为总统,标志着强大的中央政府的重新恢复,各级地方官员要向莫斯科负责。但是,要形成一个有凝聚力的政府体系必须要考虑到正波及俄罗斯各个角落的权力下放势头。因此,政府必须要在地区的愿望和需要与国家的要求这两者之间寻找到一个平衡。

在北高加索地区,要坚持由车臣、印古什共和国、达吉斯坦、北奥塞梯组成的俄罗斯联邦将要依靠引入一套真正的自治管理体系,能够满足这一少数民族地区对伊斯兰教、文化、风俗以及经济上的需要。在远东地区和雅库特——与莫斯科和核心区相隔非常遥远——中央政府必须将这一地区财富的很大部分再投资于当地的发展,而不是主要为满足核心区的利益而榨取这些资源。

在这遥远的远东地区,走一条独立经济道路的分离主义因素的诱惑被这一地区在战略上易于受到中国和日本攻击的性质而冲淡。但是,这不应让莫斯科对分离主义掉以轻心。

莫斯科对其新的边界之内的分离组织的担心限制了政府所允许的民主程度。不能指望俄罗斯的民主变成与美国或者濒海欧洲的一模一样。西方抗议在车臣地区存在侵犯人权行为,这是合理的,然而俄罗斯为维护领土完整而采取行动,也应得到认可,两者应权衡考虑。

俄罗斯已采取了重要的主动外交政策。2000年,俄罗斯批准了《限制战略武器Ⅱ条约》(Start Ⅱ)和《全面禁止核试验条约》(CTBT)。而美国虽然在1996年批准了《限制战略武器Ⅱ》条约,但美国参议院,加上其他的一些国家,如像中国、巴基斯坦、印度、朝鲜和埃及等,都拒绝批准《全面禁止核试验条约》。莫斯科还争取在《限制战略武器Ⅲ条约》中让未来的核弹头削减数量在美国第一次设想的基础上再进一步削减。不过,在2002年5月,双方都同意了1 700到2 200枚导弹之间的深幅削减量,亦即意味着削减了当前库藏数量的近2/3。华盛顿还保留了储藏一些导弹的权利。

复活冷战氛围既不符合美国的利益,也不符合俄罗斯的利益。虽然美国恩威并施,或可最终使得俄罗斯勉强同意在捷克共和国和波兰部署反弹道导弹,但是莫斯科残余的怨恨和不信任很可能会破坏双方在其他地区的合作。鉴于其庞大的核武库,俄罗斯并不惧怕美国的国家导弹防御系统。这一防御系统的第一阶段包括在俄罗斯堪察加半岛以东550英里的阿留申群岛链最西端的谢米亚岛部署新的雷达和导弹拦截系统。俄罗斯显然可以从采取一种或可抑制由不安定的朝鲜可能发动的核打击的策略中获益。但是,莫斯科也有一种合理的忧虑,即任何对由美国提出的反弹道导弹条约的破坏都有可能迫使它进入一轮新的它不想要的军备竞赛。

第八章 俄罗斯与欧亚大陆汇合区

2001年"9·11"事件及其余波,开启了美俄关系的新时代。当华盛顿在阿富汗反恐战争中请求支持的时候,莫斯科积极响应。俄罗斯同意美国使用其在乌兹别克斯坦、塔吉克斯坦和吉尔吉斯斯坦的空军和陆军基地,并允许美国飞机飞越俄罗斯领空。2002年5月28日签署的北约—俄罗斯伙伴合作协议,是双方关系更为积极的发展,并被宣布是表示冷战正式结束的事件。俄罗斯本应在就诸如军事合作和防止核武器扩散等议题的探讨和行动上作为一个合作伙伴,但是事实并非如此。美国在伊拉克的单边行动遭到了俄罗斯的强烈反对,而华盛顿在与伊朗就核武器制造能力的谈判上所采取的强硬路线,在俄罗斯与美国的关系上增加了紧张气氛。

虽然普京的统一俄罗斯党在2007年的选举中取得的压倒性胜利被干涉反对党竞选运动的行为所损伤,但似乎很明显,大多数俄罗斯人想要一个强有力的领导者。他们接受为伴随进入资本主义制度的社会及政治稳定付出压制亲民主势力和侵犯公民权利的代价。专制的普京政权带来了经济上的改善(相当程度上是因为能源财富)和俄罗斯世界强国地位的恢复——这与叶利钦时代的混乱形成了强烈的对比。2008年,德米特里·梅德韦杰夫继任俄罗斯总统,普京保留总理和党首职位。所以无论梅德韦杰夫试图引入什么样的经济和政治改革,都有赖普京的同意。

这就是美国政府必须面对的政治现实,因为俄罗斯人民选择了最适合他们的治理方式。宣扬美国式的民主只能引起不信任——那是布什政府外交政策措施下很多时间莫斯科与华盛顿关系的特征。在这种情况下,欧盟似乎更适合担任在制定西方对心脏地带的地缘政治政策过程中的外交领头角色。

俄罗斯的领导人继续把心脏地带的外围看作是"准外国"和一个具有特别影响的区域。但是,苏联的解体从根本上改变了这一外围地区的地缘政治特征。它已经成为世界上3个地缘战略辖区和南亚区相会的一个舞台,因此,它可以被更准确地称为"欧亚大陆汇合区"。[19]这一地区从东波罗的海、东欧、黑海,延伸到中亚、蒙古,再到朝鲜半岛,构成欧亚内部的一个新月形。中东是它的西南枢纽,在战略上与它连接在一起。如果主要大国——尤其是在美国和俄罗斯之间——就这一地区的控制权展开竞争成为行动模式,则它将变成一个破碎地带,成为世界上最不稳定的部分。考虑到这一地区的地理位置、经济资源以及作为连接心脏地带与周围辖区的外部纽带,它有可能会成为一个宽阔的门户区。这将需要大国间的经济联合、联合军事基地和维和行动、反恐协调,以及合作精神。

注释

① Holford Mackinder, "The Geographical Pivot of History," *Geographical Journal* 23, no. 4(1904): 421-44.

② Halford Mackinder, *Democratic Ideals and Realities* (London: Constable, 1919),

148-66.

③ Halford Mackinder, "The Round World and the Winning of the Peace," *Foreign Affairs* 21, no. 4(1943): 595-605.

④ Zbigniew Brzezinski, *The Grand Chessboard* (New York: Basic, 1997), 123-50.

⑤ N. M. Baransky, *Economic Geography of the U. S. S. R.*, trans. S. Belsky(Moscow: Foreign Languages, 1956), 318.

⑥ Vladimir Kolossov and John O'Loughlin, "Pseudo-States as the Harbingers of a New Geopolitics: The Example of the Trans-Dniester Moldovan Republic," *Geopolitics* 3, no. 1 (Summer 1998): 151-76.

⑦ Taras Kuzio, "Borders, Symbolism and Nation-State Building," *Geopolitics and International Boundaries* 2, no. 2(Autumn 1997): 36-56.

⑧ C. J. Chivers, "Destroying Arms, U. S. and Russia Celebrate Rare Amity," *New York Times*, Sept. 1, 2007, A2.

⑨ Alan J. Day, ed., *Border and Territorial Disputes* (Harlow, England: Longman, 1982), 264-66.

⑩ Central Intelligence Agency, *World Factbook 2007* (Washington, D. C.: Gov/CIA, 2007), 2, 11.

⑪ Central Intelligence Agency, *World Factbook 2007*, 11.

⑫ Mackinder, *Democratic Ideals and Realities*, 158-81.

⑬ Isaiah Bowman, *The New World* (Yonkers-on-Hudson, N. Y.: World Book, 1922), 5-11, 278-94, 328-56.

⑭ John O'Loughlin and Paul F. Talbot, "Where in the World Is Russia? Geopolitical Perceptions and Preferences of Ordinary Russians," *Eurasian Geography and Economics* 46, no. 1(2005):23-50.

⑮ Andrew Boyd and Joshua Comenetz, *An Atlas of World Affairs* (London: Routledge, 2007), 64-66.

⑯ Karl E. Meyer and Shareen Blair Brysac, *Tournament of Shadows: The Great Game and Race for Empire in Central Asia* (Washington: Corneial and Michael Bessie /Counterpoint, 1999), 283-309, 554-73.

⑰ Elaine Sciolino, "It's a Sea! It's a Lake! No. It's a Pool of Oil," *New York Times*, 21 June 1998, 16.

⑱ News Central Asia, "Tehran Summit Unites Caspian States on Major Issues," October 17, 2007, http://www.newscentralasia.net/Regional-News/179.html.

⑲ Saul B. Cohen, "The Eurasian Convergence Zone: Gateway or Shatterbelt?" *Eurasian Geography and Economics* 36, no. 1(2005), 1-22.

第九章
东亚地缘战略辖区

△ 中国
　　大陆性与海洋性
　　地理位置视角
　　地缘政治特征
△ 东亚边围带
　　朝鲜
　　印度支那半岛
△ 结论

美国在越战的失败和苏联的解体,使中国得以充分扩大它在东亚的权力基础,并且在亚太沿岸和南亚、中亚发挥更大的作用。在不到1/4世纪的时间里,中国成为一个公认的全球性大国,形成了一个堪与欧亚大陆和海洋辖区——尤其是在撒哈拉沙漠以南非洲——相抗衡的第三个地缘战略辖区。

由中国占主导地位的东亚辖区包括朝鲜和一个包括越南、老挝、柬埔寨在内的独立的印度支那地缘政治区。越南作为在印度支那半岛的主导国家的优势和它历史上对其北边强邻的疑心,解释了印度支那何以会成为这个辖区中一个独立的地区。朝鲜曾受苏联控制,现在则处于中国势力范围内。中国在黄海、东海和南海实力的增长,对于日本以及美国在过去半个世纪的西太平洋战略都是严重的挑战。美国的战略本来是要在亚太沿岸地区创立一个地缘政治区域,以作为海洋辖区的一部分,并且扶植韩国和中国台湾地区以遏制中国、保护日本。亚太地区的边界一直处于变动之中。现在朝鲜与韩国正在小心谨慎地向关系和解迈进,从长期看这将有可能导致朝鲜半岛的统一和其地缘政治的中立化。一个统一的朝鲜可成为北太平洋的一个重要门户,把东亚、欧亚大陆和海洋三个地理辖区连接起来。此外,中国台湾地区目前在这一地区中的地位也是问题。台北现在正在"一个中国"的政策和寻求摆脱北京获得独立之间摇摆不定。

中国

在过去10年中,中国以前所未有的速度跻身世界大国之列。因其辽阔的国土和庞大的人口,因其强大的力量和潜能,中国长期以来不是被其他大国视作危险的敌人,就是被当作有益的盟友。凭借中央集权的共产党政府和强有力的军事机器,中国一直主导着东亚地区,而近年来爆炸性的经济增长则使它成为一个全球性的大国。

中国作为一个具有世界影响的新地缘战略辖区的中心出现,不仅要归因于美国和俄罗斯在西太平洋和北太平洋地区影响的衰退,而更多是因为中国本身发生了变化。过去半个世纪的大部分时间里,中国主要是面向欧亚大陆辖区,先是作为从属于苏联心脏地带的地缘政治区,后又成为对其充满敌意的竞争对手。中国的大陆性体现于其封闭的高度农村化的体系以及毛泽东希冀转移经济权力重心的尝试——当时是在北方和内陆地区。

随着毛泽东时代和越南战争的结束,中国重新开放了经济体系,使得海洋性力量摆脱了大陆性的钳制性束缚。北方和内陆乡村地区的农业受到频繁干旱的影响,而培植城市中心(包括北京)又为长期的水短缺所困,这一问题又让工业污染变得更加严重,它让大量的城市供水变得不能饮用。这激发了南方和中部沿海地区——从广东(以广州和深圳为中心)、香港、福建,到浙江、上海,以及今天位于上海北面的江苏——人民的创业才能。这一地区的中国人利用外国投资和贸易机会,把中国的沿海地区变成了一个世界经济的发动机。这一沿海地区有时被称作"中国的黄金海岸",是中国迅速增长的大部分中产阶级及其富有企业主的诞生地,拥有中国最高水平的人均收入,最多的外资公司数量。这些外资公司主要从事外贸行业。

同一时期,中国大陆却经历了相当大的动荡。华北、东北以及内地落后的大型国有工业企业萎缩,农村公社瓦解,留给数亿农民的只有缺乏效率的小块土地。大量需要重新安置的农民涌进城市,形成数量庞大的底层阶级。虽然现在中国的经济重心已经转移到面向海洋的"黄金海岸",但中国大多数的人口和土地还是分布在北部和内陆,从曾经的重工业基地东北和华北,到边境省份内蒙古和偏远的西北自治区新疆、偏远的西南自治区西藏。长江流域、黄河流域的中部农村和华南地区也在这一范围内,仍然深受大陆性的束缚。

中国这种大陆性与海洋性的分裂,也是整个东亚有别于其他地缘战略辖区的特征。海洋辖区,用海员的眼光看待世界,其前景建立在以交流为基础的外向型开放体系之上,其中有民族的交流、物品的交流和观念的交流。心脏地带的俄罗斯则是用陆地人的眼光看待世界,是内向型的。它从过去以来就一直沿袭这个依靠内部资源的封闭式体系,只凭大量的能源出口实现有限开放。中国同时具有这两种相反的世界观,既保持自上而下的共产主义政治体制,又鼓励发展市场经济。这种竞争性在两个截然不同的地理区域——北方及其腹地和"黄金海岸"得以充分体现。这两个区域的政治、经济和文化观念都有差异。如何协调从这两种不同观念中产生的地缘政治矛盾,构成中国现在面临的最大地缘政治挑战。其结果将决定中国是继续保持完整统一,还是其难免被分成两个单独国家的命运。

大陆性与海洋性

在中国有文字记载的4 000年历史的大部分时间里,其地缘政治导向都是大陆性的。就是这个陆地人的中国铸就了闭锁的文化、宗教、主要语言(汉语)和帝国官僚系统。这就是孕育了中国高度的以自我为中心的意识和根深蒂固的种族优越观的那种文化。它是一种瞧不起外国人,仅把他们视为一群野蛮人,同时竭力要把自己从心理到身体上都与外部世界隔离开来的文化。中国有着广袤的土地支撑着它的这种大陆性的自给自足和孤立理念的形成和发展。

从中国历史上第一个王朝殷朝(前1523—前1027)——坐落在今天的河南中部(黄河以北)——开始,一直是北方在滋养着统治中国的政权。北方孕育出了由像匈奴人、蒙古人和满族人这样的入侵的游牧民族建立的王朝,以及由汉族建立的宋朝和明朝。

中国历史上很大部分就是从北方和西方侵入的游牧民族和诞生于黄河流域中部、抵抗并最终推翻中亚入侵者的中原汉族王朝之间冲突的历史。

从公元前3世纪第一个修建长城的秦朝，到1368—1644年修复长城如今天模样的明朝，这期间中国各朝统治者一直竭力抗击游牧民族。长城从黄河源头北面的祁连山开始，穿过内蒙古平原，绵延1500英里，直达黄海，环绕整个河北省，目的是保卫北京和天津。

虽然中国历史上的地缘政治导向及其发展都是大陆性的，但海洋性也给中国的个性和取向留下了印记。早期的海洋地缘政治萌芽发源于东南部和中部海岸，从珠江三角洲的广州向北延伸600英里至上海南端长江三角洲的宁波。这条极不规则的多山海岸线周围分布着许多小岛，有高大的山峦作为天然屏障，但没有多少可供人口居住的平地。那些初具雏形的港口成为水产品和农产品交换的场所。而今这里则崛起成为大型商贸港口和西方投资开发的制造业中心，中国南部及中部海岸沿线完全向世界开放了。珠江入海口的香港和长江入海口(有黄浦江连接)的上海，是这种发展标志性的两个城市。

汉族最先是从北方迁移过来的，1500年前在南方沿海定居并取代了傣族等山地原住民的地位，然后逐渐扩展到狭长的沿海地带和高山间狭窄的河谷。这些平原和河谷潮湿的亚热带气候很适合种植双季稻、茶、烟叶、养蚕采丝的桑树和生产鸦片的罂粟。

正是中国南方的海洋性滋养了渔民、水手、商贩和农民，产生了交换经济的萌芽，以及现代的商业中心城市广州和香港，后者是世界最繁忙的海港之一。这里也是数以百万计的中国人向海外如东南亚和北美移民的起点。最初他们多来自广州，最近几十年福建成为海外华人最大的输出地。中南部沿海是粤语、闽语和吴语的诞生地，是与北方官话不同的语言。后者作为历来的中国统治阶级的语言，是国家正式的官方语言，也是为中国绝大多数地方所使用的语言，但不包括东南部。

广州的港口通过阿拉伯和印度的商人为古代欧洲所知，数百年来与东南亚和亚洲沿岸一直保持着广泛的政治和经济联系。尽管如此，直到19世纪中国才全面进入了全球海洋领域。在此之前，当1557年葡萄牙人在珠江入海口西侧建立澳门殖民居住地，中国与欧洲有过初步的贸易和政治接触。但是，明朝和清朝的排外政策使得中国基本上与现代海洋影响处于完全隔离状态。

英国因为不满清朝皇帝与之签订的有限贸易协定发动了第一次鸦片战争(1839—1842)，打开了中国面向濒海世界的大门。在随后的一个世纪，外国贸易区和据点在沿海一带建立起来。1842年广州成为第一个通商口岸。通商口岸是按中国和外国政府的双边条约而对外贸易开放的，它们提供了可用作定居点和商业活动的区域。因为广州港水浅，英国人得到了珠江口东侧，离广州东南部90英里的29平方英里的香港岩石岛的特许使用权,1860年又加上了大陆上的一小块九龙半岛。1898年,香港英国直辖殖民地获得了98年九龙市旁366平方英里与大陆相邻土地新界(New Territories)的租借期,并将其发展为香港的姐妹城市。位于维多利亚港湾的香港港口是当时世界上自然条件最优越的港湾之一,因而殖民地迅速成为通往中国南方的门户和中国连接濒海世界的最重要一环。

上海的起源要追溯到11世纪。它在16世纪还是一个有城墙的城市,之后一直无甚了了,直至广州开埠后一年它也被设为通商口岸对外贸易开放之后,情形才有所改变。1843年,英国得到了通商的租界,接着美国在1862年也取得了租界,两租界在1863年合并形成公共租界,它使得上海的很大一块地方处于治外法权控制之下。法国人保持着在城内的一项单独的特许权,这是他们在1849年最先获得的,而大量的外国人,包括来自日本、俄国、英国和美国的外国人纷纷在此落居。随后,中国其他一些城市也出现了公共租界。在上海及其他公共租界内,外国人得到了租界范围之内土地的法律文契,同时被允许由自己的行政、司法和立法机构组成的工部局实行自我管辖。①

从19世纪中叶至20世纪中叶,上海是世界上发展最为迅速的城市,是堪与香港比肩的世界大港,尽管它位于距公海尚有5英里的长江的一条潮溪和支流边上。上海港沿这条名叫黄浦江的湾流延伸15英里。最初建立于鸦片贸易之上的上海一度作为罪恶、赌博和腐败之城而声名远扬,但不久它就发展成为中国最主要的工业中心。

最终将近有70个通商口岸在中国沿海一带开埠形成,它们大部分位于中国南部和中部,但一直向北延伸远至中国东北朝鲜湾的辽东半岛上。这些是根据条约开放的外贸港口。其中大片地区可用于贸易和居住。此外,另外还有22个港口被指定为开放港口,它们是由中国政府自愿开放的,只是租借期有限。在中国南方的主要港口中,有在广东省最北端的汕头;移民去东南亚的主要港口厦门;福建沿海中部的福州。到1850年,福州凭借其世界最大茶叶出口中心的地位而一跃成为中国最主要的港口。宁波位于中国中部的浙江省、上海的正南方,曾经是日本使团进入中国宫廷的一个早期港口和16世纪葡萄牙人的一个贸易点,它也扩大了其商业活动的范围。

北方的通商口岸,延伸至黄海和其北面的渤海湾与朝鲜湾。天津位于海河上游30英里处,有大运河与黄河相连,是英国和法国凭特许权开发的这一地区主要港口。尽管天津作为港口的条件较差,但因其作为进入华北平原的门户以及通往中国东北的铁路终点站而成为一个重要的国际港口。在渤海南岸、山东半岛的东端,英国拥有对威海卫的租用权。在山东东北部,德国控制了位于半岛南岸黄海海边青岛市的重要通商口岸(不过后来在第一次世界大战爆发时连同周围属于德国的胶东地区一起给了日本)。

大连是中国东北重要的商业港口,位于黄海北端的辽东半岛的端口、朝鲜湾和渤海湾之间。大连与中国旅顺一起,曾经被俄国人作为海军基地和南满铁路的南端终点管辖，直到 1904—1905 年日俄战争后被日本人占有。在历史的重复中，大连在第二次世界大战结束后再次被苏联军队占领，在中国国民党和共产党政府并存环境下，作为苏联租借地长达 10 年之久。

一些内陆中心也被指定为通商口岸。其中最有名的是南京，南京是中国最大的内河港口，位于长江边上，有大运河与上海相连。往更远的内陆，在长江中游，是汉口，它现在是连带卫星城镇的武汉城市延伸带的一部分。虽然离海洋有 600 英里之遥，但汉口有能力处理远洋船舶业务。外国势力对于长江流域的渗透到达中国内陆之深远至日本人在重庆设立的租界，后者于 1891 年成为通商口岸；以及在中国东北松花江边的哈尔滨建立租界。在此俄国人于 1896 年得到了特许使用权。

所有上述这些被外国控制的通商口岸、租界、聚居区和属地等地区经济发展的迅猛势头都为中国带来了工业化，使其向外部资本投资和贸易开放。但是这种海洋导向是强加给中国的。19 个国家在中国获得了令中国人深为痛恨的单边权利和特权。外国军队和战舰不仅驻扎于沿海，也开进了内陆水域。另外，帝国主义深深渗入中国外围：英国在西藏，俄国在新疆和外蒙古，日本在东北。②

19 世纪和 20 世纪初期的清朝政府过于腐败无能，以致无法摆脱外国势力对于中国的钳制。当 1911 年清朝政府被推翻，孙中山领导建立共和政府之后，中国政府寻求彻底修改或废黜这些制度，却告失败。中国对 1919 年的巴黎和会寄予很大希望，但在列强未能拒绝日本对山东的主权要求之后，中国民众的热盼被浇灭。这导致了中国国内反帝国主义运动力量的增长，这从一次声势浩大的学生抗议运动遭到北京独裁政府镇压可以看出来，后者得到了从孙中山手中夺得政权的军阀的支持。

在以后十数年时间中，冲突依然继续。虽然孙中山曾竭力从西方理想中寻求灵感，然而未能从西方国家获得支持的现实使他将目光转向俄国，以期得到后者对他推翻北京政权的帮助。在这一时期纷繁的事件中具有标志性的事件有：蒋介石取得军事胜利和国民党在 1925 年重掌政权；国民党与中国共产党分裂而造成的长期内战；日本侵占东北并成立傀儡政权；日本 1937 年袭击事件，及其以后对华北、长江流域和沿海地区的长期野蛮占领。

国民党政府把首都从北京迁到了长江下游的南京（称为"南都"），这反映了其外部取向。但 10 年后，他们因日本的侵略而被迫迁往中国腹地深处、位于长江上游的西南四川省的重庆。这块肥沃的区域因赤色沙石形成的土壤被称为赤色盆地，同时也使得它成为中国的"稻米之乡"。在这里，国民党政府得到了盟国通过缅甸公路——从腊戍(Lashio)经云南到达重庆——以及第二次世界大战中通过从印度空运而来的物资援助。就在此前几年，中国内陆也为共产党提供了类似的庇护，后者于 1935 年在其"长征"中摆脱国民党军队的包围到达西北的陕西省。他们将总部设在陕西省北端的延安，直到 1949 年夺取政权,延安一直是他们的首都。

在第二次世界大战最激烈的阶段,美国和其他西方列强和中国签订协议,废弃 19 世纪单边强加给中国的租界和特权。随着日本、德国和意大利的战败,中国人以为帝国主义渗透的时代终于结束了。但是出乎他们意料的是,中国官员获知由罗斯福、丘吉尔和斯大林签署的关于远东地区的《雅尔塔协定》,竟迫使中国向俄罗斯出让领土和政治特权。

莫斯科获得了对一条在苏联控制下的新铁路系统的联合共享的权利,这一铁路系统将与中国东满与南满铁路线一起,将内蒙古和苏联远东地区与哈尔滨及大连连在一起。苏联还要求无偿租借大连商业港,恢复在旅顺的俄罗斯海军基地。另外,中国要无条件承认外蒙古独立。

这些 19 世纪和 20 世纪早期的帝国渗透的残余一直到 1955 年才告消失,此时苏联军队从东北撤走,中国收回对所有港口、基地和铁路的控制权。此外,虽说在共产党政权统治下的早期中国高度依赖其苏联盟友及其保护,然而这些战后的特权引起了对苏联帝国主义意图的怀疑,而且它造成了北京对莫斯科的敌意,而不久竟又导致中苏关系的破裂。

毛泽东时代(1949—1976)

至第二次世界大战末,共产党已控制了中国北部和中部内陆的大片土地。他们迅速控制了日本战败后占领这一地区的苏联军队移交给他们的东北地区。继后发生在北京的共产党与南京的国民党之间的冲突以 1949 年蒋介石军队战败逃往台湾而告结束,国民党将"政府"所在地设在了台北。

随着共产党接管政权,中国的导向再一次转向国内。在以后的 30 年里,这一制度的战略是大陆性的,先是从属于苏联,然后是作为一个独立的地缘政治力量与苏联展开竞争。中国的目标是独立自足。它与另一个大陆国家苏联的外贸在中苏友好条约、中苏联盟和中苏互助的形式下一直持续到 1960 年两者公开分裂为止。

对毛泽东来说,海洋性和对西方开放已经败坏和腐化了中国。他把西方影响的社会效果等同于上海富裕阶层的耽于享乐与腐化堕落,以及等同于在那些因受到外国支持的制造业与贸易而富裕起来的富人与数百万城市穷人两者之间的巨大差距,而给予唾弃。毛泽东决心告别大洋彼岸的世界,转而变成走依靠粮食自给和中国自然资源产出的自力更生道路。

大体来说,中国当时的出口产品是食品、纺织品和矿物,而进口的是重工业产品。与日本和西方的贸易——20 世纪 30 年代中国最重要的贸易伙伴——现在随着重心向苏联及其一些卫星国家转移变成了可以忽略不计的事情。

越南战争期间,中国为北越提供了大量的物资和军用设备。因为其外交政策的目标已变成将毛泽东的革命哲学传播到南美、非洲和亚洲,北京便向它试图施加影响的国家增加提供经济援助。但是,当时中国政府的主要重点还是本国的经济发展。在以前的东北地区,后来发现了国家最重要的煤炭和铁矿资源,在苏联技术人员的帮助下这一重工业基地得到迅速发展。

1957—1960 年间,毛泽东发起"大跃进"运动,期望把国家的发展重点放到腹地的农村地区。共产党政府让成千上万的人走出城市,进入到农村无数的农业公社当中。它还建立了数千个运用"住宅场院"火炉生产各种金属的小工厂,旨在实现地方自给自足的革命目标。把制造业放在腹地的目的是要减少对东北重工业基地的依赖,后者在战略上暴露在苏联威胁之下。但绝大多数生产出来的金属都是毫无用处的废品。

由农村公社化,以及连续三年自然灾害带来的社会动荡造成了农作物大幅度减产,饥荒蔓延,几百万的中国人在此期间饿死。"大跃进"是毛泽东反对 1956 年由赫鲁晓夫推行的去斯大林政策的意识形态的派生产物,它成了中国与苏联关系破裂中的一个重要因素。北京与莫斯科之间的敌意导致苏联在 1960 年停止对华经济援助,撤走技术专家。次年,两国间的敌意因为中国在苏联和地拉那共产主义政权之间关系出现裂痕之后站在阿尔巴尼亚一边而加深了。20 世纪 60 年代中苏分歧进一步加大,中国的强硬派反对勃列日涅夫提出的与西方和平共处的呼吁。就在此时,两个共产主义国家之间存在已久的边境争端还爆发成军事冲突。

1966—1976 年的"文化大革命"是中国另一场全国性的大劫难。毛泽东突然把五年计划放在一边,以牺牲农业多样化的代价将重点放在主要高产农作物的生产上。另外,他还发动了一场大规模的反城市运动,以便在广大乡村地区建立一家家分散的工厂。其目的不仅是分散工业企业,也是为了限制大城市的制造业增长。这一时期中国的工业产值急剧下降。"文化大革命"还让大批年轻人被动员起来,鼓励他们参加红卫兵,使得技术专家、教师、知识分子遭到迫害,同时又强化了对毛泽东的个人崇拜。大学关门,数千人遭到清洗。直至 1976 年毛泽东的去世,才结束了"文化大革命"的狂热,国家重新恢复了政治稳定和正常经济发展。

海洋性的重现:经济活力

在毛泽东的继任者邓小平的领导下,中国的农业摆脱了集体化,工业进行了现代化,与西方的外交关系也得到了恢复。中美建交的那一年即 1979 年,中国有 4 个沿海城市被宣布为经济特区,以吸引贸易、外国投资和技术。1984 年,又有 14 个城市加入这一行列,1990 年上海最终也进入这一行列。这些举措表明中国放弃苏联模式的中央计划经济,转向市场导向的经济体制,尽管仍然是处在共产党控制框架内。

从 20 世纪 80 年代开始,中国取得了显著的进步。国内生产总值已是原来的 10 倍,以购买力平价计算达到了 10 万亿美元以上,占全球经济增长的 1/4(包括对石油的需求)。对外贸易也爆炸式增长,2006 年达到 17 500 亿美元。一个中国共青团员(一个被派到农耕地区的城市青年)说:"毛主席建立了中国,邓小平让我们富裕起来,现在江泽民正领导我们走向未来。"③

中国依赖国际贸易,这已经占到了它国内生产总值的 1/4,接近美国和日本的比例。它已取代美国成为仅次于德国的世界第二大出口国,不仅出口廉价的纺织品和玩具,也出口高附加值的工业、运输设施和信息技术产品。美国是其单一国家中最大的出口市场,欧盟作为一个整体已成为中国最为重要的出口地。在其他地方,过去几年中国与印度、巴西、俄罗斯的贸易额都增长了一倍以上,它还与欧盟并肩成为撒哈拉以南非洲地区的主要贸易伙伴。

离中国大陆最近的日本、韩国和中国台湾地区,加起来在其贸易总额中占到 20%,它们还是中国大陆主要的投资者。中国的经济影响通过拥有美国的财产而得到提高,2007 年达到 13 000 亿美元,其中主要是债券(包括 4 000 万美元的美国财政部债券)。

然而,海洋性远不仅表现在经济方面。航海者的眼界是探索性的——寻求新的地方、新的观念和新的交往,代表着开放的体系。陆地冲突和威胁长期以来是中国主要的担心,所以其军事防御也是大陆导向的。对海洋性的新关注要求其彻底重新思考海军在未来的作用。

直到最近以前,中国的海军战略还仅适于让其与近邻区分开的水域。凭一小型的"近海"海军舰队,其能力局限在沿海军事行动,中国没有办法去干预美国和俄罗斯的大洋舰队,后者能够做到在海洋中长时间停留。共产党中国不能阻止美国的第七舰队阻挡它 1950 年对台湾有计划的进击,以及阻挡它在对国民党控制的近福建沿岸的金门岛和马祖岛进行密集轰炸之后威胁要进击台湾。越南战争把美国第三和第七舰队海军力量引入中国南海,在此美国海军大胆采取针对北越及中国的军事行动而未遇任何抵抗。

当苏联的大洋海军在美国从印度支那撤军而进入中国南海进行军事活动时,中国海军的弱点得到了进一步的暴露。中国与越南之间不断上升、最终导致 1979 年短暂边境战争爆发的紧张关系,使得与苏联结成一个更强大的联盟对于河内来说变得非常关键。作为两国新的军事协定的内容之一,越南把金兰湾的海军和空军基地租借给苏联海军,租期直到 2004 年。金兰湾是美国 1965 年扩建的深水港,美国在那里建立了主要的海军基地。当苏联人在 20 世纪 80 年代初期接管金兰湾之后,他们把它改造成了苏联境外最大的海军基地。驻扎在那里的舰队包括一艘航母和一百多艘潜艇,还有其他战舰和陆基轰炸机。另一个对中国新增的威胁是苏联在中国南海设置电子侦查站监听中国的通信,尤其是在海南岛周围。

中国海军处于劣势地位的近代历史,加上苏联的解体和北方边界陆地威胁的终结,激发了北京集中精力打造海军,扩展其海上影响。1992年,北京颁布了《中华人民共和国领海及毗连区法》,它要求以其大陆架延伸为基础,对海岸以外200英里宽水域拥有管辖权。根据这些法律,中国对台湾海峡全部水域提出主权要求,因而可以驱逐进入这一水域的外国船只和渔民。那些确实承认200英里专属经济区(EEZ)的国家只能在涉及捕鱼和开采水下矿藏时使用这一水域,但不允许空中和海上交通使用,不管是民用还是军用。

只要中国目前的海军依然保持为一支小规模、过时的沿海力量,它就不能对新的领海法的实施推行有任何作为。海军的转变开始于1994年,当时从俄罗斯采购了一流的驱逐舰、潜水艇和导弹,为中国海军人员建立了一套培训计划。这种新型战略关系是两个前敌人在那一年达成谅解的首个成果。从那以后,中国既致力于从海外购买舰艇和电子装备,也在开发自己在这些领域的生产能力行动中向前迈进。采购的范围包括俄罗斯的海军飞机以及2006年一艘来自乌克兰的苏联时代建造的航空母舰,它已经完全重建。

1999年,中国海军司令员石云生中将宣布一项10年的现代化计划,涉及的范围包括战舰、潜艇、航母、驱逐舰、护卫舰和导弹。④这项正式的宣告阐述了中国海军的使命,它以近海岸防御为重,而不是大洋海军能力。但是,提及航母以及随后针对印度和近太平洋地区组建第四支中国舰队的计划暗示,表明地区性防卫和计划更广泛的海上力量之间的区分只有语义学的意义。⑤鉴于越来越依赖从中东和非洲进口石油,中国对确保经过阿拉伯海、印度洋与马六甲海峡的石油运输的安全方面有着重大的兴趣。这种依赖性将随着工业扩张和消费需求的继续增长而变得更加重要。而恐怖分子和海盗对途经这些狭窄海域货船的威胁也是日本和新加坡等石油进口国和马来西亚、印度尼西亚等出口国面临的同样问题。东京与北京,尽管对彼此在共享海岸海域的海军建设相互怀疑,但对保护从中东和非洲来的石油运输线的安全方面有着共同的兴趣。

中国的海军建设伴随着其他加强在印度洋地区军事存在的措施。这些措施包括在孟加拉国的吉大港建造集装箱港口设施,援助巴基斯坦在瓜达尔建造深水港。中国正在支持计划中的一条从缅甸孟加拉湾实兑附近的一个新建港口,经缅甸到达中国西南部昆明的长1 200英里的油气管道的建设(为了加强在缅甸的影响,印度也同意在曼迪岛的皎漂建一个深水港,以方便到吉大港、仰光和加尔各答的中转贸易)。北京还和泰国商谈投资建造一条穿越克拉地峡的运河,这条长30英里的运河将绕开马六甲海峡,把安达曼海和泰国湾连接起来。

虽然中国现在拥有北海、东海和南海舰队服务于邻近海域的安全需要,但一支像石云生将军设想的舰队将具有相当的攻击能力,可开往日本海、菲律宾海、马六甲海峡和印度洋。面对美国海军的压力和日本海军力量的增长,中国把自己打造成拥有一支强大战略性海军的角色之雄心还是有限的,即使在其地区性海域以及拥有了一两艘小型航母也还是如此。这适用于它对台湾的威慑,而在中国南海最南端和孟加拉湾就更是如此,这里仍是印度海军占有绝对优势。尽管这样,中国在沿台湾海峡一带的空军、海军及导弹力量的营建规模已经足够被认为是对台湾地区的一个严重的威胁。自2001年以来,台北一直要求美国卖给它一流的驱逐舰和反导系统以及F16战斗机。北京当然强烈反对这类军火销售;华盛顿也已敦促台北接受它出售的更多常规性武器的要求。在承诺一旦台湾地区遭受中国大陆进攻时美国将帮助防御的同时,美国也不愿意提供台北会让其与大陆紧张关系进一步升级的武器。

一些专家警告,作为新"亚洲世纪"一部分的海军力量向太平洋地区的倾斜将会成为一个破坏稳定的因素。⑥只要以日本和澳大利亚为"锚"的亚太地区继续融入海洋地缘战略辖区,这些海洋国家与印度的联合海军力量将不止于抗衡中国的海军增长。对保持太平洋和印度洋海上航线开通的共同兴趣为海军合作提供了新的机会。

中国作为一个重要经济大国和贸易大国的崛起并不意味着大陆性作为一种地缘政治主题就将不复存在了。充其量,中国13亿人口中约只有1/3受到了海洋性力量的较大影响,将近2/3的人还生活在农村,其中约有一半是居住在华北、东北和腹地的农民。2007年10月召开的中共十七大宣布了创建一个"社会主义新农村"的国家计划。国家承诺对农村发展、土地改革、清洁水源和交通改善进行大量投资。计划还包括在重庆、成都和西安等内陆城市建立具有现代化产业的新城市化城区。

在未来几十年内,中国的大陆性与海洋性力量还将继续争夺主导地位。现在的政府能否成功解决这两个导向之间在经济、文化和政治方面的矛盾,依然是保持中国未来地缘政治稳定和国家完整的关键。

地理位置视角

不仅是一国的地理环境,而且包括它怎样看待这个环境,都会影响其外交行为。位置的"各种事实"会通过领导者向公众传输,成为表现在民俗传统和神话中的内容,并驱使将来一代代的领导人制定与这一视角相符合的外交政策。

几千年的以自我为中心的国家历史及文化态度,造就了中国的位置视角——中国是"中央王国"、世界的中心。⑦这一视角从一个地方发展到一个地区,再到一个全球地理范围。这一地方的空间感,可以追溯到中国还是若干个小国松散结合的时期,这些小国散布范围从中国北方到长江流域再到南方(前1500—前200)。这个中央王国以农业——文明世界的本质——与其周边地区区分开来。在这一播种世界边界以外的地方不值一提,因为那里住的是未开化的游牧民族——"野蛮人"。

地区性空间感形成于汉朝在公元前200年通过一个高度中央集权的政府统一中国之后。在此后的2000余年里,中国通过时断时续的对外贸易、从印度引入佛教,以及推翻其王朝的游牧民族统治者等与其他世界相遇。

在这一阶段的早期,中国人通过征服和对朝鲜及北部湾三角洲(Tonkin Delta, 618—907)殖民化到达周边地区。他们把这些地方视为非汉族的进贡国,为它们提供保护,但不将它们纳入中国地理空间内的省份。例外的是台湾,它在1622年从荷兰手中夺取和住进汉族人之前有一小部分原住民(1895年该岛被日本侵占)。

到这一阶段末期,即从18世纪至20世纪初,与欧洲人的遭遇使中国直面现代性的挑战。所有的对外接触,除了佛教的引入之外,根本未能对中国的文化和文明有任何改变。一个曾发明了文官制度(civil service)、手推独轮车、罗盘和火药的社会,没有什么要向"蛮夷"学习的。

从19世纪中叶至20世纪中叶,欧洲、俄国、日本对中国领土的侵蚀及其异域文化的传入,动摇了但并未改变中国人把他们自己看作世界中心的观念。他们的目标是赶走外国侵略者、恢复领土完整和地区性霸主地位。这一排外情绪充分反映在义和团运动(1898—1900)中。当时这个秘密的义和团组织,在慈禧太后的支持下,针对外国势力,包括基督教、铁路修筑和外国列强借以对中国国内广泛区域运用其经济、外交、司法和政策功能(包括军队驻扎和战舰停泊)的治外法权制度进行反抗和抵制活动。冲突迅速波及中国北方很多地方,但南方各省拒绝支持义和团运动。义和团占领了北京两个月,直到这一运动被英国、法国、俄国、美国和日本军队联合镇压。起义的失败使得外国的势力范围比以往任何时候都更牢固地刻在中国的地域上。

中国的共产主义革命,在马克思主义的领导下,引入了一个全球视野中的中国,它继续区别于世界其他地方,但作为革命的第三世界的领导者而在其中占据一个中央的位置。诺顿·金斯伯格(Norton Ginsburg)给出了一个中国人的世界模式,它由四个同心圆区域组成,第四层或外层将欠发达的乡村世界与资本主义和社会主义的两种都市区域区分开来。⑧这种全球观帮助中国人拒绝了从属于苏联的卫星国地位,同时又提供了一个针对西方的防御战略。中苏分裂之后,林彪提出这样一种观点,即中国可以利用其在第三世界的中心性位置,从在亚洲、非洲和拉丁美洲的农村据点出发,同时对西方和苏联实现反包围,从而打破沿中国周围划出的遏制圈。⑨1978年以后,邓小平及其继任者引入了混合的社会主义—资本主义经济,把重心从与海外意识形态的竞争转移到了在世界市场的竞争。

鉴于过去数十年来全球地缘政治体系内部发生的翻天覆地的变化,欠发达世界的战略中心性对中国的外交政策已失去意义。在撒哈拉以南非洲、拉美和东南亚等国家中推动共产主义革命的时代一去不复返了,追求在经济和战略上皆无重要性地区的影响对中国来说已失去了吸引力。对今天的中国来说,中心性的视角已经在一个新的地缘政治秩序中演绎变化,在这样的地缘政治秩序中,中国作为世界第三地缘战略辖区的核心,拥有处在心脏地带辖区和海洋辖区之间的中心位置的地位——独立于前两者之外,但在由中国选择的事务上与它们相互联系。对北京最具战略意义的地缘政治区是与俄罗斯、亚太沿岸接壤的地区以及因能源资源而日益重要的中东和撒哈拉以南非洲地区。

控制一个处在大陆辖区和海洋辖区之间的地缘战略辖区,中国可以扩大运用古典中心性视角,推行各种专门挑动其他辖区之间相互争斗的政策。用军事战略术语说,中国可与俄罗斯缔结同盟,而不必担心再处于被支配的地位。最近的例子就是中俄联合支持伊朗和叙利亚,扩大俄罗斯对华石油销售,在空间技术上与俄罗斯合作,以开发中国载人航天飞机。此外,随着其武装部队的升级,中国还向俄罗斯购买喷气式飞机、海军舰艇等装备。与此同时,与海洋辖区的紧张关系增加:就台湾问题、日本可能发展国家导弹防御体系和中国保护200英里专属经济区的制空权上,这是2001年4月的美国"间谍飞机"事件的原因。

在经济上,中国已发起全面行动试图扩大其对海洋世界的影响。这一过程是从过去30年开放经济以及中美恢复贸易正常化开始的。2001年11月,中国加入世界贸易组织,意味着在贸易、对外投资和进行外国公司贸易活动方面关税和其他壁垒的降低。开放北京市场,包括放开美国农业企业便宜农产品的进口,换来了中国在西方和亚洲沿岸市场的巨大扩张。这意味着走出经济孤立和减少自给自足成分,从而为中国的物质和经济状况带来了根本的改观。但制造业和服务业聚集在沿海的结果同时也意味着一种更大的战略脆弱性。这使得打造进攻及防御性的沿海防空、导弹和海上力量成为一种基本的战略要求。

中国共产党领导层体现了对其在推进经济改革的同时不会失去政治控制的能力的自信。这种混合型的经济体制是毁掉还是能保存现存制度尚有待观察,但是我们似应记得中国共产党在经过"大跃进"巨大经济失败和"文化大革命"的社会混乱之后还是生存了下来。到目前为止,中国共产党渡过了不稳定的时期,不稳定不仅出现在贫穷的内陆,它还出现在数千万涌向沿海城市的农民工中,后者还没有享受到出口经济带来的繁荣。

地缘政治特征

19—20世纪的外国帝国主义、共产主义革命和最近的对外开放等从本质上影响了中国地缘政治特征的形成,它赋予中国作为一个有组织国家历史发展的特征。以下即为对这些特征及其演变、意义和趋势的讨论。

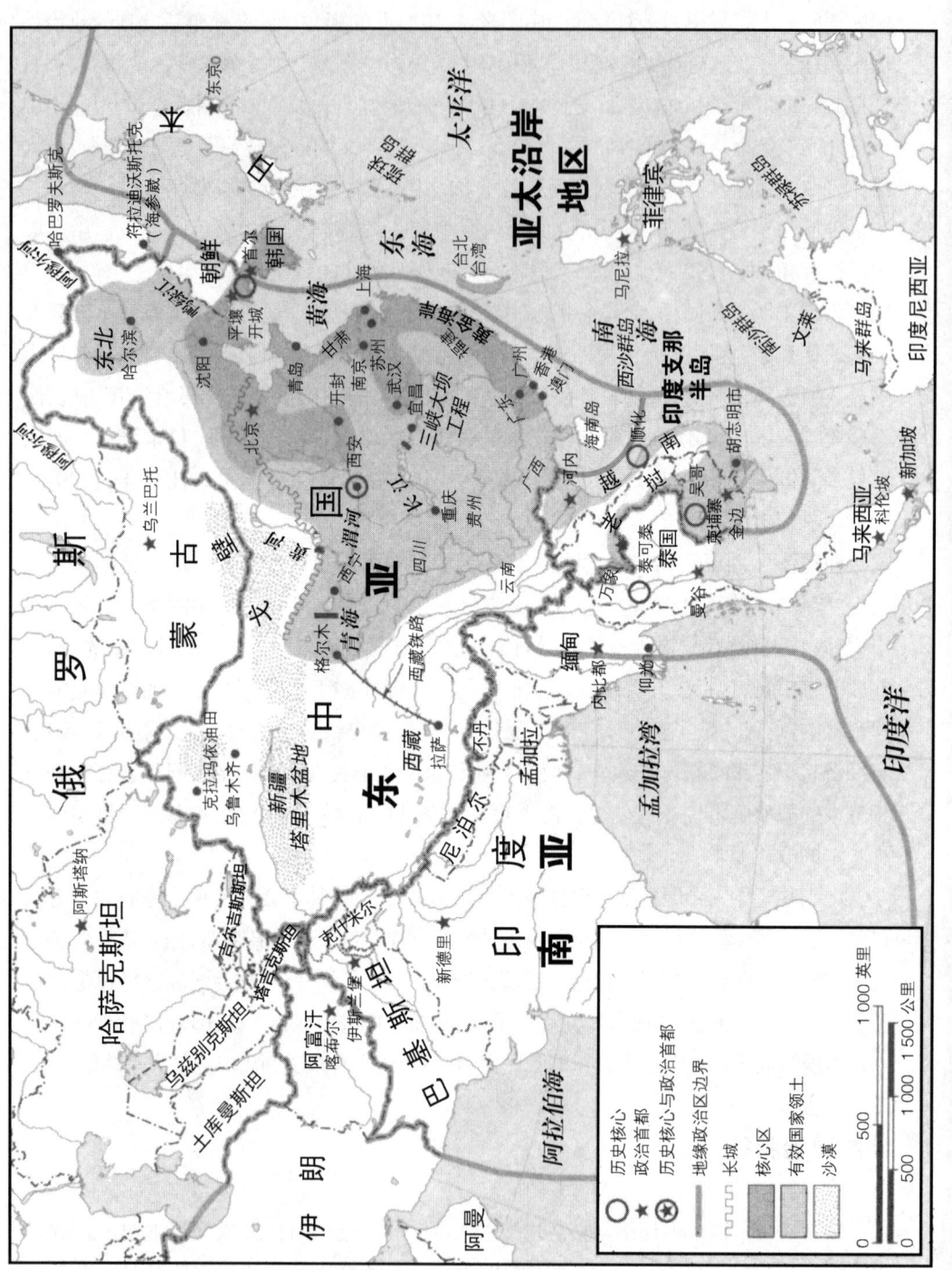

第九章　东亚地缘战略辖区

历史核心

中国第一个有历史意义的朝代殷(商)——其统治年代是从公元前1523年到公元前1027年——的地缘政治之根,是处在今天的河南省,华北平原上的黄河从此穿过。殷朝的都城之一,靠近河南省北缘安阳的一个地方,可以说是中国的历史核心——中华民族的摇篮。但是,这一时代的殷王朝只是建基于对一个小城邦国家的控制,后者对平原上周边城邦国家有支配权。

一种更可信的被认为是近代中国摇篮的地方可能是渭河流域。秦,第一个统一中国的朝代(前221—前206),将其名字作为国家的名字。它使中国的边界北部延伸到与内蒙古接壤的甘肃,西到贵州及云南高原边界,南到北部湾。秦朝的统治中心是咸阳,咸阳是当时中国最繁华的城市,位于今天华北的陕西省渭河之畔。不管哪一处被确定是中国的摇篮,可以明晰的是它位于华北内陆靠近黄河及其支流的地方。中华文明的大陆视角和内向性质,也许在很大程度上要归于从这一地区发展出来的民族感。

首都

虽然中国有过多个不同的首都,但在大部分历史时间里它们都位于北方,反映出中国的大陆性取向和侧重。宽广的渭河流域成为秦以后的几个早期朝代的首都,主要是因为这里雨水丰沛、土地肥沃,利于粮食与水果种植。秦之前的王朝周的首都(前1027—前256),位于长安,是毗邻现代西安市的几个地址之一。长安也是汉朝——秦以后的一个王朝(前202—220),它使儒家学说成为这个官僚国家的基础——的统治中心。长安也是唐朝(618—906)的政治中心,后者引入文官考试制度,把儒家文化推进到一个高度成熟的水平。咸阳附近这些不同的首都都位于从蒙古和新疆大草原到华北平原的东西向多草的重要通道路线之上,离渭河与黄河的交接处的渭河上游大约100英里。

开封,位于更远的东面的黄河边上,是五代和北宋(906—1127)的首都。这一位置控制了黄河平原的心脏。当北宋覆灭后,皇室逃往南方,他们将首都设在中国东海边、靠近长江口的杭州——这是北方内陆以外的第一个首都。迁都的目的是使政府统治中心摆脱来自亚洲内层的蒙古人的侵犯。

北京(中文的意思即"北方的首都")曾经是金代的首都(265—420),在1215年被蒙古人成吉思汗占领之前是各路诸侯的权力中心。位于华北境内的首都东迁随着这一次蒙古人夺取权力而告结束。忽必烈建造了大都,即今天北京的核心区域。蒙古首都在1267年从蒙古中部的哈拉和林迁移到了北京,北京被重新取名为汗八里或大都(Khanbaliq,蒙古文称汗八里,元朝称大都)。北京位于华北平原的北缘,是蒙古和中国东北两地的门户。依托这一新都,蒙古人获得了对当时已知世界——至今历史最大的陆地帝国——的1/3的控制权。

1368年推翻蒙古人统治并统一了中国的明朝,将其权力基础及首都放在长江边的南京,但1421年将其迁往北京。明朝最引人注目的中心紫禁城是世界上最大的宫殿建筑。当17世纪满族人从北方杀入中原建立起他们朝代的时候,他们保留了北京作为首都。

北京有独特的战略优势,使它成为一座理想的位于前沿的首都。其西北50英里处是通往蒙古的要道南口关的北端,这条要道提供了一条连接中亚交通干线的安全道路。往东不到200英里,长城终止于海边,而这一地点成为满族人安全往返中国东北的门户。还有一个优势是北京与华北其他地方以及华中——具有重大历史意义的"南都"南京的所在——长江三角洲地区之间不存在自然障碍。19世纪中叶以后,上海通过大运河加河道的结合连通华北。这条水路一直流向北面,横穿黄河,然后向上到达天津,从这里它继续流往北京,或直至大海。上海通过长江也可以与中国西部相通。

那些发生首都迁往华中沿海的时期体现了海洋性的吸引力,但时间十分短暂。南京曾是3—6世纪的中国的首都,也是从1368年到1421年明朝的权力中心。当孙中山的革命力量在1912年夺取权力,南京就成了孙中山的第一个首都。在接下来的十多年的混乱中,广州、北京、汉口交替成为这个国家的政治中心。

1928年,蒋介石再次把南京定为中国首都,10年后,因南京被日军占领而迁往重庆。1949年,中华民国败于共产党,后者使首都重归北京,直到现在。因此这又一次证明,政治中心是在北方。虽然经济现代化和扩张发生在华南和华中沿海省份,北京也未被甩在后面,因为政府对城市现代化进行了大量投资。体现在这些双重权力中心中的大陆性和海洋性视界的混合,构成对中国的陷阱,同时也为中国带来机遇。

核心区

中国现在的核心区从距越南边境几英里的南方沿海地区,经广东、香港、福建再伸展至上海、长江下游流域和中部沿海的长江三角洲。从这里,它向两个不同方向延伸:向西,往上游方向到长江中游流域;向北,经北京和华北平原到达沈阳和东北南部。这一广大的经济与人口核心区的总面积是58万平方英里,拥有7亿以上的人口。

珠江三角洲地区因有香港核心区经济活力和广州制造业的带动,占到中国出口的40%和经济总量的10%。据官方统计,这一地区人口有2 500万,但未计入的流动工人应当也有好几百万。香港作为国际金融服务中心,吸引着大批跨国公司和投资者,是这一核心区增长和扩张的重要推动力。英国统治留下的遗产,包括普遍使用的英语、西方的立法体系和国际通用的公司治理标准,使香港成为一个具有特别吸引力的地方。[⑩]除了过去10年已有50万内地人来此定居,香港还吸引了同样多从广东过境来的日班工人,以及旅游者和购物者,他们在香港的经济与文化景观中留下了他们的印记。

核心区向西铺开,越过了长江中游流域的武汉城市集合带和富庶、多湖的农业区域,直到被长江三峡挡住。长江三峡就从宜昌开始向上延伸,宜昌是长江航运的上游,距海1 000英里。正是沿着这一长度近120英里的三峡江段,1993年开始的三峡大坝和水库系统第一阶段建设在2006年完工。这一极为庞大的水力发电、洪水控制、航运、灌溉,以及工业和农业土地利用项目工程形成了一个重新安置将近150万人口以及淹没了无数历史遗址的大湖。环境保护主义者曾强烈反对这个项目,认为除了毁坏、泥石流和重新安置人口,中国根本不需要再增加国家电力供应的产能。而赞成者认为新的水电将使政府能够淘汰许多燃煤发电厂。中国现在80%的能源依赖化石燃料,其中大多数是国内的煤炭。石油消费也在快速上升。中国现在每天要进口300万桶以上的原油,或将近与国内生产一样多的原油。由于对化石燃料的依赖,中国已成为世界上遭深度污染最严重的国家之一,大城市中的空气污染已经严重危害了人体健康。随着2002年三峡大坝项目的竣工,又有400万人因而迁往重庆,⑪ 一个新的核心区可能会出现,将重庆及其西北地区纳入四川省的红河流域,后者是现有有效国家领土的一部分。

以"中国的芝加哥"对外宣称的重庆既是一个城市,同时也是一个相当于省级地位的地区。这一超过3 300万以上人口的地区包括分布于长江沿岸的数千个城镇和村庄,其中大部分在农村。重庆城市本身有400多万人口。依靠政府的大量投资,重庆发展成了一个重要的制造业中心,吸引了大批因为不愿意失去其土地权利而保留了农村或城市户籍地位的农民工。充满雄心的政府计划是要对这一地区的很多地方进行城市化。因为附近有煤炭、铁矿和油田,重庆还形成了令人注目的大型汽车产业、钢铁工业和炼油厂、化工厂。重庆有高速公路和铁路与四川的省会城市成都相连。后者是拥有1 300万人口的大都市和区域中心,位于四川省主要农业区的中心地带。

另一个招致环境保护人士批评的项目离这个核心区很远,位于中国西南的云南省。在那里,湄公河(澜沧江)上游,一个大型水力发电站项目正在进行之中,总共8个大坝中第二个已经于2003年年末建成,第三个大坝预计于2013年完工。这些大坝产生的电力服务于云南省会昆明市以及整个云南的发展需要。这一工程在减少湄公河下游洪水泛滥的同时,也会威胁到柬埔寨的渔业,减少流往老挝的淤泥。

在长江以北,核心区包括下游平原的江苏省和安徽省内由淮河蜿蜒流向三角洲时流经的那部分地区。再往北,人口与经济核心区逐级进入华北平原,包括黄河下游流域及黄河三角洲省份的河南与山东。然后它继续往北穿过黄河平原和河北省到达北京、天津和渤海湾。从那里,核心区进入了东北南部的辽宁省,此处以沈阳、抚顺和鞍山工业联合带为中心。

中国13亿人口中约有一半居住在核心区,即居住在面积只占全部国土369万平方英里15%的土地上。在许多地方,人口密度已经大幅超过核心区每平方英里1 300人的平均数,不仅在城市区,而且也在土壤非常肥沃的沿海和内陆平原及村庄,在那里数以千计的农村村庄吸引了中国大多数的农业家庭。农村人口仍然占核心区人口的大多数。

随着中国推行市场经济,在经济核心区内部,以及在核心区与其他地方之间的收入分配,已变得越来越趋于不均。广东和浙江的人均收入最高,上海、北京和天津等城市中心人均收入特别高。而香港和澳门的人均收入可与世界最发达国家媲美,是整个中国平均水平的5倍多。

核心区内部的经济不平等也很明显,不仅在农村与城市之间,还有城市与城市之间。因农村集体解散而离开家乡的1亿多农民中的许多人从像安徽、广东和山东这样的核心区农村地区迁往城市。因被列为没有永久居住证的临时工,他们只能从事收垃圾、建筑行业、马路商贩、家政工作,或工厂非熟练岗位等工作。他们住在散乱分布的简易工棚或者非法搭建的出租房里,忍受贫困和歧视,没有医疗保障,子女也难以接受教育。但是他们不能或不愿意返回家乡,那里连工作机会也没有。这一人群代表了一种长期变化中的人口,它将继续随着农村人口的饱和、农业的现代化和中国对国外粮食进口开放度的提高,即随着政府寻求对外贸易经济的更加开放而增加。

就像临时工代表着一个潜在的城市不安和政治不稳定的根源一样,位于腹地、北方和东北地区的核心区中以及核心区以外已经成为工业衰退地带,或可能受到国有企业萎缩影响的那些区域的工人也同样如此。失业在核心区北端即东北南部非常普遍,这里因为拥有丰富的煤炭、铁矿和石油矿床可资利用而有着太多的中国重工业企业。包括大型钢铁厂、铝厂、造纸厂、机械厂、拖拉机厂、柴油机厂、飞机厂、化工厂和炼油厂。随着现在这些工业的陈旧过时和失去效率,同时也由于国有企业现代化过程中一些企业实行了私有化,有多达1/5的工人遭裁减。核心区之内和之外的其他国有大型工业,比如华北和四川的国有汽车厂,或者山东的大型钢铁厂和铝厂,也将面临同样的命运。

北京作为中国第二大城市,人口逾1 000万,同样也有大型工业综合体,生产钢铁、化工、塑料、机械和电子设备,其中许多已经被淘汰。它们的减员早在20世纪70年代和80年代就因为对污染方面的担心而开始了。近年来产业已实现了现代化。政府投入大量资源,要把首都打造成展示中国经济实力的窗口。为迎接2008年夏季奥运会,北京为减少空气污染作了特别的努力,但问题依然存在。

在腹地和华北的非核心区的那些地方,国家还控制着60%—80%的工业产量,其中很多都是按照苏联模式形成的。这一部分现在与核心区中由外国资本和中国的风险企业建立或实现了现代化的更高效率的工业企业展开竞争。这些新产业是中国的"黄金海岸"——出口驱动型经济的所在地,这里的人均收入比内陆腹地的高出5—10

倍——的基础。

在外资蜂拥进入的广东和福建,对现代工业的引进最为显著。位于深圳四周中国版的"硅谷",生产各类有关远程通信、医疗技术、工程、电子和计算机硬软件等产品。而在附近的村镇,有数百个小工厂在生产包括玩具、照明装置、鞋类、服装和纺织品的消费品。南方沿海这部分地区的繁荣始于从香港工厂和技术产品向广东的转移中得益。这个转移在香港1997年回归中国之前就开始了,在这之后转移的速度愈发加快,以致很多贴着"香港制造"标签的产品其实都是香港境外制造的。香港的繁荣,因现在已经不是一个重要的制造业中心,主要是基于其作为中国的商业、金融中心以及它的集装箱运输港口的角色。香港的金融和商业力量是带动南方工业发展中的一个重要因素,而作为世界最大的港口,现在处理着中国将近一半的出口,但部分中转贸易被那些自中国加入世界贸易组织以后受益于直接进口的中国港口占去。尽管中国台湾地区也同样加入了世界贸易组织,然其绝大多数到中国大陆的货物还得经过香港中转。香港占绝对优势的金融和商业权重,还有其先进的技术,使它仍保持着在中国南方经济发展中的领军地位。

沿海岸线向北,福建省——其海岸距离台湾100—150英里——制造业的发展在很大程度上要归功于台湾地区的投资和贸易。台湾2300万居民中大多数都是18世纪和19世纪从中国南部、中部沿海地区迁移过去的华人后裔,操福建、广东和江苏通用的闽南语或客家话。岛上绝大多数居民集中在宽阔的西部海岸平原,后者面朝大陆,背倚台湾岛中部和东部拥有浓密森林的山地丘陵和山脉。

这种密集的农业与制造业活动的集中,以及其拥挤的城市中心(中国台湾地区城市化超过70%),构成了台湾的核心区,它在功能上正快速成为中国大陆核心区的一部分。如果中国大陆与台湾地区达成统一协议,这两个核心区也将会完全融合。

再往北,沿浙江省的海岸,温州已发展成为中国私营企业的重要中心,生产从纽扣到电子元器件的各种产品。中国最大的城市和工业中心上海,人口超过1300万,总城市化人口2000万以上,它的繁荣越来越多地依赖轻工业,比如电子元器件、计算机软件、印刷等,以及由外资开发的企业,比如大众和通用汽车等。另外,上海还保持着其传统的大型钢铁、纺织、造船、机械、化工和炼油基地,它有一个重要的港口,包括深水集装箱设备,是中国最大的金融和商业中心。一个新的世界级的"硅谷",以生产信息硬件产品为主,正在沿上海向西延伸至苏州的一条60英里走廊上发展起来。其支撑力量来自台湾地区的资本投资和大规模的制造业外包,以及为临时或全日制工作从海外回来的工程技术和管理人才。

中国的"黄金海岸"的经济力量是中国20世纪80年代到90年代年均8%的国内生产总值增长,以及以后平均超过10%的经济增长的基础。但是,就是这种繁荣包含了因不同群体之间的差距拉大——表现在雇主和雇工之间,来自农村地区的临时打工者与拥有固定工作和住房的城镇居民之间,高技术行业老板与那些在传统消费品行业劳动者之间的薪酬悬殊之间;以及在生活和工作条件方面的差异——而带来的政治不稳定的种子。

前文提到,环境污染是中国核心区中频繁的经济活动所带来的另一个大问题。中国是世界最大的煤炭生产国和消费国,也是世界上重要的原钢生产商,后者是造成大范围空气及水污染的重要原因。工业和居民用电消费现在基本上是靠软煤发电厂来满足的,这些增加了酸雨量,从而影响了核心区的农场、水源供应和城市百姓生活。汽车因经济繁荣和数千里现代公路的建设而快速增加,这也大量造成了污染水平上升,特别是在大城市。

中国虽然是世界上主要的石油生产国之一,但国家总需求的一半要依靠进口,而总需求还在继续上升。从非洲进口的石油百分比,现占总进口量的1/3,将来有望进一步提高,因为中国各国有石油公司已经对次大陆以外的石油开发项目进行了大量投资。中国主要的石油进口地为中东、撒哈拉以南非洲和俄罗斯。这导致了中国越来越多地卷入了这些地区的石油政治之中。一个例子是北京与俄罗斯一起在伊朗与西方之间就伊朗的核武器制造能力问题进行斡旋,因为中国同时需要从俄罗斯和伊朗进口石油和天然气。另一个例子是中国不愿意在达尔富尔冲突问题上对苏丹施加外交压力以及它对安哥拉贷款和大量投资。中国对能源的需求是如此之大以至于中国有望在2010年之后不久取代美国成为世界上最大的能源消费国。

石油因素使得北京在对西部新疆维吾尔自治区——人口以维吾尔族穆斯林为主——的分裂主义运动的担心之外又增加了一个战略维度。对于中国经济具有重大意义的是靠近哈萨克斯坦、俄罗斯和蒙古边境的克拉玛依油田以及新疆西南部的塔里木盆地沙漠的石油及天然气储量。

有效国家领土

中国的有效国家领土(ENT)包含的区域包括从东南部的广西和海南到西南部的贵州和云南省的东部。有效国家领土然后向北延伸到四川省东部的四川(赤色)盆地再到陕西的渭河流域和四川省北部肥沃然而干燥的黄土地,在此它受到西边的甘肃东部和东边的山西的夹围。它北面的范围包括长城南面(宁夏回族自治区)内蒙古西南部的一个狭窄的边沿地带。这一边沿地带沿与长城交界的干燥多草的高原向东延伸,直到进入逐渐宽阔的东北地区中部和北部的草地。

虽然这类地区在中国的核心区周围形成一个半圆,它们的发展总体来说还是因为与核心区存在的地形屏障、遥远的距离以及低水平的交通线路而受到阻碍。这与俄罗斯和美国的有效国家领土形成鲜明的对照,后者与它们的核心区之间没有间隔的自然屏障或很遥远的距离,而是直接毗连在一起。正因为如此,这两个重要大国的人口与经济核心区得以扩大成为在其国家中容易开发的地区,因而也就更容易成为自然增长的安全阀,或者作为吸收新移民的区域。

相反,构成中国有效国家领土的区域已经有大量的人口定居,拥挤在沿像长江中游和黄河中游这样的地区。将近120万平方英里的地区居住着4.5亿人,总人口密度每平方英里达到430人。在这一地区,很多适宜农耕的地方因为能获得水源的可耕地有限的缘故,处于人口过剩已有很长时间了。用于畜牧的草地的承载能力也被过度利用,而城市中心则背负着低效工业的负担。

政府的政策是将有效国家领土尽可能多地城市化和工业化,以期提高腹地农村居民的生活质量,阻止流动工人大批拥入核心区。这一努力是对使有效国家领土工业化努力的呼应,后者的结果是喜忧参半,尽管内陆地区有丰富的能源资源及矿产。在20世纪60年代和70年代,毛泽东把中国很多的重工业和军事工业从战略上易遭攻击的沿海地区和东北地区迁往腹地。对受美国或苏联核攻击的担心驱使中国政府在四川、贵州、云南、甘肃的峡谷和岩洞里建立了一个"三线"(Third Line)地区。取名"三线"是为了区别于沿海的"一线"和长江中游的"二线"。

在历时10年的"文化大革命"期间,毛泽东竭力贬低受教育阶层,把许多小工厂搬到农村地区,而迁往腹地是采取了一种革命主义的意识形态逻辑理由。将近一半的国家投资花费在将数百个关键产业迁往这些偏远的省份。核武器及弹药厂、军事研究室、钢铁厂、卡车装配厂通过新建的公路和铁路搬运,同时建造发电厂以供工业所需的电力。历史已证明"三线"构想是对人力和财力的巨大浪费。

在过去的30年里,这些偏远地区的大工厂要么关门,要么被迁往四川的重庆、成都,贵州的贵阳,云南的昆明,陕西渭河流域的西安等内陆中心城市周边地区。它们大多是大型国有企业,生产钢铁、机械、化工、纺织、铝、机车。因为受设备陈旧、管理落后,离市场路途遥远,得不到进行现代化所需的国外投资等因素困扰,它们大多数继续靠国家的补贴维持生存。为了吸引外国投资,现在这些工厂正在进行私有化。而新的产业,如电子、远程通信设备、摩托车、电视机设备和金融服务企业等,正在蓬勃发展,但就业面还小,不足以吸收那些从关闭的或者萎缩的传统基础工业的旧工厂中出来的工人。所以中国的内陆省份仍然是最贫穷的。尽管北京发起了一个"西部大开发"战略,以吸引有效国家领土中以及国家空旷区中的年轻人,然尚无证据表明这样一场战略有可能会吸引到足够的定居者,从而解决人口过剩问题。⑫

空旷区

中国的空旷区十分广大,面积差不多200万平方英里,占全部国土面积的80%,人口4 000万。空旷区中的省份有西藏、新疆、青海、四川西部、甘肃西部、陕西北部和内蒙古的大部分地区。这里主要是沙漠和贫瘠的高原。空旷区每平方英里20人的人口密度,掩盖了人口分布不均的事实。就大部分地区而言,人口密度为每平方英里2人或更低。但是,相当一部分人口集中在城市绿洲中心,尤其是集中在新疆西部塔里木盆地沙漠边缘,以及这个自治区北部的大草原和准噶尔盆地半沙漠化地区。

中国空旷区的相对地理位置与美国和俄罗斯有很大不同。美国大陆空旷区东接美国有效国家领土,西接太平洋沿岸核心区。只有南面及其北面沿洛基山脉与墨西哥和加拿大接壤。阿拉斯加单独的空旷区与加拿大、俄罗斯相邻。俄罗斯的空旷区距其邻国也很遥远,除了与阿拉斯加对面的白令海峡毗邻的土地,这一地区位于俄罗斯核心区和有效国家领土的北面和东北面,一直延伸到北极的地方。

相反,中国的空旷区则与11个国家接壤,从而为中国的人口密集核心区提供了预防充满敌意的陆地入侵的一道具有纵深的、防御性的战略空间屏障。它还为北京提供了前沿基地。

中国正在建设和改进空旷区和东部地区之间的交通线路,包括重修北京往拉萨的公路,修建青海省格尔木至西藏拉萨的680英里长的铁路。这条铁路从格尔木通往西宁,并与中国的铁路大动脉相连。这条铁路在西藏境内的大多数路段海拔都在1 300英尺以上。它必须穿越1 600英尺以上的山口,是世界上海拔最高的铁路。建造这条铁路在经济上可以开发西藏的石油和黄金资源,以及向中国其他地方输出肉类制品。

在新疆北部,哈萨克斯坦边境附近的克拉玛依油田与省会以及炼油中心乌鲁木齐连接在一起。在新疆南部,已修建了一条横穿塔克拉玛干沙漠的公路,以促进油田开发。沿沙漠北面,一条长1 000英里的铁路已经竣工,把邻近吉尔吉斯斯坦和塔吉克斯坦的维吾尔族文化中心喀什与乌鲁木齐连接起来。而喀什通过另一条长800英里的喀喇昆仑公路(又称中巴友谊公路)与巴基斯坦的拉尔瓦品第相连。一条从塔里木盆地通往上海的天然气管道也正在规划中。这些工程具有双重目的:一方面便于开发空旷区的财富,另一方面可以抑制分裂主义势力。从长远来说,北京应该寻求一种既能尊重西藏和新疆自治权利,又不干涉其政治、宗教和经济事务的解决之策,但保留中央政府对防务和外交上的权力。

空旷区对中国还有其他重要意义。北疆的准噶尔盆地蕴藏着丰富的煤、铁、锡、金、银、铀等矿藏,以及已经提到过的大油田。这是这一地区工业化的基础。在新疆的制造业和服务业中心乌鲁木齐,已经形成有钢铁厂、炼油厂、机械厂、化工厂和汽车厂。另一个工业中心,甘肃北部的玉门,是中国年代最久并且还在开采的油田,西北部丰富的石油资源是它的依托。这一地区的矿产还为轻型非铁类金属冶炼业提供支撑。此外,前面提到过的新疆塔里木盆地下面也蕴藏着一大片的石油和天然气矿床。

空旷区还有一个战略价值,那就是为航天发射和核试验提供了基地。位于甘肃北部玉门东面的酒泉、四川西南康定南面的西昌,都是中国主要的卫星发射场。直到 20 世纪 90 年代,这些秘密地区才开始向外国游客开放。另一个卫星发射场在山西北部的太原附近。中国的核试验基地还设在内陆腹地深处,如新疆中部的塔里木沙漠、西藏东部的玉林城附近、内蒙古等。

中国已经签署了《全面禁止核试验条约》。作为五个核大国之一,它还和其他国家一起承诺最终彻底销毁全部核武器。但是,北京在签署《全面禁止核试验条约》后还在寻求用于和平目的的核试验,所以不会关闭位于空旷区的核试验场。当然,随着对远程通信需求的上升,作为用于商业目的的卫星发射场的重要性会继续提高。

边界

中国在陆地边界上与印度和苏联存在争议和冲突,在南海的南沙群岛和西沙群岛主权问题上也与数个国家存在争议。

在 4 500 英里的中苏边界上产生的争议,曾导致两国于 1969 年爆发冲突。为了争夺符拉迪沃斯托克(海参崴)北面乌苏里江上的珍宝岛,发生了正式的战斗,而对于新疆与苏联之间在现在的哈萨克斯坦境内的边界划分也多次发生冲突。

随着哈萨克斯坦和吉尔吉斯斯坦摆脱苏联的控制,中苏边境线也缩短到了 2 300 英里。近年来中国和俄罗斯关系有所改进,边境的紧张气氛得到缓解,双方均撤回很大一部分军队。在黑龙江、乌苏里江交汇处以及黑龙江上一些以前存在争议的小岛,也于 2004 年划定了边界线。中国新疆与塔吉克斯坦的边界划分还有待解决,但这不构成关系紧张的原因。

最严重的边界争端还是在中印之间,[13] 它曾导致两场战争,直到 1999 年两国边境贸易还处于关闭状态。两国于 1999 年达成在边界进行部分非军事化的协议。中印间的第一次冲突是 1959 年发生的朗久事件。

第二次比较大的战争 1962 年发生在喜马拉雅山的东面边界和西端边界。在此中国的主权要求包括印度最北面查谟和克什米尔邦的拉达克地区和巴基斯坦的最东北部地区。拉达克有"小西藏"之称,在民族和地理上与西藏联系紧密。这一地区大多数居民都是信仰喇嘛教的教徒,直到 19 世纪遭英国人入侵时才从西藏分离出去,和克什米尔地区合并。印巴分治时,拉达克被印度和巴基斯坦一分为二。1959 年这一地区发生多次小规模的战争,1962 年,全面战争终于在中国修建的喀喇昆仑公路边爆发。* 这条公路从拉达克北面无人居住的阿克赛钦地区经过西藏西部到达新疆,它对中国具有战

---

* 原文如此。实际上当时这条公路尚未开始建设。

略意义,所以必须捍卫其安全;而对于印度,中国军队控制上述地区就意味着印度北部的高原全部暴露在中国面前。喀喇昆仑地区也是中国通往巴基斯坦控制的克什米尔和巴基斯坦北部边界的中转站。

1962年的中印边界战争以中国的胜利而告结束,中国军队控制了5 985平方英里的土地,约占拉达克面积的40%。让事情更复杂的是,中巴于1987年签订条约,将喀喇昆仑山口作为边界,接受了中国对争议地区3 000平方英里的领土要求。此外,中国军队继续控制阿克赛钦西部区域和西藏西南边界的两小块地方,后者曾是1959年战争中的争议问题。2005年,两国同意消除在阿克赛钦和克什米尔北部的紧张关系。

在1962年的中印边界战争中,中国还进攻并占领了印度"东北前线局"。停火后,中国把军队撤回至印度与西藏边界的一条控制线,也就是"麦克马洪线"以内。这条线是英国人于1944年划定的。但是,中国还是保留对这些地区的领土要求。1986—1987年,中印军队再次在西藏藏南地区爆发冲突。10年后,两国在控制线附近达成禁飞区和部分撤军协议。

在喜马拉雅地区存在的另一争议与锡金有关。印度于1975年吞并了这个山地王国,但北京还是坚称这个信仰佛教的小国是独立的。西藏曾统治该国长达两个世纪,19世纪中国是它名义上的宗主国。

其他两处中国与陆地邻国存有争议的边界,一个是位于中国和朝鲜边境鸭绿江和图们江上的小岛,另一个在中国和越南边境。中越曾于1974年爆发冲突,这一冲突以中国在1979年向前推进700英里而达到顶点。越南和柬埔寨之间也爆发过战争,战争使柬红色高棉政权垮台,建立了越南支持的政府。[14]

中国的海疆也存在多处争议地区。中国和越南在北部湾的争端源于越南害怕中国控制"东海"(中国南海),进而把印度支那半岛作为跳板进入东南亚。1999年和2000年,两国达成两个协议,解决了中越陆地边界和海上边界以及北部湾渔业权利的争端。

此外,中国南海沙捞越浅水滩和印度尼西亚的纳吐纳群岛这两个地区都蕴藏着丰富的天然气,中国宣称对此拥有开采权。纳吐纳海岸有世界上最大的油田之一,因而争夺特别激烈。纳吐纳群岛位于印度尼西亚加里曼丹省最北端130英里的洋面上,油田与纳吐纳的东北端相连,距离南沙群岛不到200英里。这些岛屿附近蕴藏丰富石油,中国大陆、越南、中国台湾、马来西亚和菲律宾都宣称对此拥有主权。2005年,中国、越南和菲律宾签订了联合开采协议,中越在那里都设立了工厂。

中国还认为对无人居住的钓鱼岛拥有主权。日本认为这个小岛是先岛(Sakishima)群岛的一部分,后者位于琉球岛南端,隶属日本冲绳县。

西沙群岛也是海上冲突所在地。西沙群岛位于距中国大陆海岸线不远的中国南海,越南宣称拥有主权的几个岛现为中国所占据。我们将在"亚太沿岸地区"一章讨论这个问题以及中日东海边界争端。

美国在寻求与中国的战略联盟时,必须考虑以上的边界争端和中国希望统一台湾的长远目标。认为北京能够把经济政策与地缘战略目标分割开来,它会为了扩展国际贸易而放弃战略目的可能只是一厢情愿的想法。

东亚边围带

环绕中国大陆海岸的半岛和岛屿链在东部合拢。这一岛链由朝鲜半岛、台湾岛、菲律宾群岛和印度支那半岛组成。因为韩国和菲律宾属于亚太沿岸地缘政治区的一部分,又在美国的军事保护之下,中国的战略目标至少在当下有这几个地方:朝鲜、印度支那半岛上的越南、老挝、柬埔寨。

过去半个世纪的很多时间里,苏联在朝鲜抗击美国和在印度支那各国抗击美国和法国的战争中既与中国合作,也展开竞争。现在俄罗斯的影响衰退,但仍然不可忽视。它在朝鲜问题上,担当了一个调停者,而不是介入者的角色,正如它在促进推动朝鲜、韩国统一的会谈方面表现得很积极。在越南,它通过销售先进武器给河内加强两国曾经的战略伙伴关系。不过,与俄罗斯相比,中国在朝鲜和印度支那问题上拥有更大的地缘政治影响力,甚至超过了苏联。是中国把朝鲜带到了谈判桌前,并于2007年创立六方会谈,讨论非核化问题。现在直接冲撞的两大地缘政治战略辖区不是海洋辖区和大陆辖区,而是海洋辖区和东亚辖区。

在朝鲜和印度支那半岛两个地方,中国都必须明智地运用其战略优势处理与这些久经战斗锻炼、心怀嫉妒地捍卫着自己独立的国家的关系。为了能使它们坚定地加入东亚圈,北京将必须要在满足相互战略需求的基础上,而不是试图通过建立一种支配—从属的关系来发展伙伴关系。

中国台湾地区

中国台湾地区对于中国大陆既是机遇也是挑战。面临美国的反对,中国大陆现在还缺乏从军事上统一台湾的海空力量。直到最近,北京和台北地区行政当局都已经达成一致意见,即台湾在政治上不能与大陆分开。台湾的大量投资是中国黄金海岸发展的一个重要因素。但是,台湾从经济上和地缘政治方面讲都是亚太沿岸地区和海洋世界中的一个成员。只有当一个能够使该岛作为连接两个辖区的桥梁或门户的地缘战略结构发展成熟之时,中国才有可能实现它的战略和历史性目标。

随着2000年独立组织的兴起,找到解决台湾问题出路的需求对于中国来说也日渐迫切。曾在2000年把国民党赶下台的民进党,把台湾与大陆的关系重新界定为"国与国的关系"。这发生在台湾经济从与大陆的紧密经济联系中获得很大益处之时。目前台湾有近40%的出口去向大陆,而大陆也已成为台湾仅次于日本的第二大进口源。台湾资本投资和工业零件分包是中国成长为经济强国过程中的一个重要力量。所有这一切给台湾2 300万人带来很高的生活水平。

2007年,台湾地区新政府要求独立的声音变得更加尖锐刺耳。但民意调查显示,绝大多数台湾人对于两岸的现状是满意的:台湾是东亚经济"老虎"之一(即亚洲四小龙之一),国内生产总值总量达到7 500亿美元,外汇储备也是世界上最高的地区之一。

也许对争端双方都可接受的是"香港加"模式,它给予台湾比标志香港在中国主权框架下的现有地位的"一国两制"更大的自由。台湾不会答应少于百分百的经济、文化和政治自由条件,包括保留它自己选出的立法机构,而中国1997年与香港的协议只是保证后者现有经济体系"50年不变"。一个允许台湾保留其与紧密相关的邻居,如在亚太经济合作组织(APEC)中的成员的特殊贸易联系,或者允许它加入东盟(ASEAN)的邦联形式的政治框架,或许能满足台北的意愿。

从中国大陆的立场来看,保持和增加来自台湾地区的投资是必不可少的。中国大陆几乎一半的外资用在电子产业,而台湾地区的计算机公司占了其中超过1/2的投资。借鉴允许乌克兰和白俄罗斯拥有联合国成员地位的模式,中国或许能同意恢复台湾在联合国会员的一席之地(1971年台湾被驱逐出联合国)。中国是安理会常任理事国,这么做不会对"中国联邦"在联合国中的地位有任何损伤。这样一种协议将包括允许台湾保留自己岛内的警察部队,同时确保中国对台湾及吕宋海峡的战略监督。

一小步,然而或许是迈向最终政治协定非常重要的一步,是台北与北京签订这样的协议,即允许在有牢固防御工事的金门岛及马祖岛和福建省之间存在有限的交流。乘客和货物现在可以直接通过狭窄的台湾海峡而无需在第三地中转,正如台湾一直希望的。两岸之间关于在金门建设商业港口的谈判也在进行,以作为北京长期追求的扩大直接贸易、交通和邮件交流的另一步骤,不仅限于离岸小岛,而且还在大陆和台湾之间。

朝鲜

朝鲜是17—19世纪高丽"隐士王朝"传统的继承者,位于中国的地缘战略圈内。朝鲜对中国的依赖是从苏联解体、来自莫斯科的军事和经济援助中断以后开始的。以前,平壤同时从中苏两国获得战略支持,寻求两国的援助,借此保持某种程度的独立性。

俄罗斯还继续给予朝鲜国际外交支持,以维持两个朝鲜族国家并存的局面。莫斯科和北京一道,利用其影响反对美国散布的指责朝鲜为"无赖国家"和"邪恶轴心"成员的形象。但这并没有能使华盛顿放弃在太平洋北部建立国家导弹防御体系。俄罗斯能够并确实向朝鲜出售武器,但它不能给予平壤在危机时刻北京能向其提供的军事支持。

朝鲜除寻求北京战略支持之外别无选择的事实表现在过去10年不时发生的国际谈判中。这些谈判涉及核武器、朝鲜与韩国北纬38°线非军事区、恐怖袭击和时断时续的朝鲜与韩国统一对话等问题。在朝鲜核问题上的国际斡旋起源于"四方会谈",即以韩国、美国为一方,朝鲜、中国为另一方,后来俄罗斯和日本加入,变成了"六方会谈"。2007年"六方会谈"达成协议,朝鲜答应以去核化来换取石油和金融援助。中国在"六方会谈"中起了主要作用。

当朝鲜刚走出第二次世界大战的时候,北方拥有半岛上的大部分工业和矿产资源。朝鲜北方集中了朝鲜90%的矿藏(煤、铁、铜、铅、铀、锰)、水电和森林资源。工业基础包括钢铁和化工工业,朝鲜北方比南方要富裕得多。虽然在朝鲜战争遭到破坏,但朝鲜北方在苏联和中国的大量援助下得以很快恢复,国有工业基地得到重建,并通过增加了军工、飞机制造、机械和石化工厂,以及通过对钢铁、化学和纺织工业的现代化,而使工业得到发展。

朝鲜的致命缺陷在于农业。因为多岩石和多山的地形、贫瘠的土壤、较短的生长季节,可利用的耕地很少。整个朝鲜半岛因地形原因也只有20%的可耕地,然而北方按比例可拥有的耕地甚至更少,在这里山地景色让位给了宽阔的由大同江、清川江和鸭绿江形成的涝原漫滩,后者面对着中国东北的朝鲜湾。农场实现了集体化和机械化,灌溉设施为实现农业的自给自足而得到扩建。但是气候太寒冷,不适宜种植南方的主要作物水稻,粮食供应一直由于气候无常而处于不稳定状态。

在战后恢复阶段,朝鲜就成为其南方的穷邻居。它的经济受到平壤追求粮食和工业的自给自足以及庞大军事开支的拖累。当朝鲜在苏联国有经济体制模式的低效率中艰难前行的同时,曾经更穷的邻居韩国已经在经济上远远地把它甩在了身后。

随着苏联解体以及大量苏联援助的失去,朝鲜几乎无力对抗近年来时常光顾的一系列自然灾害——洪水、干旱带来的饥荒和疾病,这些自然灾害夺去了数百万人的生命。粮食产量下降了40%,受食品、肥料和燃料短缺的困扰,它必须依靠来自日本、中国、韩国、美国和国际机构的援助战胜危机。

韩国则因为朝鲜战争后大量的美国援助而得以重建经济,从一个贫困而人口众多的农业国变成一个繁荣的、高度工业化的国家。早在20世纪60年代初,韩国的制造业就超过了农业。如今韩国农业产值只占国内生产总值总量的6%,工业产值占43%,服务业达到51%。韩国经济已经完全融入了全球经济,它的出口产品有电子、电气设备、钢铁、机械、汽车、船舶、纺织品等,其外贸总额占到其国内生产总值1万亿美元的将近一半。在近5 000万人口中,85%居住在城市,享受着高水平生活,人均国内生产总值将近25 000美元。

朝鲜仍然是世界上中央集权计划程度最高的工业经济。国有企业贡献着400亿美元国内生产总值中的60%,集约化的农业产值占25%,服务业则十分薄弱,只占15%。国际贸易只占国内生产总值的10%,反映出经济的孤立状态和沉重的军事开支负担。

朝鲜对中国的依赖源于朝鲜战争。当时有30万中国人民志愿军开赴朝鲜战场,并从鸭绿江一带把以美国为首的联合国军队赶回北纬38°线以南。38°线本是第二次世界大战结束时为划分北面的苏占区和南面的美占区而临时裁定的,1948年成为正式边界,此时成立了两个独立的政权——北方的朝鲜民主主义人民共和国,南方的大韩民国,苏美军队分别撤出。1950年朝鲜人民军突然突破这一分界线,迫使韩国军队以及匆忙派兵援助的美国军队,后退到半岛东南端釜山周围的小块地区。

随后美军又在中部西海岸首尔附近的仁川登陆,发起反攻,把朝鲜人民军压制到与中国接壤的鸭绿江边。这使中国直接卷入战斗,以把联合国军队赶回去。最终有多达100万人的中国人民志愿军参战,而其伤亡人数估计高达50万。残酷的战争于1953年停止,建立了从汉江口向东北穿越38°线非军事区。分界线没有完全按照这条纬线,而是斜向从中穿过。事实上,朝鲜拥有了此线以南、沿西海岸的850平方英里的土地,包括商业和工业中心开城,开城在10世纪到14世纪末曾经是高丽王朝的首都。作为从朝鲜和中国东北通往韩国的铁路和公路的大门,开城在朝鲜战争期间曾是主要战场。韩国拥有了38°线以北中心以及沿东海岸一带2 350平方英里的土地。这一区域包括日本海上背靠太白山脉的渔港束草(Sokcho)。

对于中国来说,朝鲜与韩国南北分界线的精确位置并不是主要问题,关键是把这一区域作为缓冲地带。实际上,整个朝鲜都是中国东北的安全屏障。从这个意义上说,中国把鸭绿江视为其最后一道而不是第一道防线。道格拉斯·麦克阿瑟将军曾将中国对他不要把战线推进到38°线以北的警告当作不过是炫耀武力。他低估了中国的决心。在斯大林的敦促和军事支援下,中国发起对兵临鸭绿江畔的联合国军队的进攻,并彻底击败了联合国军队。

中国确实担心美国会发动进攻以配合国民党反攻大陆的行动。另外,中国参战是因为斯大林在请求他们这样做的条件中包括了空中掩护、帮助培训米格战斗机飞行员的承诺,这将使中国人民志愿军能够在空战中与苏联人一同作战,并得到大量军事装备。尽管付出了重大的伤亡代价,但中国军队在经历战争后获得了比战前拥有的远远更高更强的效率和实力,而中国空军则成为世界第三大规模的空军部队。

出于半个世纪前促使中国迅速作出反应的同样的安全原因,北京继续从经济和政治上支持平壤。中国是朝鲜主要的贸易伙伴,两国共享由亚洲最大大坝之一的鸭绿江上水丰大坝围住的水量提供的巨大水力发电能力。事实上,中国还在朝鲜一侧的鸭绿江边拥有电力设施。

朝鲜战争后,中国还在人力资源上给予朝鲜大量帮助。几百万人逃往南方造成朝鲜严重的劳工匮乏。这种情况部分地被从中国东北的移民,还有从中国东北和日本遣返的朝鲜人补充。

2000年6月14日,朝鲜最高领导人金正日和韩国总统金大中签订的协议被誉为一个具有历史意义的突破,并被称为"阳光政策",两国领导人同意寻求和解与统一,建立和平,推进家属访问制度和文化交流,恢复两国铁路与公路交通。这一政策导致了由韩国出资在朝鲜西海岸非军事区北侧建立开城自由贸易工业园区(KIZ)。2007年,韩国的园区工厂雇佣了15 000名工人,其目标是使工厂数目指数式增长,最终达到可容纳25万名工人的规模。在非军事区东端,规模小很多的金刚山旅游项目是一个由韩国赞助、拥有免税商店,同时也有望进一步扩大规模的度假胜地。

上述协议不光对朝鲜和韩国,对于中国和美国也有重大的意义。朝鲜坚决要求美国军队撤出韩国,而中国的利益要求确保统一后的朝鲜半岛不能落入海洋辖区的战略联盟。另外,朝鲜领导人几乎根本还没准备让共产党对这个国家的控制地位受到威胁,而韩国人绝不会采取任何将有可能损害他们经济体制以及削弱他们与日本、与广泛的亚太地区以及海洋辖区关系的举动。

2000年协议的签署对美朝关系有立竿见影的影响。华盛顿放松了对朝鲜的贸易制裁,也缓和了一贯以来的语言攻击。美国国务院以"值得关注国家"替代了"无赖国家"一说(这个新表述也适用于古巴、伊朗、苏丹和叙利亚)。贸易制裁的放松是重要的政策变化,表明它将通过谈判而不是制裁解决分歧。莫斯科抓住了美朝关系改善的契机,充当两者之间的调解人角色。后来的朝鲜和韩国谈判也使得莫斯科得以扩大对这两个国家的影响。韩国与俄罗斯一起寻求以外交途径解决朝鲜的导弹威胁,而不是支持美国的国家导弹防御计划。此外,为了让平壤和首尔走得更近,莫斯科计划把朝鲜和韩国的太平洋沿岸的铁路网和西伯利亚铁路终点站——符拉迪沃斯托克(海参崴)连接起来。这条铁路建成后可以使从韩国港口运往俄罗斯和欧洲的货物运输时间缩短为12天,而现在的海上航程需要24天。中国对朝韩铁路的连接也很感兴趣,这样通过现有东北至朝鲜的铁路可以直接通到韩国。俄罗斯还想建设一条从其边境经朝鲜通向韩国的输油管道,以打开韩国的市场,推销新发现的西伯利亚天然气资源。作为交换,朝鲜则要求俄罗斯卖给它武器和军备,特别是海军装备。朝鲜和韩国都在积极发展与俄罗斯的关系。

如果朝鲜和韩国确实实现统一,美国、中国、日本和俄罗斯都将必须找到一个让该国保持军事上中立,能鼓励其充当连接三个地缘战略辖区桥梁角色的行动方案。目前,统一还只是希望,不是现实。但是,缓和世界上军事配备程度最高的边境一带的紧张气氛以及出现和平似乎是近在眼前的事——因为韩国提出了"阳光政策",而朝鲜 2007 年接受了拆除核设施的协议。

目前的气氛也许能为一个长期被和平寻求者讨论的建议带来新的活力:他们一直在想说服朝鲜和韩国把 150 英里长、2.3 英里宽的非军事区改变成一个自然保护区。目前非军事区四周驻扎着数十万名军人,军事设施密布,环境保护主义者已强调了其生态独特性。因为人迹罕至,数年过后它已演变成为一个自然保护地。这样的用途可以作为生态旅游的基础,既有益于朝鲜和韩国双方,也有助于加强目前致力于为北南关系带来稳定和更大开放范围的努力。把朝鲜半岛改变成连接三个辖区的门户是在追求全球地缘政治均衡途中的一个重要目标。

印度支那半岛

越南

中国和越南之间的地缘政治关系可谓一波三折。中国全面介入越南战争,可见它十分看重印度支那半岛的战略价值。中国南部沿海省份直接受到驻扎在越南北部湾(东京湾)和沿海地区的敌方军队的威胁。后者可以通过北越的红河谷流域的陆上,或者通过老挝和柬埔寨,在西贡(胡志明市)溯湄公河而上进攻中国西南省份云南。让美国军队出现在中国家门口对于中国领导人来说是个战略上的噩梦,这就解释了中国何以在越战期间会给予北越强烈的支持。

自 1954 年法国从越南撤军以及越南在沿北纬 17°线被分裂为南北两半之后,中国和苏联都给予胡志明政府巨大的经济和军事援助。即使中苏分裂之后,两国还是继续向河内提供经济援助,帮助其发展工业和农业。工业开发的重点是在红河三角洲、北部湾沿海区域和港市海防,后者使越南国家核心区出现在中国南方门口。

当越盟(Viet Minh)对南越发起游击战后,中国向其输送大量军事物资。1964 年美国参战,战争升级,北方遭到美国从南方起飞的战机和驻扎在北部湾航母起飞战机的狂轰滥炸,越盟通过胡志明小路(一个沿老挝东部边境延伸至南越和柬埔寨的丛林覆盖的山道网)将中国援建的很多设备运往南方。

美国实际从 1973 年开始从越南撤军,两年后正式宣布停战。虽然北越与中国和苏联的联盟在战争期间都得到保持,中国与现在统一的越南社会主义共和国之间的第一次分裂很快出现了。分歧在 20 世纪 70 年代末到 80 年代初扩大。1978 年,越军侵入柬埔寨,把波尔布特的红色高棉政权赶下台(红色高棉导致 300 万人死亡以及实行空城政策)。波尔布特 1975 年掌握政权,把许多柬埔寨人驱往乡村。

越南在柬埔寨的驻军引发了1979年中国出兵进入越南边境地区,占领了几座边陲小镇。从1974年初开始,两国在750英里的边境争议地区发生了小规模的冲突,至今没有完全停止。

导致中越冲突的主要原因是越南在柬埔寨扶植一个受越南支持的政府,后者取代了红色高棉;还有越南对其国中华人的歧视政策,突出表现为河内对大批中国商人的压制。在此期间,有25万多华人逃离越南,通过边境逃往中国大陆或者中国香港。中国军队在越也遭到重大伤亡,于两月之后撤离。两国随后就陆地边界争议问题进行了数年的谈判,直到1999年12月才签署正式协议。与中国的分歧促使越南急于寻求得到俄罗斯的保护,以作为一种抗衡力量。1978年,就在中国出兵越南之前,越南加入了苏联为首的经济互助委员会(COMECON),与苏联签订了一项友好条约。中国援助中断之后,苏联的援助对越南显得愈发重要。从苏越友好条约签订至苏联解体这10年间,苏联是越南主要的支持者,为其提供武器和经济援助,还有燃料。作为回报,莫斯科获得了在越南金兰湾使用和扩建海军、空军基地(这些基地曾为美军所用,后放弃)的权利,从而加强了在中国南海和印度洋的战略存在。在20世纪80年代的冲突中,中国还挫败了越南军队对西沙群岛的攻击。

20世纪90年代,随着两国签订一系列经济和政治协定,中越之间的紧张气氛有所缓和。自1991年实现两国关系正常化以来,中国成为越南产品主要的进口国和主要的投资国。两国都实行"开放"的经济政策,进行了市场化改革,但还是坚持共产党的政权结构。1988年,越南从柬埔寨撤军,承认中国对台湾的主权,为两国发表友好关系的联合声明创造了条件。声明宣布:两国正在设法解决陆地和海上的边界争议,全面开放陆地边境,建立监督中国南海海运的军事情报站。这帮助缓解了中国的安全忧虑,最终促成边境协议的签订。

越南相对于中国的战略脆弱性,部分原因是北部核心区的位置。正如前文所说,北越的工业中心和农业中心都在北部湾三角洲,主要分布在河内和海防周围,是20世纪60—80年代依靠中国和苏联的援助发展起来的。这一地区与中国核心区的南端在地理上相连,后者是中国广西壮族自治区人口十分密集的工农业中心,有沿海城市北海、合浦和内陆城市南宁、梧州。南宁在中越关系中发挥极其重要的作用,因为它是越战期间中国对越补给的枢纽站。北京通过修建中国南方通往印度支那、泰国和缅甸的公路(称"南北经济走廊")加强了南宁的战略地位。

中国有剩余的资本,但它过分专注于自己的发展需求,以至于不能提供给越南能作为其国家经济发展中一个重大因素所需要的那种水平的经济援助与投资。所以越南也面向新加坡、日本、韩国、澳大利亚、欧盟和美国寻求投资与贸易。美越关系恢复后,两国于2000年签订长期贸易协定,美国开始成为越南主要的出口市场和全面贸易伙伴。

美国对越投资也迅速增长,高技术公司利用了越南数量众多的熟练劳工和税收改革政策。在认识到向亚太沿岸地区寻求经济联系的需要之后,越南于1995年加入东盟,2006年又获准加入世界贸易组织。虽然对外贸易额占到越南国内生产总值的30%,但它与周围更加富裕的亚太沿岸邻国相比还是存在差距。越南一半以上的人口依然生活在农村,人均年收入不足3 000美元。越南经济的发展主要得益于比中国更廉价的劳动力,所以一些低附加值的出口产业从中国转移到了越南。这不是一条值得依赖的致富之路,因为整体经济条件的提升必将带来工资上涨,缩小中越的劳动力价格差距。越南还是要加强高附加值产品的出口。此外,越南共产党政权面临的一个较大挑战是南北方的经济鸿沟。外资被吸引到比较自由化的胡志明市,而不是流向实行集中的计划经济的北部落后工业区。所以这个于1975年正式宣布统一的国家离经济统一的距离仍然很遥远。南部集中了越南2/3的财富,贡献了90%的税收,绝大多数海外汇款也是流向这里。这样的经济差距不太像是实现南北健康的政治关系的办法。

越战中有300万越南人失去生命,如今这惨痛的记忆已经渐渐淡灭了。为抗衡中国在东亚日益壮大的战略力量,越南将目光转向海洋辖区。2006年,美国和越南同意加强防务纽带。虽然这只是象征性的姿态,却清楚表明越南不再是中国的卫星国。为了摆脱中国两千年来的主导地位,河内实行一种能使它与北京发展"伙伴关系"的经济政策,既不当敌对者,也不做附庸国。中国承认越南在东亚地区独立的地缘政治地位的一个标志是:设法划定了困扰两国关系多年的陆地和海上边界。从北京的立场来说,解决中越领土冲突是重建两国战略联盟的最直接途径。此外,中国还同意共同开发南沙群岛的能源资源,好让越南对中国同时发展与其南部邻国关系的举动放心。而河内打算接受逃亡的中国侨民回国,这不仅是修正历史错误,也能从海外华人与本国居民的家庭经济联系中获得益处。

2002年,俄罗斯撤出了金兰湾海军基地,宣告与越南的军事战略关系正式结束。金兰湾是东南亚最好的深水避风港之一,曾作为苏联在东南亚地区主要的军事桥头堡和海外最大的海军基地。基地停泊许多军舰和飞机,还有电子监听设施,它们便利了对中国南海和印度洋的监视。

随着苏联20世纪80年代末解体,莫斯科从金兰湾撤回大部分军队,只保留一些辅助舰只和小部分军队,维持当地情报站,偶尔也把这个港口作为商船的临时修缮点。[15]与此同时,它也大幅度削减了对越南的经济援助,这促使越南决定修复与中国的关系。

2001年初,普京访问河内,显示俄罗斯重新介入越南的兴趣。俄越签署"战略伙伴"协议,俄罗斯获得越南富含石油的38平方英里大陆架的开采权,还获准向越南出售先进的武器(特别是海军装备),帮助越南建立第一座核电站。俄罗斯免去了越南总共将近110亿美元的债务。两国还利用签署这一协议为契机,表达了对美国主导的国家导弹防御体系的共同反对意见。

俄罗斯在越南的行动与前总理普里马科夫提出的"东向政策"是一致的。普里马科夫主张通过军援项目重新取得在朝鲜、越南和印度的政治影响力。⑯最近几年,由于两国都把重心放在石油开采和发展外贸上,俄罗斯对越南军售反而减少了。美国也在发展与越南的新型伙伴关系,2000年12月,克林顿访问河内。虽然初始目的在于扩大贸易和自由市场,也有平衡中国对越南的压力和遏制中国向南扩展的意图。不过,不管中越关系将来如何发展,美国没有能力也无意来影响亚洲各国之间的战略关系。2006年美国海军舰队访问越南,两国又签订了一个战略协定,然而也仅此而已。让越南领导人觉得美国会支持它抵抗中国的地缘政治影响,或许会鼓励它向中国挑衅,这对美国的安全利益没有好处。越南政府拒绝租借金兰湾给美国、中国和印度,也显示其希望保持低调的军事态势和其在东亚辖区内独立地区姿态的战略。

老挝和柬埔寨

越南是印度支那地区占主导地位的国家。柬埔寨的经济处在困境之中,人均收入只有前者的2/3,主要以农业为基础。1996年美国与柬埔寨签订一项贸易协议,使柬服装业获得迅速发展,主要向美国出口。美国对柬货物的低关税也吸引了来自中国台湾、新加坡、中国香港和中国大陆的大量投资者,于是服装业成为柬埔寨最大的出口产业。虽然雇员达到20万人,但仍没有改变柬埔寨乡村贫困的状态,因为其1 300万人口中有80%生活在农村,不是农民就是农场雇工。而原材料、石油产品和消费品主要从泰国、中国和新加坡进口。

柬埔寨的国内政治依然不稳定,虽然联合国为此作出了很大努力。1991—1993年柬埔寨实际上处于联合国的保护之下。在联合国柬埔寨过渡政府领导下,两万名维和部队维持着该国的和平。大选之后,联合国柬埔寨过渡政府撤出,但"红色高棉"还是很活跃,直到1996年红色高棉分裂。次年波尔布特被捕,死于狱中。1998年洪森领导的共产党发动政变上台并执政至今。

柬埔寨相对于越南的军事脆弱性是两国发展政治关系的主要障碍。不像老挝,它和越南之间有深密的丛林阻隔,柬埔寨和这个大邻居之间的边境几乎全是敞开的。其1 100万人口中的绝大多数都聚居在湄公河下游,与湄公河三角洲和胡志明市在地理上接壤。

老挝人口稀少,刚刚超过600万,人口密度只有柬埔寨的1/3,其人均收入与柬接近。老挝也深受内陆地形和多年战乱之苦。在共产党组织巴特寮(Pathe Lao)统治下——是在越南人的帮助下上台的——它经济依然落后,越南是其主要贸易伙伴。老挝的大部分国土由山峦覆盖。湄公河——一半的老挝人口沿此居住——湍急的水流,阻碍了沿湄公河这一主要交通大动脉地带的人口流动,而陆地和空中交通有限。

地理位置的孤僻使得大多数老挝人成为生存性农民,稻米是主要农作物。向泰国和越南出口的主要是锡、木材和咖啡。大部分多余的电力输往泰国。老挝中部有争议的南屯大坝(Nam Theun),可以淹没那凯高原的1/4,将有可能造成4 000村民的搬迁以及相当程度的生态损害。它将使老挝可以出口甚至更多的富裕电力到泰国,以及一部分出口到越南。在世界银行的帮助下,这个大坝于2007年开始建造,预计于2013年竣工。

万象是老挝首都和最大的城市,位于与泰国东北部边界处的湄公河畔,也是老挝的贸易中心。但至今也没有迹象表明共产主义的老挝能够脱离越南的势力范围。除了越南对它拥有绝对的战略优势,越南共产主义与泰国民主政治体系的不同也使它难以脱离越南而投向泰国。

结论

东亚辖区中的一个清晰的地缘政治等级体系经历了多年的剧烈动荡。印度支那处在越南这个本地缘政治区中的第二等级国家的控制之下。而这个区,又处在中国的战略控制之下。中国是东亚辖区的主要地缘政治力量。中国和越南有许多不同,在蕴含丰富油气的海上边界争端上,也不想和这个曾经兵戎相见的邻国起冲突。非但如此,中越在1991年还实现了两国关系正常化,1999年又解决了740英里陆地边界线上的所有未决争议。越南、老挝和柬埔寨都不具资格挑战它们北方邻居的战略势头。中国可能还会坚持其对中国南海海域的主权要求,直至占得上风。

中国是一个无可争议的世界强国。事实上,许多人感到,鉴于中国经济和技术力量的增长,它已成为美国最大的竞争对手。从地缘战略观点来看,中国对世界这么多重要地区的特殊地区性影响,已经使它成为一个强大的全球大国,对欧亚大陆的很多地区有直接的地缘政治影响。中国陆地上与14个国家接壤,海上与3个国家——韩国、日本、菲律宾交界。这17个邻国总人口加起来有20亿,加上中国自身的人口超过30亿,几乎占世界人口的一半以上,他们都在北京行动的影响之下。

从地理空间上考察,以中国为主导的东亚地缘战略辖区,影响范围涉及心脏地带的地缘战略辖区、海洋辖区的亚太沿岸、南亚地缘政治区和中亚地区。这是一种某种程度上堪与俄罗斯的中心性竞争的中心性。俄罗斯有11个陆地邻国和4个水域相邻的国家(伊朗、日本、美国和加拿大)。俄罗斯大陆西面、北面和东面是海洋辖区(分别面对濒海欧洲、北美和亚洲离岸岛屿),东亚在它的东南面,中亚在它的南面。美国的中心性更有限。美国处于濒海欧洲和亚太沿岸地区之间海洋辖区的中间位置,同时俯视着它南面的中部美洲。因此,一个基于全球中心性的中国范式具有与它的两大竞争对手同样多的空间发言权。

现在,中国在武器的尖端性上还不能与美国或者俄罗斯相比。但鉴于其经济实力,要想运用资源发展尖端武器是轻而易举的。在此期间,它军事力量的发展肯定会引起邻国的关注,从地理上说这些国家都处于超级大国美国的安全保护伞之外。

冷战末期,莫斯科和华盛顿都想和中国发展战略联盟关系。叶利钦、克林顿和江泽民分别达成"战略伙伴"协议。为推进这种伙伴关系,当时的俄罗斯总理叶夫根尼·普里马科夫竭力推销俄中印战略大三角(这从最初的"东向政策"演变而来,要把朝鲜、越南和印度拉拢过来)。发展三角关系的目的是要保持俄罗斯在冷战中与印度结成的同盟,同时重建和中国的战略关系。这个三角伙伴关系随着冷战的结束已经烟消云散了。近年来印度与美国的关系反而走得更近。华盛顿从军事和经济上援助巴基斯坦的必要已经随着阿富汗战争的结束和巴基斯坦可能发生内乱而消失,此时印度在南亚和印度洋崛起,美国希望发展与印度更有力的联盟,虽然印度不可能放弃自己传统的地缘政治独立性。

中国和印度于1993年实现了关系正常化,6年后相互开放边境贸易。原先悬而未决的领土争议也不再引起两国间紧张。但是,中印对缅甸的影响力竞争在加剧。不过缅甸动乱的政局给中印在经济和战略上的竞争蒙上一层不确定因素。中国通过投资和外交手段支持缅甸军政府,印度则希望有一个民主政府上台。

长远来看,印度拥有比中国更优越的地理位置可以从战略上控制印度洋,缅甸的人口聚集区就在这里。而在中亚,两国的合作要比竞争更有利于双方。如果台湾问题与朝鲜和韩国统一不解决,中美关系也就一直会流于形式和口号,华盛顿只想加强与中国的贸易关系,因为后者是其最大的进口来源。美国领导人十分清楚,他们现在只谈经济伙伴关系,不谈战略伙伴关系。

日本是美国在西太平洋地区的地缘战略政策之锚,它也在寻求与中国发展长期的战略关系。日本是中国主要的投资来源国和贸易伙伴。日本十分看重与美国的安全协定,但担心美国向中国台湾地区出售先进武器会引起中国对日本的敌对情绪,因为正是日本向美国提供了在太平洋地区的主要基地。虽然不满中国在东海的军力增加,日本也不想破坏中日经济关系。日本与中国的战略关系同样受到朝鲜半岛局势的影响。如果现状改变、韩国和朝鲜统一,朝鲜半岛肯定会寻求中立,美国在韩国的军事屏障也就不复存在了。基于这些不确定因素,华盛顿应该重申:除非中国保证日本的战略利益,否则美国不会与其建立战略伙伴关系。美中伙伴关系并不能保证美国在西太平洋地区的战略安全利益。

随着中国崛起为经济和军事强国,东亚辖区与海洋辖区在亚太沿岸地区的分界线将成为新的矛盾源头。华盛顿是不能容忍对它使用公共水域监视中国军事活动和通信的限制的。如果没有这些监控,美国对台湾地区的保护,还有韩国和日本的防务就会削弱很多。此外,这些限制措施也会用来封锁西沙群岛周边的空间和水域。西沙群岛距离中国海南省海岸线、越南和中国台湾地区 200 英里,后两者也声称对其拥有主权。

美国与中国最激烈的经济和政治竞争发生在撒哈拉以南非洲,这里富含石油和矿产。中国对这里的态度是不附加任何条件进行投资——政治的、人权的和与反恐相关的都没有。它正在推行一种不以意识形态为前提的商业关系和开放市场模式。除了中东,中国与非洲的贸易比与其他任何地区都增长更快,安哥拉成为中国最大的石油进口来源国。非洲许多国家随处可见中国的商品、管理人员和工人。虽然美国和欧盟还是撒哈拉以南非洲更大的贸易伙伴,但中国攀升很快。[17]

中美关系中有两个最为突出的现实:一是中国沿海经济最发达的中心区域在战略上对美国空中和海上力量处于弱势;二是两国在经济上相互依存,使它们在发生危机时不得不克制自己的行动。中国承担不起美国限制对华贸易和资本投资。美国公司在中国制造业中投资太大,美国消费者对廉价的中国进口商品的渴望,使美国也不能轻易实行贸易制裁,那是最后的一招。

经济相互依存可以成为战略相互依存的重要平衡力量。以前华盛顿与莫斯科之间的战略平衡来源于相互的核威慑,现在华盛顿和北京之间的平衡则来自日渐增长的经济依存。

比中美战略伙伴关系更有可能出现的前景是,俄罗斯心脏地带重修与中国的战略联盟。俄罗斯的利益系于抵制美国通过北约向波罗的海各国扩张,防止乌克兰加入北约,还要防止西方地缘战略势力利用对能源和输油管道的控制向中亚地区渗透。中国的利益系于遏止美国向东南亚的扩张。中国和俄罗斯都不想一个统一的朝鲜半岛被并入亚太沿岸地区从而属于海洋辖区,那将削弱它们在北太平洋的地位。所以抛弃几十年的夙怨,共同抗衡超级大国美国,对这两个相邻的亚洲大陆国家都利害相关。

中俄新型战略伙伴关系成果已十分明显。订立边界协议后,中国向俄罗斯采购了大量喷气式战斗机、潜艇等武器。20 世纪 60 年代爆发过一系列冲突的近 2 300 英里的两国边境线,如今已划定界限。两国扩大了贸易,尤其是在石油和天然气领域,1997 年中俄签订全面解决边界争端的协议,是对这种共同利益的承认,它表明两国都意识到它们因为对防御美国为首的战略压力的脆弱性而处在被各个方向渗透的危险之中。

对俄罗斯而言,存在的威胁是西方军事和经济力量侵入它的外围——欧亚大陆汇合区;而对中国来说,担心的是亚太邻国经济的强盛以及它自身的工业基础对西方资本及贸易日益上升的依赖会加剧原本来自海洋辖区的军事威胁。

美国提出的国家导弹防御系统,使中俄两国的共同战略利益更加凸显。俄罗斯强烈反对在欧洲部署这一防御体系,虽然数千枚俄罗斯的导弹是抗衡美国任何核打击的一大威慑。中国同样反对导弹防御体系,因为它为用来摧毁一小部分来袭弹头的探测设备、导弹及尚在发展的武器的部署而担心。中国核武库中只有少量的陆基导弹,在数量上大大少于美国的几千枚核弹头。把初始阶段的防御系统部署在阿留申群岛、夏威夷和美国西部太平洋的理由据称是防止美国大陆受到朝鲜导弹的攻击,但是中国怀疑这也会被用来保卫台湾地区。

任何对中国未来地缘政治前景的展望,都应当把这样的可能考虑进去,即它融入全球市场以及随之而来的经济和社会影响及压力,也许会削弱中国的共产主义。今后会怎么样?可能性很小的是它会顺利过渡成为一个具有整体性的、市场导向和自由民主的国家。苏联解体时没有发生这样的情形,中国发生的可能性就更小了。

东亚辖区已经发展成为海洋辖区和心脏地带俄罗斯辖区的一个可怕的竞争者。全球均衡如今已不再以一种两极的力量均势为支点,而是三角支点。不利用中国可能会发生的政治体制变化以推进各方各派的利益,而是留给中国人自己去面对他们的过渡或转折,将符合所有大国的利益。

注释

① William L. Tung, *China and the Foreign Powers* (Dobbs Ferry, N. Y.: Oceana, 1970), 69-89.

② Tung, *China and the Foreign Powers*, 69-89.

③ Erik Ekholm, "After Fifty Years, China Youth Remain Mao's Pioneers," *New York Times*, September 26, 1999, A12.

④ Oliver Chou, "Navy Boss Outlines Force of the Future," *South China Morning Post*, April 22, 1999.

⑤ Anthony Davis, "Blue Water Ambitions," *Asia Week* 26, no. 11(March 24, 2000): 1.

⑥ Robert D. Kaplan, "Lost at Sea," *New York Times*, Sept. 21, 2007, A19.

⑦ C. P. Fitzgerald, *The Chinese View of Their Place in the World* (London: Oxford University Press, 1964), 68-72; Andrew L. March, *The Idea of China* (New York: Praeger, 1974), 7-22; Benjamin I. Schwartz, "The Maoist Image of World Order," in *Image and Reality in World Politics*, ed. John C. Farrell and Asa P. Smith (New York: Columbia University Press, 1968), 92-102; and Derwent Whittlesey, "The Horizon of Geography," *Annals of the Association of American Geographers* 35, no. 1(March 1945): 1-36.

⑧ Norton Ginsburg, "On the Chinese Perception of World Order," in *China's Policies in Asia and America's Alternatives*, ed. Tang Tsou (Chicago: University of Chicago Press, 1968), 73-96.

⑨ Lin Pao, Excerpts from "Peking Declaration Urging 'People's War' to Destroy U. S.,"

New York Times, Sept. 4, 1965, 2.

⑩ "A Special Report on Financial Centres," *Economist*, September 15, 2007, 10 - 13.

⑪ Antoaneta Bezlova, "Environment—China's Three Gorges Dam May Displace Millions More," IPS, October 12, 2007.

⑫ "Go West Young Han," *Economist*, December 23, 2000, 45 - 46.

⑬ Alan J. Day, ed., *Border and Territorial Disputes* (Harlow, England: Longmans, 1982), 252 - 57.

⑭ Day, *Border and Territorial Disputes*, 276 - 80.

⑮ Nayan Chanda, "Cam Ranh Bay Manoeuvres," *Far Eastern Economic Review* 163, no. 52(Dec. 28, 2000): 21 - 23.

⑯ Gerald Segal, "Does China Matter?" *Foreign Affairs* 78, no. 5(June 1999): 24 - 36.

⑰ Padraig R. Carmody and Francis Y. Owuse, "Competing Hegemons? Chinese vs. American Geo-economic Strategies in Africa," *Political Geography* 26(2007): 504 - 524.

第十章

亚太沿岸地区

△ **地区演进**
　　连接澳大利亚与亚太地区
　　地区贸易
△ **政治上的稳定与不稳定**
　　政治稳定的国家和地区
　　政治不稳定地区
△ **地缘政治特征**
　　历史核心
　　政治首都
　　核心区
　　有效国家领土
　　空旷区
　　边界
△ **结论**

亚太沿岸地区或亚洲太平洋地区，是海洋辖区第三大主要的地缘政治权力中心。这一地区从韩国、日本、中国台湾（至少就现在来说）延伸至菲律宾、新加坡、马来西亚、泰国、印度尼西亚、文莱、东帝汶、巴布亚新几内亚，再到澳大利亚、新西兰。这一地区还包括若干西太平洋岛屿国家，如帕劳、密克罗尼西亚联邦国家、所罗门群岛、瓦努阿图和马绍尔群岛等，以及美国属地关岛和北马里亚纳群岛（塞班岛）。因此它包括了那些与中国诸海接壤的亚洲离岸岛屿链，一直伸到西南太平洋和正好把该岛屿链的南北两端连接起来的半岛。印度支那半岛上的国家越南、老挝、柬埔寨，以及朝鲜，因为位于中国地缘战略范围之内，所以不包括在亚太沿岸地区。

亚太沿岸地区最大的地缘政治特征是海洋性。这一地区岛屿和半岛国家有相对于陆上货物移动的海上运输的优势，因而具备参与国际贸易的有利条件。当然这种对贸易的依赖也有战略上的不利之处，那就是海上航线易受到制裁或禁令的威胁，特别是区域内的关税壁垒，以及受到与世界其他地区往来的一些重要而狭窄航道的先天限制。这一地区十分依赖美国海上和空中力量维持航道的安全。从阶段比较层次看，它是一个属于在地缘政治上处于专业化阶段的地区，地区内缺乏一体化，很多国家的贸易和政治联系都是外向的。

亚太沿岸地区另一个海洋性的表现是其气候模式。它们从北边潮湿温和的大陆性气候、温带和亚热带气候区逐级向南演变，一直到跨赤道的热带雨林地区气候带。然后又返回到澳大利亚湿润的亚热带东海岸和西南海岸与新西兰湿润的温带气候区。只有澳大利亚内陆是沙漠和半干旱区。人类最早在此居住，也是因为这里温带和热带地区适合农耕，现代殖民主义经济就是在农林产品贸易的基础上发展起来的。

在没有文字记载的史前和古代时期，这一地区狭窄和较浅的海域方便了人种、语言、宗教、作物、文化和技术从亚洲大陆向外传播。欧洲殖民列强能够凭借海军优势巩固他们统治的领土并控制其出入口。今天这里的独立国家还是通过对沿海海域和空中的控制从大海中谋得利益。海洋一方面是多种民族文化借以发展壮大的隔离屏障，另一方面又是连接各国的贸易纽带。

海上和空中优势胜过陆地优势的最突出例子是中国台湾。中国台湾控制着距离中国大陆沿海港口厦门只有4英里之遥的金门岛，尽管如此，中国大陆还是不愿意冒险将其数量庞大的军队部署在这一海域对岸以便从台湾手里夺取该岛。它还避免进入马祖。马祖就在福州海岸边上，所以更不要说它会轻易涉过90英里宽的台湾海峡"解放"台湾。

北京可以利用人力优势在朝鲜战场帮助朝鲜把超级大国美国及其盟友打得一蹶不振，也可以通过它与越南的陆地联系为北越在越南战争中打败美军作出重大贡献，但是当它试图攻下中国国民党把持的台湾之时却不能对付就在自己的地缘政治后院水域的美国海上和空中优势。中国大陆在海峡沿岸的海军、空军及导弹部队建设,以及台湾通过向美国购买一流驱逐舰和反导雷达的抗衡努力,表明冲突进入了一个新的阶段。尽管华盛顿继续向台湾出售巡逻船和防御导弹,但它现在试图想让两岸军备竞赛降温。

地区演进

在过去的半个世纪中,亚太沿岸地缘政治区域先后经历了克服日本占领的影响、第二次世界大战轰炸的破坏和由苏联和中国支持的战后共产主义运动。亚太沿岸地区缺乏形成濒海欧洲那样促进政治融合的结构以及与之相适应的经济和社会机制。不过,这一地区通过区域内的经济联系和美国军事力量作后盾的安全框架,它也达到了很高程度的一体化。其地缘政治的统一是通过利益和伙伴关系的共同体而获得的。日本是这一地区占主导地位的国家,但现在亚太沿岸地区的政治和地理框架与日本 20 世纪 30—40 年代强加于占领国的"共荣圈"体系相距甚远,那时的政治统一是凭借武力实现的,区内最大部分是东亚大陆。

日本 1868 年明治维新之后,现代泛亚洲主义开始萌动。日本帝国主义者把"亚洲兄弟情谊"的精神纽带作为他们领导一个统一亚洲的根据,这个亚洲将在道德上和文化上都优越于西方的物质世界。泛地区主义者沿以南北轴心分布的大区或泛区为基础,围绕一个占支配地位的北部核心把世界划分为三个或四个层面。德国地缘政治学之父卡尔·豪斯浩弗(Karl Haushofer)十分了解日本。他在 1908—1910 年间作为德国驻日武官,撰写了关于日本权力的地理基础的博士论文。他认为日本凭借工业及军事中心从外围获取食物和原材料从而与外界交换制成品的条件,能够成为泛东亚区的中心。

豪斯浩弗预料中的这一区域,不仅包括日本、东南亚、澳大利亚,而且包括中国和东西伯利亚。虽然他觉得日本是领导者,也相信中国或者俄罗斯必定会成为它的伙伴。豪斯浩弗及其开创的地缘政治学派对日本军事和工业领袖影响深远,所以日本政治中吸收了很多德国地缘政治学说的基本理念,所谓"大东亚共荣圈"就是日本人学习德国"大空间经济"的结果。①

但是日本没有听从豪斯浩弗不要跟中国发生战争而是要跟它友好的警告。1894—1895 年中日战争之后,日本得到了台湾和澎湖列岛,这大大刺激了它对领土的占有欲望。日本在日俄战争(1904—1905,当时中国与俄国结盟)获胜后,它把朝鲜变为属国,5 年后正式吞并了朝鲜。它还在 1905 年控制了中国东北南部的经济,修建南满铁路,发展那一地区的经济。但是中国的军阀还是从军事上控制着该省,这让日本激进分子不能接受,遂于 1931 年侵入东北并占领了它,次年建立伪满洲国。通过这次行动日本人把俄国的势力彻底赶出中国东北北部,把中国东北建成发动 1937 年第二次中日战争的基地;在第二次中日战争开始后的 3 年里他们侵占了中国北部和东部沿海地区。

在 1940 年法国撤离越南后,日本南进,占领越南,但允许法属越南保留一个傀儡政权,直到 1945 年。这是日本建立"大东亚共荣圈"的第二步。袭击珍珠港和新加坡标志着日本正式加入第二次世界大战。日军迅速占领了东南亚,从缅甸、马来半岛、新加坡一直到菲律宾、印度尼西亚和西太平洋岛屿。

泰国之所以没被侵略,是因为它本来就已是日本的附庸国。1938 年攫取政权的军政府为了向柬埔寨、老挝、北马来亚和缅甸东北部的掸邦提出领土要求,转向日本寻求帮助。

与泰国的结盟对于日本具有战略重要性,因为它让日本军队取得了在泰国东部和南部沿海的驻扎基地。这些基地后来成为 1941 年 12 月 8 日日本发动侵略马来半岛和荷属东印度的地点。当时泰国政府允许日军开进其国土。东印度的石油资源对日本来说尤其重要,因为来自美国的石油供应已经因为对它实行禁运而被切断。禁运,加上与苏联签订的中立条约,是日本袭击珍珠港和新加坡的主要背后因素,这场袭击引发了太平洋战争。

20 世纪 30 年代,澳大利亚成为日本的重要贸易伙伴,日本用制成品换取宝贵的羊毛、小麦和生铁。虽然澳大利亚长期以来一直包含在日本的泛亚洲计划当中,但日本人在第二次世界大战中未能侵入澳大利亚。他们对帝汶海北部的达尔文、悉尼东北方向的纽卡斯尔工业化港以及杰克逊海港(悉尼港)进行了狂轰滥炸。不过 1942 年的珊瑚海一战,美国海军和空军击败日本舰队,阻止了它的南进步伐。

日本人把由他们的征服形成的"大东亚共荣圈"看作是一种东亚的商业体系,日本的财阀要在其中起关键作用。日本在第二次世界大战中的失败,加上美国轰炸造成的破坏,包括广岛和长崎遭到美国原子弹的轰击,使得建立东亚共荣圈的梦想彻底破灭。取代这一框架的是最先以离岸亚洲(Offshore Asia)身份出现的地缘政治区。越战结束后,东南亚的破碎地带不复存在,印度支那半岛非常清楚地处在欧亚大陆的框架之内,而东南亚的泰国、马来西亚和印度尼西亚等岛国也同样明显属于现在被称为亚太沿岸地区的一部分。

连接澳大利亚与亚太地区

当日本对澳大利亚的安全威胁迫在眉睫的时候,澳大利亚(及新西兰的)战略命运不可避免地与其北面的岛屿和半岛区域紧密相连。直到那时,澳大利亚才接受了英国对其传统的定位,即"一道防线之终端",属于南亚外围的一部分。根据这个角度观点,澳大利亚位于亚洲的远边,可归入"印度以远"(Further India)或"超远东"的一部分。

第二次世界大战中国家受到侵略的危险和英国放弃其南亚帝国,使澳大利亚重新认识了自己的世界地位,开始把离岸亚洲和东南亚视作有用的邻居。

澳大利亚这种地缘政治的转向使其对移民的态度也发生改变。第二次世界大战结束后不久,大量东欧人涌入澳大利亚,但澳大利亚政府还是继续执行与新的地缘政治现实不符的排斥亚洲人的政策。这一政策在1973年被正式废除。截至1998年,澳大利亚有40%的移民出生于亚洲,亚洲裔人口超过140万,占总人口的7%。新西兰在1974年也放宽了对亚洲人入境的限制,倾向引进熟练工人。现在它每年引进的工人将近5万名。

新西兰的一个非常特殊的问题,与毛利人——当地的原住民——要求恢复他们曾有的历史权利的斗争有关。毛利人占新西兰现有400万人口的15%。1840—1890年间毛利人与白人殖民者之间发生激烈的战争,最终丢失了近一半的领土。近几年来他们发展政治组织,要求收回丧失的部分土地,保护他们的语言和文化,改善经济条件。虽然毛利人现在大部分居住在城市,但还是没有放弃归还土地的要求。1996年澳大利亚政府终于承认了他们的要求,给了毛利人一块土地,给予一次性经济补偿。现在毛利人争取的是对他们自己的公共资源以及地方治理职责进行管理的权力。澳大利亚政府已经表示支持,但法律上的一些细节还没有完成。

新西兰和澳大利亚的地缘政治取向反映在它们的对外贸易中。20世纪50年代以前,有一半的澳大利亚进出口货物都是对英国的,余下的大部分去往欧洲其他国家和美国;现在则主要在亚太沿岸地区。这一变化的主要原因是帝国主义贸易体系的消亡,这一体系对英帝国和澳大利亚等英联邦成员国实行关税优惠。正是这一体系消亡,英国才于1973年正式加入欧洲共同体,同一年澳大利亚开始接纳亚洲移民。②今天澳大利亚半数以上的进口和3/4的出口都是在亚太地区进行的,主要贸易对象是日本、美国和中国。这鲜明地反映出区域内贸易对它的重要性。新西兰的贸易也基本上面向亚太沿岸地区,澳大利亚是其最大的贸易伙伴,美国次之,日本第三。

澳大利亚和英国的政治关系,直到1986年才正式确定下来。这一年英国通过《澳大利亚法案》,结束英国议会对澳大利亚的立法权。但澳大利亚失去英国的安全保护则更早。1951年,澳大利亚、新西兰和美国缔结《澳新美安全条约》(ANZUS)作为消失的英国军事存在的替代。该条约把澳大利亚和新西兰作为支持美国在太平洋和印度洋战略利益的前沿阵地,重点在于保障日本的海上运输线安全。③

3年后,澳大利亚和它北面的国家逐渐发展了军事关系,和环太平洋3个邻国泰国、菲律宾和新西兰,以及美国、英国、法国、巴基斯坦一起成立了"东南亚条约组织"(SEATO)。这一组织的目的是反对共产主义在越南和其他东南亚国家(尤其在印度尼西亚和马来西亚)的发展。但后来这一组织成为多余,因为共产主义在印度尼西亚的威胁随着1966年对成千上万被指控为共产党分子(大部分是华人)的大屠杀以及次年亲华的苏加诺总统被废逐而遭到削弱。此外,菲律宾在20世纪60年代末70年代初镇压了共产主义运动,1976年南北越合并。最终"东南亚条约组织"于1977年宣告解散。

朝鲜战争和越南战争期间,澳大利亚和新西兰都派出了军队,但新西兰只是象征性的。两国在对美国政策上存在分歧,新西兰拒绝向美军核舰艇提供停泊港口,因此在20世纪80年代中期被暂停在《澳新美安全条约》中的成员资格。澳大利亚和新西兰之间的政策分歧在伊拉克战争中更加明显:澳大利亚派兵参战,新西兰只提供援助而没有参与。

东南亚国家联盟是另一个地区性组织,它在1967年成立的时候,没有直接将澳大利亚包括在内。但是,东盟带来的地区经济增长给澳大利亚打开了巨大的市场。另一个政治性机制——1991年成立的柬埔寨过渡时期联合国权力机构(UNTAC)——给澳大利亚带来进一步加强与北方邻国关系的契机。这个维和与民政管理机构不仅包括联合国安理会五大常任理事国,而且也包括日本、澳大利亚、印度尼西亚和泰国——鉴于这些地区性国家对维持柬埔寨局势所能起到的重要作用。当柬埔寨秩序逐渐恢复并于1993年举行自由选举的时候,被红色高棉迫害而逃往泰国的柬埔寨人陆续返回。

地区贸易

30年前,现在被称为亚太沿岸地区的地方只包括亚洲离岸国家。韩国、日本、中国台湾、菲律宾、澳大利亚和新西兰通过贸易、与美国签订军事条约以及共同经历的战争,已经紧密地联系在一起了。但是,东南亚是一个"破碎地带",在其之内美国、苏联和中国等外部势力利用其区域内的差异,为它们发动冷战和热战的目的服务。

泰国、马来西亚、新加坡开始发现它们的战略利益是在海洋辖区内。同样,亚洲离岸国家及其西方支持者也终于发现东南亚国家对海洋地缘战略安全至关重要,因为它们能够确保控制印度洋和太平洋之间的联系路线。此外,20世纪70年代中期,日本和中国台湾1/3的贸易、澳大利亚15%的国际贸易都发生在与东南亚国家之间,而且其发展的潜力十分可观。

从那以后,东南亚的地缘战略地位彻底改变了。大多数东南亚"破碎地带"的国家与亚太沿岸地区合在一起,俄罗斯对其影响力几乎消失,而中国主要的战略关注放在与前印度支那国家的关系上。澳大利亚和日本开始分别作为新亚太沿岸地区的北、南两块战略基石。这与某些小看日本在西太平洋地区性大国角色,并认为东南亚和澳大利亚的命运取决于美中达成一致的地缘政治学者提供的地缘政治分析完全相反。④这一观点低估了日本在亚太沿岸地区的经济和政治力量,亚太沿岸地区是海洋辖区的一部分。这一地区在不过几十年时间中,已经打造形成一种地区性身份,其未来在相当程度上要取决于其内部国家的实力和前景,而不是外来力量。

正如本章开头所指出的那样,亚太地区成员国家相互间的贸易,以及它们与世界其他地方,特别与美国的贸易,给这一地区烙上了鲜明的海洋印记。贸易取向可以从不同方式来表达,表 10.1 是从贸易额占一个国家的国内生产总值之比、制造业产品占总出口之比和外国直接投资在国内生产总值中所占比例,以及贸易等方面来表现这种取向的。和其他依赖国际贸易的前殖民地以及第三世界国家不同,亚太沿岸国家的出口很大一部分是制造业产品,附加值较高。因为大量的贸易都是发生在地区内,它即形成一股很强的地区性向心力。

表 10.1 亚太沿岸地区贸易现状

国　　家	贸易额占国内生产总值比例(%)	主要贸易伙伴
新加坡	400	马来西亚、日本、美国、欧盟
文莱	115	日本、泰国、马来西亚、新加坡
马来西亚	100	日本、美国、新加坡、中国
韩国	66	日本、美国、中国
中国台湾	66	中国大陆、日本、美国、韩国
新西兰	50	澳大利亚、日本、美国
泰国	42	日本、美国、中国
巴布亚新几内亚	40	澳大利亚、日本、中国、新西兰
澳大利亚	35	中国、日本、美国、英国、新西兰
日本	26	美国、中国、韩国
菲律宾	22	美国、日本、中国、新加坡
印度尼西亚	21	日本、美国、新加坡、中国

资料来源:中央情报局:《世界概况 2007》(华盛顿特区:政府/中情局出版物,2007);《世界年鉴》(纽约:世界年鉴,2007),第 745—845 页。

这一地区几个国家的华裔人口,为该地区工业和商业的发展以及区域内贸易发挥了重要作用。新加坡 77% 的人口都是华人,马来西亚是 30%,泰国是 14%,印度尼西亚有 3%—4%,菲律宾也有 3%。虽然后几个国家华人数量不多,但却掌握着很大一部分财富和资本。由中国企业家控制的跨国联合大企业通过一种非正式的网络连接在一起,后者为彼此的贸易和资本流动提供了方便。

这一地区另一个特点是高比例的城市人口和许多成员国都具有较高或中等收入。

见表 10.2。

表 10.2 亚太沿岸地区人口与收入

国　　家	人口（百万）	城市人口比例(%)	人口密度（每平方千米）	国内生产总值（10亿美元）	按购买力平价计算的人均国民总收入
澳大利亚	21	91	3	640	32
文莱*	0.4	72	65	6.8	23
斐济	0.9	51	47	5.4	6.2
印度尼西亚*	232	42	122	865	4
日本	128	79	238	4 200	33
马来西亚*	25	62	82	290	11
新西兰	4.2	86	15	102	27
巴布亚新几内亚*	5.5	13	14	14.4	2.4
菲律宾*	90	48	296	451	6
新加坡*	4.7	100	6 785	125	28
韩国	49	82	487	1 600	21
中国台湾	23	78	636	631	28
泰国*	65	33	128	561	9
所罗门群岛	0.6	17	17	0.8	2.2
东帝汶	1	22	70	0.4	0.4

资料来源：中央情报局：《世界概况 2007》（华盛顿特区：政府/中情局出版物，2007）；《2007 世界人口数据表》（世界人口资料局，2007）；《世界年鉴》（纽约：世界年鉴，2007），第 745—845 页。
* 东盟成员（其他成员是柬埔寨、老挝和越南，它们属于东亚辖区）

　　表 10.1 和 10.2 显示过去半个世纪这一地区惊人的发展，从一个落后的、一盘散沙的殖民地发展成今日繁荣发达的经济体。濒海欧洲在同一时期也经历了经济复苏，但它是在相对优越的人力和自然条件下取得的，而且从美国获得空前的金融、技术和政治援助，不仅帮助它重建经济，也重建了创新的区域性政治和经济制度，促使它取得前所未有的经济繁荣。

　　亚太地区近年来经济发展的一个突出特点是，它并没有走以往殖民地或新殖民地经济互补性的老路，即不发达国家用低附加值的原材料换取地区内发达国家的高附加值的制成品。热带季风气候地区确实出产橡胶、木材、糖、棕榈油、干椰仁和石油、铁、铬、锰等矿产；日本、澳大利亚等国确实拥有先进的制造基地可以提炼加工这些原材料，但从很早开始，日本就实行一种区域内互补的生产战略，利用其他国家的市场和廉价劳动力，把制造业向海外扩展。日本的跨国汽车公司在不少国家设立工厂，生产汽车零部件，比如在泰国生产发动机，在印度尼西亚生产电池。电脑公司在新加坡生产电子元件,在马来西亚组装传真机和电脑。韩国的钢铁、半导体和汽车工业就是依靠日本的产业和技术转移发展起来的。日韩造船联盟当时控制了世界上 3/4 的业务量。现在,日本商船数量仅次于希腊,位于世界第二,韩国仍是世界主要的造船国家,以高质量的工程船只闻名,拥有商船数量排名世界第八。

新西兰在过去 20 年里也从一个农业国变成了技术先进的工业国。其对外贸易占到国内生产总值总量的近 1/4,而且还在增长。食品加工、造纸、机械制造,以及金融业、旅游业都十分发达。

在亚太地区寻求互补性的制造战略方面,日本并不是唯一一个,欧美公司也在亚太地区推行优势互补战略。为就近利用印度尼西亚的石油资源,荷兰和英国的石油利益集团在新加坡建立了炼油厂,而新加坡的造船业则从韩国进口钢材。来自美国和日本的产业转移则促进了韩国纺织、服装、鞋子和后来电子工业的兴起。中国台湾地区和泰国的情形类似。世界上将近一半的硬木出口来自印度尼西亚,所以该国木材加工业十分兴盛,它也生产计算机产品。

菲律宾拥有大量高素质的劳动力,它已经成为增长迅速的美国高科技产品的进口国,也成为增长迅速的向美国输出高科技产品的出口国。菲律宾的优势产业还包括计算机硬件生产线和软件开发。美、日跨国公司的成品和半成品经常在这里进行组装,形成最终的网络产品和全球消费支持服务业。

日本和澳大利亚是这一地区经济最发达的国家,日本持续保持着对邻国的贸易顺差。不过,尽管日本出口机器、汽车和电子消费品,进口它需要的大部分原材料,但日本也进口其他制成品。澳大利亚的经济结构是这一地区内最为平衡的,出口小麦、羊毛、煤炭、铁矿石、机器和交通设备,但也进口上面最后两种物品,以及通信产品和计算机。日本现在主要的贸易伙伴是中国、美国、韩国,它也正在扩大与澳大利亚、新西兰、新加坡的贸易,并与除美国和中国以外的所有以上国家签订了自由贸易协定。新西兰同意美军使用其海军基地后,美国也同意与新西兰签订自由贸易协定。日本与中国的经济联系趋于兴旺,虽然两国间针对第二次世界大战之前和期间日本野蛮占领中国,以及当前在中国东海发生的边界争端存在着棘手的政治关系。随着东京和新加坡成为这一地区的金融中心,亚太地区的经济发展愈发平衡。亚太地区将来的趋势是发达国家制造业继续向海外转移,把经济重心放到服务业上。比如日本的中心就在通信、软件和金融产品,而新加坡将一半的进口再出口。

政治上的稳定与不稳定

一个地缘政治区不只是一个经济或战略单位,它的特点也要由表现在其构成分子中的普遍的政治状况来界定。从这个角度，亚太沿岸国家和地区分为两种：政治稳定的和不稳定的。

政治稳定的国家和地区

作为这一地区的支撑，日本和澳大利亚在政治上十分稳定，新西兰也一样。马来西亚人口中60%的马来穆斯林、30%的华人和10%的南亚人之间原先长期存在矛盾。现在虽然是马来人为主的联合政府执政，但因为得到华裔政党和印度裔政党的支持，实行民族和谐政策，所以还算稳定。新加坡自1965年和马来西亚联邦分裂以来，政局十分平稳，在一种威权主义的政治环境中发展蓬勃，吸收着大量外国投资，而已成为世界上高科技制造业的领军角色。

韩国

韩国受益于内部政治稳定，虽然共产主义邻居给它们带来持续的紧张感。1997—1998年金融危机发生后，韩国选举了改革政府上台，不仅帮助国家实现经济复苏，而且成功减少了与朝鲜的摩擦。

中国台湾

台湾作为现代经济史上成功的范例之一，拥有成熟的政治体制。新一代本土出生的领导人抛弃国民党长期威权统治，建立了民主政体。现任当局在处理与中国大陆的关系上比较慎重，没有以独立问题相逼，2007年谋求联合国独立席位失败。虽然政治上有摩擦，但中国台湾与中国大陆的经济联系通过大规模的投资和工业生产外包业务还是得到了加强。耐心的协商，最终可能会找到也许能满足中国大陆对实现台湾统一的要求，又不牺牲台湾现有的大部分行动自由的联合框架。

菲律宾和泰国

推翻了独裁或军事统治的菲律宾和泰国仍然为国家的政治不确定因素所困扰，但两国通过以下两种途径提高了政治稳定：一是通过普选完成了向民主体制的过渡（虽然政府不那么廉洁）；二是阻止了威胁国家的叛乱活动。

菲律宾人口有9 000万，至今经历的三届民选政府还算稳定，尽管1998年当选的总统约瑟夫·埃斯特拉达（Joseph Estrada）在贿赂丑闻暴露遭弹劾和人民抗议后被赶下台。根据菲律宾法律，由副总统接替他的职位。

1986年费迪南德·马科斯（Ferdinand Marcos）腐败独裁政权被推翻后的菲律宾，

从大多数指标上说还是发展中国家,但经济发展,特别是高科技领域的发展,要归功于菲律宾的政治稳定。另一个因素是 20 世纪 90 年代早期撤消美军军事基地,它使得两国紧张气氛得到化解,为两国发展新型健康的合作关系铺平了道路,美国援助也大量进入菲律宾。马尼拉西部的前美国克拉克空军基地和北部苏比克湾的美国海军基地分别成了拥有海港、国际航空港和制造业设施的经济特区。这些经济特区和马尼拉以及首都南部地区的工业、金融中心互为补充,马尼拉南部的高技术电子工业迅速崛起。

内部骚乱还在困扰着菲律宾,但是与过去相比暴力的规模已经大大减小了。时断时续的和平谈判反映了游击队势力的严重削弱。随着政府于 1992 年始开展一系列肃清暴乱行动,20 世纪 80 年代曾在吕宋地区造成大量伤亡、持续数十年暴动的叛乱分子已基本被清除。棉兰老地区的穆斯林叛乱没有威胁到国家的稳定。这场始于 1971 年的冲突很大程度上是由菲律宾政府在第二次世界大战后实行大规模再移民工程造成的,该工程把几万名吕宋的基督徒迁往棉兰老岛。到 20 世纪 80 年代初期,岛上基督徒已经占到当地人口的 80%,恐怖的摩洛(穆斯林)少数派加大了分裂的呼声和冲突的范围。为应对 1990 年掀起的叛乱,菲律宾政府为棉兰老穆斯林建立了一个包括毗邻的苏禄群岛——这一群岛上的巴西兰岛和霍洛岛曾是分离运动的中心——在内的自治区。6 年后,政府与摩洛团体正式达成和平,但从该团体分裂出去的阿布沙耶夫势力的恐怖袭击和绑架继续带来混乱。因为有两名美国人质遭绑架,而且担心基地组织成员把活动基地移到菲律宾南部,华盛顿接受菲律宾政府的要求,派兵与菲律宾政府军一起打击恐怖分子。虽然阿布沙耶夫组织头目已于 2002 年被打死,偶尔的恐怖爆炸还在困扰着这个国家。

泰国有 6 500 万人口,随着经济日益繁荣,政治也日趋稳定。作为东南亚唯一没有遭受殖民命运的国家,泰国自第二次世界大战起与日本结盟,越战中成为美国最坚定的盟友。在 1988 年前,泰国政局相当不稳,因为一连串的军事强人粉碎了维持平民政府的努力。是年首位非由军队强加的总理经民主选举诞生。新政府在 4 年后经历一场血腥的军事政变,但还是挺过来了,一个多党联合执政的政府在狭窄的民主范围内治理着这个国家,直到 2006 年一个军人集团发动不流血的政变,取得政权,作为对大范围腐败和选举贿赂的回应。政府许诺自由选举。政府还采取多种措施进行经济改革,肃清大范围的政治腐败。不过前者的效果要比后者好得多。泰国的中心区域已十分繁荣,但居住着 1/3 人口的东北部农村地区还比较贫穷。要想维持政治上的稳定,必须弥合这个经济上的差距。在泰国北部,历史久远并曾获得其在中国和越南基地支持的"自由泰国"共产主义运动被扑灭了,但南部与马来西亚接壤地区(马来西亚共产党就是以此为基地)的伊斯兰分离主义运动依然很活跃,制造了一系列恐怖事件。越战之后美国关闭了在泰国的军事基地,曼谷在保持与西方联盟的同时,也开始发展与中国和越南的关系。改善与中国和越南的关系有助于曼谷抵制共产主义势力。在泰柬边境恢复和平之后,泰国开始在柬埔寨投资发展旅游业和博彩业。吴哥窟是世界级的考古遗址,引来不少泰国投资者在周边地区建造宾馆。柬埔寨西部与泰国接壤处的一些小镇,以及在泰国湾的柬埔寨小岛上,赌博业十分繁荣。

新加坡和马来西亚

新加坡作为一个城市国家真正是一个稳定之岛。1965年,它脱离马来西亚独立。新加坡是经济强国,其国民人均收入为世界最高国家之一。其繁荣主要得益于它是一个世界级的金融中心和重要港口。制造业仍然提供着1/4的就业岗位,并已经转向海洋工程和生物科技领域的高附加值产品。新加坡人口只有470万,很需要外来劳工。这个国家移民众多,有1/3的人口出生海外,主要来自印度和中国。新加坡各民族总人口中华人超过3/4,其余是马来人和印度人。新加坡实行一党制,执政党致力于国家的繁荣和秩序,为民众提供优质的教育、医疗和公共服务。

马来西亚政府对其300万外来劳工实行严格的控制。这些劳工大多数来自印度尼西亚,据估计,其中半数以上是非法入境的,政府专门组织了志愿者负责拘留和遣送他们。从英国统治下独立之后,马来西亚的政局比较稳定。丰富的自然资源和稳定的政局使马来西亚工业和经济得到快速发展。殖民时代它主要是依靠橡胶、棕榈油等种植园作物和锡矿开采,现在则成为一个都市化的工业国家,和美国、日本与新加坡发展贸易联系。殖民时期进入马来西亚的大量华人和印度人(占2 500万人口中的1/3)主要从事种植和采矿,现在这些少数民族主导着马来西亚的商业和专业领域。

政治不稳定地区

在亚太沿岸地区总体稳定走势之外,印度尼西亚、东帝汶和斐济、所罗门群岛等太平洋小国都不够稳定。

斐济

斐济是人口最稠密的南太平洋岛国,人口90万。自1970年独立以来,斐济一直深受种族矛盾和军队政变的困扰。岛上的大部分居民都是20世纪作为种植园契约劳工从印度来的移民,这些移民曾一度成为主要人口,但是在该国独立后时局动荡的时期又陆续离开,岛上原先的斐济原住民又成为人口的多数。移民流出现象在斐济颁布1990年宪法之后愈发严重,这有利于斐济本地人控制政府。尽管如此,印度裔居民还是占到斐济总人口的45%。斐济部落首领们拒绝服从由印裔斐济人领导的政府,也不满把土地长期租赁给印度甘蔗农场主,冲突就爆发了。在1987年发生的一次军事政变之后,斐济被终止英联邦成员身份而退出英联邦。2000年,在推翻前一年选出的由印裔斐济人领导的政府之后是持续不断的混乱,最终全部由斐济人组成的政府取代了印裔人政府继续控制着国家,种族冲突更激烈了。种族关系紧张程度依然很高。随着甘蔗在世界市场上价格猛跌,斐济这一主要出口业大受打击,经济情况也愈加恶化了。

所罗门群岛

所罗门群岛的形势也同样动荡。所罗门群岛自1978年独立以来,代表岛上不同社区移民的民兵武装就不停地相互打仗,使所罗门群岛陷于长期的混乱之中。所罗门群岛中最大和最重要的岛屿瓜达尔卡纳尔,包含首都霍尼亚拉镇。基本依靠木材出口的所罗门的经济,现处在萧条之中。

所罗门群岛的人口接近55万,主要是美拉尼西亚人,有80种以上的语言和文化群体,还存在一个人数不多但很有影响力的华人商业社区。针对土地所有权的冲突和对来自相邻岛屿的移民的歧视,导致从马莱塔岛来到瓜达尔卡纳尔的移民推翻了所罗门政府,而瓜达尔卡纳尔岛上占统治地位的伊斯塔布族人奋起反抗,又把2万名马莱塔人赶出了他们的家园。冲突严重到经"太平洋岛国论坛"同意,澳大利亚领导的军队不得不于2003年进驻该国,维持秩序。2005年战局平息后,外国军队撤出,文官政府重新建立。但斐济人还在为澳大利亚的干预感到愤恨,认为这是典型的殖民主义做法。在斐济和所罗门群岛两地,传统领导人与寻求政府改革的人之间的政治裂痕没有缩小的迹象。

印度尼西亚

印度尼西亚普遍被认为是"动荡之弧"。⑤苏哈托政权(1966—1998)取缔了许多在20世纪50—60年代曾威胁要将这个群岛国家四分五裂的分离主义组织,但是,印度尼西亚政治无论在这一阶段还是自此以后都没有安宁过。苏哈托时代所谓的"稳定"建立在残酷的镇压、腐败和一小部分的军政精英自我修养的基础上。

从荷属东印度中打造出一个统一国家的困难从1945年日本投降后不久印度尼西亚宣布独立之后就显现出来了。爪哇的高度中央集权的政府不得不宣称对从印度洋到西太平洋之间3 000英里领土拥有主权。这个群岛共和国包括13 600个小岛(其中3 000个有人居住),文化和经济上最重要的是爪哇、苏门答腊、巴厘三岛。另外,它还必须从300多个不同族群和350种地方语言中锻造出一个国家。民族口号是"一个国家,一个民族,一种语言",但现实是多样性过于丰富,以至民族统一依然非常遥远。

印度尼西亚的核心是由人口非常稠密和经济发达的爪哇岛和马都拉岛组成,它们的语言属于德泰罗—马来语。这一地区的西面、北面和东面环绕着被通称为"外岛"的一串岛链。

印度尼西亚狭长的地形(752 410平方英里)、不发达的交通和通信,以及对爪哇人的怨恨给分离主义势力提供了机会,爪哇人占印度尼西亚2.3亿总人口的一半以上。来自马六甲(曾被称为"香料群岛")安汶人中的基督徒在群岛西南端建立了短命的南马六甲共和国,这个共和国1950年被印度尼西亚吞并,但直到1956年前一直在进行公开的反抗。

苏门答腊1958年也爆发了叛乱。苏拉威西岛和加里曼丹岛上十分强大的伊斯兰政党反对苏哈托总统的国家党。苏门答腊是印度尼西亚最大的出口基地,出产石油、天然气(印度尼西亚是世界上最大的液化天然气出口国)、棕榈油、橡胶和热带硬木,但国家的花费都用在了爪哇岛,苏门答腊人对爪哇人愈发不满,反抗也更激烈。虽然3年之后反抗因政府再次确认他们的充分权利而遭结束,但怨恨一直没有停止。

苏门答腊最北部的亚齐省16世纪以来曾由穆斯林苏丹进行统治,也是动乱频仍之地。荷兰人于19—20世纪占领了这里,但亚齐人进行了几十年的游击战。1848年,这个虔诚的省份成立了一个独立的伊斯兰国家,直到1903年才获得荷兰的正式认可。这一地区保持一种半独立的状态,直到1961年亚齐起义军在苏门答腊战争末期被彻底镇压。亚齐省争取到了在宗教、文化、教育上的自治权,不过名义上还属于印度尼西亚。

苏加诺领导了反对荷兰人的独立运动,在1956年倡导了"有秩序的民主体系",后来当选为第一位印度尼西亚总统。他熟练地平衡了军队和实力日益强大的共产党之间的利益斗争。作为万隆会议的召集人,苏加诺因为反对殖民主义的言论和呼吁第三世界经济合作、摆脱西方的控制而在亚非国家中获得领袖地位。

20世纪50年代末,苏加诺开始向强大的印度尼西亚共产党和中国靠拢。为反对建立独立的马来西亚联邦,他于1962年向马来西亚不宣而战,并说成立马来西亚联邦是英帝国主义的诡计。婆罗洲南部2/3是印度尼西亚领土,称加里曼丹岛,北部1/3是马来西亚领土,称北婆罗洲,印度尼西亚军队从加里曼丹岛向北发动攻击。1965年马来西亚取得安理会席位之后,印度尼西亚为表示愤怒,退出了联合国。

那一年,共产党人谋划的针对军方的政变被亲西方的苏哈托将军领导的军队挫败,印度尼西亚的政局发生巨变。在这场暴乱中,有50万华人和印度尼西亚人惨遭杀戮,20万人作为政治犯被关押。苏哈托把苏加诺赶下了台,两年之后成为总统,开始了一段许多西方政治家所说的"稳定"时期。

事实上,尽管高度集权的印度尼西亚政府在这一时期一直对分裂活动进行镇压,但收效甚微。曾于1961年被镇压的亚齐人1976年再次宣布独立,还建立了自己的流亡政府继续领导"革命"。南马六甲也在1966年建立流亡政府,坚持抵抗斗争。

1962年被印度尼西亚军队占领并于1969年正式吞并的西新几内亚(荷属),也是个动荡之源。"自由巴布亚运动"的反抗者 1961 年宣称建立一个独立国家,进行了 40 年的丛林游击战。印度尼西亚政府推行的"自愿大移民计划"把 6 万户爪哇家庭迁移到这里(起先叫"西伊里安",现称"伊里安查亚"),更加剧了这里的紧张局势,1977 年和 1984年冲突达到了白热化。

在苏哈托统治期间,东帝汶的局势也动荡不安。印度尼西亚 1975 年侵占了以前的葡萄牙殖民地,和东帝汶人展开的激战使这里满目疮痍。美国坚决支持苏哈托的吞并行动,根本无视印度尼西亚军队使用美制武器入侵东帝汶,而且杀害了 20 万东帝汶人。美国的考虑是,印度尼西亚的位置、国土规模、资源和市场对于美国具有重要的战略价值。但东帝汶争取独立的斗争一直没有停止。

虽然澳大利亚起初也支持印度尼西亚的吞并,但 20 世纪 90 年代开始,由于普遍的对印度尼西亚人施加于东帝汶人身上的虐待行为感到愤慨,澳大利亚改变了政策。这种愤慨与东帝汶对澳大利亚日益增长的地缘战略的重要性连在一起:领土的接近——不到 300 英里的距离,帝汶海石油和天然气潜在储藏量,以及对大量东帝汶难民涌向澳大利亚的担心。

1998 年苏哈托被赶下台,接任他的总统 B. J. 哈比比 1999 年同意举行一次全民公决,全民公民中东帝汶人以绝对多数票赞成独立。这引发了一场由亲政府民兵和部分印度尼西亚军队实施的更加恶性的大屠杀,最终澳大利亚武装部队出面干预,但这已是在大片领土被毁,5 万名东帝汶人被杀之后。

围绕着东帝汶的事件反映了美国和澳大利亚相反的战略优先考虑。和澳大利亚不同,美国在东帝汶没有突出的地缘战略利益,它关心的只是东帝汶西面印度尼西亚苏门答腊的石油资源。因此,在澳大利亚率先干预的时候,华盛顿还在拖延时间。

2002 年 5 月,东帝汶获得独立,改国名为东帝汶民主共和国(Timor-Leste)。在联合国的监护下,东帝汶重建被毁坏的国家,形成国家框架体系,实现了转变。虽然 100 万东帝汶人的大多数生活依然非常贫困,主要靠农业为生,但他们把对一个更加光明的经济未来的希望寄托在帝汶海下已被探明的石油及天然气上。这一被称为"帝汶沟"的区域位于澳大利亚和东帝汶之间。澳大利亚起初曾基于 1972 年它与印度尼西亚签订的边界协议,宣称对其中一半的储藏拥有主权。帝汶沟不到 400 英里宽,因此按照 200 英里国际标准划分分界线将导致主权要求重叠。澳大利亚同意接受按中间线划分的结果,这样帝汶沟的 90% 都落在东帝汶的主权范围内。虽然没有在中间线正式确定新边界,但这一区域还是被视为单独的共有区域。⑥至 2007 年,东帝汶从油气资源获得 10 亿美元的收入,但是政治的不稳定阻碍了将这些资金用于经济发展。2006 年集体暴力席卷首都帝力,以致澳大利亚等国不得不派出维和部队,平息暴乱。

苏哈托时期的"稳定"是建立在镇压基础上的。毫不奇怪,随着军政权的倒台,许多曾被镇压或遏止的叛乱又开始冒头。最强大的分离主义组织依然是在远离雅加达的群岛最北部和最东部。

亚齐省已对印度尼西亚政府构成最严重的军事挑战,也是最重要的分离主义运动。亚齐省位于雅加达西北 1 100 英里处,毗邻马六甲海峡西北入口,马六甲海峡是世界上最繁忙的航运线路。亚齐省的人口约为 450 万(整个苏门答腊地区有近 4 200 万),分布在 2.1 万平方英里土地上。亚齐省担负了印度尼西亚 15% 的石油及天然气出口,同时出产咖啡、胡椒、稻米、烟叶、橡胶和木材。

凭着这一地区曾是一个独立的王国,亚齐分离主义组织得到了大量的经济资助和强大的精神动力。而印度尼西亚政府及军方之所以反对亚齐独立,不仅出于经济原因和亚齐省是国家领土不可分割的一部分,也因为它地处马六甲海峡的战略要冲。反叛扰乱了阿伦(Arun)沿岸和离岸地区的天然气开采,这里有一家液化气工厂,产品可直接装船运往日本和韩国。此事不仅引起这一地区跨国公司的关注,也引起印度尼西亚及其国际客户的关注。

印度尼西亚不管亚齐地区曾作为独立的穆斯林苏丹王国数百年的历史,坚称亚齐是其领土的一部分。其实亚齐地区对印度尼西亚的重要性要从更广泛的经济意义上去考虑。亚齐出产的油气在印度尼西亚能源收入中只占 3%,在全国将近 1 万亿美元的国内生产总值总量中比例也很小。因为开采得差不多了,这里的能源产量日趋萎缩。事实上,整个印度尼西亚的石油出口都在迅速下降,而国内消费需求则在增长,使印度尼西亚已不再是个纯出口国。它于 2008 年退出了石油输出国组织。虽然印度尼西亚政府在过去 30 年里都无法扑灭亚齐人的反抗,并且有 15 000 人在战斗中丧生,但自然界的干预却促使双方达成一项协议。2004 年的大海啸席卷亚齐省,夺去 17 万人的生命,导致 50 多万人无家可归,这使战火停息。反抗者放下武器,作为交换条件,他们可以成立一个政党,获得 55% 的石油和 45% 的天然气收入,并可在亚齐实行比较严格的伊斯兰律法。在 2009 年的省议会选举前,该党赢得了 2006 年的特别省区选举。当地的重心从斗争转移到飓风过后的恢复重建上,这是亚齐人之福,也是所有印度尼西亚人之福。

南马六甲偏远地带的分离主义运动(包括安汶岛、布鲁岛和塞兰岛)主要集中在安汶岛,这是马鲁古省的首府和最大的城市,面积 10 500 平方英里,距离首都雅加达 1 400 英里。该地的独立思潮源于历史和宗教,因为 100 万南马六甲人中有一半是基督徒。500 年前,这个"香料群岛"的重要性在于它是肉豆蔻和丁香的唯一出产地。荷兰商人把基督教也带到了这一群岛上。今天,这一群岛在农业和经济上已经不那么重要了。基督教分离主义运动不是出于经济上的偏见,而是担心"大迁移运动"使穆斯林移民占据该岛。其实在伊里安查亚省西面建立一个小小的、由基督徒统治的国家或者准国家,在战略或经济上对印度尼西亚并没有什么负面影响。因为社区间的冲突愈演愈烈,北马六甲哈马黑拉地区的基督徒已打算另择他地,建立一个新的"南马六甲共和国"。

伊里安查亚省是第三大分离主义冲突发生的主要地区。该岛西部属于新几内亚,在163 000平方英里土地上居住着不到200万人。大多数伊里安人(又称巴布亚人)是土生土长的美拉尼西亚部落成员,在丛林里维持生计,跟爪哇人没什么共同之处。

土生的巴布亚人要求独立的反抗最初发生在40年前,一直持续到后苏哈托时代。当地人不满于热带雨林的木材被大量砍伐,本地铜、金、银、石油等矿产也被印度尼西亚政府租借给外国公司进行开采,自己却得不到什么利益。印度尼西亚最大的开采公司就在这里。

印度尼西亚政府向"自由巴布亚国会"提出给其一定的自治权利,但被后者拒绝了,因为他们谋求的是国家独立。富裕的亚齐叛军拥有现代武器,可以跟印度尼西亚军队打大规模的仗,而巴布亚人只有弓箭,但他们袭击和杀戮马老奇和法发克镇的非本族移民,在全省境内开展游击战。作为回应,印度尼西亚军队开进了伊里安查亚省首府查亚普拉,严厉镇压原住民,甚至根本不顾最基本的人权道义。

西巴布亚人可能与半岛东部的巴布亚新几内亚寻求一种联邦模式。巴布亚新几内亚人口550万,差不多是伊里安查亚省的3倍。它曾是英联邦的一成员,农业基础比较好,石油、天然气、矿石和森林资源也十分丰富。20世纪的大部分时间里澳大利亚统治着这里。1975年独立之后,澳大利亚还是其主要的贸易国。首都莫尔兹比港坐落于珊瑚海边,距澳大利亚东北300英里,处于澳大利亚的安全保护之下。巴布亚新几内亚自己也要解决布干维尔岛的分离主义问题,布干维尔岛有丰富的铜和天然气资源。因为它依赖于澳大利亚的经济援助和治安保护,所以也许可以接受与马伊里安查亚结成联邦,后者与印度尼西亚大多数地区相比,也更接近澳大利亚。

上述这三个地区——亚齐、伊里安查亚和南马六甲——是印度尼西亚主要但不是唯一的不安定地区。占婆罗洲岛的南面70%面积的加里曼丹岛就存在严重骚乱(北婆罗洲包括马来西亚所属沙巴州和沙捞越邦,以及独立的富含石油的文莱苏丹国)。虽然加里曼丹岛上人烟稀少,基本上都是些原住民,但石油、金矿、天然气和珍贵的热带硬木资源十分丰富。一项将上万马都拉农民迁往岛上的政府移民计划激起了西加里曼丹岛上的达雅克人(Dayak)针对马都拉人的暴力行动,迫使许多人逃回原住岛屿。骚乱激起了要求独立的呼声,特别是在石油资源丰富的东加里曼丹省。此外,在印度尼西亚水域,尤其是通向中国南海和太平洋的婆罗洲以北的地方,海盗特别猖獗。世界上一半以上的海盗抢劫就发生在这一海域和马六甲海峡。

分离主义运动也存在于基督徒占多数的北苏拉威西省(西里伯斯北部),以及穆斯林人口居住的乌戎潘当(望加锡)。乌戎潘当是南苏拉威西省的首府和最大城市。后者位于望加锡海峡和弗洛勒斯海的交汇处,是一个香料贸易的历史中心,现在是从欧洲到亚洲的货物一个重要的分送和中转点。它拥有作为独立的苏丹公国的悠久历史,一直到17世纪中叶被荷兰人征服。

除伊里安查亚省和南马六甲之外,潜在的最严重分裂威胁是在苏门答腊中西部的廖内省。廖内位于马六甲海峡东南角,与新加坡隔海相望。廖内的油气储备堪与亚齐相比。这些资源包括位于廖内省四周中国南海浅水处的纳吐纳群岛海域下的巨大天然气田。纳吐纳群岛距马来半岛和马来西亚东部(婆罗洲岛上)比离廖内省大陆更近,有人建议提出用管道把纳吐纳西部的天然气田与新加坡以及可能的话与马来半岛的南端接通。廖内群岛中的民丹岛蕴含丰富的铝土岩和锡矿。廖内省的分离主义运动对印度尼西亚的一大威胁在于它的成功将会引发苏门答腊其余地区的分离情绪,重演1958—1961年的叛乱。印度尼西亚军方对控制所有这些叛乱地区一直态度坚决,但是对将偏僻的伊里安查亚省抓在手里不放则缺乏令人信服的理由,后者距离雅加达有2 000多英里,居住的是美拉尼西亚人。那一地区遭到印度尼西亚军界领导人的榨取,他们通过对当地咖啡种植园的控制和采矿特许权的颁发而中饱私囊,但从经济上说那一地区对于整个国家并不十分重要。

印度尼西亚是个有内爆危险的国家。如果能与南马六甲和廖内省达成一个协议,它保持强盛和有影响的前景还是乐观的。但是,假如整个蕴含丰富油气资源的苏门答腊群岛都分裂出去,那么这些前景将大为减损。

爪哇岛上人口已经过剩,每平方英里超过2 000人,是世界上人口密度最高的地方之一。近年来爪哇的农业生产力有很大提高,印度尼西亚的工业也基本上集中在该岛的雅加达、泗水和万隆等中心地区,但如果失去苏门答腊,爪哇将会陷入窘境。爪哇的陆地面积只有苏门答腊的1/10,人口却是其3倍(苏门答腊人口超过4 000万)。苏门答腊的价值不仅在于其自然资源的丰富,而且还因为它一直是拥挤的邻岛适量人口向外迁移的一个出口。它的石油、天然气、矿产、木材和庄稼作物等财富占了印度尼西亚国内生产总值的大部分份额,没有了苏门答腊,印度尼西亚将变得相当贫困。

大规模移民不能解决人口过分拥挤的爪哇、马都拉和巴厘岛的所有问题。在由苏哈托发起的计划时期,有600万移民被转移,主要是迁往外岛,但这没能抵消这些人口过剩岛上人口的自然增长。然而,定居苏门答腊没有搅起那种已将外岛其他地方搅得四分五裂的种族情感。

雅加达面临的挑战在于调整政治结构以适应外岛居民的要求。因为爪哇人占印度尼西亚人口的近60%,他们如果愿意把现有的霸权统治转变成一种基于与结盟单位形成伙伴合作关系之上的那种形式,就不用担心失去在这个重新构建国家中的领导地位。这种政策特别适合巴厘岛,因为该岛300万居民主要奉行印度教和佛教,与爪哇人传统的印度教文化同出一脉,也可以更加帮助发展这里的国际旅游业。

一个和平的、没有边远地区领土分离运动的印度尼西亚,可以成为亚太地区的基石,并在亚太地区的持续发展中,成为日本和澳大利亚的可靠盟友。它是世界上穆斯林人口最多的国家,也是第四人口大国。倘若印度尼西亚持续陷于内部分裂,不但本国发展受阻碍,也会拖整个地区的后腿。

单靠民主制度是不能保证印度尼西亚稳定的。1998年苏哈托下台后,印度尼西亚实行了议会民主选举,但是政局持续动荡。1998—2001年3年内换了3位总统:哈比比、瓦希德、梅加瓦蒂。梅加瓦蒂是印度尼西亚开国者苏加诺之女,在2004年选举中败给苏西洛。虽然这些政权交替都是通过自由、公开的选举产生的,但印度尼西亚政府还是要依靠军队维持国家的稳定,防止伊斯兰激进组织危害民主制度。

从12世纪伊斯兰教传入印度尼西亚,印度尼西亚已成为穆斯林人数最多的国家。伊斯兰教具有克制与宽容的传统。它包含了印度教、佛教以及印度尼西亚群岛早期社会文化特征的泛灵论等因素。但近来保守的伊斯兰势力逐渐强盛,出现一些强硬立场的伊斯兰政党。一些观察家把走向极端的宗教狂热的趋势归之为对那种想摆脱贫困以及把对印度尼西亚民主制度的威胁降到最低的愿望的一种回应方式。⑦

伊斯兰激进组织针对基督徒和外国人发动了一些零星的袭击,其中最突出的是伊斯兰祈祷团。该组织想在东南亚建立一个伊斯兰哈里发国家。印度尼西亚军方逮捕了一些恐怖分子,包括他们的领导人,但政治独立运动和极端宗教活动要求世俗政党和军队加强合作,在尊重地方自治和宗教信仰的基础上管理好国家。

地缘政治特征

历史核心

亚太沿岸地区没有区域性的历史核心。甚至没有一个可称得上的政治事件,促使这一地区形成地缘政治凝聚力。几个国家和亚地区的历史核心,有日本本州岛中部的数个朝代的都城京都,西高句丽高丽王朝的松都(现为开城),泰国北部高棉帝国的首都素可泰,还有爪哇中部的室利佛逝王国的寺庙中心婆罗浮屠。

政治首都

亚太沿岸地区没有一个统一的、正式的政治首都。以前的军事联盟东南亚条约组织总部设在曼谷,现在的经济、社会、文化联合体东盟总部设在雅加达,亚太经济合作组织总部在新加坡。但是无论东盟还是亚太经济合作组织都没有完全与亚太沿岸地区在地理上一致。

图 10.1 亚太沿岸地区：主要地缘政治特征

亚太地区政治和经济影响力最大的中心城市是东京和新加坡。东京经济、政治和军事力量(虽然从宪法上说日本的军力只用于自卫)在亚太地区都起重要作用;新加坡是亚太地区重要的国际贸易中心,位于欧洲与东亚之间世界几个重要航线的交汇处。它也是一个重要的国际金融中心,这方面正与日本展开竞争,新加坡还是许多世界级跨国公司的地区性总部所在地。

核心区

亚太沿岸地区的地图展现的是一个大部分由狭窄水域和宽阔海面分开的岛屿国家和邻近大陆半岛国家组成的地缘政治区。大致上说,核心区可界定为由密集的人口、交通和通信网络以及集中的经济活动组成的连续区域。各个区域可以通过狭窄的海域及陆地相连,而在一个面向大海的地区,大海是连接的纽带而不是障碍,一连串相互连接在一起的国家核心区就形成一个地区性核心区。

亚太地区这样的核心区中最重要的基本上沿着日本本州岛东海岸分布,从东京、横滨等大都市向南,经名古屋、大阪和神户,到达最南端的广岛和下关。在这里通过非常狭窄的关门海峡上的铁路隧道和大桥再向南,是北九州。沿着九州海岸向西北,到达福冈和长崎,沿海岸再向东北就是九州岛中北部的久留米市。

这种以水相连的国家核心区是亚太沿岸地区的经济发动机。它包含了日本 1.28 亿人口中的 80% 和日本绝大部分的电子、冶金、汽车、造船、化工和纺织产业。加上商业、金融和服务业,这种人口及经济活动的集中已经使现代日本的经济成为在生产力上仅次于美国的经济。这一带的人口密度很大,关东平原是每平方英里 1 万人,名古屋是 3 万人。

本州核心区还向西穿过了 100 英里宽的朝鲜海峡,延伸至韩国。这一韩国延伸段构成了亚太沿岸地区核心区的另一部分,是一股重要的独立的全球经济力量,其在很大程度上通过日本投资形成,经美国援助得到补充。朝鲜战争之后,日本外向型制造业和资本、技术大量向韩国流动,使其变成一个多样化的经济实体。

大多数韩国制造业企业也都集中在这里。这一地区人口有 3 000 万,占韩国近 5 000 万总人口的 60%,平均人口密度是每平方英里 3 000 人。因为半岛东半部基本上是高山,不利于人口流动,所以这一地区的人口还在持续增加。

釜山——韩国第二大城市(400 万人口)和最大的港口——是韩国核心区和日本核心区的交点。韩国多数对外贸易都是通过釜山进行的,釜山也是通向日本的大门。从这里,韩国经济核心区向内陆延伸,经第三大城市太古到达西海岸的大邱,再沿海岸线向北至首尔。首尔是韩国的首都和最重要的工业中心,人口 1 000 万,坐落在汉江平原。

汉江是韩国最大的一条河流,群山环绕。历史上,汉江是整个朝鲜半岛的运输纽带,沿西海岸向北,经开城直通平壤,向东北穿过众多山脉到达今属朝鲜的元山市,向东南则横穿半岛到达釜山(人口350万)。尽管首尔很大,还不足以消化吸收庞大的工业人口,于是在周边30英里的范围内崛起了一个特大都市,现在有1 300万人居住在这个外围中心,包括工业港口仁川和水原市。仁川人口260万,水原人口110万,都有地铁与首尔相连。⑧

拥有2 300万人口的首尔特大都市主导着韩国的发展,是这个国家工业增长的缩影。其汽车业、造船业、钢铁业、化工业、纺织业和机械制造开始向外圈扩散,而半导体、电脑和通信设备等电子工业,连同金融、保险和信息服务等行业则集中在中心城区。

韩国的核心区一直延伸到首尔郊区以北,距离非军事区只有20英里。非军事区是与朝鲜的分界线。首尔地处前沿,即使不能成为韩国和朝鲜统一后半岛的中心,至少在当下能作为南北经济和社会交往的枢纽。从韩国核心区的最北端到朝鲜集中在平壤—南浦一带的经济核心区域,距离只有60英里。韩国溢出的工业企业已经出现在这个区域中间来到超过分界线2.5英里的开城。在这里,韩国的中小企业雇用了几千名朝鲜工人,产品主要利用《美韩自由贸易协定》,向外出口。因为人们对统一的前景充满乐观,韩国靠近分界线的土地价值成倍上涨。

如果统一,韩国的核心区还会向北扩展,从平壤一直延伸到黄海和鸭绿江,与中国东北南部的工业基地连接起来。到那时,首尔有可能变成东北亚的枢纽,连接日本、韩国和中国东北。那时,一个统一的核心区就将从日本本州和九州北部穿越朝鲜海峡,贯穿整个朝鲜西海岸,与中国东北的辽宁半岛衔接,经沈阳至黄海北端的渤海湾,深入辽宁的工业心脏。俄罗斯以符拉迪沃斯托克(海参崴)和乌苏里江上游河谷为中心的南部海上疆域,可作为这一核心区的重要外围区。

亚太沿岸地区还有几个重要的、比较分散的次级核心区:马来西亚西南部—新加坡、爪哇岛西北海岸、澳大利亚东南海岸(从纽卡斯尔经悉尼和卧龙岗至堪培拉,以及从墨尔本到吉朗),还有中国台湾西部。

在这些次级核心区域中,中国台湾的地位最为重要。以台北为北部起点,沿西海岸经桃园、台中、台南到最南端的高雄。台湾在1905年至第二次世界大战结束期间的日本占领时期,实现了某种程度的现代化,不过在中国国民党1949年从大陆退守此岛时还是以农业为主。因为台湾岛中部和东部为丛林和高山,大部分居民当时生活在开阔富饶的西海岸亚热带平原地区,现在也是如此。

在1949年以后的半个世纪里,美国大力帮助台湾发展工业,尤其是生产消费品和食品的轻工业,后来向重工业和高科技产业及服务业转型。化工、钢铁、汽车、制药、电子、通信和交通设施等产业如今遍布台湾核心区。

中国台湾经济实力的典型代表是台北郊外的新竹科技园,被称为"东方硅谷"。它是世界第三大高科技工业园区,台湾1/3的制造业出口和世界大量计算机产品出自这里。

台湾工业的一个突出特点是中小企业占多数。这些公司结构灵活,在科技和组织体系上不断创新。台湾投资者抓住中国大陆20世纪90年代的改革开放机会,在大陆以及东南亚兴建了几千家企业。许多劳动密集型产业向香港、广东和福建等大陆核心区转移,这里距离台湾海峡对面的台湾核心区只有百余英里。近期,大量台湾高科技计算机硬件和软件产业外移到中国沿海建立工厂。现在有1/3的中国出口商品是台湾人开的工厂生产的。美国和日本长期以来是台湾的贸易伙伴。

如果中国大陆与台湾地区的核心区形成融合,将带来很大的地缘政治影响。台湾地区的经济成就现在与大陆沿海越来越紧密地联系在一起,它作为通往中国大陆门户的作用也更加突出。虽然两地政治体制有很大不同,然而经济上的一体化将促进两岸的和平统一,并且其速度会超过很多人的预料。当然这其中也会有波折,比如台湾本土领导人寻求"独立",或者中国大陆对其使用武力攻击。

有效国家领土

缺乏陆上的地域连接使亚太沿岸地区没有一个有效的区域领土,各国移民法律也限制了居民朝人口不那么密集、气候和地形也较适宜的地方移居。

只有澳大利亚的内陆地区拥有广袤的有效国家领土。布里斯班向西至阿德莱德、穆累河流域这一带人口聚居区周围,可供利用的土地恰好形成一个弧状。此外,人口聚居区还包括澳大利亚西南的珀斯内陆地区。澳大利亚东北部亚热带地区(皇后岛沿岸地区)适宜农牧的耕地,已经开始城市化了,它们也属于有效国家领土。澳大利亚的主要产煤区在沿海岸向北,经悉尼、皇后岛到昆士兰州一带。中国是澳大利亚丰富的煤、铁矿石和小麦、牛肉、羊毛的重要出口市场,澳大利亚主要的贸易伙伴就是中国和日本。虽然2007年取消了排斥亚洲人的移民法律,但每年获准进入澳大利亚的熟练工人不超过10万名,另有5万名移民是获准移民的熟练工人的家庭成员,其中有1/4来自亚太地区。这对于缓解本地区的人口压力并无帮助。

亚太地区其他国家的有效领土面积相对狭窄。日本的有效国家领土集中在北海道的西部和南部、四国岛,还有本州岛北部和九州岛南部。九州的经济是混合型的,北部沿海是具有规模的汽车业,产品主要出口到中国;西部海岸原来的纺织和服装业已经衰弱了,所以相对萧条。因为钢材价格上涨,长崎的造船业也失去了竞争优势。

菲律宾的棉兰老岛、莱特岛部分地区和吕宋南面的小岛具有发展潜力。泰国南部的热带半岛地区和东北部半干旱的大草原也具有发展潜力。马来西亚大部分丘陵地区密布森林，并不适合人类居住，不过乔治城西北地带和东北沿海地区比较适宜居住。

印度尼西亚的有效国家领土包括南苏门答腊及该岛的中西部和东北部沿海，还有爪哇以东的外岛，如龙目岛、小巽他群岛中的西松巴哇岛、南弗洛勒斯岛和南苏拉威西岛。

新西兰大部分人口集中在北岛的中心城区，这里农业十分发达。南岛东侧的平原则比较偏远——南岛和北岛这两个主要岛屿就是新西兰的有效国家领土。

新加坡不存在有效国家领土，全是核心区。韩国和中国台湾的情况类似，因为核心区以外都是高山。

阻碍上述有效国家领土发展的部分因素是政治不稳定和缺乏开发资金，印度尼西亚比较典型。印度尼西亚政府把爪哇人、巴厘人和马都拉人大量迁往伊里安查亚省、南马六甲和加里曼丹岛，引起当地的动乱和暴动，反过来妨碍了发展。

空旷区

亚太沿岸地区很多国家山区和丛林地带都是空旷区。丛林地带人烟稀少，是难民和游击队的躲藏地。这里有原始的文化和部落传统，有些地方因木材大量被砍伐已经失去了生态平衡。不过真正称得上有广阔空旷区的亚太沿岸国家，只有澳大利亚。

澳大利亚的内陆大部分地区，尤其是西部和中部是覆盖了1/3陆地的沙漠，面积将近300万平方英里。澳大利亚内陆广袤、干旱、杳无人迹，也没有常态的河流和湖泊。澳大利亚2 100万人口绝大部分聚集在东部和西南沿海，北部多雨的热带海岸也基本无人居住。

澳大利亚内陆的沙漠有大沙沙漠、吉布森沙漠、维多利亚大沙漠、塔纳米沙漠和辛普森沙漠。绵延单调的荒漠中东部，横亘着俯瞰艾利斯斯普林斯镇的麦克唐奈山和马斯格雷夫岭。马斯格雷夫岭脉北面是巨石嶙峋的艾尔斯岩，突兀在平地之上，和艾利斯斯普林斯镇一样是著名的旅游胜地。

澳大利亚广阔的空旷区蕴藏着丰富的矿藏——金、铜、钼、石油和天然气。澳大利亚西北部的金伯利高原是世界上最大的钻石产地，此外，它还供应世界1/4的氧化铀出口。现在这些铀产品只向签署了核不扩散条约的国家出口。但2007年澳大利亚向印度开了后门，以加强同印度的关系，使它同印度的关系与中国和日本的关系类似。

澳大利亚内陆最重要的战略价值，在于可用作火箭和卫星发射场。伍默拉位于南澳大利亚沙漠边缘，在干涸的托伦斯盐湖附近，是供澳大利亚及其盟国使用的主要导弹试验基地。试验的靶场深入西澳大利亚，它曾是世界上最大的火箭试验场。这里于1967年发射过澳大利亚唯一一枚太空卫星，20世纪70年代初还进行过英国多弹头核试验。现在伍默拉镇有 1 500 名居民,其中 1/4 是火箭试验高峰时期在此定居的。

除了充当试验场,西澳大利亚和昆士兰还被用作监测跟踪站。在珀斯以北 200 英里处沙漠边缘的杰拉尔顿,有几座针对朝鲜和巴基斯坦的地面监听站,由美国、英国、加拿大、澳大利亚和新西兰共同使用。新南威尔士州中东部清朗的高空也吸引了许多天文观察者来到赛丁泉和特兰基克里克。这两个城市位于沙漠以东半干旱的大草原上。

澳大利亚中部的松谷联合防空设施是美澳共同使用的电子侦察基地。其巨大的天线网阵从美国太空卫星接收信号,为美国国家导弹防御系统提供重要的早期预警作用。松谷基地的启用在澳大利亚引发激烈的争议,不断有民众举行抗议示威。澳大利亚工党担心这一设施会影响澳大利亚和中国及其他亚太国家的关系。

边界

亚太沿岸地区大多数的主要边境争议并不是发生在这一区域内,而是这一地区与邻近国家之间。在地缘政治上这些边界具有重要的战略意义,影响到亚太地区与相邻地缘战略区的关系;至于亚太地区国家之间的边界争议,则只有战术上的或地区内的意义。

日俄之间的争端在于现为俄罗斯占领的 4 个岛屿——千岛群岛最南端的择捉和国后,千岛群岛南面的齿舞和色丹。争议涉及俄罗斯心脏地带与海洋辖区之间的边界划分,也涉及日俄两国的边界划分。1997 年后日本扩大了对俄罗斯的贸易和经济援助,为结束第二次世界大战以来的争端带来了契机。2006 年,俄罗斯答应归还齿舞和色丹两岛;作为交换,要求日本放弃对更大的择捉和国后两岛的主权诉求。日本没有同意。1952 年日本放弃对南库页岛的主权,但也没有同意俄罗斯对其拥有主权,这事就这么搁置了。只有对这些岛屿的归属达成协议,日俄之间才有可能签订和平条约。

朝鲜和韩国、中国大陆和台湾地区之间关于统一的争议并不是因为边界的划分,而是出于领土主权。这也涉及东亚大陆与海洋地缘战略辖区的界限。朝鲜和韩国之间也有边界争议。朝鲜认为它对距板门店不远黄海海岸边的 5 个小岛拥有主权,这些小岛现为韩国占据。朝鲜还在其东海岸日本海海域划定 200 英里经济区,这已经因为日本和韩国渔船的捕鱼权而造成武装冲突。

中国大陆和台湾地区都宣称对冲绳岛以南琉球群岛中的钓鱼岛拥有主权。钓鱼岛由 5 个无人居住的小岛组成,距离台湾岛东海岸只有 100 英里。在地缘政治方面,这一争端意义不大,因为这些小岛所在的区域没有什么重要价值。

东亚和亚太国家之间具有更大的战略意义的边界争端涉及南沙群岛和西沙群岛,以及中国和日本在东海的边界划分。南沙群岛位于中国南海的南端,介于越南、马来西亚和菲律宾之间,在海南岛东南 650 英里处。20 世纪 30 年代南沙群岛被法国占领,第二次世界大战期间被日本占领,日本在其中最大的南威岛上建造了一个潜艇基地。1946年,中国国民政府宣布对这一群岛拥有主权,并在其中一个岛上留驻一支守备部队。

中国称为南沙群岛、菲律宾称为卡拉延群岛(Kalayaan)的岛屿,由近200个小岛、珊瑚礁和沙洲组成,分散在新加坡和日本之间的海域上,扼守着中国南海的南大门。

中国大陆、菲律宾、中国台湾、越南、马来西亚和文莱宣称对南沙群岛拥有主权,这其中既有历史原因,也有战略考量。1976年在南沙群岛和菲律宾巴拉望岛之间的礼乐滩海床发现石油储藏后,争议进入白热化。1979年菲律宾政府允许一家国际财团对这里的石油进行开发,并发现天然气的蕴藏量比石油储量还要大。

中国和菲律宾、菲律宾和越南、中国和越南对这一地区的主权要求重叠,造成各方的海军在这一地区发生了多起冲突。中越海上冲突是越南统一后两国关系恶化的重要诱因之一。⑨冲突早在1974年就发生了,最严重的一次发生在1988年,中国海军击沉了数艘越南舰船。

当中国在美济礁建立设施,中菲之间的争端激化了。美济礁位于巴拉望岛以西,在菲律宾宣称的200英里海上专属经济区之内。中国说只是建造渔业设施,但菲律宾认为它们是军事基地。此外,文莱也在南沙群岛南部的南通礁周围建立了专属渔场,但没有正式宣布对其拥有主权。虽然东盟曾试图形成不使用武力的区域行为规则,但中国一直不承认这些多边争端。鉴于南沙群岛的石油和天然气储量以及中国日益增长的对进口能源的需求,中国不可能在南沙群岛问题上让步。

在中国南海北部,西沙群岛也存在争议。这片荒芜的珊瑚岛礁位于中国海南岛东南175英里处,距离越南海岸230英里。当西贡要在此勘探石油的意图表现得十分明显之后,1974年中国军队从越南手中收复了这一群岛。尽管越南坚称对此拥有主权,但中国依然对它们行使管辖权。这片海域目前还是以渔业为主,但其经济价值在于海底的石油储藏。中越这两个东亚陆地大国对于西沙群岛的争议具有实质性,而中国台湾也自认为是中国的合法政府对它拥有主权为这一争端增加了一层战略色彩。和南沙群岛一样,西沙群岛海域蕴藏大量石油注定这一争端不会很快解决,尽管中越两国都表示愿意进行协商。因为西沙群岛离中国较近(不仅离海南岛很近,就是距香港和广东也不过450英里),中国的立场也就格外坚决。

日本和中国关于东海边界划分争端也十分激烈。两国的专属经济区重叠,这片海域的海床下蕴藏着非常丰富的天然气资源。中国已经在靠近日本200英里经济区边界处钻探油气,因为这一地点是在重叠区域内,日本要求共同开发。

亚太沿岸地区内部未解决的边界争端,相对次要。其中一个与日本和韩国针对无人居住的小火山岛——独岛(竹岛)的相互冲突的主权声明有关。该岛位于本州西南海岸与韩国中东海岸之间。1905年日本声称对此岛拥有主权,称其竹岛。虽然这个小岛几乎没有用处,但对归属权的争端还是唤起了两国强烈的民族主义情绪。⑩

另一项争端是针对沙巴岛海岸的两个小珊瑚岛,后者被马来西亚开发为旅游地,印度尼西亚声称对它们拥有主权。两边都同意把这一争端交付国际仲裁。马来西亚和新加坡对另外两个小岛的所属也存在争议。

一个在马来西亚和印度尼西亚之间意义更加重大的领土争端已经在1974年获得解决。当时,由于印度尼西亚加入东盟(马来西亚、泰国和菲律宾是其创始国)之后两国间的紧张局势逐渐缓解,印度尼西亚承认沙巴岛(婆罗洲北部)并入马来西亚联邦的事实。3年后,菲律宾宣布放弃对前英国保护地的主权要求,以作为对东盟的贡献,尽管它并没有正式撤回它的权利。⑪

在亚太沿岸地区的西侧,泰国与缅甸的交界处也存在争议,不时爆发冲突。近来随着泰国为防止来自缅甸东部加工厂的非法毒品流入试图封锁边界,两国间冲突有所升级。泰国与老挝、柬埔寨的部分边界也没有划定,不过只有偶尔的小摩擦出现。泰国和越南则于1997年签订了边界协议。

结论

日本和澳大利亚依然是亚太沿岸地区的关键国家。两国都发展了与中国的日益重要的关系。但是它们的安全利益和与美国及海洋辖区的贸易关系,使两国牢牢成为海洋地缘战略辖区的一部分。新加坡、马来西亚、泰国与澳大利亚、日本、其他亚太沿岸国家,以及美国的关系也很密切。面对日益凸显的中国的压力,这些国家都依靠美国的安全保障。巴布亚新几内亚、东帝汶和所罗门群岛位于澳大利亚的安全和经济势域之内,文莱则和日本、新加坡、马来西亚连在一起。2007年,澳大利亚工党在全国大选中上台,陆克文击败长期担任自由党领袖的约翰·霍华德。霍华德曾与美国结成密切的军事关系。陆克文宣布建立与中国的经济关系,同时再次重申堪培拉对《澳新美条约》的承诺。陆克文还批准了《京都议定书》,这样美国就成了唯一一个没有在该议定书上签字的发达国家。

印度尼西亚位于中国的地缘战略势力范围之外。虽然它与中国的贸易关系在发展,但这个国家长期以来对其国内的中国商人阶层公民的历史偏见以及它自身与美国、欧洲和日本的贸易联系,可能会使它留在太平洋沿岸地区中的海洋世界之内。

韩国和中国台湾虽然现在是亚太沿岸地区的重要成员,但它们将来的地缘战略地位还不确定。朝鲜半岛的政治统一与台湾融入"一个中国"的框架,虽然不会马上发生,但有可能在将来的某个时间实现。当它真的发生时,这两者的地缘战略地位必将发生改变。

从发展的视角看,亚太沿岸国家和地区已经达到了一个专门化的水平,但与美洲和濒海欧洲地区的其他国家相比,在地缘政治上依然不够成熟。在它达到那些地区整体的地缘政治力量同样的水平之前,它需要建立更强的区域政治、经济和军事框架,减少它对美国军事保护的依赖。

目前将这一地区结合在一起的框架,不是太狭窄,就是太宽泛了。东盟没有包括这一地区经济最发达的一些国家和地区——韩国、日本、中国台湾、澳大利亚和新西兰。较贫困的东南亚国家只能依赖其较富裕邻国的援助。它们所缺乏的是在这个区域组织内的结构形式(类似欧盟那样的),缺乏在得到发展的帮助时,也能形成各种发展的政策。

东盟 10 个成员国(缅甸、泰国、印支三国、马来西亚、新加坡、菲律宾、印度尼西亚、文莱)已经形成东盟自由贸易区,2010 年与中国的自由贸易协定也将生效。印度、澳大利亚、新西兰也有意签订自由贸易协定。但日本、韩国等没有显示有参与的兴趣。一个缺少发达经济体成员的框架对于减少东盟的关税壁垒并没有多少帮助,而降低关税本来是要促进东南亚较不发达国家发展自身经济特色的贸易。所以,一个亚太沿岸地区的经济框架协定,应该发挥区域内强国在减少地区差距上的领头作用。《北美自由贸易协定》和欧盟的前身——欧洲经济共同体的统一市场,可以作为样板。东盟的另一个弱点是它吸收了越南、柬埔寨和老挝,这三个国家位于东亚地缘战略轴心以内,和亚太沿岸国家在战略利益上有很大不同。缅甸也是,这个国家本来就夹在东亚和南亚之间。

亚太经济合作组织(APEC)对于亚太地区的直接经济需求而言,则太过宽泛了。这一组织于 1989 年在美国的倡导下成立,目的在于推进太平洋地区的贸易自由化。除了东盟各国、日本、韩国、澳大利亚、新西兰,这一组织还包括战略利益迥然不同的中国、俄罗斯、美国、加拿大、墨西哥、秘鲁、智利等。虽然亚太经济合作组织成功地把亚太沿岸地区融入了整个太平洋地区(包括太平洋西半部和欧亚北部),但要解决诸如区域内移民、短期劳工交换、毒品和货物走私、缩小经济差距等各种地区内问题,还远远不够。如果东盟不充分扩展自己的地缘政治范围,也不能解决上述问题。

其他正在发展中的区域内的经济组织,还有被称为"东盟 10+3"——东盟 10 国加上日本、韩国和中国——的东亚经济集团。这一区域主义的经济概念起先是从金融领域衍生的,如货币兑换和监督资本流动。这一组织的贸易重点不是向自由贸易区发展,而是以日本和韩国为主导的双边优惠贸易协定。这样一个东亚经济体在规模和经济实力上堪与欧盟和北美自由贸易区相比,但却无法像后两者那样形成一个统一的地缘政治特征。因为东亚大陆和亚太沿岸地区之间存在着迥异的地缘战略和意识形态。

区域地缘政治一体化,是政治、社会、军事和战略以及经济纽带所共同促成的。在亚太沿岸地区,这些纽带还处于初级阶段。然而,这一地区成员国之间的双边协议,尤其是与美国之间的双边协议是这一地区的特点之一。这尤其表现在军事领域,美国为韩国、日本、中国台湾、泰国、澳大利亚和新西兰等提供安全保护。一个共同的区域战略框架将加强亚太沿岸地区的地缘政治一体化。建立这一框架的重要一步是构建以上六个国家和地区形成的"亚太快速反应防御部队",这样一支部队能在对应对地区冲突和使战争损失最小化起到关键作用。

相比各国和国际组织单方面的努力,区域维和行动在政治上要有效得多。不仅如此,建立地区军事司令部,也能帮助各国加强互信和合作,消除彼此在边界和针对分离主义运动上长期存在的疑虑。这样一支区域防御武装并不降低对美国在这一地区的海空战略力量的需要,因为这对于保护亚太沿岸地区安全、抗衡中俄压力非常必要。不过美国在韩国和日本的军队可以大量减少。现在美国在韩国驻军 37 000 人,在日本驻军 45 000 人,占美国在亚太前沿驻军总人数的 80%。

亚太安全合作主要看日本能否发挥重要的地区防卫作用,以及其邻国是否接受它扮演这一角色的意愿。日本现行宪法规定只可自卫,不许发动战争,就是想让曾深受日本军国主义之害的邻国放心。现在德国已经和它以前的西欧敌国成为一家了,亚太沿岸地区的邻国也应该理解在 21 世纪亚太沿岸地区也需要有与地区经济合作相当的地区安全架构。

日本现在对其武装力量最大的争论在于要不要修改宪法,让日本在不危害他国的前提下使用军力。这一争论反映了和平主义与日本复苏的民族主义之间的斗争。部分民族主义者认为,强大的军事力量和日本世界第三大经济体地位结合,可以帮助日本成为联合国安理会第六个常任理事国,还能发展日本在中国南海、马六甲海峡和印度洋的海军实力,保卫通往中东和欧洲的运输线安全。

华盛顿支持日本的再武装化。在伊拉克和阿富汗战争期间,美国要求日本派出海军舰船为在印度洋执行任务的美国领导的盟军舰队补给油料。因为现行宪法的限制,日本于 2007 年撤回了船只,但次年撤消了这一决定。这反映了日本对中东不稳定的忧虑,以及对保护印度洋石油等海运航线安全的兴趣。随着日本军力的强大,中国也开始担心,怕它无节制的壮大会成为亚太沿岸地区一个不容忽视的干预力量。俄罗斯也有类似担忧,所以中国和俄罗斯在这一问题上立场相近。

日本安全作用的扩大还不仅仅要求修宪。要想扩充军队,就必须增加国防投入,现在军费占日本的国内生产总值不到 1%。日本现在还没有远程轰炸机、导弹和航母,因为它的防御战略被限制在日本国内诸岛。要保护海上运输线和处理领土争端,只有依靠美国。增强日本军力符合那些要求减少对美国军事依赖的日本人以及欧洲人的希望。

加强日本自卫队在地区事务中的力量,可以使美国减少在冲绳的驻军。这个以农业和旅游业为主的小岛位于琉球群岛的南部,因恰处中国台湾和韩国之间而具有非常重要的战略地位。美国虽于 1972 年把冲绳归还日本,但还在该岛人口密集的南部保留 30% 的面积用作军事设施。美国 5 万名驻日军人中有一半驻扎在该岛。冲绳有两个大型空军基地、一个直升机基地和维持一支海军舰队的后勤港。抗议美军驻扎的浪潮刺激了冲绳的独立倾向。

2007年,美日重新签订军事联盟协定,至2014年,美国在冲绳的海军舰队及基地将迁往关岛,关闭冲绳空军基地,把土地归还给当地农民。其他一些设施也将迁往关岛和夏威夷。东京郊区的一个海军辅助基地则迁往人口较少的广岛附近。⑫

鉴于在中东数次战争的巨大经济、政治代价,在承担了半个世纪的亚太安全保障之后,美国开始有意减轻自己的防卫责任。在这种情况下,组建亚太地区防卫部队就显得特别迫切。中国确立军事现代化和建立大洋海军的战略目标,让这一任务更显急迫。另一个加强地区一体化的因素是进行有计划的移民。日本和澳大利亚都从大规模的外来人口中获益。日本现有人口1.28亿,因为出生率低和老龄问题严重,其人口日渐萎缩。对于一个20世纪上半叶还打算建立太平洋帝国来消化日本诸岛过剩的人口的国家来说,真是意想不到的变化。然而,随着日本从一个农业国变成以工业和服务业为基础的高度城市化的国家,这是毫不令人惊奇的。据联合国统计,为维持必需的劳动力,日本必须每年引进60万名移民。⑬日本人口的老龄化也比世界其他国家来得迅速,格外需要外来人口。

要制定一个全面而开放的移民政策,日本人必须转变观念。历史上,日本比其他工业化国家更加歧视外来人口。日本本土人占其全部人口的98.5%,是世界上同质化最高的国家。其最大的移民人群是朝鲜人,有将近100万,是1910年日本占领朝鲜至1945年第二次世界大战结束期间,被掳掠到日本做苦力的朝鲜族劳工和征召入伍的朝鲜族军人的后裔。他们并没有完全被日本社会接受。近年来通过非法渠道进入日本的数万从事低下工作的中国人,以及最近被日本政府开放入境的部分东南亚难民也没有被日本社会接受。要日本人敞开怀抱接纳外来者,似乎比经济下滑还要难以接受,但发展经济的必要性和发展与亚太邻国的地区联系将迫使日本人面对这一挑战。

过去50年,澳大利亚逐步放开了移民政策,起先是对东欧国家,后来是对亚洲国家,但合法移民的数量仍非常少。近来,从饱受战火蹂躏的中东和东南欧国家逃出的难民,通过东南亚非法进入该国,虽然人数很少,澳大利亚政府却对这些寻求安全庇护者采取了严厉措施。

随着澳大利亚从一个种植农业和制造业向高科技和信息产业及服务业发展,其经济持续发展,澳大利亚2100万人口显然已不能提供充足的劳动力。意识到这一点,澳大利亚政府把技术移民的数额从20世纪90年代中期的每年6万名扩大到2007年的10万名以上。菲律宾、马来西亚、泰国、印度尼西亚、印度和中国是技术移民的主要来源。不过澳大利亚当地白人已经开始担心他们被外来的亚洲人抢占工作机会。种族主义者和反移民情绪不断上升,掀起了对移民政策的全国大讨论。

日本是亚太沿岸地区的经济和政治核心,其邻国的繁荣与日本的繁荣紧密相关。日本在20世纪70—80年代经济和技术飞速发展,成为世界第二大经济体,亚洲邻国也从日本资本和产业的外流中大大受益。20世纪90年代,日本因为需求不振而陷入经济停滞,由此带来的金融危机和经济下滑也殃及邻国。现在日本经济已经复苏,但政府债台高筑。

尽管日本每年的贸易顺差有650亿美元,但和中国每年有350亿美元的贸易失衡。有呼声要求采取更有限制的对华贸易政策。最强烈的贸易保护主义声音来自日本的农场主,他们担心其产品被廉价的中国蔬菜淹没,后者在最近几年占领了近一半的日本市场。然而,日本对华大部分贸易逆差还是来自消费品的进口,而且它们多数是在中国开设工厂的日本制造业公司生产的,这让日本很难改变其贸易政策。但是,经济领域的矛盾很容易溢出到政治领域。

日本国内生产总值总量近5万亿美元,人均收入33 000美元,是亚太地区最富裕和最发达的国家,任何东亚和南亚国家都比不上它。其领先地位十分稳固,它一直——而且无疑将继续——向较贫穷的亚太邻国提供发展援助。自20世纪末以来,日本就是向海外提供援助最多的国家之一,仅次于欧盟,比美国还要多。它也可能继续保持其最重要的对外投资国、制造业外移国和对外贸易国地位。

从20世纪90年代中期开始,日本减少了对美国贸易的依赖。因为工资提高和劳动力短缺,日本制造业开始把工厂向其他亚太沿岸国家以及中国转移。海外投资的利润超过了商品出口的利润,制造业在国内生产总值的比例下降到25%。随着不断聚焦于高科技、高质量的产品和金融服务业的设计和市场,这个趋势还在继续。美国经济结构的趋势也是如此,现在美国制造业只占国内生产总值的15%。两国经济的重要差异在于美国农业部门还很发达,而日本食品依赖进口。

日本经济和美国的特点越来越相似,它寻求制造业外移和金融投资机会也越具有竞争力。地缘政治意义上的经济竞争,使东京在处理国际事务中更具有独立地位,尤其在涉及朝鲜半岛、中国、印度尼西亚和中东(日本主要的石油供应地)的问题上。

尽管中国是日本仅次于美国的第二大贸易伙伴,但日本在地缘政治上依然坚定地与海洋辖区相联系。日本和它的亚太沿岸邻国继续寻求美国的安全保护,作为维持国家和地区独立性的后盾。海洋战略辖区也为它们提供了最大的市场机会。

对日本而言,寻求更独立的国际政治、经济地位并不会削弱海洋辖区的地缘政治利益。相反,同濒海欧洲合作,可以帮助发展一个更加平衡和多极化的地缘战略辖区,在这辖区中,有可能抑制华盛顿不与盟友商议就采取政治和军事主动行动的倾向。

各个地缘政治区处在变动之中,其性质和趋向将随它们的地理和经济面貌的改变而改变,或随形成这些面貌的政治、意识形态、宗教和社会因素的变化而变化。随着时间的推移,一个地区的外围部分会与这个地区脱开而成为相邻地区的一部分。目前,朝鲜半岛中部和台湾海峡形成了亚太沿岸地区和东亚辖区之间紧张态势的边界。这种情况是可能改变的。将来通过谈判可以找到一种和解办法，台北因此接受北京的政治主权要求，而北京允许它走独立的经济和岛内的政治路线，有自己的警察部门，但必须作为一个去军事化的实体。

朝鲜和韩国之间关系的突破口，以及韩国推行的"阳光政策"，目标不是在不久的将来实现统一。这两个国家分别属于不同的地缘战略辖区，两国之间的经济和意识形态差距太大了。但是，朝鲜和韩国形式上的和平是一个现实的前景。和平会带来边界的开放和人员交流，韩国用技术、资金换取朝鲜廉价的货物。在朝鲜同意拆除核设施之后，朝鲜和韩国双方同意开放两国间铁路交通，而韩国则致力于扩大在朝鲜的经济投资。

假如上述前景都能实现，亚太地区和东亚及俄罗斯心脏地带辖区之间的北太平洋边界就可能变成一个和解的边界，而以韩国和中国台湾作为门户区。在这样的环境下，美国的战略存在的减少将是不可避免的，而日本作为在亚太沿岸地区的经济、政治和军事核心的领导作用将在一个地区性合作行动框架内得到提升。

注释

① Hans Weigert, *Generals and Geographers* (New York: Oxford University Press, 1942), 167-91.

② Bruce Ryan, "Australia's Place in the World," in *The Australian Experience*, ed. R. L. Heathcote (Melbourne: Longman's, 1988), 305-17.

③ Robert O'Neill, "Australia and the Indian Ocean," in *The Southern Ocean and the Security of the Free World*, ed. Patrick Wall (London: Stacey, 1977), 177-89.

④ Zbigniew Brzezinski, *The Grand Chessboard* (New York: Basic, 1977), 151-93.

⑤ Thomas Friedman, "The Mean Season," *New York Times*, September 9, 1999, A23.

⑥ Seth Mydans, "East Timor's Dream of Oil," *New York Times*, October 20, 2000, A13.

⑦ Seth Mydans, "Religiosity, Not Radicalism, Is New Wave in Indonesia", *New York Times*, July 2, 2007, A7.

⑧ Wook-ik Yu, "Seoul: The City of Vitality," *I.G.U. Bulletin* 50, no. 1 (2000): 5-19.

⑨ Alan J. Day, ed. *Border and Territorial Disputes* (Harlow, England: Longman, 1982), 327.

⑩ "South Korea and Japan — Rocky Relationships," *Economist*, March 26, 2005, 42-43.

⑪ Day, *Border and Territorial Disputes*, 330-31.

⑫ "Japan and its Neighbors," *Economist*, May 12, 2006, 25-26.

⑬ Howard W. French, "Still Wary of Outsiders, Japan Expects Immigration Boom," *New York Times*, 14 March 2000, A1, A14.

第十一章

南　亚

△ **地区地缘政治概述**
　　印度和巴基斯坦
　　斯里兰卡
　　缅甸
　　马尔代夫共和国和迪戈加西亚
△ **地缘政治特征**
　　历史核心
　　首都
　　核心区
　　有效地区和国家领土
　　空旷区
　　边界
△ **对国家和地区统一的挑战**
△ **结论**

329　　　欧亚大陆心脏地带、海洋辖区和东亚地缘战略辖区在包含三个大陆的一片广阔的地带重合,它包括环绕在北印度洋、波斯湾和地中海及红海东部周围的土地。这一地带拥有两个地缘战略区,一个是与之隔开又不受上述三个地缘战略辖区控制的南亚;另一个是中东破碎地带。南亚次大陆不是破碎地带,即使它很多地方因国内叛乱和国家间关系紧张内部四分五裂。使之与破碎地带明显区别的是一直处于支配地位的印度使其他大国不能渗透到南亚地区。

　　南亚在地理上通过巴基斯坦和阿富汗与中东相连。巴基斯坦属于南亚的有机组成部分,它从独立之日起就与印度存在冲突。它已越来越多地通过与阿富汗的关系——经横跨南亚和中东之间边界的普什图地区——介入中东事务。

　　南亚国家有印度、巴基斯坦、孟加拉国、斯里兰卡、马尔代夫、尼泊尔和不丹。缅甸在1937年前作为印度的一部分受英国统治,它位于南亚的边缘地带,与东亚和亚太沿岸地区也都有联系。

　　英国统治印度时期,南亚大部分地方在地缘政治上是统一的,只有尼泊尔和不丹部分地区在英属印度边界之外。自从英国结束统治、南亚次大陆出现几个独立国家之后,一个分裂的南亚就与冲突几乎分不开了。1947—1948年印度和巴基斯坦分治时发生印巴战争,导致超过100万人丧生、1 400万人沦为难民——其中860万是穆斯林,530万是印度教徒。缅甸1937年从英属印度分裂出来,1948年获得独立,此后它一直陷于内战,直到1962年不稳定的和压制性的军人集团取得政权。斯里兰卡(旧称锡兰)也在1948年宣布独立,此后近20年时间里,一直处在泰米尔人针对占统治地位的大多数派僧伽罗佛教徒的血腥的分离主义反叛的折磨之中。泰米尔人住在斯里兰卡东部和北部,信仰印度教。当孟加拉国,即当时的东巴基斯坦,在1971—1972年的战争中依靠印度军队的帮助从西巴基斯坦分裂出来之后,孟加拉国也宣布独立。有50万人死于战争。

330　　　这样,曾由莫卧儿王朝和英帝国强加给南亚的统一就被过去半个世纪的政治分歧和宗教分歧及派别的争斗粉碎了。虽然那些帝国中没有一个完全包括整个南亚,但它们的统治基本上覆盖了大部分领土,带来了行政秩序。信奉伊斯兰教的莫卧儿帝国在17世纪末疆域达到最大,其以阿富汗为中心,东到孟加拉湾的奥里萨邦,南至整个德干高原,只有锡兰岛(今天的斯里兰卡)、北喜马拉雅山和缅甸不在其疆域之内。

　　随着18—19世纪莫卧儿王朝统治瓦解,英国势力开始扩展到南亚次大陆。但英国也没有实现完全征服整个南亚,它未能征服尼泊尔以及不丹的很多地方;缅甸本土虽然是英国殖民地,但缅甸东部叛乱的掸邦只是受保护领地,由当地首领行使政治控制权。那时,《印度政府组织法》建立了全印度联邦,从而一个统一框架牢固形成。根据该法,本土邦被给予内政自决权,而换取的是英国对外交、防务和通讯的控制。[①]英国还想将其统治扩展到阿富汗,并在19世纪发动了两场战争,之后才由1893年划定杜兰德线确定了英属印度的边界;1919年的第三场阿富汗战争以阿富汗取得外交事务的完全独立从而彻底摆脱英国控制而告终。

虽然南亚现在不是,并从未是一个完全统一的地缘政治区,但却是一个独特的地理区域,拥有很多的文化及人类相似性,并与亚洲其他地方的文化和民族相区别。南亚次大陆与相邻地区相隔绝,四周的沙漠、高山和季风带森林成为障碍。它与外部世界的最好联系渠道是印度洋。

在南亚,人口密集分布在北方的布拉马普特拉河平原、恒河平原和印度河流域以及沿东西海岸一带,因此它就形成了一个围绕德干高原——南亚次大陆高度分散的南半部分,其中心属半干旱地区——的几乎没有断点的人口环圈。尽管德干高原乡村地区的人口密度已经很高,每平方英里超过600人,但它们不能与印度平原北部内陆大河谷的人口密度相比,也不能与东部及西部海岸的人口密度相比,这里大城市、工厂和交通网络密布,乡村与城市人口混居形成的人口密度达每平方英里1 200人至5 000人不等。印度平原的人口分别越过在旁遮普邦和孟加拉地区两地的国家分界线,使得巴基斯坦和孟加拉国的地缘政治命运与印度的地缘政治命运进一步缠绕在一起。

南亚地缘政治的独特性受其对农业和内向型经济导向的依赖,以及由四面高山环绕引起的地理位置孤立的影响。南亚地区超过一半的劳动力从事农业(见表11.1),其中大部分农业是传统的耕作,尽管印度、巴基斯坦和斯里兰卡有些地方在现代化方面取得了长足的进步。总体来说,除世界上最贫穷的国家之一孟加拉国之外,南亚大部分国家能自给自足。孟加拉国的农业生产受洪水、干旱和季风性风暴频繁多发的灾害性影响,使之依赖国外食品进口。

表11.1 南亚人口与贸易

国家	人口(百万)	人口密度	农业劳力比例(%)	主要贸易伙伴
印度	1 132	344	60	美国、中国、英国、日本
巴基斯坦	169	213	42	美国、阿联酋、中国
孟加拉国	149	1 035	63	印度、美国、中国、德国
缅甸	50	74	70	中国、新加坡、泰国、印度
尼泊尔	28	189	76	印度、美国、阿联酋、中国
斯里兰卡	20	306	38	美国、印度、英国
不丹	1	19	93	印度、日本
马尔代夫*	0.3	1 120	22	美国、泰国、新加坡、印度

资料来源:中央情报局:《世界概况2007》(华盛顿特区2007年),第745—845页。
* 2.5%的马尔代夫劳动力从事渔业,而从事农业最少,因珊瑚土地土壤贫瘠。

对大多数南亚国家来说,与其他国家交流是属于第二位的,国际贸易和服务业平均只占国内生产总值的5%稍多一点。有3个国家情况例外:斯里兰卡、马尔代夫和印度。斯里兰卡出口纺织品、服装、茶叶、宝石、橡胶,进口机器、交通设备、石油和糖,进出口贸易额占国内生产总值的20%。马尔代夫的经济主要依靠旅游业、航运业和渔业。

虽然印度对外贸易在国内生产总值总量中所占比例还不到10%,但其海外的软件和外包业务加工业却占领了世界市场的一半,市场经济发展十分迅速。因有大量的科学家和技术熟练工人,印度在扩大高科技产业方面具有相当大的潜力。其软件大多向美国出口,数量持续增长,药品的情况也是如此。

南亚作为一个与其周围地缘战略辖区以及地区性亚区分开的独立的地缘政治区的概念是本书作者在1963年首先提出来的。② 它不同于哈尔福德·麦金德的世界观,后者认为印度、东南亚半岛和中国是一个统一的季风性沿海地区。在1919年的著作中,哈尔福德·麦金德把这一地区描述为世界六大"自然地域"之一,③ 1943年在继续支持这一论点之际,他又强调指出,"拥有古老东方文明的10亿人口居住在印度和中国这片土地上。他们一定会繁荣昌盛,……然后与居住在密苏里河流域和叶尼塞河流域的10亿人口保持平衡。"④ 后者是指相互协作一致的心脏地带和北大西洋区域的居民。

哈尔福德·麦金德的世界观未能意识到印度和中国无法共享地缘政治命运,因为它们都有独特的地理和文化历史背景。在麦金德时代,如同在今天一样,两国的人口、资源背景和战略关注都很不相同。中国基本上是一个介于欧亚大陆心脏地带和亚太地区之间的同质性很高的国家,领土空间主要是在大陆腹地;相反印度的人口在种族、语言和宗教上差异很大。它的印度洋的战略导向可从其航海者和商人到达东南亚诸岛、非洲东部和南部海岸——印度移民群体(diaspora)第一次在此生根的两个重要地区——的历史性事件中体现出来。另外,两大文明的核心区域地理上相距甚远,以至于很难发展实质性的互动关系,一方不能在军事上压倒另一方。

曾作为缓冲地带的西藏和喜马拉雅山位于东亚和南亚之间,历史上起过重要作用。印度对这两个地区仍有很大的影响。总的来说,高耸入云的喜马拉雅山脉继续阻挡着通往印度北方的道路。它们把西藏与南面的土地隔开,而自由克什米尔北部现在将中国新疆与巴基斯坦连接在一起,但是作为前哨基地它太遥远了,不可能成为中国对印度的严重军事威胁。

冷战期间,苏联在印度获得一定的影响力,而在不同时期中国和美国成为巴基斯坦的重要后盾。然而,这些干扰基本上没有改变南亚的地缘政治地位,它还是一个独立的、内向的地缘政治区,大多数国家或地区在西方与共产主义辖区之间的斗争中采取中立。巴基斯坦与西方的关系,和中国崛起为一个大国没有改变巴基斯坦的基本地缘战略取向,它依然带有南亚特点。巴基斯坦主要的关注在于与印度针对克什米尔地区的争端,但苏联侵入阿富汗后也让它感到了威胁。地域空间的广阔、庞大的人口(15亿)、内向的经济和文化、共同的政治历史和印度的主导地位,使南亚避免了成为冷战中第二个"破碎地带"。然而,尽管它脱离相邻的地缘战略辖区,保持独立的地缘政治区地位,但曾经为南亚次大陆享有的那种统一今天却也离之远去再也见不到了。

地区地缘政治概述

印度和巴基斯坦

　　印度1947年获得独立。冷战中,它奉行不结盟或曰中立主义的政策,其出发点部分地是源于尼赫鲁就印度的地理位置所说的:"印度很大,印度幸福地处在……侵略或者攻击印度……不会为其他国家带来任何好处。"⑤印度领导人最关心的是和巴基斯坦的克什米尔争端、水使用权问题和东巴基斯坦问题。

　　印度确实具有超越这一地区的更广阔视野。这体现于它在"第三股力量"中所发挥的领导作用,后者指1955年首次在印度尼西亚万隆会议形成的亚洲和非洲国家集团。会上尼赫鲁表达了反对建立军事同盟的意见,呼吁中止核试验。但是他对亚非会议能否形成一个有凝聚力的集团并不抱有信心。⑥在这一点上他表现得很现实:与巴基斯坦的冲突加上要将印度各邦凝聚在一起占据了印度太多精力,印度几乎没有剩余能力去管次大陆以外的事情,除了从道义上的劝诫。英属印度给它留下了1亿人口的穆斯林,占总人口的1/4。穆斯林现在占印度11亿总人口13%,超过1.5亿,他们主要集中在孟买和班加罗尔。印度教徒和穆斯林社区之间的冲突依然是对印度统一的严重威胁,尤其是在印度激进分子随着印度人民党在与国大党竞争中崛起而获得政治影响之后。

　　面对印度的中立主义,华盛顿的对策是把巴基斯坦拉进军事同盟中。先是在1955年成立一个存在时间不长的"中央条约组织"(CENTO),其成员还包括土耳其、伊拉克和伊朗;后来又与巴基斯坦签订双边协议。1955年,巴基斯坦还加入了现已解散的"东南亚条约组织",加上其加入中央条约组织之举,反映出东西方同时在向巴基斯坦实施战略拉拢。

　　以后的研究告诉我们,冷战时期的美国国务卿杜勒斯所推行的"不许中立"政策是大错特错的。他无视印度是世界上最大的民主国家,批评印度的不结盟政策是"不道德的",因而转向与巴基斯坦结盟,后者在整个冷战时期以及后来都受到腐败、经常的军事独裁以及长期的政治不稳定的困扰。

　　随着美国和中国同时介入这一地区,印度保持中立的希望遭到严重动摇。既然它的死敌巴基斯坦已经和美国结盟,自己与中国的关系又因边界争端而恶化,印度只有转而寻求苏联的军事、经济和政治支持,希望莫斯科能支持其在克什米尔问题上的立场。

北京对苏印关系的快速反应是着手解决与巴基斯坦在1963年克什米尔北部边界问题上留下的分歧。当年,中巴两国解决了2 050平方英里的自由克什米尔北部领土——印度也对其提出主权要求——问题。作为回报,中国成为巴基斯坦主要的武器供应商。两国同意修建喀喇昆仑和平公路——一条从巴基斯坦拉瓦尔品第翻越喀喇昆仑山脉到达新疆喀什,越过15 420英尺高的红其拉普山口的长达750英里的全天候公路(1978年才正式完工)。这条公路是从地中海通往中国的古丝绸之路上唯一经过铺设的路段。

1971年,东巴基斯坦地区(与西巴基斯坦相距1 100英里)爆发孟加拉人的反抗运动,中国公开支持巴基斯坦,而苏联支持印度。美国既没有支持盟友巴基斯坦,也没有支持印度,后者的军队很快打败了巴基斯坦军队。在印军介入之前的数月内战之中,已经有估计达100万东巴基斯坦地区的孟加拉人被打死,另有几百万人流亡印度。

印巴针对克什米尔在1965年发生了第二次战争,它使美国、英国对两国实行武器禁运。这反过来更加强了印度与苏联、巴基斯坦与中国的关系。禁运于1975年解除,但是在这期间印度已转向苏联寻求新的主要武器来源,这是印度总理英迪拉·甘地与莫斯科1973年签订的援助协定的一部分。1974年,新德里宣布放弃无核政策,在塔尔沙漠地下进行核试验。

当苏联于1979年为支持阿富汗马克思主义政府打击伊斯兰原教旨主义的叛乱而入侵阿富汗时,美国要求巴基斯坦帮助挫败苏联的行动,巴基斯坦成为美国武器运往阿富汗叛军的主要渠道,并为阿富汗伊斯兰圣战组织和来自其他伊斯兰国家的志愿军提供重要训练及后勤基地。另外,自这时期起,它还为远远超过200万的阿富汗难民提供避难所。沙特阿拉伯也介入阿富汗的行动,向叛军提供大量经济援助。20世纪80年代美国给巴基斯坦的军事、经济援助达到每年6亿美元,使巴基斯坦成为继以色列和埃及之后的美国第三大援助对象。比印度对重新复苏的美巴联盟更为担心的方面还有美中关系的持续解冻。对印度而言,这唤起了他们心中的那个包围圈的幽灵,也给了印度向苏联靠拢的新的理由。

1989年苏联突然从阿富汗全面撤军,次年,美国因为巴基斯坦发展核武器,也开始终止对巴基斯坦的一切军事和经济援助,这一切似乎为在南亚的联盟关系的彻底重组拉开了序幕。出于以下几个原因,印度作为一个潜在的盟友对华盛顿具有更大的吸引力:(1)作为一个潜在市场的重要性(过去10年印度的年均经济增长率达到近7%);(2)高技术的脑力劳动者数量众多;(3)作为发展中国家的领袖在缩小第三世界与世界贸易组织差异方面的作用;(4)作为世界上最大的民主国家的重要性。

美印利益的相融与美巴关系恶化也有关系。直到美国出于急迫发动阿富汗战争,美巴关系才开始恢复。苏联的解体削弱了 20 世纪 80 年代美巴军事联盟的战略必要性。美巴之间因为巴基斯坦在支持塔利班和本·拉登在阿富汗境内的恐怖活动基地中的作用,以及它 1998 年进行的核试验,关系日趋紧张。美国支持阿富汗伊斯兰圣战组织抗击苏联军队及其阿富汗盟友的一个意想不到的后果是逊尼派塔利班掌握政权。塔利班与 2 000 万普什图族人基于普什图家族存在着牢固的联系,普什图族人生活在巴基斯坦从白沙瓦到基达的西部边境地带。许多伊斯兰激进组织游击队员藏匿在巴基斯坦,他们在苏联入侵阿富汗的战争结束后又转向支持印控克什米尔地区的伊斯兰激进分子。

2001 年美国及其盟国入侵阿富汗,美巴间的联盟关系得到恢复。随着塔利班的溃退,巴基斯坦普什图边境地区成为塔利班分子和基地组织的安全避难所。尽管美国向巴基斯坦提供了数十亿美元的军事援助,穆沙拉夫政权还是一直不太愿意或者无法清除这些基地。巴基斯坦三军情报局(ISI)在反对伊斯兰激进分子的斗争中扮演了模糊的角色。

尽管巴基斯坦的军事承诺不可靠,政治局势也极不稳定,但美国除奋力贯彻始终之外没有其他选择。在伊斯兰激进分子活动增加的情况下,它试图在支持穆沙拉夫与恢复文职政府之间取得平衡。在迫于未能控制激进分子、律师与法官的反对以及民众普遍要求自由选举的强大压力下,2007 年穆沙拉夫放弃军事统治转而支持文职政府。接着因贝·布托遭刺杀而引发的政治运动,终于在 2008 年 2 月导致巴基斯坦人民党和穆斯林联盟(谢里夫派)获胜,穆沙拉夫被边缘化。这期间,当选的政党和军方以及伊斯兰激进分子等依然使国家陷于四分五裂之中。巴基斯坦未来的稳定取决于军方是否能与政府形成伙伴合作关系,以遏制激进分子。为了换取普什图族人不再支持塔利班和基地组织,恢复联邦直辖部落地区的和平,新政府已同意撤回所有的军队。协议在面临美国的反对下签订,后者担心这会削弱巴基斯坦政府打击边境地区恐怖分子基地的决心。

华盛顿认识到印度在经济和战略上的重要性,因此寻求加强美印关系。2007 年,美国与印度宣布建立战略伙伴关系,依此印度将能得到用于能源的美国的核技术和原材料,这遭到了两国立法机构的坚决反对。本书写作之际,这一协议能否获得批准还未可知,但两国关系趋向越来越热。

斯里兰卡

斯里兰卡是一个大部分地区为农村的农业国,人口超过 2 000 万,在种族、语言和宗教上存在深刻分歧。泰米尔人是从印度南部迁移来的印度人后裔,主要居住在斯里兰卡岛北部和东部沿海地区,占斯里兰卡人口的将近 20%;多数人口是僧迦罗人,占人口的 3/4,为佛教徒。1986 年,僧迦罗人政府与寻求独立的泰米尔"自由猛虎"组织之间爆发全面内战，后者觉得自己在经济和语言上受到歧视。战争除间歇的停火激烈进行。20世纪80年代初，印度的英迪拉·甘地就命令秘密为泰米尔叛乱分子提供武装与培训，通过允许斯里兰卡猛虎组织在印度领土设立基地，以求得到在印度泰米尔纳德邦5000万泰米尔人的政治支持。

但是，对在斯里兰卡北部和东部成立一个独立的"泰米尔国"会鼓动印度泰米尔纳德邦的泰米尔人分离主义这一日益增长的担心，使得印度拉吉夫·甘地政府1987年在政策上有了一百八十度的转变。给印度增添的一个复杂情况是，泰米尔纳德邦毗邻喀拉拉邦，后者是共产党势力的传统堡垒并受分离主义运动的困扰。应斯里兰卡政府提出的帮助与分裂分子达成和平的请求，新德里派出4万名军队帮助平息叛乱，实现双方和平。但这一行动失败了，印度1990年在斯里兰卡政府的要求下又撤回了军队，尽管如此，斯里兰卡与印度的关系还是十分牢固，尤其是在由僧迦罗人领导的斯里兰卡政府将1991年报复性暗杀已经卸任的拉吉夫·甘地的泰米尔猛虎组织首领判处死刑之后。印度保持一贯继续支持斯里兰卡政府追求和平的行动。在这一时期，冲突——至今已造成6万人丧生，100万泰米尔人无家可归——继续在停火与破裂的反复中激烈进行。

斯里兰卡的穆斯林约有150万人，他们试图保持中立，但战争也让他们进退两难，因为泰米尔人把他们当作完全控制北部和东部的阻碍因素，穆斯林和泰米尔人两个群体都生活在这些地区。尤其在东部，这激起了东部伊斯兰激进势力的增长，因穆斯林寻求自己独立的身份。泰米尔反对派已引领着他们中的一些人追求实现一个自治的穆斯林地区。⑦

缅甸

自1948年获得独立以来，缅甸与印度及其他南亚国家的政治关系显得更加微妙。在19世纪的大部分时间里，缅甸大部分地区为英属印度控制，虽然1935年缅甸由英属印度政府颁布一部新宪法（1937年生效），将其与英属印度其他地方分开，但第二次世界大战期间日本的入侵让缅甸没有机会去行使它新获得的自由。

战后独立以来，在印度和中国的压力下缅甸在地缘政治上一直处于分裂状态。印度战略利益在于缅甸俯瞰着孟加拉湾的地理位置，而经济上的利益在于孟加拉湾的近海富含的石油资源以及下缅甸的油气田。新德里的另一个战略考虑是其与上缅甸西北部接壤的阿萨姆邦、那加兰邦、所谓的"阿鲁纳恰尔邦"（中国藏南地区）暴露在中国的军事威胁之下。假如缅甸能与印度结盟，它会成为一个有用的缓冲地。

中国在缅甸的战略利益来自它与云南和西藏接近。如果缅甸能被拉进北京阵营，它将使中国得以对老挝和泰国北部施加更大的影响，因为这两个国家与缅甸在东北和东部接壤。

缅甸联邦在成立后不久,缅甸政府试图疏远英国统治时期和印度建立的关系。为抵消来自新德里的压力,缅甸开始小心地和北京新成立的共产党政权接触,希望北京帮助驱逐那些被赶过边境进入缅甸并很快在此从事毒品贸易的国民党残余军队。1953年,这些军队真正离开缅甸,尽管不是因为北京的行动,而是执行联合国的命令。

缅甸—印度—中国关系

为了在中印之间保持平衡,缅甸吴努社会主义政府采取了一个适合更宽泛意识形态的不结盟与第三世界导向立场的策略,这是一种类似于尼赫鲁领导下印度的政策。为了信守不结盟理念,也为了将来和中国的关系,仰光拒绝加入东南亚条约组织。

1960年,中缅签订友好和互不侵犯条约,中国放弃了对缅甸北部(克钦邦)和东北部的领土要求。作为回报,北京得到了边界地区的5个小村子。⑧北京实际上是接受了中缅边界的麦克马洪线——这是1900年由英中两国边界委员会共同划分的。

1962年,缅甸北部、东部和东南部发生叛乱活动,国家陷入混乱,军人集团攫取权力。亲华的缅共多数派"白色旗帜"(少数派"红色旗帜"已分裂出去,在南部活动)控制了中国边境一带缅甸东北部的大片地区。在北部其他地方,掸邦人和克钦人占得大量领土。虽然各个叛乱组织在某一时点上占领了差不多1/3的缅甸领土,但却未能推翻政府。军政府把印度裔文职雇员和华裔商人统统赶出缅甸,从不结盟主义转向孤立主义、专制统治和社会主义。军政府上台后,有200万缅甸人逃往泰国避难。其中多数是在1988年因经济动荡引发反政府起义之后逃出去的,起义者遭军方镇压,数千人死亡。

20世纪80年代缅共分裂,缅甸政府在与其他反叛组织达成和平协议后,明显改善了与中国的关系。中国成为缅甸最大的武器供应国,同时贸易联系建立,来自中国的消费品得以大量流入缅甸市场。最近几年,缅甸金三角地区的鸦片贸易大幅度缩水,世界上90%的毒品生产和贸易都转移到了阿富汗。缅甸政府和孤立的叛军团伙继续在缅甸北部和东部发生冲突,双方都使用童子军,但对国家稳定构不成什么威胁。

自缅甸军人集团1962年推翻吴努政权后,印度和缅甸的关系趋于紧张,虽然印度是缅甸最大的出口市场。两国的主要矛盾是缅甸为印度那加兰邦叛乱分子提供援助,后者已为那加兰邦脱离印度获得独立奋斗了半个多世纪。那加兰邦位于印度东北部,是一个靠近柬、印、缅三国边界的小邦。20世纪70年代中叶那加兰叛军被逐出印度后,他们就隐身于缅甸的那加丘陵地区,利用跨边境的禁猎区作为发动对印度军队袭击的基地。多年来印度政府一直未能获得缅甸对打击那加兰叛军的支持。在1999年印度与缅甸签订了一项联合打击那加人(缅甸的那加部族也起来反对缅甸政权)和联合打击共同边界上的毒品贩子的协议。

两国另一个摩擦起因是印度坚决支持缅甸的亲民主势力。缅甸军政府宣布1990年的民主选举无效,仰光发生反政府暴乱,缅甸数千名持不同政见者逃脱仰光对暴乱的镇压之后在印度获得庇护。当时,获胜的全国民主联盟派领袖昂山素姬被捕,引起印度强烈批评。

从印度向缅出口水电,以及缅印在打击那加兰邦叛军和重建边境贸易方面达成一致,预示着两国的经济关系逐渐变热。21世纪伊始,缅甸几个反对党领袖被释放,但至2008年,缅甸人民争取民主的象征——昂山素姬依然在家遭到软禁。缅甸军政府继续大肆镇压学生和僧侣要求恢复民主的示威游行。缅甸军政府是如此着力于通过使国家摆脱外来压力以保住政权,以至当2008年5月伊洛瓦底三角洲遭到飓风和洪水灾害重创后的关键日子里,仍然严格限制国际救援人员和物资进入缅甸。

在经济上,缅甸军政府已经允许私人投资者购买政府没收和经营不善的工业企业和农场的股权,也允许国际能源公司获得在缅甸的石油及天然气开发权。这被认为是在通货膨胀失控和政府服务瘫痪的困难情况下,政府为挽救经济而孤注一掷的行动。曾经作为世界最大的稻米生产国和出口国、东南亚最富裕的国家,缅甸现在位于世界最贫穷国家之列。

让缅甸经济开始改善的是对孟加拉湾海域的油气储备和对古老内陆延伸地油气田的开发。天然气占缅甸能源收入的90%,正在通过管道大量向泰国出口。中国和印度都在竞争对这些能源储备的开发权。中国还想从缅甸的印度洋港口建造一条通往中国西南的输油管道,而始于缅甸的一条天然气田管道也在建造之中。印度则正在就建造一条从缅甸西海岸经孟加拉国通往其境内的天然气管道进行谈判。

欧盟针对缅甸军政府(即国家恢复法律和秩序委员会,SLORC)侵犯人权对缅甸实行的制裁并没有收到什么效果,而重建民主制度的努力也失败了。中国支持缅甸军政府,而印度出于保护其在能源开发上的利益,也不再像从前那样坚决支持缅甸的民主运动了。如果缅甸能摆脱现在压制性的孤立政策,它在地缘政治上还是有可能倾向印度的,而经济需求则要在很大程度上依靠日本和欧洲的拨款和投资。

马尔代夫共和国和迪戈加西亚

马尔代夫位于印度洋的南亚延展区域,人口很少,只有36万,以旅游业、渔业、椰子产品、航运和服装业为主。它由1 200个小珊瑚岛组成,因为地球气候变暖,有受海水淹没的危险。1976年英国撤出最南端的甘岛海军基地,迁往迪戈加西亚岛,马尔代夫的战略重要性有所下降。迪戈加西亚岛在马尔代夫南面800英里处,属于查戈斯群岛的一部分,这一群岛是一串微型的珊瑚环礁,本属毛里求斯,1965年越南战争高潮时期从原英国殖民地毛里求斯脱离。迪戈加西亚位于毛里求斯东北方 1 200 英里的印度洋中心位置,这使它成为一个理想的"浮动的"战略基地,其将因为距离过远及位置偏僻而免遭攻击。英国后来把该岛租赁给美国,美国将其建成为一个远程战略轰炸机和为海军舰艇补给物质的基地。迪戈加西亚岛作为海洋辖区全球安全网络中的一环已证明了它的价值,它不仅在越战和海湾战争中发挥了重要作用,在阿富汗反恐战争中也同样发挥了作用。

地缘政治特征

历史核心

一个可被视为南亚历史政治核心的地区是拉杰普塔纳。它是南亚次大陆西北部历史区的中心,与今日印度的拉贾斯坦邦共时。就是在这里,公元 7 世纪的古印度武士阶层掌握政权统治国家近千年,直到 16 世纪末莫卧儿人征服了拉杰普特的几片王族领土。印度教徒统治时期的部落分裂性阻止了这里建起一个伟大独立的政治首都。今天,拉贾斯坦依然是印度教保守派的堡垒,因为这一地区在推动印度政治向右翼宗教民族主义方向转变上起到了重要作用。

德里作为莫卧儿王朝和英帝国首都所在地的历史功能给了它作为南亚历史核心更加明确的资格。在莫卧儿王朝和英国统治时期,德里都是统一南亚次大陆绝大部地区的中枢核心。作为通往印度各地的道路交叉口,德里地区对于早期的印度王朝和拉杰普王朝一直具有战略上的重要性。今日其城市所在地是印度平原两大部分(恒河流域和印度西北部河流的上游)的首端,坐落在恒河的重要支流亚穆纳河畔。恒河是印度教的圣河,据说浸在恒河水中可以洗净人身上的罪孽。德里的历史可追溯到 12 世纪,当时它是土耳其—阿富汗统治者的都城。17 世纪,莫卧儿人将首都从附近的阿格拉迁出,建造了旧德里城(1658 年),为他们的帝国服务。阿格拉是他们在一个世纪以前(1556 年)作为莫卧儿王室的所在地而建立的。这些穆斯林统治者将一种有效的行政系统与帝国的各个部分融合在一起,为印度国家的构想打下了基础。在英国统治覆盖整个南亚次大陆时,旧德里成为首都,直到被加尔各答取代。

首都

印度现代政治首都是新德里,但加尔各答作为英属印度早期首都起到了统一的作用。加尔各答地位的上升与英国东印度公司活动的集中化有关。在 17—18 世纪,东印度公司在孟买、马德拉斯(金奈)和加尔各答建立了三个管区。加尔各答位于胡格利河畔,这里是恒河和孟加拉湾布拉马普特拉河汇聚形成的三角洲。正是依托加尔各答——罗伯特·克莱夫(Robert Clive)将其营建成英国主要的商业和统治中心,英国才得以建立对孟加拉地区的支配地位,并将其对手法属东印度公司驱走。

加尔各答的港口和其作为主要从事黄麻生产、磨粉、纺织和茶叶出口的中心,是该城享有突出地位的基础。船只可以从亚穆纳河源头德里出发,往下游至加尔各答,从而穿越整个恒河平原。直到1833年,英属印度的首都才从旧德里迁到加尔各答,但印度的政治重心几十年前就已经转到这里了。到1912年英国为加强它在印度平原抵制来自中亚的俄罗斯的威胁,把首都迁回旧德里时,加尔各答已成为南亚最大的城市和港口了。

印度现在的首都新德里,落成于1931年。新德里还在建造的时候,德里市曾临时作为印度的首都。新德里设计得富丽堂皇,其建筑表达了英属印度的宏伟和实力。经过多年发展,如今它不但是一个行政中心,也成为商业中心和现代工业中心。

距新德里北面200英里,位于海拔7 000多英尺的喜马拉雅屋脊上,是气候炎热的政府所在地西姆拉,英国人每年都到这里住一段时间。英国人把他们的首都重新迁回德里的时候,并没有想到有朝一日印度大平原西部会分裂出去成为一个单独的巴基斯坦国,因此未能看到新德里作为大陆桥梁的战略地位。

英国人统治南亚期间,印度对本地区外围的政治影响是十分有限的。当1798年英国人取代荷兰人时,锡兰(斯里兰卡)获得了作为一个英国政府直辖殖民地进行独立管理的政治地位。4年后,科伦坡古城——荷兰人将此开发为港口——成为殖民地首都。

在英国人统治的大部分时间里,缅甸也是脱离英属印度行政管辖的。缅甸王国直到1887年才完全被英国征服,并且和印度不同,它直到1923年才享有自治政府。在此之前,缅甸的首都位于缅甸中部伊洛瓦底江中游流域的"旱区",这是一个灌木丛生的地区,这里的农业基本上限于旱作,以种植黍和豆子为主,适合灌溉的土地极少。曼德勒是1860—1885年间缅甸王国的都城,体现了缅甸文化和文明中显然是非印度的历史地理取向。英国人终于在1937年承认了这种文化差异,将缅甸和英属印度分离开来。

1923年,仰光取代曼德勒被选为缅甸的首都,因为它位于缅甸中南部孟加拉湾边,它是作为缅甸主要港口而建造的。其劳动力依赖大量早期居住在伊洛瓦底江下游流域的印度人口,后者成了周围种植区的劳动力蓄水池。2005年,缅甸军政府突然把都城迁往内比都。内比都位于曼德勒之南150英里,是一个正在国家中央地带人口稀少的地方建造的军事城市,这个军事要塞首都表达了遮遮掩掩的缅甸军政府试图让自己远离人口密集的沿海地区的市民骚乱,减轻它对遭受入侵的担心而作出的一种努力。

尼泊尔首都加德满都通过60英里长的公路与印度的印度平原相连,所以特别经受不住来自印度的压力。但印度的影响力从未完全渗透到尼泊尔的政治当中,尽管尼泊尔王室——其君权 1923 年获得承认——信仰印度教。冷战期间,尼泊尔国王寻求和维持不结盟政策,通过均衡发展与中国、苏联、美国和印度的关系来摆脱印度的控制。尽管如此,特别是自冷战结束后,因为地理上的接近、文化上的相同和印度向尼泊尔提供了大量经济援助,印度依然是在尼泊尔影响力最大的国家。不丹现在的首都是廷布。与尼泊尔相比,这个地势险要、很难进入的喜马拉雅佛教王国反而受到英属印度渗透更深,后者控制着不丹的外交事务。印度独立后,英国把此项职能转交给新德里。虽然不丹名义上独立,并且是联合国成员,但印度还是继续监督着它的外交事务。即使不丹是个偏僻的内陆国家,印度军队仍可以轻易地从阿萨姆邦进入位于布拉马普特拉河一条支流旁的不丹首都廷布。当中国人民解放军进驻与不丹北部接壤的西藏,印度封锁了不丹边界,修建了通向不丹王国的军事公路。

信仰佛教的锡金,是另一个喜马拉雅地区的国家,它夹在尼泊尔和不丹当中,1950 年成为印度的保护国。它唯一的城市也是首都所在地甘托克,在 1975 年锡金正式并入印度后降为一个邦的首府。当时,印度废黜了锡金传统的法王首领,将其变为印度的第二十二个邦。

巴基斯坦现在的首都伊斯兰堡位于喜马拉雅山麓的西旁遮普地区,东距印控克什米尔的边界 40 英里,西距开柏尔山口及阿富汗边境也只有 90 英里,是一个非常"前沿"的首都。伊斯兰堡坐落在阿富汗和巴基斯坦西北边境省份的公路和铁路线上,本是作为一个计划中与北旁遮普的主要城市中心拉瓦尔品第相邻的城市建造完成的。拉瓦尔品第自 1959 年成为国家的临时首都——刚从卡拉奇移过来——一直保持到 1970 年。

让伊斯兰堡坐落于北旁遮普,不仅是用来强调这一地区同克什米尔和阿富汗的战略利益相比对于巴基斯坦的战略重要性,也表示巴基斯坦杜绝西北边境省份和联邦直辖部落地区普什图族人分离势力危害的决心。将首都放在占巴基斯坦一半人口的旁遮普省,以及将军队司令部设在拉瓦尔品第,反映出巴基斯坦的政治和军事重心落在西北地区。

核心区

南亚缺乏表面意义的地区性核心区,印度自己也没有一个统一的人口或经济核心区,而是分为三个相隔很远的核心区:西孟加拉—比哈尔核心区,以孟加拉湾北端的加尔各答为中心;孟买核心区,有一个往内陆方向横穿经过西高止山进入到德干高原西缘孟买—浦那地区的延伸段;以及一个从德干高原中南部的班加罗尔向东穿越德干高原,至孟加拉湾的金奈海岸的区块。作为一种历史的记录,这些区域都包括同样的遗址,即东印度公司管区管理机构中心的所在地。而印度平原西北部的中心城市德里,人口虽然非常密集,却基本是一个农业地区,缺乏现代核心区所需要的工业活动深度。

加尔各答是印度第二大城市和第二大港口,是一个人口超过 1 400 万的国际大都市,是主要的铁路、公路、河道和海洋运输交通设施网络中心,人口密度每平方英里 1 500—2 000 人不等。主要工业都是传统的轻工业和重工业,如纺织、食品加工、制鞋、造纸、钢铁、化工、炼铝、交通设备和造船业等。这一地区是印度东部通往尼泊尔的交通要道。加尔各答本身作为孟加拉国难民充斥的城市,目前的人口已极度拥挤。

西海岸唯一的深水港孟买,是印度最大的城市,城市人口近 1 800 万,也是印度最重要的港口。除了工业以外,孟买的地位很大程度上要归功于它是印度的金融银行业中心以及电影业和其他媒体制作业中心。浦那是印度的化工、炼油、汽车、机械制造、纺织、鱼产品、药品和电子业中心。

班加罗尔—金奈核心区聚集着印度的新老工业区。金奈是泰米尔纳德邦的首府,化工、机械、纺织、汽车、制革业的中心。金奈市在孟加拉湾的港口是辐射整个印度半岛交通线的节点。班加罗尔市人口超过 600 万,是印度南部的内陆枢纽,也是全印高科技产业中心,有"印度的硅谷"和"科学之都"的美誉。作为印度核心区中最新和发展最快的部门,在印度成为世界软件强国的计划中起着突出作用。班加罗尔市的计算机、电子元器件、远程通信和飞机制造业可能会向外扩展,填满目前联结班加罗尔和沿海地区的金奈(人口 700 万)的走廊。

印度还有一个还处于萌发阶段的第四核心区在海得拉巴,海得拉巴位于德干高原中部的安得拉邦,人口 600 万。它受益于当地几个科学技术研究机构,已成为印度最新的软件中心,正开始与班加罗尔争夺"硅谷"的称号。海得拉巴市距离安得拉邦人口密集的东海岸中心区域 300 英里,后者四周被精耕细作的稻米、糖、棉花和棕榈油的种植区围绕。可以想象,在今后几十年里,一条穿过这片农业区向东到达沿海的现代工业走廊出现在面前,它将构成一个新核心区的基础。

只有在恒河三角洲,一个重要的印度核心区才和一个人口众多的邻国的核心区合在一起。印度和孟加拉国的国际边界将印度西孟加拉邦——经济上以加尔各答为主——与东孟加拉隔开。孟加拉国的首都达卡,人口超过 1 200 万,是孟加拉国最大的工业集中地——纺织、服装、黄麻纤维和手工业制品。另外,这里还是一个人口稠密、土地肥沃的农耕区中心,也是世界上最大的黄麻出产地。但是,季风雨、飓风和海啸也常常给这里带来洪水灾害,与加尔各答相连的陆上交通条件很差、不可靠。孟加拉国极度贫困,且人口过剩,每平方英里 2 250 人的人口密度是除几个岛国外世界上最高的。它还缺乏矿产资源。虽然达卡离加尔各答只有 150 英里,但孟加拉国有限的核心区要受益于加尔各答并与之融合的可能性几乎没有。

巴基斯坦的核心区分为两块：一块以印度河流域北部的工业和商业中心拉合尔为中心，一块在印度河下游流域信德省卡拉奇一带。卡拉奇是巴基斯坦最大的城市和海港，商业和工业区延伸100英里到达海得拉巴，后者是重要的贸易和制造中心。

斯里兰卡的经济主要以种植业作物为主。斯里兰卡小规模和欠发达的核心区，以其东南部的科伦坡为中心，在扩大纺织、服装、橡胶和食品产品生产方面取得了进步，不过和印度比起来依然是不起眼的核心区。

在南亚其他地区，尼泊尔和不丹都没有什么重要的人口和经济核心区域。缅甸有限的核心区主要集中在仰光和伊洛瓦底江三角洲，它们的发展都因为军政府切断了缅甸的对外经济联系而遭到阻碍。

印度的核心区完全主导了周围的核心区。一个全区性的核心区形成的前景无关紧要。虽然印度是孟加拉国、斯里兰卡、尼泊尔、不丹和缅甸的重要贸易伙伴，但这些高比重农业国只是印度的边缘市场。除了孟加拉国之外，这些国家在粮食上自给自足，但因为普遍的贫困，能进口的工业成品和服务极少。

所以，印度主要的经济联系是在南亚之外。其主要的贸易伙伴是美国、中国、欧盟和日本。此外，印度国内市场本身，而不是国际贸易，才是核心区发展的主要推动力。印度的中产阶级估计有2亿人，是世界上潜在的最大消费人群之一，掌握着与其人数极不相称的3.6万亿国内生产总值的财富。即使印度国内生产总值总量排名世界第四，但人均国内生产总值只有中国的一半，外贸占国内生产总值的比例低于10%。

印度经济中的现代化部门是增长的引擎，带来了让贫困的农村地区和城市贫民脱离当前悲惨境地的长远希望，但是在可预见的将来，印度中产阶级将依然是一个相对富裕又相对独立自足的人群，对贫困阶级的影响将非常地微不足道。所以，印度还是容易受到社会动乱的影响，因为穷人在向大城市蜂拥，在那里只有一小部分的人能找到工作，有房子住，有良好的医疗条件。贫困依然如此普遍，近1/3的印度人每天生活费不足1美元，婴儿死亡率35/千人，成人文盲率超过50%。

有效地区和国家领土

南亚国家几乎没有现在居住人口不多因而还能够带来大量新的人口增长的土地（人口密度见表11.1）。巴基斯坦大部分地区是山地和沙漠。山区集中在西北边境省份和联邦直辖部落地区，俾路支省内主要是沙漠盆地和难以攀越的山峦和高地。巴基斯坦的绝大多数人口都集中在印度河平原上的旁遮普和信德两省。

孟加拉国是世界上人口密度最高的国家之一。它是一个面积很大的冲积平原，已经没有扩展空间了。每当气候转暖，一半国土可能会被洪水淹没，造成大量人口死亡、受灾和离开家园。

山地国家尼泊尔和不丹几乎所有人口都生活在狭窄的山谷中。

斯里兰卡的地貌,中间是高山,周围是宽广的沿海平原,人口都集中在这一岛国湿润的西部和南部。东北部的"旱区"被科伦坡政府宣布为一个重新安置区域已有几十年,能够安置国家一些地区的过剩人口。历史上,这一地区通过使用"人工蓄水池"或盆地存积灌溉用水,曾有大量人口,然而疾病、战争让它荒废了数百年,今天它的大部分被沼泽与密集的森林覆盖。

"旱区"人口密度每平方英里不到 50 人,把它变成有效国家领土是一个缓慢的过程。发现瘴气的沼泽地已经被清理,引入了一些灌溉设施,包括从湿润的中部高地马哈韦利大坝引来水源。不过,因为政治原因阻碍了基础建设发展,这一地区安置移民的行动远远落后于国家的人口增长。这一地区大部分是贫穷的泰米尔人居住区,泰米尔人反对僧伽罗农民大量从人口过多的"湿润区"迁到这里,后者的人口密度是每平方英里 600—3 000 人。

占人口多数的僧伽罗人中的极端民族主义者反对给予泰米尔人地区自治权,给予泰米尔人自治权是斯里兰卡政府为平息叛乱而提出的。他们提出的反对理由是中央政府需要对"旱区"实现持续不断的控制。这样,斯里兰卡政府处于两难之中。若没有和平,复兴旱区以及为斯里兰卡有效国家领土新增人口——现为 2 000 万——的许多目标就可能实现不了。但和平的代价也可能是泰米尔人对进入旱区的移民实行政治控制,从而阻碍僧伽罗人的重新安置。

缅甸的中心区域覆盖着森林和高山,从北部边境一直到伊洛瓦底江三角洲,几乎没有发展的空间。干旱地带是伊洛瓦底江流域中部,那里的人口已很稠密。它包括以前像曼德勒这样的都城以及曼德勒以南的两个城市阿马拉布拉和阿瓦古城,还有新首都内比都。出于政治和地理上的原因,北部和西部山地以及东部掸邦高原也没有吸收大量新增人口的希望。所以,原本人口集中的伊洛瓦底江下游流域及三角洲、面向孟加拉湾的若开海岸和面向安达曼海的德林达依沿海地区的拥挤现象可能还将继续。

印度可供农耕利用的土地也基本开发完了。能称得上有效国家领土的是一些人口已经十分密集的农耕区,那里发生的农业被城市工业活动代替的现象正在帮助扩大现有的核心区。这些地区包括恒河下游平原的比哈尔西部、西高止山脉至孟买东面,以及海得拉巴—金奈走廊。

空旷区

南亚有四大空旷区:(1) 印度西部的塔尔沙漠(印度大沙漠),它延伸至巴基斯坦信德省的东南部;(2) 卡奇沼泽地,这片巨大的盐碱沼泽覆盖了塔尔沙漠以南、印度古吉拉特邦的大部分地区,直至巴基斯坦的信德省南部;(3) 哈拉沙漠和莫克兰沙漠,位于巴基斯坦俾路支省南部;(4) 喜马拉雅山脉。

塔尔沙漠对印度具有战略价值。1974年,正是在塔尔沙漠中东部的博克兰,印度爆炸了第一个核装置,并在1998年进行了数次地下核试验。位于俾路支省哈拉沙漠北部边缘的查盖山脉,跨越阿富汗边境,也是巴基斯坦天然的核试验场,1998年的系列试验就在那里进行。

卡奇沼泽地原是阿拉伯海的一个海湾,现在是一大片荒芜的盐滩和沼泽坑。对于其边界划分的争议是导致1965年印巴战争的原因之一。1968年在国际调停下,印度取得了卡奇沼泽总共8 400平方英里面积中的95%。这一地区唯一的经济资源是盐,它只有在干旱季节才能采集。正如印度总理辛格指出的,它根本不值得用战争来争取,但印巴两国都认为这是捍卫历史主权,为了领土完整而不惜一战。⑨

喜马拉雅山是亚洲雄伟的山系,从巴基斯坦北部穿经印度北部、中国西藏、尼泊尔直至印度东部、不丹再到尼泊尔,绵延达1 500英里。有着一系列平行山脉,高耸入云的(大)南喜马拉雅山常年冰雪覆盖。除南边山麓小丘之外,这一地区极少有人居住。它的主要地缘政治作用在于作为中印两国边境地区。喜马拉雅山也是南亚次大陆主要河流的发源地,巴基斯坦、印度和孟加拉国都依靠这些河流而生存。穿越喀喇昆仑山的喀喇昆仑山口使得车辆能够绕开喜马拉雅山西端而行。底富山口在喜马拉雅山脉东端,是那里的主要穿越点。这两个山口在中印领土争端时期都是重要的争夺目标。中国控制喀喇昆仑山口可以保证巴基斯坦直接和新疆相通,而印度控制底富山口则阻止了中国进入阿萨姆邦。

边界

南亚与相邻地缘政治区域主要的边界争端发生在中国和印度之间,集中在喜马拉雅山西端和东端。其他地区,在南亚外围,缅甸和泰国因为边境问题偶尔也会发生冲突。

然而,最严重和范围最广的边界争议发生在南亚次大陆内部。印巴对于克什米尔地区的争端不仅导致两国之间的三次战争,而且把两国带进了危险的核冲突领域,威胁到整个地区的安定。"解放"印控查谟和克什米尔(印度唯一的穆斯林邦)是巴基斯坦军事和文职政府的目标。在印巴分治时期,克什米尔由一位印度王公统治,他不顾本地主要为穆斯林人口的事实,把克什米尔归于印度控制。一次穆斯林叛乱曾驱逐了王公,但印度军队开进这一地区,镇压了巴基斯坦支持的叛军,重新恢复了他的权力。

现在的停火始于 2004 年。停火线把这一地区一分为二：人口较少的，是半穆斯林半佛教徒的巴基斯坦西部和北部地方，一般称为自由克什米尔；南部人口较多的是印度查谟—克什米尔邦。后者包括穆斯林人口众多的克什米尔谷地，有该邦的首府斯利那加，这是这一地区人口最多和经济最发达的地方。在南边的查谟，其 2/3 的人是印度教徒。

印巴两国都竭力对克什米尔地区进行情感和意识形态的拉拢，这是解决争端的主要阻碍。但是，多年以来，战略问题一直相当尖锐。阿克赛钦地区（位于拉达克东部）是连接西藏和新疆的重要通道。1962 年的中巴边界协议，为巴基斯坦和新疆之间的公路连接（一条是喀喇昆仑公路，另一条更早的是 1968 年修建的穿越明铁盖山口的公路）提供了条件。⑩巴基斯坦与中国达成的边界协议对中巴都是战略收获，而在印度眼里它却是一个战略挫折。

克什米尔冲突的经济代价是巨大的。比如，卡吉尔冲突使印度 1999 年的军事预算增加了 28%，占联邦总支出的 1/5。巴基斯坦的军费按比例看也一样，但其占国内生产总值的份额接近印度（印度军费占国内生产总值的 2.5%）的两倍。⑪

关于印度河流域的水资源争夺也是克什米尔冲突的原因之一。印度河、杰赫勒姆河和杰纳布河流经印控查谟—克什米尔地区，然后进入巴基斯坦，对于巴基斯坦旁遮普和信德两省的农业非常重要。1960 年两国签订《印度河用水条约》(Indus Water Basin Treaty)，没有满足共同开发需要，只为两国各自开发和管理自己那部分水源提供了条件。印度在上游建大坝发电和灌溉，因对下游巴基斯坦用户产生潜在影响依然是引起争议的话题。

印巴另一个河流分界线争夺点围绕爵士溪(Sir Creek)，这是一条在卡奇沼泽地西南边缘把印巴分隔开来的溪流。印度提出分界线应在它从此进入阿拉伯海的溪流的中间，就在印度河河口的下面；巴基斯坦要以溪流右岸为界，因而就对整个溪流出口拥有主权。这里边界的精确位置之重要在于确定其在海上的延伸范围。对巴基斯坦来说胜败攸关的是它的要求将可使其海上专属经济区再往外多延伸 250 平方英里海域，这里的海床可能藏有丰富的石油及天然气储量。

两个较小的边界争议，一个发生在印度与孟加拉国之间，另一个发生在印度与尼泊尔之间。之所以在这里提出，是因为这些争端涉及更大的边界划分的原则。第一个争端是针对 1979 年孟加拉湾发生一次飓风和海啸之后形成的一个小岛。该岛位于哈里班达河(Hariabhanga)河口，该河的主航道是印度和孟加拉国的边界。印度这边的河岸距离该岛西侧 3 英里，而孟加拉国这边的河岸距离该岛东侧 5 英里。⑫印度把这个岛叫做新摩尔(New Moore)，孟加拉国把它叫做南塔尔帕蒂岛(South Talpatty)。小岛本身其实没有内在价值，争端与从该岛向外延伸的大陆架的控制有关。相邻的大陆架拥有丰富的石油及天然气储量，它们是哈里班达三角洲资源的延伸。两国海军自1981年发生小规模冲突之后没有再起军事冲突，但是关于海洋专属区的定义之争一直没有停止。

印度和尼泊尔的争端涉及沿两国边界的马哈卡利河源头30平方英里区域的控制权。印度不顾尼泊尔的反对，在马哈卡利河上建起了萨尔达大坝。1996年两国达成协议，共同分享大坝的水源和水电供应，还成立一个马哈卡利河委员会以裁定将来的问题。这一协议的原则是印度建造的大坝不能影响或损害尼泊尔的主权权利。协议使双方在对边界位置保留不同意见时依然能够合作。

中国认为其与阿富汗的43英里边界是一个战略问题，但不存在边界争端。这条边界位于阿富汗瓦罕走廊的东端，走廊处在塔吉克斯坦帕米尔高原和巴基斯坦兴都库什山脉之间，与中国的新疆维吾尔自治区接壤。塔利班和基地组织能够通过瓦罕走廊向新疆的分裂分子走私武器，并把他们带到阿富汗境内的恐怖分子训练营。这是中国与美国反恐战争合作的因素之一。

对国家和地区统一的挑战

南亚是一个独立的地缘政治区，在性质、文化、社会差异、政治以及在相当程度上的宗教等方面与周围的辖区截然不同。它既不受任何大国控制，也不会被并入邻近的地缘政治框架，虽然南亚地区西部的巴基斯坦、东部的缅甸与相邻近地缘政治区有牢固的联系。

作为一个地缘政治区，南亚因为在宗教、种族、语言和社会等方面存在深刻分歧而缺乏内部统一性。这些分歧如此深刻，以至具有重要意义的区域性的合作框架还未形成。1951年签署的以通过经济和技术加强区域内不同成员经济体实力为目的的"科伦坡地区发展合作计划"，以后又包括了东南亚和南亚，以及英国。后来加入的美国成为26个成员国中最大的捐助国。这一计划已被无限延伸，满足了教育、健康、技术援助、拨款与贷款以及食品供应等需要。但是对南亚的经济并未产生什么重要影响。

同样未达设想目标的还有南亚区域合作联盟（SAARC）。这一机构成立于1985年，包含了本地区所有国家（除巴基斯坦是后来加入的），其合作目标包括减轻贫困、保护环境、发展教育、打击毒品走私和贸易自由化等领域。它创建了南亚优惠贸易联盟以促进地区贸易和经济发展，建立了一个地区发展基金，它几乎没有资金来促进本地区最贫困落后国家的经济发展。南亚区域合作联盟的主要成就在于出版研究领域，但距离作为一个推进地区统一工具的要求还相差很远。

南亚的分裂性是其过去半个世纪发展落后的主要因素。凸显于其他地区冲突之上的是印巴克什米尔争端。这一争端把两国带入昂贵的军备竞赛和危险的核武器竞争当中。除了在两个国家之间展开的全面战争之外,穆斯林游击队在印控查谟和克什米尔地区发起行动,自 1989 年以来已造成 25 000 人死亡。印度与巴基斯坦之间还因为穆斯林游击队的行动而发生战斗,虽然这种冲突没有爆发为全面战争。

自冷战结束以来,通过外界调停来解决冲突的前景未见有改善的迹象。外部力量的重重纠葛让争端趋向复杂。俄罗斯出售武器给印度,以及美国给予巴基斯坦军事支持,一开始就让争端双方继续维持己见。而今日情形又因以下事实而进一步复杂:在美国继续给伊斯兰堡经济和军事援助的同时,它又与新德里签订协议,向其出售民用核能设施和先进战斗机。当穆沙拉夫政权加入反塔利班的联盟,它面临着巴基斯坦的伊斯兰激进组织的极大反对。最近巴基斯坦对塔利班的军事施压已加强了伊斯兰激进组织的力量,他们也反对在克什米尔问题上让步。美国对印度希望成为核大国目标的合理性的承认,为印度在世界事务中起一种均衡作用以取代过去采取不结盟政策的角色铺平了道路。这要以与美国及俄罗斯建立一种趋同关系为基础。一个更强大的印度不仅能够成为在亚洲抗衡中国的力量,从而进一步巩固全球地缘政治均势的基础,而且能确保印度在南亚的主导地位。

南亚的地区边界轮廓的变迁,取决于巴基斯坦和缅甸会有什么样的地缘政治走向。因来自美国、伊朗、印度、中国和俄罗斯的压力而产生内部分歧和分裂的巴基斯坦和阿富汗很可能变成另一个"破碎地带"。随着巴基斯坦加强与阿富汗普什图族人的关系,以及伊斯兰激进组织在巴基斯坦境内势力日渐壮大,伊斯兰堡的中东倾向已越来越强烈。

一种可能是一个战后设在喀布尔、对巴基斯坦充满敌意、由普什图族人控制的阿富汗政府,有可能复活统一阿富汗境内所有普什图族群的各种历史要求。这些部落族群是被 1893 年的杜兰德线分开的,当时阿富汗与英属印度是分离的。换种可能,假如阿富汗分裂,其国内的普什图族人可能会发起一场在被称为普什图斯坦的区域重建一个包括巴基斯坦西部在内的独立国家的运动。喀布尔在巴基斯坦刚诞生的时候就开始了追求实现一个独立的普什图斯坦的事业,让阿巴两国自 20 世纪 50 年代到 70 年代的关系一直笼罩着一层阴影。[13]

同样,在这一阶段早期,因为阿富汗的居民与俾路支省居民存在着部落关系,阿富汗还支持巴基斯坦俾路支省中部和南部的游击队活动。如果合并俾路支省,可为四面陆地的阿富汗提供一个经新建的俾路支瓜达尔港通往阿拉海的出海口。自阿富汗与巴基斯坦在苏联入侵阿富汗战争期间实现两国关系修好之后,俾路支的游击队分离组织已经不再活动。

巴基斯坦很可能因为失去西北边境省、联邦直辖部落地区和俾路支省,以及因为克什米尔地位的变化而遭到肢解。巴基斯坦剩下将是一个横穿印度河平原直至包括旁遮普省和信德省在内的更具有凝聚力的国家。这样一个国家将包含80%以上的现有人口和两个核心区,并将是一个比现在的巴基斯坦远更稳定的实体。

在南亚其他地方,在新的纷争与冲突之后,有可能出现新的国家。这种国家增殖会以两种形式发生:国家或者准国家。例如,解决克什米尔争端的方法之一,是让克什米尔与由巴基斯坦控制的自由克什米尔以及由印度控制的查谟—克什米尔联合在一起,成为一个准独立国家,由印巴共管。冲突已造成生命、资源和能源方面的重大损失。印度可以从一个统一克什米尔的独立中获益,第一步先将其作为一个与巴基斯坦共管的领土,然后可能的话再作为一个独立的主权国家。两国2004年签订的停火协议至今有效,但关于印度河及其支流水资源共享的争端还有待解决。

印度走向世界大国的进程不可能受领土变化的影响。事实上,其前景将会通过与在经济和军事上使印度逐渐消耗的地区达成和解而得到提高。

一个准独立的锡克国(锡克人叫它"加利斯坦")的出现将会解决困扰印度的另一个冲突。好战的锡克人,其宗教是印度教和苏非教义的混合,在其追求独立的过程中一直对印度旁遮普邦(东)和哈利亚纳邦施行威吓。新德里承受不起失去对该地区安全、外交事务的控制的后果。锡克地区是印度平原的重要部分,作为"国家粮仓",它对印度具有重要的经济意义,也是与巴基斯坦所属西部旁遮普省交界的前沿。但是,如果满足锡克人在宗教、经济和地方政治事务上独立的要求,结束几十年来的剧烈冲突,印度将会得到相当大的好处。旁遮普是古锡克王国的历史中心,阿姆利则是他们的圣城。正是锡克激进分子占领这里的金庙以及后来印度军队摧毁这座寺庙,才导致英迪拉·甘地夫人1984年被她的锡克卫兵刺杀身亡。20世纪80年代震动旁遮普邦的暴力行动现在稍微减轻了,但占据印度东旁遮普一半以上人口的锡克人继续怀揣着分离的梦想,在旁遮普和哈利亚纳邦内制造恐怖袭击。

一个独立的那加兰邦是住在印度最东北面阿萨姆邦之东布满森林的山丘地区的那加部落的家乡,那里的独立运动对印度的经济不会产生太大的影响。它很可能太小太弱,以致无法取得起义的胜利。但新德里却能通过给予大多信奉基督教的那加人类似不丹的主权地位而让他们满意,根据这一地位印度将保留外交事务管理权,并确保进入这一地区的军事权,那加人则可以保存其传统文化和部落、管理模式及宗教。这个解决方案也同样适用于阿萨姆邦的分离主义运动。

通过满足上述这些分离主义的情感,印度可以削减目前沉重的防卫开支,变成一个更有凝聚力的国家,更有能力实现经济和人类服务的现代化。

结束斯里兰卡的内战依然很遥远。僧加罗佛教徒的领导层坚决反对建立一个将为信奉印度教的泰米尔人带来准国家地位政府组织的构想,一个受战争拖累的斯里兰卡政府最终有可能会给予泰米尔伊拉姆猛虎组织准国家地位。但是,从长远看,这不会让泰米尔猛虎组织满意,他们要利用这种自治状态实现完全独立。最近几年,尼泊尔也遭到毛派武装分子袭扰,他们要推翻君主立宪政体,建立议会民主制。2006年,有200年历史的王室被迫向议会屈服,放弃绝对权力,为结束内战铺平了道路。2007年,毛派武装与尼泊尔政府签订和平协议,暂时放下武器,加入了临时议会。政府随后同意了毛派组织的要求,废除君主制,代之以宪政民主。作为另一个时代象征的喜马拉雅王国不丹,也宣布从君主制转向君主立宪制。对尼泊尔领土完整的一个威胁是与印度接壤的南部平原台拉河地区的种族纷争。在文化和种族上与印度人无法区分的马德斯人(Mahdesis)在台拉河地区占主导地位,在尼泊尔总人口中可占到40%,但他们中的许多人没有尼泊尔公民权和投票权,他们争取权利和自治的运动已出现暴力化趋势,成为尼泊尔政府迟早要面对的一个严重问题。

缅甸目前向中国靠拢的态势,不大可能持续到仰光军事政权倒台、国家恢复民主之后。如果缅甸军政府垮台,这可能会为在国内活动的分离主义势力提供扩大独立运动的机会。缅甸东部的掸族人居住在与中国、老挝和泰国交界的丘陵山谷之中,他们仍然保留着追求自由的强烈欲望。

可能出现的新南亚国家或准国家数量受到相关中央政府,特别是印度中央政府力量的限制。但是,国家的增加并不会在这个15亿人口的次大陆上自然地展开——世界人口的22%住在只占世界4%国家的地区中。分离主义活动是否能够被引导进入建设性的谈判框架,还是暴力继续横行,目前还无法预测。尽管如此,展望南亚在不久将来的地缘政治格局,可以很有把握地说,某种权力下移是能够见到的。

结论

印度超强大的经济实力能够成为南亚区域一体化的驱动力。庞大的印度中产阶级形成了一个训练有素的科学与技术人才储备库,他们彼此用英语交流。这个人力资源库已经通过印度移民——他们在美国及其他西方高科技领域发挥了非常重要的作用——产生了全球影响。这些移民帮助促进了印度迅速壮大的软件行业和制药工业的发展,因为越来越多的软件业和服务外包业务正在向印度聚集。单凭高科技产业不能解决印度的高失业率问题,但它可以产生数十亿美元的出口收益,这些收益然后可以被投入到印度的物质和社会基础建设上,如公路、水利、电力、通信、电网、教育、卫生等。将其用于传统的制造业也能带来生产力的大幅上升,帮助印度实现农业现代化。

所有上述这一切都将扩大印度货物和服务的国内外市场,而其反过来又进一步促进外来的资本流动。外包给印度的制造业和服务业最终会把印度提升到和中国一样地位的世界贸易大国。当然,欲弥合目前与中国的差距,印度还有很长的路要走。但是,它具有处在民主体制下的人力和物质资源来完成这项任务,而这种民主体制能够通过政治共识而不是强制来激活这些资源。

如果印度能在面对有可能会席卷南亚地区的各种分权趋势时依然保持统一,解决克什米尔问题,它的地区性主导地位就能够得到加强。鉴于印度拥有庞大而高效的军队和核能力,有领先的高科技,有一个有可能会超过中国人口规模的人口,它能够成为新的印度洋地缘战略辖区的核心。

这样一个地缘战略辖区将把非洲东海岸包括在内,尤其是坦桑尼亚(加上它的桑给巴尔岛和奔巴岛)和肯尼亚;它还将包括与孟加拉湾东部和安达曼海接壤的缅甸。另外,这一辖区还会包含印度洋上的岛国马尔代夫、塞舌尔、科摩罗、马达加斯加、毛里求斯和法国附属地留尼旺岛、马约特岛、格洛里厄斯群岛,以及英属印度洋的查戈斯群岛(含迪戈加西亚岛)。

印度的商人和移民对这些印度洋周围地区影响久远。两千年以前,印度文明传播到苏门答腊群岛,爪哇、巴厘岛的大部分地区以及马来半岛,印度商人活跃于桑给巴尔岛。几百年来,人数不多但很有号召力的印度人在印度洋边沿地区包括南非定居,他们在这些地方从事经商,以及在某些情况下从事农业种植。这些社区在重建一千年前将这一区域联系起来的贸易网络方面能起到重要作用,从而加强了这个具有前景的辖区对周边相邻辖区的地缘战略影响。

在打造一个印度洋辖区的过程中,印度可以依靠与其他三个辖区的均衡交往关系模式。那些辖区的地理环境和边界使它们能够在欧洲和西太平洋地区彼此直接发生地缘战略联系,相反印度在空间上远离这样的直接联系。因此它的位置,提高了它担任一种连接角色而不是一位竞争者的能力。

通过导弹和空间研究项目合作以及武器进口,印度在俄罗斯的石油开发投资,以及俄罗斯在印度建造核反应堆,印度保持了与俄罗斯心脏地带的战略关系。

虽然中国和印度在原材料和世界市场上的竞争非常激烈,但两国经济联系很密切。中国是印度主要的贸易伙伴。两国以印度的软件而中国的硬件产业的互补性质为基础,忙于设立信息技术合资企业。在苏丹,印度与中国开展能源联合开发活动。两国在反对美国控制一些中亚国家的能源资源以及保持在这块欧亚大陆汇合地区的军事部署方面有着共同利益。

华盛顿与新德里结成战略伙伴关系的利益表现在拟议中的核材料和技术协议,以及向印度出售先进的美国战斗机。同样重要的是给予印度的大规模的信息技术项目外包业务以及两国科技人员的紧密联系。巴基斯坦内部动荡的可能与伊朗在中东的影响扩大使得对海洋辖区来说让印度洋航线保持对世界贸易的开放显得极其必要。华盛顿可以通过对印度扩大在印度洋地区的政治和经济影响力——以印度海军和空军为后盾——给予支持而最好地达到这一目标。

一个由印度这样的大国领导的印度洋辖区的崛起，依凭均衡发展与世界其他三大辖区的关系，可以加强全球地缘政治的均势。它还将促进实现印度国家创始人的目标，他们曾憧憬，他们这个国家能够承担对世界和平作出重大贡献的使命。

注释

① Percival Spear, *Modern India* (Ann Arbor: University of Michigan Press, 1961), 386-406.

② Saul B. Cohen, *Geography and Politics in a World Divided* (New York: Random House, 1963), 280-84.

③ Halford Mackinder, *Democratic Ideals and Reality* (London: Constable, 1919), map facing 77, 83-104.

④ Halford Mackinder, "The Round World and the Winning of the Peace," *Foreign Affairs* 21, no. 4 (1943): 278.

⑤ Michael Brecher, *The New States of Asia* (New York: Oxford University Press, 1966), 205.

⑥ Brecher, *New States of Asia*, 210.

⑦ "Sri Lanka's Muslims: Homeless and Homesick," *Economist*, October 13, 2007, 45-46.

⑧ Bertil Lintner, *Cross-Border Trade in the Golden Triangle* (Durham, England: Boundaries Research Press-University of Durham, 1991), 13-22.

⑨ Govand Singh, *A Political Geography of India* (Allahabad, India: Central Book Deposit, 1969), 134-37.

⑩ Alan J. Day, *Border and Territorial Disputes* (Harlow, England: Longman, 1982), 255-57.

⑪ Central Intelligence Agency, *World Factbook 2007* (Washington, D. C.: Gov/CIA Publications, 2007), 9, 10.

⑫ Day, *Border and Territorial Disputes*, 251.

⑬ Day, *Border and Territorial Disputes*, 236-50.

第十二章
中东破碎地带

△ 现代殖民渗透
△ 大国竞争：冷战时期
△ 地理环境
  北部高地区
  中部区
  南部沙漠区
△ 地缘政治特征
  历史核心
  地区性政治首都
  核心区
  有效地区和国家领土
  空旷区
  边界
△ 重大冲突
  阿以冲突
  黎巴嫩
  伊拉克
  伊朗
  阿富汗
  土耳其
△ 石油、管道路线与政治
△ 结论

中东是一个破碎地带，因主权国家和人民内部及在两者之间的深刻分歧，而处于分崩离析状态，而大国竞争又使这种状况进一步加剧。

逊尼派和什叶派穆斯林、犹太人和基督徒，阿拉伯人、土耳其人和波斯人，阿塞拜疆人、库尔德人和德鲁兹人，乌兹别克人、塔吉克人和旁遮普人，阿拉维派和马龙派，尼罗河黑人和苏丹阿拉伯人，贝都因人和农民，宗教极端主义者和平民，都是中东人类风景的一部分。但他们没有形成一个协调一致的镶嵌图案，而是各部分互相重叠、互相摩擦，很难置入作为这一地区政治覆盖面的国家框架。由这些分裂产生的民族的、宗教的和种族的争端又进一步因为稀缺水资源和可耕地的争端，以及石油和天然气资源相互冲突的主权要求而被强化了。

冷战时期已经分裂的中东，现在变得甚至更加破碎了。由美国及其盟友发动的阿富汗和伊拉克战争充分引发了伊斯兰教内部逊尼派与什叶派的争夺，为伊朗渗入阿拉伯世界提供了机会。这些战争已将巴基斯坦拖入了阿富汗漩涡，将国际恐怖主义活动基地从阿富汗—巴基斯坦边境地带扩大到了伊拉克。在伊拉克进行的这场计划草率、没有什么效果的战争的地缘政治附带结果具有远超出这一地区的影响。它削弱了美国超级大国的地位，煽起了不仅是在整个穆斯林世界而且包括更为广阔地区，甚至在最坚定的盟友中的反美情绪。

中东位于旧世界三个大陆交汇点的位置赋予了其水陆运输道路的全球战略重要性。这些运输道路，以及这一地区丰富的石油和天然气储量吸引着外部列强纷纷踏入这一地区。为了获得竞争优势，外部列强利用并强化了这一地区的内部分裂。所有这些因素都妨碍了这一地区地缘政治的统一，因为地区内大部分政治实体转向外部列强寻求军事支持、资本及资源交换。这并非中东一贯的情况。事实上，它经历过由帝国强加的较长时间的统一，中间夹杂某些阶段的短时分裂。1453年君士坦丁堡陷落于奥斯曼土耳其人之手，标志着奥斯曼帝国的诞生和一个此后延续了长达4个世纪的地区统一时代。由于军事上败于欧洲列强和俄罗斯，实力受到削弱，加上受到"治外法权"——它奖赐给欧洲人商业权利——体系的打击，奥斯曼帝国从19世纪中期开始衰落。到第一次世界大战结束时，它已正式瓦解了。代之而来的是将中东分隔成几个势力范围的欧洲帝国统治。继后是冷战，这期间美国和苏联将这一地区分割成了不同的势力范围区，再到今天，则是外部列强共同瓜分的多极性状态。

现代殖民渗透

整个19世纪和20世纪，西欧列强与俄罗斯都在这一地区内谋求基地与影响。甚至在奥斯曼帝国崩溃之前，英国，这支最强大的殖民力量，就有一系列战略目标，其中最重要的是保证通往印度的海上航线。获得红海南入口苏伊士以及波斯湾一带的基地,为控制这条路线提供了条件。1869年苏伊士运河的开通,使英国得以扩大与南亚及东亚的贸易,从而成为世界上占主导地位的商业强国。

塞浦路斯为英国提供了1882年占领埃及和控制运河的前沿基地。马赫迪起义者击败英国—埃及军队,从埃及手中获得了对苏丹的控制权,但他们以后的失败使英国人得以在1879年建立起了英国—埃及共管的苏丹领土。这给了英国监视红海西海岸线的机会,与另一侧在亚丁的基地形成互补,后者俯瞰着印度洋的出口曼德海峡。对苏丹的统治也确保了对尼罗河上游水域的控制,从而加强了英国对埃及的控制。

英国的另一目标是消灭阿拉伯海和印度洋上的海盗活动,阻断沿着这些海域而来的东非的奴隶贸易。①英国与巴林(1867年)、特鲁西尔七国(1982年)(Trucial States,阿拉伯联合酋长国的旧称)和科威特(1899年)建立了保护国关系,这些国家成为继续这项艰苦斗争的基地。

阿富汗是印度的陆上门户,由于担心俄罗斯和波斯对阿富汗领土的渗透,英国采取了先发制人的措施。他们卷入了与阿富汗人的一系列战争,后者被迫让出开伯尔山口和在英属印度东面的其他边境地区。以后形势随阿富汗人和俄罗斯与波斯,以及英国签署正式边境协定之后而得到稳定。

其他欧洲列强也积极介入这一地区事务。法国派遣军队到黎巴嫩山省基督教区去制止由那里的德鲁兹派对基督徒的大屠杀。这里成了法国在黎凡特的据点,依此为依托,巴黎最终控制了整个黎巴嫩和叙利亚。法国人还占领了亚丁湾非洲海岸线上的吉布提,在此他们将这一港口开发成了一个英属亚丁在商业和战略上的竞争对手。

意大利占领了红海西南沿岸的厄立特里亚。厄立特里亚的阿萨布港和马萨瓦港控制着内陆国家埃塞俄比亚的入口,它将成为意大利在非洲东北部帝国野心的主要重点。

俄罗斯在19世纪对这一地区的渗透被局限在确保里海周围的领土安全。这使沙皇与奥斯曼帝国和波斯发生了冲突。里海东海岸的土地取自波斯,而西海岸是奥斯曼土耳其人将阿塞拜疆北部转让给了俄国。

20世纪刚一来临,英国出于对德国和俄罗斯可能图谋这一地区的担心,感到有必要通过控制通往那里的陆上路线来加强它在波斯湾的地位。土耳其与德国在1896年签订了一项协议,将德国所属的安纳托利亚铁路从安纳托利亚东南部的科尼亚延伸至巴格达和巴士拉,然后直到开放水域。俄罗斯也提出对海湾的特许权要求。对伦敦来说,这样的举动代表了对印度防卫所需要的主要交通干道的威胁。②英国与法国的反对使通向巴格达的铁路线停了下来,直到1911年恢复建设,第一次世界大战结束时竣工。

但是,所有上述考虑中没有一个变得像英国20世纪开发与保卫这一地区石油资源行动那样对其波斯湾战略来得重要。威廉·达西 1901 年被波斯授予开采石油特许权。到 1908 年,波斯阿拉伯人口居住的西南省份胡齐斯坦省的油田,被发现是世界上储藏量最丰富的油田之一。

与此同时,俄罗斯设法从其里海基地向波斯渗透。1907 年,它在波斯北部开辟出一块势力范围,它西起大不里士(名义上在奥斯曼帝国控制之下)经德黑兰延伸至东面的马什哈德;以及向南达到伊斯法罕。这与覆盖波斯西南部的英国势力区重合,它从波斯湾阿巴斯港向东北延伸至英属印度和阿富汗边境,受到海湾西海岸的英国基地的支撑。

英国—波斯石油公司随后委托有关方面在阿巴丹建造了一个炼油厂,它的生产后来证明对第一次世界大战期间协约国的战争努力具有很大的重要性。正是为了保卫这里的油田及其设施,才促使英国人进攻伊拉克的土耳其人,1917 年占领巴格达,然后又转进摩苏尔(20 世纪 70 年代阿巴丹被扩建成为世界上最大的炼油厂)。

英国通过成为阿拉伯半岛中心内志的统治者伊本·沙特的保护人抵御土耳其人,从而强化了其对海湾的控制。英国与沙特阿拉伯之间的这种密切关系后来在 1924 年承认英国在科威特、巴林、卡塔尔和阿曼海岸的特别地位的条约中得到确认。这个条约部分地是作为对英国接受伊本·沙特征服汉志的一种交换;汉志过去曾处在侯赛因·伊本·阿里(即麦加的行政长官)和哈希姆家族——穆罕默德先知所属部落的一支——族长统治之下。这为实现一个自红海到海湾的统一国家铺平了道路。即使在被赶出了阿拉伯半岛之后,哈希姆王朝还在这一地区保持了其重要作用,因为在 1921 年英国人将侯赛因的一个儿子费萨尔扶上伊拉克国王位置,又让另一个儿子阿卜杜勒成为外约旦的统治者。

从第一次世界大战末到第二次世界大战结束这段时间,这一地区的很多地方被欧洲殖民列强瓜分成了一个个比较完整的亚个体——巴勒斯坦、外约旦、伊拉克、南也门(亚丁保护国)、埃及和苏丹等为英国地盘,黎巴嫩和叙利亚属法国地盘,利比亚为意大利控制(1912 年被意大利征服)。

当代土耳其,其目前领土限于安纳托利亚和欧洲的色雷斯土耳其部分,走了一条与这一地区分叉的道路。在凯末尔领导下发动了一场走向西化、世俗化和自给自足的运动。沙特阿拉伯、也门和伊朗也独立在殖民统治之外。虽然在 20 世纪 20—30 年代英国依然是沙特瓦哈比王朝的主要西方支持者,但美国于 1936 年随着一家美国石油公司发现了石油而登上沙特阿拉伯的舞台,这家美国石油公司最终成为阿拉伯美国石油公司。两年以后在哈沙海岸平原的达曼开始商业生产,尽管直到 1957 年一个喷油井才在附近的胡富夫出油,此处在 3 年之后竟被发现是世界最大油田加瓦尔油田结构的一部分。与此同时,伊朗巴列维新王朝摆脱了英国与苏联在其北方与南方建立的势力范围的控制。

当中东从第一次世界大战末到 20 世纪中叶已成为一个高度分裂地区的同时，它也享有一定程度的地缘政治稳定性。欧洲列强已在他们所控制的版图内达成均势，限制了苏联影响的扩张。正是在冷战期间，那种逐渐与中东联系在一起的深刻的分歧和不稳定才将这一地区改变成了今日的破碎地带。

第二次世界大战后的委托统治制度以及总体上的殖民统治的终结在这一地区产生了民族国家的多样性——从北部的土耳其、塞浦路斯和阿富汗，向南穿过以色列和一个政治上分裂的阿拉伯黎凡特和美索不达米亚，进入非洲；从利比亚和埃及往下一直穿过苏丹。区中 24 个各不相同的主权国家内部和相互之间的冲突被冷战竞争加剧和扩张。这种在海洋辖区民主制国家和欧亚大陆心脏地带苏联之间对重要战略空间的影响及控制，以及对获得石油及天然气储备的争夺，把中东撕裂成几个部分。外部列强与各个国家和反对派集团结成的联盟将以前这一地区所取得的地缘政治统一的所有痕迹都抹去了。

大国竞争：冷战时期

西方与苏联在中东内部展开的冷战竞争，是由苏联在 1945—1946 年试图将伊朗北部与其余部分分离出去的行动所引发的。当时，莫斯科支持从伊朗阿塞拜疆和库尔德斯坦地区部分已脱离出来的共产主义共和国。这一干预的种子在第二次世界大战初期就已埋下，其时苏联军队占领了伊朗的阿塞拜疆省，建立了一条经波斯湾中转通往苏联的盟军军事援助补给线。

战争快结束时，莫斯科要求获得在伊朗北部地区进行石油勘探的特许权。苏联的主要担心是他们的巴库油田产油量日渐下降。

苏联还重新萌生了俄罗斯历史上的野心：建立一条通向波斯湾的走廊，他们的欲望现已被这一地区——顺扎格罗斯山脉的侧翼延伸，沿海岸直至卡塔尔和阿拉伯联合酋长国——的石油储藏激起了。当苏联同意从伊朗撤出时，它是带着石油特许权将在得到议会批准后授予它的承诺而离开的。但是，伊朗议会在次年彻底地拒绝了这项建议，进一步恶化了两国关系。

莫斯科然后设法通过支持伊朗人民党（Tudeh）和以穆罕默德·穆沙迪夫为首的伊朗民族阵线来向伊朗渗透。穆沙迪夫 1951 年上台执政，当时民族阵线在议会内获得足够席位，从而通过了一项石油国有化法案。他既反对外国石油利益集团，也反对伊朗国王的统治。伊朗国王继后逃亡，但当 1953 年穆沙迪夫（在中情局的秘密活动下）被逼赶下台之后，伊朗国王又重新恢复权力。与美国形成了一种确定的军事联盟，消除了莫斯科向伊朗渗透的可能。

苏联试图渗入这一地区的另一项行动在安卡拉拒绝修改《蒙特勒公约》(Montreux Convention),并拒绝给予苏联共同控制土耳其海峡(黑海入口)的权力后,亦告失败。土耳其以坚定转向西方和1952年成为北约正式成员来回击苏联的威胁。

在此期间,西方对中东的立场发生快速变化。在黎凡特(黎巴嫩、巴勒斯坦和叙利亚),法国1945年放弃了对黎巴嫩的委任统治权,次年又放弃对叙利亚的委任统治权。英国1922年曾将外约旦从巴勒斯坦分裂出去,1946年同意该王国实现独立,尽管英国通过继续资助和训练约旦武装部队保持其影响力。一年以后,伦敦放弃了它对巴勒斯坦的委任统治权,而第一次阿以战争就是因它而爆发的。1948年以色列赢得独立战争。在随后的几年里,以色列与美国形成了一种军事与经济联盟,后者帮助前者形成了一套强大的军事体系和一个实力雄厚的现代经济。华盛顿得到了关涉这一地区的一份重要战略资产,然而是以激烈持久的阿拉伯人的反对作为代价的。

英国在伊拉克的军事影响——英国1934年放弃了对它的委任统治权——随着1948年伊拉克议会拒绝伦敦提出的修改两国联盟条约的请求而趋弱。利比亚1943年在北非盟军取得对德国和意大利军队的胜利之后,曾处在英法联合军事政府统治之下,1951年获得独立。利比亚随后与英国和美国签订协议,允许在其土地上设立军事基地,包括美国惠勒斯大型空军基地。苏丹1956年从英国获得独立。

随着欧洲殖民时代的消逝,美国登上中东舞台,取代英国和法国成为主要的西方外来强权。因为受到战争破坏的欧洲还处在经济废墟之中,运用军事与金融影响力捍卫海洋辖区在这一地区利益的责任就交给了华盛顿。为达此目的,华盛顿将大型北约基地放在土耳其,为其提供大量经济援助,与沙特阿拉伯建立了牢固的军事与经济关系,与以色列缔结了密切的关系,给予伊朗君主政体强大的支持。

为应对西方沿中东北层(Northern Tier)布置的遏制政策,包括1955年形成的《巴格达条约》,莫斯科制定了一个联合战略,跳出了在其边界周围的遏制圈。埃及的形势给了苏联在中东心脏获得牢固据点第一个重要机会。当英国军队1956年完成了其从苏伊士运河区的撤退之后,贾迈勒·阿卜杜勒·纳赛尔(Gamel Abdel Nasser)上校将苏伊士运河收归国有,断绝了与伦敦的关系。

苏伊士运河国有化之后3个月,英国与法国配合以色列地面部队,重新控制了运河。以色列的目的是阻止巴勒斯坦游击队从埃及控制的加沙和西奈地区发动进攻,并重新得到进入运河的机会,因为1950年以来,埃及就不准许以色列使用运河。另一个目的是冲破阿拉伯对亚喀巴湾南端的蒂朗海峡的封锁,蒂朗海峡是以色列唯一可选择的能够得到伊朗石油供应以及与远东展开贸易的通道。占领运河的战役受挫于以美国和苏联为首的联合国的干预。战争以包括撤出进攻部队等为条件而停火。以色列主要的军火供应商是法国,它在20世纪50年代末向以色列提供了使它今日能够拥有核武库的技术。

莫斯科那时成了埃及的主要保护人,为阿斯旺大坝提供资金,提供大量军事及经济援助,以及在埃及建立军事及空军基地。埃及人以苏联方式实现经济发展,将其工业国有化。这一关系一直延续到安瓦尔·萨达特突然将苏联军事人员驱逐出埃及,而此事成为1973年10月埃及与大马士革进攻以色列的序曲,因为苏联一直不愿支持这场战争。

作为阿拉伯世界领导者的埃及与苏联的关系有助于苏联在这一地区快速扩大影响。当开罗1956年与莫斯科签订军事协议,大马士革随后也与苏联签订了协议。这类联盟是用来抗衡《巴格达条约》的。在复兴党的领导下——它将社会主义与民族主义糅合在一起——叙利亚1958年与埃及结成一个叫阿拉伯联合共和国的联盟。也门不久也加入联盟,而这一联盟改名为阿拉伯合众国。合并历时仅3年,一场反对复兴党的军事政变导致叙利亚退出。1966年复兴党激进派在苏联的支持下重新得到权力,此后苏联为叙利亚军队配备了现代化武器。

阿拉伯对以色列采取的从北南两面及东面进攻的双重战略是1967年及1973年战争的基石。尽管这一阶段从苏联购买了大批武器以及接受了苏联人对其武装部队的现代化改造,叙利亚人、约旦人以及埃及人加起来一起,也证明并不比1956年埃及与约旦对付以色列时强多少。直到了1967年战争之后美国才开始渐将以色列看作一个强大的军事盟友,它为美国在中东提供了一个稳定的据点。1968年华盛顿开始供应以色列先进飞机,1987年赠予它"重要非北约盟友"地位。

在冷战期间,许多西方国家维持在中东地位的努力受到政权变动和联盟更迭的削弱。1955年伊拉克与土耳其、伊朗签订《巴格达条约》,但在1959年发生政变推翻君主政体后它又退出这一条约。它然后转向莫斯科。在随后几年里,伊拉克复兴党执政。鉴于其民族主义和社会主义混合的意识形态,复兴党在相当一段时间里对苏联保持警惕的态度,但到了1972年与苏联签订了15年的友好协议,伊拉克共产党合法化,从而扩大了苏联影响范围。

南也门1967年从英国获得独立之后,建立了也门民主人民共和国,是这一地区唯一正式的马克思主义国家。亚丁,这个历史上的英国海军基地,为莫斯科海军所用,他们此后一直依托此基地活动,直到南也门与北也门1990年合并为止。

在20世纪70年代之前,阿富汗在冷战期间扮演了中立角色,接受来自美国和苏联的援助。但是在1973年阿富汗国王被废黜之后,出现了一个马克思主义政府,阿富汗转向了莫斯科。游击队对喀布尔政权的反抗终于导致苏联入侵以及长达10年的阿富汗战争(1979—1989),这场战争不仅毁坏了这个国家,同时也耗尽了苏联军队的战斗力,以致它不得不撤出阿富汗。

在冷战期间的大部分时间里,莫斯科在这一地区的地位还受益于席卷利比亚、苏丹和伊朗的民族主义革命浪潮。在利比亚,穆阿迈尔·卡扎菲(Muammar al-Qadaffi)1969年把伊德里斯王国国王赶下了台。他迫使英国与美国从利比亚军事基地撤走,从而加强了莫斯科力量,他还允许苏联享有使用海军沿岸基地的权力。

穆罕默德·尼迈里上校(Muhammed al-Nimeiry)同年在苏丹夺取了权力,废止所有政党,将苏丹的工业与银行收归国有。尼迈里与已和西方决裂的开罗缔结稳固的关系,随后施行严格的伊斯兰教法,进一步将苏旦与以前的西方支持者隔绝开来。继任的苏丹政府进一步强化了这种孤立地位,因为喀土穆加强了与利比亚的关系,在海湾战争中支持伊拉克。

1979年由霍梅尼领导的伊朗革命推翻了伊朗国王巴列维——西方最近的盟友之一——的统治。霍梅尼利用了对伊朗贵族政权——一个压迫与腐败政府——的普遍不满。这是对美国在中东利益的最严重打击。尽管伊朗在意识形态上与莫斯科相距甚远,但它表现出的强烈反美主义,却有利于苏联打破中东东北层遏制圈的战略利益。华盛顿与德黑兰之间的紧张关系在1979年末达到顶点,当时武装人员占领了美国大使馆,拘留美国人质达444天。

总之,莫斯科的多个中东联盟使得苏联将强大的海军布置在东地中海、亚丁湾及印度洋等成为可能。在不同时期,苏联海军获得了使用在利比亚、埃及、叙利亚、亚丁、红海和亚丁湾水域两岸,以及在埃塞俄比亚的厄立特里亚省和索马里等地基地的权力。另外,它还在地中海及印度洋保持着几处固定停泊地。

苏联在中东大范围展开的渗透要求海洋辖区国家进行重要战略重组。在这一战略中,最重要的角色是土耳其、沙特阿拉伯、以色列,以及1976年后的埃及。这些国家为美国和濒海欧洲国家提供了稳固的基地,能够对将苏联军事力量带进许多阿拉伯国家、伊朗和阿富汗造成的动荡作出回应。另外,在中东边缘,两个超级大国之间的竞争扩展到了非洲之角。

以色列在冷战期间对影响这一地区大国战略关系的两个剧烈动荡阶段起到了枢纽性作用。在1967年阿以战争期间,以色列侵入西奈半岛,夺取了对整个半岛的控制,到达了苏伊士运河的东岸。战争过程中,运河被沉船阻断,成为埃及和以色列两国的分界线。埃及人拒绝打捞失事船只残骸,以致苏伊士运河对所有航运关闭。对苏联来说,这种关闭代表了战略上的获益,这是因为它将迫使平常通过苏伊士运河联系欧洲及北大西洋与波斯湾、印度洋以及亚太地区的船舶,改走绕道好望角的更长、更昂贵的路线。直到1975年埃及与以色列签订军事脱离接触以及以色列从西奈半岛撤军的协定之后,在美国海军的帮助下,沉船得以清理,运河才得以开放。

第二件事件与1973年10月战争的结果有关。以色列在阻止了埃及与叙利亚对其南线与北线的突然袭击后,获得了战争的胜利。鉴于这场战争的溃败,萨达特断定埃及没有从军事上击败以色列的希望。此外,与曾为埃及提供大量军事及经济援助的莫斯科之间的联盟,因萨达特在战争爆发前驱逐苏联人员也结束了。1976 年,埃及与美国签订为埃及提供发展用于和平目的的核技术援助的协定,并出现与以色列签订和平协定的前景,这一切表明,开罗的外交政策有可能重新转向西方。

1978 年由美国总统卡特作为中间人安排促成了戴维营协议,第二年在埃及与以色列之间达成了正式的和平。萨达特总统然后能够自由地继续发展与美国的军事及经济联盟关系。当萨达特 1981 年遭刺杀后,他的继任者穆巴拉克(Hosni Mubarak)总统又极大地扩大了这些关系。在 1991 年第一次海湾战争期间,埃及加入了反对伊拉克的多国部队,这巩固了埃及与美国的关系。由于埃及回到西方阵营,它成为仅次于以色列的美国每年第二大援助接受国。

地理环境

中东一个独特的地理特征是它的地域几乎全部被重要水域包围或贯穿。它的四周环绕着五个大海——里海、黑海、东地中海、红海和亚丁湾以及波斯湾。这些水域不仅构成中东的特点,而且对历史上总在寻求完全控制中东的外部列强也有重要战略意义。

中东地区可分成三个东西向的构造区——北部高地区、中部区及南部沙漠区。每个区都有自己不同的自然和资源特征,影响着各自的经济、文化和政治发展。

北部高地区

北部高地区由作为阿尔卑斯—喜马拉雅山系和内陆高原边缘一部分的高大、交叠和地震多发的山脉组成。这些山脉的大部分受到广泛的地壳构造运动的影响,因而地震是这一地区的主要危险。土耳其、伊朗的大部分,以及阿富汗全部,都位于这一地区内,库尔德人居住的伊拉克东北高地也落在这一地区。位于北部高地区之外的土耳其领土是其狭窄的爱琴海与地中海海岸边缘以及其东南部的美索不达米亚平原,后者是中部区的一部分。

北部高地区面积辽阔,延伸覆盖将近 150 万平方英里,有 1.5 亿人口,土耳其和伊朗各 5 500 万,阿富汗 3 300 万,伊拉克 700 万。尽管土耳其人与波斯人是他们国家中占人口比重最大的部分,但他们每个国家都有着大量的少数民族人口,这些少数民族人口长期在这偏远的高地疆域内寻求着自己的独立。古老的库尔德斯坦从居住着 1 500 万库尔德人的安纳托利亚东南部的高原和山脉向外延伸,穿过伊拉克东北部和伊朗西北部——两地分别有500万—700万库尔德人形成一个弧形；库尔德人的故乡有小部分位于叙利亚境内东北部和亚美尼亚境内，成为外层。库尔德人独立的梦想可追溯到19世纪。1946年，一次以建立一个受到苏联支持的库尔德共产主义国家为目标的叛乱被德黑兰镇压。在土耳其，库尔德人利用恐怖主义作为战争手段的叛乱活动已长达数十年。在第一次海湾战争结束时，伊拉克的库尔德人在美国的鼓动下，发动了一次叛乱，被萨达姆·侯赛因无情地镇压。华盛顿在一边看着30万库尔德人被杀。

这一区另一个较大的少数民族是伊朗西北部的阿塞拜疆人，其人口超过1 500万。他们在1946年发动的叛乱，导致了一个存在时间不长受到苏联支持的共产主义国家，但很快被伊朗军队镇压。

阿富汗可分为高耸的山岳高地、内陆山谷，以及沙漠区。在这每一个地区，各个族群形成了自己独特的语言与文化特征。普什图人是最大的地区性族群，占人口的45%，生活在东部——沿巴基斯坦边境一带——和南部；塔吉克人占总数的25%，生活在西部和东北部；乌兹别克人，占8%，生活在北部；什叶派穆斯林哈扎拉族人，约占10%，生活在中部山区。尽管大多数阿富汗人是逊尼派穆斯林，但长期以来民族分歧一直是内乱的一个基本原因。而20世纪80年代爆发于共产党与伊斯兰圣战者组织之间的内战又使问题更加严重。一些圣战组织组成了北方联盟，其成员主要有塔吉克人、乌兹别克人及其他非普什图族群，他们在苏联撤军之后控制了阿富汗政府。逊尼派中的极端分子塔利班大多数是普什图族人，他们在1996年内战中击败北方联盟的军队之后统治了阿富汗大部分地区。阿富汗的种族及部落分歧被大自然强化，因为这些不同族群的核心区域都在被高山与沙漠等隔开的河谷之中发展起来。喀布尔河谷是环喀布尔市普什图族的中心所在，这里是通向开伯尔山口和南亚的门户。普什图人在阿富汗东南部坎大哈的中心是赫尔曼德河的中间段，该河发源于兴都库什山脉，向西南流入伊朗。普什图人与在他们西南面的列吉斯坦半干旱和沙漠地带靠游牧为主的俾路支人各居一方。

阿富汗西部的塔吉克人聚集在赫拉特周围，这是哈里河河谷中的一大块绿洲。北边是乌兹别克人的家乡，北边的阿姆河构成与乌兹别克斯坦及土库曼斯坦的边界，乌兹别克人以坐落在阿姆河支流巴尔赫河畔的(Balkh River)马扎尔沙里夫为中心。东北的塔吉克人也生活在阿姆河平原一带。哈扎拉人属于与阿富汗中心山脉地区的宗教中心不同的什叶派。

阿富汗的政治组织深植于一种以极度独立的部落首领和军阀为基础的体制。这一体制不仅因自然因素，而且还因为落后的交通与通信条件而被高度强化，后者妨碍了阿富汗国内各部分的相互联系。由美国人及其盟友想象的后塔利班时代的国家建设，还有待于找到能整合这种历经多个世纪的文化—自然互嵌重叠的战略。

塔利班上台后为宗教极端分子提供了庇护所和训练基地,这些组织中最有名的就是本·拉登的基地组织。这些组织从事于将恐怖活动输出到世界其他地方,以便推进其激进的目标。在阿富汗受训练的游击队,包括阿富汗战争的老兵,已将车臣、新疆、乌兹别克斯坦、克什米尔、中东、北非,以及最引人注目的美国等作为目标。使阿富汗问题更严重的是,这个国家已遭受了长期的干旱和饥荒,导致数百万乡村贫民离开村庄,躲避战争与饥饿。有多达 500 万的阿富汗人已逃越边境进入巴基斯坦、伊朗。聚集在难民营中,或者涌入阿富汗大城市,但那里缺乏能维持他们生存的手段。在美国 2001 年 10 月开始对阿富汗进行大规模轰炸行动之后,难民数字又被刷新。巴基斯坦与伊朗都设法关闭边境,但只取得部分成功。

什叶派主导的伊朗与逊尼派主导的塔利班长期因宗教差异而积累的紧张关系,到 1998 年又被在阿富汗北部主要中心马扎尔沙里夫的伊朗领事官员遭谋杀而恶化了。这件事几乎导致两国间发生战争。

北部高地区人口主要以从事农业、放牧和手工艺品为主,但阿富汗不含铁矿物和含铁矿物对土耳其与伊朗的工业化起到重要作用。在 20 世纪上半叶,煤与铁矿成为重工业的基础,特别是钢,它使得现代土耳其的创建者凯末尔能够在国家所有制情况下奉行自给自足政策,而不靠国外资本与势力。经济领域随着在土耳其南部发现石油(中部区的一部分)而被拓宽,并能够支持石化及化肥工业。

土耳其的形势于第二次世界大战后发生变化,当时它放弃了中立政策而转向民主,并与西方结盟。来自美国的大量援助伴随马歇尔计划流入土耳其,国家资本主义松懈有利于私人企业发展。这些条件引来了外国投资,外国投资与持续的大量美国援助一起,在相当程度上扩大了工业化规模,使土耳其走向了国际交换经济之路。

在工业与农业方面,一个更近的经济增长刺激是安纳托利亚东南部的古奈都古·阿纳多卢项目(GAP),这是一个超大规模的凯末尔大坝与水库,它有一系列小水坝和水电厂为其提供补充,而它们的水源引自幼发拉底河上游与底格里斯河上游水量。这一项目曾遭到叙利亚和伊拉克那些居住在河流下游河岸边居民的强烈反对,并受到安卡拉与库尔德分离主义者之间冲突的困扰,还不时被非法的土耳其工人党发生的恐怖袭击所阻碍。但是尽管如此,它已开始使土耳其南部和东南部的工业与农业呈现繁荣景象,过去,土耳其大部分农业地区都位于潮湿的高原西部,而畜牧业集中在半干旱的内陆。今天,灌溉种植的棉花、水果、蔬菜和烟草已经迅速扩展到受这一项目影响的地区,制造业也经历了相同的过程。沿土耳其南部海岸和伊斯坦布尔的旅游业以及来自生活在欧洲的库尔德人的汇款已成为土耳其重要的经济支柱。

伊朗也拥有各种矿产资源,如铁、煤、铜、铬和锌,形成了钢、地毯、纺织品、化学品,以及食物产品等制造业。然而,它还没有感到像土耳其那样在工业化方面切实的压力,因为它拥有石油财富及天然气资源。伊朗现在是第四大石油生产国。它80%以上的出口依然依赖石油,它的经济因此易受世界石油价格剧烈波动的影响。尽管伊朗拥有如此多的石油财富,但它的炼油能力非常有限,所以它还不得不进口40%的精炼油以满足需求。

在冷战的最初30年中,土耳其和伊朗是西方在中东的支柱。由于土耳其人和雅利安/波斯人与北方的俄罗斯以及南方的阿拉伯人具有长期冲突的历史,他们是华盛顿的必然的盟友,特别是在20世纪50年代和60年代阿拉伯世界很多地方经历了动荡,一些阿拉伯国家与苏联结盟以后。

自1979年以来,北部高地区的方向定位发生了重大变化。在这一年,美国在德黑兰的大使馆遭占领,随后出现了人质危机,此后华盛顿反伊朗的态度变得非常强烈,可以与伊朗强烈的反美情绪相比,以至于它对自己在伊拉克与阿亚图拉·霍梅尼领导的伊朗发生的战争中支持萨达姆·侯赛因残酷无情的独裁政权并不感到后悔。提供给伊拉克的武器后来竟被转而用于对付科威特和第一次海湾战争中的西方国家,再后来又被伊拉克军队用于抗击2003年美国领导的入侵军队。随着伊拉克军队的战败,许多这样的武器被伊拉克反抗者从缺乏防卫的军火库抢走了。尽管伊朗在1979年脱离了西方的战略阵营,但土耳其依然是西方盟友的柱石。美国在土耳其的空军及导弹基地,特别是在印吉利克的大型空军基地,对第一次海湾战争起到了重要作用。它们为当时监视强加于伊拉克禁飞区的飞机提供了支持。此外,这些基地在阿富汗战争,以及在反恐战争中都起到了重要作用,印吉利克与伊斯肯德伦港(亚历山大勒塔)在第二次伊拉克战争中继续允许大量军需品经此中转,送到美国及其盟军手中。

一度高度世俗化的土耳其社会,现在正感受到日益壮大的伊斯兰运动的影响,它在逊尼派穆斯林中大获成功。此外,安卡拉申请加入欧盟的未来命运也许会影响到它与西方的全面关系。既然它不再需要借北约来防备受到莫斯科的攻击,土耳其就将注意力放在通过与濒海欧洲实行经济一体化来实现改善经济的前景。而一旦土耳其因为其人权问题、库尔德人问题、不同的政策,以及欧洲人普遍的对让一个伊斯兰国家进入欧盟感到害怕等因素而被欧盟拒绝,土耳其就可能转向一个更中立的地缘政治定位。

中部区

中部区是在北部高地区和南部沙漠区之外另一个单独的区域。黎凡特(以色列、黎巴嫩、叙利亚、巴基斯坦西岸以及加沙地区)和美索不达米亚(古代"肥沃新月地带"),包括波斯湾北部及西部沿岸,是一个自然单元。从结构上来说,所有这些地区,除东地中海沿岸,都是阿拉伯构造板块的一部分(北部高地属于土耳其与伊朗板块)。中部区大部分地方受东地中海或波斯湾影响。低海拔沿岸山脉和相毗邻的沿黎巴嫩、叙利亚和以色列等更湿润的中部区西半部分高原,提供了从陆上进入约旦、伊拉克、科威特、沙特阿拉伯东部、巴林、卡塔尔及阿联酋等国更干燥的东半部分的便利。

美索不达米亚——从叙利亚东北部到波斯湾顶端,以及以上海域的西岸和东北岸——其在地质上徐缓向下运动的淤泥上面覆盖着第三纪或第四纪的沉积层。这些沉积层上疏松的石灰岩和沙岩让石油渗入了它们微小的褶皱构成组织之中,从而形成了世界上最丰富的石油储量。虽然这些石油储藏大部分位于从伊朗西南部胡齐斯坦省的湾岸线,断断续续地穿经伊拉克南部、科威特、沙特阿拉伯、卡塔尔、阿联酋以及阿曼等的半个圆圈上,但美索不达米亚北部——伊拉克北部、叙利亚东北部,以及土耳其东南部的南缘——也在生产大量石油。

波斯湾—美索不达米亚诸国拥有世界现已探明的2/3的石油储量,40%的天然气储量。后者有一半以上位于卡塔尔、沙特阿拉伯和阿联酋。伊朗作为世界上已知天然气储量最大的国家,占了35%以上。沙特阿拉伯目前不仅拥有世界最大陆上油田加瓦尔,还拥有世界最大海上油田萨法尼亚。科威特的布尔甘油田仅次于加瓦尔而排名第二。

今天,中东油田的作用非常重大,其产量占世界产量的1/3以上,它们将来的作用甚至可能更大,如果其他地方的新发现未能满足全世界日益增长的需求,或者如果美国、中国及其他新兴国家采取严格的保护自然资源的方法。据早先的估计,到2040年,中东将是唯一的石油出口地区。③这一估计现已被证明不准确,因它没有预见到俄罗斯大规模的石油开发、非洲石油生产的扩大,以及北极地区丰富的石油及天然气储量随着全球变暖变成可以开采的前景等因素。俄罗斯现在与沙特阿拉伯齐平,是世界最重要石油生产国,是稍逊第一而屈居第二的石油出口国。

黎凡特诸国以极佳的位置成为进入伊拉克和波斯湾北部的门户。这不仅指它们转运货物和作为连接东地中海交通纽带的潜力,还指它们能够生产出与美索不达米亚和海湾国家交换的农业与消费品以及服务。令人遗憾的是,在近几年的战争与恐怖袭击过程中,这样的转运主要由武器、毒品、石油等其他物品的走私贩运组成。

正如中部区富于石油和天然气一样,这一地区水资源短缺。水资源短缺在中东是部落争端和武装冲突的长期根源,同时也是对水资源再利用及淡化海水等方面进行技术创新的一个推动力。以色列已实行废水循环使用,用于农业,而海湾沿岸各国建造了淡化海水的工厂。土耳其与以色列之间的水资源转让协议显示了对淡水的需求以及淡水的价值,依此协议,土耳其将用油轮将富余水源从安纳托利亚东南部靠近安塔利亚的马纳夫加特河装运到以色列南部海岸的阿什凯隆,从这里它将从管道被输往以色列的国家水网。协议期限定为10年,其代价相当于将海水淡化的成本。送水量占以色列每年需求量的5%,这是一个很大的数量,它可能是扩大水进口的先兆。

黎巴嫩可用于增加水果及蔬菜生产的范围是有限的,因为可用的平坦土地有限,而国内还存在着持续不断的内乱纷争。但是,在半干旱的贝卡谷地额外的灌溉水或有可能提高它们的产量。以色列与加沙地带的专业化农作物很多是在暖房中种植的,它们无法在现有的灌溉条件下被大量增加。自从哈马斯获得对加沙的政治控制权以来,农业生产已大幅下降,原因是以色列市场为应对以色列领土遭火箭袭击而被关闭了。随着和平的到来以及对约旦—耶尔穆克河和黎巴嫩的利塔尼河水源合理分配计划的执行,这些国家的生产可能会成为对沙特阿拉伯及周边海湾国家出口的重要来源。这一地区农业增长的最大潜力是在叙利亚。30%的叙利亚土地是可耕地,但这些土地需要有灌溉条件才能得到最大的开发利用。过去30年,扩大灌溉设施的措施已在下列区域采取:(1)与地中海气候带海岸线平行的加布(Ghab)(贝卡谷地的延伸部分)地区的北面,奥龙特斯河流经此地,然后注入土耳其西南角的地中海;(2)北部大草原区,从霍姆斯到阿勒颇,这些草场上的旱作农业由于雨水多变而边缘化了;(3)东北的干旱土地。

若要在中部区实现农业充分开发,幼发拉底河沿岸3个国家土耳其、叙利亚和伊拉克的政治关系需要彻底的改变。大马士革与巴格达因为叙利亚在幼发拉底河上修筑泰巴盖坝形成阿萨德湖而出现争端,差点在1974年爆发战争。此外,土耳其对河流上游源头的控制使大马士革处于安卡拉开发上游源头的重要长期计划的威胁下。政治因素又进一步使水源分享充满变数。叙利亚在伊朗与伊拉克的战争中支持伊朗,然后在第一次海湾战争中支持盟军,而最近则与伊朗结成了紧密的反美联盟。在库尔德人从安卡拉争取独立的斗争中,叙利亚与伊拉克北部成了库尔德工人党游击队的安全庇护所。

在叙利亚西南端,其主要源头源自叙利亚领土的耶尔穆克河构成了叙利亚与约旦的边界。它还是加利利海南面以色列与约旦的边界,然后注入约旦裂谷。在叙利亚与约旦之间的耶尔穆克河水源绝大部分是用来灌溉的,约旦在河上修了一个水坝,将部分水源分流至东吉尔运河。在叙利亚能够利用更多的耶尔穆克水源之前,它必须对灌溉工程作大量的投资。大马士革将要花大量的资金,如果它想与黎巴嫩达成协议,使它能够利用流经黎巴嫩贝卡地区,然后在提尔流入地中海的利塔尼河的河水。叙利亚想通过修建一个分流水源的运河来分流约旦河水源的企图,被以色列军队1964—1967年的军事行动挫败。这是以色列1967年6月对埃及和叙利亚发动战争的主要因素。

因此,政治与资本都卷入了叙利亚的农业扩张过程。叙利亚如果不与土耳其及伊拉克订立协议,如果不与以色列达成冲突解决方案,就不能够充分实现农业潜力。叙利亚最重要的收入来源是石油,它占了叙利亚出口的2/3。大马士革将石油收益投资到农业的能力受到其重点扩大民用工业基础、扩大国内军事工业大额投资,以及扩大购买国外武器等的限制。不仅如此,叙利亚由于其石油逐渐耗尽,还面临着石油收益减少的局面。

中部区的经济发展不仅受阻于阿拉伯各国之间及伊斯兰各派之间的争端,还受阻于阿以冲突。约旦与以色列之间的和平有助于扩大两国的旅游业,同时约旦在其面临水短缺时还受益于水转让。终结阿以冲突或许能促进使沙特阿拉伯、海湾国家以及以色列都获益的相互交流。

然而,就目前而言,还根本看不到这种和平的经济关系很快就会实现的可能。相反,中部区依然是冲突频仍,极不稳定,而黎巴嫩、伊拉克、阿富汗以及以色列与巴勒斯坦人之间的冲突尤其难以控制。这些因素从整体上影响了中部区,大大加强了它的破碎地带的地位。

南部沙漠区

从构造上看,南部沙漠区横穿从利比亚经埃及和苏丹的非洲板块,然后沿阿拉伯半岛下面的阿拉伯板块向东延伸。它基本上是一个沙漠区,年降雨量不到 10 英寸。这一区的人口集中在尼罗河沿岸红海一带、地中海东南沿岸,以及内陆沙漠绿洲。在非洲东北部,与这一地区沙漠性格不同的例外情况包括利比亚东北部昔兰尼加的北部海岸顶端(这里拥有地中海型气候和在狭窄半干旱地区形成的植被),以及利比亚的黎波里塔尼亚西北部海岸,后者与突尼斯接壤,也以半干旱为特征。

但是,总体而言,埃及与利比亚是撒哈拉向北和向东的延伸部分,如苏丹北部是撒哈拉的延伸一样。在苏丹,在喀土穆南面穿过的北纬 12°线,是北部沙漠和逐渐进入南部的中部半干旱热带稀树草原之间的分界线。那里,景色长久不变的季节性洪水泛滥的苏德沼泽地,是一个有着很高降水率,易受尼罗河源头洪水影响,覆盖着厚厚的含水植被的亚热带地区。

从 1955 年苏丹刚获得独立开始,叛乱分子就依靠常人难以进入的苏丹南部——一个居住着苏丹黑人、尼罗河人和努比亚泛灵论者及基督徒的地区——维续着他们对阿拉伯穆斯林北方政权的战争。战争的强度随着喀土穆将伊斯兰教法强加于南方的尝试而加剧了。2005 年,苏丹北方和南方签订了一项和平协议。随后事态的发展使人们对这份协议的长久性产生了怀疑。

2003 年,苏丹西部的达尔富尔州爆发冲突。虽然达尔富尔从事农作及畜牧的部落也是穆斯林,但他们发起的叛乱促使苏丹政府动员伊斯兰民兵组织牧民武装部队(Janjaweed)支持苏丹军队镇压叛乱。截至 2007 年,20 万达尔富尔黑人被杀死,200 万人失去家园。许多人越过边境逃往乍得和中非共和国,使这些国家失去了稳定。结束人类生命损失和痛苦的努力失败了,部分原因是叛乱组织内部存在着尖锐的分歧。但主要的问题还是苏丹政府不愿意让联合国维和部队进驻以实施停火。被允许进入这一地区的小规模非洲联盟部队的装备不足以阻止大屠杀。北京 2007 年同意扩大联合国—非洲联盟的维和部队,为最终解决冲突增加了一些希望。

在毗邻的撒哈拉以南非洲之角压缩区,沙漠还覆盖着厄立特里亚、索马里大部分地区以及埃塞俄比亚东南部,后者与索马里共享欧加登。

沙特阿拉伯大部分地方处在南部沙漠区内。但因为沙特阿拉伯重要的石油资源位于中部区的海湾东北沿岸,而它的主要人口聚集区以及麦加和麦地那都位于或靠近南部沙漠区海岸,所以它既属于南部沙漠区,又属于中部区。

沙特阿拉伯位于南部沙漠区的部分是一个由古代结晶岩石组成的高原,其中部分是沙漠,部分是半干旱区。内夫得(Nafud)在内志(Nejd)的稀疏草地的北面,是沙漠地区。沙特阿拉伯东南角的鲁卜哈利是世界最大的沙地沙漠之一和无人居住的被称作"空旷区"的地区。

这一沙漠模式的气候与植被的例外是沙特阿拉伯的西南海岸阿西尔省及北也门,这里高耸的沿岸山脉从红海边截住了夏日季风。这些水量丰沛的地区满足了稠密的人类定居点的生存需要,以及传统的咖啡、粮食及水果的需求。

从阿西尔再往北,沿红海海岸一线,坐落着汉志,它由一条背倚具有陡坡的高地的狭窄海岸组成,而陡坡由几个被风与水形成的狭窄山谷切割。这一地区的主要城市吉达(人口将近300万),是沙特阿拉伯具有历史影响的海港和贸易中心。吉达是接受进口和运送朝觐者去附近的麦加和麦地那朝觐的主要港口以及沙特阿拉伯的商业与企业中心。伊斯兰教圣城麦加的人口超过130万,是每年200万穆斯林朝觐的目的地。但是,它也是引起穆斯林原教旨主义者(包括沙特阿拉伯和国外的)发生冲突的地点;他们已与沙特阿拉伯军队发生过冲突。麦地那有近100万人口,是伊斯兰教的第二大圣城。作为一个古老的绿洲,它位于离红海稍远的内陆,那些去麦加朝觐的朝觐者一般会去麦地那。

尽管汉志因为其农业绿洲、牲畜放牧场,以及给穆斯林朝觐者途经红海的机会而拥有历史悠久的沙特核心区,但近几十年来它在政治与经济重要性上已被新核心区超过,新核心区从利雅得(人口400万)延伸到海湾国家。但这并不能忽视吉达、麦加和规划中的城市以及红海上的港口延布(始自波斯湾的朱拜勒和巴林的石油及天然气管道的终端以及一个石油化学及其他产业的中心)持续快速的增长。

权力从汉志向内陆和海湾沿岸的地理转移并非没有其不利方面。东部省350万人口中的1/3是什叶派穆斯林,他们对利雅得的瓦哈比逊尼派政权的不满自伊朗革命以来就开始了。不仅如此,沙特阿拉伯几百万的外籍工人绝大多数生活在海湾地区。因为他们在数量上是沙特工人的两倍以上,几乎是沙特阿拉伯2 800万总人口的1/4,他们是一股潜在的高度不稳定力量。

沙特阿拉伯的分裂性地缘政治性格可能会成为在国内陷入困境时期政治分歧的基础。到目前为止,沙特阿拉伯政府一直保持着它所需要的通过石油财富、镇压手段、美国的军事支持,以及与本国原教旨主义者宗教领导人的联盟来加强王国统一的军事及政治力量。

在南部沙漠区的非洲部分,主要的石油及天然气矿床位于红海海槽北端的埃及部分,非洲与阿拉伯板块在此相交。这里覆盖在南部沙漠区大部分古代岩石地基上面的沉积岩层在苏伊士水域水底产生了石油和天然气矿藏,它从尼罗河三角洲沿海岸向西延伸。

以色列与埃及保持和平的好处之一是它能够从埃及购买能源。共同建造埃及—以色列水下管道,将埃及气田的天然气运往以色列的协议已经签订,天然气将代替进口的石油作为以色列电厂的主要燃料。正在进行的谈判是将水下管道延伸至土耳其,从而进一步加强开罗与东地中海的联系。

石油及石油产品已经成为埃及最大的出口项目,但是农业依然是埃及的经济支柱,埃及有一半以上的人口在农村。埃及较为广泛的经济基础包括旅游业、化学制品、纺织品、水泥、钢材和食品原料。但是埃及的7 500万人口拥挤在4%的土地上,这不足以维持广大的农业劳动力的生存。所以开罗的经济稳定严重依赖于外国援助(主要是来自美国的援助),依赖于苏伊士运河的收入,以及在国外工作的埃及人往国内的现金汇款。这种依赖状态导致埃及必须与海洋世界结成密切的关系,与沙特阿拉伯和海湾国家结成坚固的联盟。

地缘政治特征

中东破碎地带地缘政治的不成熟体现在它缺乏重要的地区性地缘政治特征。这一地区既没有历史上的也没有当前的政治核心作为一个统一的力量。在大多数情况下,它的国家核心区和有效国家领土相互间所处位置相当遥远,以至于它们阻碍了甚至亚地区性的统一。那些确实具有地区性影响的特征是边界和空旷地区,但它们是互动的障碍,而不是互动的助推器。

历史核心

中东缺乏一个唯一的、统一的历史地区核心。这是因为不同时代统治这一地区的各个帝国的首都——从尼尼微、孟菲斯、巴比伦和波斯波利斯到亚历山大城、安条克、君士坦丁堡和巴格达——对今天统一的中东概念都没有号召力。耶路撒冷是独一无二的世界宗教核心,同时又是现代以色列的首都,而它东部的阿拉伯部分则有可能成为现代巴勒斯坦国家的首都。

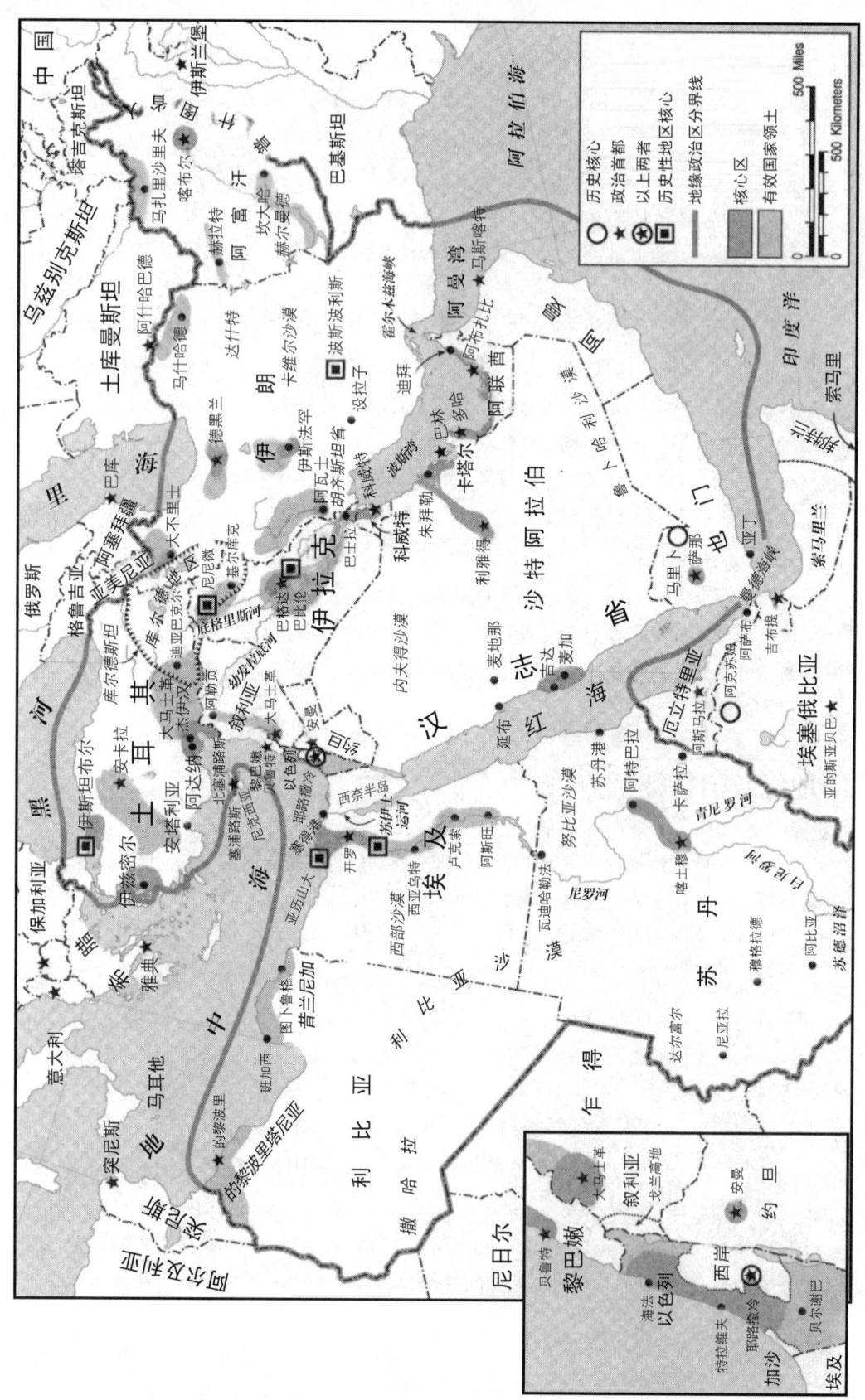

地区性政治首都

一个现代的中东地区性政治首都是一个同样遥远的概念。没有一个地区性组织的中心可被视为某个政治核心的先兆。事实上,只有两个框架组织给人以服务于地区性统一目标的假象。一个是地理规模有限的海湾合作委员会,它包括沙特阿拉伯、科威特、巴林、卡塔尔、阿联酋和阿曼。总部设在利雅得的这个委员会促进经济、农业、工业、教育与文化的合作,鼓励农业、工业及矿产品相互交流的自由贸易,它已建立了一个投资公司。它的职责之一是解决争端,尽管它对在这一区域的成员国发挥了作用,但它未能做到避免与区域之外的国家爆发争端。

拥有22个成员国的阿拉伯国家联盟成立于1945年,现在它不仅包括中东阿拉伯国家,而且还包括北非、索马里、苏丹、吉布提、科摩罗和一个非国家形式,即巴勒斯坦权力机构。非阿拉伯中东国家土耳其、伊朗和以色列被排除在外。开罗是联盟总部所在地,但到目前为止,阿拉伯国家之间的冲突使它不能被接受为一个地区性的首都(当埃及的成员资格从1979年到1989年被暂时中止后,阿盟总部迁移到突尼斯)。另外,联盟的规定职能——促进经济、社会、政治和军事合作以及争端调解——也很少得到实施。

试图统一甚至部分地区的努力一般都以收效甚微而告终。埃及与叙利亚,加上后来的也门,它们之间的合并破裂了。由埃及、叙利亚和利比亚结成阿拉伯联邦共和国以及在利比亚与埃及之间形成统一国家等尝试,也没成功。联邦从未具有可操作性。还有另一项短暂的意图统一的政治行动成果是阿拉伯合作委员会,它由埃及、伊拉克、约旦和也门在1989年组成,但在次年伊拉克入侵科威特之后即告破裂。北也门与南也门自1990年合并以来被内战弄得四分五裂。成功合并的唯一例子是阿联酋,它于1971—1972年之间成立。

核心区

地理与政治的共同作用将中东的国家核心区彼此分开。人口集中和经济活动密集的地区通常被山脉、高原或沙漠相互隔开。有3个例外,在这里,核心区跨越了国家边界。

最大的跨国家聚合地区位于波斯湾的顶端。它沿海岸从科威特延伸到伊拉克第二大城市、阿拉伯河边的巴士拉;再到伊朗阿拉伯河三角洲一个岛上的阿巴丹;然后到卡伦河和阿拉伯河交汇口上的霍拉姆沙赫尔。与作为一股统一的力量相反,这一聚合区成了两次地区内战争的中心——一次战争发生在伊拉克和伊朗之间,另一次战争发生在伊拉克和科威特之间。这些相互毗邻的核心区域的经济建立在科威特、伊拉克南部和伊朗西南部的油田基础上。但是，它们的管道、港口、提炼厂、石化工业和城市因为这3个国家之间太深的敌意而没有联系。

另一个跨国家的聚合群在伊斯肯德伦湾的边上。从这里奥龙特斯(Orontes)河注入大海，叙利亚和土耳其边界在此相交。叙利亚的主要港口拉塔基亚和第二大城市及重要制造业中心阿勒颇，与土耳其的哈塔伊省相连，后者的所有权长期以来一直受到叙利亚的质疑。安条克和伊斯肯德伦是哈塔伊的主要城市中心。从这里，人口集中继续沿海岸向西蔓延一直到阿达纳省的省会阿达纳，它也是土耳其的大制造业中心。

在不同的政治环境下，这一地区本可以发展成一个统一的核心区。它拥有一连串向外伸展到土耳其、叙利亚和伊拉克的港口、公路和铁路。但是，土耳其和叙利亚之间的敌意限制了这一地区的发展。相反，土耳其的经济和人口核心区域以其内陆的安卡拉、爱琴海岸的伊兹密尔，以及从伊斯坦布尔到沿博斯普鲁斯海峡和马尔马拉海的伊兹米特区域。叙利亚的核心区以大马士革为中心，以北面的霍姆斯为外层。

第三个跨国家核心区连接沙特阿拉伯与巴林，横跨中部区和南部沙漠区。它从内陆沙漠的利雅得延伸240英里到波斯湾沿岸的中心达曼和朱拜勒，再从这里跨过狭窄水域揽入巴林群岛。

利雅得是沙特阿拉伯的首都和增长最快的城市中心，其人口占全国2 800万总人口的15％。据估计，再过10年略多一点时间，它有望从现在的400万人口增加一倍，达到800万。作为国家的政治、文化、金融和交通中心，首都对沙特阿拉伯的创立起到了特别的地缘政治作用。它是阿拉伯半岛古代心脏地带内志的中心，内志从未陷入奥斯曼帝国之手，而是一直处在沙漠部落的控制之下。沙特统治者依托利雅得绿洲，利用其沙漠文化、严格的瓦哈比宗教制度及其社会传统改变贝都因人的生活，先使他们适应安静的绿洲世界，然后适应现代城市时代。从内志向外扇形铺开，沙特阿拉伯开发了通向海湾的公路、铁路和航空网络，以及由其海岸和离岸石油资源创造的财富。

海湾地区作为第三个核心区的沿岸部分，包含达曼主要的工业中心和其相关城镇，后者有200万以上的人口。达曼被开发成一个深水港和始自利雅得的铁路东部终端。与之相邻的是达兰石油中心，后者也是一个国际航空枢纽。在2003年之前，它是美国的一个大型空军基地的所在地。2003年，沙特阿拉伯因反对美国入侵伊拉克，收回了美国对基地的使用权。五角大楼然后将其地区性空中指挥中心搬到了卡塔尔的乌代德空军基地。

在达曼北面，朱拜勒是沙特阿拉伯两个规划的工业城市中最大的城市和主要的石化中心。支撑着这些沿海城市集聚区的是艾赫萨沿海平原(东部省)，它包括沙特阿拉伯重要的农业绿洲，也是其主要的产油中心。

沙特核心区还直接穿过一片狭窄水域到达巴林,后者是中东最重要的银行业和金融中心之一。虽然巴林的石油储量一般,但它在 1931 年发现石油之后建造的炼油厂对加工沙特的原油有重要作用。英国还在巴林的麦纳麦港建造了海军基地和一个补给站。自 1948 年以来,巴林一直是冷战期间、第一次海湾战争以及阿富汗和伊拉克战争期间美国海军的重要战略基地。它目前是美国海军第五舰队司令部所在地。其他地方,国家核心区在地理上与其邻国的核心区相隔遥远。伊拉克的核心区以其首都和最大城市巴格达为中心。战争开始时,巴格达有 600 万人口,占全国当时近 3 000 万总人口的 20%,拥有伊拉克制造业的绝大部分。而今天无法知道这个城市和这个国家的准确人口数字。在其他国家的难民超过 500 万人,还有同样数量的人因宗派冲突而离开家园。从巴格达开始,核心区向南延伸近 100 英里,穿经人口稠密、以农业为主的美索不达米亚平原和什叶派圣城卡尔巴拉和纳杰夫。

在伊朗,没有一个单独的核心区对国家起支配地位。北方的德黑兰,占国家 7 000 万人口的 10% 以上和工业产值的一半,是主要的经济及人口核心区。其他重要聚集区以伊朗西北部阿塞拜疆省省会大不里士为中心,西南部以石油储量丰富的胡齐斯坦省为中心,中部以制造业城市伊斯法罕为中心。德黑兰核心区的扩张受到北面的厄尔布尔士山脉和南面及西面的半干旱到干旱土地的限制,以致它没有与伊朗其他的工业及人口集聚地连接起来。

埃及的经济及人口核心区自尼罗河三角洲向南延伸,上游经开罗到达法尤姆,将近 150 英里的距离。它同时还从在苏伊士运河入口的塞得港沿三角洲的海岸延伸 100 英里,到达亚历山大城。后者是埃及伟大的古代都市,现拥有 350 万以上的人口,是埃及重要的港口;也是主要的石油化学产品、纺织品、食品和消费品的产业中心;是海军基地的所在地。但是,它与拥有 800 万人口,大都市总人口数量超过 1 500 万的开罗这一埃及最大的城市相比,在重要性上显得相形见绌。作为国家高度集权化政治制度的首都,开罗是埃及主要的金融及工业中心和重要的旅游中心,旅游业是埃及最重要的经济资源之一。以色列核心区沿其 2/3 海岸平原,从南面的阿什杜德港,穿经大都市特拉维夫地区,到达海法,共约 80 英里。它的宽度,仅在 6—15 英里之间,受到 1967 年前以色列与约旦控制的西岸之间的分界线绿线的限制。现在它已越过该线进入巴勒斯坦西岸的几个人口集聚区。以色列核心区人口密度达到每平方英里 2 000 人以上,其 400 万以上的人口占到了国家 700 万以上总人口的 60%。每平方英里 700 人以上的总人口密度在发达国家中是一个相当高的数字,仅在荷兰和比利时之下。

核心区包含了以色列大多数的制造业与服务业,包括钻石切割、军事工业、医药品、金融、旅游和高技术产业。后者是经济中增长最快的部分,其重点是计算机、软件、远程通信、生物技术、医疗技术和航空电子技术。属于世界重要的计算机硬件和软件公司的研究与开发中心帮助推进了高技术产业的进步,后者占以色列总出口的60%,是以色列经济中最大的部门。

中东其余的国家核心区规模小且发达程度不够。其中较大的是苏丹和萨那的内陆核心区域。苏丹的核心区限于沿尼罗河一个狭窄长条地块,其从首都喀土穆(450万人口)及市郊开始,向北延伸200英里到达尼罗河第五瀑布附近的阿特巴拉和柏柏尔。苏丹被分成阿拉伯穆斯林的北方和基督徒及非洲泛灵论的南方。包含核心区的北方有人口2 800万;南方有人口1 200万。也门的核心区以其首都和最大城市萨那为中心,萨那位于也门高原中心,占国家2 200万人口中的约100万。

有效地区和国家领土

正如中东内部没有统一的地区性核心区,它也同样缺乏有效地区领土。总体来说,个别国家的有效国家领土既有限又被沙漠相互隔开。有效国家领土相互交汇的唯一一处是上美索不达米亚的草地,叙利亚与伊拉克的有效国家领土在此交汇。在古代,这是"肥沃新月"的主要接触区。两国深刻的政治分歧阻碍了有可能统一这两个有效国家领土的合作事业。

空旷区

总体而言,中东的空旷区域是国家边界从上面穿过以及作为障碍的沙漠,辽阔荒芜的大片沙漠地区将埃及与利比亚、以色列和约旦分开,将沙特阿拉伯和约旦分开,叙利亚、伊拉克、海湾国家和也门相互隔开,伊朗与阿富汗隔开。仅有伊朗、土耳其、叙利亚和伊拉克没有被空旷区相互隔开。但是,库尔德斯坦的山脉和丘陵确实阻碍了库尔德地区东西——从土耳其东部和叙利亚东北部经过伊拉克北部到达伊朗西北部——交流的便利。

边界

边界是中东重要的地缘政治特征,对其位置以及领土主权的争端是形成和保持这一地区破碎地带特征的重要因素。

表12.1是这一地区目前边界争端和争端区域的大致状况。表12.2列出了最近的争端解决方案,表12.3列出了主要的领土收复区域。④这些争端中最突出的是涉及阿拉伯河、科威特、以色列与巴勒斯坦约旦河西岸和叙利亚的边界,以及北苏丹与南苏丹之间的边界等方面的争端。以上最后两个争端将在谈及以色列和苏丹冲突的部分中讨论。

第十二章 中东破碎地带

表 12.1 当今中东边界争端

国　　家	争　端　边　界	争　端　区　域
伊拉克—伊朗	阿拉伯河	
沙特阿拉伯—科威特		卡拉合和乌姆马腊迪姆岛
伊朗—阿联酋		大小通布岛、阿布穆萨岛(共同管辖)
以色列—巴勒斯坦民族权力机构	未来巴勒斯坦国边界	约旦河西岸、加沙
以色列—叙利亚	加利利海东北海岸的戈兰边界	戈兰高地、沙巴农场(黎巴嫩也声称拥有主权)
塞浦路斯	陆地边界	希腊部分与土耳其部分的划分
土耳其—希腊		对爱琴海领海、领空并领土主权要求,土耳其大陆架宽度
利比亚—突尼斯	海上边界	
利比亚—阿尔及利亚		利比亚对阿尔及利亚东南部部分领土提出主权要求
利比亚—尼日尔	陆地边界	利比亚对尼日尔北方部分领土提出主权要求
埃及—苏丹	红海海岸线边界	由苏丹占领的哈拉伊卜三角区
苏丹	陆地边界	南北苏丹分割
里海	难以确定的海面及海底分界线	阿塞拜疆、伊朗、哈萨克斯坦、俄罗斯、土库曼斯坦
潜在争端		
伊朗—巴林		伊朗对巴林提出主权要求
伊拉克—伊朗		伊拉克对伊朗胡齐斯坦省提出主权要求

表 12.2 近期已解决的中东领土争端

国　　家	争　端　边　界	争　端　区　域
伊拉克—科威特	陆地边界	小瓦比及大布比延岛,伊拉克1994年放弃主权,属科威特
以色列—黎巴嫩	陆地边界,2000年划定(除很小一部分外)	南黎巴嫩区,以色列撤出
也门—阿曼	陆地边界,1992年解决	划定它们之间的沙漠区域
也门—沙特阿拉伯	陆地边界,2000划定	所有纳杰兰和鲁卜哈利大部分地区都归沙特
也门—厄立特里亚		大哈尼什岛归也门,哈岛其余部分两者平分(1998年)
利比亚—乍得		1994年奥组地区重归乍得
巴林—卡塔尔	海上边界,2001年解决	大哈瓦岛归巴林,小岛归卡塔尔

表 12.3　中东领土收复主义

国　　家	领土收复主义组织和区域
阿富汗与巴基斯坦边境地带	普什图族人,普什图尼斯坦
伊朗	阿塞拜疆人,伊朗西北部(阿塞拜疆省);伊朗库尔德自由党,伊朗西北部
伊拉克	库尔德人,伊拉克北部;阿拉伯人,伊朗西南边(胡齐斯坦省)
以色列	巴勒斯坦阿拉伯人,被占领的约旦河西岸、加沙、东耶路撒冷
苏丹	基督徒和非洲泛灵论者,南苏丹(临时协议);达尔富尔人,西苏丹
叙利亚	库尔德工人党,叙利亚东北部
土耳其	库尔德工人党,土耳其东南部

伊拉克与伊朗：阿拉伯河争端

伊拉克和伊朗之间的 8 年战争,牺牲 100 万以上生命的代价,是为争夺阿拉伯河——由底格里斯河和幼发拉底河交汇处形成的潮汐性水道,流入波斯湾——的控制权而展开的。这条河为伊拉克南部提供淡水。在几十年边界争端之后,两国在 1975 年签订了一项协议,以河流谷底线——最深的河道——作为边界,从而确保了伊朗进入位于河口的阿巴丹的权力。⑤作为交换,德黑兰同意停止它对伊拉克库尔德人叛乱武装的支持。

随着伊朗 1979 年初发生的伊斯兰革命,两国关系开始恶化。萨达姆·侯赛因同年攫取了伊拉克的权力,废除了与伊朗签订的条约,宣布对阿拉伯河两岸拥有主权。他猜想伊朗当时处在混乱之中,不会产生任何抵制行为。事实不是这样,8 年战争随后开始了。伊拉克通过石油储藏丰富的胡齐斯坦省——伊朗西南角的省份——侵入伊朗,占领了东岸的霍拉姆沙赫尔,包围了阿巴丹炼油厂。在巴格达声称它对胡齐斯坦省的历史权利的同时,它承诺它将支持一个独立的国家——假如它的阿拉伯民族统一主义者希望这样的话。但是,在两年内,伊拉克人就被赶出东岸,战争进入僵持状态。随着 1988 年战争的结束,原来的状况得到恢复,因而河流谷底线依然是今日两国的边界。尽管争端还没有得到完全解决,2000 年 9 月 30 日由巴格达与德黑兰签订的阿尔及尔协议,重新确定了两国 1975 年的协议。

伊拉克—科威特边界

1990 年,伊拉克入侵科威特,这次事件导致第一次海湾战争爆发,它实质上是伊拉克和科威特两国长期存在的边境争端的结果,虽然起作用的因素是科威特拒绝免除巴格达在其与伊朗战争期间产生的300亿美元债务和科威特超过石油输出国组织的出口配额。这一争议的根源在于英国第一次世界大战后的领土政策。在20世纪20年代初期,伦敦通过在海湾沿岸打造一片伊拉克沙漠而创建了科威特。当1936在科威特发现石油之后,伊拉克人又重新提出他们的主权要求,即科威特是伊拉克南部省份巴士拉的一部分。

由英国划出的边界——第二次世界大战后被联合国批准生效——包括了大布比延岛和其北面的小瓦比岛。这些岛扼守着进入伊拉克新港乌姆卡斯尔的通道,后者作为巴士拉的替代选择建于1961年。在它发动与伊朗的战争之后,伊拉克对这些岛屿的主权要求就变得更加坚决。⑥

此外,伊拉克认为,在伊拉克—伊朗战争期间,科威特将他们的鲁迈拉油田扩大到伊拉克境内,科威特通过向伊拉克油田斜孔钻凿而窃取石油。结果发生的入侵科威特和对其造成的破坏,以及第一次海湾战争人所共知。但是,即使是在战败之后,伊拉克仍然坚持它的主权要求,并在1994年将共和国卫队调至科威特边境。随着压力的逐步增大,伊拉克重新考虑了它的立场,不久之后承认了科威特的独立及其边界。

在由美国领导的25国盟军(包括苏联)取得对伊拉克的胜利之后,随之而来的是一系列的经济制裁和检查,以确保伊拉克不秘密从事核武器及生物武器的研究与制造。总的来说,伊拉克逃过了检查行动,至20世纪90年代末,萨达姆驱逐了联合国检查人员。一个低级别的战争又在酝酿,美国与英国飞机回击了伊拉克阻碍它们在北部和南部禁飞区活动的企图。而所有这一切都随美国2003年入侵伊拉克而发生改变。

重大冲突

阿以冲突

在20世纪90年代初和经过5次战争之后,阿以冲突的重点从10年前阿拉伯国家挑战以色列的存在权力,转移到了阿拉伯国家对在圣地建立一个独立巴勒斯坦国的要求。阿拉伯国家中的激进分子依然拒绝承认犹太复国主义国家,而犹太极端主义者则坚持一个不可分割的以色列国家的理念。在1991年马德里会议上,双方向领土妥协迈出一步,以构成解决冲突的基础。

随后,以色列和巴勒斯坦解放组织签订了《奥斯陆协议Ⅰ》(1993年)和《奥斯陆协议Ⅱ》(1995年),它得到了两个阿拉伯国家埃及和约旦的支持,埃及和约旦都与以色列签订了和平协议。《奥斯陆协议》要求巴勒斯坦民族权力机构取得对以色列在约旦河西岸占据的达总面积42%和加沙60%地域的(包括所有较大的市镇)军事以及民事控制权,逐步实现持久和平。但是,《奥斯陆协议》只承诺了自治,国家地位将在达到与以色列持久和平以及在绝大部分巴勒斯坦土地重新回到巴勒斯坦选举政府手里之后才会实现。在这过渡期间,双方同意采取联合安全措施防止任何一方极端主义者的暴力行动。

奥斯陆进程的缓慢促使以色列总理埃胡德·巴拉克放弃逐步推进的战略而寻求一种迅速和全面的和平。克林顿总统当时在以色列人和巴勒斯坦人会谈中承担了主动的角色,随后持续参与了 2000 年 7 月戴维营首脑会议。巴拉克在随后的怀伊种植园首脑会议以及继之在塔巴进行的会谈上提出了意义深远的建议。这些都遭到巴解主席阿拉法特的拒绝,从而中断了和平进程。

和谈彻底崩溃之后的 2000 年爆发了巴勒斯坦人起义,即"阿克萨群众起义",以及民族主义利库德集团领袖阿里埃勒·沙龙被选举为以色列总理。沙龙一直反对从被占巴勒斯坦领土撤出。2005 年,他突然转变立场,从加沙全部撤出以色列军队,并承诺减少在约旦河西岸的犹太人定居点数量。为从政治角度考虑,他离开利库德集团成立了一个新的中间党派,即前进党(Kadimah);该党与工党和某些宗教团体结盟,它将单方面撤出加沙看作是走向和平的第一步。在 2005 年末,沙龙突患中风,埃胡德·奥尔默特(Ehud Olmert)代行总理职权。2006 年,以色列卷入发生在黎巴嫩南部的战争。战争在联合国调停并由联合国维和部队以及黎巴嫩武装部队驻扎于黎巴嫩南部之后结束。但是,它使得真主党大大巩固了其影响力。奥尔默特政府因未能摧毁什叶派真主党以及阻止从加沙向以色列南部发动连续性火箭袭击行动而遭到削弱,结果使得支持右翼的势力复活。

2007 年布什政府放弃它早先的旁观政策,对双方施压要求接受停火,恢复和平谈判以及"两个国家"解决方案的谈判。这样做部分是为了应对阿拉伯国家强烈要求取得进展以及美国谋取对其发动伊拉克战争以及打击恐怖主义的支持的需要。这样一种解决方案曾在 2004 年由美国、欧盟、俄罗斯及联合国"四方"推荐过,但被搁置了。现在又被抛回到外交桌上。此外,埃及、约旦和沙特阿拉伯已提出在以色列与所有阿拉伯国家之间实现完全和平,以换取以色列从被占领土撤回到 1967 年分界线。让事情复杂的是,2006 年加沙选举使哈马斯上台执政。哈马斯拒绝承认以色列、拒绝放弃恐怖主义或加入和平进程,还把法塔赫民兵组织赶出加沙。这将和平谈判留给了以色列和法塔赫控制的巴勒斯坦民族权力机构,阿拉法特继任者阿巴斯领导的巴勒斯坦民族权力机构控制着约旦河西岸。

2007 年末,布什总统在马里兰州安纳波利斯主持"和平峰会",最后只是达到以色列和巴勒斯坦民族权力机构将进一步谈判的承诺。沙特阿拉伯和叙利亚出席了当时的会议。峰会、各种会议、高层访问以及外来压力都是促进和平的有效手段。但是,任何最终的协议都必须由冲突各方达成。

在任何谈判中,必须面对各种错综复杂的地缘政治问题。第一,加沙的独立存续能力,它要求以色列与埃及从内盖夫西北和西奈半岛北部作出土地让步以帮助缓解加沙的人口压力。[7]第二,谈判必须解决圣殿山的共享问题,办法之一是创建一个水平的国际分界线,从而将山顶给予阿拉伯人而山基让给以色列。第三,必须解决独立的以色列和独立的阿拉伯国家主权的压力与耶路撒冷的功能性统一的便利之间的矛盾。东耶路撒冷有23万巴勒斯坦阿拉伯居民。其18万犹太居民将不得不与已经居住在西耶路撒冷的30万犹太居民,以及居住在绿线以外大耶路撒冷的5万以上的居民,连接在一起。一个可能的途径或许是两个负责基建的市政当局组成一个联合体,以及形成一个通过特别机构结合城区各种功能的大都市政府。东耶路撒冷将作为巴勒斯坦国的首都,而西耶路撒冷仍然作为以色列的首都。第四,形成以色列—巴勒斯坦共同机制以确保约旦河西岸、以色列和加沙的山脉和海岸平原地下蓄水层水资源公正分配问题。第五,必须建立仲裁以色列独立战争中被迫离开家园的阿拉伯难民返乡权力的机制。联合国的估算是大概有70万以上的人在1948—1949年战争中逃离以色列控制的领土;他们及他们的后代现在的人数在400万以上。原来的重新安置被1948年之后从阿拉伯联盟国家中逃出的85万犹太人抵消。第六,以色列对安全的要求——这可能包括约旦河西岸的非军事化、军事上的飞越领空权、约旦河沿岸的位置以及对加沙沿岸水域的海军巡逻——将必须要有巴勒斯坦领土主权要求与之相抵。第七,以色列必须要从其建于约旦河西岸的分散居民点和100个非法的前哨基地撤出。

这些居民点是通过特别建造的现代公路绕开阿拉伯人居住的市镇乡村而相互连接的。事实上,支持着约旦河西岸犹太居民点的公路、电力以及水利等基础设施代表了一种专门的叠置网络。如果签定和平协议,约旦河西岸巴勒斯坦人将会把这一网络接到他们现有不充分的基本设施上,并从中受益。邻近绿线的约旦河西岸定居点可能会被以色列出于安全及政治理由而保留下来。这些定居点的犹太人占约旦河西岸犹太人总数(26万)的3/4。负责的犹太领导人已经表达得很清楚,他们已为合并这些土地准备好了补偿,即用以色列在内盖夫同等面积的领土与巴勒斯坦国交换。

任何永久的解决办法都要以巴勒斯坦西岸领土的连绵一片为条件。在约旦河西岸北、中、南三部分之间形成陆上枢纽将必然要求拆除几乎沿南北轴线的所有以色列定居点。另一个领土挑战是连接加沙与巴勒斯坦其余部分。加沙东北与约旦河西岸西南之间的最短距离差不多有25英里。如果隧道公路或高架公路都不可行,一个可替代的选择可能是一个处于以色列—巴勒斯坦共同控制下的陆地走廊,它将准许在以色列境内南北自由流动,以及在巴勒斯坦国境内的东西流动。

如果以色列与巴勒斯坦不经受一定程度的内战,它们之间的和平是不可能实现的。在阿拉伯阵营内部,这始于2007年,当时哈马斯与巴勒斯坦法塔赫民兵组织交战,并把后者赶出了加沙。阿巴斯政府则在以色列支持下，开始解除位于约旦河西岸的哈马斯支持者和其他反对和平的民兵组织的武装。同样，以色列也不得不与约旦河西岸强大的民族主义和原教旨主义定居者团体以及他们在以色列本土的支持者作斗争。将近有20万犹太定居者居住在绿线正东面的定居区内，定居区现被450英里长用来防止恐怖袭击和偷盗的安全隔离栏或隔离墙围住。部分隔离墙穿过稠密的城市区域，而隔离栏的绝大部分是由电子栅栏、壕沟以及安全道路组成。

隔离栏有几处凸入约旦河西岸，将阿拉伯村镇以及犹太定居点包括了进来，切断了其他西岸村镇与其部分农田的联系。以色列政府已明确表示，将这些凸出地区包括在以色列正式边界之内是订立任何协议的一个必要前提。作为交换，相等数量的以色列领土将从邻接西岸的以色列土地上划给巴勒斯坦国。处于凸出地块当中的阿拉伯村庄和农田的命运将留待谈判而定。一些人也许因为考虑到更好的经济机会而更愿意留在以色列境内。那些处在隔离栏外但有农田在线内的人，将需要比他们现在更自由地进入隔离栏内。

冲突将来自生活在约旦河西岸心脏地区并激烈反对领土妥协的7万名犹太定居者。他们中的3/4是宗教民族主义者和极端正统派，他们坚决主张撒马利亚和犹地亚（西岸）是不能用于交换的神圣领土，即使是为了和平。反对放弃定居点主要是以色列内部以意识形态和策略差异为基础的政治斗争。而定居者当中的极端分子还将以武力而不是消极被动的形式对抗撤出这些地区。

和平谈判的另一个障碍是阿拉伯人将以色列视为美国的附属国，而许多以色列人认为欧洲具有亲巴勒斯坦的偏见。目前，以色列与美国的联盟已使它能够无视欧洲的调解努力。对以色列来说，这不是一个切实可行的长期政策选择。欧洲的伙伴合作对美国已日益重要，既因为两大势力在经济上平起平坐，也因为欧洲的政治支持对美国的外交政策目标具有根本意义。华盛顿在谈判中必须考虑欧洲的立场，同时还要依靠欧洲为一个新的巴基斯坦国经济发展提供所需要的大量经济援助。

沙特阿拉伯君主政体的脆弱性以及它对自己在整个海湾的战略地位的关注，还使得美国在寻找解决冲突方案的过程中更要回应来自阿拉伯国家的压力。从长期看，一个建立在与欧洲的联系之上而不是专靠华盛顿保护基础上的以色列政策可能是使濒海欧洲扩大成为一个更广泛的欧洲地中海区的第一步。

黎巴嫩

自1945年独立以来，黎巴嫩已被宗教、派系冲突以及外来压力与入侵弄得四分五裂。它的统治机构，正如1943年的《民族公约》中所描绘的，是用来平衡国家的3个主要宗教群体的利益——以黎巴嫩山和东贝鲁特为基地的基督教派、黎巴嫩北部及贝卡谷地的逊尼派穆斯林,以及南部的什叶派穆斯林。每一个区域都由掌管其领土如待微型国家一样的著名家庭与家族统治。在这"忏悔式"制度中,总统职位由马龙派基督徒担任,总理由逊尼派担任,而什叶派则担任议会发言人。这一安排是由法国倡议的,法国从1920—1941年掌握着黎巴嫩的委任统治权。为确保黎巴嫩基督徒的地位,它给予了总统相当大的权力。人口变迁、内战和外部干涉使这一结构失去稳定。基督徒的数量,由于向外移民和较低的出生率,从1932年官方普查时的53%下降到35%。什叶派人口现在超过了基督徒和逊尼派穆斯林的人口。

曾经在奥斯曼帝国和委任统治时期以及在整个20世纪60年代都非常繁荣的国家,已被40年的冲突所破坏。黎巴嫩对银行业及其他金融服务业有很大吸引力,是整个中东的一个重要流通中心。它拥有健全的地方经济,以食品加工、服装、珠宝及地毯工业为基础。

内战发生在基督徒和穆斯林,基督徒与德鲁兹派,以及政府与巴勒斯坦武装难民之间。其他冲突发生于与叙利亚和以色列之间。1958年,由美国负责的维和任务,随后由法国、意大利和美国部队(1982—1984)参与维和行动,最终以他们的撤出以及战事重开而告结束。联合国维和部队,以及在以色列2006年入侵南黎巴嫩之后驻扎在沿黎以边界的黎巴嫩武装部队,维持了一场勉强的停火。在这期间,控制着黎巴嫩南部的真主党的力量在叙利亚和伊朗的帮助下不断增长。

黎巴嫩的基础机构、它的国民经济,以及旅游业目前依然遭受着冲突的创伤,对叙利亚试图重新获得对黎巴嫩影响力的野心方面还存在着分歧。鉴于什叶派穆斯林在人数上和军事力量上的增长,他们强烈要求调整统治体系。但同时,权力依然分散,政府频频瘫痪,名门望族控制的政党使国家陷入混乱之中。

伊拉克

美国2003年因错误而发起的入侵伊拉克已被证明是一个重大的地缘政治错误。这场战争基于一个虚假的前提即萨达姆·侯赛因正在开发核武库,因而从未形成一个真正的基础广泛的联盟。战争的理由接着转变为把民主带给伊拉克和中东,以及防止恐怖主义扩散。事实上,萨达姆世俗和暴虐的政权是抵御恐怖主义渗透的壁垒,让基地组织只能呆在阿富汗和巴基斯坦的基地。废除萨达姆政权引发了伊拉克国内各派系的内战,为恐怖分子打开了边境,便利了伊朗影响力在中东许多地区的渗透。华盛顿推动的选举还将伊拉克什叶派送上权台,其中许多人与伊朗有密切的政治关系。

伊夫雷姆·喀什(Efraim Karsh)指出,中东是帝国制度起源的地方,并还一直影响着中东的政治。伊斯兰极端分子的一个新哈里发或一个波斯帝国的梦想包罗万象,在其中现代国家民族特征被视为暂时现象。纳赛尔(Nasser)是阿拉伯帝国之梦的旗手,伊斯兰帝国之梦的旗手是霍梅尼,而现在是本·拉登。⑧所有这些帝国依赖的都不是像我们在西方知道的紧密的有凝聚力的民族社会,而是依靠氏族、部落和宗教的团体。他们不断变化的联盟受帝国领导操纵,使帝国组织体制成为可能。布什政府不明白,在中东,"自由选举"不是自由的个人的选举,而是取决于家庭、氏族、部落和宗教领袖的命令。因此,华盛顿发起的伊拉克选举让与伊朗有着稳固关系的什叶派走上权台。埃及的自由选举很可能将穆斯林联盟送上执政的舞台。在阿富汗,塔利班以他们普什图人的宗教热情,很可能在一次自由选举中重获权力。

目前对伊拉克已有两个提交的解决方案,一个是以什叶派控制的强大的中央集权的国家,一个是由高度自治的北部库尔德人、西部的逊尼派、南部的什叶派组成的松散邦联形式。不论哪一种方案,美国撤出之后将会带来一段时间持续不断的——如果不是升级的话——暴力行动。第一个解决方案的缺点是,伊拉克很可能成为一个伊朗的附庸国,一个让什叶派向整个海湾国家传播的基地。

邦联是可能性更大的方案,它不像写在纸上那么清晰。如上所述尽管3个地区中每一个地区都有一个占大多数的人口群体,但伊拉克位于边界一带的主要城市在人口上是相互混杂的。巴格达尤其是如此,它曾经是一个完全混杂的城市。它现在因宗派战争而分裂,什叶派生活在底格里斯河东面,逊尼派生活在底格里斯河西面。在一种邦联状态下,巴格达将在一段时间内成为联合国维和机构监督下的邦联首都。它也许最终能够重新实现某种程度的民族融合。

基尔库克和摩苏尔位于沿自然地形和种族断层线上,它将北方库尔德人与阿拉伯人分开。阿拉伯人、库尔德人和土库曼人混杂的基尔库克位于伊拉克北部产油区,底格里斯上游流域平原与北部山区高地在此相交。它一直是一个种族战场,因为萨达姆用阿拉伯人取代库尔德居民,而库尔德人现在正在驱逐阿拉伯人,以收回其城市和油田。摩苏尔被分成两部分,逊尼派穆斯林生活在底格里斯河西侧,库尔德人生活在底格里斯河东面。每个群体都在河对岸有小块地区。如果库尔德人不能完全控制这两个城市,那就必须要实行某种类型的联邦地位。

作为邦联地区的伊拉克西部缺乏石油资源,如果石油收益共享问题得不到解决的话,它也许会成为沙特阿拉伯的一个经济和战略区。北部的库尔德人能够在经济上自立,特别是当它对摩苏尔和基尔库克的主权要求被认可的话。它的主要交通目前经过土耳其境内。如果它不帮助清除藏身在它西北卡迪尔山边境地带的库尔德工人党——他们从此处跨越边境对土耳其发起恐怖行动——它将会发现自己完全被孤立了。

伊朗

　　伊拉克战争为伊朗提供了增强其地区性大国地位的一个机会。它对美国在伊拉克的地位以及伊拉克未来的稳定构成重大威胁。除了武装和训练什叶派民兵组织之外，伊朗还在伊拉克南部和什叶派圣城纳杰夫和卡尔巴拉投资发电厂，以及在巴格达的什叶派控制的萨德尔城投资一些小项目。德黑兰对叙利亚的影响从军事支持扩大到对其经济进行大量投资。它正利用大马士革作为将导弹运往南黎巴嫩真主党的中转站。数十万伊朗朝圣者被吸引到伊拉克和叙利亚的什叶派清真寺，这是伊朗作为地区性大国势力扩大背后的另一种力量。

　　如果不加阻止，伊朗核武器能力开发的前景可能会引起沙特阿拉伯和埃及发展它们自己核武器的反应。因为以色列已经拥有一个核武库，这些新增量将进一步增加这一地区的不稳定。美国和欧洲用以迫使伊朗保证铀浓缩中止的经济制裁除非得到俄罗斯与中国的支持，否则不会产生效果。美国或以色列的轰炸威胁可能会被证明只是虚声恫吓，但它确实达到了推动欧洲、中国及俄罗斯催迫伊朗放弃铀浓缩试验的目的。

　　美国与伊朗之间的紧张关系已经对海湾国家造成影响。华盛顿一直在谋求与它们一起共同应对伊朗核武器及其支持恐怖主义等问题。海湾国家处于尴尬的境地。它们在安全方面要依赖与美国的军事联盟，同时又担心伊朗会对其国内稳定构成威胁。这些逊尼派政权正在按西方方式快速进行现代化，鼓励旅游和打造西方式的教育及文化制度。但是，他们容易受到众多什叶派穆斯林的指责，受制于对海外工人的依赖，后者占了海湾合作委员会国家人口的1/4以上。

　　海湾合作委员会成立于1981年，宗旨是遏制伊朗，它的成员国现在设有美国大型军事基地(沙特阿拉伯是唯一的例外)。但是，它们与伊朗的经济联系已经变得越来越重要。巴林从伊朗进口天然气，而伊朗是阿拉伯联合酋长国，尤其是迪拜进行贸易的主要目的地。这些酋长国是数万伊朗流放者的避难所，而几千家部分地归伊朗人拥有的企业为经济现代化作出了很大贡献。

　　因此海湾国家不愿公开站在华盛顿一边反对伊朗。所有海湾国家政府都反对美国入侵伊拉克，因为那将使这一地区失去稳定。它们将美国与伊朗之间可能爆发的冲突看作甚至是对其稳定的更大威胁。虽然华盛顿继续向它们出售价值数十亿美元的武器，但它们的主要兴趣是平复而不是激化美伊关系。

　　在不低估伊朗在中东日益上升实力的同时，重要的是记住它的局限性。伊朗与伊拉克都是什叶派穆斯林人数为主的国家，萨达姆统治期间在伊朗避难的伊拉克政治及宗教领导人在两国之间发展了牢固的关系。但是，伊拉克国民是阿拉伯人，而伊朗国民是波斯人。因为历史、语言以及战略上的理由,伊拉克什叶派可能会对成为伊朗的附庸小心提防。此外,伊朗还受到许多国内问题的困扰。尽管它拥有大量的能源财富,但由国家掌控的经济管理混乱,腐败横行,失业到处都是,而国家还遭受着严重的大学毕业生"人才流失"现象。精加工能力极为有限,以致尽管伊朗拥有石油财富,还是必须进口制成品。

此外,伊朗远非一个单由波斯人组成的国家,仅约有一半人口是波斯人,其他是阿塞拜疆人(将近总人口的1/4)、阿拉伯人、库尔德人、俾路支人和土库曼人。因此,伊朗容易遭来自少数人口地区的骚乱和恐怖威胁。在东南部,锡斯坦省是许多俾路支族人的家园,他们是与巴基斯坦俾路支人有联系的逊尼派穆斯林,锡斯坦是毒品贩运的门户。在西南部,石油储量丰富的胡齐斯坦省生活着阿拉伯伊朗人,他们长期来一直代表着一种分离主义的威胁。伊朗西北的库尔德和阿塞拜疆地区已成为由库尔德斯坦自由生活党发动的推翻政权行动的目标,该党与库尔德工人党有密切的联系。若干库尔德斯坦自由生活党游击队小组从在伊拉克东北部的库尔德人山区的藏身处发动攻击。尽管华盛顿已否认了德黑兰说它在为库尔德斯坦自由生活党提供援助的指控,然而他们正在受美国保护下的伊拉克领土上发起行动——一个类似于在土耳其边界附近由伊拉克库尔德人提供给库尔德工人党的安全藏身处的情形。

鉴于伊朗的国内问题,"软外交"也许会比军事威胁能产生更好的效果。华盛顿应当承认德黑兰对它意图的怀疑部分源于它对伊朗国王巴列维的支持,以及在萨达姆发动对伊朗的战争中对萨达姆的援助。谈判过程涉及对相互利益的承认。美国需要对核问题作出担保,以及保证尊重伊朗领土的完整。除了支持伊朗加入世界贸易组织和为德黑兰提供安全保证之外,美国可以支持伊朗对阿布穆萨岛和大小通布岛的主权要求,伊朗和阿联酋对这些岛都有主权要求。这些岛控制着霍尔木兹海峡的西入口。为让双方放心,美国与北约可以保证霍尔木兹海峡将对所有海上运输开放。另一个积极的步骤将是国际担保,即阿拉伯河将由伊朗与伊拉克共享,伊拉克放弃过去所有对伊朗胡齐斯坦省的主权要求。

阿富汗

阿富汗对美国和西方来说是比伊拉克大得多的威胁,因为它在塔利班的统治下成了基地组织的藏身之处。塔利班被赶下台之后,华盛顿没有集中精力清除基地组织,入侵伊拉克分散了它的精力。当美国依赖巴基斯坦军队去围捕在逃的本·拉登——其人已逃匿到托拉搏拉山中——对阿富汗入侵行动的效果就相当糟糕。自那时起,美国与北约在阿富汗有限的军队就失去了控制喀布尔南面大片乡村地区的能力。

阿富汗的政治结构和民族传统与一个统一国家的理想不相融。普什图领导人，包括阿富汗最后一位国王，从未放弃他们大普什图尼斯坦(Pakhtunistan)的梦想，它将把阿富汗东部与南部的普什图族人与巴基斯坦西部山区的同族部落联系在一起。阿富汗面临深刻的种族分裂。其3 000万人当中将近一半是普什图人，他们的土地从东面和南面的巴基斯坦边界到西面的伊朗边界，形成了一个新月形地带。占人口30%以上的塔吉克人和乌兹别克人占居着北面的山区，他们组成了北方联盟，帮助美国和北约军队击败了塔利班。塔吉克人还生活在毗邻伊朗的西部平原上。哈扎拉人生活在阿富汗中部多山的心脏地区，他们在塔利班统治下是长期受迫害被压迫的什叶派穆斯林。所有这些民族依然生活在一种具有部落特征和军阀特征的文化之中。塔利班通过伊斯兰极端势力的力量强制实行统一。华盛顿构建一个民主制度的阿富汗的国家建设目标忽视了这种文化的力量。至2008年，塔利班已重新控制了东部和南部很多地方。他们胁迫普通民众，凭借鸦片贸易、向罂粟种植者收税以及绑架行为等手段维持其存在。只有以塔吉克人和乌兹别克人居多数的北方，社会才是稳定的，而同样，这里的稳定也是依靠军阀之间的协议而得以维持。

目前的美国政策是"坚持到底"。美国在阿富汗有6个重要的军事基地。喀布尔附近兴都库什山脉山脚下的巴格拉姆曾被打算用作临时一个设施。现在它已变成一个非常大规模的永久的基地，驻扎有美国一半地面部队和大型轰炸机及运输机。苏联在阿富汗的经历不能与美国及北约所面对的局势相比，因为盟军有能力在这个国家无限期呆下去。北方与喀布尔能够为必要的经济发展和军事行动提供持续的支持。但是，南方依然需要的成本，不管是南方成为一个大普什图尼斯坦的一部分，或者作为一个单独的普什图国家，都超过了尝试把阿富汗重建为一个统一国家的收益。

土耳其

从地缘政治角度说，土耳其处在一个十字路口。它目前的主要关注是它是否能被接受加入欧盟。它的大半对外贸易是与欧盟国家发生的。欧盟成员地位将使土耳其贸易进一步扩展，为土耳其的农业部门提供支持，增加对国家未来至关重要的资本投资。

欧洲正在权衡土耳其在欧盟框架以外的地缘政治利益有可能在多大的程度上与欧洲政策一致。在冷战期间，土耳其曾是北约与西方遏制苏联向地中海渗透的战略前哨。欧洲现在已将注意力转向中东、外高加索和中亚地区。获得石油与天然气的机会、打击恐怖主义，以及应对伊朗的威胁是欧洲主要关心的问题。土耳其作为俄罗斯及中亚能源资源的海上及陆上运输站，以及它与这些地区许多民族的宗教、历史及种族联系等，都是有利于获准加入欧盟的重要法码。那些反对土耳其加入欧盟的欧洲国家，原因在于他们担心将一个伊斯兰国家吸纳进来会为大规模移民打开大门,以及担心土耳其涉及库尔德公民的人权记录。为回应这类担心,土耳其可以为欧盟国家提供一个现代的世俗的伊斯兰共和国模式,其众多公民保持笃信伊斯兰教而不削弱国家的世俗性质,同时能够与西方平等地互动交流。安卡拉最近在一个拥护改革的温和派伊斯兰政党的领导下,为使土耳其向欧盟标准进一步靠近,已在经济、法律以及人道主义方面取得了长足的进步。政府大幅度改善了卫生医疗条件、公路状况、电力供应,以及土耳其东南部库尔德人一般的经济水平,承认了库尔德人的语言权力。

土耳其能够对稳定部分中东地区起到作用。历史上,安卡拉总是试图参与相邻阿拉伯国家的事务。它可以采取措施让叙利亚和伊拉克确信古奈都古·阿纳多卢计划(GAP)将不会影响它们对底格里斯河和幼发拉底河的使用。它还可以通过将现在流入地中海的未使用过的淡水(如塞伊汉河和杰伊汉河的河水)引入通向黎凡特和阿拉伯半岛的"和平管道",从而帮助维护这一地区的稳定。这曾由土耳其领导人在几年前提出过的设想,以后不了了之。以欧盟的一个成员国身份并在其经济援助下,这一项目将具有可行性。土耳其还能够与亚美尼亚建立正式关系,终止对该国的封锁,以换取亚美尼亚对现有边界的承认和放弃其对历史领土的主权要求。

欧盟关注的另一个地缘政治问题是塞浦路斯。作为北塞浦路斯土耳其人唯一的保护国,安卡拉一直拒绝与希腊解决塞浦路斯争端。这是欧盟在吸收土耳其加入欧盟问题上可用来讨价还价的筹码之一。另一个可利用方面是土耳其100万以上的训练有素、配备精良的武装部队,包括60万现役军人,以及它广泛参与联合国及其他维和任务的历史。同化吸收土耳其军队将加强欧盟快速反应部队的力量,提高欧洲作为全球和平维护者的影响力。

直到最近,土耳其一直是努力要求加入联盟的请求者。这种急切愿望可能会因为它在伊拉克西北部库尔德斯坦采取的行为而遭到损害。土耳其为其要求驱除藏身于伊拉克的库尔德工人党叛乱分子得不到美国及西方的支持而感到非常忿恨。安卡拉受到的压力是不要入侵伊拉克。如果美国、伊拉克库尔德人以及伊拉克政府没有根除库尔德工人党侵扰行为的具体措施,土耳其与西方发生决裂的可能性将非常大。

2004年欧盟提出进行土耳其入盟谈判的决定表示可能要用上若干年的一个过程的开始。谈判不应该被拖延到土耳其最后终止谈判的那个时点上,尽管需要花时间检验土耳其伊斯兰政党对一个世俗的、民主的伊斯兰共和国理念的忠实程度。对被土耳其移民浪潮吞没的担心,可以通过对这些移民在欧盟境内任何地方开始自由定居并工作的时间限制来加以消除,就像已对罗马尼亚和保加利亚的移民所采取的措施那样。从长期看,土耳其的成员地位不仅可以加强欧盟的力量,而且还能够为增进更大的全球地缘政治均势作出贡献。

石油、管道路线与政治

没有什么比中东的石油及天然气管道系统以及政治与战争对它们运用的影响能更好地反映中东的不稳定和不可预测性。中东地区第一条重要管道,即从伊拉克的基尔库克到地中海边的巴勒斯坦海法的管道,建于1934年。它在阿以战争中被关闭,不会再开通。到地中海边的黎巴嫩的黎波里和叙利亚巴尼亚斯的另一条线路则随政治与战争的风云变幻而时开时闭。

中东石油和天然气管道的其他例子俯拾皆是。两条从伊拉克到土耳其的基尔库克—德尔特约尔—杰伊汉线路绕开了叙利亚。它们在第一次海湾战争期间关闭,直到6年以后才恢复开通。从伊拉克南部鲁迈拉油田——伊拉克最大的油田——到红海的延布的伊拉克—沙特阿拉伯管道,自第一次海湾战争后一直关闭。伊拉克以后得到准许从波斯湾顶端的巴克尔港的新码头用油轮出口石油。超长的横贯阿拉伯的输油管道于1950年竣工,它从达曼穿过约旦和叙利亚一直到达黎巴嫩的西顿(赛达),长1 040英里。它在1967年阿以战争期间被关闭,当时叙利亚的戈兰高地被以色列占领,自此以后就一直未开通。为了替代横贯阿拉伯的输油管道,沙特阿拉伯建造了一条甚至规模更大,具有3倍运输量的石油管线。它取名"石油输送管道"(Petroline),从沙特阿拉伯的海湾沿岸油田延伸到西部省份和红海石油管道终端以及延布炼油中心。

美国在沙特阿拉伯石油业中的股份很快使两国形成重要的军事及经济联盟。对美国而言,这是战略上必须的付出。到第二次世界大战中期,世界石油储量的引力重心已从美国的墨西哥湾与加勒比海地区转移到了中东。中东的石油储量——当时估计是世界总量的近一半——自那时起串升到占世界总量的2/3。⑨仅仅沙特阿拉伯就占到了世界储量的20%,伊朗、伊拉克和科威特占其余30%。虽然美国依然是世界主要石油生产国之一(排在沙特和俄罗斯之后,而与北海主要生产商齐平),但它的国内产量远远小于需求。它目前是世界上最大的石油进口国。

苏丹尽管还是一个小规模的石油出口国,但它已经随着石油生产和储备的快速增加而着迷于石油管道政治中。油田已在南科尔多凡州——加扎勒河州和上尼罗河州的正北面——的穆格莱德盆地(阿卜耶伊地区)开发。从穆格莱德到红海苏丹港一条930英里的输油管道已经铺设完成。这条线路因为位于南北苏丹分割线旁所以附近经常发生严重的叛乱活动。2005年,喀土穆与苏丹人民解放运动签订和平协议,结束了长达21年的战争——这场战争使200万失去生命——为一个联邦的苏丹国家作了准备。这是以一国两制模式为基础的。南方将保留其自己的军队和政府机构,在2011年举行全民公决时决定是否选择独立。协议要求平等分配南方的石油收益。自那以后,北方拒绝接受对划分与南方边界(特别是阿卜耶伊地区)的外来调解,这方面以及其他的争端使人对和平的持久性产生怀疑,而另外,对含油区的主权以及开采权使用费的分担等也一定会成为一个主要的问题。

土耳其的海峡继续呈现国际政治问题,尽管它们已不再是争夺战略控制权的历史竞争的焦点,这样的竞争曾使土耳其人多次卷入战争和国际争端。相反,是安卡拉对石油泄漏的担心成了弥漫于海峡政治中的普遍问题。从哈萨克斯坦的田吉兹油田到俄罗斯黑海沿岸新罗西斯克新管道的完工,加剧了土耳其对从博斯普鲁斯海峡经过的大型油轮漏油和溢油的担心。但是,《蒙特勒公约》限制了土耳其控制民用船舶经过或者要求在航行于狭窄水域时使用当地船舶引航的权力。正是对环境方面的担心,才如此强烈地促使土耳其支持开辟一条从巴库出发,穿经格鲁吉亚和土耳其到达其地中海沿岸的杰伊汉港,长达1 080英里的管道,这条管道已于2006年竣工。

1967—1975年之间苏伊士运河的关闭对中东的石油出口是一个打击。苏伊士运河的关闭和部分陆上管道的中断使得形成一个新的中东石油运输体系成为必须。一个方案是建造超级油轮。这些超级油轮因为太大而无法通过苏伊士运河,以后证明它们绕过南非好望角运输石油还比通过苏伊士运河更加高效和便宜,甚至是1980年重新开通的运河被挖深之后仍然如此。尽管中东大多数石油向东出口到亚洲,而不是出口到欧洲与美国,但超级油轮依然扮演着重要角色。

中东石油运输模式的转变与日本、中国及印度经济的显著增长因而带来对石油的巨大需求有关。从海湾经印度洋直接向那一地区输送石油不需要通过苏伊士运河及地中海管道系统。要确保石油输送能持续畅通,需要加强对霍尔木兹海峡和马六甲海峡的安全保护,这是一个国际战略需要。

结论

中东作为一个地缘政治舞台的多样性和它多节点的地区性权力结构阻碍了它形成稳定的地区性或亚地区性的地缘政治单位。这些地缘政治单位的缺乏限制了通过分享与转让机制更有效地使用人力与物力资源。与呈现一个多样化角色相互补充的地区性综合体相反,中东拥有许多相互竞争的国家与利益集团。在这一竞争中,土耳其、埃及、叙利亚、伊朗、沙特阿拉伯以及以色列都是重要的权力中心,伊拉克假如把自己重建为一个统一国家,它是能够重获权力中心地位的,尽管前景十分遥远。地区内的贸易依然有限,因为作为中东国家主要贸易伙伴的最大的经济体都在地区之外,但也有一些例外情况。沙特阿拉伯是一些经济上较弱国家的产品的重要市场,比如那些位于红海海域两岸的国家以及阿拉伯半岛的邻国。黎巴嫩因其门户角色和交换功能,也将它的一些进口物资中转到其他中东国家,并向它们提供金融服务、食品和纺织品。巴林一直是阿拉伯半岛国家的银行业与金融服务业中心。今天石油储藏丰富的迪拜与卡塔尔正在争夺地区性金融中心地位。

除了海湾合作委员会 6 个国家之间的紧密联系之外——它们已将其功能扩大到成员间的自由贸易协定——中东地区国家之间的政治关系十分脆弱。除了阿联酋和也门,各种全面政治合并的努力都以失败告终,尽管也门沿从前的南北界线依然存在深刻的分歧。

比普遍展开的国家合并尝试更有希望的是具有有限目标的实用关系。埃及、约旦与叙利亚拥有一条将 3 国电网相互连接的电力线。其他例子是土耳其与以色列之间的淡水转让协议;拟议中的从埃及到以色列的水下天然气管道,并计划延伸至土耳其;以及埃及与苏丹就国防与尼罗河航运达成的协议。

水依然是造成关系紧张与爆发争端的重要原因,因为这一地区有多达 90% 的溪流和许多水层都穿越国际边界。因此不仅是土耳其对底格里斯河和幼发拉底河两河上游源头的分流遭到叙利亚和伊拉克的反对,而且对安纳托利亚东南部水资源工程的控制也会成为安卡拉和土耳其库尔德人之间就后者独立或者更大自治要求谈判中的重要议题。

叙利亚与以色列关于戈兰高地的协议受到阻碍,因为叙利亚坚持和平要取决于以色列不仅从戈兰高地和沙巴农场地区撤出,而且还要从沿加利利海——以色列主要水库——东北岸的 10 米长条地带撤退。它位于英国前委任统治地巴勒斯坦境内。以色列与巴勒斯坦民族权力机构针对以色列对约旦河西岸山区地下水层——正快速耗尽——的控制权问题存在矛盾。

在波斯湾,阿拉伯河和海上边界依然是发生争端的根源。保存办法、循环利用、脱盐过程、淡水销售,以及确立水价制定政策是解决这一地区水资源问题需要采取的措施,然而政治分裂是其贯彻执行的一大障碍。

尽管这一地区拥有丰富的石油及天然气资源,许多针对这些资源发生的争端与这一区域的陆地或海上边界有关,而居住在这些区域的少数民族居民正在寻求独立或自治。位于库尔德人占多数的北方和什叶派穆斯林占多数的南方边缘的伊拉克油田即属于这种情况,这坚定了中央集权的伊拉克政府对一个松散的高度自治省份的邦联形式的反对。西部逊尼派穆斯林占多数的省份缺乏石油资源也对一个统一的国家有着期待,它可以对国家的石油储备中的一份提出强烈的享有要求。伊朗的大部分石油资源位于大量阿拉伯人居住的胡齐斯坦省。在国家北部,伊朗阿塞拜疆地区拥有重要的石油与天然气的潜在储量。它与蕴藏丰富石油、天然气的里海的边界还有待确定。这使得探寻解决伊朗民族统一主义冲突的方法变得复杂了。

在苏丹,对油田的控制是内战的一个重要因素。对石油储量丰富的阿卜耶伊地区分界线位置的争端依然还未解决。和平条约中关于划分南北边界的目标日期,其中阿卜耶伊地区是2008年初的关键。其他对地区性稳定的障碍是在沙特阿拉伯和海湾国家的大批外籍工人,活动在一国的恐怖主义组织利用邻国基地作为训练和物资供应来源,伊朗发展大规模杀伤性武器的可能性,越界流动迁移、躲避战祸和国内纷争的难民。苏丹、厄立特里亚、索马里、土耳其、伊拉克、科威特、伊朗及阿富汗都有大量难民。在将近400万的巴勒斯坦难民中,1/3的已悲惨地生活在黎巴嫩、约旦、叙利亚、加沙以及约旦河西岸的难民营中长达大半个世纪,他们在饱尝苦难的同时还为当地带来不稳定因素。伊拉克的难民就成为约旦与叙利亚严重的经济负担,并威胁这两个国家的稳定。

所有以上这些障碍,加上财富不均、土地退化和其他环境问题,以及农业生产亏损等,都提出了严峻的挑战,而破碎地带的政治分裂则使得这种挑战更加难以对付。

中东的环陆地海洋像磁场继续吸引着主要外部强权,即使它们相对的影响已然发生了改变。俄罗斯通过与伊朗的联系保留着对波斯湾事件进程的若干影响,以及对东地中海地区的影响,在这里它继续支持叙利亚。美国依然是海湾的主要军事力量,保持着战略控制地位。在寻求伊拉克战争的解决方案过程中,华盛顿已在谋求与周边国家接触的机会,包括它在阿拉伯的盟友以及伊朗和叙利亚。美国政治中的一个主要问题是从一个在国内很不受欢迎以及在欧洲及世界其他地方招致无数反对的战争中将军队撤出的时间选择。对美国与欧洲而言,波斯湾在战略上同以往一样重要。海湾的安全已经要求美国将原来位于沙特阿拉伯境内的军事和监视设施重新部署到海湾其他地方以及更远的地点,以便保护海洋辖区众多地方能够获得中东石油供应的机会。对美国军事硬件的最大买主利雅得的武器销售,是衡量两国关系重要性的另一个指标。两国间经济关系已随着沙特阿拉伯成为美国第五大贸易伙伴以及美国在中东投资最大份额接收者而扩大。

中东阿拉伯国家内部之间联盟的转变是地缘政治舞台上正在上演的内容。意识形态、经济、个性、成功的政变,以及大国利益与支持都对中东国家在友好与敌意之间的态度转换起着作用。

在一个像中东这样不稳定的地区,作地缘政治预测是有风险的。在有了这一告诫之后,应当指出,现有的趋势表明,目前正在发生的地缘政治原子化现象可能会随着新的亚地区集团的出现而减少。但是,存在着重要的各种"假如"——假如阿以争端最终得到解决和假如土耳其获准加入欧盟,中东的西半部也许会成为濒海欧洲及马格里布地区的欧洲地中海扩展的一部分。埃及已经与以色列一样,在军事及经济方面向欧美强烈倾斜。利比亚现在与西方关系友好,将很有可能被吸引进入某种战略意义上的埃及势力范围,同时又成为以经济为中心的地中海联盟的一部分。

第十二章 中东破碎地带

在联合国地区性分组中,以色列属于"西欧及其他"这一组别,因为它被阿拉伯国家排除在亚洲地区组别之外。作为一个重要的高技术经济体及社会,一个与周围邻国保持和睦相处的以色列能够为高技术的濒海欧洲架设一座桥梁。实际上,以色列现在是非欧盟国家中参与欧盟项目最多的国家。在黎凡特其余国家和濒海欧洲之间有意义的地缘政治关系的建立取决于黎巴嫩解决其深刻的内部分歧以及叙利亚重新倾向西方。

在中东的东边一侧,伊朗尚未从它自己强加于自己的国际孤立地位中走出,而这种状况又被西方针对伊朗的核政策以及对国际恐怖主义的支持,包括支持叙利亚以及黎巴嫩南部真主党,而采取的制裁措施进一步强化了。它在中东的地缘政治地位已经因伊拉克什叶派执掌权力以及相应而来的德黑兰影响伊拉克稳定的能力提高而得到了极大的巩固。德黑兰还寻求通过发展与俄罗斯及中国的关系,削弱华盛顿在中东的战略控制地位。伊朗在发展旨在使其与巴基斯坦及以色列相当的中程战略导弹方面得到了莫斯科的帮助,同时它还通过谈判订立协议,成为印度天然气的主要供应商。俄罗斯正处在为伊朗在波斯湾的布什尔完成建造一家核电站的进程之中。

伊朗期望能扮演一个独立的地缘政治角色,并使它与世界各不相同的地缘战略区连在一起,而又不加入它们当中任何一个。它有可能成为一个对其邻国有相当影响力的一个强大、独立的地缘政治亚区的中心。比如说,历史上曾受到波斯文化影响的中亚部分地区有可能会受到德黑兰吸引,假如其政权向一种宗教和政治的平衡关系迈进,同时又放弃其对国际恐怖主义支持的话。然而,伊朗的什叶派依然是发展与包括阿拉伯世界和伊朗东面的伊斯兰国家逊尼派邻国更密切关系的阻碍。

如果中东西部被融入濒海欧洲势力领域,同时伊朗保持它独立的地缘政治立场,这一地区的其余部分——伊拉克、沙特阿拉伯、海湾国家、阿富汗和苏丹——将继续构成一个破碎地带,虽然比现在要小很多。如果美国继续在沙特阿拉伯和海湾国家保持强势存在,而俄罗斯成功与伊朗重建密切联系,在这样一个规模被缩小的破碎地带内的分化现象有可能会被强化。阿富汗在巴基斯坦和伊朗的压力下很可能会分裂解体,而巴基斯坦本身也可能会崩溃,其一部分或更多部分倾向中东。

关于中东破碎地带能够带有一点确定性的预测是,它将继续是一个冲突频繁和不断转换联盟对象的地区。而不能给予任何确信的预测则是,这样的联盟会怎样重组以及这一地区内部及外部的边界会是什么样。

注释

① Reader Bullard, *Britain and the Middle East* (London: Hutchinson's University Library, 1951), 28-47.

② Bullard, *Britain and the Middle East*, 48-65.

③ Richard C. Duncan and Walter Youngquist, "The World Petroleum Life-Cycle" (paper presented at Petroleum Technology Transfer Council Workshop at the University of Southern California, Los Angeles, October 22, 1998).

④ Central Intelligence Agency, "The World Factbook: Field Listing — Disputes — International," https://www.cia.gov/library/publications/the-world-factbook/fields/2070.html.

⑤ Alan J. Day, *Border and Territorial Disputes* (Harlow, England: Longman, 1982), 214–19.

⑥ Day, *Border and Territorial Disputes*, 222–25.

⑦ Saul B. Cohen, "Gaza Now! Prospects for a Gaza Microstate," *Mediterranean Quarterly* (Spring 1992), 60–80.

⑧ Efraim Karsh, *Islamic Imperialism — A History* (New Haven: Yale University Press, 2006), 1–8, 207–234.

⑨ U. S. Department of Energy, Energy Information Administration, "Annual Energy Review," in *World Almanac and Book of Facts 2007* (New York: World Almanac Education Group, 2007), 113.

第十三章
撒哈拉以南非洲破碎地带

△ 殖民与帝国背景
△ 后殖民政治框架
△ 地理背景
　　交通
　　经济
△ 地缘政治特征
　　历史性的地区核心
　　政治首都
　　核心区
　　有效地区领土
　　边界
　　内陆国家
△ 地区性权力中心的前景
　　南部非洲
△ 压缩区
　　西非
△ 结论

撒哈拉以南非洲在冷战期间成为破碎地带。它高度的内部分裂被苏联在这一地区发起的针对美国与欧洲的军事及意识形态冲突放大了。这一地区至今仍保持一个原子状的破碎地带,区别在于外部的干预者现在是中国对美国与欧洲。这种大国竞争现在是以非洲的能源资源为中心,尽管对中国的增长中的工业来说,这一地区的其他资源,比如锰、铜、钴、铬、钻石、黄金等,也很重要。

与以前来自外部渗透的时代不同的是,现在对经济和政治影响的竞争还基于对市场和投资的追逐。华盛顿对中国不断增长的影响极为关注,以至于五角大楼决定在几内亚湾海岸某处建立一个新的美国非洲司令部。其主要目的是在面对中国力度越来越大的竞争势头的情况下,保卫获得几内亚湾石油财富的机会,尽管人道主义援助也是其任务的一部分。对很多非洲人而言,这种竞争是被当作对经济发展的一种刺激而受到欢迎的,尽管它也刺激起了数世纪以来被殖民剥削的记忆。以下是这一殖民与帝国时期的背景。

殖民与帝国背景

对撒哈拉以南非洲预期中的财富的竞争导致了 19 世纪末 20 世纪初激烈的欧洲殖民争夺。第一次世界大战以后,德国地缘政治学宣扬泛欧非是南北泛区域理论一部分的学说。①这一学说基于这样一个论点,即南部大陆是"可利用的世界",对北部工业化社会的进步至关重要。

欧洲对非洲的渗透要追溯到 15 世纪大发现时期和 17—18 世纪奴隶贸易兴旺时代。但是,它真正是从 18 世纪末和 19 世纪初的探险和建立据点开始的。这反映在给予西非海岸的一些名称当中——"谷物与胡椒海岸"、"奴隶海岸"、"黄金海岸"、"象牙海岸"。北罗得西亚/赞比亚和刚果东南部(加丹加省)的"铜带"是又一个例子。

在 19 世纪,欧洲为干涉非洲寻找的一个理由是,阻止奴隶贸易和"使土著人开化"是基督教国家承担的义务亦即"白人的负担"。但是,主要的动机是经济开发。欧洲 1870 年到 1890 年期间的快速工业化激起了对新市场的寻求,不仅是在欧洲和北美,而且也在非洲和亚洲寻找新市场。此外,它创造了用来开发热带地区矿物财富和农业潜力所需要的资本盈余。1880 年以后,欧洲人口的增长导致人口大量移居海外,不仅仅是去美国,还去非洲殖民地,这些白人移民可以帮助他们的母国保持对殖民地的政治控制。②

刚果是用来说明非洲原住民怎样在外来者寻求财富过程中被无情剥削的最令人震惊的例子。英国的殖民兴趣没有被亨利·史坦利在继大卫·利文斯通之后的 1871—1884 年的 3 次大河探险激发出来。但是,这些探险确实促使比利时国王利奥波德建立了独立的刚果邦作为他私人的保留地。他对史坦利述及刚果的"奇妙的自然宝藏"的向往导致了一系列开发行动,先是对橡胶和象牙,然后是对河流上游流域的铜资源。所有由利奥波德授予的特许开采地都充分利用强迫劳动,这种管理制度的惨无人道激起了广泛的愤怒。作为回应,比利时政府最终在1908年从利奥波德手里接管了领土,建立了比属刚果,多少改善了劳动条件。

当非洲橡胶贸易随着产业向东南亚种植园转移而急剧衰退之时,铜依然是一项重要的出口,尽管在今天其重要性已被钻石超过。其他矿物(如钴、锌、锡、铝)、石油(源自刚果河口的离岸矿床)、热带硬木和种植园作物依然是当代刚果(扎伊尔)的经济支柱。另外,大河的主要水力资源部分已得到利用,尽管大部分还没有被开发。但是刚果盆地从未表明它像早期探险者和开发者认为的那样富裕。土壤的贫瘠、气候的严酷、疾病、劳动力不稳定以及来自世界其他地方的作物与矿物竞争,阻止了这一地区实现其已被发现的潜力。

自欧洲殖民体系崩溃以来,撒哈拉以南非洲已经陷入一种去发展状态(de-development)。作为世界上最贫穷的地区,它的地缘政治呈原子化,49个民族国家之间以及内部一再发生的冲突让它变得四分五裂。这些国家基本上是相沿了殖民时期确立的领土框架。有越来越来的共识认为,这些国家性框架是有缺陷的,因为它们未能解释包含在它们之中的民族、部落和宗教团体追求领土主权的许多动力。

减少冲突的处方之一是分成更多个更小更加同质化的国家。另一派思想持相反的观点,认为规模充分大的国家才是让非洲摆脱危机的答案。例如,盖克瓦迪(A. S. Gakwandi)提出了一个只有7个国家的新非洲政治地图,作为解决目前边界争端、背井离乡的难民以及内陆国家的债务等问题的一种方法。其逻辑理由是,几个在种族和宗教上存在差异但经济上能够自立的国家之间的均势,能够促进政治稳定。③但是非洲统一组织(AU)的立场是,所有成员国都应当尊重它们独立时的边界,重新划分边界将使一个已经被广泛的暴力弄得四分五裂的地区冲突面积进一步扩大。

后殖民政治框架

后殖民非洲已经历了许多次想分裂现存国家或者在它们中缔结联盟的尝试。分裂经常导致激烈的战争、严重的伤亡、乡村与城市极大的破坏,以及难民大规模的颠沛流离。最著名的是在尼日利亚的分离行动和刚果/扎伊尔的一再发生的类似企图。盛产石油的尼日利亚东南部的伊博人1967年建立了独立的比夫拉共和国,这发生在尼日利亚从英国获得独立7年之后。在一场延续了3年比夫拉人才被击败的战争中,据称有超过100万的比夫拉人死于饥饿。

在扎伊尔(现在的刚果人民共和国)1960年独立不久,其东南部高原矿物藏量丰富的省份加丹加省(现沙巴区),从国家中退出。加丹加省人发起内战历时3年后,反叛被联合国及比利时军队平息,后者的目的是让扎伊尔摆脱无政府状态,同时维持铜业的稳定。左翼总理帕特里斯·卢蒙巴(Patrice Lumumba)未能在叛乱爆发时争取到联合国的干预,故转而请求苏联帮助。他被约瑟夫·卡萨武布总统免职,随后被蒙博托(Joseph Mobutu Sese Seko)上校领导的军队杀害。蒙博托最终成功地镇压了叛乱,随后在1966年凭借比利时军队及美国中情局的帮助夺取了权力,开始了其独裁与剥削的政权,直到1997年被洛朗·卡比拉(Laurent Kabila)推翻。然而从此以后,刚果即不再有和平。

在乌干达1962年建立独立共和国5年之后,其南部的省份布干达谋求脱离乌干达。布干达在成为英国保护国之前曾有作为一个独立王国的很长的历史。它反对中央政府废除它在乌干达独立时被授予的高度自治权。叛乱被镇压了下去,尽管1993年乌干达及其他传统的君主政体仅在仪式意义上得到了恢复。随后在若干年内,这个国家遭受了阵发性的内战、政变和独裁政权。

安哥拉在1975年从葡萄牙获得独立之后不久,生活在石油储量丰富的卡宾达飞地,亦即安哥拉石油主要来源地上的刚果人,进行了一次试图建立一个独立国家斗争的不成功尝试。但是这一年在马克思主义政府与安哥拉彻底独立全国联盟反叛分子之间爆发了严重冲突。冲突持续激烈,直到安哥拉彻底独立全国联盟的创始人及领导人若纳斯·萨文比(Jonas Savimbi)2002年死于战争中才出现和平。反叛分子的钻石储量丰富的高原基地,加上美国与南非的军事支持,使得他们能够在这一场使国家1/4居民被迫离开家园的战争中始终保持一个"国中之国"的地位。要在政治上与经济上对这些难民与反叛分子进行消化吸收将是一个严峻的挑战。

有一个取得成功的分离主义的例子是西南非洲(纳米比亚)的经验,他们反抗南非统治,1989年获得独立。这块领土以前就有一段独立于南非的历史。作为19世纪末德国的保护地,它在第一次世界大战中被南非占领,后者受国际联盟委任统治对其进行管辖。1945年南非人拒绝将这一委任统治权交予联合国的托管制度。20世纪70年代,主要以安哥拉为基础的一个民族主义游击队组织——西南非洲人民组织(SWAPO)——发起了一场针对比勒陀利亚统治的游击战争,最终建立了一个独立的纳米比亚国家。

从国家脱离也发生在非洲之角。操阿拉伯语的厄立特里亚人以贸易及渔业为重,不像高地上的埃塞俄比亚农民。厄立特里亚沿岸地区第一次曾在19世纪80年代被意大利占领,作为一个单独的殖民地进行管辖,直到1935—1936年时意大利征服埃塞俄比亚之后,才与埃塞俄比亚合并。从20世纪60年代起,厄立特里亚人为自由而战。在

20世纪70年代末,他们与操提格里尼亚语的埃塞俄比亚反叛分子结成联盟,一起推翻埃塞俄比亚的阿姆哈拉人控制的马克思主义政权的斗争。30年之后,以10万—15万人死亡的代价,推翻了这一政权,而不久之后厄立特里亚就成为一个独立的、世俗的共和国。虽然厄立特里亚1993年平静地从埃塞俄比亚分离出去,但两国1998—2000年因边界争端而爆发战争,最终在联合国干预下这一争端得到解决。尽管这样,围绕着这一边界的紧张关系依然存在,因为埃塞俄比亚人拒绝接受调整后的分界线。厄立特里亚还反对埃塞俄比亚2006年对索马里的干预。埃塞俄比亚与厄立特里亚两国在宗教方面存在差异,但阿姆哈拉埃塞俄比亚人的东正教一般支配着埃塞俄比亚的政治,而厄立特里亚则是穆斯林主导。

在索马里海岸,英国、法国和意大利都在前一个世纪建立了殖民地,每一个殖民地都以某个战略性港口为中心。英国在亚丁湾柏培拉港周围创建了一个保护国。伦敦的目的是在索马里海岸出现,以与法国控制的吉布提相抗衡,后者在1862年本是作为亚丁的一个商业和战略对手而发展形成的。此外,英国对从索马里牧人那里获得食物供给,特别是供给亚丁的羊肉,很有兴趣。1889年,意大利仿效英国沿着中心海岸建立起一个以摩加迪沙港为中心的保护国,港口俯视着亚丁湾与印度洋。意大利在随后几年向南扩张了领土。

英、意殖民地1960年合并成为独立的索马里共和国(法属索马里没有加入,而于1977年获得独立,取名为吉布提)。被氏族争斗弄得四分五裂之后的索马里,在1991年内战中分裂成好几个不稳定的部分。厄立特里亚从埃塞俄比亚分离出去以及索马里遭瓜分之后爆发的冲突将在压缩区的部分讨论。

企图通过联邦或合并形式创造非洲大国家的尝试没有成功。1959年,马里与塞内加尔组成马里联邦,然而第二年即告解散。几内亚和加纳在1958年形成了一个象征性的联盟,1961年联盟扩大,将马里包括进来。这一合并形式没有产生实际效果而于1966年终止,当时加纳的克瓦米·恩克鲁玛被推翻。

东非在地区性联盟方面的经历同样令人失望。当乌干达、肯尼亚及坦噶尼喀依然处英国统治之下时,一个东非联邦的观念已被提出。皇家专门调查委员会(1953—1955)提出以3个地区建成一个将包括交通、通信和税收功能的联邦框架。这一建议在当时未被采纳执行,因为它呼吁由非洲原住民实行最终控制,所以遭到白人定居者的强烈反对。3个国家独立后(1967年)组成了东非共同体(EAC),然而因为乌干达与坦桑尼亚之间因针对坦桑尼亚对其西北部位于维多利亚湖西南岸的卡盖拉地区的控制权问题而发生冲突,东非共同体未能取得任何进展。1977年,共同体正式解散,但在2001年2月作为一个经济集团得到恢复。

在非洲南部,南罗得西亚成为罗得西亚和尼亚萨兰联邦的一个成员。1963年联邦解散。一年之后,北罗得西亚(赞比亚)和尼亚萨兰(马拉维)获得独立。1965年,南罗得西亚(津巴布韦)白人少数政府自己宣称脱离英国而独立——它后来改名为罗得西亚共和国——然后实行彻底的按种族类别授予选举特权的制度。1980年,联合国的经济制裁和非洲民族主义游击战争最终导致多数黑人统治下的津巴布韦的独立。1980年,一次企图联合葡萄牙佛得角殖民地与几内亚比绍的尝试行动失败;翌年,塞内加尔与冈比亚之间的一个邦联协议约定被解除。

前殖民地合并中有几个取得了有限的成功。黄金海岸与英属多哥兰1957年联合——当时两个殖民地都获得独立——组成了加纳。1961年,英属喀麦隆的南部并入法属喀麦隆组成喀麦隆,而英属喀麦隆的原北边则给了尼日利亚。3年以后,桑给巴尔岛——这是一块曾获得独立却在血腥革命中被推翻的苏丹统治领土——与坦噶尼喀合并组成坦桑尼亚。这一联盟给予桑给巴尔相当大的内部事务自治权。但是,两块区域上的宗教及经济差异一开始就带来了摩擦。桑给巴尔岛是数百年的阿拉伯奴隶贸易中心,人口几乎完全是穆斯林,而绝大多数坦噶尼喀人是基督徒或者信奉自己的传统信仰。另外,桑给巴尔岛由世界丁香市场崩溃而造成的贫穷,以及最近数十年其自治权的减损,已经引起了一场强烈的分离主义运动。丁香过去一直是桑给巴尔岛及其附近的奔巴岛的经济支柱。随着价格及需求的陡降,这些离岸岛屿已在谋求向旅游经济转变,然而这一产业的发展态势还没有产生预期的效果。

桑给巴尔岛与坦噶尼喀联盟的持久性越来越令人怀疑。一旦桑给巴尔独立,它能够从其所处位置获益,成为一个连接东非与面向印度洋的南亚和中东地区的门户国家。这将标志着它向传统角色的回归,亦即回到11世纪与12世纪,那时来自波斯湾的商人定居在桑给巴尔岛,以便发展与东非海岸的商业贸易交流活动。在19世纪,该岛扮演了从东非到中东及其以外地域象牙贸易中心的角色。

大陆及地区性经济框架也有有限的影响。④成立于1963年的非洲统一组织在1980年的拉各斯行动计划中,提出了到2000年创建一个单独的泛非共同市场的目标。非洲联盟(AU)现在不仅包括4个撒哈拉以南非洲国家,还包括5个北非国家中的4个。同样在1963年,在《雅温得协定》(Yaounde Convention)中,18个操法语的非洲国家和马达加斯加组成了西非和中非经济共同体,共同市场对它的出口给予免税准入机会。这一组织未能取得协调发展,除了共享一个系于法国法郎的共同货币。与这一协定有关,建立了欧洲发展基金,它确实证明了是一个珍贵的帮助来源。

《雅温得协定》之后还有1975年的《洛美协定》(Lomé Agreement),它要求在非洲签约国和欧共体内部及之间实现货物与人员的自由流动。⑤这一目标还没有完全实现。15个原非洲成员国组成了一个新的地区性集体——西非经济共同体(ECOWAS),它包括操法语的国家和尼日利亚,以及其他前英国殖民地。

《洛美协定》起初是由法、英共同发起的,反映了欧洲尽管面对普遍的去殖民化的紧张态势但还是不愿放弃非洲的决定。至1999年,《洛美协定》已经扩增到包括总共71个国家,包括加勒比海15个国家,太平洋地区8个国家,以及非洲48个国家。27个欧盟成员承诺为71个国家(亦称非加太国家)提供进入欧盟市场的帮助和机会。但是,欧洲共同农业政策,作为保护欧洲农业的措施,限制了所承诺的成员国进入欧盟市场的机会。

西非经济共同体扩大了其功能,成为尼日利亚及其他西非国家将维和部队派往利比里亚和塞拉利昂这些为内战撕裂国家的政治掩护。同样,另一个地区经济集团14国南部非洲发展共同体(Southern African Development Community,SADC)——其干预了刚果民主共和国的事务——已谋求将自身变成一股地区性安全力量。结果,那里的内战被扩大为地区性冲突。安哥拉、津巴布韦和纳米比亚,代表南部非洲发展共同体,将维和部队派往刚果,保护洛朗·卡比拉(Laurent Kabila)政权不被叛乱分子推翻。叛乱分子受到了来自卢旺达、乌干达和布隆迪军队的支持。因此,3个南部非洲国家联合起来对付3个东非尼罗河国家。

南非作为南部非洲发展共同体成员中规模最大及经济最强大国家,反对对刚果民主共和国内部事务的干预。没有南非的支持,南部非洲发展共同体就几乎没有任何政治或经济能力。

西非经济共同体和南部非洲发展共同体是现存地区性组织中最重要的两个。其他地区性组织还有东南非共同体市场(Common Market for Eastern and Southern Africa, COMESA)和中非国家经济共同体(Economic Community of Central African States)。但是,所有这些组织在推进地区经济一体化方面都几乎没有进展,这部分地是因为各个国家的保护主义政策。

地理背景

撒哈拉以南非洲有8亿人口,它们因几个原因居住非常分散。一个原因是可耕地在整个大陆热带及亚热带高海拔地区分布相当广泛。另一个原因是各个海岸线的范围有限。第三个原因是相隔甚远的河道系统的多样,其中每一条河流都有助于将人口稠密区吸引到河流的下中游地区。

撒哈拉以南非洲没有一个沿海地区拥有人口和经济集中区,而它是一个占支配地位的地区性大国的崛起所必需的。撒哈拉以南非洲最大的国家尼日利亚拥有将近1.5亿人,或占非洲次大陆人口的近20%。但是,尼日利亚已被地区及宗教的派系分裂倾向弄得四分五裂。

撒哈拉以南非洲在种族上以黑人为主，欧洲人、印度人和阿拉伯人合计占总人口不到5%。但是非洲可再分为一千种以上的文化语言群体，这导致了它的原子化状态。撒哈拉以南非洲的780万平方英里土地中的很多地方不适合吸收快速增加的人口。热带雨林、贫瘠干燥的稀树草原土壤以及沙漠都是农业和人类定居的阻碍。非洲次大陆大多数地区由经历了连续的地质隆起的高海拔高原组成，许多地方不通海岸。平缓上升的海岸平原宽度很窄，覆盖的陆地比其他大陆海岸平原覆盖的面积比例要小得多，而且它们极少可以成为良好的天然港口。在确实出现了这类平原的地方，它们经常又太干燥因而定居者寥寥，或者地域过于狭窄，被高地封住了与内陆的联系。有些沿海地区还因奴隶贸易而人口稀少。

现代城市经济的发展受到很多地区缺乏大量集中的沿海人口的抑制。然而存在重要的例外。这些例外包括尼日尔河河口、沿几内亚湾东西沿岸平原、下刚果、南非西南和东部海岸、坦桑尼亚沿海和马达加斯加东部。尼日尔三角洲和几内亚湾水域丰富的石油和天然气资源，以及安哥拉的近海矿床，对它们沿海地区的发展起到了关键的作用。很多由能源资源创造的收益已被腐败政权挥霍一空，而不是被用于基础发展的目的。

交通

在撒哈拉以南非洲，铁路没有起到在世界其他地方，特别是在美国、西欧、欧亚大陆心脏地带、巴西南部以及阿根廷大草原上等起到的作为国家建设和经济发展开路先锋的作用。在世界其他地方，铁路起到了吸引大规模定居人群的作用，首先吸引农业人口，然后吸引城市人口，再后成为国家核心区的支柱脊梁。在非洲次大陆，铁路的作用被局限于运送矿物和商业作物至海边以供出口，而不是被当作密集人口和经济活动的支撑组织。不仅是15个撒哈拉以南国家深处内陆，而且这一地区其他很多国家的矿物及木材资源也位于人口稀少的偏远地区。

事实上，与作为国家建设的主体相反，大多数铁路成了离心力量。刚果东南部的加丹加省（沙巴）铁路通往安哥拉大西洋海岸的本格拉，而不是通往位于刚果河下游的刚果民主共和国首都金沙萨。另一条起自沙巴的铁路线与赞比亚和津巴布韦铁路网相连，通向莫桑比克的印度洋海岸的马普托港。尽管20世纪60年代初加丹加省的分离运动最终被平息，但加丹加省的分离倾向因为地理位置的孤立，还在继续激化。但事实上，沙巴与刚果其余部分的联系近年来已得到改善。

另一条未能带来广泛经济发展的重要铁路是坦赞铁路（Tazara Railway）。它于20世纪70年代由中国建造（15 000名中国工人参与了这一工程），目的是扩大中国在东非的影响。坦赞铁路长1 100英里,将位于内陆的赞比亚经坦桑尼亚的达累斯萨拉姆港与大海连在一起。铁路的地缘政治意义是它让赞比亚摆脱了必须通过津巴布韦铁路系统到达或者莫桑比克贝拉港和马普托港或者南非港口,以将其主要铜资源向外出口的状况。近年来,一条公路和加一条石油管道已可抵上这条铁路的功能。坦赞铁路对赞比亚经济起到了重要作用,但它没有足够明显地帮助拓宽赞比亚的经济,也没有成为赞比亚或坦桑尼亚的主要定居区和经济活动走廊的有力支撑。

总之,交通依然是非洲经济发展过程中的致命弱点。铁路货运运费率比其他发展中国家及地区要高得多——比拉美高50%,是亚洲的两倍。公路系统甚至问题更大,因为它们面临保养不足而持续退化的危险,而这又被与气候、植被和地形相关的不利条件进一步恶化了。

经济

撒哈拉以南非洲是世界上最贫穷的地区,平均人均收入2 500美元。更令人吃惊的是,这一地区30%工作着的穷人每天所挣不足一美元。而普遍贫穷的状况又因外国政府和国际贷款机构的国际债务进一步加剧。2000年末,世界工业国家同意对22个最贫穷国家提供债务减免,其中18个国家位于撒哈拉以南非洲(其他4个在拉美)。但是这没能起到缓和局面的作用,因为截至2007年,国际债务甚至高于2000年的水平。这一地区受着资本投资不足、艾滋病及其他疾病、内部纷争和战争的困扰。虽说自2000年以来外商直接投资增加了两倍,但它们只占世界发展中国家总投资的7%。另外,大量的投资用于并不能让大多数穷人受益的石油开发。⑥过去几年来,撒哈拉以南非洲国家的国内生产总值以每年5%—6%的速度增长。虽然这为撒哈拉以南非洲地区走出贫穷提供了一线希望,但这种增长也只是使这一地区的经济水平回到十几年前的水平而已。撒哈拉以南非洲继续处在经济上从而也在地缘政治上依赖外部世界的状态——这是一个从大多数非洲国家在2007年12月里斯本会议上拒绝欧盟提出的欧—非自由贸易协定建议的强烈程度凸显出来的现实。

尽管矿物(包括石油)以及商业作物和纤维纺织品是出口收入的重要创造者,并且近年来每年都为国内生产总值带来超过5%的增长,但它们不能够维持大陆上广大的生存性农业人口和城市人口的生存。国际矿物价格的波动和对农产品的高额关税造成了经济不稳定。另外,腐败使得大量出口收入流进了政治及经济界精英的口袋。由旱灾和植物疾病引起的周期性农作物歉收,破坏了乡村田野,迫使一批一批的为饥饿所困的养家糊口农民放弃家园,流往那些大城市中滋生着大量犯罪活动的城市贫民窟——这类大城市本身无法维持现存人口生活,更别提吸收这些新来人口。逃避饥荒的难民,以及那些逃离战乱地区的民众,从国际救济机构得到了一定程度的安全和获取食物的机会,但他们依然在避难城市中处于无依无靠的地位。从乡村逃往城市的步伐还因与旨在提高农业生产力的农业开发一并出现的土地集约化而加快。

这种大批逃离农村的悲剧性结果令人痛苦地反映在盛行于拉各斯的城市无政府状态之中。这个尼日利亚的大城市已从半个世纪前的20万人的宁静的中心,发展为一个人口远在1 300万以上的城市。它缺乏与一个城市基础结构相似的任何东西,持续不断涌入的新移民在城市贫民窟或在破落废弃的地区住下,其中散布着敞开的排污沟和有限的可饮水供应点。疾病流行,孩子缺乏教育,犯罪行为盛行。然而尼日利亚移民继续从遭受旱灾的荒漠草原逃往城市。联合国估计,15年后,拉各斯人口可能增长到2 300万。除非采取一项重大的国际行动去稳定拉各斯以及其他第三世界大城市的人口,否则就没有可能减轻这一城市悲剧。

撒哈拉以南非洲面临的一项重大挑战,与许多发展中国家地区一样,是找到提高农业产量和小农收入的方法。在许多非洲国家,60%—80%的人口由贫穷的乡村农民组成。例如,在石油储量丰富的尼日利亚和安哥拉,农村人口的估计数分别达到各自国家总人口的50%和60%以上。即使是这一地区最发达的国家南非,其农村人口也有40%。

制造业对这一地区的作用依然非常有限,除南非之外。非洲这一领域落后的一个指标是其在世界商品贸易中的参与额度最小。发展中国家作为一个整体,现在占到世界总商品贸易的1/3,但撒哈拉以南非洲占世界贸易份额仅为2%。在其总的对外贸易中,区内贸易不到10%。其余部分中,一半以上贸易发生在与欧洲之间,还有一大块是与美国以及——越来越多地——与中国的贸易。这种交流的缺乏增加了其孤立和原子化的气氛,加深着这一地区成员之间的忌恨和敌意。

在以上这些不幸的人类境况和经济条件下,显然,如果没有来自发达国家的大量经济和技术援助以及资本投资,撒哈拉以南非洲是缺乏向前的进步能力的。通过改善健康水平、战胜疾病和提供安全水源和卫生条件,以及减少文盲人数等手段缓解农村及城市贫困人口的痛苦,将要求比到目前为止提供的更大得多的投资量。数十年来,这一地区获得的捐赠和贷款形式的援助已累计达数十亿美元,它占每年非洲次大陆经济活动的10%。但是,现在证明这还不够,并且也未能得到有效运用。因为这一地区有着世界最快的人口增长速度,在其10个国家中人口中位数为15岁,所以有必要采取生育控制措施以平衡人口增长,同时还要改善健康及其他生活条件。⑦

即使有了增加援助以及附带的贷款免予偿还等一揽子帮助计划,如果不消除腐败以及鼓励国家间展开合作性项目等,那么这一地区仍然不会有大的经济进步。但是,除非耗尽了撒哈拉以南非洲人的发展能力和经济发展能力的冲突和战争能够有根本性的

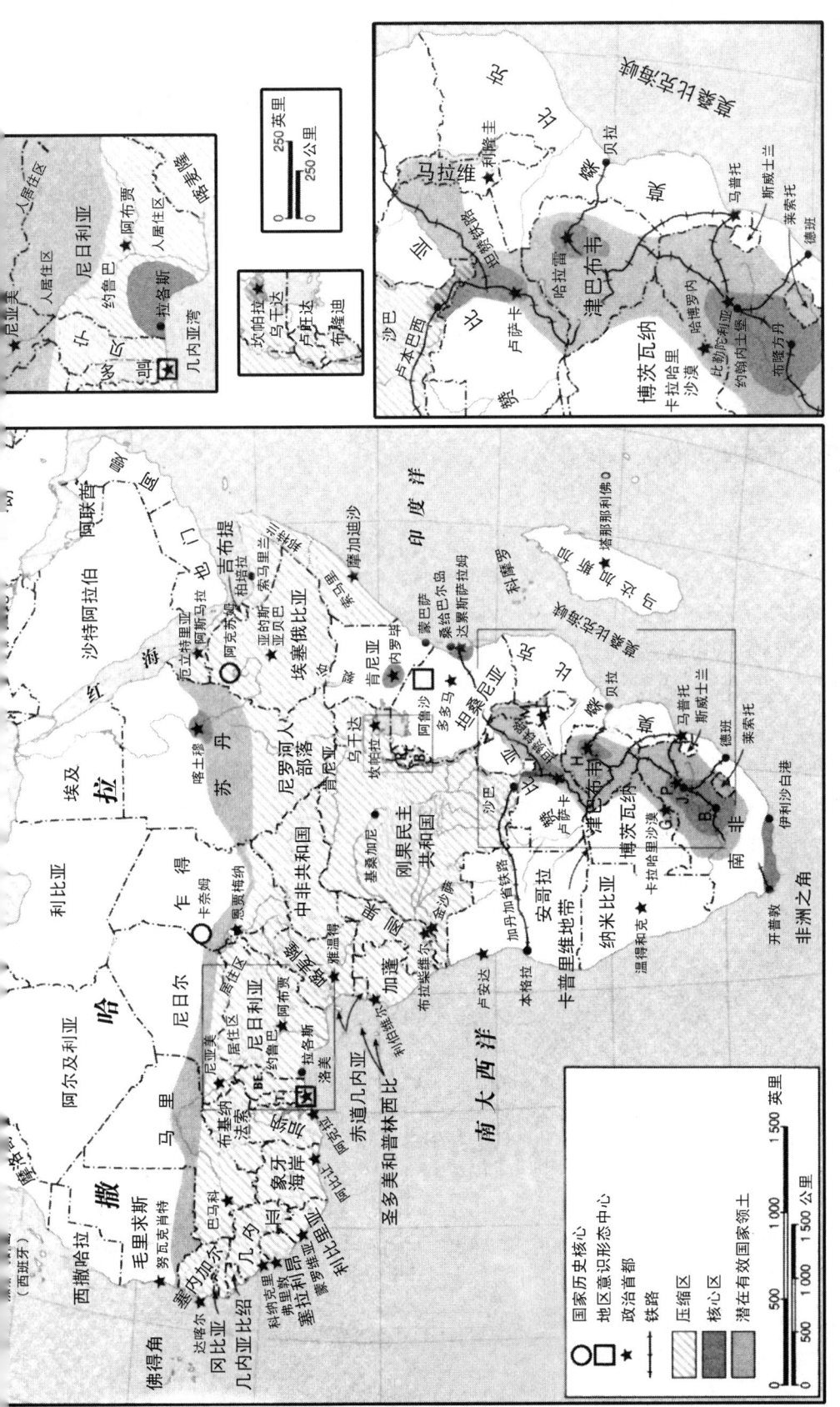

图 13.1 撒哈拉以南非洲破碎地带：主要地缘政治特征

减少,否则这样的措施只能产生有限的效果。遗憾的是,地区性地缘政治结构趋势几乎没有证据表明,那种既为非洲目前经济及政治困局之原因同时也是其结果的原子化现象,会很快自行结束。

地缘政治特征

从地缘政治特征和模式说,撒哈拉以南非洲是世界地缘政治体系中最不成熟的地区,而几乎没有可能的是,它会很快进化成能克服目前地区原子化趋势的有凝聚力的地缘政治结构。

历史性的地区核心

没有一个地方能够声称已经埋下了撒哈拉以南非洲统一的种子,从而履行了历史性政治核心的角色。泛非洲主义早期重要的提倡者克瓦米·恩克鲁玛,从他在阿克拉的根据地领导加纳获得了独立。尽管加纳从美国和苏联都接受了相当大的经济及技术援助,但世界可可价格的下降以及缺乏论证的大型开发项目导致了经济混乱以及1966年恩克鲁玛被推翻。自那以后,加纳失去了作为第三世界意识形态领袖的角色,而它刚开始从贫穷、政治动荡以及压迫它30多年的军事统治中摆脱出来。加纳的繁荣曾经依赖于占外汇收入75%的可可出口;而现在它从可可出口中得到的收入只占外汇全部收益的15%,目前加纳依靠它的森林以及诸如金、铝矾土、钻石和锰等这样的矿物来填补直线下降的可可价格留下的缺口。

多哥首都和西非国家经济共同体的成立地点洛美,也未能成为地区统一的中心。同样的情况也适用于坦桑尼亚的阿鲁沙,它是朱利叶斯·尼雷尔总统1967年撰写《阿鲁沙宣言》的地方,在此尼雷尔曾呼吁实现非洲社会主义、平等主义、勤奋工作和自力更生。宣言在当时的非洲具有强大的影响,阿鲁沙也成了东非共同体的总部。但是,东非共同体此后因为地区内的冲突而解散。因此,阿鲁沙没有在变化的政治经济时代延续泛非洲主义精神,它仅仅成了一个有趣的历史注脚。

非洲联盟是仿效欧盟形成的。非洲联盟比之前身非洲统一组织有一个远为广泛的授权。其宏伟的目标包括实现成员国之间的政治经济一体化,促进民主制度和良好管理。一个共同的议会、中央银行、最高法院以及单一货币也在拟议之中。⑧非洲联盟还被授权干预阻止大屠杀、战争犯罪和侵犯人权等。在这一授权下,它参加了阻止达尔富尔大流血行动,但收效甚微。总体而言,在撒哈拉以南非洲的维和行动继续依靠联合国组织的维和部队或某些个别国家——尤其是法国——的维和部队。

政治首都

　　同样,目前还没有一个政治中心具有成为当代地区性政治核心的潜力。尼日利亚的联邦首都——规划中的阿布贾市——1991年代替拉各斯成为政府所在地,是西非面积最大同时也是最强大国家的政府中心。它因其有益于健康的气候,有限的周边人口和位于尼日利亚的中部,以及因为它处于南北之间的"中间"地带而被选为首都。但是,尼日利亚的凝聚力受到政治纷争和暴力的削弱。最大的城市中心拉各斯,一直是约鲁巴人和豪萨人之间民族争斗充分展示的舞台,成为了国家离散的地理象征。

　　南非的比勒陀利亚本可以作为非洲南部的政治首都候选地之一,但它更多地代表着殖民地的过去,而不是未来非洲的统一。作为白人殖民者修建的城市,它几乎没有任何象征性的现成景观能够激起黑人的政治理想。不仅如此,南非领导人最近才表现出对寻求地区性影响力的兴趣。曼德拉1994年担任总统之后的大部分时间,新的黑人政权一直专注于国家的而不是地区性的事务。

　　肯尼亚的内罗毕是几个国际组织(包括联合国环境规划署)的总部。它曾是英属东非保护国的历史首都,今天依然是一个地区性中心。

　　埃塞俄比亚的亚的斯亚贝巴是非洲联盟的总部,位于这一地区边缘的非洲之角上,不能胜任撒哈拉以南非洲大陆的意识形态号召中心的角色。

核心区

　　因为国家核心区发育程度太低,因而在撒哈拉以南非洲找不到一个地区性核心区的痕迹是毫不奇怪的。非洲次大陆仅有的较发达国家核心区在南非。这个经济及人口核心区域从其在大约翰内斯堡的枢纽横穿德兰士瓦省,向北抵达赞比亚边界,向东南穿过德拉肯斯山脉后到达德班海岸,再向南到达伊丽莎白港口。但是,南非主要的核心区与毗邻的津巴布韦经济核心区域没有地理上的联系。

　　有一个也许某天会形成非洲南部地区核心的开发地域是由南非核心区经马普托开发走廊向莫桑比克的潜在延伸部分。这是一条改建的铁路和收费公路走廊,它从约翰内斯堡经斯威士兰向东北延伸到莫桑比克海岸马普托。一条从德兰士瓦省油田伸出的天然气管道也穿经这条走廊。马普托的经济已经因为建于走廊东端的钢铁厂和铝厂而得到加强,沿运输路线正在形成一条密集的人口居住带。但是,斯威士兰和莫桑比克的内陆部分的集约型工业发展还为时遥远。一个更小的跨国核心区——铜带——从赞比亚东北部伸入刚果的沙巴东南部分。

有效地区领土

两片广阔的草原地区——从德兰士瓦省延伸经过津巴布韦和赞比亚的非洲南部的稀树草原和西非荒漠草原——有成为有效地区领土的潜力。但是,这些地区对有效国家领土合并的障碍因素很难克服。缺少雨水、疾病(包括牲畜和人)的疾病,以及远离公海扼杀了海洋贸易的可能。荒漠草原地区,从塞内加尔经毛里塔尼亚、马里、布基纳法索、尼日尔和尼日利亚北部,然后进入苏丹和埃塞俄比亚,它在20世纪70年代和90年代遭受了灾难性的旱灾和饥荒。这给这一地区带来了极大的破坏,导致大片地区人口减少,而不是人口增加。有效国家领土和有效地区领土必须能够吸引新增人口。

表 13.1 撒哈拉以南非洲:目前的边界及领土争端

国 家	争 端 边 界	争 端 领 土
喀麦隆	国际边界——乍得湖的划定(包括乍得、尼日尔及尼日利亚)	
科摩罗群岛		向法国索要马约特岛;姆瓦里和恩兹瓦尼岛分离主义者寻求回归法国
刚果/刚果民主共和国—刚果/布拉柴维尔	刚果河边界大部分未定,除在斯坦利湖地区	
厄立特里亚—吉布提	杜梅拉红海海角及岛屿	
埃塞俄比亚—厄立特里亚	陆地边界	巴德梅三角边界2002年划定
埃塞俄比亚—索马里		索马里声称对埃塞俄比亚欧加登沙漠区的南半部拥有主权
加蓬—赤道几内亚	海上边界——科里斯科湾海湾石油储藏丰富的水域	
加蓬—尼日利亚	海上边界——几内亚湾石油储藏丰富的水域	
冈比亚—塞内加尔	一小段边界不确定	
马达加斯加		法属格洛里厄斯群岛和新胡安岛
尼日尔		利比亚声称对尼日尔北部12 000平方英里地区拥有主权
索马里		索马里兰、"邦特兰地区"及索马里其他部分之间的分割
斯威士兰		对南非持有领土提出主权要求

表 13.2　撒哈拉以南非洲：潜在的边界和领土争端

国　家	争　端
喀麦隆—尼日利亚	两国间巴卡西半岛和附近岛屿划分，20世纪90年代的军事冲突，丰富的近海石油矿床
乍得—利比亚	利比亚对乍得北部43 000平方英里的奥祖长条地带声称拥有主权，20世纪80年代的战争，1993年国际法院将其判给乍得，铝储量丰富
加纳—多哥	多哥南部泛埃维分离(Pan-Ewe)主义运动，20世纪80年代以后平息
肯尼亚—索马里	肯尼亚东北省份对大多数索马里人加入索马里的权力的潜在争端
莱索托—南非	南非对特兰斯凯的主权，后者1976年获得独立，1994年被南非合并
纳米比亚—博茨瓦纳	对利尼扬蒂河中卡西基里岛的主权由国际法院于1999年判给博茨瓦纳
塞内加尔—毛里塔尼亚	对毛里塔尼亚南部放牧权的争端，1989年发生冲突
坦桑尼亚—马拉维	马拉维湖争端

边界

另一个重要地缘政治特征——边界——也反映了这一地区地缘政治上的不成熟。撒哈拉以南非洲一些地区的边界从来就没有得到清晰的划定，依然处于争端之中。其他个别地区的边界虽然划定，但有两国或更多国家声称对其拥有主权，它们经常是激烈冲突的根源。这些边界穿过种族部落的、语言的和宗教的群体，使相当一部分少数民族留在边界的一侧，他们渴望与边界另一侧的亲人团聚（见表13.1）。⑨表13.1和13.2列出了目前及潜在的边界及领土争端，同时标出了它们目前的地位。⑩

很多边界冲突与更广泛的对自然资源的控制、通海的机会和民族统一的争端有关。同时它们与某个国家的内部纷争和政治不稳定也不无关联，它可能会导致其边界出现漏洞，这是导致撒哈拉以南非洲冲突的一个重要因素。失去防范的边界让游击队组织从国外基地进行活动，在境外发动袭击，把毗邻国家拖入冲突。刚果/刚果民主共和国和赞比亚就被安哥拉叛乱分子用作摆脱葡萄牙争取独立的基地。此后，安哥拉又成了纳米比亚叛乱分子发动的脱离南非获得自由运动的组织中心。安哥拉政府指责赞比亚允许安哥拉彻底独立全国联盟越过存在漏洞的赞比亚边界销售钻石，然后带回军事装备来维持其生存。另一个例子是，莫桑比克在津巴布韦游击队组织争取独立的战争中，为他们提供了一个安全的战争指挥部。

活动在塞拉利昂和利比里亚的几内亚叛乱分子越过边界对几内亚军队发动袭击，给几内亚西南及东南边境地区造成很大破坏。博茨瓦纳为纳米比亚的洛奇人部族提供庇护，后者利用博茨瓦纳的基地企图在纳米比亚的卡普里维长条地带和赞比亚西南部分地区创建一个独立的洛奇人国家。狭窄的卡普里维长条地带 50 英里宽，300 英里长，突入博茨瓦纳和赞比亚，离纳米比亚主要中心数百英里，非常容易遭到洛奇人叛乱分子的边境滋扰。

从 1992 年到 2002 年激烈进行的塞拉利昂内战，由于得到查尔斯·泰勒的支持愈演愈烈；泰勒是利比里亚的独裁者，他使叛乱分子能够购置到武器。叛军控制了塞拉利昂东南部地区，那里是钻石开采和贸易中心。直到泰勒放弃权力和流亡之后，塞拉利昂才获得和平，并在以前叛军的参与下于 2002 年和 2007 年举行选举。泰勒，这个使自己国家陷于混乱数年之久的军阀，抢夺了利比里亚的权力，使国家沦落令人悲惨的贫穷境地，以至今日它才刚刚开始因为其国际船队和橡胶的收入而从贫困中走出。

近来最为高发的冲突之一在沿刚果/刚果民主共和国与卢旺达之间的边界激烈进行。逃入刚果东部的卢旺达胡图族游击队，利用那里的基地对卢旺达由图西族人控制的政府发动越界袭击。布隆迪叛乱分子也在刚果境内活动，对布隆迪的图西族人政权发起进攻。因为刚果已故总统洛朗·卡比拉(Laurent Kabila)的无能，或者是缺乏终结卢旺达胡图族人袭击行动的愿望，才导致卢旺达和乌干达政府支持刚果叛乱分子试图推翻卡比拉。具有讽刺意味的是，卢旺达图西族人总统保罗·卡加梅(Paul Kagame)最初是支持卡比拉叛乱分子的，后者在 1997 年推翻了刚果独裁者蒙博托，因为蒙博托允许卢旺达胡图族人在刚果东部避难。

在非洲之角，历时漫长的厄立特里亚对阿姆哈拉族(Amharic)埃塞俄比亚人统治的叛乱跨过了海尔·塞拉西(Haile Selassie)和海尔·马里亚姆·门格斯图(Haile Maryam Mengistu)两个政权，后者在 1974 年推翻了塞拉西。在 20 世纪 80 年代，厄立特里亚人与泰戈尔省的埃塞俄比亚叛军队伍一起，最终推翻了受苏联支持的门格斯图马克思主义政府，导致数世纪以来的阿姆哈拉族统治的结束。1993 年，由前叛军领袖梅莱斯·泽纳维(Meles Zenawi)控制的新埃塞俄比亚政府同意厄立特里亚独立。鉴于这一分离使埃塞俄比亚被锁在内陆，厄立特里亚在阿萨布给予埃塞俄比亚一个自由港，它由公路与埃塞俄比亚连在一起。看上去和平已最终到来。

但是，这两个前盟友不久就对过去从未界定清楚的 625 英里边界的某些部分而发生战争。争夺的焦点是巴德梅三角(伊尔加三角)的归属权问题。由于双方都投入了大批具有战斗经验的部队，使得 1998 年以小规模开始的战斗发展成了一场全面的战争。1999 年夏，由非洲统一组织(OAU)居中调停达成停火，一年之后停火协议破裂，当时埃塞俄比亚人推进到厄立特里亚境内，使100万厄立特里亚人离开家园。第二次停火协议签订于2000年9月，双方同意回到厄立特里亚最初入侵之前的边界。

一个小规模的联合国维和部队被部署在沿这条边界的16英里缓冲区之内，两国同意由联合国划定边界。2002年4月一个独立边界委员会完成了边界划定，将争端之镇巴德梅小镇裁给了厄立特里亚。亚的斯亚贝巴拒绝了这一裁决，紧张态势依然持续。这两个前盟友之间冲突的代价是10万士兵死亡，自然风貌大面积毁坏以及大批厄立特里亚难民流离失所。这两个国家都属世界最贫穷国家，这场战争使它们的经济发展甚至又往后退得更远。

由于冲突——尽管达成了和平协定——处在内陆的埃塞俄比亚从使用厄立特里亚阿萨布港转而使用吉布提和柏培拉港作为贸易的主要出口地。埃塞俄比亚大部分进口和出口现在从吉布提经过487英里铁路到达亚的斯亚贝巴。这条完成于1929年的缓慢和过时的铁路，必须攀上一条蜿蜒的山路之后才到达位于海拔8 000英尺的埃塞俄比亚高原的首都。较小的港口柏培拉位于分离国家索马里兰，它已经成为埃塞俄比亚日益重要的一个中转货物集散地。前英属索马里兰凭借一个基于氏族的代议制政府而获得了政治上的稳定。柏培拉虽然没有铁路，但它经过埃塞俄比亚商业中心哈勒尔与亚的斯亚贝巴的公路交通是运输路线中最方便和速度最快的。2000年大量饥荒救济食品运输通过柏培拉进入埃塞俄比亚，埃塞俄比亚政府正谨慎地发展与索马里兰的其他经济关系。⑪

大多数撒哈拉以南非洲的边界争端是殖民地时期边界制定的遗留问题，正如这一地区各国大量的内部纷争是划分领土以适合欧洲的殖民目的，或调和相互争夺目标的产物。如前所述，关于是调整边界以让国家更具民族凝聚力，还是使其扩大以创造出在经济上更适宜的国家，存在着观点分歧。

内陆国家

有特别多的内陆国家——总共15个——是撒哈拉以南非洲一个独特的地缘政治特征。这些国家包括马里、布基纳法索、尼日尔、乍得、中非共和国、乌干达、卢旺达、布隆迪、赞比亚、马拉维、津巴布韦、博茨瓦纳、斯威士兰、莱索托和埃塞俄比亚。它们的人口占这一地区总人口的40%。其他唯一一个接近内陆国家这样一种人口密度的地区是中亚、阿富汗和高加索，它们加起来有8个这样的国家单位。

撒哈拉以南非洲内陆国家属于世界上最贫穷国家，人均收入甚至比这一地区的沿海邻国还要低，它们大多数国家位列世界最不发达国家之列。这些内陆国家依赖昂贵、缓慢的以及经常是不可靠的陆地与河流走廊通向公海。正在上升的石油成本和急剧下降的商品价格使已经脆弱的经济完全失控,而沿海国家征收的运输费用又增加了进口及出口的成本。缺乏直接的海洋入口还抑制了经济专业化从而加大了这些国家经济的衰弱程度。

在这一地区中心,乍得湖因为大规模的灌溉工程建设使得支流水量遭分流,其规模缩减到了1963年的5%。问题还因这一阶段的季风雨水低于平时正常水平而更加严重。对湖中渔场造成的生态损坏以及海岸线退后的影响,是濒临水体的4个国家——尼日利亚、尼日尔、喀麦隆和乍得大量政治紧张因素背后的原因。[12]

没有稳定的入海口,内陆国家的主权经常有危险之虞,它们处在其邻国的军事以及经济压力影响之下。在东非和西非建立联邦的各种尝试背后的一个主要驱动力就是使内陆国家与沿海国家连接起来以获得入海口。这也是创设南部非洲发展共同体的一个主要因素,因为它为内陆国家赞比亚、津巴布韦、马拉维、博茨瓦纳、斯威士兰和莱索托等不仅提供了较低的共同关税的承诺,而且还提供了花钱更少、效率更高的通向大海的交通条件。

甚至沿海国家也有处在内陆的腹地部分,而它们是这些国家中最不发达的地区。邻接大西洋的西非国家的南方沿海地区因其农业、森林和矿物资源,得到了欧洲殖民者的开发。在这过程中,这些海洋导向的地区也同时被基督教化了。但是,欧洲人对开发他们殖民地北部草原部分毫无兴趣,从而使这些地区的经济渐趋凋零。这些内陆地区人口主要为穆斯林的事实为分离主义增加了一个宗教维度。目前在尼日利亚北方与南方之间的激烈斗争就是这种经济与宗教裂痕的反映。

具有讽刺意味的是,北方地带曾是阿拉伯商人创立的中世纪伟大的伊斯兰王国(马里、桑海、基塔雷)的所在地,阿拉伯商人从跨撒哈拉的黄金、盐和奴隶贸易中赚得了大量财富。但是,当骑骆驼的人和骑马的人试图向沿海赤道地区的热带雨林渗透时,他们那种以沙漠及草地为根的流动优势就失去了其有效性。这让这类地区暴露在海上强国的威胁之下,使得15世纪末的葡萄牙人,以及随后而来的其他欧洲列强,建立了沿海基地。从这里,欧洲帝国主义最终控制了内陆。欧洲人创造的贸易使他们控制了矿物及奴隶财富,建立了城市和商业性农业。这使得经济重心从内陆转向了沿海,并延续至今。随着近几十年沿海和近岸石油及天然气矿床的发现,沿海与内陆的差距已经拉大。

地区性权力中心的前景

撒哈拉以南非洲当中没有一个国家具备成为一个重要或第一等级的大国,从而能够获得对非洲次大陆支配的地位。至多,有出现地区性或第二等级大国的可能,它们将有能力支配它们位于其中的亚区。

撒哈拉以南非洲可分成5个亚区——东非、西非、中非、南部非洲以及非洲之角——但它们中只有两个,即西非和南部非洲,具有成为由一个地区性大国首领的有凝聚力的地缘政治组织的潜力。

中非是所有亚区中在地缘政治方面问题最突出的,因为刚果作为一个有组织的国家已经不再存在。这一亚区已成为从东非和非洲之角延伸至西非的压缩区的一部分。有几个因素阻止了东非发展成为一个有凝聚力的核心。一是其3个大国——肯尼亚、乌干达和坦桑尼亚——之间的人口及资源相当平均。另一个是在胡图族人与图西族人之间的内部纷争,它撕裂了卢旺达和布隆迪,并波及到刚果东部。乌干达与坦桑尼亚之间历史上的冷淡关系也起了作用。1978年,乌干达入侵坦桑尼亚西北的锡矿和咖啡产区卡盖拉,企图吞并它。坦桑尼亚人第二年发起反攻,解放了卡盖拉,然后又占领了乌干达的首都坎帕拉。他们将阿明(Idi Amin)赶下台,让军队留在乌干达直至1981年。正是乌干达1998年入侵刚果东部——乌干达叛乱分子在此找到了安全藏身处——促使刚果国内骤然进入战争状态,从而夺走了500多万人的生命。尽管2004年政府与叛军签署了正式和平协议,但刚果图西族人与中央政府之间的冲突仍继续激烈进行。2008年,政府与叛军之间达成了另一个和平协议,但还不确定它是否能得到实行。乌干达与刚果之间的另一个争执之点是它们在艾伯特湖的水上分界问题,而尤其是在湖南端卢克旺兹岛的归属问题,2006年这里发现了石油。

在剩下的两个区中——南部非洲和西非——地区结成一体的前景最大,因为它们各有一个较大规模以及相对强大的主要国家,即西非的尼日利亚和南部非洲的南非。但是,即使这些国家在军事及经济上比起邻国要强大得多,但它们每一个都有内在的缺陷,必须要在发挥一个成功的地区性大国之前就克服这些缺陷。不仅如此,西非的分裂状态极为严重,要在这里实现地区性一体化还非常遥远。

南部非洲

南非显然不仅在南部非洲,而且在整个非洲次大陆,都是经济最强大的国家。南非有人口5 000万,占亚区总人口的一半,它的经济相当于南部非洲发展共同体13个其他成员国总和的3倍,占撒哈拉以南非洲所有其他国家国民生产总值的40%。尽管这样,南非政府在整个20世纪90年代不愿意就刚果战争而影响南部非洲发展共同体。它反对派军队去帮助卡比拉政权,但其想使南部非洲发展共同体按照关于安全事务的共识进行行动,或在形成共同关税和银行业操作规划方面的目的,都未能如愿。20世纪90年代仅在一件事情中,南非确实从外交和经济转向去影响南部非洲发展共同体国家事务。这是在1998年,当时它派遣军队去莱索托以重新恢复恩祖·莫赫勒民选政府,后者在一次政变中被推翻。干预此事的理由乃是出于战略,因为莱索托整个国家被封闭在南非境域之内。最近,南非调整了它卷入地区冲突方面的立场。尽管它依然不愿将其意志强加于交战国及其民族,但它也尝试扮演一个调停者和维和者的主动性角色。因此它参与了刚果内战的调停,派遣维和部队去布隆迪、刚果、埃塞俄比亚、厄立特里亚以及科摩罗。但是,当2008年南非拒绝公开催逼让穆加贝(Robert Mugabe)下台——其统治让津巴布韦到了经济崩溃的边缘——相反退回到安静外交之时,它又恢复到以前的置身事外的策略。乍一看,南非似乎比尼日利亚成为一个地区性大国的距离更近。经济上,它的人均收入是尼日利亚的5倍,制造业是后者的7倍。作为非洲国家中的独特一员,它凭借丰富的自然资源,如金、钻石、铬、铂、煤、铁、铀和铜等,位列中等收入发达国家。南非的公司在南部非洲进行了大量投资。此外,它有一个广泛的农业基础,包括玉米、小麦、甘蔗、水果、蔬菜、牛肉、家禽、奶类及鱼产品。

南非不仅有非洲国家中最强大的工业制造业以及服务业基础,而且还是军事装备的重要制造商,拥有出色的交通与金融服务网络。此外,邪恶的种族隔离制度在曼德拉担任总统期间通过和平手段被废除,以黑人统治取代了白人统治,使南非避免了其他许多非洲国家在追求独立过程中出现的让自身陷入四分五裂的暴力行为。曼德拉1999年从总统职位退下以后,南非的稳定得到了维持。

尽管南非拥有丰富的人力及物质资源,但它依然面临一些重大问题。多样化的经济依然受白人控制,白人占国家5 000万人口的15%。在黑人(占人口的75%)与其他人("有色人种"和亚洲人,以及白人)之间存在巨大的收入差距,因为10%的人口拥有国家一半的财富。其他严重的问题是失业(占劳动力的30%)、贫困、犯罪和艾滋病(这一疾病传播范围非常广泛,以至南非人口具有世界最高的感染率)。因为制造业高度先进,仅雇用15%的劳力,所以留给大多数黑人的机会很有限。另一个问题是90%的可耕地需要灌溉,而周期性的旱灾减少了在商业农业中的就业机会。这使许多依赖农业生存的农民处于边缘化,他们占农村人口的相当一部分,而农村人口是全国总人口的一半。

在地区范围,南非经济发达程度远高于南部非洲其他地方,实际上是远高于整个非洲次大陆,这一事实意味着南非没有理由去发展区域内部贸易。它与撒哈拉以南非洲地理中心相隔遥远以及大陆交通条件的落后使得这类贸易不大可能会出现明显的增长。

南非的外贸大多发生在与濒海欧洲、美国及日本之间,但有20%的贸易是发生在与中国之间,并且还在快速上升。欧盟是其最大的贸易伙伴,占南非全部贸易的近37%。邻国担心,一旦南部非洲发展共同体成为降低关税的工具,南非制造业就会压垮它们刚刚兴起的产业。它们还将南非军队的优势与能力看作是可能会对它们带来政治及经济压力的来源。这些顾虑,加上南非国内的种族与经济不平等事实,表明南非要想能够充分发挥其地区性大国的能力还需要很多年。如果没有南非黑人人口经济地位的改善,那么政治、经济的动乱就总具有可能性。

鉴于南非经济太多部分被白人控制,种族间发生纷争的可能性依然存在。在黑人与他们前主人的关系中,大多数黑人到目前为止还是坚持像曼德拉、图图主教和塔博·姆贝基这样的领导人的非暴力哲学。但是,南非更加激进的年轻一代黑人领导人可能会尝试通过寻求对大工业的部分控制或者通过大规模的土地剥夺——就像在穆加贝威权主义政权统治下的津巴布韦所发生的那样——来纠正目前的经济不平等。在津巴布韦,大地主,其中绝大多数是白人,拥有津巴布韦75%的农田,虽然他们只占农民人口的4.5%。穆加贝鼓励擅自占地占房的黑人夺取白人拥有的财产,加剧了其经济原本近乎崩溃状态的国家的混乱。2007年,津巴布韦经济达到超级通货膨胀的程度。这迫使穆加贝强行采取价格管制,结果却只使店主们纷纷将货物下架。尽管国家处于不堪的环境,以及尽管2008年在有缺陷的选举中,反对派得票数超过了他,但到目前为止,穆加贝依然设法继续执掌权力。

在南非以下,南部非洲两个最大的国家是安哥拉和莫桑比克。两国都已被严重内战弄得四分五裂,两国都深陷贫困之中。在两国当中,安哥拉获得经济发展以及成为这一地区重要力量的前景更加看好。它有丰富的自然资源,包括其重要的石油及天然气出口,以及钻石、木材和食品。事实上,它是撒哈拉以南非洲第二大石油生产国。

而对安哥拉经济与社会都造成损害的是激烈的内战,它在1975年从葡萄牙获得独立之后就激烈进行。当时在苏联及古巴的帮助下获得政权的马克思主义政府挡住了叛乱分子的进攻而保住了其地位——甚至在古巴军队在冷战末撤退之后。同时,南非与美国停止了对若纳斯·萨文比领导的争取安哥拉彻底独立全国联盟(简称"安盟")的支持,后者基本上来自奥文本杜人(Ovimbindu),是安哥拉最大的少数民族,占总人口的40%。尽管如此,和平依然遥远,1999年由联合国发起的和平倡议流产了。斗争继续在以罗安达为基地的政府军和安盟之间进行,后者得到了非法销售其控制区域钻石的经济支持。安哥拉的经济发展依然停滞不前,联合国维和部队离开,叛乱分子控制了乡村,政府控制了城市,对峙僵局还在继续。2002年2月萨文比死于役中带来了戏剧性变化:僵局打开,和平实现。

尽管有内战,国家遭到破坏,50万人失去生命,安哥拉现在扮演着地区干预者的角色。它不仅参与了南部非洲发展共同体在刚果/刚果民主共和国的军事行动,而且还于1997年派遣军队去刚果共和国(刚果—布拉柴维尔)干预那里的内战。它对刚果的利益有两个:(1)冷战期间,刚果"人民"共和国由一个与苏联签订了友好条约的马克思主义政党统治,将安哥拉视为榜样;(2)刚果共和国与安哥拉卡宾达飞地(刚果/刚果民主共和国为其南围)的北部边界相连。确保卡宾达不被国内分离主义分子分离出去,以及防止来自刚果/刚果共和国和刚果—布拉柴维尔两方面的威胁,是安哥拉的头等大事。飞地占了安哥拉石油的2/3,而其藏量丰富的近岸油田具备相当大的开发潜力。

虽然安哥拉依然是世界最贫穷国家之一,但石油已经使它拥有世界第十大石油生产国的地缘政治的醒目地位。国际石油公司已对其近岸油田作了大量投资,使2007年年产量达到每天200万桶,同时还瞄准着增加生产的目标。尽管安哥拉2007年加入了石油输出国组织,但它没有表示出会接受也许会让生产增速放缓的配额的迹象。因为南大西洋一半的近岸石油储量位于安哥拉领海——它还拥有丰富的天然气矿床——它有可能实现其长期目标。

鉴于中东的政治不确定因素,美国对从西非的进口由现在的15%扩大到25%表示了特别的兴趣。这一地区增长的很大部分有望来自安哥拉,华盛顿将其视为能源安全的一个战略来源。与此同时,中国也对安哥拉近岸油田的开发进行大量投资。中国来自非洲的一半石油进口现在来自安哥拉,后者是中国的第一大供应商。

莫桑比克在马克思主义政党莫桑比克解放阵线的领导下,于1975年从葡萄牙获得独立,它也被内战弄得四分五裂。新的马克思主义政权得到了苏联和古巴的支持,而抵抗组织莫桑比克全国抵抗运动(Renamo)的主要支持者是南非。漫长的游击战争对国家造成了很大的破坏,对抗一直贯穿了整个10年。莫桑比克解放阵线以后正式放弃马克思主义,采取了自由市场经济体制,然而内战直到1992年才告结束。莫桑比克继续要面对100万以上战争难民的回归以及20世纪最严重旱灾带来的毁灭性影响。由于资源远比安哥拉有限,莫桑比克的前景将继续深陷贫困和处于内部纷争的煎熬之中。

压缩区

西非

西非位于经中非横穿非洲次大陆,到达东非和非洲之角的压缩区的最西端。尼日利亚作为非洲国家中人口最多(1.5亿人并且还在增加)和拥有丰富石油资源的国家,积极干预了其他西非国家的事务。作为这一地区内的军事强国,它组织和领导了对利比里亚和塞拉利昂的军事干预,是非盟在达尔富尔维和部队的主要力量。在其他显示地区性大国的地位方面,它在冈比亚和乍得有军事顾问,还利用贸易作为让贝宁和尼日尔政权顺从就范的武器。

尼日利亚卷入利比里亚冲突始于1989年查尔斯·泰勒的反叛。尼日利亚的喷气式飞机和军舰竭力阻止泰勒的入侵,以支持塞缪尔·多伊总统。冲突直到1997年才结束,那时尼日利亚转而支持泰勒,使他占得上风,强制实行停火,并经选举取得总统职位。虽然尼日利亚卷入这次冲突的费用估计达20亿美元,然而尼日利亚军方从对利比里亚钻石以及硬木贸易的控制权中收获颇丰。

长期受骚乱折磨的塞拉利昂在1992年的一次军事政变中推翻约瑟夫·莫莫(Joseph Momoh)总统后成了一个战场。尼日利亚当年进行干预,当时塞拉利昂政府请求帮助击退来自利比里亚以及得到利比里亚武器支持的叛乱分子。第二年,尼日利亚人成功地阻止了叛军对塞拉利昂各级政府的控制。但是,他们不能将给国家带来极大破坏的恐怖、残害和抢劫等形式的反叛运动镇压下去。

因为厌倦了对冲突持续不断的支持,尼日利亚在1999年将双方聚到一起,迫使政府与叛军分享权力。停火协议不久即被打破,因为叛乱分子将500名联合国维和人员挟为人质,并进攻弗里敦。尼日利亚人——联合国单次最大维和部队的核心——于2000年6月撤回军队以回应尼日利亚民众对这场代价昂贵没有回报的历时9年干预的失望。然而,塞拉利昂人的厌战情绪带来了2002年的和平,随后举行了全国选举。

尽管以上行动展示了地区性大国的形象,但尼日利亚国内的情形一直因腐败与管理不善而处在混乱之中,并因种族及宗教纷争而陷入分裂。尽管在经历数年军事统治之后,1999年建立了一个平民政府,但政权依然不稳定。北方信奉伊斯兰教的豪萨人和富拉尼人占人口将近30%,他们长期与西南信奉基督教的约鲁巴人和东南的伊博人关系不和,后两者各占人口的近20%。触发了比夫拉内战的对伊博人大屠杀还继续留在人们的脑海中,尼日尔河三角洲地区的叛乱活动依然不断造成国家石油生产的中断和减产。北方12个穆斯林州实行伊斯兰教教法加剧了南北分裂。这分裂可能最终导致南方的脱离;尽管南方拥有丰富的石油资源,但它依然贫穷。

南北分裂因"中部带"事端多发而加剧;中部带指尼日利亚中部的"面包篮子",它位于尼日尔河和贝努埃河中段之间。这一地区因种族、宗教和社区之间的争斗而完全分裂,而旱灾、饥饿与贫困则使得问题更趋严重。虽然20世纪60年代开始的尼日尔河水坝项目有助于中部带的农业开发,然而不同部落与氏族之间的摩擦——其中许多是从北方迁居过来的——使这一地区陷入地方社区层面的持续混乱之中,成为中部带难民营不断增加的根源。2004年基督教民兵组织对穆斯林的屠杀进一步加剧了尼日利亚的宗派冲突。

来自尼日利亚东南部尼日尔河三角洲以及几内亚湾丰富石油资源的收益,对减少居住在这一地区近 1/3 人口的贫困以及降低近 30% 的失业率几乎没起什么作用。这种收益的大部分被军事统治者劫掠或挥霍掉了。不仅如此,尼日利亚北部萨赫勒地区旷日持久的干旱,以及乍得湖——因为干旱而收缩——渔业的破产,把数十万移民赶往南方城市。他们无法马上被那里吸收,因此他们的生存状况进一步恶化了内部纷争。

随着农业特别是生存农业的衰落,尼日利亚作为曾经的一个食品出口国,现在也必须进口食品。虽然在联邦首都阿布贾的政权——16 年来第一个民主选举的政府——也许能够率先在其为纷争所困的邻国发起维和行动,就像它在利比里亚和塞拉利昂所做的一样,可它作为具有地区性影响国家的政治及经济持久能力还很脆弱。自 1999 年以来领导国家的民选政府唤起了尼日利亚人心中的希望,即国内冲突将会逐渐消失,然而迄今为止它依然是一个希望,暴力仍在持续。除非尼日利亚团结在广泛接受的民族目标周围,稳定政府,同时学会聪明地运用其石油资源,否则它作为地区性大国的作用可能会受到限制,而它的地区性政策则无法预测。

在西非其他地方,这一地区许多地方继续陷于内部纷争与边境战争之中。科特迪瓦(象牙海岸)自独立以来一直是西非最稳定和最繁荣的国家,直到 1993 年,它的首任总统费利克斯·乌弗埃-博瓦尼(Felix Houphouet-Boigny)去世。此后,极端贫困的以穆斯林萨赫勒人为主的国家北半部与南方脱离,声称它的人民受到了基督徒及传统泛灵论信徒的歧视。那些住在北方的有许多人来自周边萨赫勒地区,没有公民权。联合国的一个"信任区"(Confidence Zone)将叛乱分子与政府控制区分开,信任区内主要驻扎着法国维和部队。2007 年,双方达成一项协议,然而未来和平的前景依然不确定。国家的财富在南方,科特迪瓦的主要出口作物,咖啡与可可,以及轻工业,都位于沿海地带和森林附近。大多数经济活动以国家的主要港口和以前的首都阿比让为中心。

塞内加尔同样遭受了不稳定之苦,塞内加尔南部的卡萨芒斯省为独立搞暴动长达 22 年。分离运动以 2004 年达成一项和平协定而告结束,它维持了国家的统一。叛乱运动既有地理因素也有经济因素。卡萨芒斯因夹在冈比亚和几内亚比绍之间几乎与国家其余地方隔绝,因而被切断了与塞内加尔北方主要经济中心的联系和重要的投资机会。

有 3 个国家脱离早年的动乱和纷争获得了稳定而凸显出来,它们是加纳、贝宁和加蓬。

加纳由杰里·罗林斯(Jerry Rawlings)领导,他首先在一次军事政变中夺取权力,然后在 1982 年担任总统。加纳战胜了它的分裂和经济困难时期,稳定了经济,并通过自由市场创新发展经济。随后,以自由选举方式进行权力和平转让,确认了国家的政治稳定。农业依然是加纳的经济基础,但是它的矿物和森林产品行业,以及铝提炼,在外来投资的帮助下已经得到扩大。它与西方的关系看上去很牢固。

贝宁10年前放弃了马克思主义政治制度而选择了私有企业。自那时起,它就转向了普选和多党制度,使之成为西非开放社会的楷模。虽然贝宁依赖于生存农业和棉花,但它的经济发展前景已随着远岸石油的发现而改善。小加蓬(Tiny Gabon)(人口1.25亿)拥有这一地区最高的国内生产总值,享有着由石油、其他丰富的自然及食物资源以及外国投资支持的经济而带来的稳定。

重要的石油储量还在小国赤道几内亚以及乍得发现。赤道几内亚的人口刚过50万,过去10年来人均收入增加了一倍。内陆国家乍得,人口1 000万,是世界上最贫穷国家之一,但其南方有丰富的石油储藏。2003年一条大型输油管道竣工,把科美附近油田的石油输送到喀麦隆沿岸的杜阿拉。预期的收益是否能够在乍得民众中得到公正分配,还是被政治、军事以及企业界精英垄断,像非洲及中东很多地方一样,还有待观察。达尔富尔的动荡已越过边境蔓延到乍得,因为达尔富尔难民已逃进乍得南部,在此他们既易受到达尔富尔叛乱分子又易受到牧民民兵组织的滋扰袭击。

中非的领头羊是这一地区最大的国家刚果/刚果民主共和国。它拥有6 000万以上的人口,占中非总人口的70%,它拥有90万平方英里的陆地面积,占中非陆地总面积的60%。当洛朗·卡比拉在卢旺达图西族人政府军以及布隆迪和安哥拉军队的强大支持下推翻蒙博托总统的独裁政权一年后,刚果/刚果民主共和国的冲突重起。尽管刚果的邻国声称,它们的兴趣在于将和平带给这个国家,然而它们的主要动机似乎是获得享有刚果丰富资源的机会以及清除叛乱分子的基地,叛乱分子从刚果不同的地方发起反对他们自己国家的行动。

刚果/刚果民主共和国国内对卡比拉政权的不满很快导致在国家东部爆发内战。很多叛乱分子是班亚穆伦格人(图西族人),他们出生在刚果但公民权不被蒙博托和卡比拉承认。卡比拉的军队然后得到了胡图族难民的支持,后者1994年被赶出卢旺达,此后他们把刚果作为发动跨界偷袭的基地,以达到动摇卢旺达图西族人政府的目的。

在刚果军队大批倒戈的帮助下,叛军迅速通过刚果东部到达金沙萨大门,还占领了首都的食品、武器及电力供应生命线马塔迪港口。卡比拉被以南部非洲发展共同体12国的名义采取干预行动的津巴布韦、安哥拉、纳米比亚的军队救下——当时乍得和苏丹军队也加入其中。叛军被赶回到其东部基地。战斗一直持续到1999年9月,当时在赞比亚的调停下,达成了一项临时和平协议,然而协议很快被打破,战火重起。自那以后,一支大型联合国维和部队一直驻扎在刚果,帮助监督2006年的选举。近几年来,尽管中央政府实力加强,但动荡继续困扰着这个国家的东部。刚果图西族人在北基伍省保持了一支独立的军队和行政机构,这与已将该省作为藏身地的卢旺达胡图族叛乱分子发生了冲突。2008年,政府与刚果图西族人之间达成的和平协定呼吁图西族人上交他们的武器,部分图西族武装并入刚果军队,但与 2004 年协定一样,这次也可能是短暂的。

位置的中心性经常为一个国家带来战略利益,然而对刚果而言,它却是一个严重的障碍。因为刚果的 3 个地理部分——东、西、南——被一个无法通过的内陆隔开,政府没有能力形成一个团结一致的整体。这使得刚果易受外来压力的影响,特别是来自那些在东面和南面为刚果丰富资源所诱而又拥有强大武装的国家。

非洲之角不仅成了非洲压缩区的一部分,而且还被拖入了世界大国在中东的争夺。索马里和埃塞俄比亚为了欧加登开战,埃塞俄比亚与厄立特里亚进入血战,索马里已经解体。在索马里,美国与联合国在 20 世纪 90 年代初平息氏族之间和部落之间战争的努力失败。自那以后,索马里就不存在中央政府,而且经常被人引为一个失败国家。

索马里北部的叛乱分子(前英属索马里兰)1991 年与索马里分离,建立了独立的——虽然不为国际承认的——索马里兰国家。该国面向亚丁湾,拥有柏培拉港,这一港口是以前的苏联海军及导弹基地,是撒哈拉以南非洲极少几处具有地缘战略重要性的不动产之一。与吉布提(前法属索马里兰)和亚丁湾(在亚丁湾对岸)一道,它俯瞰着进入红海的南面门户。

沿非洲之角的东北海岸,另一个叛乱组织分裂出去创建了"邦特兰地区",古代埃及人称呼红海沿海地区为"邦特",它由此得名。这块新的土地作为索马里兰和索马里之间的缓冲地带,以港口和商业中心博萨索为中心,亚丁湾在此汇入印度洋,主要从事食品与香料贸易。那里的分离主义领导人还没有宣布独立,但是抵制中央政府的控制。这一期间,他们为邦特兰地区带来了稳定,正如索马里兰统治者给索马里兰带来稳定那样,后者在索马里兰为主要的游牧部族创造了少许的和谐,为其民众提供了基本服务。他们能这样做借助于一套复杂的政治制度,它使议会上院的强大部族的领袖与一个选出的众议院之间权力大抵相当。

1992 年,美国出兵干预索马里内战,它派军队护送食品给受战争与饥荒影响而挨饿的难民,但没有成功。18 名美国士兵阵亡,另有数百名索马里人被打死,这导致了美国迅速地撤出了部队,并放弃维和的努力。2006 年美国重回索马里,因为伊斯兰武装分子赶走美国支持的世俗军阀,控制了政府。美国的担心是,在伊斯兰激进分子的控制下,索马里将会成为恐怖分子的庇护地,对经过亚丁湾的船舶的安全构成威胁,同时还为基地组织提供一个基地。大规模的配备良好的美国军事盟友埃塞俄比亚的军队,在美国的支持下随后出兵干预。他们迅速地将伊斯兰激进分子赶出索马里境内,重建了被叛乱分子从首都摩加迪沙赶下台的世俗临时政府。冲突远未结束。伊斯兰激进分子与一些军阀结成了新的联盟,助长了摩加迪沙的骚乱,还支持在埃塞俄比亚欧加登沙漠地区的索马里奥罗莫解放阵线。美国正在支持亚的斯亚贝巴 2007 年发起的针对奥罗莫叛乱分子的战争。在重演冷战期间与右翼独裁者结盟政策的过程中,美国继续扩大其与埃塞俄比亚总理泽那维的战略联盟,这一政策招致非洲国家及国际社会相当大的批评。

肯尼亚因其后殖民时代政治稳定的历史以及稳定的经济增长而没有成为压缩区的一部分。肯尼亚得到了其亲密盟友美国的大量援助。它为美国军队提供军事基地,在反恐战争中以及很多联合军演中与美国合作。肯尼亚的蒙巴萨港还是进入内陆国家乌干达、南苏丹、卢旺达,以及经铁路加公路进入坦桑尼亚北部部分地区的门户。这对这些国家的经济是一个重要支持。

这种稳定被2007年年末大选引起的争端搅乱了。对在任基库尤族总统姆瓦伊·齐贝吉(Mwai Kibabi)选举舞弊的控告——齐贝吉宣布自己获胜——引发其竞争对手卢奥族人拉伊拉·奥廷加(Raila Odinja)的追随者采取狂暴行动。数百名生活在卢奥和西部裂谷的卡伦金部落地区以及内罗毕南部贫民窟的基库尤族人被杀死,同样,许多住在基库尤族人聚集区的反对方部落的民众也被打死。

基库尤是肯尼亚42个部落中最大的部落,占人口的22%,从肯尼亚独立时起就在国家中占主导地位,控制着它的政治与商业。尽管他们部落的基础是位于中央高原青翠起伏的丘陵和内罗毕,但他们也控制了裂谷多草平原上的大量农田。这些土地是从以前殖民者拥有的大种植园中分出来的,由政府分配给了基库尤族人。爆发的暴力活动既针对土地也针对部落政策。

肯尼亚尽管有许多部落,但它的民族感却使它显示出与其邻国的区别。基库尤族人不仅拒绝分享政治控制权,而且拒绝分享经济发展成果,这做得太过分了。国际机构及美国快速作出反应,采取行动调停争端,这证明了肯尼亚作为破碎地带一个稳定小岛的重要性。一定程度的民主还是度过了危机而保留了下来,选举以及议会中反对党席位占多数即为证明。这表明在总理与总统之间出现政治权力分享制度的前景可以战胜将撒哈拉以南非洲太多地方原子化的部落主义。暴力之后,30多万人离开家园,这造成了更多的按同一民族分布的省份和地区,它很可能会导致一个取代中央集权的国家制度——它使太多权力归于总统——的联邦治理制度。

结论

在冷战期间,撒哈拉以南非洲是苏联与美国及其盟友争夺势力的舞台。为争取得到或者维持地缘政治控制权,这些外来强权利用这一地区大部分地域深刻的部落、宗教、种族以及意识形态的差异。双方都无视附属国的暴力与腐败行为。随着苏联的解体,美国与其欧洲盟友断定撒哈拉以南非洲不再是一个地缘战略资产,从而就相应减少了经济及军事援助。在世界地缘政治体系内,非洲(以及南美洲)已成为一个在地缘战略上处于边缘的区。⑬

随世纪之交来临,大国重新燃起对这一地区的兴趣,撒哈拉以南非洲再一次成为一个破碎地带。目前主要竞争者是中国与美国和欧洲。这是一种经济和政治影响力的竞争,而不是构成冷战时期破碎地带特征的马克思主义、资本主义之间的斗争。华盛顿的战略注意力现在是放在伊斯兰激进组织身上,后者招募与培训准备向伊拉克、阿富汗、海湾国家以及欧洲渗透的追随者。确保连接苏伊士运河和中东的大洋航线的安全,特别是防止曼德海峡和亚丁湾的海盗袭击,是一个关键的战略目标。它其他方面的兴趣在于扩大和确保获得安哥拉新的石油与天然气资源的机会以及保护它来自尼日利亚的石油进口。

中国在非洲获得极大进展,洽谈达成了大量能源及矿物开发合同,是它与这一地区贸易额的3倍多。北京在苏丹具有尤其强大的能源优势,并正在对安哥拉进行大量的投资。武器销售是扩大中国影响力的另一个机制,尽管它们与欧洲、俄罗斯及美国的武器销售规模不能相提并论。当中国向这一地区提供援助、贷款和债务减免时,中国极少附加像西方强加于这一地区国家的那些附带条件,特别是对后者提出政治与经济改革的要求。随着中国使大量廉价消费品涌入非洲或者帮助这些国家重建交通系统,中国在非洲的存在通过它派往非洲的工人以及被吸引到那里的商人就变得非常显眼了。

在政治阵线上,中国与苏丹的关系为苏丹提供了外交掩护,它以在联合国投否决票作为威胁阻止联合国干预。在2007年前,这一掩护使苏丹政府得以拒绝联合国部队进入这一地区。当中国最终默许干预以及喀土穆同意接受一个由联合国、非盟混编形成的维和部队之后,种族屠杀相当猖獗,达尔富尔局势极为严重。20多万非阿拉伯达尔富尔农民被杀,250万以上的人逃离家园。

在再度关注撒哈拉以南非洲战略上,华盛顿面临重大的挑战。许多非洲人,特别是穆斯林,对美国干预索马里和伊拉克的行动表示怀疑。华盛顿不愿意运用政治力量去阻止这一地区的流血杀戮——如发生在卢旺达、刚果和达尔富尔的行为——受到广泛批评。美国在伊拉克的困境和其未能在阿富汗清除塔利班以及基地组织的活动,已削弱了美国成为非洲的一个有效的和平缔造者和和平维护者的能力。

尽管美国援助激增,但向欧洲、中国、印度和巴西,以及向美国的高价商品出口,对非洲经济发展的贡献要大于直接援助。这绝不是说持续不断的发展援助不是极为必要的。但是,过去的40年来,给予非洲6 500亿美元这样的援助,其中许多浪费于腐败,或者筹划草率,管理不善。然而它确实表明需要将发展援助用于建造合作性的地区性和亚地区性的基础结构,从而促进经济交流,促使撒哈拉以南非洲走向一个差异化的阶段。

　　撒哈拉以南非洲目前是一个高度原子化的破碎地带,但地缘政治结构并不是不可改变的。就未来看,我们能够预见到撒哈拉以南非洲会发生地缘政治变化,部分地是鉴于周边地区政治发展的结果。此外,全球变暖可能会给非洲带来严重的影响,因为非洲的农业及渔业经济太多地依赖于自然资源,其物种的多样性将受气候变化的较大影响。这一地区已经遭受旱灾、进口食品的高价以及食品生产衰退之苦。内陆日益严重的干旱和诸如尼日尔河三角洲这样的沿海地区的洪水将打乱绝大多数非洲人赖以生存的目前物种多样性的脆弱平衡。因此为寻找放牧和农业用地以及水源而产生的强迫性迁徙将会强化这一本已被战争弄成四分五裂的破碎地带的冲突。

　　非洲东部的沿海国家和近海岛屿,特别是坦桑尼亚、桑给巴尔、马达加斯加、塞舌尔、科摩罗、马尔代夫和毛里求斯,或许会被吸收进一个新的印度洋地缘战略辖区。这样一个辖区将以印度占主导地位,如在《南亚》一章所讨论的。非洲之角可能依然处在中东各种事件的阴影之下。撒哈拉以南非洲的西半部,从长期看,也有可能从现在的破碎地带中走出,成为一个连接海洋辖区的新地缘政治区。这取决于尼日利亚和南非形成强大的国家凝聚力以及率先使得西非国家经济共同体和南部非洲发展共同体成为紧密团结的经济及政治亚实体,从而可以在一个更大的地缘政治区内进行联系。这样一个区也可以通过吸纳在下刚果和沙巴区的新国家而得到加强——鉴于刚果/刚果民主共和国要么结成联邦要么分成3个国家的可能性。这3个国家一个以金沙萨和刚果西部为中心,第二个以东南部(加丹加省)卢本巴希和沙巴区为中心,第三个以刚果东部或上刚果盆地——它可能会以东非和印度洋辖区为取向。南非在2000年12月与南方共同市场(Mercosur)签署了一项自由贸易协定,明确表示目标是要减少对欧洲及美国的依赖。但是,这一协定导致在非洲与南美洲之间形成一套牢固的经济及地缘政治联系方式的可能性很小。

注释

　　① John O'Loughlin and Herman Van der Wusten, "Political Geography of Panregions," *Geographical Review* 80 (1990):1-20.

　　② Norman Harris, *Intervention and Colonization in Africa, 1884 - 1914* (Boston:Houghton Mifflin, 1914), 3-19.

　　③ A. S. Gakwandi, "Towards a New Political Map of Africa," in *Politics, Economy and Social Change in the Twenty-First Century*, ed. A. I. Asiwaju (London:Hurst, 1996), 252-59.

　　④ Peter J. Taylor, ed., *World Government* (New York:Oxford University Press, 1990),

188 - 201.

⑤ Morag Bell, *Contemporary Africa: Development, Culture and the State* (London: Longman, 1986), 98 - 111.

⑥ World Bank, *Global Development Finance* (2006).

⑦ Population Reference Bureau, *2007 Population Data Sheet* (2007).

⑧ Norimitsu Onishi, "African Bloc Hoping to Do Better as the 'African Union,'" *New York Times*, July 12, 2001, A3.

⑨ J. V. R. Prescott, "Africa's Boundary Problems," *Optima* 28 (1980): 3 - 21.

第十四章
跋

△ 描绘未来

在考察地缘政治力量与它们的人文及自然地理环境的相互关系时，本书是从区域结构模式及特征的角度分析地缘政治学的。在全球范围内，这些力量促进了地缘政治力量的均衡。但是，在某些地区和国家环境中，它们带来不稳定。

全球稳定取决于世界大国——美国、欧盟、俄罗斯、中国、日本和印度——的政策，以及关键性的地区性大国如巴西、澳大利亚、越南、伊朗、南非和委内瑞拉的政策。世界大国的地缘政治命运是如此地缠绕在一起，以至于它们不可能会去冒发生直接相互冲突或者经过代理人发生冲突的风险。当经济竞争成为它们关系的标志时，相互经济依存(MED)通过经济专业化、贸易、技术转让以及资本流动的便利将它们捆绑在一起。它们还分享由国际恐怖主义和核扩散造成的共同威胁。这些共同的关注导致在由美国发动的打击阿富汗的塔利班和基地组织战争中的多国合作，以及使朝鲜放弃核能力协议的六方会谈。

世界最不稳定的地方位于两个地缘战略上的破碎地带——中东和撒哈拉以南非洲，它们在地理上相会于非洲之角。这些破碎地带的边界可扩张可收缩。在中东，不受抑制的大国对石油、天然气以及管道控制权的竞争，最终导致其边界向北扩展进入欧亚大陆汇合区的中亚部分。巴基斯坦的解体可能会将破碎地带扩大到巴基斯坦西部的普什图族和俾路支省边境地带。土耳其在欧盟的成员地位将把它引向欧洲而离开中东。它可能最后会是欧洲地中海与中东之间的一座重要桥梁。

在撒哈拉以南非洲破碎地带，从安哥拉经莫桑比克和南方到好望角的非洲南部，可能会成为一个独立的地缘政治区，从而摆脱目前破碎地带的不稳定状态。这取决于南非作为一个地区性大国崛起的命运和一个摆脱了专制统治的津巴布韦的复兴。

个别国家，因受分离主义冲突、宗派暴力，以及大批人群离开家园的折磨，也处于不稳定之中。例如哥伦比亚、斯里兰卡、阿尔及利亚、印度尼西亚和菲律宾。虽然这些冲突与暴力形成对这些国家的严重内部威胁，但它们对地区性或者全球性均衡而言却极少构成危险，如破碎地带一样。

全球均衡以多极世界体系为基础。美国在第二次伊拉克战争中未能承认这一地缘政治现实已经导致世界面临着自第二次世界大战以来的最大危机。美国在世界大多数国家的反对声中依然发动战争，最终使伊拉克遭到极大破坏，又使国际恐怖主义的基地得到扩大。在试图将"民主"强加于一个被宗教派别和部落仇恨弄得四分五裂的国家时，华盛顿已经为大多数什叶派穆斯林获得对政府、军队以及警察的控制权铺平了道路，同时便利了伊朗势力在这一地区的扩张。美国控制伊拉克石油和在那里永久军事存在的计划，已经让位于寻求一种使美国军队从中脱离，同时又希望宗派间残杀能够通过伊拉克的某种政治妥协而得到遏制的方法。

这种单边的冒险不仅削弱了美国在阿拉伯以及更广大的穆斯林世界的影响，而且还严重削弱了它在全世界的形象，包括它在关系最紧密盟友面前的形象。未来的华盛顿政府在重获国际信任和信誉之前要克服很多障碍。伊拉克战争已经埋葬了这种认识，即美国是世界唯一的超级大国，能够确保全球均衡。

作为阿富汗战争第一阶段标志的多国合作的前景被大多数美国军事力量及援助转向进入伊拉克而葬送掉了。留在阿富汗有限的美国和北约军队，不能阻止塔利班重返以普什图族人为主的阿富汗南部和东部省份的很多地方。另外，未能在战争早期抓住本·拉登和逃亡的基地一伙，可以归咎于五角大楼作出的决定，即不要把他们赶进横跨与巴基斯坦交界的托拉博拉山区，而将其留给巴基斯坦军方去剿灭。这一错误决策的"多米诺"效应激起两国反响。将基地设在巴基斯坦联邦直辖部落区的伊斯兰激进分子，联合塔利班与基地组织，与巴基斯坦军方已形成相持局面。恐怖袭击已蔓延到巴基斯坦北方旁遮普省的军事驻防城市拉瓦尔品第，刺杀贝布托即发生在这里。

美国并非是在其单边外交政策行动中忽视全球稳定，不顾他人利益的唯一国家。俄罗斯对东欧苛刻的能源政策已经造成了与欧盟严重的紧张关系。伊朗在海湾合作委员会国家以及沙特阿拉伯东部省份什叶派人口中挑动骚乱的行为肯定会激起西方强烈的军事回应。

绘制未来世界地缘政治地图的轮廓是一个可疑的命题。图14.1因此应当被视为一种凭猜测的"猜估"（guesstimate），而不是一种预测。地图中所描绘的地缘结构变化是基于对全球力量可能影响地缘政治断层线的分析，这种断层线会引起图3.1所描绘的今日构造板块的某些转变。在一个动态的地缘政治世界中，某些变化会出人意料，但有些变化是可以预见的，而这些就是显示在地图中的部分。

描绘未来

预计到印度将成为大国"俱乐部"中的正式成员，一个新的印度洋辖区有可能形成。巴基斯坦实力的相对减弱将使得印度能够将更多的政治及经济能量集中到印度洋流域。这一辖区将包含印度洋流域西侧东非的沿海地区和这一流域的孟加拉湾—安达曼海东侧的缅甸。它有可能充当中国给予太平洋沿岸地区压力的一股抵消力量，从而对太平洋沿岸地区和东非及南非发生强大的影响。

一种可能性是巴基斯坦的解体，位于杜兰德线和印度河之间的普什图族边境地带将与阿富汗东部及南部的普什图族地区连在一起。另一种可能性是以与俾路支省结成邦联形式形成一个独立的普什图尼斯坦。远自1893年起，阿富汗就对巴基斯坦的普什图族人地区提出主权要求，1949年重提这一主权要求。内陆的阿富汗还对兼并俾路支

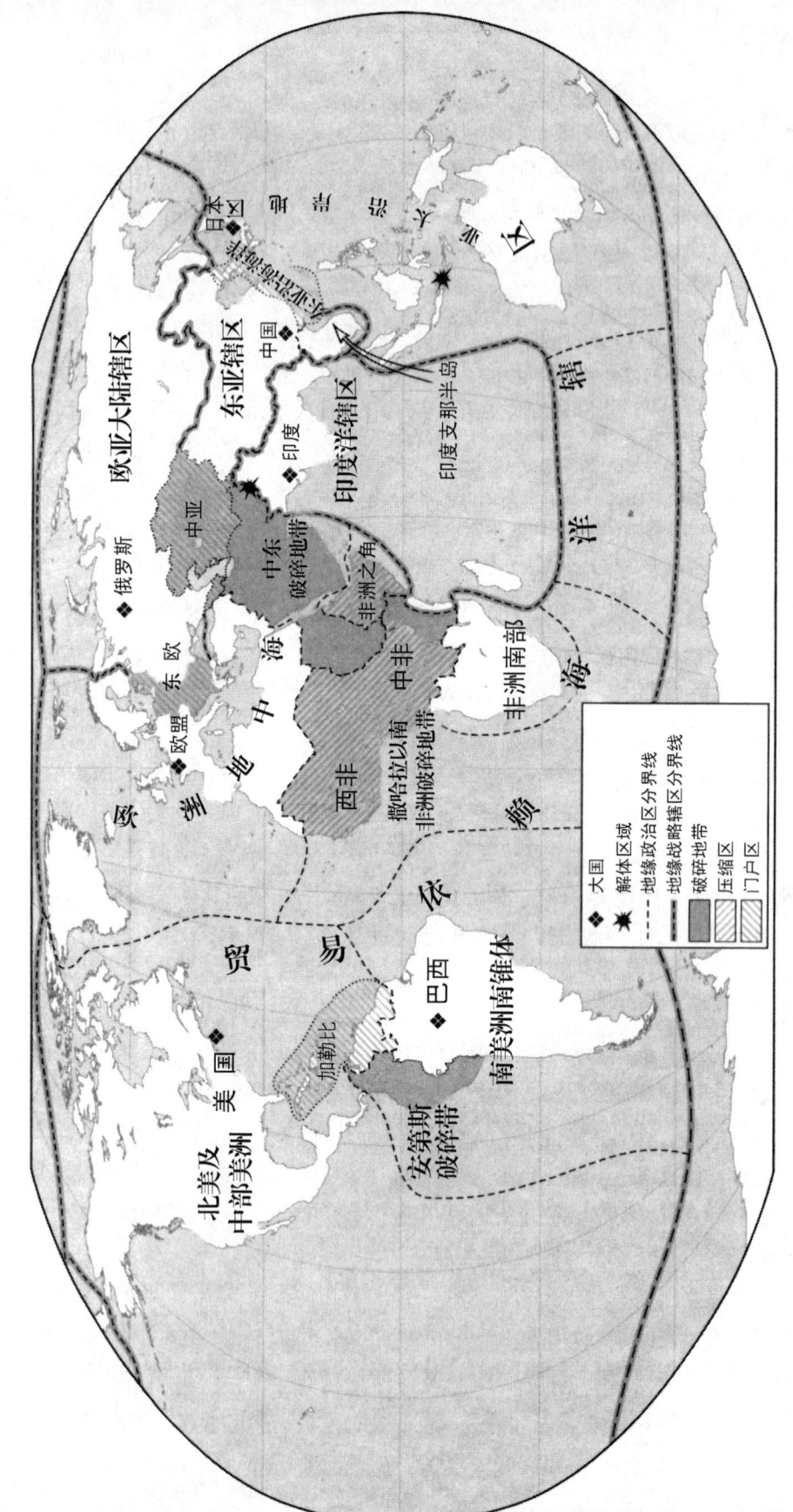

图 14.1 21 世纪前 25 年世界地缘政治地图

省，从而获得进入阿拉伯海的入口有兴趣。①一旦普什图族人分离出去，加入同族的阿富汗部族，西边的塔吉克人和北方的塔吉克人和乌兹别克人也可能会寻求独立，或至少，形成一种非常松散的邦联形式。

在欧亚大陆汇合区，东欧、外高加索和中亚可能要么变成门户区要么成为破碎地带区。这些区因位于俄罗斯西部及南部边界一带，从而对莫斯科的地缘战略重要性怎么估计也不过分。攸关俄罗斯生死的利益基于对某个潜在的敌意存在俄罗斯在战略上的易受攻击程度——如一旦扩张至黑海的北部及东部沿岸的北约所代表的那种，美国军队驻扎在高加索或中亚，邻国对仰赖莫斯科实体安全和文化支持的俄罗斯少数民族和斯拉夫亲俄分子的歧视，俄罗斯南部（如车臣）7个共和国一旦落入伊斯兰激进组织手中之后的伊斯兰激进分子主张的扩散。俄罗斯的利益还包括保持俄罗斯对中亚以及外高加索的丰富石油和天然气储量进行投资的机会，以及最重要的，保持对上述地区在新的能源运输管道基础设施穿过俄罗斯国土的战略控制权。

再次让俄罗斯消除这些担心能够鼓励莫斯科与西方一起努力，将欧亚大陆汇合区的东欧、外高加索和中亚地区改造成一个幅员辽阔的门户区。否则，它们将成为破碎地带。在后面一种情况下，地理邻近以及其他特征将给予俄罗斯一个抵挡西方渗透努力的战略上的便利。

不提及石油及天然气就无法对俄罗斯边远地区的任何部分作任何地缘政治讨论。这类资源在外高加索和中亚这两个地方的未来开发都是西方以及中国和印度的极大兴趣所在。对俄罗斯而言，这个地区之重要既在于其能源资源，同时也在于其战略军事价值。

过去10年中，俄罗斯对格鲁吉亚和亚美尼亚事务广泛的军事卷入，反映了莫斯科对外高加索的战略关注深度。就华盛顿来说，它已付出了相当大的努力，通过其对西方石油集团的支持——建造了从阿塞拜疆的巴库横穿格鲁吉亚，经过土耳其到达其地中海沿岸的杰伊汉的巴库—第比利斯—杰伊汉(BTC)管道——来扩大它在格鲁吉亚的影响。美国还为格鲁吉亚提供了军事训练人员和各种武器。格鲁吉亚以派出联合军队中的第三大部队（排在英国之后）去伊拉克作为回报。格鲁吉亚政府一直迫切要求加入北约。一旦美国同意格鲁吉亚和乌克兰加入北约，这一地区将会成为一个破碎地带，给全球稳定带来极其可怕的后果。十之八九，俄罗斯将正式吞并阿布哈兹和南奥塞梯，引爆与格鲁吉亚的战争。乌克兰加入北约或许会促使乌克兰东部地区寻求与俄罗斯实现统一。无论是其中任何一种事件还是两种事件的发生都会使这一地区陷入混乱，很可能会最终导致欧洲与美国之间的政策裂痕，从而削弱海洋辖区的统一。

在海洋辖区，现在的濒海欧洲与马格里布地区可能会扩大为一个新的区，即欧洲地中海地区，它将包括土耳其、以色列、阿拉伯黎凡特和非洲东北部。这样一个地区的形成将对美国具有深远的地缘政治意义。对海洋辖区在这些地域上的战略及经济责任的主要负担将从美国转移至濒海欧洲，或者应该由两者分担。这个新地区的诞生取决于几个最终结果。最重要的是土耳其加入欧盟和其继续贯彻市场导向的经济改革，这将使它更紧密地与全球经济联系在一起。

通过在几乎整个西岸及在加沙建立一个巴勒斯坦国来解决阿以冲突也是一个关键条件。既然耶路撒冷对双方都很重要，不妨给予其特殊地位：把城市与以色列及巴勒斯坦的不同区域在功能上统一起来，而在政治上将西耶路撒冷留给以色列，将阿拉伯东耶路撒冷留给巴勒斯坦。就目前看，冲突解决的前景十分暗淡。但是，各种因素的汇聚也许最终把交战的各方带上谈判桌。这些因素包括流血的升级，巴勒斯坦阿拉伯人的苦难和经济贫困，以及以色列为应对来自加沙的火箭袭击和对西岸政治稳定的不确定性而积累起来的紧张和残酷无情的压力等等。对和平另外的压力是来自西方的担心，即持续的冲突将愈益削弱其与阿拉伯石油国家以及整个伊斯兰世界的关系。华盛顿动员主要阿拉伯国家支持以帮助稳定伊拉克局势的努力，增加了以外交努力手段帮助实现阿以和平的紧迫感。

在最近的将来，以色列对阿拉伯人的军事技术优势将继续严重依赖与美国的战略联盟。这保证了战争的安全性，但这没有使和平变得更近。从长远看，冲突的解决更可能要依赖以色列与巴勒斯坦人在一个欧洲地中海结构内的整合，这一结构为双方提供了政治、经济及安全方面的利益。

塞浦路斯争端的解决是另一个必要前提。如果该岛要重新统一，凌驾于两国共管区、两个民族社会构成的邦联塞浦路斯与北塞浦路斯国之上的希腊—土耳其准共管政府也许得作为第一步而建立起来——假如联合国邦联维和监督受到一方或双方拒绝的话。

一个进一步的要求是使埃及经济的现代化和其管理机构的民主化，以解决欧洲的担心。这将会巩固开罗在黎凡特阿拉伯国家和非洲东北部的领导角色。

欧洲地中海地区形成的理由在地缘政治上是有说服力的。如果它获得了与其经济实力相匹配的军事能力，濒海欧洲将有充分资格在目前中东的西缘取代美国的领导地位，或者至少在外交、战略以及经济责任等方面与美国平等分担。

对华盛顿而言，欧洲地中海地区意味着让它目前对以色列、埃及和约旦的军事及经济援助项目大幅减少。与此同时，美国将从此摆脱一大堆政治纠缠，而交由欧洲承担。

一旦中东西缘在地缘政治上重新倾向欧洲，中东破碎地带将被重构。那时它将由阿拉伯半岛、波斯湾、伊拉克、伊朗和阿富汗组成。此外，这一地区的东部边界也许会向外伸展将巴基斯坦的普什图地区包括进来，因为阿富汗或巴基斯坦都不是具有凝聚力的国家实体。存在一种很大的可能性——尽管盟国付出了极大的努力试图将阿富汗重建为一个统一的国家——我们将无法克服使阿富汗支离破碎的种族、部落以及空间差异。

在伊拉克,假如没有找到一种令人满意的办法解决逊尼派—什叶派—库尔德人互不相让要求的话,伊拉克西部的逊尼派很有可能转向阿拉伯逊尼派世界,而南部与东部的什叶派省份将寻求与伊朗结盟。这将给目前享有准独立状态的库尔德人带来一种困境。土耳其态度已经很清楚,它不会接受一个独立的伊拉克库尔德人国家,从而迫使库尔德人要么与逊尼派西部,要么与什叶派南方结成邦联。

美国军队招募逊尼派"觉醒委员会"民兵组织打击基地及其他暴动分子作为2007—2008年军事"增兵"行动的一部分,这可能会自食其果。这7万名民兵,其中绝大多数曾在萨达姆军队中服役,一旦在美国撤军之后爆发教派冲突,他们将会把美国提供的武器指向什叶派。"我的敌人的敌人就是我的朋友"这一观念不适用于阿富汗。在这里美国武装了塔利班,使其打击亲苏联的阿富汗政权,然后抵抗苏联军队,但他们又把这些武器对准了北方联盟,最终对美国。

加勒比海可能会成为一个门户区。它可以成为一座连接一个新的南美洲南锥体区(见锥体形状,图14.1)国家、北美洲及中部美洲以及欧洲地中海地区的桥梁。在后卡斯特罗时代,古巴与委内瑞拉能够对创建这一门户区起到关键作用。很大程度上,这还将取决于委内瑞拉查韦斯政权存续时间的长短。假如他坚持把石油作为将社会主义的玻利瓦尔革命传播到尼加拉瓜、古巴、厄瓜多尔和玻利维亚的政治武器,那么一个微型的破碎地带将会在加勒比海和安第斯山脉地区出现。

一个强大的南美洲地缘政治区的形成要建立在巴西发展成为一个世界大国的基础上。其单凭相对于其邻国的面积、资源基础和军事实力就能使它在整个亚马孙流域占主导地位。阿根廷已经不再有可能从经济、军事以及人口规模上与其北方邻居相匹敌。南锥体国家还包括乌拉圭、巴拉圭、智利、玻利维亚,以及现属哥伦比亚、厄瓜多尔和秘鲁的亚马孙流域地区,后3个国家受到内部崩溃的威胁。作为一个稳定的民主国家,巴西已成为世界上主要的粮食出口国之一,尚有大片未开垦农业地区可供扩大规模。它是世界上从甘蔗中提取乙醇最多的国家和铁矿石的重要出口国;它在东南海岸的巨大石油储藏正在开发过程中。它目前通过其广泛的水电资源、乙醇、现存的地方石油矿床以及来自玻利维亚的天然气来满足国内能源需求。当它开发其近海油田时,它将成为一个重要的石油出口国。

巴西面临庞大的贫困城市和农村居民的问题,也面临形成一个可持续的保护其拥有多种生物的热带雨林计划,同时又允许有控制的伐木和开辟土地以供经营牧场的挑战。但是,一个经过各方面权衡的开发计划能够克服这些挑战。巴西作为一个世界大国的诞生将给南美洲以及整个世界带来稳定。

也许影响最为深远的有可能出现的地缘政治变化，是把目前东亚辖区的很多地方与亚太沿岸地区连接起来的东亚沿海海洋门户区。它还把亚太沿岸地区与俄罗斯远东连接在一起。

亚太沿岸地区将由于韩国政治地位变化，印度尼西亚的解体可能以及印度洋辖区的扩张而在地理规模上发生收缩。尽管这样，在日本的主导下，它将依然是海洋辖区的基石，并从东亚沿海海洋门户区汲取力量。

图 14.1 地图中想象的世界是一个比存在于 21 世纪之交具有更大均势希望的相互依存的地缘政治结构之一。这样一种世界体系的持续演进将给联合国施加很大的压力，即要实现能体现体系中增加的分级（hierarchical）专业化和复杂性程度的重大制度变革。在安理会内部，目前的 5 个常任理事国组合可能会被扩大到将日本、德国、印度和巴西——它们都是现有或潜在的重要大国——包括进来。

联合国机构内部的重新调整也许还会给予新兴的地区性大国以更大的发言权，同时给予处在准国家类别中的那些实体以有限的投票权。地区性机构，如欧盟、北美自由贸易协定、南方共同市场以及东盟，将成长为世界体系内部的重要政治经济力量，因而应当为它们制定某些正式的服务方法。虽然对联合国的彻底重组将毫无疑问会遭到那些享有既得利益国家的相当大的反对，但如果没有能体现未来广泛的全球地缘政治变革的制度创新，联合国这一世界机构将有变成低效甚至落后于时代的危险。

随着民族国家和准国家数量的继续增加，到 21 世纪第一个 25 年末，这一数字将会达到 250 个。这样一种扩散正在发生的同时，全球化使得各国在持续的大规模移民的情况下，控制它们的国民经济，保存它们民族文化某些有价值的方面越来越多地成为一种挑战。特别是在欧洲、俄罗斯、日本和澳大利亚，其人口数量下降、寿命延长的情况将要求有移民来满足基本的服务。那些长期文化单一的国家已经面临着吸收移民的挑战，许多移民希望生活在两种文化的环境之中。

全球化为很多国家带来了相互冲突的力量。在其使得经济与社会文化联系更加方便的同时，民族统一主义组织利用全球远程通信、旅行、支付手段以及贸易限制条件放松等便利，获取维持它们争取民族自由斗争的武器和人力。全球制度化的宗教关系也变得日益重要，因为它们强化了信仰，而不同的信仰已成为世界许多地方民族主义的驱动力。

重要大国和地区性大国数量的增长以及地区性组织力量的增强，不会消除体系中的动荡。随着新国家加入国际社会和现存国家之间尚未解决的冲突的继续激烈进行，这些动荡都将继续存在。但是，这样的动荡将更加容易地受到在不同地理空间等级具有更多节点，而且节点之间和节点之中具有更多联系的国际体系的遏制。这将构建起一个更加多元、更加密集的全球网络，它更有能抵御各种动荡对国际体系的冲击。

对世界体系最深远的冲击很可能是气候变化。大国无法再以经济必要性为理由推卸其减少碳排放及污染的责任。在2007年12月召开的政府间气候变化会议上,欧盟及其他发达国家提出了具体的减排配额和其他补救措施。[2]美国、中国和印度——它们一起占了全球污染量的60%以上——不同意执行规定的减排配额。美国的立场是只要中国与印度决定不同意执行,则美国也不会同意。中国与印度认为,作为新兴国家,它们必须先要赶上发达国家。除了尽到自己的责任,美国还可以通过在污染控制和可替代能源开发方面为新兴国家提供技术帮助,以及通过谈判达成一个可让其履行排放配额的更长的期限界线,来显示领导地位。会议承诺将在2009年于哥本哈根举行的世界气候大会上一致达成一个长期的限制人类引起的全球变暖的计划。可以期望,更加充分的科学证据[3]和日益增大的舆论压力将会推动顽固的大国承认这一对世界威胁的紧迫性。如果现在不采取具体和系统的步骤,结果全球将面临由洪水泛滥、干旱、饥荒和难以控制的移民引发的混乱,以及由混乱引起的全球不稳定。

在一个越来越复杂、渗透了全球主义影响的地缘政治世界中,权力将甚至更加普遍地分散,等级制度趋弱,以至没有一个单一国家或者辖区能够期望占有支配地位。21世纪已成为"全球的世纪",而不是"美国的"或者"太平洋的"世纪。正是这一体系的复杂性要求所有重要大国和地区性大国的领导人让世界在变动不居中保持均势。作为大国中"强中强"的美国,与欧盟一起,将拥有充分的机会,以智慧、决心和恒心,将其力量运用于国际事务,同时它又始终不忘记限制和责任,这已内含在其力量的运用之中。

注释

[1] Alan J. Day, ed., *Border and Territorial Disputes* (Harlow, England: Longman, 1982), 236-250.

[2] Brian Walsh, "Who Won and Lost at Bali," *Time* (Dec. 16, 2007).

[3] Intergovernmental Panel on Climate Change, *Fourth Assessment Report*, *Climate Change 2007*. Synthesis Report, 23 pp.

参 考 书 目

Agnew, John. *Geopolitics: Re-visioning World Politics*. London: Routledge, 1998.

——. *Mastering Space: Hegemony, Territory and the International Economy*. London: Routledge, 1995.

——. *Place and Politics*. London: Allen and Unwin, 1987.

——. *Western Geopolitical Thought in the Twentieth Century*. New York: St. Martin's, 1985.

Ardrey, Robert. *The Territorial Imperative*. New York: Atheneum, 1966.

Aslund, Anders. *How Capitalism Was Built: The Transformation of Central and Eastern Europe, Russia and Central Asia*. New York: Cambridge University Press, 2007.

Baransky, N. M. *Economic Geography of the U. S. S. R.* Preface and translation by S. Belsky. Moscow: Foreign Languages, 1956.

Bell, Morag. *Contemporary Africa: Development, Culture and the State*. London: Longman, 1986.

Bertalanffy, Ludwig von. *General System Theory*. New York: George Braziller, 1968.

Blouet, Brian. *Halford Mackinder: A Biography*. College Station: Texas A&M University Press, 1987.

Bowman, Isaiah. *The New World*. Yonkers-on-Hudson, N. Y.: World Book, 1922.

Boyd, Andrew. *An Atlas of World Affairs*, 10th ed. London: Routledge, 1998.

Bracken, Paul. *Fire in the East*. New York: HarperCollins, 1999.

Brandt, Willy. *North-South: A Programme for Survival*. London: Pan, 1980.

Braudel, Ferdinand. *The Mediterranean and the Mediterranean World in the Age of Philip II*. 2 vols. Translated by Sian Reynolds. New York: Harper & Row, 1973.

Brecher, Michael. *The New States of Asia*. New York: Oxford University Press, 1966.

Brigham, Albert Perry. *Geographic Influences in American History*. New York: Chautauqua, 1903.

Brown, Seyom. "Inherited Geopolitics and Emergent Global Realities." In *America's Global Interests*, edited by Edward K. Hamilton, 166 – 97. New York: Norton, 1989.

Brunn, Stanley D., Jeffrey A. Jones, and Shannon O'Lear. "Geopolitical Information and Communications in the Twenty-First Century." In *Reordering the World*, edited by George J. Demko and William B. Wood. Boulder, Colo.: Westview, 1999.

Brzezinski, Zbigniew. *The Choice — Global Domination or Global Leadership*. New York: Basic Books, 2004.

——. *Game Plan*. New York: Atlantic Monthly Press, 1986.

——. *The Grand Chessboard*. New York: Basic, 1997.

——. *Out of Control: Global Turmoil on the Eve of the Twenty-First Century*. New York: Scribner's, Macmillan, 1993.

——. *Three Presidents and the Crisis of American Superpower*. New York: Basic Books, 2007.

Bullard, Reader. *Britain and the Middle East*. London: Hutchinson's University Library, 1951.

Bush, George H. W. "Toward a New World Order." September 11, 1990, *Public Papers of the Presidents of the United States*, George H. W. Bush, 1990. Washington, D. C.: Government Printing Office, 1991. Reprinted in Ó Tuathail, Gearóid. *Critical Geopolitics: The Politics of Writing Global Space*, 131 – 34. Minneapolis: University of Minnesota Press, 1996.

"Central America's Border Order." *Economist*, March 13, 2000, 42.

Central Intelligence Agency. "Major Land Disputes around the World, Selected Disputes, July 18, 2000." Pamphlet, 7 pages.

——. *The World Factbook 2000*. Washington, D. C.: Gov/CIA, 2000.

Chanda, Nayan. "Cam Ranh Bay Manoeuvres." *Far Eastern Economic Review* (December 28, 2000, January 4, 2000).

"China Survey." *Economist*, April 8, 2000, 13.

Chou, Oliver. "Navy Boss Outlines Force of the Future." *South China Morning Post*, April 22, 1999.

Chrone, G. R. *Background to Political Geography*. London: Pittman, 1969.

Churchill, Winston. "Iron Curtain" speech. Graduation address, Westminster College, Fulton, Mo., March 5, 1946. Excerpted in *Internet Modern History Sourcebook*,

August 1977.

Cohen, Roger, David E. Singer, and Steven R. Weisman. "Challenging Rest of the World with a New Order." *New York Times*, October 12, 2004, A1, A22.

Cohen, Saul B. "Asymmetrical States and Geopolitical Equilibrium." *SAIS Review* 4, no. 2 (Summer/Fall 1984): 193–212.

——. "The Eurasian Convergence Zone: Gateway or Shatterbelt?" *Eurasian Geography and Economics* 46, no. 1 (2005): 1–22.

——. "Gaza Now! Prospects for a Gaza Microstate." *Mediterranean Quarterly* (Spring 1992): 60–80.

——. *Geography and Politics in a World Divided*. New York: Random House, 1963. 2d ed. New York: Oxford University Press, 1973.

——. "Global Change in the Post-Cold War Era." *Annals of the Association of American Geographers* 81, no. 4 (1991): 551–80.

——. "A New Map of Geopolitical Equilibrium: A Developmental Approach." *Political Geography Quarterly* 1, no. 3 (1982): 223–42.

Cohen, Saul B., and Lewis D. Rosenthal. "A Geographical Model for Political Systems Analysis." *Geographical Review* 61, no. 1 (1971): 5–31.

Collier, Paul. *The Bottom Billion: Why the Poorest Countries are Failing and What Can Be Done About It*. New York: Oxford University Press, 2007.

Collingwood, Robin George. *The Idea of Nature*. Reprint. Oxford: Oxford University Press, 1993.

Cressey, George. *The Basis of Soviet Strength*. New York: McGraw-Hill, 1945.

Crossette, Barbara. "Europe Stares at a Future Built by Immigrants." *New York Times Week in Review*, January 2, 2000, 1, 4.

Cutter, Susan, Douglas Richardson, and Thomas Wilbanks, eds. *The Geographical Dimensions of Terrorism*. New York: Routledge, 2003.

Davis, Anthony. "Blue Water Ambitions." *Asia Week* 26, no. 11 (March 24, 2000): 1.

Day, Alan J. ed. *Border and Territorial Disputes*. Harlow, England: Longman, 1982.

"Denmark and Greenland, Ultima Motives." *Economist*, February 17, 2001, 55.

Diehl, Paul F., ed. *A Road Map to War*. Nashville: Vanderbilt University Press, 1999.

Dorpalen, A. *The World of General Haushofer: Geopolitics in Action*. New York: Farrar and Rinehart, 1948.

Drozdiak, William. "Old World Reinvents Itself as Model for New Economy." *International Herald Tribune*, February 19, 2001, 1, 11.

Drucker, Peter. *The New Realities*. New York: Harper & Row, 1989.

——. *Post Capitalist Society*. New York: Harper Business, 1983.

Duncan, Richard C., and Walter Youngquist. "The World Petroleum Life-Cycle." Paper presented at Petroleum Technology Transfer Council Workshop, University of Southern California, Los Angeles, October 22, 1998.

Eckholm, Erik. "After Fifty Years, China Youth Remain Mao's Pioneers." *New York Times*, September 26, 1999, A12.

Elau, Heinz. "H. D. Lasswell's Developmental Hypothesis." *Western Political Quarterly* 21 (June 1958): 229-42.

Fairgrieve, James. *Geography and Warld Power*. London: University of London Press, 1915.

Fitzgerald, C. P. *The Chinese View of Their Place in the World*. London: Oxford University Press, 1964.

"France and Germany: Scenes from a Marriage." *Economist*, March 24, 2001, 27-30.

French, Howard W. "Still Wary of Outsiders, Japan Expects Immigration Boom." *New York Times*, March 14, 2000, A1, A14.

Friedman, Thomas. *The Lexus and the Olive Tree*. New York: Farrar, Straus & Giroux, 1999.

——. "The Mean Season." *New York Times*, September 9, 1999, A23.

Fromkin, David. *A Peace to End All Peace*. New York: Henry Holt and Co., 1989.

Fukuyama, Francis. "The End of History?" *National Interest* 16 (Summer 1989): 3-18.

——. *The End of History and the Last Man*. New York: Free Press, 1992.

——. *The Great Disruption: Human Nature and the Reconstitution of Social Order*. New York: Free Press, 1999.

Gakwandi, A. S. "Towards a New Political Map of Africa." In *Politics, Economy and Social Change in the Twenty-First Century*, edited by A. I. Asiwaju. London: Hurst, 1996.

Gambetta, Léon. Quoted in Norman Harris, ed., *Intervention and Colonization in Africa*. Boston: Houghton, Mifflin, 1914.

Garton Ash, Timothy. *Free World-America, Europe and the Suprising Future of the*

West. New York: Random House, 2004.

Giblin, B. "Élisée Reclus, 1830 – 1905." In *Geographers Bibliographical Studies*, edited by T. W. Freeman. London: Mansell, 1979.

Ginsburg, Norton. "On the Chinese Perception of World Order." In *China's Policies in Asia and America's Alternatives*, edited by Tang Tsou. Chicago: University of Chicago Press, 1968.

"Go West Young Han." *Economist*, December 23, 2000, 45 – 46.

Gyorgy, Andrew. *Geopolitics*. Berkeley: University of California Press, 1944.

Harris, Norman. *Intervention and Colonization in Africa, 1884 – 1914*. Boston: Houghton, Mifflin, 1914.

Hart, B. Liddell. "The Russo-German Campaign." In *The Red Army*, edited by B. Liddell Hart, 100 – 126. New York: Harcourt, Brace, 1956.

Hartshorne, Richard. *The Nature of Geography*. Lancaster, Pa.: Association of American Geographers, 1939.

——. "The United States and the 'Shatter Zone' in Europe." In *Compass of the World*, edited by H. Weigert and V. Stefannson. New York: Macmillan, 1944.

Hennig, Richard. *Geopolitik, die Lehre vom Staat als Lebewesen*. Leipzig: Hirzel, 1931.

Henrikson, Alan K. "Diplomacy for the 21st Century: 'Re-crafting the Old Guild.'" Paper presented at the 503d Wilton Park Conference, "Diplomacy: Profession in Peril?" Published in *Current Issues in International Diplomacy and Foreign Policy*. Wilton Park Papers, Vol. 1. London: H. M. Stationery Office, 1998.

Hepple, Leslie. "Geopolitics, Generals and the State in Brazil." *Political Geography Quarterly* 5 (Supplement 1986): S79 – S90.

Herb, Guntram H. and David H. Kaplan, eds. *Nested Identities*. Lanham, Md: Rowman & Littlefield, 1999.

Hooson, David, ed. *Geography and National Identity*. Oxford: Blackwell, 1994.

Huntington, Samuel P. "The Clash of Civilizations?" *Foreign Affairs* 72 (1993): 22 – 49.

——. *The Clash of Civilizations? The Debate*. New York: Council on Foreign Relations, Simon and Schuster, 1996.

——. *Political Order in Changing Societies*. New Haven, Conn.: Yale University Press, 1968.

Hutton, Will. *The Writing on the Wall: Why We Must Embrace China as a Partner or Face It as an Enemy*. New York: Free Press, 2007.

Jefferson, Mark. "The Civilizing Rails." *Economic Geography* 4 (1928): 217–31.

Johnson, Chalmers. *The Sorrows of Empire: Militarism, Secrecy and the End of the Republic*. New York: Metropolitan Books, Henry Holt and Co., 2004.

Jones, Stephen B. "Global Strategic Views." *Geographical Review* 45, no. 4 (1955): 492–508.

——. "The Power Inventory and National Strategy." *World Politics* 1, no. 4 (July 1954): 421–52.

——. "A Unified Field Theory of Political Geography." *Annals of the Association of American Geographers* 44, no. 2: 111–23.

——. "Views of the Political World." *Geographical Review* 45, no. 3 (1955): 492–508.

Kahn, Joseph. "World Bank Cites Itself in Study of Africa's Bleak Performance." *New York Times*, June 1, 2000, 6.

Kaplan, Robert D. "The Coming Anarchy." *Atlantic Monthly* 273, no. 2 (1994): 44–46.

——. *The Coming Anarchy: Shattering the Dreams of the Cold War*. New York: Random House, 2000.

Kaufman, D., A. Kraay, and M. Mastruzzi. *Governance Matters, 2007: Worldwide Governance Indicators 1996–2006*. www.worldwidebank.org, www.govindicators.org.

Kelley, Philip. *Checkerboards and Shatterbelts: The Geopolitics of South America*. Austin: University of Texas Press, 1987.

——. "Escalation of Regional Conflict: Testing the Shatterbelt Concept." *Political Geography Quarterly* 5, no. 2 (1986): 161–86.

Kennan, George. "The Sources of Soviet Conduct." *Foreign Affairs* 25 (1947): 566–82.

Kennedy, Paul. *Preparing for the Twenty-First Century*. New York: Random House, 1993.

——. *The Rise and Fall of the Great Powers*. New York: Random House, 1987.

Kissinger, Henry A. *The White House Years*. Boston: Little, Brown, 1979.

——. *Does America Need a Foreign Policy? Towards a Diplomacy for the 21st*

Century. New York: Simon & Schuster, 2001.

Kjellén, Rudolf. *Staten som Lifsform*. 1916. Published in German as *Der Staat also Lebenform*. Leipzig: Hirzel, 1917.

Kliot, Nurit, and Stanley Waterman, eds. *The Political Geography of Conflict and Peace*. London: Belhaven, 1991.

Kolossov, Vladimir, and John O'Loughlin. "Pseudo-States as the Harbingers of a New Geopolitics: The Example of the Trans-Dniester Moldovan Republic." *Geopolitics* 3, no. 1 (Summer 1998): 151 – 76.

Korn, Daniel A. *Ethiopia, the United States and the Soviet Union, 1974 – 1985*. London: Croom Helm, 1986.

Kotkin, Joel. *The New Geography: How the Digital Revolution Is Reshaping the American Landscape*. New York: Random House, 2000.

Kuzio, Taras. "Borders, Symbolism and Nation-State Building." *Geopolitics and International Boundaries* 2, no. 2 (Autumn 1997): 36 – 56.

Lacoste, Yves. "Editorial: Les Géographes, l'Action et la Politique. *Hérodite* 33 (1984): 3 – 32.

———. *La Géographie Ça Sert, d'Abord, à Faire le Guerre*. Paris: Maspero, 1976.

Langewiesche, William. *The Atomic Bazaar: The Rise of the Nuclear Poor*. New York: Farrar, Straus & Giroux, 2007.

Levins, Steve. *Oil and the Pursuit of Empire in the Caspian Sea*. New York: Random House, 2007.

Lieven, Anatol, and John Hulsman. *Ethical Realism: A Vision for America's Role in the World*. New York: Pantheon Books, 2006.

Lintner, Bertil. *Cross-Border Trade in the Golden Triangle*. Durham, England: Boundaries Research Press-University of Durham, 1991.

Lonsdale, Richard, and J. Clark Archer. "Empty Areas in the United States, 1990 – 1995." *Journal of Geography* 96, no. 2 (March/April 1997): 108 – 22.

Lukacs, John. *The End of the Twentieth Century and the End of the Modern Age*. New York: Ticknor and Fields, 1993.

Mackinder, Halford. *Democratic Ideals and Reality*. London: Constable, 1919. Reprint, New York: Norton, 1962.

———. "The Geographical Pivot of History." *Geographical Journal* 23, no. 4 (1904), 421 – 44. Reprinted in Mackinder, *Democratic Ideals and Reality*, 265 – 78. New

York: Norton, 1962.

——. "The Round World and the Winning of the Peace." *Foreign Affairs* 21, no. 4 (1943).

MacLachlan, Ian, and Adrian Guillermo Aguilar. "Maquiladora Myths: Locational and Structural Change in Mexico's Export Manufacturing Industry." *Professional Geographer* 50, no. 3 (1998): 315–31.

Mahan, Alfred T. *The Influence of Sea Power on History: 1660–1783*. Boston: Little, Brown, 1890.

——. *The Problem of Asia and Its Effect upon International Policy*. Boston: Little, Brown, 1900.

Malin, James. "Space and History, Part 2." *Agricultural History* 18 (July 1944): 65–126.

March, Andrew L. *The Idea of China*. New York: Praeger, 1974.

Martin, Lisa L. "Self-Binding." *Harvard Magazine* (Sept.-Oct. 2004): 33–36.

McCants, William, ed. *The Military Ideology Atlas: Research Compendium*. West Point, N.Y.: Combating Terrorism Center, 2006.

Merk, Frederick. *The Monroe Doctrine and American Expansion*. New York: Knopf, 1967.

Meyer, Karl E., and Shareen Blair Brysac. *Tournament of Shadows: The Great Game and Race for Empire in Central Asia*. Washington, D.C.: Corneial and Michael Bessie/Counterpoint, 1999.

Modelski, George. *Long Cycles of World Politics*. Seattle: University of Washington Press, 1987.

——. "The Study of Long Cycles." In *Exploring Long Cycles*, edited by George Modelski. Boulder, Colo.: Lynne Rienner, 1987.

Montesquieu, Charles-Louis de. *The Spirit of Laws*. Book XIV. Translated by Thomas Nugent. 1906. Reprint, Library of the Classics, New York: Hafner, 1949.

Murphy, Alexander B. "International Law and the Sovereign State System." In *Reordering the World*, edited by George J. Demko and William B. Wood. Boulder, Colo.: Westview, 1999.

"Myanmar's Where the Indian and Chinese Navies Meet." *Stratfor Commentary*, January 27, 2000.

Mydans, Seth. "East Timor's Dream of Oil." *New York Times*, October 20,

2000, A13.

"Nations of the World." *World Almanac and Book of Facts 2000*. Mahwah, N. J.: Primedia Reference, 1999.

Newbigin, Marion. *The Mediterranean Lands*. New York: Knopf, 1924.

Nijman, Jan. *The Geopolitics of Power and Conflict: Superpowers in the International System, 1945 – 1992*. London: Belhaven, 1993.

Nitze, Paul H., Leonard Sullivan Jr., and the Atlantic Council Working Group on Securing the Seas. *Securing the Seas*. Boulder, Colo.: Westview, 1979.

O'Brien, R. *Global Financial Integration: The End of Geography*. New York: Council on Foreign Relations Press, 1992.

O'Loughlin, John, and Herman Van der Wusten. *The New Political Geography of Eastern Europe*. New York: Belhaven, 1993.

——. "Political Geography of Panregions." *Geographical Review* 80 (1990): 1 – 20.

O'Neill, Robert. "Australia and the Indian Ocean." In *The Southern Ocean and the Security of the Free World*, edited by Patrick Wall. London: Stacey International, 1977.

O'Sullivan, Patrick. "Antidomino." *Political Geography Quarterly* 1 (1982): 57 – 64.

Ó Tuathail, Gearóid. *Critical Geopolitics: The Politics of Writing Global Space*. Minneapolis: University of Minnesota Press, 1996.

Ó Tuathail, Gearóid, Simon Dalby, and Paul Routledge, eds. *The Geopolitics Reader*. London: Routledge, 1998.

Painter, Joe. *Politics, Geography and "Political Geography."* London: Arnold, 1995.

Paret, Peter, ed. *Makers of Modern Strategy*. Princeton: Princeton University Press, 1986.

Parker, Geoffrey. *Geopolitics: Past, Present and Future*. London: Pinter, 1998.

——. *The Geopolitics of Domination*. London: Routledge, 1988.

——. *A Political Geography of Community Europe*. London: Butterworth, 1983.

Perle, Richard, and David Frum. *An End to Evil*. New York: Random House, 2004.

Perlez, Jane. "Blunt Reason for Enlarging NATO: Curbs on Germany." *New York Times*, December 7, 1997, A17.

Pierre, Andrew J. *The Global Politics of Arms Sales*. Princeton: Princeton University Press, 1982.

Prescott, J. V. R. "Africa's Boundary Problems." *Optima* 28 (1980): 3 – 21.

Rand McNally. *World Facts and Maps*. 2000 Ed. Skokie, Ill.: Rand McNally, 2000.

Ratzel, Friedrich. *Politische Geographie*. 3d edition. Munich: R. Oldenbourg, 1923.

——. *Politische Geographie der Vereinigtnen Staaten*. Leipzig: R. Oldenbourg, 1897.

——. "Die Gesetze des Raumlichen Wachstums der Staaten." *Petermanns Mitteilungen* 42 (1896): 97–107. Reprinted as "The Laws of the Spatial Growth of States." Translated by Ronald Bolin. In *The Structure of Political Geography*, edited by Roger Kasperson and Julian Minghi. Chicago: Aldine, 1969.

Reid, T. R. *The United States of Europe — The New Superpower and the End of American Supremacy*. London: Penguin, 2004.

Renner, George T. *Human Geography in the Air Age*. New York: Macmillan, 1942.

Revkin, Andrew C. "Lake's Rapid Retreat Heightens Troubles in North Africa." *New York Times*, May 27, 2001, F4.

Rifkin, Jeremy. *The European Dream*. London: Penguin, 2004.

Rosecrance, Richard. *The Rise of the Trading State*. New York: Basic Books, 1986.

"Russia's World," *Economist*, May 9, 1998, 21.

Rupp, George. *Globalization Challenged*. New York: Columbia University Press, 2006.

Ryan, Bruce. "Australia's Place in the World." In *The Australian Experience*, edited by R. L. Heathcote. Melbourne: Longman's, 1988.

Said, Edward. *Culture and Imperialism*. New York: Vintage, 1994.

"St. Kitts Ponders Request for Bombing Range." *New York Times*, March 22, 2001, A5.

Schwartz, Benjamin I. "The Maoist Image of World Order." In *Image and Reality in World Politics*, edited by John C. Farrell and Asa P. Smith. New York: Columbia University Press, 1968.

Sciolino, Elaine. "It's a Sea! It's a Lake! No. It's a Pool of Oil." *New York Times*, June 21, 1998, 16.

Segal, Gerald. "Does China Matter?" *Foreign Affairs* 78, no. 5 (June 1999): 24–36.

Semple, Ellen Churchill. *American History and Its Geographic Conditions*. Boston: Houghton Mifflin, 1903.

——. *The Geography of the Mediterranean World*. 1915. Reprint, New York: Henry Holt, 1931.

Seversky, Alexander de. *Air Power: Key to Survival*. New York: Simon & Schuster,

1950.

Shelley, Fred. , J. Clark Archer, Fiona M. Davidson, and Stanley D. Brunn. *Political Geography of the United States*. New York: Guilford, 1996.

Siegfried, André. *The Mediterranean*. Translated by H. H. Hemming and Doris Hemming. London: Jonathan Cape, 1948.

Singh, Govand. *A Political Geography of India*. Allahabad, India: Central Book Deposit, 1969.

Slessor, John. *The Great Deterrent*. New York: Praeger, 1957.

Smith, Dan. *The State of War and Peace Atlas*. London: Penguin, 1997.

Smith, Rupert. *The Utility of Force: The Art of War in the Modern World*. New York: Alfred A. Knopf, 2006.

Solana Madriaga, Javier. "Growing the Alliance." *Economist*, March 13, 1999, 23–28.

"Somaliland, the Nation Nobody Knows." *Economist*, April 14, 2001, 42.

Spear, Percival. *Modern India*. Ann Arbor: University of Michigan Press, 1961.

Spencer, Herbert. "The Social Organism." Reprinted in *The Man versus the State*, edited by Donald Macrae. Baltimore: Penguin, 1969.

Spykman, Nicholas. *America's Strategy in World Politics*. New York: Harcourt, Brace, 1942.

———. *The Geography of Peace*. New York: Harcourt, Brace, 1944.

State of the World 2007 — Our Unborn Future. Washington, D. C. : Worldwatch Institute, 2007. New York: W. W. Norton & Co. , 2007.

Sulzberger, C. L. *The Coldest War*. New York: Harcourt, Brace, Jovanovich, 1974.

"Survey Taiwan." *Economist*, November 7, 1998, 14.

Taylor, Peter. *Political Geography*. 2d ed. Harlow, England: Longman Scientific and Technical, New York: W'dey, 1989.

Taylor, Peter J. , ed. *World Government*. New York: Oxford University Press, 1990.

Trubowitz, Peter. *Defining the National Interest*. Chicago: University of Chicago Press, 1998.

Tung, William L. *China and the Foreign Powers*. Dobbs Ferry, N. Y. : Oceana, 1970.

Turner, Frederick Jackson. "The Significance of the Frontier in American History." Paper presented at the American Historical Association Meeting, Chicago, 1893. Reprinted in Turner, *The Frontier in American History*. New York: Henry Holt, 1920.

Tyler, Patrick E. "The China Threat, Some Experts Insist, Is Overrated." *International Herald Tribune*, February 16, 1999, 2.

U. S. Department of Energy, Energy Information Administration. "Annual Energy Review." In *World Almanac and Book of Facts 2000*. Mahwah, N. J.: Primedia Reference, 1999.

Vital Signs 2006–2007. Washington, D. C.: Worldwatch Institute, 2007. New York: W. W. Norton & Co., 2006.

Wallerstein, Immanuel. *The Capitalist World-Economy*. Cambridge: Cambridge University Press, 1979.

——. "European Unity and Its Implications for the Interstate System." In *Europe: Dimensions of Peace*, edited by B. Hettne. London: Zed, 1988.

——. *Geopolitics and Geoculture: Essays on the Changing World-System*. Cambridge: Cambridge University Press, 1991.

——. *Historical Capitalism*. London: Verso, 1983.

——. "The World-System after the Cold War." *Journal of Peace Research* 30, no. 1 (1993): 1–6.

Walsh, Edmund. "Geopolitics and International Morals." In *Compass of the World*, edited by H. W. Weigert and V. Stefansson. New York: Macmillan, 1944.

Weigert, Hans. *Generals and Geographers*. New York: Oxford University Press, 1942.

Werner, Heinz. *Comparative Psychology of Mental Development*. Rev. ed. New York: International University Press, 1948.

Werner, Heinz, and Bernard Kaplan. "The Developmental Approach to Cognition." *American Anthropologist* (1956): 866–80.

White, George W. *Nationalism and Territory*. Lanham, Md.: Rowman & Littlefield, 2000.

Whittlesey, Derwent. *The Earth and the State*. New York: Henry Holt, 1939.

——. "The Horizon of Geography." *Annals of the Association of American Geographers* 35, no. 1 (March 1945): 1–36.

——. "The Impress of Effective Central Authority on the Landscape." *Annals of the Association of American Geographers* 25, no. 2 (June 1935): 85–98.

——. "The Regional Concept and the Regional Method." In *American Geography: Inventory & Prospect*, edited by Preston E. James and Clarence F. Jones. Syracuse:

Association of American Geographers and Syracuse University Press, 1954.

——. "Sequent Occupance." *Annals of the Association of American Geographers* 19, no. 3 (September 1929): 162–65.

Wook-ik Yu. "Seoul: The City of Vitality." *IGU Bulletin* 50, no. 1 (2000): 5–19.

World Bank Atlas: 1999. Washington: World Bank, 1999.

World Bank Report Africa Development Indicators (ADI). Washington, D.C.: World Bank Publications, 2007.

索　引

（索引页码参见本书边码）

Abbas, Mahmoud 马哈茂德·阿巴斯, 379
Abkhazia 阿布哈兹, 216, 233, 240
Abuja, Nigeria 尼日利亚阿布贾, 403—404
Abu Sayyaf 阿布萨耶夫, 304
Aceh 亚齐省, 307—310
Acheson, Dean 迪安·艾奇逊, 25
Addis Ababa, Ethiopia 埃塞俄比亚亚的斯亚贝巴, 404
Aden 亚丁, 416
Adjaria 阿尔扎, 216
Afghanistan 阿富汗
Africa 非洲。参见 Central Africa 中非; Horn of Africa 非洲之角; Maghreb 马格里布; Sub-Saharan Africa 撒哈拉以南非洲
Africa, Caribbean, and Pacific (ACP) states 非洲加勒比太平洋国家(简称非加太集团), 398
African Union (AU)非洲联盟(非盟), 394, 397, 403
Agnew, John 约翰·阿格纽, 12, 28
agriculture 农业, 8—9
air power 空中力量, 空军, 空权 23—24
Alaska 阿拉斯加, 95—96, 209
Albania 阿尔巴尼亚, 237, 239
Algeria 阿尔及利亚, 173—174, 195—197
Algerian War of Independence (1954—1962)阿尔及利亚独立战争, 186, 196
Allende Gossens, Salvador 萨尔瓦多·阿连德, 78—79, 149
Amazon basin 亚马孙河流域, 148, 149, 159
American Mediterranean 美洲地中海, 135
American Samoa 美属萨摩亚, 98, 103
Amin, Ash 艾什·艾米, 29
Amin, Idi(乌干达总统)阿明, 409
Anatolian Railway 安纳托利亚铁路, 357
Andean Group 安第斯集团, 156, 157

Andes mountains 安第斯山脉, 149—150
Andorra 安道尔, 182
Anglo-American Heartland 英美心脏地带, 23, 105
Angola 安哥拉, 75, 83, 395, 398, 406, 411—412, 415
Antioquia(哥伦比亚)安蒂奥基亚省, 139
Antiterrorism and Effective Death Penalty Act (1996)《反恐怖主义和有效死刑法》, 88
Al-Aqsa Intifada 阿克萨群众起义, 378
Arab American Oil Company 阿拉伯美国石油公司, 357
Arab Cooperation Council 阿拉伯合作理事会, 372
Arab-Israeli conflict 阿以冲突, 359—361, 367, 378—381, 425
Arab League 阿拉伯联盟, 372
Arafat, Yasser 阿拉法特, 378, 379
Aral Sea 咸海, 245
Archangel (Arkhangelsk), Russia 俄罗斯阿尔汉格尔斯克, 204, 206
Arctic 北极(地区)122—123, 228
Argentina 阿根廷, 79, 149, 154, 162, 163
Aristide, Jean-Bertrand 让·贝特朗·阿里斯蒂德, 137—138
Aristotle 亚里士多德, 12
Armenia 阿美尼亚, 215—216, 233, 242
arms and weapons: in Cold War 冷战时期的武器弹药, 79—80
Soviet Union and 苏联, 69。同时参见 nuclear weapons 核武器
Arusha Declaration (1967)《阿鲁沙宣言》, 403
ASEAN 东盟。参见 Association of Southeast Asian Nations
ASEAN＋3 东盟与中日韩领导人会议, 323
Asia 亚洲。参见 Asia-Pacific Rim; Continental Asia; East Asian Realm; Offshore Asia; South

Asia; Southeast Asia
Asia-Pacific Economic Cooperation Form (APEC)亚太经济合作组织,280,313,322
Asia-Pacific Rim 亚太沿岸地区,295—327
al-Assad, Hafez 哈菲兹·阿萨德,72
Association of Southeast Asian Nations (ASEAN)东南亚国家联盟(东盟),43,77,280,287,299,313,321,322
Atatürk, Kemal 凯末尔,357,364
Australia 澳大利亚: Asia-Pacific Rim and 亚太沿岸地区,298—299; Britain and 英国 298—299; East Timor 东帝汶,3,308—309
Australia, New Zealand, United States (ANZUS) Treaty《澳新美安全条约》,299
Australia Act (Britain, 1986)《澳大利亚法案》(英国,1986),299
Austria 奥地利,52
automobile industry 汽车工业,106
Azerbaijan 阿塞拜疆,203,215—216,229,233,242,245—246,358,389
Azeris 阿塞拜疆,363
Azores 亚速尔群岛,193

Baghdad Pact (1955)《巴格达条约》,66,359—360
Bahamas 巴哈马群岛,139
Bahrain 巴林(群岛),373,383
balance 均势,16,26。参见 global equilibrium
Bali 巴厘岛,312
Balkans 巴尔干半岛各国,237—240
Balkan War(1913)巴尔干战争,239
Baltic Sea 波罗的海,206
Baltic States 波罗的海国家,177,212—213,234—235
Baluchistan 俾路支(省),345,349—350,424
Bangalore, India 印度班加罗尔市,343
Bangladesh 孟加拉国,329,333,343—345,347—348
Bank of the South 南方银行,163
Banse, Ewald 爱华尔德·班泽 21,22
Bao Dai 保大(1913—1997),67
Barak, Ehud 埃胡德·巴拉克,378
Baransky, Nicholas 尼古拉斯·巴朗斯基,212
Barcelona, Spain 西班牙巴塞罗那,190—191
Barre, Muhammad Siyad 穆罕默德·赛义德·巴雷,73,86

Basque country 巴斯克人地区
Batista, Fulgencio 巴蒂斯塔(1901—1973),78,136,143
Bay of Iskenderun 伊斯肯德伦湾,372
Bay of Pigs invasion (1961)猪湾入侵,78
Beijing, China 中国北京,267—268,271
Belarus 白俄罗斯,232—233,235—236
Belgian Congo 比属刚果,394
Belgium 比利时,182,192,394—395
Belize 伯利兹,138
Belorussia 白俄罗斯,209,213
benevolent policeman policy 仁慈警察政策,137
Benin 贝宁,75,415
Berbera, Somaliland 索马里兰柏培拉港,407—408
Berbers 柏柏尔人,196
Beria, Lavrenty 贝利亚(1899—1953),69
Bering, Vitus Jonassen 维图斯·白令,209
Berlin blockade 柏林封锁,61
Bhutan 不丹,278,342,345,351
Bhutto, Benazir 贝·布托,335,422
Biafra 比夫拉,395
Bin Laden, Osama 本·拉登,1,334,363,382
bipolarity 两极性,61
Bishop, Maurice 莫里斯·毕晓普,83,137
Black Sea 黑海,206—207,241
Blagoveschensk, Russia 俄罗斯布拉戈维申斯克市,225
blue water strategy 大洋战略,19
Bodin, Jean 让·博丹(1530—1596),12
Bolivar, Simon 西蒙·玻利瓦尔,148,163
Bolivarian revolution 玻利瓦尔革命,135,147,161,163,426
Bolivia 玻利维亚,78,153—154,161—162
Bolshoi Kamen, Russia 俄罗斯波尔希卡曼,225
Bombay, India 印度孟买。参见 Mumbai, India
Border Industrialization Act (Mexico,1965)《边境工业化法案》(墨西哥,1965),130
Borneo 婆罗洲(东南亚加里曼丹岛的旧称),307—308,311
Bosnia 波斯尼亚,237—238
boundaries 边界,36
Bourghiba, Habib 哈比卜·布尔吉巴,197
Bowman, Isaiah 鲍曼,20,234
Boxer uprising (1898—1900)义和团运动,264

Brandt, Willy 威利·勃兰特, 70
Bratsk, Russia 俄罗斯布拉茨克, 224—225
Brazil 巴西: agriculture in 农业, 158—159; and Argentina 阿根廷, 163
Brezhnev, Leonid 勃列日涅夫（1906—1982）, 69—70, 84, 260
Brezhnev doctrine 勃列日涅夫主义, 26
Britain 英国: Afghanistan and 阿富汗, 330, 356; Argentina and 阿根廷, 154; Australia and 澳大利亚, 298—299
British East India Company 英国东印度公司, 341
British North America Act (Canada, 1867)《英属北美洲法案》(加拿大, 1867), 116
British Togoland 英属多哥兰, 397
Brittany 布列塔尼(半岛), 191
Brussels, Belgium 比利时布鲁塞尔, 170—171, 192
Brzezinski, Zbigniew 布热津斯基, 25, 26, 28, 86, 177
Buckle, Henry Thomas 亨利·托马斯·巴克尔, 12
Buganda 布干达, 395
Bulgaria 保加利亚, 177, 187, 188, 203, 237
Bullit, William 威廉·布利特, 25
Burma 缅甸, 67, 341。参见 Myanmar
Burundi 布隆迪, 398, 407
Bush, George H. W. 乔治·赫伯特·沃克·布什, 28
Bush, George W. 乔治·沃克·布什(小布什), 113, 177—178
Bush (George W.) administration 布什政府: and defense systems in Eastern Europe 东欧防卫体系, 234

Cairo, Egypt 埃及开罗, 374
Calcutta, India 印度加尔各答。参见 Kolkata, India
California 加利福尼亚, 112
Cambodia 柬埔寨, 81, 278, 285—286, 288—289, 299
Cameroon 喀麦隆, 397
Canada 加拿大, 115—127
Canada-U. S. Free Trade Agreement (1989)《加美自由贸易协定》, 124
Canary Islands 加那利群岛, 193
Canberra, Australia 澳大利亚堪培拉, 170
Cape Verde 佛得角, 397
capitals 首都, 首府。参见 political capitals
Cárdenas, Lázaro 卡德纳斯, 127—128

Caribbean 加勒比海: during Cold War 冷战期间, 62; EU and 和欧盟, 145。同时参见 Middle America
Caribbean and Common Market (CARICOM)《加勒比共同体和共同市场》, 145
Carranza, Emiliano 卡兰萨, 127
Carter, James Earl 吉米·卡特(1924—), 362
Caspian Sea 里海, 229, 233, 243—246, 356
Castro, Fidel 卡斯特罗, 78, 136
Catalonia 加泰罗尼亚, 54, 190—191
Catherine the Great, Empress of Russia 俄国叶卡捷琳娜女皇, 209
Central Africa 中非, 85, 409
Central America 中美洲, 145, 同时参见 Middle America
Central American-Dominican Republic Free Trade Agreement (CAFTA-DR)《中美洲—多米尼加自由贸易协定》, 137, 145
Central Asia 中亚, 203, 228—229, 243—247
Central Europe 中欧, 66
Central Intelligence Agency (CIA) 中央情报局, 66, 359, 395
Central Pacific Railway 中部太平洋铁路, 100—101
Central Treaty Organization (CENTO) 中央条约组织, 64, 333
centrifugal forces 离心力, 34
centripetal forces 向心力, 34
Ceylon 锡兰(斯里兰卡旧称)。参见 Sri Lanka
Chad 乍得, 415
Champlain, Samuel de 塞缪尔·德·尚普兰, 118
change, in geopolitical structure 地缘政治结构变化, 36
Charles XII, King of Sweden 瑞典国王查理十二世, 206
Chávez, Hugo 乌戈·查韦斯, 42, 135, 141, 161, 163, 426
Chechnya 车臣, 217, 241
Chelyabinsk, Russia 俄罗斯车里雅宾斯克, 222
Chiang Kai-shek 蒋介石, 258—59, 268
Chile 智利, 78—79, 149, 151, 153—154, 157
China 中国: and Afghanistan 阿富汗, 2, 348
Chongqing, China 中国重庆, 269
Christians 基督徒: in Armenia 亚美尼亚, 215; in Asia-Pacific Rim 亚太沿岸地区, 307, 310, 311,

313; in China 中国, 264
Crone, G. R. 克龙(全名 Crone, Gerald Roe), 27
Churchill, Winston 温斯顿·丘吉尔, 25, 199, 258
Clark Amendment (1928)《克拉克修正案》, 104
climate change 气候变化。参见 global warming
Clinton, Bill 比尔·克林顿, 137, 234, 243, 288, 290, 378
Clive, Robert 克莱夫, 341
Cohen, Saul B. 索尔·科恩, 27
Cold War 冷战, 61—90
Colombia 哥伦比亚, 83, 138—39, 151, 154, 160—161
Colombo Plan for Cooperative Regional Development《科伦坡区域合作发展计划》, 348
colonialism 殖民主义: collapse of 垮台, 5。同时参见 imperial hegemony
Common Market for Eastern and Southern Africa (COMESA) 东南非共同体市场, 42, 398
Commonwealth of Independent States (CIS) 独立国家联合体(独联体), 215
Comprehensive Test Ban Treaty (CTBT)《全面禁止核试验条约》, 249, 276
Compression Zones 压缩区: Central Africa 中非, 85, 413—417
condominium states 国际共管国家, 54
Congo 刚果, 74, 393, 406, 407, 409, 412, 415—416。同时参见 Democratic Republic of the Congo; Republic of the Congo-Brazzaville
connections 联系, 12
Constitution Act (Canada, 1867) 宪法案(加拿大, 1867), 119
Constitution Act (Canada, 1982) 宪法案(加拿大, 1982), 116
containment 遏制, 25, 65—68
Continental-Maritime East Asia 大陆兼东亚海洋的东亚辖区, 6—7, 37
Continental settings 大陆环境, 34
Convergence Zones 汇合区, 33, 36
cordon sanitaire 缓冲带, 中立地区 65—66, 234
cores of states 国家的核心, 35
Correa, Rafael 拉斐尔·科雷亚, 161
Corsica 科西嘉, 191
Costa Rica 哥斯达黎加, 138
Côte d'Ivoire (Ivory Coast) 科特迪瓦(象牙海岸), 414

Council for Mutual Economic Assistance (COMECON) 经互会, 70, 286
Cressey, George 葛德石, 105
Crete 克里特岛, 191
Crimea 克里米亚半岛, 216, 236
Crimean War(1835—1856) 克里米亚战争, 207, 230
Croatia 克罗地亚, 237—238
Crush Zones 碎片区, 44, 175。同时参见 Shatterbelts
Cuba 古巴: during Cold War 冷战期间, 77—78, 136。同时参见 Guantánamo Bay, Cuba
Cultural Revolution (China) 文化大革命(中国), 260, 273
Curzon, George Nathaniel, Lord 乔治·寇松总督, 19, 176
Curzon Line 寇松线, 176, 213
Cyprus 塞浦路斯, 176, 191—192, 386, 425
Czech Republic 捷克共和国, 188, 234

Dagestan 达吉斯坦, 241—242
Dalai Lama 达赖喇嘛, 275
D'Arcy, William 威廉·达西, 357
Darfur, Sudan 苏丹达尔富尔, 368, 418
Darien Gap 达连隘口, 138—139
Delhi, India 印度新德里, 339, 341
Democratic Ideals and Realities (Mackinder)《民主的理想与现实》(麦金德), 16, 201
Democratic Republic of the Congo (DRC) 刚果民主共和国, 35, 395, 398, 406, 407, 415—416
Deng Xiaopeng 邓小平, 39, 81, 260, 264
Denmark 丹麦, 182, 193
De Seversky, Alexander 德·谢维尔斯基, 24, 105
Diego Garcia 迪戈加西亚岛, 338—339
Distant Early Warning (DEW) defense system 远程预警防卫系统, 68
Djibouti 吉布提, 396, 416
Doe, Samuel 塞缪尔·多伊, 413
dollar diplomacy 美元外交, 148
domino theory 多米诺理论, 25
Drucker, Peter 彼得·德鲁克, 46
drugs 毒品: Colombia and 哥伦比亚, 138—139, 160—161
Dulles, John Foster 杜勒斯, 25, 333
Durand Line 杜兰德线, 330, 349

East Africa 东非, 409
East African Community (EAC) 东非共同体, 396—397, 403
East Asia Coastal Seas Gateway 东亚沿海门户, 426
East Asian Realm 东亚辖区, 6—7, 39, 253—293; Cambodia 柬埔寨, 288—289
Eastern Europe 东欧: Baltic states 波罗的海各国, 234—235
Eastern Orthodox Christianity 东正教, 219
East Timor 东帝汶, 3, 308—309
Economic Community of Central African States 中非国家经济共同体, 398
Economic Community of West African States (ECOWAS) 西非国家经济共同体, 398, 403, 419
Economic Community of West and Central Africa 西中部非洲经济共同体, 397
economy 经济: geopolitical factors in 地缘政治因素, 7; globalization and 全球化, 8—9。同时参见 trade
ECOWAS 西非国家经济共同体。参见 Economic Community of West African States
Ecuador 厄瓜多尔, 140—141, 154, 161
ecumenes 核心区, 35
Effective National Territory (ENT) 有效国家领土, 35—36
Effective Regional Territory (ERT) 有效地区领土, 35—36
Egypt 埃及: and Cold War 冷战, 71
Eisenhower, Dwight 艾森豪威尔, 25, 79, 115
Emission Trading Program 排放交易计划, 199
empty areas 空旷区, 36
Energy Silk Road Strategy Act (1999) 能源丝绸之路法案, 243
environmental geopolitics 环境地缘政治学, 27, 124—125
equilibrium 平衡, 均衡。参见 global equilibrium
Eritrea 厄立特里亚, 396, 407
Estonia 爱沙尼亚, 52, 188, 229, 232, 235
Estrada, Joseph 约瑟夫·埃斯特拉达, 304
E. T. A. (Basque guerrilla movement) 埃塔（巴斯克分裂主义运动）, 190
ethanol 乙醇, 156
Ethiopia 埃塞俄比亚, 73—74, 82, 396, 407, 416—417
ethnicity 民族性, 155

EU Rapid Reaction Force 欧洲快速反应部队, 178
Eurasian Continental Realm 欧亚大陆辖区: during Cold War 冷战期间, 61, 67—68, 84
Eurasian Convergence Zone 欧亚汇合区, 230—250, *231*
Eurasian Conversion Zone 欧亚汇合区, 42
Eurasian Heartland 欧亚大陆心脏地带: Cold War and 冷战, 25
Euromediterranea 欧洲地中海地区, 425
Europe 欧洲。参见 European Union; Maritime Europe; Maritime Europe and the Maghreb
European Coal and Steel Community (ECSCP) 欧洲煤钢联营, 168
European Community (EC) 欧共体, 170
European Court of Human Rights 欧洲人权法院, 183
European Court of Justice 欧洲法院, 183
European Economic Community (EEC) 欧洲经济共同体, 168, 170
European Free Trade Association 欧洲自由贸易联盟, 170
European Union (EU) 欧盟: agriculture policy of 农业政策, 179; and Caribbean 加勒比海, 145。同时参见 Maritime Europe
Euskadi 巴斯克地区, 190
Exxon Valdez (ship) 埃克森瓦尔迪兹油轮, 96

Faeroe Islands 法罗群岛, 193
failed states 失败国家, 54
Fairgrieve, James 詹姆斯·斐格莱, 16, 21, 44, 175
Falkland Islands 福克兰群岛, 154
features 特征, 33, 35—36
Federated States of Micronesia 密克罗尼西亚联邦, 98
Federation of Arab Republics 阿拉伯共和国联邦, 72, 372
Federation of Rhodesia (Zambia) 罗得西亚与尼亚萨兰联邦（赞比亚）, 397
fifth-orde states 第五等级国家, 6, 47, 50
Fiji 斐济, 306
Finland 芬兰, 65, 182, 206
First Opium War (1839—1842) 第一次鸦片战争, 256
first-order states 第一等级国家, 5, 47, 48, 49

Five Dynasties 五代, 267
Flanders 佛兰德斯, 192
Ford Motor Company 福特汽车公司, 148
fourth-order states 第四等级国家, 6, 47, 50
Fox Quesada, Vicente 比森特·福克斯·克萨达, 132
France 法国
Franco, Francisco(1892—1975)弗朗西斯科·佛朗哥, 189, 190
Free Papua movement 自由巴布亚运动, 308, 310—311
Free Trade Area of the Americas 美洲自由贸易区, 42, 157
free zones 免税区, 130
Frelimo 莫桑比克解放阵线。参见 Mozambique Liberation Front
Friedman, Thomas 托马斯·弗里德曼, 8, 29
frontier, U. S. 美国边疆, 101, 114—115, 146n1
Fujian, China 中国福建, 256, 271
Fujimori, Alberto 阿尔韦托·藤森, 162
Fukuyama, Francis 弗朗西斯·福山, 27—28

Gabon 加蓬, 415
Gadsden Purchase (1853)加兹登购地, 97
Gagauzi 加告兹人, 237
Gakwandi, A. S. 盖克瓦迪, 394
Galicia 加利西亚, 191
Gambetta, Léon 莱昂·甘必大(1838—1882), 195
Gambia 冈比亚, 397
Gandhi, Indira 英迪拉·甘地夫人, 334, 335, 350
Gandhi, Mohandas K. 圣雄甘地, 66
Gandhi, Rajiv 拉吉夫·甘地, 335—336
Garcia, Alan 阿兰·加西亚, 162
gas production 天然气生产。参见 oil/gas production
Gateways 门户, 50, 51—52, 52—53
Gaza 加沙, 378—380, 425
General Agreement on Tariffs and Trade (GATT)关贸总协定, 37
general systems 一般体系, 55—57
geographical settings 地理环境, 34—35
geography 地理: defined 定义, 12; globalization and 全球化, 8
geopolitical regions 地缘政治区, 40, 42—44
geopolitical structure 地缘政治结构, 33—35

geopolitics 地缘政治学, 3—4, 35
geopolitik(德国)地缘政治学, 11, 21—22
Georgia 格鲁吉亚, 203, 216, 233, 240—241, 424—425
geostrategic realms 地缘战略辖区, 37—40
Germany-Soviet Pact (1939)《苏德互不侵犯条约》, 21
Germany 德国, 174—175
Ghana 加纳, 74, 396, 397, 403, 415
Gibraltar 直布罗陀, 176—177, 191
Ginsburg, Norton 诺顿·金斯伯格, 264
glasnost (openness)〈俄语〉公开性, 开放性, 83
global equilibrium 全球均衡: concept of 概念, 57—58
globalization 全球化: agriculture and 农业, 8—9; economic effects of 经济影响, 8—9
global warming 全球变暖: Brasil and 巴西, 159。同时参见 Kyoto Protocol
Gold Coast 黄金海岸, 397
Golden Horde 金帐汗国, 205, 209
Good Neighbor policy 睦邻政策, 104, 136, 148
Goodyear, Charles 查尔斯·古德伊尔(1800—1860), 148
Gorbachev, Mikhail 戈尔巴乔夫, 83—84
Gore, Al 阿尔·戈尔, 113
Great Depression 大萧条, 103
Greater Antilles 大安的列斯群岛, 139
Great Game 大博弈, 203, 244
Great Leap Forward 大跃进, 259
Great Wall of China 中国长城, 255
Greece 希腊, 176, 182, 191—192, 237, 239
Greenland 格陵兰(岛), 193
Grenada 格林纳达, 78, 83, 137
Group of Eight (G-8)八国集团, 37
Guam 关岛, 98, 103
Guangdong, China 中国广东, 271
Guangzhou, China 中国广州, 255—256
Guantánamo Bay, Cuba 古巴关塔那摩湾, 78, 98, 103, 136, 139, 143—144
Guatemala 危地马拉, 78, 137, 138
Guevara, Erneato "Che," 切·格瓦拉(1928—1967), 78
Guinea 几内亚(地区), 74, 396, 406, 415
Guinea-Bissau 几内亚比绍, 397

索　引

Gulf Cooperation Council 海湾合作委员会, 370, 383, 388
Guneydogu Anadolu Project (GAP) 古奈都古阿纳多卢计划, 364, 386
GUAM 格鲁吉亚—乌克兰—阿塞拜疆—摩尔多瓦集团, 56, 203
GUUAM 格鲁吉亚—乌克兰—乌兹别克斯坦—阿塞拜疆—摩尔多瓦集团, 203
Guyana 圭亚那, 138
Guyot, Arnold Henry 阿诺德·亨利·居约(1807—1884), 12

Habibie, B. J. 哈比比, 309, 312
Haider, Jörg 海德尔, 187
Haig, Alexander 亚历山大·黑格, 25
Haiti 海地, 98, 104, 137—138, 143
Hamas 哈马斯, 379, 380
Han dynasty 汉代, 267
Hanseatic League 汉萨同盟, 166, 174
Hardt, Michael 迈克尔·哈特, 46
Harper, Stephen 斯蒂芬·哈珀, 122
Hartshorne, Richard 理查德·哈特向, 11, 44
Hashemite dynasty 哈希姆王朝, 357
Haushofer, Albrecht 阿尔布雷特·豪斯浩弗, 21, 22
Haushofer, Karl 卡尔·豪斯浩弗, 11, 21—22, 296—297
Hazaras 哈扎拉人, 363, 385
Heartland 心脏地带。参见 Anglo-American Heartland; Eurasian Heartland
Heartlandic Russia 俄罗斯心脏地带。参见 Russia
Hegel, G. W. F. 黑格尔, 12
Hejaz, Saudi Arabia 沙特阿拉伯汉志省, 369
Hennig, Richard 理查德·海格, 21, 22
Henrikson, Alan 亨里克森, 10
Hepple, Leslie 莱斯利·赫波尔, 26
Hérodote (journal)《希罗多德》, 27
Hess, Rudolf 鲁道夫·赫斯(1894—1987), 22
Himalayan mountains 喜马拉雅山脉, 332, 346
historic (nuclear) cores 历史核心, 35
Hitler, Adolf 希特勒, 21, 22, 212
Hizbollah 真主党, 378—379, 381
Ho Chi Minh 胡志明市, 67, 285
Honduras 洪都拉斯, 138

Hong Kong 香港, 255—256, 269, 271, 280
Horn of Africa 非洲之角, 73—74, 368, 396, 407, 416
Houphouet-Boigny, Felix 费利克斯·乌弗埃-博瓦尼, 414
House of Rothschild 罗斯柴尔德家族, 166
Howard, John 约翰·霍华德, 322
Humboldt, Alexander von (1769—1859) 亚历山大·洪堡, 12
Hungary 匈牙利, 188, 234
Hun Sen 洪森, 76, 289
Huntington, Samuel 塞缪尔·亨廷顿, 28, 86
Hussein, Saddam 萨达姆, 73, 85—86, 363, 365, 377—378, 382, 384, 426
Hyderabad, India 印度海得拉巴(邦), 343

Iceland 冰岛, 181
immigration 移居：Australia 澳大利亚, 298, 317, 325。同时参见 migration
Immigration Law (1965) 移民法, 110
imperial hegemony 帝国主义霸权, 12—20。同时参见 colonialism
India 印度：and Afghanistan 阿富汗, 2; Australia and 澳大利亚, 319; and Bangladesh 孟加拉, 347—348; Bhutan 不丹, 342; Britain and 英国, 330, 339, 341; China and 中国, 77, 277—278, 290—291, 331—332, 333, 352—353
Indian Ocean Realm 印度洋辖区, 352—353, 419, 424
Indochina 印度支那：China and 中国, 279, 285—289
Indonesia 印度尼西亚：China and 中国, 278, 322
Indus Water Basin Treaty (1960)《印度河用水条约》, 347
information technology 信息技术, 9
Interamerican Development Bank 美洲开发银行, 163
Inter-American highway 美洲公路, 128
International Court of Justice (联合国)国际法院, 117
International Criminal Court 国际刑事法庭, 199
International Monetary Fund 国际货币基金组织, 128, 163
International Settlement (1863) 公共租界, 256
international trade 国际贸易, 38
Iran 伊朗, 229, 245—246

Iraq 伊拉克,359

Iraq War 2003 年伊拉克战争: Bush administration approach to 布什政府策略,90,426

Ireland 爱尔兰,182,186—187

Irian Jaya 伊里安查亚省,308,310—311

Iron Curtain 铁幕(政策),25

Islamabad, Pakistan 巴基斯坦伊斯兰堡,342

isostasy(压力)均衡,36

Israel 以色列: and Arab-Israeli conflict 阿以冲突,359—361,367,378—381,425

Italy 意大利,181,192—193,356—357,396

Ivan, Czar of Russia 俄国沙皇伊凡,205

Ivan Ⅳ, Czar of Russia 俄国沙皇伊凡四世,206,20

Jackson, Andrew (1767—1845) 杰克逊,100

Japan 日本,296—298,300,323—326

Java 爪哇,307,312,316

Jemaah Islamiya 伊斯兰祈祷团,313

Jerusalem 耶路撒冷,370,379,425

Jewish Pale of Settlement 犹太人定居点,176

Jiang Zemin 江泽民,260,290

Jones, Stephen 琼斯,24

Jordan 约旦,359

Kabila, Laurent 洛朗·卡比拉,395,398,407,415

Kagame, Paul 保罗·卡加梅,407

Kalimantan 加里曼丹岛,307—308,311

Kaliningrad 加里宁格勒,229—230

Kant, Immanuel 康德,12

Kaplan, Robert 罗伯特·卡普兰,28,86

Karakoram Highway 喀喇昆仑公路,276,277,333,347

Karmal, Babrak 巴布拉克·卡尔迈勒,83

Karsh, Efraim 伊夫雷姆·喀什,382

Kasavubu, Joseph 约瑟夫·卡萨武布 (1910—1969),395

Kashmir 克什米尔,333—334,347,349—350

Katanga (Shaba) railway 加丹加省(现扎伊尔沙巴区)铁路,399

Kazakhstan 哈萨克斯坦,227—230,233,243—247

Kelly, Philip 菲利普·凯利,44

Kennan, George 乔治·凯南,25

Kennedy, John 约翰·肯尼迪,78

Kennedy, Paul 保罗·肯尼迪,47

Kenya 肯尼亚,396,417

Khabarovsk, Russia 俄罗斯哈巴罗夫斯克,225

Kahn, Genghis 成吉思汗,267

Khan, Kublai 忽必烈,267

Khmer Rouge 红色高棉,289

Khomeini, Ruhollah 霍梅尼,73,361,365,382

Khrushchev, Nikita 赫鲁晓夫,69—70,78,223,260,333

Kibabi, Mwai 姆瓦伊·齐贝吉,417

Kievan Rus 基辅罗斯,216,219—220

Kim Dae Jung 金大中,283

Kim Jong Il 金正日,283

Kirchner, Nestor 内斯托尔·基什内尔,162

Kissinger, Henry 亨利·基辛格,25,26,28

Kjellén, Rudolf 鲁道夫·契伦,11,20,21

Kolkata, India 印度加尔各答,339,341,343—344

Korea, unification of 朝鲜统一,253,283—284,319—320,326—327,426

Korea War 朝鲜战争,61—62,68,281—283

Kosovo 科索沃,1,238—239

Krasnoyarsk, Russia 俄罗斯克拉斯诺亚尔斯克,224

Kuomintang (Nationalist Party)国民党,303

Kurdistan 库尔德斯坦,358,362,386

Kurds 库尔德人,362—363,426

Kuril Islands 千岛群岛,208,229,319

Kuwait 科威特,366,377—378

Kyoto Protocol《京都议定书》,117,199,322

Kyrgyzstan 吉尔吉斯斯坦,2,243—244,246—247,250

LaCoste, Yves 伊夫·拉科斯特,27

Ladakh 拉达克,277,347

Lagos, Nigeria 尼日利亚拉各斯,401,404

Lake Chad 乍得湖,408

land communication 陆地交通,23

languages 语言,256,189,307

Laos 老挝,289

latifundia (large farm estates)大庄园,155

Latin America 拉丁美洲,77—79,83,104。同时参见 South America

Latvia 拉脱维亚,188,210,229,232,235

League of Arab States 阿拉伯国家联盟,372

League of Nations 国际联盟,16,20,102

Lebanon 黎巴嫩,72,82,359,366,381

lebensraum (living space)〈德语〉生存空间, 21—22

Leopold, King of Belgium 比利时国王利奥波德, 394

LePen, Jean 让·勒庞, 187

Lesser Antilles 小安的列斯群岛, 139

Levant 黎凡特, 365—367

Liberia 利比里亚, 3,398,406,413

Libya 利比亚, 72,198,359

Liechtenstein 列支敦士登, 182,189

linchpin states 关键国家, 26

linkage 关联原则, 26

Lin Pao 林彪, 264

Lithuania 立陶宛, 209—210,229,233—235

Livingstone, David 大卫·利文斯通（1813—1873）, 394

Lombard League 伦巴第联盟, 166

Lomé Agreement (1975)《洛美协定》,397—398

Louisiana Purchase (1803)路易斯安那购地, 99,100

Louis XI, King of France 法国国王路易十一（1423—1483）,8

Lukacs, John 约翰·卢卡斯, 86

Lukashenko, Alexander 亚历山大·卢卡申科, 235

Lumumba, Patrice 帕特里斯·卢蒙巴（1925—1961）, 74,395

Luxembourg 卢森堡, 182

MacArthur, Douglas 麦克阿瑟(1880—1964), 283

Macedonia 马其顿, 239

Mackinder, Halford 哈尔福德·麦金德, 13,16,19,21,22,25,39,84,175,201,228,234,247—248,331

macro-order 宏观, 6

Madeira Islands 马德拉群岛, 193

Madura 马都拉岛, 307

Maghreb 马格里布, 62,173—174,194—198。同时参见 Maritime Europe and the Maghreb

Magnitogorsk, Russia 俄罗斯马格尼托哥尔斯克, 223

Mahan, Alfred T. (1840—1914) 阿尔弗雷德·马汉,19—20,21,44,103

Makka, Saudi Arabia 沙特阿拉伯麦加, 369

Malawi 马拉维, 397

Malaysia 马来西亚, 76

Maldives Republic 马尔代夫共和国, 331,338

Mali 马里, 75,396

Malin, James 詹姆斯·马林, 105

Manchuria 满洲, 208

Manchurian Railroad 满洲铁路, 297

Mandarin Chinese 中国官话,国语, 256

Mandela, Nelson 纳尔逊·曼德拉, 404,410,411

Manifest Destiny 天定命运论, 101—103

Maoist Revolutionary Armed Forces of Colombia (FARC) 哥伦比亚毛派革命武装力量, 160—161

Maori 毛利人, 298

Mao Zedong 毛泽东, 37,68—69,84,254,259—260,264,273,333

Maputo Development Corridor 马普托发展走廊, 404

maquiladoras (processing factories)出口加工区, 130—132

Maranon War (1942)马拉尼翁河战争, 154

Marcos, Ferdinand 费迪南德·马科斯（1917—1989）, 304

Maritime Europe 濒海欧洲, 165。参见 European Union; Maritime Europe and the Maghreb

Maritime Europe and the Maghreb 濒海欧洲与马格里布, 165—200。同时参见 Maritime Europe

Maritime Realm 海洋辖区：during Cold War 冷战期间, 61,69—80,84。同时参见 Asia-pacific Rim; Maritime Europe; Maritime Europe and the Maghreb

Maritime Ring, of United States 美国环海圈, 107—115

Maritime settings 海洋环境,34

Marshall Islands 马绍尔群岛,96,98

Marshall Plan 马歇尔计划,5,61,364

Martin, Paul 保罗·马丁, 117

Marx, Karl 卡尔·马克思, 46

Massachusetts 马萨诸塞州,93

Maull, Otto 奥托·毛尔, 21,22

Mauritias 毛里求斯, 338—339

Mayak, Russia 俄罗斯马雅克, 222

Mbeki, Thabo 塔博·姆贝基, 411

McKinley, William 威廉·麦金利(1843—1901), 19

McMahon Line 麦克马洪线, 277,337

Medina, Saudi Arabia 沙特阿拉伯麦地那, 369

Mediterranean, American 美洲地中海, 135

Mediterranean basin 地中海流域, 194—195

Mediterranean Union 地中海联盟, 198
megalopolis 特大都市, 5
Mein kampf（Hitler）〈德语〉《我的奋斗》（希特勒）, 22
Mengistu, Haile Maryam 海尔·马里亚姆·门格斯图, 73, 82, 407
Mercosur 南方共同市场, 42, 154, 156—157
Merkel, Angela 安格拉·默克尔, 199
meso-order 中观, 6
Mesopotamia 美索不达米亚, 365—366
Metaxas, Ioannis 迈塔克萨斯(1871—1941), 191
Metternich, Klemens von 梅特涅(1773—1859), 188
Mexican War 墨西哥战争。参见 U. S.-Mexican War (1846—1848)
Mexico 墨西哥, 127—135
Mexico City, Mexico 墨西哥墨西哥城, 129
micro-order 微观, 6
Middle America 中部美洲, 135—144。同时参见 Central America; North and Middle America
Middle East 中东, 355—391
Midway 中途岛, 98
migration 迁移，移居: from China 从中国, 255—256。参见 immigration
military-industrial complex 军事工业综合企业, 79, 115
Miloseviç, Slobodan 米洛舍维奇, 87, 237
Ming dynasty 明代, 268
Mobutu Sese Seko, Joseph 蒙博托, 74, 395, 407, 415
Modelski, George 乔治·莫德尔斯基, 27, 58
Mohammed the prophet 先知穆罕默德, 357
Mokhele, Ntsu 恩祖·莫赫勒, 410
Moldova 摩尔多瓦, 203, 216, 233, 237
Moluccas (Malaku) Islands 摩鹿加群岛, 307, 310
Momoh, Joseph 约瑟夫·莫莫, 413
Monaco 摩纳哥, 182
Mongolia 蒙古, 233, 247—248
Monroe Doctrine 门罗主义, 104, 147—148
Montcalm, Louis 路易斯·蒙卡尔姆, 118
Montenegro 黑山, 239—240
Montesquieu, Charles-Louis de Secondat, Baron de 孟德斯鸠, 12, 155
Montreal, Canada 加拿大蒙特利尔, 120
Morales, Evo 埃沃·莫拉莱斯, 161—162

Moro 摩洛人, 304
Morocco 摩洛哥, 195—197
Moscow, Russia 莫斯科, 170, 205, 220—221
Mossadegh, Mohammed 穆罕默德·莫萨德夫, 66, 358
Mozambique 莫桑比克, 75, 83, 404, 406, 412—413
Mozambique Liberation Front (Frelimo) 莫桑比克解放阵线, 75, 412
Mubarak, Hosni 穆巴拉克(1928—　), 362
Mugabe, Robert 穆加贝, 410, 411
Mughal empire 莫卧儿帝国(1526—1857), 329—330, 339
multipolarity 多极性, 4, 29, 422
Mumbai, India 印度孟买, 343
Musharaff, Pervez 佩尔韦兹·穆沙拉夫, 335, 349
Muslims 穆斯林, 363, 2, 246, 272, 275
Mutual Economic Dependence (MED) 经济互赖, 421
Mutually Assured Destruction (MAD) 确保同归于尽(美国的核战争威慑战略), 6, 35
Myanmar (formerly Burma) 缅甸, 341—342
NAFTA《北美自由贸易协定》。参见 North American Free Trade Agreement
Nagaland, India 印度那加兰邦, 337, 350
Nagorno-Karabakh 纳戈尔诺—卡拉巴赫自治州, 242
Nairobi, Kenya 肯尼亚内罗毕, 404
Namibia 纳米比亚, 395—396, 398, 406, 415
Nanjing, China 中国南京, 257, 268
Napoleon Bonaparte 拿破仑, 230
Nasser, Gamal Abdel 加麦尔·阿卜杜勒·纳赛尔, 71, 359—360, 382
nationalism 民族主义, 46
National Missile Defense (NMD) system, United States 美国国家导弹防御系统, 96, 193, 199, 281, 284, 288, 292, 319
national states 民族国家。参见 states
National Union for Total Independence of Angola (UNITA) 争取安哥拉彻底独立全国联盟, 75, 83, 395, 406, 412
NATO-Russia Partnership Accord (2002) 北约—俄罗斯伙伴合作协议, 250
natural gas 天然气。参见 oil/gas production
naval power 海军实力: 295—296, 261—263, 70—71
Nazi Germany 纳粹德国, 11, 22
Negri, Antonio 安东尼奥·奈格里, 46

索 引

Nehru, Jawaharlal 尼赫鲁(1889—1964),64,332
Nepal 尼泊尔,342,345,347—348,351
Nestor, Christina 克里斯蒂娜·内斯特,162
Netherlands 尼德兰,182,186
New Delhi, India 印度新德里,341
New Europe 新欧洲。参见 New Member States
New Member States (NMS) 新成员国, 172—173,187
new world order 新世界秩序,28,86
New Zealand 新西兰,298—299,302,303,318
Ngo Dinh Diem 吴庭艳(1954—1963),67
Nicaragua 尼加拉瓜,78,83,137,138
Nigeria 尼日利亚,3,35,395,397,398,401,403—404,410,413—414
al-Nimeiry, Muhammed 穆罕默德·尼迈里,361
Nitze, Paul 保罗·尼采,25
Nixon, Richard 尼克松,25,39,71,114
Nixon administration 尼克松政府,26,70
Nkrumah, Kwame 克瓦米·恩克鲁玛(1909—1972),74,396,403
NMS 新成员国。参见 New Member States
nonconforming sectors 非主流部门,36
Noriega, Manuel 曼纽尔·诺列加,137,140,143
North American Aerospace Defense Command (NORAD) 北美防空司令部,116—117
North American Free Trade Agreement (NAFTA)《北美自由贸易协定》,46,106,117,124,128—131,134,178
North and Middle America 北美及中部美洲,40,91—146
North and Middle American Free Trade Agreement《北美及中部美洲自由贸易协定》,42
North Atlantic Treaty Organization (NATO)北大西洋公约组织(北约),234
Northern Ireland 北爱尔兰,177,192
Northern League 北方联盟,192
Northern Mariana Islands 北马里亚纳群岛,98
North Korea 朝鲜: agriculture in 农业,281。参见 Korean War
North Pole 北极,122,228
North Sulawesi 北苏拉威西(岛),311
Northwest Passage 西北航道,121—122
Norway 挪威,181—182,212,229
Nuclear Non-Proliferation Pact《不扩散核武器条约》,276,318—319
nuclear wastes 核废料,222—223
nuclear weapons 核武器,276
Nyasaland (Malawi) 尼亚萨兰(马拉维旧称),397
Nyerere, Julius 朱利叶斯·厄雷尔,75,403

OAU 非洲统一组织。参见 Organization for African Unity
Obst, Erich 厄里克·奥布斯特,21,22
Odinga, Raila 拉伊拉·奥廷加,417
Offshore Asia 亚洲沿岸地区,76—77,298。参见 Asia-Pacific Rim
oil/gas production 石油天然气生产,411—412
Okinawa 冲绳岛,324
O'Laughlin, John 约翰·欧劳林,236
Old Europe 老欧洲。参见 Old Member States
Old Member States (OMS)旧成员国,172—173
Oleg 奥列格,219
Olmert, Ehud 埃胡德·奥尔默特,378
OMS 旧成员国。参见 Old Member States
Omsk, Russia 鄂木斯克,224
Ontario, Canada 加拿大安大略,119
Open Door policy 门户开放政策,103
Operation Barbarossa 巴巴罗萨行动,212
Operation Condor 秃鹰行动,79
Order of the Teutonic Knights 条顿骑士团,174—175
organic theories 有机体理论,13,56
Organization for African Unity (OAU)非洲统一组织,397
Organization of American States (OAS)美洲国家组织,138
Orient Policy 东方政策,290
Ortega, Daniel 丹尼尔·奥尔特加,137
Oslo I and II agreements 奥斯陆第一第二项协议,378
Ottawa, Canada 加拿大渥太华,119,170
Ottoman Empire 奥斯曼帝国(1290—1922),355—356
Ó Tuathail, Gearóid 吉尔罗德·奥图泰尔,12,28

Pacific, during Cold War 冷战期间的太平洋,62
Padania 帕达尼亚(意大利北部),192
Pago Pago 帕果帕果,98,103

449

Pahlavi, Mohammed Reza 巴列维, 384
Painter, Joe 乔·佩因特, 29
Pakhtunistan 普什图尼斯坦, 424
Pakistan 巴基斯坦, 2, 35, 349—350
Palau 帕劳群岛, 98
Palestine 巴勒斯坦, 359
Palestine Liberation Organization 巴勒斯坦解放组织, 378
Palestinian Authority 巴勒斯坦民族权力机构, 379
Palestinians 巴勒斯坦人, 378—381, 425
Pan-African Common Market 泛非洲共同市场, 397
Pan-Africanism 泛非洲主义, 403
Panama 巴拿马, 137—139, 143
Panama Canal 巴拿马运河, 103—104, 136, 140, 148, 149
Pan-Americanism 泛美洲主义, 147—148
Pan-Arabism 泛阿拉伯主义, 382
Pan-Asianism 泛亚洲主义, 296
Pan-Eur-Africa 泛欧非, 393
Pantanal 潘塔纳尔, 153
Papua New Guinea 巴布亚新几内亚, 311
Paracel Islands 西沙群岛, 320—321
Parker, Geoffrey 杰弗里·帕克, 12
Partition of Tordesillas (1493)《托德西里亚斯条约》, 150
Pashtuns 普什图族人, 334, 349, 363, 385, 424
Pastrana, Andres 安德烈斯·帕斯特拉纳, 160
Pathet Lao 巴特寮, 289
patterns 模式, 33
Pax Americana 美国强权之下的世界和平, 85, 86
Peace Treaty of Nystad (1721)《尼斯塔德和平条约》, 206
People's Liberation Army (ELN) 民族解放军, 160—161
perestroika (restructuring)〈俄语〉改革, 83
Pérez Jiménez, Marcos 马科斯·佩雷斯·希门内斯, 143
Perón, Juan (1895—1974) 庇隆, 149
Persia 波斯, 356—358
Persia Gulf 波斯, 357, 372, 390
Peru 秘鲁, 83, 151, 154, 162
Peter the Great, Czar of Russia 俄国沙皇彼得大帝, 204—206, 209—210, 220
petroleum production 石油生产。参见 oil / gas production
Philadelphia, Pennsylvania 宾夕法尼亚费城, 93
Philippines 菲律宾, 304
piracy 海盗(活动), 311
Pivot Aea 枢纽区域, 13。同时参见 Eurasian Heartland; as Pivot Area
PKK 库尔德工人党。参见 Turkish Workers Party
places, defined 地方定义为, 12
Platt Amendment (1901)《普拉特修正案》, 103
Poland 波兰, 175—176
Pol Pot 波尔布特 (1925—1998), 76, 81, 278, 285, 289
Porfirio Díaz, José de la Cruz 波菲里奥·迪亚斯 (1830—1915), 127
Portugal 葡萄牙, 150, 193
Pretoria, South Africa 南非比勒陀利亚, 404
Primakov, Yevgeny 叶夫根尼·普里马科夫, 288, 290
Proclamation of 1763《1763 年皇家宣言》, 99
Puerto Rico 波多黎各, 103, 138, 144
Puntland 邦特兰地区, 416
Putin, Vladimir 普京, 9, 202, 223, 225, 241, 249, 250, 288

al-Qadaffi, Muammar 穆阿迈尔·卡扎菲, 72, 360
al Qaeda 基地组织, 1, 88, 334, 348, 363, 382, 384—385, 422, 426
Qatar 卡塔尔, 366
Qin dynasty 清朝, 267
quasi-states 准国家, 51—52, 53—55, 190
Quebec 魁北克, 118—120, 122, 125—126

race 种族, 155, 411
railroads 铁路, 100—101, 102, 399
Rajasthan, India 印度拉贾斯坦邦, 339
Rajputana 拉杰普塔纳, 339
Rann of Cutch 卡奇沼泽地, 346
Ratzel, Friedrich 弗里德里希·拉采尔, 13, 21, 101
Rawlings, Jerry 杰里·罗林斯, 415
Reagan administration 里根政府, 79—80
Realpolitick〈德语〉现实政治, 11
Reclus, Élisée 埃利兹·勒克吕, 27
refugees 难民, 59
Reid, T. R. 里德, 199

索　引

Renner, George 乔治·雷纳, 23
Republic of Gran Columbia 大哥伦比亚共和国, 148
Republic of the Congo-Brazzaville 刚果布拉柴维尔共和国, 74, 412
Riau, Sumatra 苏门答腊岛廖内省, 311—312
Rimland 边缘地区, 22—23
Ring of Containment 遏制圈, 65—68
Ritter, Carl 李特尔(1779—1859), 12
Riyadh, Saudi Arabia 沙特阿拉伯利雅得, 369, 373
Romania 罗马尼亚, 177, 187, 188, 203, 237
Roosevelt, FrankLin D. 富兰克林·罗斯福(1882—1945), 104, 148, 258
Roosevelt, Theodore 西奥多·罗斯福(1858—1919), 19—20, 104, 148
Roosevelt Roads naval reservation 罗斯福路海军基地, 144
Ross, Colin 科林·罗斯, 21, 22
Rostow, Walt 沃尔特·罗斯托, 25
rubber 橡胶, 148
Rudd, Kevin 陆克文, 322
Rurik 留里克, 219
Russia 俄罗斯, 2。同时参见Soviet Union
Russian Orthodox Church 俄罗斯东正教, 202, 204, 205, 219—220, 232
Russo-Japanese War 日俄战争, 208, 297
Russo-Polish War 俄波战争, 209
Rwanda 卢旺达, 398, 407, 415

al-Sadat, Anwar 安瓦尔·萨达特, 71, 360—362
Sahara Desert 撒哈拉沙漠, 173—174
Said, Edward 爱德华·赛义德, 47
Sakhalin 萨哈林岛, 208, 225, 319
San Marino 圣马力诺, 189
Sarkozy, Nicolas 萨科齐, 184, 198
Saud, Ibn 伊本·沙特, 357
Saudi Arabia 沙特阿拉伯, 357
Savimbi, Jonas 若纳斯·萨文比, 395, 412
School of the Americas 美洲学校, 79
Schuman, Robert 罗伯特·舒曼, 183
Scotland 苏格兰, 171, 193
sea, importance of 海洋重要性, 22—23
SEATO 东南亚条约组织。参见Southeast Asian Treaty Organization
Second Neutrality Act(1936)《第二中立法案》, 102

second-order states 第二等级国家, 5, 47, 48, 49, 49—50
Selassie, Haile 海尔·塞拉西(1892—1975), 73, 407
Semple, Ellen Churchill 辛普尔(1863—1932), 21, 101, 135
Senegal 塞内加尔, 396, 397, 414—415
Seoul, South Korea 韩国首尔, 315—316
separatism 分离主义, 51—52, 55
September 11, 2001, terrorist attacks 2001年"9·11"恐怖袭击, 1, 88, 250
Serbia 塞尔维亚, 1, 233, 237—240
Seward's Folly 西沃德的蠢举(阿拉斯加的别称), 95
Shanghai, China 中国上海, 256, 268, 272
Shanghai Cooperation Council 上海合作组织, 247
Sharon, Ariel 阿里埃勒·沙龙, 378
Shatt al Arab dispute 阿拉伯河争端, 377
Shatterbelts 破碎地带: change and 变化, 36
Shi Yunsheng 石云生, 262
Siberia 西伯利亚, 206—207, 214, 222, 224—228
Sierra Leone 塞拉利昂, 3, 398, 406, 413
Sikhs 锡克人, 350
Sikkim 锡金, 278, 342
Singapore 新加坡, 82, 204, 305, 313, 316
Singh, Govind 郭温达·辛格, 346
Sino-Japanese War 中日甲午战争, 297
Sino-Japanese War 抗日战争, 297
Slessor, John 约翰·斯莱塞, 24
Slovenia 斯洛文尼亚, 52, 188, 237
Smith, Adam 亚当·斯密, 58
Smith, Neil 尼尔·史密斯, 29
Smoot-Hawley Tariff bill (1930)《斯穆特-霍利关税法》, 102
Solana Madriaga, Javier 哈维尔·索拉纳·马达里亚加, 177
Solomon Islands 所罗门群岛, 306—307
Somalia 索马里, 73—74, 86, 396, 416—417
Somaliland 索马里兰, 407—408, 416
South Africa 南非, 398, 404, 410—411
South America 南美, 40, 147—164。参见Latin America
South American Union(UNASUR) 南美洲国家联盟, 157
South Asia 南亚, 329—353

South Asian Association for Regional Cooperation (SAARC)南亚区域合作联盟, 348—349
South Asia Preferential Trade Association 南亚优惠贸易联盟, 349
Southeast Asia 东南亚, 300
Southeast Asia Treaty Organization (SEATO)东南亚公约组织, 64,299,313,333
Southern Africa 南部非洲, 410—413
Southern African Development Community (SADC) 南部非洲发展共同体, 398,408,411,415,419
Southern Cone 南锥体(南方共同市场), 163
Southern Continents 南方大陆, 7
Southern Rhodesia (Zimbabwe)南罗得西亚(津巴布韦的旧称), 397
South Georgia 南乔治亚岛, 154
South Korea 韩国, 68。同时参见Korean War
South Moluccas 南马鲁古群岛, 310
South Ossetia 南奥塞梯, 216,233,240—241
South Sulawesi 南苏拉威西(岛), 311
Southwest Africa 西南非洲, 395—396
South West Africa People's Organization (SWAPO) 西南非洲人民组织, 75,396
South Yemen 南也门, 72,82
Soviet Union 苏联, 83—84,334,360。参见Russia
Spain 西班牙, 189—191
Spanish-American War 美西战争, 101
Spencer, Herbert 赫伯特·斯宾塞, 56
Spice Islands 香料群岛。见 Moluccas (Malaku) Islands
Spratly Islands 南沙群岛, 320
Sputnik 人造地球卫星, 69,227
Spykman, Nicholas 斯皮克曼, 22—23,135
Sri Lanka 斯里兰卡, 329—331,335—336,341,344,345,351
Stalin, Joseph 斯大林, 39,65,68,258,283
Stanley, Henry 亨利·史坦利(1841—1904), 394
START II Treaty《第二阶段削减战略武器条约》, 249
State Law and Order Restoration Council (SLORC) 国家恢复法律和秩序委员会, 338
states 国家：core of 核心, 35
St. Petersburg, Russia 俄罗斯圣彼得堡, 204,220—221
Strabo 斯特拉博, 12

Strategic Arms Limitation Talks (SALT I and II) 限制战略武器会谈, 80
strategic arms limitation talks (SALTs)限制战略武器会谈, 70
subnational units 亚国家体, 6
Sub-Saharan Africa 撒哈拉以南非洲: 393—419
Sub-Saharan Compression Zone 撒哈拉以南压缩区, 368
Sudan 苏丹, 361,368,374,387,389,415,418
Suez Canal 苏伊士运河, 356,359,361,388
Suharto 苏哈托, 77,307—309
Sukarno 苏加诺, 67,69,77,299,307—308,312
Sukarnoputri, Megawati 梅加瓦蒂, 312
Sulawesi (the Celebes)苏拉威西岛(旧称西里伯斯岛), 307,311
Sumatra 苏门答腊岛, 307,311—312,318
Sung dynasty 宋朝, 267
Sunshine Policy 阳光政策, 284,326
Sun Yat-sen 孙中山, 258,268
superpowers 超级大国, 6
supertankers 超大型油轮,388
Suu Kyi, Aung San 昂山素季, 338
Svalbard Archipelago 斯瓦尔巴特群岛, 229
Sweden 瑞典, 181,186,206
Syria 叙利亚, 72,82,359,360,367,383

Taft, William H. 威廉·塔夫特, 104
Taiwan 台湾, 262, 271, 279—280, 291, 292, 296, 304—304,317,326
Tajikistan 塔吉克斯坦, 2,216,233—234,243,246—247,250
Tajiks 塔吉克人, 363,385
Talbot, Paul F. 保罗·塔尔博特, 236
Taliban 塔利班, 1—2, 334—335, 348, 349, 363—364,384—385
Tambs, Lewis 刘易斯·塔姆斯, 161
Tamils 泰米尔人, 329,335—336,345,351
Tanganyika 坦噶尼喀湖, 396,397
Tang dynasty 唐朝, 267
Tanzania 坦桑尼亚, 75,396,397,409
Tataria 鞑靼斯坦, 217
Taylor, Charles 查尔斯·泰勒, 406—407,413
Taylor, Maxwell 麦克斯韦·泰勒, 25
Talor, Peter 彼得·泰勒, 27,47

Tazara (Tan-Zam) Railway 坦赞铁路, 399—400
territoriality 领土属性, 34
terrorism 恐怖主义, 363
Texas 得克萨斯, 111—112
Thailand 泰国, 76, 82, 304—305
Thar Desert 塔尔沙漠, 346
Third Neutrality Act (1937)《第三中立法案》, 102
third-order states 第三等级国家, 6, 47, 50
Three Gorges dams and reservoir system 三峡大坝及水库系统, 269
Thrift, Nigel 奈杰尔·思瑞夫特, 29
Tibet 西藏, 66—67, 275—278, 332
Timofeyev, Yermak 叶儿马克·季莫费耶维奇, 205
Timor Gap 帝汶沟, 309
Timor-Leste 东帝汶, 309。同时参见East Timor
Tok Do islets 独岛, 321
Tokyo, Japan 日本东京, 313
Tomsk, Russia 俄罗斯托木斯克, 224
Torrijos Herrera, Omar 奥马尔·托里霍斯·埃雷拉, 140, 143
Touré, Ahmed Sekou 艾哈迈德·塞古·杜尔, 74
tourism 旅游业, 141
trade 贸易, 46, 166
Trade-Dependent Maritime Realm 贸易依赖海洋辖区。参见Maritime Realm
Trans-Caspian Railroad 环里海铁路, 207
Trans-Caucasus 外高加索, 243—247, 424—425
Trans-Dniester Republic 德涅斯特河东岸共和国, 216, 233, 237
Trans-Siberian Railroad 横贯西伯利亚大铁路, 207, 208, 222, 224, 247
Treaty of Asunción (1991)《亚松森条约》, 156
Treaty of Guadalupe Hidalgo (1848)《瓜达卢佩·伊达尔戈条约》, 97
Treaty of Paris (1920)《巴黎和约》, 229
Treaty of Verdun (843)《凡尔登条约》, 174
Treaty of Versailles (1919)《凡尔赛条约》, 102
treaty ports 条约口岸, 通商口岸, 256, 257
Trentino-Alto Adige 特伦蒂诺-上阿迪杰区, 192
tropical regions, altitude effects in 热带地区海拔影响, 150
Truman doctrine 杜鲁门主义, 25, 61
Tsin dynasty 清朝, 267
Tunisia 突尼斯, 195, 197

Turkey 土耳其, 364, 237
Turkish Workers Party (PKK) 土耳其工人党, 364, 386
Turkmenistan 土库曼斯坦, 229, 234, 243—245, 247
Turner, Frederick Jackson 弗雷德里克·特纳, 101, 105, 146nl
Tutu, Bishop Desmond 图图主教, 411
Tuva 图瓦共和国, 217

Uganda 乌干达, 395, 396, 398, 407, 409
Ukraine 乌克兰, 177, 184, 203, 209, 213, 216, 230, 233, 236
unilateralism 单边主义, 3, 4
Union Pacific Railroad 联合太平洋铁路, 100—101
UNITA 争取安哥拉彻底独立全国联盟。参见National Union for Total Independence of Angola
United Arab Emirates 阿联酋, 366, 372, 383
United Arab Republic 阿拉伯联合共和国, 360
United Nations 联合国, 228
United Nations Transitional Authority in Cambodia (UNTAC) 柬埔寨过渡时期联合国权力机构, 289, 299
United States 美国, 91—115
UNTAC 柬埔寨过渡时期联合国权力机构。参见United Nations Transitional Authority in Combodia
U Nu 吴努, 336—337
Uribe, Alvarado 阿尔瓦拉多·乌里韦, 160—161
Uruguay 乌拉圭, 79, 154
U.S.-Canada Auto Pact (1965)《美加汽车协定》, 106, 124
U.S.-Canada Free Trade Act (1987)《美加自由贸易法案》, 117
U.S-Mexico War 美墨战争, 100, 127
U.S. Trust Territories 美国托管地, 98
Uzbekistan 乌兹别克斯坦, 2, 203, 227, 243, 245—247, 250
Uzbeks 乌兹别克人, 363, 385

Vancouver-Victoria, Canada 加拿大温哥华维多利亚港市区, 120
Venezuela 委内瑞拉, 138
viceroyalties 总督管辖区, 150

Vieques 别克斯岛, 144
Vietnam 越南, 259, 278, 285—290
Vietnam War 越南战争, 25, 26, 285—286
Villa, Francisco "Poncho," 弗朗西斯科·"潘丘"·维拉, 127
Virgin Lands program 处女地开垦计划, 223—224
Vladimir 弗拉基米尔一世, 219
Vladivostok, Russia 俄罗斯符拉迪沃斯托克(中国称海参崴), 225, 226
Von Bertalanffy, Ludwig 贝塔朗菲(1901—1972), 27, 56
Vostochny, Russia 俄罗斯东方港, 225

Wahid, Abdurrahman 瓦希德, 312
Wake Island 威克岛[北太平洋], 98, 103
Wales 威尔士, 193
Wallerstein, Immanuel 伊曼努尔·沃勒斯坦, 27, 58
Walsh, Edmund 爱德蒙·沃尔什, 11
War of 1812 1812年战争, 100
War of Partition 印巴分治战争, 329
Warsaw Pact (1955) 《华沙条约》, 61, 66, 70
Washington, D. C. 华盛顿特区, 93—94
weapons 武器。参见 arms and weapons; nuclear weapons
Wellington, Duke of 威灵顿公爵, 100
Werner, Heinz 海因茨·沃纳, 27, 56
West Africa 西非, 413—417
West Bank 约旦河西岸, 378—380, 425
Western (Dutch) New Guinea 荷属西部新圭亚那, 308, 310—311
Western Saharan 西撒哈拉, 173, 197
Whittlesey, Derwent 德温特·惠特莱西, 11, 118
Wilson, Woodrow 威尔逊, 20, 102, 104, 127
Wolfe, James 詹姆斯·乌尔夫, 118
World Bank 世界银行, 163, 245, 289

World-Island 世界岛, 16, 21, 22, 201
world order 世界秩序, 57
world-system theory 世界体系理论, 27
World Trade Organization (WTO) 世界贸易组织, 37, 46, 114, 173, 265, 271, 287
World War I 第一次世界大战, 21, 127, 102
World War II 第二次世界大战, 258

Xinjiang 新疆, 275—276

Yanukovich, Victor 维克托·亚努科维奇, 236
Yaounde Convention 《雅温得公约》, 397
Yekaterinburg, Russia 俄罗斯叶卡捷琳堡, 222
Yeltsin, Boris 叶利钦, 202, 223, 225, 234, 290
Yemen 也门, 360, 374
Yin dynasty 殷朝, 255, 267
Yudonono, Suseilo Bamband 苏西洛, 312
Yugoslavia 南斯拉夫, 237—240
Yuschenko, Victor 维克托·尤先科, 236

Zaire 扎伊尔, 395
Zambia 赞比亚, 397, 399—400, 406, 415
Zanzibar 桑给巴尔, 397
Zapata, Emiliano 萨帕塔, 127
Zapatista rebels 萨帕塔叛乱分子, 132
Zedillo, Ernesto 埃内斯托·塞迪略, 132
Zeitschrift fur Geopolitik 地缘政治学杂志, 21, 22
Zenawi, Meles 梅莱斯·泽纳维, 407, 417
Zhou dynasty 周朝, 267
Zhou Enlai 周恩来, 260
Zimbabwe 津巴布韦, 83, 397, 398, 406, 411, 415
Zimmerman, Arthur 阿瑟·齐默曼, 127
Zimmerman telegram 齐默曼电报, 127
Zones of Marginality 边缘地带, 147

译 者 后 记

自2009年5月接手本书翻译,至2010年2月底完成交稿,中间曾为本书关键词汇、一些地理专业词汇,以及一些地名翻译等问题有过不少的踌躇,好在总的来说心里还算踏实。唯一遗憾的是原计划相约的译人因故未能如约,使得后期较为被动。后请孟薇翻译了第八章,邓凡翻译了第九到第十一章,两位同意不加入本书译者署名。两位译者也是在百忙中抽出了宝贵时间,我谢谢她们。全书翻译完成后本人作了最后统一修改。

最后,真的是这样,没有夫人帮忙,这书完成不了。单就地图翻译完之后的誊写处理而言,纯是她的智慧、细心和辛劳的结果。

严春松
2010年6月22日

图书在版编目(CIP)数据

地缘政治学：国际关系的地理学／(美)科恩
(Cohen, S. B.)著；严春松译. — 上海：上海社会科学院出版社，2011
 ISBN 978-7-80745-811-1

Ⅰ.①地… Ⅱ.①科… ②严… Ⅲ.①政治地理学—研究 Ⅳ.①K901.4

中国版本图书馆 CIP 数据核字(2011)第 013474 号

Geopolitics: The Geography of International Relations (second edition) by Saul Bernard Cohen.
Copyright © 2009 by Rowman & Littlefield Publishers, Inc.
All rights reserved. No part of this publication may be reproduced stored in a retrieval system, or transmitted in any form or by any means, electronic, mechanical, photocopying, recording, or otherwise, without the prior permission of the publisher.
Published by agreement with the Rowman & Littlefield Publishing Group through the Chinese Connection Agency, a division of the Yao Enterprises, LLC.

地缘政治学——国际关系的地理学
Geopolitics: The Geography of International Relations

著　　者：[美]索尔·伯纳德·科恩(Saul Bernard Cohen)
译　　者：严春松
责任编辑：位秀平
封面设计：闵　敏
出版发行：上海社会科学院出版社
　　　　　上海顺昌路 622 号　邮编 200025
　　　　　电话总机 021-63315947　销售热线 021-53063735
　　　　　http://www.sassp.cn　E-mail:sassp@sassp.cn
照　　排：南京展望文化发展有限公司
印　　刷：上海颛辉印刷厂有限公司
开　　本：710 毫米×1010 毫米　1/16
印　　张：30.25
插　　页：2
字　　数：609 千
版　　次：2011 年 5 月第 1 版　2023 年 5 月第 12 次印刷

ISBN 978-7-80745-811-1/K·131　　　　定价：69.80 元

版权所有　翻印必究